토폴로지

Topologie
Zur Raumbeschreibung in den Kultur- und Medienwissenschaften

Copyright © 2007 by Stephan Günzel
All rights reserved.

Korean Translation Copyright © 2010 by ECO-LIVRES Publishing Co.
Korean edition is published by arrangement with transcript Verlag
through BC Agency, Seoul.

토폴로지
문화학과 매체학에서 공간 연구

초판 1쇄 인쇄일 2010년 6월 25일   초판 1쇄 발행일 2010년 6월 30일

엮은이 슈테판 귄첼 | 옮긴이 이기흥
펴낸이 박재환 | 편집 유은재 이지혜 이정아 | 관리 조영란
펴낸곳 에코리브르 | 주소 서울시 마포구 서교동 468-15 3층(121-842) | 전화 702-2530 | 팩스 702-2532
이메일 ecolivre@korea.com | 출판등록 2001년 5월 7일 제10-2147호
종이 세종페이퍼 | 인쇄 상지사 진주문화사 | 제본 상지사

ISBN 978-89-6263-035-0 94300
ISBN 978-89-6263-033-6 (세트)

책값은 뒤표지에 있습니다.   잘못된 책은 바꿔드립니다.

부산대학교 한국민족문화연구소
로컬리티 번역총서 L2

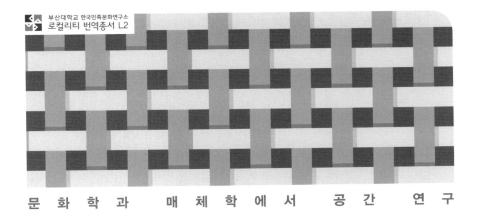

문 화 학 과 매 체 학 에 서 공 간 연 구

토폴로지

슈테판 귄첼 엮음 | 이기흥 옮김

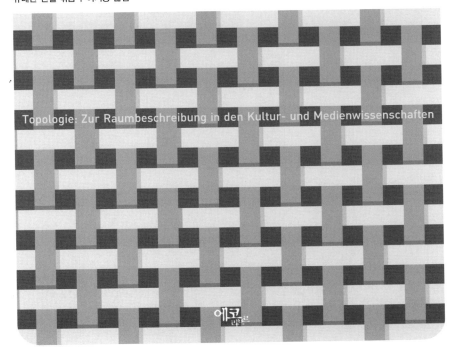

Topologie: Zur Raumbeschreibung in den Kultur- und Medienwissenschaften

에코리브르

이 번역 총서는 2007년 정부(교육과학기술부)의 재원으로 한국연구재단의 지원을 받아 수행된 연구임(NRF-2007-361-AL0001).

이 책에 수록된 대부분의 기고문은 바이마르 고전장학재단(Klassik Stiftung Weimar) 프리드리히 니체 강의센터(Kolleg Friedrich Nietzsche)에서 두 차례에 걸쳐 개최한 학술행사에서 발표된 논문들이다. 핵심 주제를 '세상에 대해 생각하기(Weltdenken)'로 정한 강연회의 틀 내에서 2005년 11월 바이마르의 바우하우스 대학교에서 현대 공간 논쟁 현황을 다루는 심포지엄 '위상학, 세계공간의 사고(Topologie, WeltRaumDenken)'가 개최되었다. 뒤이어 2006년 3월에는 위상학의 개별 시각을 심화시키는 문제를 다룬 논문들을 발표하는 학회 행사인 위상학2(Topologie2)가 개최되었다. 이 자리를 빌려 행사 준비와 진행에 수고해준 이 책의 편집자에게 감사드리며, 행사 전부터 행사가 끝난 후까지 도움을 아끼지 않고 집중적인 의견교환에 임한 기고자들에게도 깊은 감사의 마음을 전한다.

뤼디거 슈미트-그레팔리(Rüdiger Schmidt-Grépály)
프리드리히 니체 강의센터 대표

차례

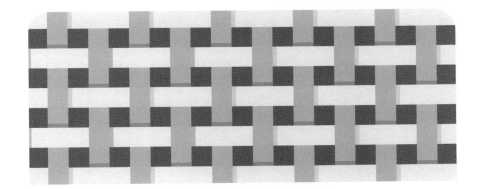

들어가기

공간, 지형학, 위상학

본서는 현대의 공간 논쟁에서 태동한, 공간을 다루는 대표적인 접근법을 간략히 살펴본다. 공간에 대한 이 접근법이 출발점으로 삼은 아이디어는 아주 간단하다. 여기에서 관건은 물리적 개념으로 이해하는 공간이 아니라, 공간의 관계를 문화적이고 매체학적으로 연구하는 방법론이다. 이는 공간 연구에서 사물을 보는 시선을 공간(Raum)이 어떻게 조건 지어지느냐에 두는 것이 아니라, 공간성(Räumlichkeit)이라는 것이 어떻게 조건 지어지느냐에 둔다는 의미이다. 이렇게 공간적인 실체(實體) 혹은 연장(延長) 같은 측면보다는 공간의 구조적인 측면 내지 공간들의 위치 관계들을 우선해 다루는 연구 방법을 수학자들은 흔히 '위상(수)학'이라 칭한다. 여기 소개하는 기고문은 모두 공간 연구와 관련해 이러한 시각을 공유하고 있어서 '위상학적 이론'이라는 명칭을 얻었다. 게다가 이 글들은 모두 공간 논쟁을 각자의 방식으로 성찰함으로써 나름의 결론을 이끌어 내는데, 이 공간 논쟁은 특히 공간 개념을 일반론으로 주제화하는 과정(공간적 전회)에서 생겨난 것일 뿐 아니라, 공간을 재현하는 형식을 비판적으로 문제시하는 도정(**지형학적 전회**)에서 생겨난 것이다. 이러한 공간 담론적 전회에서 공통점이 있다면, 문화적 · 사회적 · 매체학적 공간성 연구를 진행할 때 특히 공간성을 구성하는 계기에 초점을 맞추어 공간을 분석 · 기술한다는 점이다.

1 공간

1990년대부터 방법과 주제의 측면에서 문화학의 향방에 중요한 영향을 행사한[1] 패러다임 전환 중에서 가장 눈에 띄는 것은 **공간적 전회**(spatial turn)이다.[2] 이미 1967년 리처드 로티(Richard Rorty)가 선언한 **언어적 전회**(linguistic turn)[3]에서 그랬듯이, 모든 '전회'에서 사고방식의 출현 자체 그리고 그에 대한 개념 규정은 서로 구분되어야 마땅하다. 명제적 지식은 언어의 한계 내에서 구성되는 것이기에 언어로의 방향 선회가 요청된다는 아이디어는 루트비히 비트겐슈타인(Ludwig Wittgensetin)에 연원을 두고 있다. '공간적 전회' 역시 사태 관계를 따지자면, 최소한 임마누엘 칸트(Immanuel Kant)의 코페르니쿠스적 전회에까지 소급될 수 있다.[4] 칸트는 공간을, 흔히 그렇게 이해해왔듯이, 사물들 자체의 속성으로 파악하지 않았다. 오히려 물리적 사물의 현상 방식으로, 그것들을 기술하는 방식이라는 측면에서 파악한 것이다. ■

■ 칸트에 따르면, 감성작용을 통해 외부로부터 주어지는 질료는 잡다하고 무질서하다. 이것을 정리하는 선천적인 주관 기능이 형식인데, 형식에는 감성형식이 있는가 하면, 오성형식이 있고, 다시 전자에는 시간과 공간이 속하고, 후자에는 범주(예를 들어, 인과율)들이 속한다. 전자에 의해서는 감성적 직관이 형성되고 후자에 의해서는 객관적 인식이 성립되는데, 후자는 전자의 성취를 상대로 하여 진행된다. 달리 말해, 감성적 직관은 오성의 범주에 의해 종합 · 통일됨으로써 객관적인 인식이 된다.(이로써 칸트는 경험론과 합리론의 종합을 시도한다!) 이렇게 인식이 무질서한 질료를 주관형식에 따라 정리하여 비로소 우리에게 지각되는 대상이

그러나 칸트가 수행한 공간적 전회와 지난 세기말에 일어난 공간적 전회 간에는 분명 차이가 있기에 이 둘은 서로 구분할 필요가 있다. 뉴턴의 시대와는 달리, 20세기에 이해한 '공간'은 단지 인식론적 이해관계의 배후에서 파악한 대상이 아니다. 20세기 공간 개념은 다른 무엇보다 정치적 이해관계의 배후에서 파악되었다. 한 예로 한스 그림(Hans Grimm)이 1926년에 저술해 출판한 소설을 언급할 수 있다. 그가 이 소설에서, 유럽 대륙 중심부에 위치해 너무 늦게 식민지배세력에 가담한 독일 국민의 집단적 자기 이해를 응축해 드러내기 위한 표현으로 "공간 없는 민족(Volk ohne Raum)"이라는 말을 유행시킨 이후, 공간은 줄곧 외연(外延: Extension)을 표현하는 개념이라기보다는 자연공간이 문화적으로 병합되었을 경우, 자연공간의 그러한 장악은 합법이라는 식의 팽창 지향적인 사고 또는 제국주의적 사고를 표현하는 개념이었다.[5] 공간 개념의 이러한 대중적, 인기영합주의적 변형은 독일의 현대 정치지형학에서 발견되고 있을 뿐 아니라[6] 영국과 스칸디나비아의 여러 교수들이[7] 실천한 바 있다. 하지만 1980년대부터 등장한 비판적 인문지리학자들(kritische Humangeographen)■이 목표로 한 것은[8] 그런 사고를 고수하거나 재수용하는 게 아니었다. 반대로 사회적 맥락에서 구성되는 공간성의 논의에 내재한 여러 문제에 천착함과 동시에 기존 논의에 고착된 공간 개념의 문제점을 극복하는 이중의 과업을 동시에 실천하려 했다. 이로써 특정한 공간 개념 그리고 팽창

되도록 성립시키기에 '인간은 자연의 입법자'가 된다. 이러한 인식론은 종전의 대상 중심 인식론을 주관 중심으로 바꾼다. 이러한 의미에서 칸트 인식론은 코페르니쿠스적 전회를 성취했다고 말하는 것이다. (이하 각주는 모두 옮긴이 주이다—편집자)

■ 물리지리학에 대응되는 개념으로 경우에 따라 인류지리학, 문화지리학 혹은 경제지리학, 사회지리학 등으로 불린다. 주거와 경제활동같이 공간을 변화시키는 것이나, 공간 조건에 영향을 받아 발달하는 자동차 기술의 발달같이 주로 인간과 공간의 상호 관계 혹은 환경·인간 행위·문화·경제·사회 간의 상호관계 등을 연구한다.

적 사고 또는 제국주의적 사고 사이에 존재하는 모종의 연결고리를 밝혀
내는 과제가 설정되기에 이른다.

　공간 개념과 공간 병합, 이 둘의 연결은 두 가지 토대 위에서 수행되었
다. 그중 하나가 자연에 대한 **결정론적 사고**이고, 다른 하나가 공간에 대
한 실체론적 표상이다. 자연에 대한 결정론적 사고는 공간을 무엇보다
자연적으로 주어진 요인들에 의존하는 자연의 존재로 바라본다. 이러한
입장은 지리결정론이라고 할 수 있는데, 이는 계몽주의시대가 키워낸 싹
이자, 애초에 고대에 싹이 텄다가 그후 자연주의 국가론에서 연장되어
다시 나타난 것이다. 이러한 자연주의 국가론을 개진한 학자로는 계몽
주의 초기에는 보댕과 몽테스키외가 있고 계몽주의 말기에는 헤르더와
헤겔이 있다.[9] 이러한 지리결정론과는 반대로 19세기 프랑스에서는 지
리적 현상들을 '가능론적(possibilistisch)'으로 해석하는 가능론적 지리학
이 발전하였다. 가능론적 지리학의 대표자로는 저명한 프랑스 역사학자
이자 지리학자인 비달 드 라 블라슈(Vidal de la Blache)가 있는데, 그는 자
연이 인간에게 영향을 미칠 뿐만 아니라 인간 행위 역시 자연에 지대한
영향력을 행사한다고 지적한다.■ 이러한 사고방식은 특히 마르크 블로
크(Marc Bloch), 페르낭 브로델(Ferdinand Braudel) 같은 아날학파(Annales-
Schule) 역사가들에게 사상적 동기를 부여했다.■■ 이들은 오늘날 '긴 주

■ 결정론적 지리학이 인간에 대한 환경의 영향을 강조한다면, 가능론적 지리학은 지구상에
서 일어나는 모든 현상은 상호 관련되어 있다는 전일주의적 철학을 배경으로, 자연과 인간의
상호작용 측면을 강조한다. 가령 블라슈는 인간의 생활양식을 자연적, 역사적, 사회적 영향력
이 통합된 현상으로 파악한다. 이러한 견해에서는 인간이 자연에 영향을 미치는 것은 간과할
수 없는 현상이다.

■■ 아날학파라는 이름은 원래 프랑스 역사학자들이 중심이 되어 간행되던 학술지 《경제사회
사 연보(Annales d'histoire économique et sociale)》에서 유래한다. 아날학파는 역사를, 흔히 발
견되는 바와 같이, 정치나 개인, 외교적 연대 측면에서 혹은 (마르크시즘에서와 같이) 물질론적
측면에서 기술하기보다는 오히려 지역적 자연 특성, 사회, 집단, 구조 등의 (다소 집단 정신성을
강조하는 방향에서) 개념을 적용해 분석한다. 예를 들어 브로델이 1949년에 발표한 《지중해

기를 갖는 파장 형태'로서의 역사 같은 결정론적 성향의 지리학적 표상을 역사학에 도입해 사용할 경우에 언급되곤 한다.[10] 그러나 이러한 측면보다 훨씬 더 중요한 것은 그들이 공간에 대한 **실체론적 표상**과의 단절을 완수했다는 점이다. 아날학파에 의하면, '공간'이란 자기 독립적으로 존재하는 자족적인 존재가 아니다. 자연은 문화와 기능적 관계로 맞물려 있어서, 이를 통해 공간성이라는 것이 최초로 출현한다. 즉 공간성이란 문화의 개입 없이는 구성될 수 없다. 무엇보다 최근의 공간 성찰이 바로 이런 사고와 밀접하게 연관되어 있다.[11]

공간적 전회의 결과, 유일무이한 바로 '그 공간'이 무엇인가를 연구하려는 시도는 이제 완전히 포기되기에 이르렀다. 왜냐하면 "무엇인가?"라는 물음에 대해 '공간이란 바로 이러이러한 것이다'라는 식의 답을 내놓을 경우, 술어에 해당되는 '이러이러한 것'을 만족시키는 답은 단 하나만 가능할 터인데, 공간적 전회에서 그런 사고는 더이상 허용되지 않기 때문이다. 반면, 무엇보다 문화사를 분석하는 작업은 산업시대가 인간사회의 내부 구조와 경제에 미친 영향들을 연구한다. 거기서 '공간'은 대도시 간의 거리 단축으로 인한 효과 같은 것으로 기술된다. 예를 들어, 볼프강 슈벨부슈(Wolfgang Schibelbusch)의 《철도여행사》를 기억해보자. 이 소설에서는 전 세계를 가로질러 진행된 선로체계 증설 공사들이 현대사회의 공간에 어떤 변화를 초래했는지 상세히 묘사한다. 슈벨부슈의 이 연구는 최근 공간 논쟁에서 상반되는 입장이 출현하는 원인을 밝힐 뿐 아니라, 왜 한편으로는 공간과 관련해 '영원성'[12]을 얘기하고 다른 한편으로는 '사라짐'[13]을 얘기하는지, 그 조건을 밝혀내 이러한 흑백논리적

(The Mediterranean)》는, 지중해세계라는 자연환경 속에서 '장기지속'적인 지리적인 삶, 그리고 그 위에서 완만하게 주기적으로 변하는 사회경제적인 삶, 그리고 표면의 거품 같은 정치적인 삶을 구조적이며 총체적으로 그려 보인다.

인 논쟁들에 경고 메시지를 던짐으로써 문화사를 통틀어 특이할 만큼 걸출한 업적을 남겼다. 왜냐하면 교통체계 발달로 인한 거리 단축 및 '사이 공간 없애기'가 곧 공간성의 말소 혹은 사라짐을 야기한다는 식으로 곡론(曲論)을 일삼는 이들을 질타한 것이기 때문이다.[14] 사라진 것이 있다면 (공간이 아니라) 공간은 불변의 실체라는 생각에 자양분을 제공하는 생활세계의 토대일 것이다. 즉 생활세계의 토대가 변하는 가운데 공간에 대한 사고, 특히 실체론적 공간 개념에 변화가 나타나는 것이다. 그리하여 이제 공간 논쟁은, 시간의 한 양식이 공간의 양식을 지속적으로 대체하는 것으로 보거나 시간 및 역사가 공간을 파악하는 방식에 개입하는 것으로 보는 방향으로 나아간다.[15]

'시간'을 '공간'과 대결시키거나 실체론적 공간 표상을 부활시킬 필요는 없다. 대안이 있다면, 공간성이라는 것을 위상학적(topological)으로 이해하는 것이다. 이러한 위상학적 방식의 공간 이해는 알베르트 아인슈타인(Albert Einstein)이 '**컨테이너**'[16]에 비유해 표현한, 기존 공간 표상 방식과는 전혀 다르게 공간을 이해한다. 공간에 대한 위상학적 연구에는 아이작 뉴턴(Isaac Newton) 이후 발전한 수학과 물리학이 공간 이해의 문제와 관련해 취한 상대화(Relativierungen)가 상당한 기여를 했다. 뉴턴 이후 수학과 물리학에서는 공간을 더이상 3차원적 존재나 형태적인 단위(formale Einheit)로 파악하지 않는다. 대신 상관적으로 규정되는 여러 국면들을 제시하면서 공간을 연구한다. 달리 표현해 공간의 선험적 특성인 연장(延長)성을 다루는 대신, 공간 구조를 묘사한다.

이러한 위상학적 접근을 통해 촉발된, 공간 문제를 다루는 데에서 시선 변화가 문화적 맥락에서 출현하는 공간성 기술에 어떤 영향을 미치는지는 이제 관철된 공간 혁명을 살펴봄으로써 좀더 명확히 밝힐 수 있을 것이다. '콜럼버스 혁명'에 대한 독법 하나가 널리 알려졌다. 이 독법에 따르면, 콜럼버스 혁명에서는 공간의 자리에 시간이 들어서는 것이 아니라—이는 산업시대에나 해당하는 것으로 진단했다—유한성의 자리에 무한성이 들어선다. 그러나 이런 해석 역시 공간에 대한 컨테이너식 사고에 머물러 있거나, 공간의 안쪽만 보는 시각에서 벗어나지 못하는 실정이다. 서양 근대에 해상활동과 함께 지리적 정복이 꾸준히 지속된 것은 사실이지만, 그와 함께 지표면에는 한계가 있을 수밖에 없다는 사실도 드러났다. 그럼에도 사람들은 왜 지구의 지리적인 공간은 무한하다는 식의 환상을—이는 오늘날에도 무한한 소통 가능성이라는 표상 형식으로 현전하는데—갖게 된 걸까? 매체인류학자 빌렘 플루서(Vilém Flusser)의 견해에 따르면, 그런 생각을 하는 이유는, 인간이라는 존재는 단지 2차원의 평면 공간만을 생활반경으로 하는 족속이어서, 즉 지표면에서만 삶을 영위하는 "굼벵이들"[17] 같은 존재여서 그렇다는 것이다. 이미 비(非)유클리드기하학 사고실험에서도 사용된[18] 이러한 비유는, 다양한 방식으로 여행할 수 있다는 측면에서는 지표면이 무한하다 하더라도, 공간의 연장 측면에서는 한계가 있다는 점을 잘 지적해준다. 달리 말해, 지구는 **평면상으로**(als Fläche)만 무한하지, **공간상으로**(als Raum)는 제한되어 있다는 것이다. 뻗어나갈 수 있는 방향에서는 무한하지만, 무엇인가를 자기 안에 포함하고 있다는 공간의 의미에서는 유한하다고 할 수 있다. 공간은 수직 어느 방향으로도—우주의 모든 방향 그 어느 곳으로도—'개방되어' 있거나 무한하다. 이는 바로 현상학자 엠마누엘 레비나스(Emmanuel Levinas)가 1961년 유리 가가린(Juri Gagarin)이 지구 너머 우주에 머무르고 있을 당시 품은 생각이기도 하다. "한 인간이 한 시간 동안이나 모든 수평선 너머 저 위에 머물렀다. 그의 주변 사방팔방 그 어느 방향으로도 하늘이 있을 뿐이다. 혹은 더 정확히 말해, 오로지 기하학적 공간이 있을 뿐이다."[19] 이로써 레비나스는 유클리드적인 공간 표상을 평가절하하는 방식, 즉 공간을 2차원으로 혹은 일종의 상자로 이해하는 생철학적 공간 이해에서 시선을 돌려 공간을 지구의 안이 아닌 '밖에서', 그러니까 위상학적으로 본 것이다.[20] 이러한 유클리드적 시각 혹은 지표면상에서 진행되는 삶의 시각에서 볼 때 지구공간이란, 플루서가 앞서 언급한 아인슈타인의 비유와 유사하게 기술했듯이, 단지 "납작한 상자"일 뿐이다.[21] 그렇다고 해서 공간을 대하는 레비나스식 시선 변경이 고전기하학을 넘어 그 이상의 차원을 고려한 것은 아니다. 거기에는 생활세계의 차원을 원래보다 한 차원 더 단순화시켜 바라보는 특징이 있다. 거기서 제3의 공간 차원은 아직 인간이 거주하는 곳으로 파악되고 있지 않다.[22]

2 지형학

결국 공간에 대한 전통적인 사고를 비판하면서 문화학에서는 2002년 지그리트 바이겔(Sigrid Weigel)이 "지형학적 전회(topographical turn)"라고 명명한 이론이 나온다. 이 이론에서는 진정 올바른 공간 개념은 무엇인가와 관련한 논쟁은 더이상 흥밋거리가 되지 못한다. 대신 지도의 다양한 형태에서 나타나는 공간성을 기술적(技術的)·문화적으로 재현하는 방식들이 부각된다.■ 바이겔에 따르면, 전자와 달리 후자는 "지형학적 그리고 지도 제작적 문화 기술들이 문화 구성에 어떤 의미를 갖는가를 탐구한다".[23] 이런 방식으로 정의된 문화학을 바이겔은, '정치적 성향의' **문화연구들**(Cultural Studies), 즉 지도를 성급하게도 헤게모니를 쥐려는 권력의

■ 좁은 의미에서의 지형학은 주로 지표면의 형태나 모양 그리고 특징들과 관련되지만, 넓은 의미에서는 지리적 고저만이 아니라, 동식물의 서식, 인공물, 역사, 문화까지 포함하는 지역적 세부 내용들과 관련된다.

압제수단으로 보고는 자기들이 제대로 된 재현에 착수해보겠노라고 외치는 **문화 연구들에서** 구분한다.[24] 이 두 종류의 문화학적 연구방법의 차이는, 어느 쪽이 어떤 지도를 만들어내는 일에 종사하느냐에 있다기보다 지도 제작에 영향을 미치는 기제들, 달리 말해 공간재현(주의)을 가능하게 하는 물질적 · 비물질적 조건들을 기꺼이 분석하려 하느냐 아니면 그것을 경시하느냐에 있다.

지형학적 전회와 관련해서는 대표적으로 두 가지 사례를 거론할 수 있다. 이 사례들은 재현적 사고가 유행하던 시기의 인식론을 맥락화해준다. 볼프강 셰프너(Wolfgang Schäffner)가 르네 데카르트(René Descartes)를 거론하면서 보여주듯이,[25] 청년 데카르트가 나사우의 모리츠 군부대에서 복무한 적이 있는 만큼, 네덜란드 군부 개혁은 데카르트가 고안한 주체철학에 선행할 뿐 아니라 그가 구성한 의식 개념에도 직접적인 토대를 제공한다. 왜냐하면 연장된 **실체공간**(res extensa)과 비연장적인 **사고공간**(res cogitans)이라는 이원론이 군대의 훈련에서 이미 구현되고 있었기 때문이다. 셰프너에 따르면 정신과 물체라는 두 세계의 이론은 명령자와 복종자의 배치와도 일치한다. 군부 개혁의 목적은 비전시 상황이나 병사 개개인의 자의에 따라서가 아니라 전투가 진행되는 와중에 항상 상관의 지시로 하달되는 규준화된 명령들이 아무런 왜곡 없이 일사불란하게 전달될 수 있는 명령체계를 정비하는 일이었다. 데카르트에 따르면, 생각하는 자아가 외부세계를 개념적으로 타당하게 재현하듯, 격렬한 전투장에서 한 발 빠져나와 있는 지휘자는 전투부대 지휘에 사용하는, 의미가 분명한 언어를 소유한 자이다. ▪

▪ 여기서 정신과 물질은 각각 군 명령체계의 구성원인 최고 지휘관과 병사에 대응하는데, 이것이 가능한 이유는 최고 지휘관은 치열한 전투가 진행되는 상황에서 한 발 빠져나와 '말'로 전투를 하는 반면, 병사는 치열한 전투가 벌어지는 전장터에서 '몸'으로 전쟁을 치르기 때문이다.

이와 마찬가지로 지리학자 프랑코 파리넬리(Franco Farinelli)의 연구 또한 칸트의 인식론을 가능케 하는 조건에 초점을 맞추어 논의를 전개한다. 칸트 인식론에 의하면, 이성의 심급은 오성의 성취를 비판하는 과제를 떠안는다. 그러나 데카르트와는 달리, 거기에서의 합리성은 내부/외부의 이원론에 의해 특징 지어져 있지 않다. 거기서 세계가 하나의 지점으로 집중되는 방식은 제반 기준이 '순수이성'의 구성점에 의존하는 형식으로 그려진다.[26] 이 구조를 파리넬리는 (이런 작업을 최초로 수행한 프톨레마이오스처럼) 지도 제작 시의 작업과정에 빗대어 설명하다. 즉 그는 칸트 철학에서 사용되는 순수이성의 구성점을, 저 높은 곳에 있는 전망대에서 지표면의 파노라마를 내려다보는 이처럼, 제반 투사의 준거점이 되는 상상의 관조자가 하는 일에 비유해 설명한다.[27] 르네상스 시대에 프톨레마이오스의 **지리학**은 피렌체 화가들이 재발견했고, 이 과정을 거쳐 프톨레마이오스 지리학에서 사용되었던 시선의 준거점은 결국 원근화법의 효시가 되었다.▪ 원근화법이 예술의 표현형식으로서 수용된 것은 현실에 대한 이해 방식의 변화를 전제로 하며, 동시에 스콜라철학이 **사물들에** 내재한 것으로 본 '객관적 실재'는 이제 사물을 관찰하는 **주체에 상관적인** 실재라는 식의 관점의 변화를 동반했다. 그에 따라 파리넬리는 존재론이라는 것이 (존재하는 것이 아무 조건 없이 단순히 담기는 것이어서) 지리학의

▪ 인간의 눈으로 바라보는 세계는 3차원적인 공간이다. 이를 2차원인 평면에 생동감 있게 표현하고자 할 때, 사용되는 것이 원근법(linear perspective)이다. 수학적, 기하학적 투시도법인 이 이론은 15세기 르네상스 미술가들, 특히 피렌체 예술가들에 의해 개발되었다. 그 선봉에 서 있는 이가 건축가이며 조각가인 필리포 브루넬레스키(Filippo Brunelleschi)이다. 그는 피렌체 세례당을 그리던 중 원근법을 개발했다고 알려져 있다. 그가 남에게 보여준 최초의 원근법 그림은 피렌체의 성 조반니 성당이었다. 브루넬레스키의 이론은 《회화에 관하여(On Painting)》라는 저술로 유명한 레온 바티스타 알베르티(Leon Battista Alberti)에 의해 발전되었고, 이후 레오나르도 다 빈치, 파올로 우첼로(Paolo Uccello), 피에로 델라 프란체스카(Piero della Francesca) 등에 의해 본격적으로 보급되기에 이른다.

반대가 되는 게 아니라, 오히려 근대적 의미의 객관성이 지도 제작법을 통해 생겨난 것이기에, '지리학'이야말로 진정 순수한 존재론[28]이라고 말한다. 그래서 칸트의 이성론은 근대 지도 제작술의 영향을 받고 있다는 것이다.

셰프너와 파리넬리의 '지형학적' 분석 작업에서 눈에 띄는 특징은 그들이 실제 지형 국면을 파악하는 것과는 완전히 다른 성취를 보여준다는 점이다.[29] 그들은 명령체계의 서열 내지 투사 원리와의 비교에서 (오성 혹은 이성 활동처럼) 보통은 무조건적이라 여겨지는 것도 사실은 조건 지어져 있다는 사실을 지적한다. 거기서는 비교 대상 간에 성립하는 관계나 구조를 비교할 뿐, 철학적 텍스트를 지리학적 자료들과 직접 비교하진 않는다. 또한 데카르트가 실제로 군부 개혁의 상세한 사항을 숙지하고 있었는지 혹은 칸트가 지형학의 투사법을 비교적 상세히 인지했는지에 대해서는 관심이 없다. 그리고 비교 대상들 간의 인과관계나 데카르트나 칸트와 관련된 개인적 설명 등은 중요하지 않다. 왜냐하면 거기서 둘 사이의 영향 기제들을 증명해내는 일은 구조적인 합치에 기반하기 때문이고, 비록 역사적 자료를 제시할 수 있다 하더라도 그것은 결국 지형학적 질서가 아닌 위상학적 질서의 결과이기 때문이다. 그러한 관계국면 (Bezugs)을 미셸 푸코(Michel Foucault)는 "다이어그램"[30]이라고 표현한 바 있다.■ 즉 찰스 샌더스 퍼스(Charles S. Peirce)의 기호학적 다이어그램 개념과 상통하게, 다이어그램이라는 표현을 통해 현상적인 동일성(도상적 유사성)이 아니라 구조적 상동성이라는 의미에서 유사성 관계를 가리키

■ 푸코는 권력이 사회적 배치/배열에서 어떻게 〔예를 들어 광기, 정신병, 이성, 합리성, 법(합법/불법) 등에서와 같이〕 미시정치적으로 혹은 국지화된 권력의 형태로 분산되고, 스며들며, 작동하는가를 탐색하고 분석한다. 여기서 힘들 간에 형성된 관계들의 집합 혹은 배열의 고정되고 확립된 질서 형태나 구조가 다이어그램이다. 달리 말해, 다이어그램은 권력 메커니즘의 지도를 의미한다. 예를 들어, 파놉티콘은 권력 메커니즘의 한 다이어그램이다.

려 한 것이다.[31] 그래서 건축 설계, 군 명령체계 기획, 지도 제작 등을 수행한다고 할 때, 사람들은 그것을 세계를 복사해내는 도상적 재현으로 여기는 것이 아니라, 둘 간의 구성적 관계를 표현하는 작업으로 이해한다. **공간적 전회**가 실체론적 공간 개념에 작별을 고하는 것과 마찬가지로, **지형학적 전회** 역시 공간지형학이 공간성을 구조화하고 구성하는 계기를 밝혀내도록 한다.

3 위상학

간단히 말해, 위상학에서는 **다양한 것들이 서로 합치되는 부분들을 기술하거나** 그것들 간의 유사한 구조를 밝혀내는 일에 특별히 주목한다.[32] 예를 들어, 어떤 지도 제작자가 자신이 만들 지도가 무엇보다 공간을 '있는 그대로 충실히 재현했다'고 주장할 때, 이에 비판적인 지형학적 시각을 가진 사람은 공간적으로 변화하거나 변화할 수 있는 것이 무엇인지 캐묻는다. 그에 반해, **무언가에 변화가 일어났다고 관찰자가 생각할 때,** 위상학적 시각을 가진 사람은 **그러면 변하지 않고 동일하게 남아 있는 것이 무엇인지** 캐묻는다. 이런 위상학적 사고가 태동한 시기는 기하학이 대수화한 시기, 즉 공간 및 공간적인 형태를 갖는 물체에 대한 직관적 재현이 비직관적인 형태의 공간, 그러니까 계산하거나 산술적으로 계산할 수 있는 공간으로 변모하던 시기였다. 이와 관련된 사건이 하나 있는데, 1715~1716년 고트프리트 빌헬름 라이프니츠(Gottfried Wilhelm Leibniz)와 뉴턴의 지지자 새뮤얼 클라크(Samuel Clarke) 간의 서간 논쟁이었다. 라이프니츠는 공간을 기술하는 문제가 물질의 힘 관계에서 출발해야 한다는 견해에 회의를 품고, 공간을 기술하기 위해서는 물체들 간에 성립하는 관계나 관계점들을 규정하는 것으로 족하다고 말한다.[33] 라이프니츠는 당시의 물리학이 견지하던 인간중심주의를 비판하는 논지를 통해 이런 견해를 펼친다. 물체들 간의 비교 기준을 도외시하면, 그러한 비교에 사용하는 기본 개념〔예를 들어 '운동(Bewegung)'〕은 결국 무의미하고, 그렇기에 수학적 시각에서는 불필요해진다는 것이다.[34] 라이프니츠 자신이 '위치분석'이라 칭해 미완으로 전승된 그러한 주장이 위상학이론에 수용된 최초 사례는 레온하르트 오일러(Leonhard Euler)의 그래프이론이었다. 이는 변형된 형태로 위상학이론에 수용된 최초의 사례■로 쾨니히스베르크(Königsberg)를 끼고 흐르는 강에 놓인 일곱 개의 다리를 중복 없이 단 한 번 만에 모두 돌아 출발점으로 되돌아오는 문제를 해결하는 데 사용해 유명해진 이론이다. 오일러는 직접 가보지 않고도 물리적 공간 관계들을 추상화하는 가운데, 그래프이론의 **원리를 이용해** 문제를 해결했다. 이때 다리 사이의 거리와는 상관없이 그 연결 관계, 즉 다리를 점으로 산책길을 모서리로 대체할 때, 하나의 '점'에 연결된 '선(혹은 모서리)'의 개수가 몇 개인지가 문제 해결에 결정적인 요소였다.

위상학은 1847년에 요한 베네딕트 리스팅(Johann Benedict Listing)이 "공간적 형태들의 양상적 관계들"에 관한 이론이라는 이름으로 수학에 도입했다.[35] 그런데 라이프니츠의 저작 《위치분석》만이 신(新)대수학에 영향을 끼친 것은 아니었다. 후에 '비유클리드' 기하학이라 일컬어진 이론 역시 신(新)대수학에 영향을 끼쳤다. 이 비유클리드기하학이론을 일찌감치 생각해낸 사람이 바로, 리스팅의 스승인 카를 프리드리히 가우스(Carl Friedrich Gauß)다. 비유클리드기하학이론에서는, 평면상에서 끝없이 뻗어

■ 이산수학의 한 분야인 그래프이론은 특정 집단 내 대상들의 관계(예를 들어, 전기회로나 순회 방문 등)를 노드(node)와 두 노드를 연결하는 선(edge)으로 표현한 후(경우에 따라 방향 개념이 사용된다), 그 관계의 특성(예를 들어, 최단경로나 최적화 문제)을 연구한다.

나가는 두 선은 절대 만나지 않는다는 유클리드기하학의 평행선 공리를 포기하고 대안적이고 좀더 일반화된 공리체계를 갖춘 평면기하학을 제시한다. 유클리드 평면기하학은 여러 기하학들 중 하나로, 아주 특수한 기하학으로 취급될 뿐이다. 비유클리드기하학에서 그러하듯이, 공간 속성이 고정된 것이라는 생각을 포기하면, 위상학은 3차원 공간에서조차 뉴턴의 컨테이너식 표상에 얽매일 필요가 없다. 왜냐하면 그러한 위상학은 물질의 위치 관계를 기술하더라도, 물질의 존재 양식이나 속성에서 추상화해 기술하기 때문이다. 이는 서로 상관관계가 있는 점들을 잇는 선은 어떤 모양이든 띨 수 있는 상태에서, 그 점들 간의 특수한 연결성만이 유효한 것으로 남는다는 의미이다. 그래서 공간은, 베른하르트 리만(Bernhard Riemann)의 말에 따르면, 굽은 것일 수도 있고, 늘려져 연장된 것일 수도 있으며, 압축된 것일 수도 있다.[36] 각 위상학에 대해 본질적인 것이 있다면, 구조를 창출하는 점들 간의 연결에 결코 단절이 없다는 사실뿐이다.

위상학이론의 지식들이 20세기 문화학 및 사회과학들에 적용되면서 위상학의 수학적 권리 요구는 그대로 유지된다. 공간 연구는 현상으로 나타나는 공간성의 연구에 국한하거나 지형학적으로 우연적인 것들에 국한해 진행하면, 불완전해지거나 잘못 흘러갈 수도 있다. 그런데도 20세기 현상학자들 및 구조주의자들은 이러한 위상학을 받아들여 작업하기에 이른다.[37] 구조주의자들은 위상학 구조가 공간에 선행한다고 여겼다. 이는 그들이 위상학을 이해하는 데 본래의 수학 개념에 큰 빚을 지고 있음을 의미한다. 반면, 현상학적 공간 기술에서 출발점은 항상 경험된 공간성이었다. 그렇다고 이들이 공간 경험의 특수한 양상을, 일반적 특징을 갖는 요소들로 규정하는 시도를 포기한 것은 아니다. 그러한 작업은 다만 추후에 수행할 뿐이다. 이런 측면들에서 구조주의와 현상학이 각자 공간을 대하는 차이점이 드러난다.

　현상학적 공간 기술은 다시 두 방향으로 나뉜다. 하나는 '논리'를 좀 더 강조하며 위상학을 다루고, 다른 하나는 '위치'에 초점을 맞춰 위상학을 다룬다. 첫 번째 그룹에 속하는 대표자로는 행동과학자인 쿠르트 레빈(Kurt Levin)을 들 수 있다. 그는 1917년 **전장 풍경**을 테마로 한 현상학적 계열의 초기 논문에서, 전쟁 상황의 생생한 경험을 잘 나타내는 전쟁터의 위험지역 및 능선을 기술하는 가운데 전장의 '장' 구조를 묘사하려 한 바 있다.[38] 이런 이론을 통해 수준급 환경심리학자가 되려 했으며, "길로서의 공간"[39] 개념의 대표자가 되려 했다. 이런 꿈을 품은 레빈이 연구대상으로 삼은 것은, 개인이나 인간 집단의 움직임 또는 행위에 의해 생겨나고, 일종의 통로체계로서 선택 가능성을 허용하는 가운데 선택 공간으로 기능하는 길로서의 공간이다.[40]

　현상학적 공간 기술에서 두 번째 그룹에 속하는 대표자로는 '위상학'[41]을 '기초존재론'의 의미로 이해한 마르틴 하이데거(Martin Heidegger)를 언급할 수 있다. 기초존재론은 하이데거의 초기 저작에서는 원래 '현존재' 혹은 '세계내존재'로서의 존재 가능 조건을 규정하는 영역으로 이해되었다. 그후 하이데거는 후기 저작에서 그러한 존재 조건이 공간 구조적 전제조건을 갖는다는 점을 성찰하고 이를 위해 아리스토텔레스의 위치론을 끌어들였다.[42] 아리스토텔레스에 의하면, '장소'라는 것은, 대상들이 있다고 할 때, 그것들 안쪽에 형성된 우묵한 모양이나 그것의 표면에 맞닿은 맞은편 대상을 의미한다. 이런 공간성은 사물들에 부가된 부대 현상 혹은 '장소성'의 표본 효과로 규정된다. 스스로 "전회"[43]라 일컬은 이러한 시선 변경과 함께 하이데거는 결국 공간을 직관의 형식을 빌려 규정하려 한 칸트의 견해에 생활세계적인 토대를 부여하려 한다. 이러한 작업을 수행하면서 공간을 전반적으로 조건 지우는 것을 밝혀내, 이 결과를 모두 '존재'라는 개념으로 재현해냈다. 혹은 다른 곳에서는 그것들을 "대지(大地)"[44]라고 이름 붙여 논하기도 했다.■

프랑스 이론가들은 위상학이론을 수학과 연관지어 지속적으로 발전시켰다. 구조주의 계열 위상학의 경우 질 들뢰즈(Gilles Deleuze)가 '순수**공간**(reines spatium)'[45]이라는 개념에 부여한 공간 이해가 그 기초를 형성한다. 입체 혹은 '자리를 주는 것'이라는 의미를 강조하는 독일어 '공간'에 내포된 의미와는 달리, 라틴계 단어는 스페이스(space)라는 공간 개념■■에서 생긴 '산책(Spazieren)'이라는 단어에 그 의미가 내포되어 있듯이 거리/뻗침(Erstreckung) 혹은 관계성에 초점을 맞춘다.[46] 질 들뢰즈가 사용하는 의미에서의 '순수공간'은 산책 같은 구체적 활동에서 추상화(抽象化)된 구조를 의미한다. 바로 이러한 이론으로 구조주의적 공간 이해를 현상학의 위상학적 공간 이해와 비교할 수 있다. 현상학은 체험된 것으로서 공간성과 지속적으로 관계를 유지하려 하지만, 현상학의 방법은 구조주의에서는 거의 아무런 역할도 하지 않는다. 구조주의에서는 관계성을 강조하는데 이는 결국 수학 이론에 대한 관심으로 이어진다.

구조주의의 경우, 위상학의 대표자로는 다른 누구보다도 미셸 세르(Michel Serres)와 자크 라캉(Jacques Lacan)을 언급할 수 있다.[47] 이들은 수학

■ 하이데거는 전통 형이상학이 항상 존재자에 대해 물었을 뿐 존재에 대해서는 묻지 않았다고 진단한다. 이는 존재자를 존재자이도록 하는 존재를 전통 형이상학에서 묻지 않았다는 것을 말한다. 하이데거의 이런 진단은 존재자에 대한 물음보다 존재에 대한 물음이 먼저임을 의미한다. 그런데 그에게 존재란 스스로 이해하고 있는 것인 인간의 존재, 즉 현존재이다. 이에 따라 하이데거는 현존재를 분석하고, 이를 기초 존재론으로 제시한다. 그러나 1930년대 후반 이후, 하이데거는 새로운 사상의 전회(혹은 새로운 변화)를 보여준다. 그는 이제 현존재에서조차 드러나지 않고 비밀스럽게 자기를 숨기는 존재가 있다고 생각하고, 현재의 현존재 분석에서 존재 문제 자체로 파고 들어가, 존재의 이해에 필요한 요소들, 예를 들어 언어, 대지, 신의 존재 등을 논구한다. 그럼에도 불구하고 현존재는 존재 사건의 결정적인 부분으로 여전히 남아 있다.
■■ 여기서는 영어의 space에 해당되는 이탈리아어 spazio를 생각할 필요가 있다. 이와 어원이 같은 독일어 spazieren은 '산책하다'란 의미이다.

과 직접 교류하면서 위상학적 구조분석을 지속적으로 발전시킨 인물들이다. 그러한 작업은 두 가지 맥락에서 진행된다. 한편으로는 단어 의미상 '제어(혹은 조종)'와 관련이 있는, 스위치 회로와 그것의 상호관계를 다루는 사이버네틱스*의 맥락이고, 다른 한편으로는 심리 작용을 구성하는 구조를 묻고 그 과정에서 위상학적 질서를 구체적으로 설명하는 데 기여하는 다양한 형태를 연구 분야에 적용하는 심리분석의 맥락이다. 예를 들어 라캉은 프로이트의 **자아**, **초자아** 그리고 **원초아**의 3극관계로서 심리적 '위치론'을 연구하고, 이들을 '실재계', '상상계', '상징계'의 심급들로 동일시한다.** 이 구조적 계기들을 라캉은 ('보로메오의 매듭'의 예를 들면서) 서로 묶인, 달리 표현해, 서로가 서로에 대해 결합을 보증하는 3중나선의 매듭 구조로 기술한다. 사이버네틱스 측면에서 보았을 때, 위

■ 사이버네틱스는 생물 및 기계를 포함하는 계(系)에서의 제어와 통신 문제를 종합 연구하는 학문이다.

■■ 라캉은 우리가 경험하는 현실을 상상계, 상징계, 실재계로 설명한다. 이를 간략히 살펴보면 다음과 같다. 태어난 아이는 엄마의 몸이 대신하던 기능을 스스로 수행하지 못하고 심신의 통일을 이루지 못한다. 즉 아이는 자신의 신체를 통일된 전체가 아닌 흩어진 것으로 경험한다. 이러한 조각난 몸 의식은 상상계에서 극복된다. 거울 단계라 일컬어지는 상상계(생후 6~18개월)는 어린이가 거울에 비친 자기 이미지를 이상적인 모습으로 인식하는 단계이다. 이 단계에서 어린이들은 자기 신체가 조각나 있다는 생각에서 벗어나 타자(예를 들어 엄마)에게서 통일된 '자아'를 인식한다. '내가 너이고, 네가 나'라는 사고방식을 견지한다. 타자와의 이러한 동일시 속에서 아이는 타자, 특히 어머니와 융합을 갈망한다. 다른 한편, 아이는 성장하면서 언어를 배우고 그러면서 상징계로 돌입한다. 그런데 이 언어세계가 아이의 의식을 규정한다. 이 과정에서 주체는 더이상 진정한 주체가 되지 못한다. 이를 상징적 거세라고 한다면, 상징적 질서는 주체를 지배하는 큰 타자가 된다. 이는 프로이트의 '오이디푸스' 단계에서 어머니의 자리를 아버지가 대신하는 것과 같다. 다른 한편 상징계는 구조주의 언어학을 빌려 설명된다. 상징계에서의 언어/기호, 즉 기표들은 다른 기표와의 차이를 통해 자기동일성을 유지한다. 예를 들어 '강아지'는 강아지가 아닌 '망아지'와의 차이를 통해 혹은 그 외의 '강아지'가 아닌 것들을 통해 그것이 가지고 있는 의미를 획득/유지한다. 이는 기표가 대상을 직접 지칭하지 못하며 확정된 기의를 가질 수 없다는 것을 의미한다. 기표는 단지 간접적으로 혹은 불완전하게만 대상/기의와 관계한다. 달리 말해, 기표에 의해 잡히지 않는 기의가 있다. 이렇게 기표에 의해 잡히지 않는 기의는 '실재계'라 일컬어진다. 실재계는 단지 채워질 수 없는 욕망일 뿐이다.

상학이란 관계성을 창출해낸다는 의미에서 '공간 창출 효과가 있는' 것으로 여겨진다. 반면 정신분석학에서는, 위상학적 모델이 특히 심리적, 사회적 복잡성을 설명하는 데 사용된다.[48] 어찌되었든 이것들은 위상학적 기술에 적잖이 기여한다. 이런 예는 위상학적 변형을 일으켜 작업을 진행하는 건축학에서 관찰되기도 하는데,[49] 이 분야에서는 공간 구성의 새 가능성을 열어주는 위상학적 모델에 대한 관심이 높아지고 있다. 또 다른 경우 건축학은 구조들 간의 동일성을 만들어내고 여러 위상학 간의 차이를 만들어내는 것이 무엇인지 관심을 가질 뿐 아니라, 하나의 '균열'이 위상학적 구조를 와해시켜 원래 위상학적 구조 이상의 모습으로 변형을 유도해내는 효과가 어떻게 일어나는지 관심을 갖는다.

현상학과 구조주의에서 현재 진행되는 공간 연구는 다른 무엇보다 정치적, 매체적 질서의 위상학에 집중하고 있다. 구조주의 진영에서는 조르조 아감벤(Giorgio Agamben) 같은 이가 20세기의 중요한 공간 구조인 푸코의 '수용시설(Lagerung)' 개념[50] 연구에 착수해, 집합이론적 공리의 도움을 받아 그것을 '포함을 통한 배제' 형식[51]으로 규정한다. 그에 의하면, 민족국가들 내에 격리수용소가 건설되면서 그 안에서는 법적 타당성이 적용되지 않는 지역이 생겨났다. 수감자에게는 자의성이 적용되는 현실만 있을 뿐이며, 내용 없는 유명무실한 법만이 적용된다. 이러한 상황을 한나 아렌트(Hannah Arendt)는 개인의 내적 공간과 공공의 외부공간의 구분이 지양되는 상황으로 묘사한 바 있는데, 아감벤은 그녀의 설명 방식을 끌어들인다.[52] 아감벤에 따르면, 아렌트의 진술은, 권력심급이 스스로는 합법적 권력으로 군림하려 들면서도 정작 자신의 의도를 합법화하지 못하는 한, 공공의 공간은 사유화되고 만다는 뜻이다.[53]

현상학 진영에서는 최근에 보리스 그로이스(Boris Groys)가 발터 벤야민(Walter Benjamin) 이후 '아우라(Aura)' 개념에 대한 장소논리적 해석을 제안

한 바 있다.[*] 그가 (기술의 도움으로 재생산된) 원본과 복사본의 구분 불가능
성을 테마로 작업을 진행했을 때, 그의 예술작품 규정에는 '아우라의 위
상학'[54]이 내포되어 있었다. 그에 따르면, 인공품의 지위를 결정하는 것
은 물질적 특성이 아니고, 그것이 위치한 장소다. 박물관 밖에 똑같은 복
제품이 얼마나 많은지는 상관없는 문제다. 기성품이 바로 원본이다. 결
정적으로, 인공품의 물질성과는 상관없이 그것의 위치에 따른 특성이 원
본을 원본이게 하는 것이다. 그로이스는 자신의 해석을 예술작품을 상
대로 더욱 발전시켰다. 그렇다면, 그의 해석은 매체 일반에도 적용할 수
있을 것이다. 어떤 내용물을 사용자에게 전할 때 전달매체는 내용물을
그것을 담고 있는 것과 별개로 취급해서 사용자에게 전달한다.[55] 달리
표현해, 기술적 재생산이 얼마든지 가능한 시대에 내용물을 담은 물체는
이제 더이상 원본의 지위를 고수하지 못한다. 원본은 오히려 복제의 도
움을 받아 널리 보급될 수 있는 내용물들이다. 그럼에도 이 정도 수준은
매체 발달의 중간 단계일 뿐이다. 디지털 데이터의 교환 과정에서는 이
제 복제도 불필요해서, 이제는 내용을 담지한 전달매체의 복제본이 굳이
사용자나 수신자에게 전달될 필요도 없다. 수신자는 정보가 있는 곳을
찾아가기만 하면 그만이다. 이로서 **어디에** 정보를 담아 전달하느냐의 문
제는 후퇴하고, **어디서** 정보를 구할 것인지가, 즉 정보의 '주소'가 관건이
되어버린다.

　구조주의, 현상학 그리고 다른 분야들에서 과거 및 현재의 위상학이

---

[*] 발터 벤야민은 '아우라'를 독특한 예술작품 앞에서 사람들이 느끼는 경외감으로 이해한다.
그의 견해에 따르면 아우라는 대상 자체에 있는 것이 아니다. 그것은 작품의 소유주, 작품의
제한된 노출, 작품이 갖는 공적 진실성 혹은 문화적 가치 등과 같이 외적으로 부여된 속성들이
다. 이러한 의미에서 아우라는 원시적, 봉건적 혹은 부르주아 권력구조에 대한 연상이자 종교
적 혹은 세속적 의식에 대한 연상작용의 결과이기도 하다. 그러나 예술작품의 기술적 재생산
이 가능해지면서 이제 대중들 사이에서 아우라의 분산이 이루어지게 되었다.

그 유래에 따라 다양하게 연구되고 있지만, 그래도 공통점이 있다면, 공간성을 보는 시선이 바뀌었다는 점이다. 공간을 이해하는 데 실체공간이론 그리고 우연공간이론에 비해 위상학적 비교의 강점은 문화학 및 매체학이 애써 구하려는 것들을 찾는 데 잘 부합한다는 점이다. 즉 위상학적 비교는 문화학 및 매체학이 구하려는 바를 얻는 데 왕도가 될 수 있다. 공간 연구와 관련해 **공간적 전회**와 **지형학적 전회**의 결과를 보면 이런 시각이 정당하다는 것을 잘 알 수 있다. 이 두 가지 '공간 전회'에서는 공간 관계나 공간 구성 기술이 가능하다는 사실이 증명되었을 뿐 아니라, 그러한 작업이 정말 합목적적이라는 점이 판명되었다. 따라서 첫 번째 전회, 즉 공간적 전회를 자연공간을 기술하는 작업으로 파악해 그쪽으로 회귀하는 것이라는 생각은 전적으로 오해라고 할 수 있다. 그뿐이 아니다. 두 번째 전회, 즉 지형학적 전회를 문화공간을 지도화하는 작업으로 여기는 것 역시 오해의 소치이다.

4 기고문들에 대하여

본서의 기고문들에 공통점이 있다면, 최근 문화학 및 매체학에서 공간성의 문제를 두고 벌어진 논의를 특정한 방식으로 파악하고 있다는 점, 그리고 공간에 대한 위상학적 기술(記述) 가능성을 타진하는 논의를 전개하고 있다는 점이다.

1부('공간에서 위상학으로') 기고문은 현재 통용되는 공간 개념들뿐 아니라 공간 기술 방법들을 비판하거나 위상학적 접근을 천명한다. 첫 번째 단계에서 역사학자 카를 슐뢰겔(Karl Schlögel)은 역사적 지역 분석의 중요성을 강조하는 가운데 이를 상트페테르부르크(St. Petersburg) 시의 묘사를

통해 보여준다. 이 작업과 비교해 문화지리학자 율리아 로사우(Julia Lossau)
는 공간성의 생산 문제에 천착하면서 본질주의적인 공간 기술에 비판적인
입장을 보여준다. 두 번째 단계에서 철학자 베른하르트 발덴펠스(Bernhard
Waldenfels)는 공간적 시각에서 생활세계를 분석하기 위한 전제조건을 천
착하고 이 과정에서 이질공간(Heterotopien)을 현상학적으로 기술할 수 있
음을 보여준다. 미디어 학자 우테 홀(Ute Holl)은 특히 영화관을 고려하면
서, 지각이론적 접근의 기술적(技術的) 조건을 고려하는 가운데 현상학적
기술을 다시 맥락화한다. 세 번째 단계에서 게오르크 크리스토프 톨렌
(Georg Christoph Tholen)은 칸트 이후 공간의 직관이 매체의 조건들 아래에
서 변형될 수밖에 없었음을 기술한다. 끝으로, 카트린 부슈(Kathrin Busch)
가 하이데거를 논의의 출발점으로 삼아, 공간성 창출 활동으로서의 예술
작품을 고려하면서 크리스토프 톨렌의 글에 상응하는 국면전환을 소개
한다.

2부('위상학의 태동')은 수학적 위상학의 출현을 소개한다. 우선 예술사
가인 카린 레온하르트(Karin Leonhard)는 근대, 특히 바로크 시대 달팽이 모
양의 건축물 혹은 그러한 형식의 구조물에서 발견할 수 있는 회전 방향
및 대칭구조들을 논한다. 그다음으로 페터 보른슐레겔(Peter Bornschlegell)
은 가우스 및 비유클리드기하학을 고려하는 가운데, 위상학의 조건을 주
제로 논의를 펼친다. 블라디미르 벨민스키(Wladimir Velminski)는 다시 오
일러의 '쾨니히스베르크의 다리 문제'의 해결을 상세히 소개하는 가운
데, 수학적 사고와 실천기술적(poietisch) 사고의 공통점을 논한다. 끝으로
과학사가인 마리-루이제 호이저(Marie-Luise Heuser)는 라이프니츠 이후 '위
치해석'을 리스팅의 위상 개념과 비교하고, 역학적 자연철학이 위상학의
현대적 개념에 어떤 영향을 미쳤는지 소개한다.

3부('응용위상학')에서는 수학 이외의 영역에서 출현한 위상학적 논의

들이 소개된다. 그중 첫 번째 기고문인 요아힘 후버(Joachim Huber)의 글은 위상학을 열 개 테제로 나눠 읽는 프로그램을 전개하는데, 그는 이 프로그램을 통해 건축과 도시계획에서 이미 완수된 위상학으로의 전회를 재현함과 동시에 이를 형태 구성(Gestaltung)과 관련된 디자인 영역에 응용할 것을 제안한다. 문화 및 매체학자인 페터 벡스테(Peter Bexte)는 세르와 사이버네틱스가 제기하는 문제를 다루는 것을 출발점으로 해서, 사이 공간성의 논리에 기초한 구조주의적 위상 개념을 소개한다. 이어 정신분석학자인 마이 베게너(Mai Wegener)는 라캉의 위상학적 모델들이 어떻게 해서 무의식적 구조들의 표층을 설명하는 기능을 수행할 수 있는지, 또한 어떻게 정신치료 임상에서 중요한 역할을 담당하는지를 보여준다. 이어지는 헬무트 E. 뤽(Helmut E. Lück)의 글은 쿠르트 레빈의 작품에 기대어 심리학에서 위상학적 논의가 어떻게 실천되는지를 보여주는데, 더 나아가 레빈의 장이론이 기능적 사고에 속한다는 점을 알리고 현대적으로 적용하는 방법을 소개한다. 롤란트 리푸너(Roland Lippuner)는 사회과학에서 위상학의 개념을 부르디외의 사회학 및 미셸 드 세르토(Michel de Certeau)의 행위 개념에 따라 기술하고, 이 둘을 일상적인 공간실천을 기술하는 시각에서 주제화한다. 소설가 비토리아 보르소(Vittoria Borsò)는 보르헤스 작품의 일화를 분석하면서, 위상학적 문학이론을 발전시킴과 함께 일곱 개의 테제를 설정해 각 과제를 수행한다. 그다음으로 예술 및 매체이론가인 마르크 리스(Marc Ries)는 영화 분석을 통해, 매체미학의 위상학적 이론을 제시하고 이를 다시 지형학적 기술(記述)과 구분한다. 마지막으로 크누트 에벨링(Knut Ebeling)은 블랑쇼 및 벤야민을 논의에 끌어들여, 장소특징적으로 논의를 전개하고 구체적인 공간 배열을 집중적으로 다루는 미학이론을 제시한다.

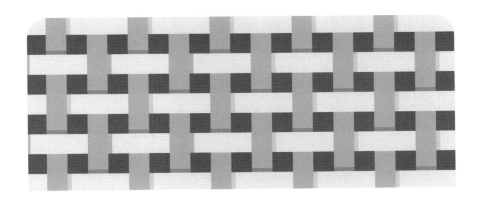

1부 공간에서 위상학으로

공간 그리고 역사

1 점증하는 관심의 대상 '공간적 전회'

역사 및 과거에 일어난 사건을 다루는 역사가는 자신이 수행하는 작업을 성찰하게 마련이다. 하지만 이러한 철학적 태도가 역사가를 철학자로 만드는 것은 아니다. 본업이 역사가인 나는 역사와 역사 기술의 여러 가능성에 흥미를 갖고 있다. 이 주제에는 시공간에서 역사가 차지하는 역할, 역사가 일어나고 '전개되는' 것을 고찰하는 일도 포함된다. 내가 지금까지 수행한 역사 연구의 토대 위에서(필자가 판단할 수 있는 한) 한때 일시성(Temporalität)이라는 개념이 즉흥적이고도 '자연히' 우세를 보인 바 있다. 하지만 그 생각을 뒷받침하는 확고한 근거는 없다고 생각한다. 필자가 이런 결론에 도달한 것은 합당한 역사철학적 성찰에 근거해서라기보다 나 자신이 수행해온 연구 실천에 대한 성찰을 통해서이다. 이러한 성찰의 결과로 **공간적 전회**를 천명하려는 것은 아니다. 오히려 역사적 사건이 갖는 공간 차원에 더 많은 관심을 기울이는 것이 황금기를 누린 시대의 역사를 서술하는 데 필요불가결한 덕목이라는 게 필자의 결론이다. 그러나 역사적 사건이 갖는 공간 차원에 더 많은 주의를 기울이는 능력은 단순히 그렇게 해보겠다고 마음먹는다고 해서 얻을 수 있는 게 아니다. 즉 방법적 결정주의의 문제가 아니다. 그것은 역사 기술의 패러다임을 한번 바꿔볼까 하는 식으로 생각할 문제도 아니며, 해당 역사에 내재한 문화(Geschichtskultur), 그리고 사료 및 문서와의 소통 경험과 관련이 있다. 그리고 시간대와 세대를 뛰어넘는 역사 기록물을 구성해내는 일, 특히 역사와의 소통을 가능케 하는 기록물을 구성해내는 것과도 관련이 있다. 요컨대 역사를 발굴하고 기록하는 사람들의 경험과 관련되어 있다. 사람들은 그런 것을 배워야 한다. 물론 그에 대한 준비 자세와 통찰력이 필요하다.

　(어느 정도의 무지와 불찰의 긴 시간을 보낸 후) 이제 '공간 기술의 역사학(Geschichte von Räume)'이 될 수 있다고 믿는 역사 기술들이 여기저기에서 우후죽순처럼 출현하고 있다. 나는 이러한 역사 기술을 잘못된 길, 막다른 골목, 비록 번성하고는 있지만 점차 사그라들 유행으로 여긴다. 역사 기술에서 '공간'은 행간에 숨어 있고, 시선이 형성되는 과정에 숨어 있으며, 지각한 것과 역사 기술이 기록되는 곳 속에 은닉된 채로 존재한다. 역사 기술을 보면 우리는—공간이라는 말 자체가 출현하지 않을 때조차—역사 기술이 무엇을 말하고 무엇을 말하지 않는지 그 자신이 알고 있는지 어떤지를 잘 안다. 그리고 공간적 차원에 주의를 돌리는 역사 서술이 무엇을 성취할 수 있을까 하는 것은 기본적으로 개념 설명이 아니라, 역사를 잘 작업하는 데서, 즉 내러티브의 적합성(Angemessenheit)과 적확성(Stimmigkeit)을 구현하는 데서 결정된다. 바로 이러한 내러티브의 적합성과 적확성에 아직 해결되지 않은 문제들이 놓여 있다.

2 '고유'의 기록서(記錄書)로서 도시

역사가들의 눈에 도시들은 '고유'의 기록물이다. 그 속에는 수천 수만 명의 삶이 얼키고설켜 있다. 그것들은 오래되었고, 여러 세대를 걸쳐 내려온 노동의 결과물이다. 하지만 떨리고 진동하는 점들같이 매일 사회적 삶의 과정에서 거듭 거듭 새롭게 창출된다. 역사가 원하면 그 속에서는 모든 시민의 에너지와 천재성이 꽃봉오리가 부풀어 개화하듯이 피어난다. 그것들은 또한 자기 파괴적인 경쟁의 무대, 죽음이 난무하는 고통의 무대이기도 하다. 도시들은 모든 문화의 흥망성쇠를 보여준다. 사회가 어떻게 정비되어 있는지 알고자 할 때, 우리는 도시를 고밀도 점들의 모임으로 바라본다. 도시는 마치 우리가 이해하려는 것만을 읽으려는 역사책 같아서, 우리는 거기서 역사를 찾아 읽을 수 있다. 도시에는 각 시대의 역사가 녹아들어 있다. 시대적 단절은 흔적과 표식을 남긴다. 화석화된 연대기로서의 도시는 가장 광범위하고 거대한 기록물로, 거리·장소·건물 등이 섞여 있고 평지와 강변을 따라 줄지어 늘어선 모습들을 생각하게 한다. 하지만 도시의 정신, 분위기, 기풍을 파악하는 일에 관한 한, 종종 시인들이 시에서 풍기는 정취들로는 충분치 않다. 도시는 역사적 사건이 일어나는 무대이고, 그 자체의 역사를 갖고 있으며, 역사의 족적을 그림으로 간직하고 있다. 이 모든 것을 인간이 만들었다. 도시는 드라마틱한 사건이 펼쳐지는 무대를 마련해준다. 도시공간 내에서는 모든 것이 서로서로 엮인다. 시간, 장소, **등장인물**, 이 모두가 도시공간에서는 서로 묶여 있다. 공적 공간, 사적 공간, 건설된 장소, 상상의 세계가 하나로 묶여 있는 것이다. 우리는 다른 어느 것과도 바꿀 수 없는 유일한 자기만의 도시가 있다는 사실을 전혀 의심하지 않는다. 하지만 우리가 그 도시에 대한 그림을 그리려 할 때, 그런 그림이나 시각들이 도시민의 수

만큼이나 다양하고 많다는 사실 또한 우리는 확신한다. 도시는 그 자체가 독특한 영웅이자 힘과 권력 완성의 주체이다. 그러나 독립적인 모든 지배자는 자신의 의지와 권력 완성을 그 도시들에 각인하기도 한다. 그리하여 도시들은 장식화되고 그림 그려지기도 한다. 또한 역사상 몇몇 시기는 역사의 전체 층이 도시 모습에서 지워지고 사라지게 하는 빌미를 제공하기도 했다. 도시 전체를 돌아보려면 조망이 필요하다. 하지만 도시의 비밀은 '도심의 구체적으로 조밀한 밀집성'에서 비로소 드러나게 마련이다. 사람들은 도시를 읽어낼 수 있는데, 여기서 '도시를 읽는다'는 말은 도시에 대해 상당히 강한 인상을 받는다는 뜻이다. 하지만 도시를 좀더 세밀히 들여다볼 경우, 사람들은 해당 장소를 직접 방문해 이리저리 돌아다니면서 둘러본다. 도시를 읽는 방식은 사람들이 사지육신을 이끌고 실제로 돌아다닐 뿐 아니라 마음속으로도 이리저리 돌아다니는 것이다. 역사가들은 프란츠 헤셀(Franz Hessel)이 "장소의 목사(Priester des Ortes)"라 칭한 유람객들과 마찬가지로 장소에 자신을 내맡길 뿐 아니라 그에 대한 주의 집중을 실천적으로 수행하는 사람들이다. 다만 그들과 다른 점은, 역사가가 수행하는 작업의 단계·표현·결정들은 그 이론적 기반이 근거 지어진 것들이고, 여러 사람이 합리적인 방식으로 따라잡을 수 있는 것들이며, '상호 주관적으로 검증할 수 있는 것'이라는 점이다. 이러한 역사가의 작업은 그 작업의 근거 및 전제, 즉 왜 다른 도시가 아닌 바로 이 도시이며, 왜 이전이나 이후가 아닌 바로 지금인가를 다루는 일과 함께 시작된다.

3 사례: 상트페테르부르크—새롭게 태어난 역사적 장소

대상(여기서는 상트페테르부르크/페트로그라드/레닌그라드를 가리킨다)에 대한 각 연구들은 자신이 전제하는 것들이 있으며, 역사상의 구체적 장소에서 진행된다. 21세기 들어 상트페테르부르크를 새롭게 개장하려는 시도가 있었다. 이에 대해서는 나름의 근거가 있으니, 2003년은 상트페테르부르크 건설 300주년이 되는 해이다. 물론 유럽의 도시임을 감안하면 300년은 그리 오래된 세월은 아니며 특별히 기념할 만한 역사적 나이라고 볼 수도 없다. 이와 관련해서는 2003년이라는 해에 끼어 있는 기념일이 놓인 상황이 더 중요하다. 한때 러시아제국의 수도였고 그후 80년간 러시아 제2의 도시 역할을 해온, 온갖 영광을 누렸을 뿐 아니라 자신의 본래 의미를 상실하는 아픔을 겪었던 상트페테르부르크는 단번에 다시 관심의 초점이 되었으며 짧게나마 기념 축제 동안에는 외국 손님 맞이의 인상적인 주무대가 되었다. 러시아 정부는 단시일 내에 거대한 스케일로 이 도시를 재건하기 위해 막대한 자금은 물론이고 필요한 수단을 총동원했다. 마치 수십 년간 못 한 것들을 가장 짧은 기간에 쏟아붓는 듯했다.

모든 것이 전시효과를 노린 속임수가 아니라면, 그러한 기념 축제는 단지 축제에만 국한되지 않는 근본적인 성질의 행사요 새로운 역사 구성을 위한 절호의 기회였을 것이다. 도시가 옛 이름 페테르부르크를 다시 찾은 1991년 이후 이미 10년이 흘렀다. 도시는 오랫동안 잃어버렸던 옛 이름과 함께 다시 역사의 무대에 등장했다. 페테르부르크, 이 이름은 바로 소비에트 시기에 멸망했다가 '러시아 역사의 페테르부르크 시기'에 과거의 쇠락을 극복하고 부흥한 도시를 가리키기 위해 사용되었다. 물론 도시의 개명은 (명칭의 변화에서 그렇듯이) 본질적일 것을 나타내는 일종의 상징이다. 옛 명칭의 귀환은 옛 제국 수도의 명칭과 연관되어 있고 반대로 300년 역사에서 페트로그라드 시대 및 레닌그라드 시대와 연관된 역사, 위치, 성취에 대한 새로운 평가 및 재평가를 상징한다. 도시의 이름을 바꾸는 등의 극적인 상황은—그것은 페레스트로이카와 글라스노스트 과정을 정지시키려 했던 보수세력이 반란을 시도한 1991년 8월에 벌어진 일들인데—'옛 가치의 역사적 재평가'에서 모든 것이 새롭게 협상된다는 것을 상징한다. 도시의 개명 자체는 수십 년간 사용되지 않았을뿐더러 주변부에 내몰려 있던 옛 제국 수도에는 상징적인 사건에 불과했다. 그러나 이는 두 수도 이름의 관계가 새로이 협상된다는 것을 상징한다. 유럽인들에게 이것은 다음과 같은 것은 의미한다. 유럽 북동쪽 주변부에 위치한 도시에 거주하는 유럽인들, 한때 러시아제국의 수도였고 '북구의 팔미라(Palmyra)'■에 사는 유럽인들이 유럽의 정신적 지도(地圖)로 다시 귀환했다. 유럽 지평에서 떨어져나간 도시 그리고 항상 역사적·문화적·예술사적 개념이었던 도시가 다시 유럽의 지평으로 귀환했다. 도시는 특수한 역운을 가진, 20세기 운명을 품은 도시로 돌아와 신고를 했다. 네바(Newa) 강변의 도시 페테르부르크는 1917년까지는 빈과 베를린, 콘스탄티노폴, 파리 그리고 런던의 자매도시였다. 도시는 제2차 세계대전 이전에는 제국들이 각축을 벌인 무대였고, 전쟁과 혁명의 와중에는 "세계를 뒤흔든 10일" 동안 역사의 현장이었으며, 러시아의 수도가 모스크바로 옮겨간 이후 지방의 한 도시로 밀려났다.

소비에트에서 유래한 국가사회주의가 막을 내린 다른 지역들과 마찬가지로, 페테르부르크 역시 국가 주도의 중앙집권제와 제국주의에 대항해 자신을 시민, 도회지, 자기 조직력, 지역과 지방의 장소로 자리매김했

■ 시리아 사막 지역에 위치해 있음에도 물이 풍부한 곳으로, 사막 여행자들이 머무르는 도시였으며, 메소포타미아와 지중해, 아나톨리아와 아라비아반도를 연결하는 교통 요충지로 대상 교역이 활발했다. 아랍어로는 '타드모르' 혹은 '타트무르'라 불린다.

다. 세 가지 계기―유럽 지평으로의 귀환, 포스트소비에트러시아에서의 힘의 재편성, 유럽의 분열을 극복하고 유럽을 하나로 생각하는 도시민의 부활―들이 바로 네바 강변에 위치한 도시 페테르부르크에 새로운 관심을 불러일으킨 주된 요인들이었다.

잠시 시선을 과거로 돌려보자. 우리가 이러한 시도를 하는 까닭은, 이때 적용되는 과거를 보는 시선이 항상 동일하지 않았고 역사적으로 각 경우마다 변해왔으며 그리고 그때의 각 시선은 매번 자신만의 국면, 자신만의 적용기회를 가지고 있다는 사실을 인지하기 위해서이다. 제1차 세계대전 세대에게 페트로그라드는 유럽 역사의 자명하고도 탁월한 무대였다. 하지만 1920년대에 사람들은 서부에서 우선 모스크바를 향해 나아갔다. 그다음에는 (1924년부터 그렇게 불린) 레닌그라드로 갔다. 사람들은 그 도시를 이미 죽어 사라진 것들이 집적되어 있는 장소요, '과거의 세계'라는 테마공원으로 찾곤 했다. 레닌그라드는 '새로운 세계의 탄생'을 볼 수 있던 도시가 아니라, 음울한 멋 때문에 방문하는 도시였다. 레닌그라드는 더 볼 것도 없는 주변부이자 박물관 그리고 종점이었다. 이 도시가 기술적, 지적 잠재력을 갖고 있으며 산업화시대에 소비에트연방을 먹여 살렸을지라도, 이곳은 현재의 도시라기보다는 분명 과거의 도시였다. 그리고 그 도시는 하나의 거대한 박물관이었고, 그 도시 몫의 배당금은 스스로 충당되지 못하고 대신 모스크바에서 결정되는 보조금에 의존하고 있었다. 그랬던 도시가 공공의 의식 영역으로 들어서서 새로이 '영웅 도시'로 거듭난 적이 있으니, 바로 봉쇄를 당했던 시절이자, 독일군의 병합에 맞서 저항해 버티던 시절이다. 그리고 이번에는 극심한 반대를 무릅쓰고 강행된 소비에트연방의 종결이 이 도시를 유럽과 러시아의 관문으로 되살림으로써 도시의 발전과 유럽과의 관계에서 새 장을 열었다. 이러한 역사적 순간에 페테르부르크를 보는 또 다른 시선이 형성된 것이다.

4 역사 기술과 위상학: 역사현장에 대한 새로운 관심

관찰 대상 측면에서만—도시 페테르부르크에서만—이 아니라 관찰자
측면에서도—그 관찰자가 깨친 당대인이건 역사가이건—무엇인가 행해
지고 변화했다. 공산주의 혹은 소비에트체제의 종결은 정치체제 분석
가, 정치학자, 경제학자, 통계학자뿐 아니라 역사가들까지도 시험대 위
에 올려놓았다. 시대를 진단하는 이들은 경악했다. 비록 통제된 형태로
소비에트체제가 해체되고 있었지만, 사람들은 체제의 '붕괴'와 '내부의
폭발'을 이야기할 뿐 '시스템 내부'에 이미 위기에서의 탈출구를 찾아내
는 성숙한 세력이 있었다는 사실을 간과했다. 비상사태 선언 시에 몇몇
정치평론가는 '체제'의 안정성이 과장되었다고 말했다. 또 다른 정치평
론가들은 자신들이 늘 불확실한 체제 불안정성을 가정해 분석을 시도했
다고 말하기도 했다. 역사학에서도—이미 소비에트연방의 형식적 종결
이전부터—소비에트체제에 대한 해석의 문제를 두고 공개적으로 첨예
한 논쟁이 불붙은 적이 있었다. '전체주의 체제'는, 이미 오래전부터 '예
상해온' 것처럼, 결국 붕괴하고 말았다. 사람들은 '비상정부'가 어떻게
80여 년간 온전히 지탱할 수 있었는지를 설명해야만 했다. 소비에트공
산주의를 새로이 총체적으로 평가하고 **장기지속**에 대해, 연속과 비연속
에 대해, 시민사회와 농업국가에서의 도시와 도회지적 전통이 갖고 있는
강력한 힘을 알아야 할 충분한 이유가 있었다. 정치적인 체제경쟁을 넘
어 역사를 정당화하고, 볼셰비즘/공산주의를 러시아 역사의 연장선상에
부속시키고 그렇게 함으로써 러시아 역사에서의 페테르부르크 시기의

위상을 새롭게 논의하는 장이 결국 동서 충돌의 종식과 냉전의 종식 이후 **사후적으로** 열렸다. 특히 러시아문헌보관소의 문이 개방되면서 그러한 작업을 위한 여러 길이 모색되기에 이르렀다. 일상적 삶, 폭력의 악몽, 사회적 저항운동, 거룩한 조국전쟁하의 새로운 건설, 러시아 지방 세계 등 여러 방향에서 러시아의 역사는 새롭게 평가되었다. 이제 집단주체에 대한 관심에서 개인 및 개인의 일대기에 대한 관심으로, 구조에 대한 작업에서 생활세계의 심연 속으로, 체제와 계획 그리고 경제에 초점을 맞추는 데서 벗어나 역사가 갖는 무질서와 고유 의미에 대한 관심으로, 독트린의 연구에서 문화코드의 해명으로 역사 연구의 강조점이 옮아갔다. 러시아 역사를 천착해 들어가는 새로운 길 중의 하나가 역사 현장을 돌아보는 일이었다. 이는 지역 살펴보기(**도시사, 지역사, 지방사 연구는 왜 없었나?**), 미시적인 세세한 분위기 살펴보기(**지식인 동아리, 사람들의 사조직, 사람들의 후원관계, 민속적 네트워크에 대한 연구는 왜 없었나?**), 심리 상태 및 태도를 생산해내는 것 연구하기(**사람들의 생활 스타일, 가치 추구에 대한 연구는 왜 거의 없었나?**)를 의미한다. 단지 문헌보관소만이 갑자기 개방된 게 아니었다. 사물을 보는 시각과 지각 방식 자체가 변모했다. 지역 현장을 찾아 조사활동을 벌이고, 모든 일이 벌어지고 모든 극이 펼쳐지는 현장을 방문해 탐문하는 가능성이 모두 소비에트 공산주의의 종식과 함께 나타났다. 여기서 '현장(Schauplatz)'이란 단지 물리적·지리적 의미만 갖고 있는 게 아니다. 그것은 이전에도—이것은 러시아의 괄목할 만한 각 역사에 속했던 것인데—지리, 기후, 식물, 동물의 탐구에 들어가기에 앞서 배워야 하는 입문 단원으로도 존재했다. 그런데 그러한 현장은 종종 역사적 사건을 기술하기 위한 죽은 무대요 '객관적'이고 주변적인 환경적 조건으로 언급되었다. 역사적 공간 또한 그 속에서 뭔가 일어나는 컨테이너로 언급되었을 뿐, 다양하게 구성되고 생산되는, 즉 역사적인 공간으로 언급되지는 않았다. 러시아 역사발전의 공간적인 관계를 확인하는 것과 역사 공간을 재구성하는 것—이는 사람들이 '공간적 전회'라 일컫거나 천명하는 것인데—은 분명 역사 기술이 (또한 러시아의 역사 기술이) 새롭게 조직, 관리되는 방식 중 하나였다.

여기서 유럽인들의 관심은 상트페테르부르크로 향한다. 상트페테르부르크에 대한 이러한 관심은 러시아의 탈공산주의화와 유럽 통합을 목격하고 있는 오늘날의 유럽인들에게 새삼스럽게 중요한 문제가 되었다. 그런데 상트페테르부르크의 무엇이 우리의 시선을 잡아끄는 것일까? 표트르 대제도, 북해의 해변 쪽으로 이전된 지원 기지도 아니다. 황제의 궁전과 제국의 수도 문제는 더더욱 아니다. 그것은 오히려 러시아 자본주의와 최초 세계화의 역동적 중심지, 급격한 계급 형성과 사회발전 운동, 현대적 대중문화의 태동과 시민사회의 중심지, 1900년을 기점으로 유럽에서 일어난 과정들의 중심지이자 1917년에 갑자기 종말을 고하면서 유럽풍 현대의 중심지를 몰락시킨 과정들의 중심지였던 페테르부르크이다. 여기서 제기되는 물음은 이러한 것이다. 러시아의 드라마를 좀 더 잘 이해하는 데 도움을 주는 더 정확한 표상을 어떻게 획득할 것인가? 이 물음에 대한 답은, 너무 간단할지 모르겠지만, 이러하다. 역사적 사건의 현장을 살펴봄으로써 우리는 그러한 표상을 얻을 수 있다. 그러한 현장답사 혹은 장소 기술—지형학(Topographie)—말미에 아마도 이전보다 더 잘 그리고 더 정확히 볼 수 있게 되었음을 깨달을 것이다. 가장 기초적인 의미에서 지역을 기술하는 일이 우선 이에 속한다. 지역 기술을 체계적으로 가르칠 수 없었던 관계로 사람들은 이를 재차 학습해야만 한다. 그렇지만 지역을 기술한다는 것은 그 이상을 의미하기도 한다. 그 작업은 사회적, 문화적, 정신적 공간들의 태동과 몰락을 재구성하는 작업이기도 하다. 공간을 기술하는 일은 공간들이 어떻게 해서 생성, 해체,

붕괴되었는지에 관심을 둔다. 역사지형학(historische Topographie)은 공간
들의 생성과 붕괴를 사고 차원에서 사후적으로 따라잡기에 역사적이다.
위에서 언급했듯이, 고도로 역동적이었던 1890~1930년 상트페테르부
르크/페트로그라드/레닌그라드의 역사지형학은 시간과 공간이 인위적
노력 없이 서로 조직적으로 녹아들어 융합된 역사 기술, 즉 유럽사의 시
공간(Chronotop)으로서 페테르부르크를 기술하기 위해 필요한 요소들을
제공한다.

5 표면에서 시작하기

표면에서 시작하는 입장을 옹호하는 것은 본질주의적 접근에 반한 현상
학적 접근을 선호해서가 아니며, 개념적이고 정의적 접근법에 반한 감각
주의적 접근법을 선호해서도 아니다. 또한 특정한 이론적 열정의 결과
도 아니다. 비록 이들 중 하나가 우리의 지적 작업에서 중요한 역할을 한
다고 할지라도 말이다. '사료들'을 반성적, 성찰적으로 다루면 그 결과
표면에서 시작하는 연구를 옹호하게 된다. 표면은 대상의 현재 모습을
그것의 현상태(Jetzt-Zustand)로, 즉 그것의 시간성에서 보여준다. 다시 말
해 그것의 역사성에서 보여준다. 오늘날 두 발로 직접 걸으면서 둘러보
는 넵스키 프로스펙트(Newski-Prospekt)▪는 그렇게 함으로써 드러나는 현
재 상태에서, 그것의 주변은 어떻게 설비되어 있는지, 러시아를 대표하

▪ 러시아의 가장 유명한 거리이자 페테르부르크의 주(主) 도로를 지칭하는 이름으로, 프랑스
파리의 샹젤리제 거리에 비견된다. 도로 이름 자체는 원래 이 도로 끝자락에 있는 알렉산드르
넵스키 성당에서 따왔다. 주변 도시들과의 연결고리를 이루고 있으며, 도로를 따라 호화로운
궁전, 교회, 성당, 카페, 박물관, 백화점, 영화관, 호텔 등이 즐비하다.

는 공적 공간인 그것과 사람들이 어떻게 '교류하는지' 등을 잘 보여준다. 이러한 교류에서—사람들이 그것을 방치하는 데서, 액면가 그대로 살리는 데서, 세련된 국제 규모의 '대로(大路)' 혹은 라스베이거스의 짝퉁으로 역사무대 위에 올려놓는 데서—건설된 역사에 도시가 그렇게 구현되어 있듯이, 현재나 현세대가 과거를 대하는 관계 방식이 드러난다. 사람들이 그 도시와 맺는 이러한 관계는 마치 역사 기록물과 텍스트를 대하는 것과 같다. 사람들은 이것들을—니체에 따르자면—비판적으로, 일종의 골동품으로, 역사적으로 의미 있는 것으로 대할 수 있다. 그래서 표면 연구는 감각적인 현상들의 무한성과 다양성을 고려할 뿐만 아니라, 그러한 현상을 확정시키고 분석과 해석이 가능한 방식으로 그 역사성을 파악한다. 그리고 그러한 연구는 대상에 초점을 맞추는 데 무엇이—대상들의 상호관계, 관련성, 연관 관계, 맥락, 구성적 배열 등—중요한지를 지각하고 그것이 진지한 연구과제임을 인식하게 해준다. 단지 넵스키 프로스펙트를 조목조목 살피면서 걷는 데서만 도시의 공적 공간이 갖는 복잡성이 드러날 수 있으며, 건축물과 그것을 보는 시각이 문제없이 통합되어 넵스키 프로스펙트 공간을 과거 모습 그대로 나타나게 하고, 자신의 주위를 빙 둘러볼 때에만, 개별적으로 분리되어 있을 때는 볼 수 없던 모든 내용이 가시화되기에 이른다. 이러한 경험은 공간의 3차원 특성과 관계가 있으며, 그 외의 다른 경험으로 분해되거나 대체되지 않는다. 이러한 경험을 기반으로 한 연구에서는 완전히 잊힌 듯한 기본적인 사태 관계를 다시 복원해 고려하고자 한다. 그리고 구체적인 현상 감지하기, 즉 보는 눈을 훈련시키고, 넓은 의미에서 감각을 훈련시키는 것 또한 '표면 연구' 프로그램에는 중요한 요소들이다. 감각 훈련, 눈 훈련, 듣는 훈련 등은 서류나 비판적 원본에서의 훈련 못지않게 중요하다. 우리가 원자료와 교류함으로써 획득하고 읽어내는 것들은 훈련된 감각의 비판적 사용의 결과이다. 여기서 훈련받았다는 것은 인습적 의미에서 형태 감각 훈련, 문화적이고 예술적인 형태를 느끼는 감각 훈련을 받았다는 뜻이다. 그런 훈련에 관련된 영역으로는 예술사, 디자인, 음악, 건축, 도시건축 등이 있다.

'표면에서 시작해 나아가기'는 무한히 많은 대상이나 사태 관계들과 관련되어 있으며, 대상의 선택에서 늘 그러한 것처럼, 단순히 직관과 정열의 문제라기보다는 합리적인 근거 짓기 문제이자 '간주관적인 따라잡기가 가능한 결정'의 문제이다. 이에 따르면 '표면에서 시작해 나아가기'는 외적 스타일이 보여주는 형태의 분석이자 도로와 장소의 형태, 인테리어나 디자인의 양식 분석이고, 서점이나 서고의 상태 분석이며, 자연 관계들(물길, 기후 관찰, 공원 내 나무들의 배치)의 분석일 수도 있다. 우리가 현상의 다양성 속으로 직접 침잠해 들어가느냐 아니면 인식에 대한 강렬한 관심에 따라 어떤 선(先)작업을 진행하느냐, 그러니까 그 다양한 현상들을 하나로 묶는 가닥을 엮어내느냐는 다른 학문 영역과 다르게 설정되는 것이 아니다.

물론 우리는 문헌, 말 그대로 '페테르부르크를 다룬 텍스트'에서, 즉 역사의 진행 과정에서 형성된 텍스트에서 그려지는 도시의 존재 모습에서 출발할 수도 있다. 여기서는 마치 상상의 공간과 장소의 생성, 변형, 와해 과정이 주제화되는 듯하다. 이때 모든 것은, 사람들이 '페테르부르크를 다룬 문헌'을 생활세계와 어떻게 관련 짓느냐, 어떻게 양자의 균형을 이루느냐, 그것이 완성될 경우 상상의 도시가 실제 도시를 대신할 위험을 안고 있는 이성 중심적인 협소화를 어떻게 피할 수 있느냐에 달려 있다.

6 삶의 진행 과정의 고고학

표면을 해독하는 데에만 머물 수 없다는 것은 자명하다. 표면의 '읽을거리들'은 항상 다양한 전제를 갖고 있고, 방대한 선지식에 기초해 있으며, 표면의 표식들에 암시되어 있거나 확정된 연관 관계에 대한 이해를 포함한다. 표면의 표식들은 진전된 의미 탐색을 위한 실마리가 되고, 그 표식을 본 독자는 흔적을 읽는 독자, 일종의 고고학자가 된다. 고고학자의 비유, 즉 탐침을 땅 속에 박아 발굴 작업을 해내 찾아낸 파편과 조각을 조합해 전체 그림을 만드는 사람과의 비유는 표식 및 상형문자 해석자의 비유와도 잘 들어맞는다. 역사가란—그것이 국가 거사 장면(Haupt- und Staatsaktion)▪이 되었든 아니면 별로 중요하지 않은 일상사가 되었든—사라진 삶의 형식을 연구하는 고고학자이자 과거의 삶을 탐사하는 사람, 또는 해석가이다. 과거로 침잠한 삶의 연관들을—도시, 가족, 국가 등을—재구성하려 할 때, 그들의 모든 에너지는 '시야에서 사라진 도시들〔이탈로 칼비노(Italo Calvino)〕'을 현전하게 하는 거대한 작업에 맞추어져 있다. 보통 이 작업은 분업화되어 있어, 구체적으로 조망할 수 있는 부분을 대상으로 하여 진행된다. 가령 집안일을 하는 부인들, 탄광의 광부들, 일정 장소에서 수십 년간 활동해온 동아리 등이다. **사회조직**으로서의 도시, '사회적 재생산과정 일체'로서의 도시 연구에 참여하는 일은 애초에 겸손과 자기 주제를 알게 하는 엄청난 도전이어서, '모든 것을 파악'하거나 '이해했다'는 역사가도 이런 도전을 통해서는 불충분한 표상만을 가질 수밖에 없음을 알게 된다. 이는 삶의 맥락과 과정을 파고들어가 그 속

▪ 17세기에서 18세기 중반까지 독일 유랑극단들이 공연하던 희극적 성격의 연극을 말한다. 주로 고대의 신화적 내용이나 역사적·정치적 내용을 담고 있어 '국가 거사 장면'이라 일컬었다.

에서 사고하고 작업하는 일이 도시에서는 아주 압축적일뿐더러 어디에 서보다 얽히고설켜 있음을 의미한다. 이는 삶의 중력에 몸을 내맡겨 오늘날의 삶과는 완전히 동떨어진, 어떤 의미에서는 우리를 배제하는 시간대에 대한 표상을 만들어낸다는 것을 의미한다. 이런 모든 연구는 항상 역사의 리듬에 맞춰 수행하는 연습으로, 그러한 역사의 리듬을 맞추지 않고는 역사 기술을 잘 해낼 수 없다. 그러나 역사가라는 직업에 요구되는 항목이 있다. 역사가는 늘 참여하기 및 거리두기를 시도한다는 것, 자신이 연구하는 인물들, 자신의 시대와 맥락 안으로 들어가 '사고한다'는 것, 단지 허구적 환상, 조롱투의 풍자, 저속한 감상으로만 취할 수 있는 '동일시'에 대한 소박한 표상에 집착하기를 거부한다는 것 등이다. 이미 지나가버려 사라진 삶의 형식, 실천, 과정의 재구성, 게다가 그것들의 복잡한 관계를 고도의 집적점—도시—에 재구성하는 것은 오로지 규제적 이념으로, 총체적 시각을 위한 장려사항으로만 실행할 수 있을 뿐이다. 이런 작업에서는 "역사 기술은 이러저러하게 진행되어야 한다"는 식의 추상적인 규칙은 존재하지 않는다. 다만 뛰어난 역사 연구들에서도 그러하거니와 그렇지 못한 제한된 역사 기술들에서도 나름의 올바른 역사 기술을 수행하기 위해 감(感)이라는 것이 적용될 뿐이다.

7 공간적 상상

역사를 기술하는 것은 역사가 되어버린 과거를 눈앞에 불러오고 재구성하는 작업이다. 이 작업이 설정한 plus ultra(저 너머로!)라는 모토▪는 역사

▪ "저 너머로!"라고 했을 때, 그 경계선은 원래 로마신화에 의하면 헤라클레스가 건설했다는

를—물론 레오폴트 폰 랑케(Leopold von Ranke) 이후 자유롭게 그리고 비판적 역사 작업의 규칙에 따라—"원래 있을 법한" 대로 재구성하고 설명하는 것을 의미한다. 이 작업은 여러 역사가들이 여러 세대를 거치면서 시험하여 검증한, 그러나 결코 종결되지 않는 비판적 방법에 따라 진행되는데, 이것이 학문적 직업으로서의 역사 기술을 문학적 글쓰기인 저술업과 구분해준다. 사실과 상상을 구분하는 것은 근본적인 작업이며, 학문 영역들의 변두리에서 그것들간의 친족성(Verwandtschaft)이 종종 관찰될 수 있을 때조차 거부될 수 없다. 역사가는 자신에게 부과된 책임을 피해갈 수 없다. 그리고 역사가가 양심적으로 조사해서 발견한 수많은 자료와 사실들도—**증거력이 있는 사실들**(res gestae)**도**—아직은 **히스토리**(history)로서의 역사가 아니다. 역사를 서술하는 작업은 이를 기술하는 사람들의 적극적 개입과 종합하고 재구성하는 작업 없이는 진행될 수 없다. 종합하고 서술하는 능력에는 여러 가지가 있다. 강력하고 통제된 표상 능력, 후대인들과는 격리된 과거 시간대에 다리를 놓아주는 상상력, 역지사지(易地思之)의 공감력, 죽어 사라져간 사람들과 대화할 수 있는 능력 등이다. 이렇게 역사를 기술하는 것은 역사 비판적 판단력 그리고 강력하고 잘 훈련된 상상력 없이는 불가능한 일이다. 이런 상상력은 사람의 취향에 따른 다양한 분야나 각 관할 영역에 집중되어 있을 수 있고, 어쩌면 역사 교육을 어떻게 받았는가에 따른 문제, 특히 개인적 성향의 문제일 수도 있다. 상상력은 시각적인 것(그림이나 형상) 혹은 구조적이고 사회적인 것 (사회적 예속 관계, 상하질서, 계급 관계, 사회기관)에 집중되어 있을 수 있다. 시

헤라클레스의 기둥(Pillars of Hercules: 이베리아 반도와 아프리카 대륙 사이에 위치한 지브롤터 해협 동쪽 끝에 솟아 있는 두 개의 바위를 말한다)을 의미하는데, 신화의 내용에 따라 이곳을 넘어가지 말라는 말이 선원들 사이에 유행한 적이 있었던 바, 이 모토가 바로 Non plus ultra(영어: nothing further beyond)였다. 1500년대에 스페인을 통치했던 카를로스 5세의 팽창정책은 이 모토의 부정형 'non'을 빼고 "plus ultra(저 너머로)"라는 모토를 유행시킨 계기가 되었다.

간 리듬, 시간 관계, 일시적 시간성을 느끼는 감각 또한 다양한 방식으로 발전할 수 있다. 그리고 그와 다르게 형성되는 것이—비록 모든 곳에서, 그리고 순수 언어적으로 시간과 공간이 서로 분리될 수 없는 것이기는 해도—역사과정의 공간 차원에 대한 감각이다. 모든 역사는 '발생하는' 장소가 있다. 모든 사건과 사고에는 사람뿐 아니라, 그것이 일어나는 장소도 필요하다. 사람들은 이것이 자명하다고 여겨서, 역사를 사건이 일어나는 장소와 공간에 연결 지으려 굳이 애쓰지 않기도 한다. 시간 범주는 역사가의 사고에서 아주 자연적이고 자연발생적으로 지배적인 위상을 점하고 있다. 물론 이에 대해서는, 라인하르트 코젤렉(Reinhard Koselleck)이 보여주듯이, 근거 지어진 설명은 없다. 가령 우리가 역사를 설명할 때, 수많은 장소를 언급하는데—그 어떤 역사적 기술도 장소에 대한 언급 없이는 구성되지 않는다—대개 이름을 입에 올릴 뿐, 그 내용은 텅 비어 있다. 장소의 이름은 말이 없고 보여주는 것도 없다. 단지 전개되지 않은 실존을 수행할 뿐이다. 공간을 상상하는 교육 혹은 그것의 문화화, 역사과정의 공간 관련 내용의 의식, 이것들을 실천할 경우 엄청난 소득을 얻는다. 의문의 여지 없이, 공간보다는 시간이 훨씬 더 큰 역할을 하는 경우가 철학적 사고에서 있을 수 있듯이, 역사 기술에서도 사회적 상상력이 지리적 상상력보다 더 중요한 경우가 왕왕 있다. 어떤 덕목을 다른 덕목으로 대체하자는 것이 아니다. 지각된 역사의 모든 기록은 역사 자체를 말하지 않고도 더 엄밀해질 수 있고, 교육받을 수 있으며, 발전할 수 있다는 점이 중요하다. 역사적 사건에서 공간 관련 내용을 명시화하는 작업은 이러한 과정의 복잡성을 설명하는 일이다. 이것을 수행할 줄 아는 능력은 부수적으로 생겨나는 것이 아니다. 사람들은 그것을 학습할 수 있고, 좀더 주도면밀하게 다듬을 수 있으며 훈련할 수 있으나, 그러한 능력은 감소할 수도 있다.

8 역사 공간의 생산과 재생산

역사가 장소를 갖는다는 사실이 분명해졌다. 이제는 또 다른 측면에 대한 숙고가 필요하다. 즉 장소와 공간들도 역사를 가진다는 사실을 생각해볼 필요가 있다. 지금까지 말한 바에 따를 때, 장소적 · 지리적 관계들이 기술되면서 이와 함께 어떤 오해가 생겨날 수도 있을 것이다. 물론 지역적 조건들에 친근해지는 것, 역사가 설명될 때, 그것이 무엇을 말하고 있는지를 아는 것, 이 모든 것이 이미 하나의 커다란 진척이다. 그리고 보통은 사건 기술 속에서 등장하는 지역들을 잘 알고 있는 지도자들이나 전설적인 인물들 또한 최소한 그러한 정보들을 사용한다. 하지만 공간들이 역사를 갖는다는 것은 그보다 훨씬 나아간 관찰과 테제이다. 공간들은 일정의 의미에서 '만들어졌고', '생산된' 것들이다. 공간이 역사적으로 구성되었다고 말할 때는 다름 아닌 바로 이런 점을 염두에 둔 것이다. 그것은, 흔히 구성주의적 해체주의가 붐을 탔던 시대에 종종 이해되었듯이, 임의적으로 만들어지는 것과는 무관하다. 공간을 역사적으로 구성한다는 것, 즉 공간의 역사성은 공간의 여러 차원 및 층위들과 관계한다. 자연공간들은 '주어졌으며', 자명한 것이 되어버렸지만, 수천 년 단위로 볼 때 역사를 갖는다. 도시공간들은 세대 단위의 리듬 속에서 수백 년을 거쳐 '만들어졌으며', 후대 사람들에게는 그 자체가 이미 기존의 것으로 발견되는 '자연적인' 조건들이기도 하다. 사적인 경험 공간 그리고 사적인 생활공간들은 아주 사적인 삶의 시간과 삶의 시각(視覺)들과 연관되어 있다. 개략적으로 말해, 우리는 다양한 '깊이'와 '일관성'을 가진 공간들, '구성' 및 '쇠퇴 기간'의 공간들을 구성할 수 있다. 도식적으로 그것들을 아마도 대(大)공간(자연공간), 중(中)공간(역사 시기들의 공간) 그리고 개인 및 개별적 사건의 경과라는 소(小)공간으로 구분해 파악할 수 있을 것이다.

여기 우리의 논의에서는 특히 중공간이 관심의 대상인데, 그 속에서는 보통 역사사회적 삶이 진행되고 있다. 역사적 경관과 지역은 장기지속의 중공간이자, 특정 시기의 역사적 도시이기도 하다.

1890년에서 1930년 사이의 상트페테르부르크는 위에 기술한 의미에서 중공간에 해당된다. 왜? 기초 데이터들은 오히려 상트페테르부르크가 아주 특별하고 자신만의 고유한 모습을 취할 수 있었던, 또 상트페테르부르크 공간이 유럽적 현대의 공간으로 구성되었다가 무능해져버린 역동적 발전 시기의 처음과 끝을 나타내고 있다. 이때는 궁정풍의 우아한 도시 상트페테르부르크가 현대 유럽식 대도시로 변해간 시기로, 도시는 원래 기능과 모습을 벗어버리고 스스로 창조해낸 조건들에 근거해서 변해갔다. 도식적으로 말해, 이는 궁정적이고 정태적인 거주지가 자본주의적이고 산업적으로 생산하는 대도시의 모습으로 변모해가는 과정이었다. 이 과정의 전과 후는 수천 가닥의 끈으로 연결되어 있다. 하지만 의문의 여지가 없는 것이 있는데, 변화 이전과 이후의 도시 사회화 유형이 질적으로 전혀 달랐다는 사실이다. 도시는 절대주의적이고, 관료와 군대, 교회 그리고 차르(Zar)체제에 토대를 둔 사회의 품에 안겨 상품경제, 화폐경제, 공공 영역과 기관들을 통해 역동적으로 변해갔으며, 이런 신도시는 과거의 궁정도시와는 질적으로 전혀 다른 '운동법칙', 다른 갈등 매개 형식, 다른 합리화의 전범들을 따랐다. 시민사회적·자본주의적 사회화는—시장을 통해서—점차 궁정주의적 봉건주의적 사회화를 대체해가는 경향을 보여주었다. 이러한 과정이 채 끝나기도 전에, 즉 그 과정이 완전히 관철되고 자리 잡아 사회 전체가 통합될 시간이 주어지기도 전에, 모든 것이 다시 의문에 부쳐진다. 사람들이 항상 프롤레타리아 독재, 중우정치, 천민 지배, 현대화 독재 혹은 교육 독재라 부르는 볼셰비키 정치권력이 들어섬으로써 좌절된 것이다. 이 볼셰비키 정치권력은 시민사회적 자본주의적 사회화를 분쇄했으며 매개된 지배형식을 정치적 강제라는 지배로 대체해갔다. 전쟁, 혁명, 내전 같은 역사적 상황 때문에, 우리는 그 과정을 '순수하고' '이상형적(idealtypisch)' 전이 혹은 하나의 사회화 형식을 통한 다른 사회화 형식의 와해라고 말할 수는 없다. 그럼에도 '이상형'이란 우선 옛 도시의 해체 과정과 새로운 도시의 형성, 그 이듬해에 진행된 과정 전체를 하나의 순서로 파악하기 위한 보조장치가 될 수는 있다. 1890~1930년에 전개된 재구성의 핵심은 전통적 · 관료적 사회화가 시민적 · 자본주의적 사회화의 다양한 형식들을 통해 분해되는 과정을 묘사하는 것이다. 그리고 후자가 다시 1917년 이후 볼셰비키에 의한 반시민적, 반자본주의적 그리고 정치권력적 반혁명의 와중에 재차 분해되고 파괴되어가는 과정을 묘사하는 것이다. 이러한 서로 다른 사회화 형태의 전개와 실패는 앞으로 상세히 드러날 것이다. 다만 여기서 관건은 그 과정들을 극적으로 단순화해 논하는 것인데, 이는 우리가 공간의 창출을 우선 물리적 · 건축적 공간의 창출이 아니라 사회적 공간의 창출 혹은―다른 고전적인 표현을 빌리자면―사회화의 문화적 형식으로 파악해야 한다는 것을 분명히 보여주기 위해서이다. 페테르부르크/페트로그라드에서 진행된 과정의 특이한 선명성은, 페테르부르크에서의 혁명과 함께 러시아의 위기만이 아니라 전 유럽의 위기가 돌파구를 찾게 되었다는 사실에서 나온다. 바로 그 때문에 전쟁과 혁명의 시대의 페테르부르크/페트로그라드/레닌그라드는 유럽 대도시의 **전형**이 될 수 있었던 것이다.

9 동시적 서사

장소와 시간을 서로 엮는 역사 기술은 그로 인해 다시 문제에 직면한다. 현장을 현전화하고 재구성하는 이들은 역사의 현장을 어쩔 수 없이 발로 걸어다니면서 가늠하고, 역사적 사건들을 병행함과 동시에 앞뒤 순서로 일어나는 사건들을 배열해 기술한다. 그들이 사용하는 중심 어휘는 역사를 설명하고 유지하게 하는 용어인 '그다음에(dann)'가 아니고, 모든 것을 동시에 병행하게 하는 여기와 저기라는 표현이다. 그들이 다루는 영역은 선후가 아니라 병행이, 시간이 지나면서 사건과 이야기가 진행되면서 사라지는 식이 아니라 여러 장소에서 동시에 일어나는 사건들의 현전과 공존이 특징이다. 장소는 모든 것을 엮이게 하고, 그것들로 하여금 함께 있을 수 있도록 해준다. 역사 서술은 다양한 시간 층위들을 순서에 준해 나란히 그리고 층층이 배열한다. 장소 기술은 시간 층위들을 가까이 혹은 멀리 배열하고, 공존하게 하여 인식한다. 이 둘 모두가 역사적·입체적 시각을 낳고, 이로부터 현실의 복잡성을 가장 높은 수준에서 생각할 수 있게 하는 역사 기술이 가능해진다. 공간적인 시선은, 뿔뿔이 흩어져 서로 무관한 것들로 남아 있었을 사물들을 상호 연관된 모습으로 파악하게 한다. 공간적인 것을 보는 시선은, 병치를 통해 제시되고 분명히 드러나는 관계들과 상호 연관들을 만난다. 공간지각은 생활세계의 경험이 일상에서 매일 끊임없이 만나는 복잡성을 역사 기술(Histriographie)을 위해 매개한다. 위에 언급한 것과 같이, 공간지각에서 관건은 내용, 관계, 맥락, 상호 연관 그리고 낯설고 이질적인 것들에 세심하게 주의를 기울이는 일이다. 공간을 보는 시선은 중요한 경험을 하는데, 이 경험은 동시적이지 않은 것들의 동시성을 지각하는 데, 서로 다른 장소를 차지한 것들과 이질적인 것들을 지각하는 데 그만 한 교육이 없을 정도로 훌

릉하다. 그것의 주요 이점은 복잡성 의식을 회복하는 것이며, 그에 기초해 관계들의 감소와 단순화 대신 증대된 복잡성의 전략을 회복하는 것이다. 역사의 지각은 더 풍부해지고, 역사의 기술(記述)은 더 복합적이고 복잡해진다. 그 자신 다른 사람들에게 전수되어야 할 '교의'와 '종합 연구'로서가 아니라, 오히려 과거의 현전화와 선후 세대들 간의 초시간적 소통으로서의 역사 기술에서 역사에 대한 지각과 역사 기술의 복잡성 증대는, 이것 자체가 많은 사람들에게는 지식의 불충분성을 나타내는 한 징표이기는 하지만, 역사 기술에서 얻어지는 본래적 소득이다.

10 지도 제작

"수천 마디 말보다 지도 하나가 더 낫다"는 말이 있다. 하지만 그런 말이 있다고는 해도, 지도는 대개 보조자료의 위상을 넘어서지 못한다. 사람들은 길을 헤매지 않기 위해, 가장 기본적인 정보를 얻기 위해 지도를 참고한다. 하지만 지도 자체가 공간의 생산 및 재생산 형식이고, 특수한 인식적·재현적 질을 보유한, 무엇으로도 대체할 수 없는 재현 형식이다. 지도 제작자는 항상 세계상을 만들어낸다. 지도 제작술의 역사는 세계 측정의 역사, 세계 획득의 역사 그리고 세계관을 생산하는 역사이다. 이에 따르면 공간을 이미 의식하고 진행되는 역사 기술에서 지도는 완전히 다른 역할을 맡는다. 우리는 이렇게 말할 수 있다. 지도는 '열외'의 보조 수단이 아니라, 주어진 것과 얻을 내용의 인식을 구성하는 역할을 떠맡는다. 이로써 지도는 역사 기술의 주변에서 중심으로 들어온다. 한 시대를 현전화하는 일은 해당 역사무대를 현전화하는 일과 함께 시작되고, 그 것을 재생산하는 일은 다양한 시대들을 서로 연계하는 여러 지도를 그려내고, 겹치고, 조합하는 일과 함께 시작된다. 지도는 우리들에게 역사 현장의 내용, 상관관계, 맥락들을 가르쳐준다. 시공간 매트릭스(Chronotop)■의 재구성은 지도를 그리면서 시작된다. 거기서 지도는 초반에 등장하는데, 우리가 역사무대를 둘러볼 때, 방향을 잡는 데 많은 도움을 준다. 우리가 공간들을 재구성하려 한다면 다양한 시대의 다양한 지도를 포개놓아야 한다. 지도는 '없어도' 되는 도해가 아닐뿐더러 어려운 텍스트의 내용을 쉽게 풀이하는 그림도 아니다. 그것은 무엇인가를 알게 하는 형식이자 인식의 형식이며, 사태 관계들을 집중적으로 농축시키는 형식이다.

11 상트페테르부르크/페트로그라드/레닌그라드: 유럽적 시공간 매트릭스의 지도 새롭게 그리기

상트페테르부르크가 유럽의 대도시가 되었던 시기, 그후 얼마 되지 않아 오랫동안 역사의 무대에서 사라졌던 시기에 작용한 힘들을 눈앞에 그려보는 작업은 지도의 형식과 긴 부연설명으로 가장 잘 수행할 수 있다. 이때 항상 전제되는 것은, 장소를 거의 만들어내다시피 한 표트르 대제의 주권설립령(Gründungsakt)에서 출현한 성과 궁전 들이다. 도시의 물리적·미적 형태를 처음부터—지금까지—정의한 것은 물과 돌, 해변과 바다, 자연과 인공물을 혼합해 만든 것들이었다. 이는 역사적으로 재구성할 수 있는 과정이긴 하지만, 설립령 자체가 신화적 위상을 갖는다. 여기서 인공

■ 러시아의 언어학자이자 철학자, 문학비평가인 미하일 바흐친(M. M. Bakhtin)이 사용한 개념이다. 단어 자체는 chrono(시간)+top(공간)의 합성어이다. 그래서 시공간 매트릭스라 불린다. 시공간 매트릭스는 모든 내러티브와 언어적 행위의 연구를 위한 분석의 기본 단위를 지칭하는데, 그것은 언어에 구현된 시간적·공간적 범주의 특성과 비율에 따라, 즉 그 양적 규정에 따라 장르나 세계관 등이 달리 규정된다.

물인 '도시'는 매일 자연에 맞서 자신의 입지를 주장해 관철해야 했고, 규칙적인 범람 형태로 밀려드는 자연은 실존적인 위협으로 받아들이기에 이르렀다. 이 모든 것을 전제로 해서, 우리는 역사적 공간으로서의 페테르부르크의 생성과 변이를 좀더 구체적이고 정확하게 규정할 수 있다. 이 역사적 공간의 좌표점은 무엇이며 그것은 고려된 시공간에서 어떻게 변천되었던가? 간략히 표현해 그 좌표점은 다음과 같은 것들이다.

권력, 지배: 우리는 **앙시앙 레짐**(Ancien Regime)의 힘들, 즉 도시 건설 이후 왕정과 그 왕정을 줄곧 지켜나간 계층들을 생산해낸 힘들을 지목해야 할 것이다. 이는 옛 권력의 기본 편제였던 궁정도시, 제국 정부 그리고 정부 각 부문, 궁정사회의 궁전 등이다. 이러한 기본 편제는 1703년 이래 확고히 제정되었고 매번 확장·심화·세분화되었다. 그것들은 본질적으로 권력을 대표하는 장소였고, 러시아제국의 의식이 치러지는 장소였으며, 제국 **현상유지**의 장소였고, 지배력을 행사하는 장소였다. 또한 이후 수십 년 동안 투쟁의 장소가 되었다. 혁명이 발발했을 때는 교두보, 전선 그리고 포위되어 약탈당했던 장소들이었다. 1918년 수도를 모스크바로 옮긴 신권력이 들어선 이후, 그 장소들은 과거의 팔팔했던 권력의 장소에서 박제화된 장소, 과거의 권력을 대표하는 장소 그리고 모든 것이 정지된 의식의 장소가 되었다. 권력을 공고화하는 다양한 장소들—특히 군영들—자체가 혁명적 불안과 타락의 집중지이자 중심지가 되었다.

커뮤니케이션: 가장 역동적이었던 것은 물론 권력과 궁정이 아니라 자신에게 속할 것이라면 죄다 소유했던 대도시였다. 대도시에 속하는 것은 새로운 커뮤니케이션이었다. 세계와 유럽으로 통하는 핵심 연결점이었던 항구, 특히 기차역, 그리고 마차길과 행길, 지선 기차길 같은 교통 공간이다. 후자 같은 교통 공간들로 인해 당시 도시들은 역동적으로 변모했으며, 사람들의 왕래와 소통이 빈번한 대도시가 되었다. 새로 난 도

로로 인해 새로운 주거지역이 만들어졌고, 지가(地價)가 상승했으며, 토지에 대한 투자 역시 최고조에 이르렀고, 다른 도시들의 주변지역들은 위성도시가 되었다. 페테르부르크의 주요 기차역들은 마치 공룡처럼 거대한 몸집을 한 제국의 용머리와도 같았다. 기차역은 역동적이고 가속화된 이주의 입구이자 출구였다. 기차역을 거쳐 도시는 제국의 다른 지역과 연결되었으며, 페테르부르크는 "소규모 대도시"(David L. Hoffmann)가 되었다. 기차역은 가속화의 축, 세계와의 연결축이 되었고, 혁명의 불꽃을 확산시켰으며, 사람들로 꽉 찬 열차가 연일 바쁘게 운행하도록 했다. 아마도 기차가 없었더라면 내전의 시기에 이 도시의 수백만 주민은 아사를 면치 못했을 것이다. 기차역들로 인해 마을은 점차 도시 형태로 변모해갈 수 있었다. 그래서 기차역은 마을이나 소규모 도시가 대도시로 변해하는 도시화의 축이었다. 도시가 주변 지역에서 구분되는 것이 어떤 의미인지 레닌그라드는 봉쇄의 시기에 경험한다. 왜냐하면 그때 '생(生)으로 향하는 길'은 단지 라도가 호수(Ladogasee)의 얼음판을 거쳐 접근할 수 있었기 때문이다.

생산: 궁전을 중심으로 산업적 생산이 전개되었고, 이는 다시 새로운 공간을 창출해냈다. 부동자본 및 유동자본의 흐름이 형태를 갖추기 시작했다. 그리고 새로운 건물들이 생겨났다. 즉 구식 공장과 제작소뿐만 아니라 광활한 지역에 산업 시설들이 생겨났는데, 이곳 노동자들은 수천 명이나 되었고, 이들은 작업과정에서 고도로 집단적인 훈련을 거친 사람들로 도시에 새로운 리듬을 새겨 넣었다. 자본주의적 산업생산 체제를 갖춘 페테르부르크는 다들 선호하는 지역에 있었다. 도시 주변부, 즉 항구와 기차역 근처에는 굴뚝들이 궁전도시의 경관 안으로 점차 확장해 들어왔다. 거기에는 성질이 정반대인 장소와 중심지 들이 생겨났다. 그것은 궁정을 중심으로 발달한 도시 영역을 파고드는 가장 역동적인, 무자

비하게 발전하는 영역이었다. 자본주의는 가속이고 위기이며 정체이고 과도한 팽창이다. 거기서는 부(富)뿐만이 아니라, 새로운 능력과 행동 방식 그리고 생활방식들이 나타났다. 또한 아주 짧은 기간에 새로운 사회계급이 탄생했다. 이 모든 양상을 가속화하고 급진화하는 데 가장 중요한 촉매제 역할을 한 것이 바로 전쟁, 즉 전체주의적 전쟁 동원이었다. 반대로 전쟁을 위한 과도한 동원, 전쟁으로 인한 완전한 소진은 자본주의적 생산의 위축과 와해를 초래한 가장 중요한 원인이었다. 생산은 중단되었고, 생산지들은 해체되고 분해되었다. 산업은 사망선고를 받았다. 1918∼1921년 도시 페테르부르크 상공(上空)은 지난 200년간 그렇게 맑아본 적이 한 번도 없었을 정도였다. 시인들은 '페트로그라드'는 죽었고, 도시의 몸체는 분해되었다고 썼다. 하지만 1920년대 말기, 10년 정도의 벌충 이후 그리고 첫 5개년 계획이 시작된 이후, 레닌그라드에는 기술 지식과 기계장치 그리고 경영자들이 등장해 다시 국가 전체를 먹여살리는 발전소가 된다.

순환: 페테르부르크는 러시아 자본, 국제 자본 그리고 새로운 부가 집적되는 중심지였다. 자본순환은 자신들만의 공간과 장소를 만들어냈다. 한때 이는 은행이었다. 국립은행, 사설은행 그리고 이와 관련한 제3의 금융권이 주축이었다. 도시에는 **금융지구**가 생겨났다. 1900년 페테르부르크에는 궁전은 하나도 건설되지 않았지만, 대신 은행·대형 상점·호텔·통행로들이 건설되었다.

재생산, 재창조: 점차 출현해 나오는 대중사회의 요구에 부응하기 위해 페테르부르크에는 다양한 수준의 주거공간이 필요했다. 노동자 숙소, 특히 점증하는 중산층을 위한 주거공간들이다. 주거공간의 건설 그리고 외곽으로 도시 확장은 제1차 세계대전이 발발하기 이전 30년간 도시건축사상 가장 중요한 사업이었다. 혁명과 내전으로 그 사업은 갑자기 중단되었고, 그후 1929년 제1차 5개년 계획 때 재개되었다. 세계대전 이전에 세워진 시민사회 양식의 건축물과 세속적 건축물들의 거대한 몸집은 페테르부르크를 그전과는 완전히 다른 형태의 도시로, 오늘날 우리가 알고 있는 도시로 변모시켰다. 1917년 이후 사회적 격변을 거치면서 이러한 대규모 건물들은 몰수되어 시(市)의 직영 주거지들이 되었다. 그때까지의 도시 모습을 넘어, 콘크리트 석판으로 지어져 수많은 사람이 거주하는 아파트식 건물들로 새 단장한 레닌그라드는 그보다 훨씬 뒤인 1960년대, 1970년대, 1980년대에 출현한다.

현대 대도시의 사회 기반시설: 궁전을 중심으로 하는 도시가 현대적 대도시로 변모해가는 데는 새로운 서비스 체계와 사회 기반시설이 필요불가결했다. 그것들이 비로소 대도시의 삶을 가능하게 했다. 이러한 시립시설들로는 부쩍 늘어나고 바빠진 사람들을 운송하는 교통체계, 공급시설 및 보호시설, 교육시설, 오늘날까지도 찾아볼 수 있고 조직화된, 공동생활을 위해 서비스 수요를 스스로 충족하는 복합기관들이 있다. 그리고 수도, 하수처리시설, 도로, 학교, 병원, 감옥, 고아원, 목욕탕, 초등학교, 중고등학교, 스포츠 시설 그리고 운동장, 대학, 연구소, 창고, 도축장, 공원묘지 등도 있다.

이 페테르부르크의 이러한 도식적 스케치에서 하나의 체계화 시도가—그러나 다른 체계화도 가능할 수 있는데—나타난다. 이런 도식화는, 자본주의적 사회화, "자본 관계들의 관철", "경제 관계의 말 없는 강제"를 통한 직접 강제의 대체, 이 모든 것이 보여주는 역동성에서 도출된 것이다. 어떤 체계화, 어떤 '도출'을 선호하느냐는 기술하려는 작업의 목적이 무엇이냐에 달렸다. 정치사의 경우라면, 역사의 무대, '정치 투쟁의 장', 정치적·군사적 투쟁 전선을 달리는 행동가들에 좀더 관심을 기울일 것이고, 자본 관계의 전개를 기술하려 한다면, 생산방식의 격변을 통한 그리고 자본 순환 기관의 태동을 통한 도시공간의 변이가 전면에 나타날 것이다. 러시아혁명을 반란으로 본다면, 관심의 초점은 '지휘체계의 장악'—전략 지점들: 교량, 다리, 전보와 우편 취급소, 기차역 등—이 될 것이다. 또 사회운동사를 기술하는 경우에는 사회운동의 동력원, 교육과 훈련 기술, '프롤레타리아 계급의 형성', 공장과 조선소, 그리고 대학을 비롯한 교육기관들에 초점을 맞출 것이다. 그리고 농부들의 이주운동 등에 관심을 갖는 사회사적 시각과는 달리 지각사(知覺史: Wahrnehmungsgeschichte)를 기술할 경우에는, 도시화의 문화적 효과, 도시의 지성 실험실에서 펼쳐지는 '문화충돌'이 관심의 초점이 될 것이다.

여기서의 제안은 공간 관련 내러티브, 즉 병렬성과 동시성의 내러티브에 대해서도 합리적 전개 방식과 기술 방식을 제공한다. 이와 등가적인 기술방식이 또한 "구체적인 것에서 일반적인 것으로 넘어가는", 예시적인 장소들에서 시작해 이들을 '구체적 전체'로 재구성하는 귀납적 기술 방식이다. 필자가 제시하는 페테르부르크 지형학의 재구성 프로젝트는 이 둘을 종합해 적용하려는 시도이다. 즉 전체 체계와 예시적인 개별 사례를 종합하려는, 특히 구체적인 장소들을 '구체적 총체성'으로 해독하려는 시도인 것이다.

12 역사 공간은 무엇이며 왜 그것을 연구하는가

다루어야 할 문제가 남아 있다. 그것은 프리드리히 실러(Friedrich Schiller)의 1789년 예나 대학 교수직 수락 연설문의 제목을 약간 고쳐 표현하자면, '잉여가치(Mehrwert)'의 문제다. 역사의 현장 및 공간성을 아울러 고려하는 역사 기술 작업이라면 이 문제에 대한 답을 제시할 필요가 있다.

분명한 것은, 너무도 자유분방했던 구성주의 시기가 지난 이후 오랫동안 목소리 높여 진행된 논쟁을 통해 힘겹게 생산된, 아주 까다로운 (지리학적) 결정론과 다시 거래해야 할 상황은 아니라는 사실이다. 오히려 역사과정의 중력에 대해, 역사과정의 노선과 이에 대한 압력에 대해 감을 잡을 수 있게 해주는 사실주의로 회귀하는 것이 관건이다. 경험이 일천한 상태에서 진행되는 개념 및 체계의 규정 작업이 정점에 달한 뒤에는 경험을 수집하는 기간이 뒤를 이을 것이고, 추상적이고 조망적인 시각을 선호하는 보편주의 시기 이후에는 조망보다는 파편화되고 국소적으로 특화된 현실이 뒤를 이을 수 있는 것이다. 이는 학문세계의 종말이 아니라 여러 측면에서 수행되는 새로운 시작이다. 역사공간과 역사현장을 돌아본다는 것은, 또 다른 이데올로기를 만드는 것이 아니라면, 전혀 해로운 일이 아니다. 그러한 활동은 사람들의 지각을 더욱 정확하고 날카롭게 하여 역사를 더 명확히 볼 수 있도록 한다. 그것은 후대인들을 겸손하게 하고, 세계를 '개념화되기' 이전의 복잡한 모습 그대로 드러내게 해준다. 여러 사람에게 개념으로 파악된 역사는 너무나 적은 것을 말해준다. 경험의 추가와 기록의 확장은 역사 기술에 오직 이득이 될 뿐이다. 아마도 우리는 지금까지 해온 것과는 완전히 다른 역사 기술을 할 수는 없을 것이다. 그럼에도 약간은 다른 역사를 기술할 수는 있으니, 그것 자체가 적지 않은 수확이다.

율리아 로사우(Julia Lossau)

'틈새 생각하기'
현대 공간 논의에 대한 문화지형학적 단평

1 들어가기

제2차 세계대전이 끝난 지 60년이 지나 최근에 다시 공간과 사회에 대한 논의가 활기를 띠고 있다. 공간에 대한 사고와 국가사회주의적 팽창정책과의 연결로 1945년 이후 수십 년간 공간 개념이 불신받았다. 그러나 이제 다시 '공간적 전회'에 대한 논의들이 인구에 회자되고 있다.[1] **공간적 전회**와 연관된 것은 과연 무엇인가, 이 문제는 여러 문헌에서 인기리에 다양한 방식으로 다루어지며 여러 방향에서 다양한 답들이 제공되고 있다. 여기서는 무엇보다 공간 개념의 모호성이 도마 위에 오르고 있다.[2] 특히 공간의 문제를 차이 이론적·권력 이론적으로 논의하는 후기구조주의 계열에서는, 맥락 특징적으로 의미가 생산되는 자리·장소·시점들을 인정(認定)하기 위한 암호로 '공간'을 이해하는 경향이 있다.[3] 이러한 의미에서 공간 개념은 눈앞에 주어진 대상이 아니다. 공간은 오히려 사회적 현실을 생산·재생산해내며, 지각하고 동화하는 데 사용되는 수단인 인지적·관계적 도식들을 가리킨다. 전형적으로는 에드워드 사이드(Edward Said)의 오리엔탈리즘에 대한 논의를 들 수 있다.[4] 후기식민주의 공간이론의 선두주자였던 에드워드 사이드에게 '문화공간'으로서의 오리엔트 자체가 관심의 초점은 아니었다. 그가 관심을 갖고 있었던 것은 오히려―'동양 대 서양'이라는 상관 관계를 나타내는 개념의 맥락에서―오리엔트, 즉 동양을 만들어내는 수단인 담론적 실천들이었다.[5]

이러한 추상적인 공간 이해 외에도 공간적 전회를 논하는 글들에서 나타나는 '공간'은 또한 좀더 전통적인 이해 방식, 즉 대상의 측면에서 공간을 파악하는 데서 관찰된다. 달리 말해, 최근에 벌어진 논의에서 '공간'은 단순히 지표면의 한켠, 한 구역 혹은 지구에 자리 잡은 컨테이너라는 의미에서의 지구의 한 지역을 의미할 수도 있다. 이는 문화이론적 담론이 세계화 담론과 함께 펼쳐질 때 특히 분명해진다. 세계화 시대의 '초문화적 조건들'의 개념을 고려하고 그에 맞게 '포스트국가주의적' 혹은 '초국가주의적' 사회상들을 발전시키려는 노력들이 나타남에도 불구하고,[6] 사회 및 문화들은 보통 지역적으로 제한된 단위로 생각되어 "브라질은 태국과 다른 국가이자 사회이고, 미국은 러시아와, 우루과이는 파라과이와 다른 국가이자 사회라는 식으로" 말해진다.[7]

대상이라는 의미에서 공간 개념이 여전히 견지되고 있는데 이는 그리 놀라운 일이 아니다. 구체적인 지구공간으로서의 공간이라는 개념은 사람들의 일상적인 커뮤니케이션에서 확고히 뿌리를 내리고 있다. 또한 문화학 및 사회과학들은 지구공간상의 '여기'와 '저기'를 표상하는 일을 결코 포기할 수 없는 실정이다. 공간을 대상으로 파악하거나 '사물 자체'로 포장하는 공간 의미론들은, 우리가 세계를 이해하는 데 어쩔 수 없이 필요한 것들이다.[8] 공간을 구체적인 현실로 생각하는 '미신적 태도(magische Attitüde)'[9]는 아마도, 공간적 전회 논의에서 자연(Physis)에 수긍하는 태도를 취하면서 존재의 위엄(ontische Würde)을 부여하는 경향이 없었다면 더이상 감지될 수 없었을 것이다. 이런 의미에서 카를 슐뢰겔 같은 이는 공간의 귀환을 물질성으로의 회귀와 연관시키는 듯하다.[10] 카를 슐뢰겔은 말하기를, 뉴욕의 세계무역센터에 대한 테러가 일어난 2001년 9월 11일은 우리로 하여금, "공격 대상이 될 수 있는 도시가 있고, 파괴될 수 있는 고층건물이 있으며, (……) 치명적으로 파괴될 수 있는 고층 계단들이 있다"는 사실을 환기시킨다.[11] **공간적 전회**와 함께 "모든 것이 표식·기호·모조상·텍스트인 게 아니라, 오히려 재료·물질·건축재료들"이라는 사실이 명백해졌다.[12]

현재 사회과학 및 문화학의 여러 분야에서 진행되는 물리적·물질적 공간 개념의 유행은 학문으로서의 지리학에 불안감을 가중시킨다. 이러한 불안감을 이해하려는 시도로 지난 몇 년간 문화이론 논의에 관심을 가진 지리학자들이 수행한 논의들을 재구성하고자 한다. 이때 논의의 중심은 앵글로아메리카적 논의 맥락과 독일어권의 논의 맥락을 구분하는 일이다. 앵글로아메리카식 **신문화지리학**(new cultural geography)은 우선 1980년대 후반부터 앞서 언급한 추상적 공간 개념을 논하고 그것을 광범위하게 확산시키려 했다. 그러나 몇 년 전부터 이러한 논의에 변화가 나타나고 있다. 이 논의에서 '구체적인' 공간 현실이 도입되고 있는 것이다. 즉 해석상의 임의성과 (추정컨대) '피가 흐르지 않는' 관계 중심적인 공간 개념과는 대척점에 서서 논의를 펼친다는 의미에서, 추상적인 공간 개념에 일종의 반운동을 펼치는 대표적인 저자들이 직접 관련된 현상과 과정들로 철저히 파고들 것을 주문하고 있다.[13] 이러한 앵글로색슨적인 경향과는 달리, 독일어권 사회지리학 및 문화지리학 저작들에서는, 각자 주장하는 내용상의 차이에도 불구하고, '공간'을 넘어 구체적이고 물질적인 영역들 그리고 사물 자체에 도달하려는 시도에 비판적인 입장

을 취한다.[14]

이러한 배경에서 다음 2장에서는 문화이론적 테제의 도입이 지리학이
론 생산에서 어떠한 결과를 낳는지 요약할 것이다. 이로써 독일어권 지리
학에서 역사적 이유로 특수한 의미를 부여하는 공간 개념의 재구성 그리
고 그 개념이 보여주는 비(非)본질주의 경향을 논의할 것이다. 세 번째 단
원에서는 현재 영미권에서만 요청되는 것만은 아닌, 물질성 및 구체적인
공간성 재환기 문제를 논의할 것이다. 마지막 네 번째 단원에서는 재본질
화 경향을 비판적으로 논의할 것이다. 현재의 문화이론 논의에서 '공간'
이 마치 자연적으로 주어진 '본래의 장치'라도 되는 것처럼 이해되고 있
다. 공간에 대한 이러한 이해 방식은 사회정치적 시각뿐 아니라, 인식론
적 시각에서도 **문화적 전회**에 전제되는 사항들에 역행하는 것이다.

2 지리학과 문화이론

지리학이 때때로 **공간적 전회**의 주요 분야로 다뤄지고 있지만, 이 분야는
일체의 논의에서 소외되어 멀리감치 거리를 두고 있는 실정이다. 공간
적 전회라는 주제를 다룬 간행물들을 보면, '공간의 귀환(Wiederkehr des
Raumes)'에 대한 논의는 최소한 독일어권에서는 주로 문학, 언어학, 매체
학, 사회학 혹은 역사학에서 행해지고 있다는 사실이 금방 드러난다. 반
면 지리학 분과에서는 그에 대한 논의가 거의 없거나 희박한 상황이다.
미루어 짐작건대, 지리의 대표적인 연구 분야인 지리학이 공간 논의에서
빠진 데는 공간적 전회에 대한 논의가 지리학 시각에서는 특별한 의미를
지니지 않기 때문으로 짐작된다. 전통적인 지리학의 경관 패러다임[15]이
1970년대에 포기된 이후, 지리학 작업들에서는 이제 '공간'이 중심을 차

지하는 어휘가 되어버렸다. 지리학이라는 학문이 연구 대상 영역의 정의적 특성으로 인해 몇 년 전까지만 해도 공간 연구에서 주변부로 밀려나 있었을지라도, 다른 학문들이 **공간적 전회**를 언급하기 전에 이미 사회적 현실의 '공간적 차원' 연구에 매진한 바 있다.

지리학이론 생산에 중요한 의미를 갖는 것으로는 **문화적 전회**와 더불어 사회과학과 문화학에서 지난 수십 년간 관철된 근본적인 전회들이 있다. **문화적 전회**와 관계가 깊은 것으로는, 비록 자동적으로 그런 것은 아닐지라도, 사회적 현실의 상징적 · 기호적 차원에 초점을 맞추는 시도가 있다. 이러한 시선 전환은 전통적 사회과학에서 사용되는 객관주의적인 절차와는 전혀 다른 것이다. 안드레아스 레크비치(Andreas Reckwitz)의 말에 따르면, **문화적 전회**의 과정에서,

> 사회집단들이 사용하는 의미체계들은—지식의 질서, 상징적 코드, 해석 도식, 의미론, 문화 모델 들은—더이상 단순한 부대현상이 아니라, 모든 사회적 실천의 **필요조건**으로 지각되기 시작했고, 그와 함께 사회과학적 시각의 주변부에서 중심부로 밀려들어 자기 자리를 차지하게 되었다.[16]

위의 진술에 의하면, 기호체계의 자구적 의미(Bedeutung)나 실천적 의미(Sinn) 및 해석이 어떻게 규정되느냐에 따라 사람들이 이해하는 공간 개념이 결정된다. 그래서 **문화적 전회**는, 문화지리학적 시각에서 볼 때, 본질주의적 공간 표상으로부터 확실히 이탈하기 위한 조건으로 해석되는 상황에까지 이른다. 현재 진행중인 전문 지리학적 논쟁에서는 이러저러한 공간은 과연 어떠한 것**일까**라는 식의 물음은 제기되지 않으며, 그것이 사회적 연관들에 얼마나 영향을 미치는지 역시 다뤄지지 않는다. 연구되어야 한 것은 오히려 기호적 공간화(symbolische Verräumlichungen), 즉 분화

를 통한 동일성의 생산 작업이라는 맥락에서, 공간이라는 것이 언어 소통적 그리고/혹은 일상 실천적으로 어떻게 생산되고 있느냐이다.[17]

이러한 패러다임 전환은 앵글로아메리카식 인문지리학에서는 이미 1980년대에 도입되었다. **문화적 전회**라는 방향에서 소위 **신문화지리학**이 자리 잡았는데, 이는 영미권 인문지리학을 포괄적으로 재설정하는 방향으로 나아갔고, 영국과 북미에서는 1990년대 이후부터 스탠더드 프로그램 위치에 오르게 되었다.[18] 이 새로운 방향 설정의 토대를 형성한 것은, 문화를 인과적 힘을 가진 '초유기체적' 실재 차원으로 개념화하는 문화 개념과 결별하는 일이었다.[19] 이는 특히 카를 사우어(Carl Sauer)의 영향을 강하게 받은 연구 전통, 즉 '문화'가 경관 지각에 큰 영향을 미친다는 이론에 관심을 보이던 연구 전통이 지배력을 행사하던 북미의 맥락에 해당한다. 하지만 영국에서 **문화 연구를 둘러싸고 벌인** 논쟁에서도 전일주의적 문화 개념이 1980년대 들어 비판받는 방향으로 흘러갔다.[20] 그 대신 문화는 레이먼드 윌리엄스(Raymond Williams)를 비롯한 학자들의 입장을 이어받아 사회적 현실을 구성하고 동시에 분화시키는 표식 체계들로 개념화되기에 이른다.

> 레이먼드 윌리엄스에 따르면 (……) 문화는 '사회적 질서가 소통되고, 재생산되고, 경험되고, 탐색되는 데 (다른 여러 수단 중에서도) 필요한 기호화 체계'이다. 그는 문화적 실천 및 문화 생산은 '단순히 달리 구성된 사회적 질서에서 도출되는' 게 아니라, 그 자체가 자신의 구성에 중요한 요소들'이라고 주장한다.[21]

대략 10년이 지나 그러한 비본질주의적 문화 개념은 독일어권 인문지리학에도 수용되기에 이른다. '신문화지리학' 발전에 결정적 요인은 영미권 맥락에서 진행된 논의를 수용한 것이었다. 해당 이론가들이 비록 (후기)구조주의로부터 많은 영향을 받았고 경향상 점차 기호론적 그리고 담론이론적으로 논지를 펼쳤음에도, 독일어권 이론가들은 주체론적 · 실천 지향적 전통의 문화이론 저작들을 알고 있던 터였다. 후자는, 독일 어권 인문지리학을 결국 공간학의 기반에서 세우는 것을 포기하고 대신 사회학의 기반에 서게 만들었다는 공로를 인정받는 베노 베를렌(Benno Werlen)의 저작들과 관련이 있다.[22]

베를렌의 행위론 개념이 몇몇 중요한 점들에서 다른 이론가들의 후기 구조주의적, 언어철학적 접근법과 구분되긴 하지만 그 다양한 문화지리 학이론을 통일시키는 것은, 대상의 형태로 주어져 있다는 식으로 이해되 는 개념으로서의 '공간' 그리고 물리적 · 물질적 실체라는 식으로 이해되 는 개념으로서의 '공간'이 사회문화적인 현상들을 규정하는 단위로 여겨 질 수는 없다는 견해였다. 달리 말해, 고전적인 (문화)지리학은 자신의 주 요 연구대상인 경관(Landschaft)이 "지리학과 관련된 질서(Größenordnung)를 가지고 있는 것으로 파악하고, 거기에는 전체 조망의 토대 위에서 하나 의 통일된 단위로 파악될 수 있는 지리 영역(Geosphärenteil)의 속성이—이 속성은 관찰에 선행하여 존재하는데—구현된 것"[23]으로 파악한다. 그러 나 이러한 (문화)지리학과는 대조적으로 오늘날의 문화지리학은 '공간' 을 "물리적 · 물질적 세계에서 (예를 들어 지구 표면에서) 단순히 대상 혹은 구조로 존재하는" 것으로 다루지 않는다.[24] '신문화지리학'이라는 키워 드에서는 사회적 현실의 기호적 차원이 중요하게 다루어지고 있고, 이와 함께 의미를 구성하는 표식 실천의 틀 내에서 공간이 어떻게 유의미하게 생산되고 재생산되는지를 탐구한다.

3 재(再)물질화

10년 세월이 지난 후, 독일어권에서도 '신문화지리학'은 괄목할 만한 지리학이론이 되기에 이른다.[25] 독일에서의 문화이론적 전회는 물론 영미권 지리학이 지리학 대상들의 구체적이고 물질적인 측면을 상기해달라고 요청하던 무렵에 출현했다. 독일어권에서 지리학이 현행 문화이론의 내용 및 사회문화이론들에 줄을 대고 있을 무렵, 북미와 영국에서는 대상의 표면적이고 심층적인 의미들에 초점을 맞추는 추상적이면서 '피가 전혀 흐르지 않는' 논지를 펼치는 이론적 태도를 거부하는 저항운동이 형성되고 있었다. 즉 후자에서는 물리적 물질로 돌아가야 한다는 목소리가 어느 때보다 분명했다.

흥미롭게도 이러한 목소리를 내는 사람들은, 추상적이고 관계적인 공간 표상과 관련된 **문화적 전회**와는 일정하게 거리를 두던 지리학자들만이 아니었다. 구체적인 공간으로 돌아가자는 목소리는 또한 '신문화지리학' 성립에 중요한 기여를 했던 학자들에게서도 들려왔다.[26] 그중 한 사람이 영국의 지리학자이자 영미권 인문지리학에서 문화이론적 접근법의 대표적 연대기 작가 중 하나인 크리스 필로(Chris Philo)다. 1991년 논문에서 그는, **문화적 전회**와 함께 (당시만 해도) 그가 전통적 인문지리학의 특징으로 여긴 "비물질성에 대한 컴플렉스"가 드디어 극복되었다며 환영한 바 있다.[27] 하지만 그로부터 9년이 지나 필로는 정반대로 **신문화지리학**이 너무 일방적으로 비물질적인 문화적 과정에 시선을 맞추고 있다고 생각하기에 이른다. 지리학의 **문화적 전회**는 "탈물질화된 지리학"이라는 의미에서 이해할 때만이 성공적이라고 할 수 있다는 것이다.

나는 이런 것에 관심을 갖고 있다. 인문지리학 연구에서 그러한 [덜 구체적이고 종종 파악이 잘 안 되는〕 공간들을 고양하는 일을 너무 서두르다 보니, 이전 지리학자들에게는 훨씬 더 친근했을 더 '물질적인' 것들, 즉 만질 수 있고 세계 내에 굳건히 존재하는 '물질'들에 거의 관심을 기울이지 않는 것으로 모든 일이 끝나버렸다는 사실이다.[28]

이런 배경에서 필로는 지리학이 다시금 "지리화", "물질적 과정들"에 시선을 돌려야 한다고 주장한다.

내가 말하려는 것은, (……) 일상의 사회적 실천의 재료이자 관계 그리고 그것을 위한 발버둥이자 사회적 집단의 형성, 사회체제의 구성, 사회적 구조, 타자를 포함하고 배제하는 사회적 역동성을 뒷받침하는 과정에서—우리는 이런 과정을 좀더 올바르게 물질적 과정이라 부를 수도 있을 터인데—시선을 떼지 말아야 한다는 것이다.[29]

인문지리학을 "재물질화해야 한다"는 이러한 요청은 급진 지리학을 표방하는 진영의 지지를 받는다. 여기서 거론할 수 있는 학자로는 돈 미첼(Don Mitchell)이 있는데, 그는 자신이 정치경제적, 마르크스주의적, 사회비판이론적 지리학 진영에 속한다고 느끼는데, 또 한편 **신문화지리학**의 주요 인물로 통한다. 미첼은 구체적인 일상의 물질적 조건들을 등한시하는 것에 집요하게 경고를 보내고 있다.[30] 그는 현대 문화이론의 담론과 의미론을 유물론 시각에서 비판하는 마르크스주의 지리학자 데이비드 하비(David Harvey)의 저작에서 가장 기반이 되는 논의를 끌어들이면서 논지를 전개한다. 사회적 현실을 텍스트로 읽는 대신, 문화적 혹은 언어적으로 중요한 구성물들을 자본주의적 상품 순환의 효과로 파악해야 한다는 것이다.[31] 이러한 의미에서 공간이 사회적 구성물이라는 표상은 그의 견해로는 착각에 불과하다. 구성주의적 이해 방식에 입각해 공간은 구성된 것이라고 말할 때, 그런 입장은 공간(혹은 시간)이 다양한 물질적 공간 (혹은 시간) 형식들에 기초한다는 사실을 간과하면서 중요한 것을 놓치고 있다. "공간과 시간의 사회적 구성은 진공에서 만들어진 것이 아니고, 사람들이 자신들의 물질적 생존을 위한 투쟁과정에서 만나는 시공간적 형식들에서 형성된다"[32]는 사실을 놓치는 것이다.

인문지리학에서 물리적 물질성의 가치화를 강조하는 또 다른 대표자가 나이젤 스리프트(Nigel Thrift)이다.[33] 그의 사고에서 출발점이 되는 소재는, 추정컨대 **신문화지리학**이 취하는 기본 입장이랄 수 있는 이론주의적 · 지성주의적 태도(theoretizistisch-intellektualistische Grundeinstellung)이다. 그는 문화지리학이 너무 재현, 담론, 내러티브와의 논쟁, 특히 텍스트와의 논쟁에 고착되어 있다고 비판한다.[34] 그래서 해당 저자들이 "다종다양하고 감각적인 측면을 가진 일상의 실천을 연구하는 일"에—이 자체는 사람들이 세계와 일정한 관계를 맺는 데 중요한 매개가 되는 것인데—충분히 몰입하지 못했다는 것이다. 그는 사고와 느낌은 텍스트 작업을 통해서는 복사될 수 없다고 말한다. 왜냐하면 단순히 말로 재현할 수는 없기 때문이다. 이러한 배경에서 스리프트는 스스로 비재현주의적 이론이라 칭한 "세속적 일상 실천들"을 연구 목표로 삼는 방법을 제시하기에 이른다. "실천, 세속적 일상 실천〔에 관한 이론인 비재현주의적 이론〕은 특수한 장소에서 사람들이 타자와 자신을 향해 수행하는 행동을 규정한다."[35] 비재현주의적 이론에서는 '보통사람들'의 몸 혹은 몸을 사용해 수행하는 실천이 중심이 된다. 스리프트가 보기에 바로 여기에서 비재현주의적 이론인 특수한 정치학이 나온다. 비재현주의적 정치학이란 문화이론에서 발견되는, 세계를 경시하는 경향에 격렬히 저항하고, 몸의 경험, 접촉 그리고 운동과 연관된 (경우에 따라서는 저항적인) 지식을 중심부에 세우는 일을 특히 중시한다.

〔비재현주의적 이론은〕 새로운 정치학을 생산해내려 한다. 이 정치학은 밑바
닥에서 구성된 정치학으로, 여러 해 전에 E. P. 톰슨의 요청을 심각하게 받
아들인 것이다. 톰슨에 의하면 '엄청난 자기비하로부터' 일반 대중들을 보
호하려면, 그들 자신이 체화된 존재가 됨으로써 얻는, 반면 생활양식이 사
변적으로 처리됨으로써 지속적으로 가치가 하락한, 그들의 기능(skill)과 지
식(knowledge)들을 원래의 가치 그대로 인정해주어야 하고, 그 가치를 재발
견해 안정화할 필요가 있으며, 그에 따라 세계의 삶에서 일상인들의 입지
가 그것을 단지 언어로 부연 설명하는 이론가들의 입지만큼이나 위대하다
는 사실을 강조할 필요가 있다.[36]

4 틈을 생각하라!

스리프트, 미첼 그리고 필로를 언급함으로서, **신문화지리학**의 (추정된) 특
징이기도 한 텍스트를 선호하는 태도 그리고 지성주의적 세계 무관심성
에 대해 비판적 입장을 표명하는 세 학자를 언급했다. 비록 서로 다른 이
론적 시각에서 논지를 펼치고 있지만, 그들은 공통적으로 실재의 토대
위에서 구체적이고 물질적인 실재와 관계를 맺고 있다. 이들과는 달리
독일어권 문화지리학은, 사회적인 것들을 물리적·물질적인 것과 연결
하는 문제와 관련해서는 상대적으로 다소 위축된 입장을 취하는 편이
다. 이러한 태도는 한편으로는 지리학 연구가 국가사회주의적 세계관과
연결되어 생겨났기 때문으로 해석된다.[37] 지리학 연구와 국가사회주의
세계관의 연결을 맹렬히 옹호하는 입장으로는 대개 지리정치학이 언급

된다. 이는 1945년 전후에 자신의 후기다원주의적, 지리 결정론적, 환경 결정론적 태도와 함께 정치적 결정을 "토양구조의 지속적 조건들"에 의존하는 것으로 묘사했으며, 그와 함께 정치적 결정이 거의 '자연적으로' 인과율의 영향을 받도록 하는 데 기여한 이론이다.[38] 현재의 공간 문제에 대한 논의에서 공개적으로 결정론적 논증이 관찰되는 경우는 아주 드물다. 하지만 그처럼 사회적인 것을 물리적·물질적 공간과 연계시키고 의미를 부여하는, 상징적 실천에 기반하는 세계의 구조를 유사 자연주의적이고 '지리적으로 주어진 것들'로 (가령 독일을 '유럽 중앙에 위치한 국가'로 기술하는 것) 변모시키는 '자연주의적 오류 논증'이 여전히 존재한다.

또한 인식론의 시각에서 볼 때도, 물리적·물질적 현실 영역들 자체를 문화학적·사회과학적인 이론의 생산 작업에 재차 끌어들이려는 시도는 불안감을 조성하고 있다. 문화지리학 시각에서 볼 때, 이러한 부류의 재도입과 함께 인식론적 구성주의의 기본 가정 그리고 **문화적 전회**의 중심 사고와 이별을 고할 수도 있는 위험이 도사리고 있다.[39] 무슨 뜻인가? 한편에는 대상이 그리고 다른 한편에는 그에 대한 과학적 관찰이 있다고 할 때, 그 둘 사이의 인식론적 간극이 오인 내지 망각될 수 있다는 말이다. 이때 말하는 간극이란 한때 문화이론이 속칭 재현의 위기로 빠져들게 만들었고, 물리적·물질적 공간의 재도입을 통해 점차 망각될 위험이 있는 간극을 말한다. 다른 말로 인문지리학을 재물질화하자는 요구는 대상과 관찰 사이에 존재하는 시각적인 간극을 망각하게 해서, 이를 통해 대상과 재현을 하나가 되게 하는 방향으로 잘못 흘러갈 수 있다는 것이다. 그러한 망각은 가끔 **문화적 전회**가 일구어낸 인식론적 성취들을—특히 연구과정이란 시각적인 맥락에 의존한다는 그들의 견해를—포기하라는 명시적인 요구와도 연결되기도 했다.[40] 그럼에도 신문화지리학은 추상적인 데다 세계에 대해 불감증을 보인다는 비판 속에는, 신체적·물리적인 물질의 재도입이 사물 자체로 파고들어가는 것을 허용한다는 (명시적이 아닌 내포된) 생각이 내재해 있다.

이러한 의미에서 앞서 언급한 이론에서도 구체적인 물리적 자연에 고도의 진실성, 비매개적인 직접성, 객관성, 진정성을 연계하는 경향이 관찰되고 있다. 예를 들어, 나이젤 스리프트가 자신의 **비재현주의적 이론**으로 널리 보급하려 했던 신체를 사용하는 실천에 대한 연구는 문화이론적인 재현과는 대조적인 작업으로서, 사회적 현실의 물질적 혹은 감각적 경험을 목표로 한다. 미첼 또한, 일상생활의 경제적 조건들을 연구하고 물리적 세계의 물질성을 고려할 것을 옹호했을 때, **신문화지리학**의 '문화주의적인' 태도에 대항하는 입장을 취했다. 크리스 필로의 저작들 역시 전통 지리학의 물질적 측면을 집중 고려하는 자극제, 그에 상응해 '정착된' 방법들로 사용할 수 있는 자극제로 이해할 수 있다. 신체와의 고된 분투가 되었든(스리프트), 구체적인 물질적 삶의 조건들과의 분투가 되었든(미첼) 혹은 물질적이고 신체적으로 경험할 수 있는 지리학이 되었든(필로), 이 세 가지 경우에 물질을 연구하는 것은 (다시금) 생래적으로 중요한 혹은 현실적으로 '유관한' 사물들과 **근본적으로** 관계맺는 방식을 보증해주는 것이다.

그와는 달리, 독일어권 문화지리학에서는 물질적인 것을 사회적인 것에 대한 직접적이고 진정한 인식의 원천으로 파악하려는 연구에 비판적인 입장을 보였다.[41] 물리적·물질적 대상들이 신체적 혹은 감각적으로 경험될 수 있다는 사실을 부인한 것은 아니더라도, 신체적 경험에서 물리적·물질적 대상들에 대한 기호의 의미들이 추론될 수 있다는 사실만은 의문시되었다. 지리적 공간에 대한 감각적 지각과 경험(예를 들어 해당 장소를 직접 경험하면서 연구하기 위해 감행하는 여행 같은 것)에서 이끌어낼 수 있는 인식과 관련해서도 상황은 유사하다. 답사를 가거나 일반적으로 '장소'를 직접 찾아가봄으로써 얼마나 많은 가르침을 얻든, 이러한 활동에서 현장에서 알 수 있는 것보다 더 많은 것을 보긴 어렵다. 특히 장소를 감각적으로 지각함으로써 그곳의 상징적 의미를 직접 경험하지는 못할 수도 있다.[42]

이러한 증거에 대한 믿음을 고려할 때, 독일어권 지리학이 쌓은 공훈은, 대상이나 장소의 의미는 "대상을 연구하거나 장소를 연구하는 것을 통해 매개될 수 있는 것이 아니라"는 사실을 명확히 해준다는 점이다.[43] 특히 베노 베를렌은 물질적으로 주어진 것의 의미는 인간이 거기에 새긴 것이지 내적 본성이 아니라는 사실을 간단없이 강조한다. 문화지리학 시각에서 보면, 사회적 측면에서 한 대상은 모든 것을 의미할 수도 있고, 아무것도 의미하지 않을 수도 있다. 그 대상이 구체적으로 의미하는 것은 공간적·시간적으로 임의의 것이 전혀 아니며, 게다가 그것의 물질성에 의해 결정된 것도 아니다. 또한 장소의 의미 역시 물질성에서 생겨나는 것이 아니다. 그것의 의미는 사회적 성취의 산물이자, 의사소통적 실천, 의미론, 의미 질서들에 의해 성취된다. 이러한 배경에서 독일어권 문화지리학은 구체적인 물질성이나 공간 '자체'에 관심을 갖는 것이 아니라, 공간들이 어떻게 해서 의미 있게 구성되는지 물으려 한다.

5 요약

지난 수십 년간 문화학 및 사회과학들에 휘몰아친 여러 전회에는 (언어적 전회, 영상적 전회, 인지적 전회 외에도) **공간적 전회**도 포함된다. 이런 공간적 전회는 사회적 현실의 생산과 재생산의 기반이 되는 의미화 도식들과 지식의 질서에 시선을 돌리려는 노력의 일환으로 볼 수 있다. 현대적 공간론의에서 '공간'이란 여러 차례에 걸쳐, 상징적인 질서 혹은 상징적으로 할당되는 질서들이 분화할 수 있는 가능성을 열어주고 그렇게 하여 상징적 질서의 근본 범주로 기능하는 데 준거틀로 이해되었다. 이러한 배경에서 볼 때, 공간들은 "세계에 대해 선도적 영향을 미치는 문화적 합의가 만들어내는" 영향력 있는 의미구조나 그림들 이상도 이하도 아니라고 할 수 있다.[44] 자연에 내재한 것으로 추정되는 지리적인 실제 모습은 이로써 선재하는 것 그리고 아무 전제도 갖지 않는 것으로 파악할 게 아니라, 사회적 관계를 통해 생산될 뿐 아니라 모종의 전제를 갖는 것으로 파악된다.

이렇게 "구분을 위한 가능 조건(Bedingung der Möglichkeit von Unterscheidungen)"[45]으로 공간을 표상하지만, 현재의 문화론 논쟁에서는 대상을 표상하는 방식으로 파악하기도 한다. 후자는 '공간'을 물질적 사물로―관찰에 선행하는 물리적 물질성으로 혹은 일정한 속성을 가진 내용물을 담지하는 컨테이너로―생각한다는 특징이 있다. 대상으로서의 이러한 공간은, 머릿글에서 이미 언급했듯이, 일상의 의사소통 현실에서 그리고 문화학 및 사회과학들에서 발견되는 공간 이해 방식이다. 이러한 공간 개념은 과학적인 사고로 하여금 물질성 내지 물질적 환경에 부여된 기호적 의미가 마치 물질세계의 일부이거나 속성인 것처럼 생각하게 만들고, 공간이라는 것이 원래는 공간의 내외적인 의미를 처음 만들어내고 재생산하는 사회적 과정에서 독립해 존재하는 것처럼 생각하게 하는 인식론적 오류 추론을 구성한다. 이러한 '착각'과 연결된 것이 바로, 관찰된 것을 대상 자체와 혼동하고, 개념을 사물과 혼동하며, 의미구조를 실재와 혼동하는 위험을 기꺼이 무릅쓰는 사물화(Verdinglichung)라는 형식이다.[46]

이러한 의미에서 현재의 문화이론적 담론은 원래 인간이 만들어내는 사회적 소통 요소들을 '공간적인 형상들'로 전이시키고 그 결과를 다시

지리적 사실로 여기는 경향을 보여준다. 그러한 성질의 물질적인 실체화는 사회적으로 조건화된 것이 사회적 세계의 권능 영역에서 떨어져나가 물리적 물질성 영역으로 넘어가게 하는 결과를 낳을 뿐 아니라 정치적 내용을 어느 정도 치환하는 결과를 낳는다. 문화이론이 아무 반성도 없이 공간 의미를 자연화할 경우, 그러한 이론은 사물의 내외적 의미에 초점을 맞추는 자신의 인식론적 전제들과 모순을 일으킨다. 이러한 지적은 물리적 물질성으로서의 '공간'에 대해 긍정적인 관계를 맺는 특징을 보이는 모든 입장에, 즉 공간의 물리적·물질적 측면을 강조하면서 그것을 다시 사회와 문화학적 성찰의 중심에 내세울 것을 강력히 촉구하는 모든 입장에 공히 해당될 것이다.

본 글이 지금까지의 논의를 통해 보여주려 한 것처럼, 그러한 호소는 **문화적 전회**와 함께 (가정컨대) 상실한 물리적·물질적 세계의 도움을 받아 대상성과 구체적인 형식을 재생해보려는 소망의 표현으로 해석할 수 있다. 앞서 언급한 영미권 문화지리학자들은 구체적인 대상과의 신체를 통한 교류 속에는, 텍스트 위주의, '현실을 고려하지 않는' 사변적 방법으로는 도저히 성취할 수 없는 특수한 인식 가능성이 잠재해 있다고 여긴다. 거기서 그들은 과학적 관찰과 그 대상들 간에는 간극이 놓여 있다는 사실 그리고

> 과학적 인식 또한 세계 내에서 일어나는 세계의 구성이라는 사실, 즉 과학적 인식에는 특정 시각과 시점에서 출발해 수행되는 재현(再現) 실천이 개입되어 있다.[47]

는 사실을 까맣게 잊은 것으로 보인다. 영미권 **과학자사회**(scientific community)에서보다 독일어권 신문화지리학에서 이런 재현 실천이 더욱 엄격

하게 성찰되고 있다는 사실은, 특히 독일어권 지리학의 특수한 역사와 국가사회주의적 이데올로기의 관계 탓이기도 할 것이다. 공간 문제를 다루는 데서 차이들이 나타나는 이유는 언어적 이유도 있을 것이다. 크리스 필로, 나이젤 스리프트 그리고 돈 미첼 같은 저자들을 하나로 묶어 주는 것은 구체적·물질적인 것들을 선호하는 당파적인 입장과 더불어 저술 스타일이다. 그들의 스타일은 확실히 에세이적인 발랄함이 특징이다. 논증 과정은 유희적으로 진행된다.[48] 텍스트는 공간과 공간을 다루는 것이 아니라 ~의 **지도 그리기**(mapping of)를, ~의 **공간화**(spacing of)를, **~의 흔적화**(tracing of)를, **~의 자리 잡기**(siting of)를 다룬다. 독일어권 저자들 역시 현재는 그런 어법들을 사용하고 있다. 자신의 저작《지도 읽기, 눈 노동(Kartenlesen, Augenarbeit)》에서 카를 슐뢰겔은 "공간화 역사/역사 공간화(spacing history)"의 도입이 "역사의 공간화(Verräumlichung der Geschichten)"라는 표현보다 더 장점이 많다[49]고 쓴다. 그러한 표현에는 물리적·물질적으로 사고되는 공간화를 말하는지 아니면 추상적 공간화를 말하는지가 아주 모호한 채로 남아 있기 때문이라는 것이다. 이러한 문제는 영어 표현에서는 거의 제기되지 않지만, 독일어 표현에서는 제기될 수 있다. 그러한 구분을 아주 심각하게 받아들이는 태도에서는 **공간적 전회**의 또 다른 차원이 드러난다.▪

▪ 이는 언어의 표층 차원에서 일어나는 공간화를 말하는 것으로, 이와 유사한 부류의 논의들은 본서의 다른 글들에서 읽을 수 있다.

생활세계의 지형학

오늘날 사람들은 **공간적, 지형학적, 위상학적 전회**를 빈번히 입에 올린다. 이러한 규정은 특히 과학 패러다임 영역에서 일어나는 변화나 일반대중의 의식에서 일어나는 변화를 두고 하는 말이다. 철학에서는 이런 식으로 말한다. 어떤 사람들이 오래전부터 공간과 장소에 특수한 지위를 부여해온 반면, 다른 사람들은 오늘날까지도 그렇게 하질 않는다. 그리고 필자의 논의에 추동력을 마련해주는 현상학은, 무엇이 어떻게 현현하는지에 대한 탐구는 그것이 현상할 공간 없이는 생각할 수 없다고 본다. 거기서 묻는 것은 공간성과 장소성(Örtlichkeit)이 어떤 역할을 하는가가 아니고, 그러한 역할을 어떻게 수행하는가이다. 매체의 중요성과 가속화되는 세계화 경향은 우리로 하여금 여러 가지를 새롭게 사고할 것과 더욱 철저하게 이해할 것을 촉구한다.

1 위상학적 변종들

본고에서 논의해야 할 영역을 탐색하기 위해 필자는 우선 공간 담론을 간략히 스케치하려 한다. 본론을 위한 준비 작업이기도 한 이 스케치는 실제 논의를 돋보이게 하는 수단으로 이용될 것이다. 그리고 스케치 작업의 초반부터―공간 담론과 관련한 문화사적 방언으로 용해되어 사라지지 않으면서―출현하는 불연속성들에 주의를 기울이는 하나의 개념어를 찾아내는 일이 얼마나 힘든지 보여줄 것이다. '공간의 귀환'이란 우리로 하여금 그때 무엇이 회귀하는지를―그리고 무엇이 귀환하지 않는지를―묻게 만든다. 서구에서 장소와 공간에 대한 사고는 크게 세 단계로 나뉜다. 내적 분화에도 불구하고 그것들은 각자 고유한 주(主) 이념 아래 구성되어왔다.

고전시대의 사고는 공동 장소(Gemeinort)로 기능하는, 그리스어로는 **토포스 코이노스**(topos koinos) 혹은 라틴어로는 **로쿠스 코무니스**(locus communis)라 일컬어지는, **코스모스**(Kosmos)를 중심으로 전개된다.[1] 거기서 우주공간은 모든 존재자를 포괄한다. 즉 인간과 동물 그리고 사물과 원소 전체를 아우른다. 우주에서 모든 존재자는 고유한 위치, 즉 **토포스 이디오스**(topos idios: 자기 장소를 의미)를 점유한다. 그리고 인간은 유일하게 자신의 위치를 알고 있고 이런 장소를 도달해야 할 목표로 설정해 찾거나 찾지 못하는 존재로 그려진다. 이러한 존재위상학의 틀에서는 특수한 삶의 장소들이 형성된다. 정치(폴리스), 경제(오이코스), 신전, 광장(아고라 혹은 포럼), 극장, 학원/학교 등이다. 에토스(민족적 정신/기질)조차 기본 의미에서는 체류의 장소 그리고 거주의 장소를 환기시킨다. **질서**(ordo)**를 적당하고 적절한 장소에서의 사물들의 조합**(compositio rerum aptis et accommodatis locis)[2]으로 보는 고전주의적 규정은, 나중에 아우구스티누스에게서도 유사한 형태로 재현되는데, 이는 공간의 질서를 고려하는 가운데 수행된다. 이와 비슷한 것이 세계의 질서를 군대의 배치와 연결하는 그리스적 개념인 탁시스(taxis: 영어의 arrangement, order에 해당)에도 적용된다.

이후 코스모스가 탈신비화되면서 계산과 지배가 가능한 자연세계로 들어선다. 더불어 코스모스적이고 사회적인 토포스의 자리에는 이제 빈 공간 도식인 스페이스가 들어선다. 균질적이고 등방적(等方的)인 공간이 출현해, 그 속에서 사물들은 일정한 연장(延長)을 갖고, 일정하게 떨어진 거리를 유지하며, 일정 방향으로 움직이는 것들로 이해된다. 이러한 저장공간에 들어 있는 것들 중 그 무엇도 언제나 동일한 자신만의 고유 장소나 타자와 공유하는 공동 장소를 갖지 않는다. 선호되는 방향의 중심이 단순히 공간적인 장소로 취급될 경우에는 좌우, 상하, 전후 같은 질적 차이들은 무의미하다. 자유낙하를 이용해 측정할 수 있는 물체 운동의 기술(記述)조차 인간중심주의를 묘사한다. 인간이 처한 상황과 장면이 부재하는 곳, 사람들이 서로 근접하거나 멀어져갈 수 있는 길들이 부재하는 곳에서 개별 공간은 더이상 누구의 공간도 아니다. 그 안에 아무도 거주하지 않는 빈 공간일 뿐이다.[3] 객관적으로 주어진 공간에서 진행되고 기계적 법칙을 따르는 모든 것은 신체 없이 사고하는 존재의 주관적 공간 표상에서 분기되고, 그 두 세계는 각자의 길을 걸어간다. 이렇게 해서 우주가 모든 것을 포괄한다고 보았던 저 고전적 전일주의는 이제 외부세계와 심리적·정신적 내면세계의 이원론, 외적 공간 감각과 내적 시간 감각의 이원론에 자리를 내주게 된다. 여기서 문제가 되는 것이 있다면, 수리물리학을 가능하게 했던 공간 구성 자체가 아니라, "단지 하나의 방법에 불과한 것을 유일하게 진실한 존재로 여긴다"[4]는 것이다. 부정하지 말아야 할 것은, 수리물리학에서 발전한 공간이론 외에도 건축학으로 뒷받침되는 공간 실천과 정치가 있으며, 다른 것과 마찬가지로 공간을 지각하는 일이 미학에서도 엿보인다는 사실이다. 이는 유클리드적 공간 모델이 아무리 지배적 위치에 있다 해도 변함없는 사실이다.

19세기에서 20세기로 넘어가는 전환기 전후에 공간 사고에 전회가 일어난다. 이 사건에는 물리적 장이론, 수학적 위상학 그리고 생물학적 생태이론만 참여한 것이 아니라, 인문과학 및 사회과학에서의 행동이론 그리고 당시에 새로운 자아의식을 찾기 시작한 건축학이 동참한다. 그 대표자들이 원래는 시간현상학과 깊은 관계를 맺고 있던 공간현상학은 이러한 사고 전환에서 아주 특수한 지분을 차지한다. 공간현상학은 공간 구성 및 시간 구성에 만족하지 않고, 공간 경험과 시간 경험으로 되돌아온다. 공간현상학의 특징 중 하나는, 우리가 신체적으로 자리 잡은, 신체 운동을 통해 찾아내는 **생활세계**를 출발점으로 한다는 점이다.[5] 구체적인 상황에서 여기와 지금은 다양한 공간 축이 상하, 전후, 좌우 등의 스칼라 형태로 출발하는 기점이자 원천이다.[6] 그리고 위치나 방향을 지시해주는 랜드마크는 자신의 언어적 표현을 여기-지금-나-체계로 배열된 지시의 장(Zeigfeld)에서 찾는다.[7] 여기와 지금에서 출발해서 생기는 운동의 공간은 "길로서의 공간(hodologischer Raum)"(쿠르트 레빈의 말)으로 이해되는 여러 도로망을 생겨나게 한다. 사람들이 이리저리 돌아다녀 생겨난 얼키설키 엮인 영역들에는 서로 중첩된 가깝고 먼 공간들이 생겨난다. 피부에 자신만의 고유한 경계면과 접촉면이 축적되면서 진행되는 신체의 자기 경계화는 내적 공간과 외적 공간, 안과 밖의 분리를 낳는다. 변화무쌍한 생활세계에 얼마나 접근하느냐, 어느 정도나 귀속될 수 있느냐에 따라, 생활세계는 '고향 세계'와 '낯선 세계'로 분리된다. 그러나 이 두 세계는 서로 떨어져 있는 것이 아니다. 왜냐하면 자기 고유성은 단지 이질성과의 대조에서 생기기 때문이다. 이러한 생활세계로부터 후설의 생활세계의 민속학적 연구를 위한 출발점이 생성된다.[8] 정신병리학자

외젠 민코프스키(Eugène Minkowski)가 표현하는 것처럼, 생활세계는 다양한 **생활을 하면서 체험된 공간과 시간**이 가득하다.[9] 생활을 통해 체험한 공간을 재발견한다는 것은 의미들을 가치화하는 것이자 실천적 행동들을 재평가하는 것으로, 이러한 가치는 다시 다양한 삶의 영역들에 영향력을 행사한다. 생활세계에는 공간 기술로서의 건축학이 스스로를 독특하게 파악하는 것도 포함되어 있다.[10] 최근 사회이론에서 주요한 역할을 하는 장악(라틴어로는 occupatio)은 권리(Recht)와 공간의 고상한 융합으로 인도된다. 땅의 정복(Landnahme)으로서의 장악은 정복과 제거로 물든 지리정치학이라는 노선으로 흘러든다. 공간학으로서의 지리학은 역사 기술의 그늘 아래에서만 출현하는 것은 아니다. 지리학은 이미 오래전에 위상학적 동기를 가지고 역사 기술에 영향을 미쳐왔다. 거기에는 공표된 기념비적 장소들에 대한 관심과 보호가 속한다. 예컨대 루르(Ruhr) 지방 같은 옛 산업지의 경관을 새롭게 해명해주는 건축사적 흔적으로서의 유적지가 그렇다. 더불어 발터 벤야민이 시작하고 카를 슐뢰겔의 저작에서 이어지는 도시 경관의 '고고학적' 기술 작업이 속한다. 후설이 요청하고 실천세계의 로고스에서 자신의 보완물을 찾는 '미적 세계의 로고스'는 공간 위치적(topisch) 세계의 로고스로서 자신을 드러낸다. 이런 연관들은 후설, 하이데거 그리고 메를로퐁티 계열의 현상학적 분석에서, 오스카르 베커(Oskar Becker)의 수학적으로 확장된 공간 연구에서, 외젠 민코프스키, 에르빈 슈트라우스(Erwin Straus) 그리고 쿠르트 레빈 계열의 인문학적 그리고 사회학적 연구에서, 가스통 바슐라르(Gaston Bachelard)의 공간미학 그리고 카를스 뷜러(Karls Bühler)의 언어이론 등에서 오래전부터 알려져 있었다. 여기서는 이런 접근법의 문제점을 다루고 그것을 특수한 방식의 하나로 존속시켜가는 문제를 논의한다.

2 세계 개념의 모호성과 패러독스

모든 귀환(Wiederkehr)에는 모호한 구석이 있다. 귀환은 도로 가져올 수 없는 것에 집착하거나 이도저도 아닌 어정쩡한 것에 빠질 수 있다. 가령 생활세계로의 귀환인 경우, 사람들은 모든 것이 고유한 위치를 점유하고 삶이 충만하게 부풀어오르는 생활세계를 하나의 전체로 되찾았다고 생각하여 마냥 축배를 들 수도 있다. 생활세계의 부활, 즉 귀환은 의심의 여지 없이, 종종 과학기술에 적대감을 보이던 생철학이 고안해낸 부산물이다. 그럼에도 구체적인 상황 속에서 진행되는 변화무쌍한 경계 긋기와 문화사 과정 속에서 쉼 없이 발산되는 다양한 공간 질서의 기반 위에서 〔'대체 어디에?'라는 물음(Wo-Frage)에도 불구하고〕 저 뒤편에 숨어 모습을 드러내지 않고 불확실한 상황에서 항상 불시에 발산되는 여기(Hier)와 지금(Jetzt)의 우연성을 고정된 질서의 틀 안으로 집어넣을 수는 없는 노릇이다. 시대가 생활세계의 목가화에 아무 동기도 제공하지 못하던 시기에 《위기》를 집필한 후설은 그러한 사실을 이미 의식하고 있었다.[11] 그에게 생활세계는 가능한 모든 경우의 수 이상이었다. 그래서 생활세계를 존재론에 입각한 하나의 현실 전체(omnitudo realitatis)로 파악하지 않았다. 후설은 생활세계를 우리의 모든 경험, 기대, 계획의 출발점인 **토대**로 규정했고, 그것이 향해가는 **지평**으로 규정했으며, 의미론적·기호학적으로 개방된 의미 연관으로 규정했다. 하이데거에게는 그러한 관계가 현존재의 염려가 출현하는 원천으로서의 지시연관(Verweisungszusammenhang)으로 그려지기에 이른다. 세계는 과거형이 아니라 스스로 형성되는 현재형이다. 이러한 역동적으로 움직이는 세계 전체를 배경으로 모든 의미와 자기 형성은 위상학적 성격을 획득한다. 이것은 니체의 삶의 지평론 그리고 실존원근법(Perspektivität des Daseins)에도 해당되는 말이다.[12] 니체

에게 그랬듯이, 경험의 원근법화(Perspektivierung)는 후설에게도 우주론적
형태로 나타난다. 경험의 원근법에서 본 지표면의 고유 기능이 없다면,
지구는 우리의 행성이 아니라 여러 천체 중 하나에 불과할 것이다. 물론
지구는 많은 천체 중의 하나이기는 하다. 하지만 단지 그러한 것만은 아
니라는 것은 분명하다. 오늘날의 우주여행을 이미 오래전에 선취해서
기술한 후설은 심지어 비행 여행도 우리 운동의 '시원 장소들(Urstätte)'인
지구에서 출발한다는 사실을 언급한다. 우주여행에서는, 관찰자 자신이
그런 것은 아니라고 할지라도, 관찰 자료들은 지구로 다시 돌아온다. 이
러한 측면에서 우주인은 모든 비행의 원조 격인 새에 비해 나을 것이 전
혀 없다.

> 새는 우리 인간과 마찬가지로, 날 수 없었던 지표면 위로 날아올랐다 다시
> 돌아온다. 지구로 돌아온 새는 지구에 터전을 두고 사는 나와 마찬가지로
> 정지와 운동이라는 행동 방식을 갖게 된다.[13]

지리학적 혹은 지리논리적인 것을 분명한 어조로 재평가하면서 모리
스 메를로퐁티(Maurice Merleau-Ponty)는 '선험지리학(transzendentale Geologie)'
에 대해 얘기한다.[14] 이는 공간 정향 및 지표면에서의 정향이 세계 구성
에 결정적으로 참여한다는 의미만은 아니다. 공간을 일으켜 세우는 일
은 시간을 일으켜 세우는 일과 서로 얽혀 있다. 시간과 공간은 "동시적
원설립자들이어서, 이 동시적 원설립이 역사적 경관과 역사의 유사 지리
학적 각인을 하게 해준다".[15] 물론 후설의 생활세계 개념이 이중적으로
얽힌 태생적 문제를 안고 있다는 점은 부인할 수 없다. 이 문제는 세계
안에 존재하는 자아만이 아니라, 그런 자아가 존재하는 장(場)인 세계와
도 관련한다. 자아로부터의 출발은—이는 데카르트의 유산인데—자기

중심주의에 얽매이는 문제와 씨름해야 하고, 유일무이한 이성세계의 추구는—이는 헤겔의 유산인데—결국 세계 질서의 우연성과 이질성에 매번 역행할 뿐 아니라 유럽중심주의에 빠지는 목적론적 역사관으로 빠지고 마는 문제와 씨름해야 한다.

생활세계 개념에는 후설이 명시적으로 언급하는 근본 패러독스 하나가 있다. 이 문제를 후설은 선험적 원자아(transzendentales Ur-Ich)로 파고들어 가는 길을 통해 약화시키려 한 적도 있다. 《위기》 53절에서 후설은 인간 주체성의 패러독스를 이야기한다. 그 패러독스는 **세계에 대해 서 있는 주체**(Subjekt für die Welt)가 동시에 **세계 속에 존재하는 객체**(Objekt in der Welt)가 된다고 말한다. 후설은 세계의 한 구성요소로서의 인간성이 세계 전체를 구성한다는 사실에서 모순을 발견하는 것이다. "세계의 자아 부분이 소위 전체 세계와 함께 자신도 집어삼킨다."[16] 수수께끼는 문제의 주체와 대상이 공존한다는 데 있다. 그런데 생활세계의 선재성을 옹호하는 위상학에서는 패러독스가 여기와 달리 사고 혹은 언어로 구성된 게 아니라 **생활에서 체험한 패러독스**이다. 이에 따르면, 패러독스는 사태 자체에 들어 있을 뿐 불충분한 관조방식에 들어 있는 것이 아니다. 그래서 대상적 공간 요소와 주관적 공간 표상이라는 전통적인 대립은, 우리가 공간의 안도 아니고 바깥도 아닌 여기(Hier)에서 출발할 때 사라진다. 몸으로 세계에 자리를 튼 공간 관찰자는 "세계를 전체적으로 조망하는 자(Überschauer)"[17]가 아니요, 메를로퐁티가 일컫는 것처럼, 코스모테오로스(Kosmotheoros: 세계를 관망하는 인간)도 아니다. 공간 관찰자는 자신이 관조하는 공간에 이미 속해 있다. 그가 정녕 그러한 공간에 속해 있다면, 여기(Hier)는 순전히 전체 공간의 일부가 되었을 것이다. 필요한 거리두기와 결정적인 차이가 부재한다면, 전체는 더이상 **전체로** 파악하거나 말할 수 없을 것이다. **전체에 대한** 논의는 그것이 전체에 대한 **논의**(Rede)일 뿐이라는 사실을 망각할 때, 전체주의에 빠진다. 모든 집합의 집합이라는 논리적 패러독스는 이렇게 위상학적 측면에서는 모든 공간의 공간(Raum aller Räume)이라는 식으로 재현된다. 생활세계의 지형학은 귀속성과 거리두기, 근거리와 원거리가 각자 상대의 기반을 허물지 않는 상태에서 어떻게 조응하는지를 보여주어야 한다.

　이러한 패러독스적인 출발 상황을 좀더 자세히 천착하기 전에, 개념적인 중간 작업을 보강할 필요가 있다. 우리는 기꺼이 '위상(Topos)' 혹은 '장소(Ort)'를 논할 것인가, 아니면 오히려 '공간'을 논할 것인가? 필자가 보기에도 이러한 이중 의미를 가진 표현법을 하나의 대안으로 삼는 것은 문제가 있다. 독일어(혹은 한국어)로 우리는 습관적으로, 무엇인가 혹은 누군가 '~에 가까이(an)' 혹은 '~안(in)'에 있다는 식으로 말한다. 이같이 장소 관련 정보를 통해 특화시키는 **장소들**은 대개 무엇인가 또는 누군가 어디에 있는가, 혹은 무엇이 어디에서 일어나고 있는가(stattfinden, 프랑스어로는 avir lieu, 영어로는 take place)를 알려준다. 반면 **공간**은 보통 '환경적 주변성(das Umhafte der Umwelt)'[18]을 강조한다. 예를 들어 사람들은 적절한 공간, 즉 법정에서, 국회에서 혹은 어느 한 축제 장소에서 연설하고, 그러한 연설 행위 자체는 어떤 건물 혹은 홀 안팎에서 일어난다. 이것이 유클리드 공간 혹은 리만 공간이라고 규정하는 공간들이지만, 이런 공간성 또한 우리의 일상에 속한다. 공간 개념을 수학적으로 사용함으로써 우리는 장소와 공간을 이분법적으로 이해하게 되어, 마치 생활 장소가 측정된 공간으로부터 분리되어 있다고 생각할 수도 있다. 후설이 **몸적 신체**(Leibkörper)를 말했던 것처럼, 마치 상황의 장소성과 측정 가능한 공간성이, 몸성과 신체성이, 우리 자신인 몸과 우리가 가진 신체가 그러한 것처럼, 쌍방이 서로 협응하는 **장소공간**(Ortraum)에 대한 언급도 부적절하지는 않을 것이다. 그 외에도 필요한 뉘앙스들은, 새로운 용어 구분을 할 필요 없이 그때

그때 언어 사용법에 내맡기는 것도 괜찮을 법하다. 끝으로 위상학과 지형학의 구분 문제를 보자. 필자는 공간성의 일반이론적 틀이 관건일 경우에는 전자의 사용을 선호하고, 공간 경험의 다양성이 전면에 나서는 경우에는 후자를 선호하는 편이다. 민족학(Ethnologie)과 민속학(Ethnographie)의 경우에는 위상학이나 지형학 모두 잘 어울리는 편이다. 그럼에도 더 선호하는 개념을 굳이 골라야 한다면, 대상 기술에 특히 근접해 있고 클리퍼드 거츠(Clifford Geertz)가 말하는 의미에서 '조밀한 사실 기술(dichte Beschreibung)'에 근접한 지형학이라는 개념을 선호하는 편이다.[19]

다음에서 필자는 몇몇 공간 측면 혹은 장소 측면을 다룰 텐데, 이것들은 특수한 패러독스적 특징들 때문에 고유한 위상현상학(Topophänomenologie)을 추구하는 필자에게는 아주 특별한 의미를 갖는다. 그 패러독스들은 항상 뭔가 최고, 최후 혹은 전체라는 것을 상정하는 사고가 문제시될 때 출현하는 자기 관계성(Selbstbezüglichkeit)에서 생겨난다. 이러한 패러독스에서 데카르트적 이원론은 완전히 사그라들지 않고 공개 거부되지도 않는다. 그것은 오히려 패러독스한 형태로 나타난다. 즉 데카르트적 이원론은 틈새와 분리의 형태를 취하면서 안으로 말려들어가 내재화되어 변형된 형태로 존재한다. 우리의 경험은 단절선을 통해 서로 이어져 있다. 이러한 관계는 지금 우리가 다루는 공간 구조 및 공간화 과정에도 마찬가지로 적용된다. 이러한 공간의 현상학을 형성해내는 작업에서 필자의 논의에 광범위한 의미를 제공하는 두 가지 기본 모티프가 있다. 그것은 바로 나 자신의 몸적 경험(Leiberfahrung)과 타자 경험(Fremderfahrung)이다. 이것은 일명 '따로 또 같이'의 형태로 경험에 독특한 특성을 부여한다. 몸성(Leiblichkeit)은 몸의 거리두기 없이는 생각할 수 없고, 타자성(Fremdheit)은 몸으로 느끼는 부재성으로만 사고할 수 있다. 이러한 모티프에 관여하는 현상학이 취하는 형태가 바로 타자성론(Xenologie)이다. 우리 자신이 누구인지를 우리 자신이 절대 아닌 것이 규정해주듯이, 사태 자체는 절대 사태가 아닌 것들이 규정한다.

3 헤테로토피

여기 그리고 다른 곳

지시 행위와 지시어에 의해 알려지는 여기(Hier)는 우리 눈에 보이는 대로 혹은 우리 귀에 들리는 대로의 모습이 절대 아니다. 연구에 의하면, 유인원은 어린아이처럼 물건을 잡고 만지는 일은 할 수 있지만, 어린아이들과는 달리 그에 동반해서 일어나는 지시로서의 기호 사용을 구분하는 데 훨씬 더 어려움을 겪는다. 이러한 사실은 기호 사용의 경우 기본적인 신체 행동을 넘어서는 뭔가 요구된다는 사실을 보여준다. 여기라는 것은 이것으로 하여금 위상(학)적 분화를 유발하는 여기 규정이 생겨나는 장(場)에 의존한다. 스스로 '나'라고 말하는 나는 여기에 있지 **저기에 있지 않다**. 여기와 저기는 말 그대로의 순수한 분화를 묘사하지는 않는다. 순수한 분화는 소쉬르 이후 랑그(langue)라는 의미에서 순수 구조적 분석에나 적합하다. 오히려 우리는 분화 내에서의 선호와 관계한다. 여기라는 것은, 분화(Differenz)가 태동해 표현되는 장소로 **표시된다**. 그것은 화자가 자신의 장소를 더 상세히 규정하기 전에, **여기에 위치한** 화자의 장소, 즉 구체적이고 고유한 장소를 가리킨다. 공간에 대한 오해는 구체적인 '이 장소'[20]를 공통의 장소 내지 형식적 장소계에 배치하면서 시작된다. 거기서 이런 전체가 주어진 것으로 여겨지든 아니면 구성된 것으로 여겨지든 상관없다. 이런 식으로 여기라는 구체적이고 고유한 것을 일반적인 틀에 귀속시키는 것이, 여기라는 사태를 너무 단순화한다는 점을 간단한 언어적 숙고가 잘 보여준다. 일단 우리가 알아야 할 것은, 여기가 단지 표시된 형식으로만이 아니라 **이중** 형식으로, 즉 발화 장소로서(énonciation: 발화의 행위나 과정) 그리고 명제 자리로서(énoncé: 발화된 것) 출현한다는 점이다. 유명한 문구가 있다. "나는 지금 여기에 서 있고 그리고 지금 당장 달리 어찌할 도리는 없다." 이 말* 속에서 '여기'는 반란을 선언하는 장소인 보름스의 신성로마제국 의사당을 직접 **지시한다**(verweisen). 반면 거기서의 그 단어는 단지 보름스의 신성로마제국 의사당이라는 장소에 '대해서' 언급만 하는 것이 아니다. 미셸 푸코가 말하는 의미에서 진리 발화(dire vrai)는 게임의 규칙과 함께 진행되는데, 그것들은 단지 적용되는 것만은 아니다. 이로써 위에서 말하는 장소는 위험한 장소이자 논란의 소지가 있는 장소임이 드러난다. 여기라는 곳에서 출발하면서 발화하는 사람은 암묵적으로 또는 명시적으로 여기 이 장소에 대해서도 발화하는 것이다. 그럼에도 말을 하는 장소와 거기서 언급되는 대상으로서의 장소는 하나로 함몰되지 않는다. 위의 연설문에 나오는 명제에서 '여기'는 '1521년 4월 17일 혹은 18일에 보름스에서'라는 구체적 상황을 기술해주는 개별 지시사로 대체될 수 있다. 그러나 이 명제의 그러한 기원(起源)이 은폐되는 경우에는, 그 발화 사건과 관련해 다른 사항들은 제거되고 프로토콜 명제들만 남아, 발화 사건의 진리값 결정에서 모든 시공간 참여가 제외된다. 이러한 탈공간화와 탈시간화는 사람들이 발화와 문자를 자구 이해와 논리적 타당성 측면에서만 대하기 때문에 일어난다. 거의 모든 언어 이론과 담론 이론이 공간과 시간의 문제에 무관심한 이유도 이런 관계에서 설명할 수 있다.

장소와 시간의 중첩은 발화에만 국한하지 않는다. 우리가 수행하는 행

---

* 마르틴 루터가 보름스 소재 신성로마제국 의사당에서 행한 연설의 한 구절이라고 전해짐.

위, 보기, 듣기 역시 규정한다. 물론 우리가 그것들을 여기 그리고 지금 일어나는 인간 삶에 영향을 미치는 사건들로 이해한다는 전제하에, 또한 그것들을 단지 의미를 전달하기 위해 반복 가능한 수단이나 명제적 타당성 요구를 담지하는 것들로 이해하지 않는다는 전제하에 그렇다. 장소와 시간의 중첩은 또한 우리가 지도 제작법(Kartographie)을 이용한 정향 기법을 통해 지형학을 더욱 세련되게 강화할 때도 여전히 유효하다. 인간의 공간에서 정향 기법들은 지도 제작과 함께 시작되는 것도 제작된 지도의 명확한 사용법과 함께 시작되는 것도 아니다. 그것은 신체 도식의 형식으로서, 진정한 신체 사용 기술의 구성요소에 속한다. 지도는 도시 조감도와 마찬가지로, 사용자들이 자신을 그 위에 정위시킬 수 없거나 지도 방향을 제대로 놓고 사용하지 않을 경우 아무 가치 없는 공간 데이터일 뿐이다. 지도에 자신이 서 있는 자리, 자신이 가려는 곳을 정위시키는 것은 지도 자체의 정향 문제와 잘 맞아떨어져야 한다. 그러나 지도 사용자의 위치와 지도상 위치가 합치한다 해도 이 둘의 차이를 불식시키지 못한다. 지도의 어느 한 장소에 선다는 것은 현실 저 밖에 서는 것이고, 저 밖에 서 있는 것은 지도 안의 한 장소에 서 있는 것이긴 하지만 마음속 작용과 완전히 같지는 않다. 구체적인 상황에 처한 지도 사용자가 자신이 선호하는 '여기'를 지도상의 한 곳에 객관적으로 위치시키는 것은 신체 공간적 존재인 지도 사용자가 지도의 도움을 받아 제대로 길을 찾기 위한 조건이다. 그렇지만 장소의 이러한 중첩화는 데이터의 재투입(Re-entry)과 함께 진행된다. 지도 같은 장소계(Ortsystem)의 근원인 원천적 장소로서의 여기(Hier)가 장소계의 한 위치로 전위되어 표기될 때, 그때의 여기가 지도라는 장소계로 남김없이 이전되는 게 아니다. 즉 현실에서 여기란 지도상의 한 점으로 완전히 '삼켜지지 않는다'. 왜냐하면 정향의 중심지로서의 여기를 다시 참조하지 않는다면, 지도는 사람들이 단지 보기만

할 뿐 사용할 수 없는 장소를 표현하는 그림으로 변해버리기 때문이다. 필자는 어렸을 때, 커다란 지도책, 전국지도 그리고 시(市)지도를 일종의 그림 카드로 여겨 좋아했다. 왜냐하면 그것들이 비행기를 타고 돌아보는 여행 같은 세계로 인도해주었기 때문이다. 요즘 우리는 지도와 여행 책자 들을 어떤 경우에는 우리의 공간 환상에 영양분을 제공하는 미적인 그림들로 높이 평가하기도 한다. 이러한 경우에 지도 제작술(Kartentechnik)과 지도 사용의 미학(Kartenästhetik)은 동일하지 않아서, 하나가 다른 하나로 대체될 수는 없다. 구체적 현실에서 여기라는 것이 지도상의 한 점으로 전위될 경우에도 이런 논리는 그대로 유지된다. 전자는 후자로 모두 삼켜지거나 환원될 수 없다.

앞서 시사되었듯이, 발화의 장소와 지칭된 장소 간의 틈, 본 장소와 보인 장소 간의 틈은, 장소 그림과 장소 도식 그리고 장소 지도 들이 자신들의 자리를 발견하는 곳이다. 이는 우리가 자동차를 타고 갈 때 사용하는 네비게이터 같은 기술과 관련해서도 말할 수 있다.[21] 네비게이터가 자동적인 정향을 위한 수단으로 사용되기는 하지만, 그것의 성취는 과대평가되어서는 안 된다. 네비게이터는 사용자가 한 장소에서 다른 장소로 어떻게 하면 가장 빠르게 이동할지를 계산한다. 하지만 몸적 지식과는 달리 자신이 어디 있는지를 알지 못한다. 다른 곳에서도 마찬가지지만 여기서 측정하는 장소와 측정된 공간은 서로 일치하지 않는다. 이미 칸트도 1786년에 출간된 《생각으로 방향을 잡는다는 것은 무엇을 말하는 것인가?(Was heißt sich im Denken orientieren?)》에서 우리의 지리적 '정향(Orientierung)'은ㅡ이는 어원상 일출(日出)에서 출발하는 것과 관련되어 있는데ㅡ우리의

ㅡㅡㅡㅡㅡ

■ 독일어의 Orientierung 그리고 영어의 orientation은 모두 동양을 의미하는 오리엔트(orient)를 어근으로 한다. 그리고 동양은, 서구인들의 시각에서 볼 때, 해가 뜨는 동쪽에 위치해 이러한 표현이 나왔다.

오른손과 왼손에 위치하고 절대 완전히 수학화·논리화할 수 없는 신체적 감각에 의존한다는 사실을 언급한다. 우리는 오른쪽과 왼쪽의 구분을 기하학적 범례를 매개로 배우는 것이 아니다. 오히려 손을 내밀고, 글씨를 왼쪽에서 오른쪽으로 써나가며 올바른 교통규칙을 지키는 가운데 습득한다. 이 과정에서 내적 나침반으로 기능하는 신체 도식이 형성되어 나온다. 우리는 지형학을 지도 제작술과 동일시하는 것에 주의해야 하고 우리의 공간 경험을 공간적 구성물로 혼동하지 말아야 한다. 구성물들은 무한수열, 색깔을 통한 인간들의 지위 및 신분의 구분 혹은 국경 표시 등과 같은 **인공적인 질서 도식들**이다. 우리는 구성물들을 제2의 자연과 같은 것으로 우리의 내면에 체화할 수는 있다. 그러나 경험을 먼저 분절화하고 구조화하는 과정 없이는 모든 구성은 알맹이 없이 진행되는 공회전에 불과할 뿐이다. 공간 구성의 기술(技術)은 인간관계에 근거하여 일어나는 현상 및 몸에 기반해 진행되는 기술(技術)의 일부인 것이다. 그것은 또한 인간 현상의 로고스를 대체하지 않고 관통하는 현상 기술의 부분들이다.[22]

여기와 구분되는 다른 곳이 완전한 의미를 획득하는 것은, 아리스토텔레스가―훗날의 칸트와는 달리―특정 질문 방식과 명제를 기술하는 방식의 중핵으로서 자신의 범주표에 끌어들인 장소의 규정(Bestimmung des Wo)이 애당초 어떤 일을 누가 했는지를 단지 보충하는 게 아니라 규정하는 데 기여한다는 사실을 기억할 때이다. 장소의 규정은 단순히 실체(Substanz)에 깃든 우연적 속성이 아니다. 내가 동시에 여기 **그리고 다른 곳**에 있다는 것은, 내가 나〔我〕임과 동시에 **또 다른 타자**임을 의미한다. 시인 아르튀르 랭보(Arthur Rimbaud)의 유명한 시구절인 "**나는 타자이다**(JE est un autre)"라는 문장을 읽을 때 "**참된 삶은 없다**(La vraie vie est absente)"라는 문장과 함께 단숨에 읽어야 한다. 그것도 여기(Hier)를 그저 낭만적으로 흘깃 보고 지나가듯이 읽는 게 아니라 특정 알리바이 형식, 즉 실제 존재하는 형식 없이는 전혀 생각할 수 없는 여기라는 것의 본래적 낯설음이라는 의미에서 읽어야 한다.[23]

실제적 그리고 가상적 여기

여기(Hier)에 존재하는 사람은 항상 약동한다. 어느 한 장소에 머무른다는 것은 한 장소에 속한 사람으로서의 우리 그리고 한 장소에 살고 있는 사람으로서의 우리가 마치 사물처럼 한 장소에 완전히 붙박혀 있다는 것을 의미하진 않는다. 그 자체로는 구분되지 않는 여기란 관찰 가능한 공간상의 위치 이상은 아닐 것이다. "나 여기 있어"라고 말하는 이는, "난 X야"라고 말하는 이가 단지 X만은 아니듯, 단지 여기에 있는 것만은 아니다. 어느 한 장소에 체류하는 것 자체도, 자신이 있는 곳에 그대로 머물러 있는 경우, 하나의 행동의 표현이다. 저기가 아닌 여기에 머물러 있다는 것은 내가 언젠가 한번은 **머물렀던**, 앞으로 언젠가는 **머물게 될**, 혹은 아마도 언젠가는 **있을 수도 있는** 저기에 현재 있지 않다는 것을 말한다. 시간의 분화는 다른 것으로는 대체 불가능한 규정을 공간성에 더한다. 단지 여기에 있는 이는 과거에는 한 번도 지금의 여기에 있어보지 않았을 것이다. 여기라는 것을 정적으로 생각해서는 안 된다. 이는 일정한 반경을 이용하는 근접과 멀어짐 같은 다양한 움직임의 출발점이다. 그것은 동적인 방식으로 이해해야 한다. 여기의 반경은 우리가 스스로 선택해서 수행하는 여러 움직임의 구성 기술(技術)을 통해 측정된다.

중요한 것이 또 있다. 움직임은 현행성(Aktualität) 혹은 가상성(Virtualität) 중 어느 것이 우위를 점하느냐에 따라 첨예화될 수 있다. 현행의 여기에 머무른다는 것은 상상 가능한 어딘가로서의 여기(Hier)에 머무르는 것과는 대조된다. 여기라는 것의 이러한 첨예화에서 외젠 민코프스키는 서로 대립한 공간병리학 형식을 구분하기 위한 씨앗을 본다. 그는 두 환자에게 이런 질문을 던졌다. "당신은 어디에 있지요?" 몸이 마비된 중풍환자 한 사람은 자신이 있는 곳을 가리키면서 아주 느린 어조로 떠듬떠듬 대답한다. 그리고 정신분열증 환자인 다른 한 사람은 이러한 답을 내놓는다. "난 내가 어디에 있는지 압니다. 하지만 저기에 있지는 않다고 느껴요."[24] 여기와의 융합 그리고 여기로부터의 분열에서 무시 못 할 수준의 장소 손실 개연성이 생긴다. 모든 극단을 병적인 것으로 치부해서는 안 되겠지만, 여기서는 두 가지 체험 형식이 언질된다. 그것의 특징을 로베르트 무질(Robert Musil)을 따라 구분해보자면, 공간과 관련한 지나친 집착 감각(räumlicher Wirklichkeitssinn)과 지나친 추상감각(räumlicher Möglichkeitssinn)이라 칭할 수 있을 것이다. 이는 오직 자신만의 장소, 원형적인 혹은 장악된 장소에 집착하는 지역주의자와 지역적인 것에 매달리지 않고 우주적인 것을 탐색하는 데 집착하는 보편론자 간에 늘 일어나는 불꽃 튀는 논쟁과도 연관이 있다. 이러한 형태는 다시 분극화와 연관된다. 이 극단론자들의 저편에는 중간 형태의 지역성과 간지역성을 추종하는 제3의 입장이 있다. 이 입장에서는 그때그때 진행되는 세계가 가능성의 세계와 경쟁한다기보다 서로 조화를 이루면서 태어난다. 상관관계적인 장소이자 낯선 지역인 **다른 곳**(Anderswo)을 **아무 곳도 아닌 곳**(Nirgendswo), **모든 곳**(Überall)과 혼동하지 말아야 하며, **그 어느 곳**(Irgendwo)이라는 임의의 장소와도 혼동하지 말아야 한다. 자기 고유성과 타자성으로서의 낯섦, 가까움과 멂 동전의 앞뒷면과도 같다. 자기 고유의 세계만을 고집하면, 이를 통해 타자성으로서의 낯섦이 파괴될 것이고 그 반대 역시 마찬가지여서, 낯섦의 세계를 가진 우리는 자기 고유의 세계를 파괴할 것이다. 가까운 세계와 먼 세계에도 이런 관계는 성립한다.

장소 이동

현실 영역들이 가능한 영역들로 확장되어 분화될 때, 이는 늘 중심화의 법칙을 따른다. 그 중심에, 후설이 실천적 가능화라고 칭한, "나는 할 수 있다"[25]라는 것이 있다. 이 "나는 할 수 있다"가 "우리는 할 수 있다"로 확장되거나 주어의 자리에 익명의 주어를 끼워넣어 "아무나 할 수 있다"는 형식을 취할 때도 변하는 것은 거의 없다. 또 '할 수 있음'을 가능한 최대 경계선까지 밀어붙일 때도, 과거의 장소를 단순한 기억의 장소로, 미래의 장소를 단순한 계획의 장소 혹은 소망의 장소로 변화시킬 때에도 결정적으로 변하는 것은 없다. 여기와 지금이라는 현실로의 정방은 현재 지평이 사라질 때조차 그대로 남아 있다. 중심화가 급진적으로 파괴될 때는, 여기(Hier)에 존재한다는 것이 동시에 **내가 있을 수 없는 곳인** 저기를 의미할 때, 즉 여기에 있음이라는 것이 동시에 타자가 있거나 나 자신이 타자로 저기에 있다는 것을 의미할 때이다. 비행기를 타고 어느 한 시간대에서 다른 시간대로 빠르게 이동해 밤과 낮의 변화 과정을 다르게 체험할 때, 우리는 지역 간에 시차가 존재한다는 사실을 안다. 여러 장소의 이질적인 시간을 계산해 동시화할 수 있게 해주는 통일적인 시간 체계를 고안해내기 이전에는 지역 간 시차가 전혀 이해할 수 없는 현상인 것은 아니다. 우리가 각국을 여행할 때, 각 지역에 해당되는 통화로 돈을 교환하듯이, 시계를 재조정함으로써 우리는 해당 여행지의 시간에 적응한다. 이 과정은, 마치 통화가 기축통화를 중심으로 교환되는 것처럼, 시간도 기축시간을 중심으로 조정되는 것과 같다.[26] 그런데 우리가 지역 시간을 계산하는 것을 해당 시간과 공간 경험들로 바꾸면, 위에서 얘기한 동시성은 이제 **비동시성 속에서의 동시성**으로 드러난다. 바로 여기서 니체의 통찰, 즉 비동일한 것의 동일화에서 동일하지 않은 것을 동일시한다는 통찰[27]의 가치가 확증된다. 다른 사람과 전화하는 사람 혹은 멀리 떨어져 있는 사람을 기억하거나 생각하는 사람은 그럼으로써 현재 직접 갈 수 없는 다른 곳에 가 있게 된다. 또한 이러한 시간 이동은, 빠른 장소 변환에 있어서 내가 영혼의 부재 형식으로 혹은 육신의 부재 형식으로 '아직 거기에 채 도달해 있지 못할 때에', 나에게도 일어난다. 세계여행이 단순한 위치 바꾸기에 비유될수록, 즉 그리스어 토파(Φopá)가 뜻하는 바대로, 아무 탈 없이 잘 진행되어 여행가방처럼 여행자를 목적지에 '실어다 주는 것'에 비유될수록, 시차는 교란 능력과 생명력을 불어넣는 힘을 상실한다.

시차와 장소 이동은 우리가 지리적 시간대와 공간대를 여기저기 옮겨 다니는 원거리 여행에만 국한돼 있지 않다. 마음세계로의 여행, 즉 '내적 외국(inneres Ausland)'으로의 여행일 경우, 이웃한 곳에서 낯선 일이 발생할 때 그러한 이동은 급진적인 형식을 띤다. 습관과 일상적인 것의 반경 너머에서 일어나는 제반 경험은 다른 어떤 곳에서 일어나는 낯선 경험이라는 형태를 취한다. 그러한 경험은 경이, 놀라움, 당황 혹은 호기심 등을 불러일으키는 일들과 함께 시작된다. 이러한 일에서는 예기치 않게 너무 일찍 찾아오는 파토스(Pathos)의 **선재성**에 언제나 너무 늦게 반응하는 **추후성**이 상응한다. 그리고 일종의 분해작용(Diastase)이 일어난다. 이는 그 결과가 어떤 합성과정을 통해서도 원래 형태로 되돌려지지 않는 작용이다. 이것은 통시적 형식만이 아니라 통공간적인 형식으로도 자신을 드러낸다. 가령 어느 공동 장소에도 통합되지 않고 자신의 낯섦을 잃지 않는 가운데, 타자 장소(topos xenos)는 자기 장소(topos oikeios)를 향해 다가온다. 여기서와는 달리 고전적인 위상존재론(Topoontologie)에서는 타자 장소를 전혀 다루지 않는다.[28] 낯섦과 자기 경험을 위해 필요불가결한 분열(Brüche)과 틈(Einschnitte)은, 모든 것을 서로 엮는 시간 흐름에서의 파동과는 완전히 다른 것이어서, 그것들은 서로 침투해 통일을 이루는 공통 경험들 내에서 오히려 상호 분리된다. 현존 질서를 벗어나는 비정상적인 것으로서의 낯섦은—미셸 푸코의 말을 빌리자면—일종의 **밖에서 생각하기**(penser du dehors)를 요구하는데, 이것은 자기 자신에서 시작하지도 끝나지도 않는 방식이다. 우리의 경험이 유래하는 본래적인 다른 곳(das originäre Anderswo)은 세계지도 상의 흰 점들과 같은 것으로, 이들은 발견해도 지워낼 수가 없을 뿐이다. 그 본래적 다른 곳이 경험의 장소에 비장소의 형태를 부여한다.[29] 타자만이 아니라 자기 자신도 여태 온전히 자신만의 장소에 있어본 적이 없다. 이러한 의미에서 플라톤에게 소크라테스가 의미 있다고 할 때, 이는 소크라테스가 **비장소**(Atopos)로, 즉 아테네 시민으로서 자신의 고향 아테네에 속하면서도 자신의 장소를 찾지 못한 이방인이자 따돌림을 당한 이상한 사람으로 통했기 때문이지, 소크라테스 자신이 어떤 의미가 있어서 그런 것이 아니었다. 자신을 변호하면서 소크라테스는 이렇게 고백한다. "여기에서 통용되는 방식으로 말하자면, 나는 이상할 것 없이 정상적으로 철저한 이방인이다."[30] 낯섦은 자신의 집에서뿐만 아니라 자신의 나라에서도 시작되는 것이다.

교차 지점과 나들목 지점

나를 향해 오는 것은 나로부터 출발하는 것과 대체 어디서 만나는 것일까? 이러한 질문을 하게 만드는 것이 바로 주의(注意)인데, 이는 특수한 방식으로 공간을 형성한다. 아주 간단한 주의는 뭔가 **떠오르면서** 그리고 거기에 **주의를 기울이면서** 시작된다. 후자와는 달리 전자는 노력 없이 나에게 단순히 닥치는 사건이다. 주의 현상을 연구하는 주의현상학은, 필자가 생각하는 바로는, 경이(Überraschungen)를 고려해야 한다. 즉 주의하는 행위와 주의하는 태도를 분석하는 일에만 매달려 있으면 안 된다. 주의현상학은 장소를 장면적으로 바라볼 필요가 있다. 나에게 떠오르는 사건과 내가 주의를 기울이는 사건의 상호마중운동은, 마치 주어진 다양성을 다루고 있는 양, 하나로 수렴되어 통일되지 않는다. 상호 마중운동은 사태 자체의 옴과 감, 주기와 받기에 속한다. 그러한 마중운동은, 낯선 말걸기가 내게 와 닿아 그에 대한 응답을 유발할 때에 첨예화된다. 이러한 현상은 사람들의 눈길 마주침 같은 무언의 형식으로 일어날 수 있고, 요구와 응대 혹은 타자의 에로틱한 성적 욕망을 갈구하는 듯한 상호작용에서도 일어날 수 있다.

폴 발레리(Paul Valéry)는 한때 두 시선의 교차를 시신경의 교차에 상응하는 키아즘(Chiasma)으로 특징 지웠다. 그리고 모리스 메를로퐁티는 이런 사고를 자신의 후기 존재론에 수렴한 적이 있다.[31] 교차운동들은 어떤 목표점으로 수렴되거나 통합되지 않고, 자신들이 만나는 지점을 서로 공유한다. 그것은 또한 상호 소통하는 네트워크를 형성할 수 없다. 그러한 운동들에 반응할 수는 있지만 그렇다고 그것들에 꼭 연결되어야 하는 것은 아니다. 만남의 장소, 만남의 집 혹은 전장들은 새롭게 사고되어야 하고 그 정태학에서 자유로워져야 한다. 그것들은 마치 문턱을 넘어서는 것 같은 운동을 가리키며, 모리스 블랑쇼(Maurice Blanchot)가 말하듯이, 중단에 의해 유지되고, 의미의 회로를 박차고 나오며 기억과 기대의 지속성을 파기하는 무한한 유지보수 형식을 가리킨다.

만약 그러한 사이(Zwischen)라는 것이 없다면, 인간들의 가장 오래된 문화적 관습이고 레비나스와 데리다가 타자라는 주제를 수용할 때 고도의 상승 무드를 탔던 손님 환대(Hospitalität)나 손님 접대(Gastfreundlichkeit) 같은 것도 있을 수 없을 것이다. 사이라는 것에—모든 관습적인 것에 반해서—한 번도 속하지 않은 채로 '오늘 와서는 내일도 머무는' 손님은 사이 문턱에 거주하는 자이다. 거기에서 나와 우리에게 밀려드는 낯섦은 뭔가 불안한 측면이 있어, 언제라도 적대감으로 바뀌어버릴 수 있다.

'경쟁자'로서의 적(敵)은 말 그대로 강 건너편에 살고 있다. 파스칼이 《**팡세(Pensées)**》에서 보여주는 대화는 이쪽과 저쪽을 분리하는 강을 넘고는 있지만, 그렇다고 강에 다리를 놓는 것은 아니다.

당신은 왜 나를 죽이려 하지요? 왜? 당신은 저 강 건너편에 살고 있지 않나요? 맙소사, 당신이 만약 이쪽에 거주하려 한다면, 난 살인자가 될걸요. 그런데 당신을 살해하는 것은 범법 행위겠지요. 당신이 강 저 건너편에 살고 있기에 난 영웅이 되는 것이고 내가 하는 일이 합법이 되는 거지요.[32]

폭력도 생활세계에 흔적을 남긴다. 생활세계의 지형학은 경이의 지형학만이 아니라 경악의 지형학도 포함한다. 적대감이란, 우리는 이렇게 말할 수 있는데, 쫓겨난 손님 환대(Gastlichkeit)이다. 만약 나와 우리가 그것의 이질성을 부인한다면, 여기가 다른 곳의 그늘을 박탈한다면, 타자의 비장소(Nicht-Ort)가 적의 비호감적 장소(Unort)■로 변해버린다.

■ 절적치 못해 호감이 가지 않는 장소 혹은 쓸모가 없는 장소를 의미한다. 어원상 같은 형태를 취하는 utopia(u-: not, topos: place)를 떠올릴 수 있으나 이 단어와는 달리 unort는 다소 부정적 의미를 내포한다.

틈새와 장(場)
영화에서의 공간지각

1 "영화에서 배우다": 기술과 공간

공간을 다루는 텍스트만큼 통시대적인(anachronistisch) 것들도 드물다. 1944년 에르빈 파노프스키(Erwin Panofsky)는 막 출간된 자신의 뒤러 관련 저서를 읽은 지그프리트 크라카우어(Siegfried Kracauer)에게, "작품 구성 기술(技術)과 작품의 공간적인 내용 간에 긴밀한 내적 관계가 성립한다"는 사실은 당시까지 단지 자신에게만 떠올랐던 생각이라고 알려주었다. 그가 작품 구성의 기술과 작품의 공간적인 내용 간에 성립하는 그러한 관계를 발견한 곳은 뒤러의 저서였다고 한다. 그는 또한 19세기 전체가, "통념상으로는 보통 비예술적이라고 알려진 기술적인 것 및 대상적인 것을 간과했다"고 말하는데, 그 이유는 "그러한 관계를 간과할 수 없었던 당대의 무지 때문"이었다고 설명했다. 그리고 다음과 같은 말을 덧붙인다. "작품 구성의 기술과 작품의 내용 간에 성립하는 긴밀한 내적 관계를 발견할 수 있었던 것은 아마도 우리 두 사람 모두 영화로부터 그와 관련 있는 뭔가를 배웠기 때문일 것입니다."[1] 그런데 기술적인 것과 대상적인 것 그리고 공간 간에 성립하는 내적인 상호관계만이 영화로부터 배울 수 있는 교훈의 전부는 아니다. 영화를 보는 시선 그 자체도—파노프스키에게서 영화는 뒤러의 공간을 고려하는 것으로 그려지는데—역사적이라는 사실이 영화의 또 다른 교훈에 속한다.

뒤러의 작품을 보면서, 파노프스키는 뒤러가 작품의 모티프적인 문제를 "순수시각적으로 해결하고 있음"[2]을 발견한다. 그런데 뒤러가 수행하는 이러한 순수시각적 해결책들은 기술적인 절차에만 빚지고 있는 게 아니고—뒤러가 르네상스 시각, 즉 '합법적 구성(costruzione legittima)'을 수정할 때와 같이—기존의 기술적인 것을 전복시키는 전략에도 빚지고 있다. 〈**가시면류관을 쓴 그리스도**(Ecce Homo)〉■라는 목판조각상에 파노프스키는 다음과 같은 주석을 달고 있다.

'먼저 공간을 정하고 나서 형상을 조각해내는' 대신, 한 이탈리아 이론가가 규범으로 제시하고 있듯이, (……) 먼저 형상을 정하고 나서 뒤이어 공간 규정적인 작업을 진행하는 방법을 뒤러는 고안했다.[3]

여기에 묘사된 것과 같은 방법으로 뒤러의 (목판) 그림에서는 두 공간이 전개되어 나온다. 그중 하나는 흥분한 대중들을 표현하는 공간이고 다른 하나는 그 흥분한 대중들이 보기에는 이교도의 수장인 예수와 (시대에 걸맞지 않게 터키식·아랍식으로 표현된) 일군의 포로들을 함께 보여주는 공간이다. 뒤러는 거기서 합법적 구성이라는 체계를 이탈하는 구성 방

■ 의미는 이 사람을 보라(Behold the man!). 빌라도가 가시 면류관을 쓴 그리스도를 가리켜서 한 말. 요한복음 19:5. 가시 면류관을 쓴 그리스도의 초상화. 니체도 ecce homo라는 표현을 사용한 저작을 남긴 바 있다.

법을 사용한다. 그래서 그림 전체에는 '시각적인 틈새'가 생겨나고, 두 공간은 서로 충돌하며 작품 속에서는 정치적인 충돌까지 표현된다.

1943년 12월에 크라카우어는 자신의 저술 《칼리가리, 히틀러(Caligari-Hitler)》 1부를 퇴고했다. 그리고 파노프스키와의 서신 왕래를 통해 자신이 연구한 영화에서 나타나는 공간 형식의 정치사회적 측면들에 관심을 기울인다. 다른 한편, 영화와 그것의 복잡한 공간형성 기술은 두 사람으로 하여금 문화적 공간 표상이 어떠한 기술적 · 예술적 조건하에서 만들어지는지를 연구하도록 만들었다. 역사적 과정에서 전개된 투시법들을 연구 · 분석하는 작업 외에도, 파노프스키는 영화에서의 자르고 틈새를 주고 다양한 형태의 공간을 창출하는 기법들을 연구하는 가운데, 사물을 보는 눈을 향상시키고 첨예화시켰다. 그리고 이를 교훈 삼아 이제는 뒤러의 작품에서 목판 그림을 구성해내는 작업에 사용되는 물질의 속성들이 갖는 의미, 즉 나무, 동 그리고 납의 물질적 차이가 만들어내는 특성들을 발견해내기에 이르렀다. 그리고 재료들을 자르고, 거기에 금을 긋고 새길 때의 차이가 만들어내는 다양한 특성을 발견해내기에 이른다.

이로써 파노프스키의 저술은 각 공간 표상에 녹아들어 각인된 역사적 축적을 보여준다. 이미 파노프스키는 르네상스 시대에 유행한 균질적이고 구심적인 시각체계의 공간이라는 것이, 보는 각도에 따라 시각적으로 다르게 조직화되는 봄(Sehen)과 고전적 고대의 '세계에 대한 느낌(Weltgefühl)'4을 설계도 시각에서 재조정한 것임을 보여준 바 있다. 물리적 개체를 보는 시선은 세계를 정확히 계산될 수 있는 거리로 이뤄진 공간으로 보는 이상적인 시각으로 대체되었다. 이런 방식의 시선은 그리스식 구형 그림 양식에서 발견되는 시선의 각도(角度)에서 이미 시뮬레이션된 바 있다. 카시러의 '상징형식'이라는 개념에 의하면, 상징형식을 통해 "정신적 의미 내용이 구체적인 감각적 표식에 연결되어 그 속에 내적으로 구현된다".[5] 그래서 이 개념과 함께 사물을 보는 다양한 시선에 구현된 '세계에 대한 느낌들'이 가시화되기에 이른다. 카시러의 견해에 동조하면서 파노프스키가, "무한하고, 연속적이며 균질적인 공간, 짧게 말해 순전히 수학적인 공간"은 "심리생리학적으로"[6] 지각되는 공간과는 근본적으로 양립할 수 없다고 말했을 때, 이는 위기에 대한 현상학적 인식이었고 이러한 위기 인식이 분화되면서 무엇보다 (특히 19세기가 완전히 간과하고 있었던) 잠자고 있던 저 그리스적인 세계에 대한 느낌이 비로소 깨어난다.[7]

파노프스키의 묘사적 서술에서는 공간이 만들어내는 기표왕국이 다층적으로 중층화된다. 파노프스키가 끌어들이는 예를 보면, 역사에서 각 세기는 공간의 조직 작업에 사용되는 문화 기술 및 시각적 절차를 가지고 자신들의 사물을 보는 방식▪을 타(他)시대에 옮겨놓고 있다. 뒤러의 목각 작품 〈**가시면류관을 쓴 그리스도**〉가 일궈낸 시대적 전환 그리고 영화를 보는 파노프스키의 시각은 파노프스키의 분석 작업에서 서로 겹쳐 나타나고 있다.

문화적 본질을 한 곳에서 다른 곳으로 옮긴다는 의미에서의 문화 기술적인 지식의 이전을 크라카우어는 또한 영화사에서도 확인해준다. 크라카우어의 설명에 따르면, 독일의 초기 영화예술은 영화 제작 능력, 영화 관련 전문지식 그리고 영화 생산 방법을 가지고 1924년에 바이마르 영화 프로덕션에서 미국으로 옮겨갔는데, 이는 "당시 독일적 삶의 진정한 표현"[8]을 미국 영화에 이식시키기 위한 것이었다. 은막, 즉 필름 위에 입혀진 영혼의 층들은, 이민자들에게 어떻게 하면 영화의 영상에 문화적 공간과 좀비적 영혼을 새겨 넣고 읽어내게 할 수 있을까를 연구하는 계

▪ 이는 일종의 시선(look이 아니라 gaze의 의미)을 지칭하는데, 이 경우 개인 심리적 차원의 시선이라기보다는 사회문화적이고 이데올로기화된 특징을 갖는 사물을 보는 시선을 의미한다.

기를 형성해준다. 이는—벤야민의 유명한 개념을 약간 변형시켜—영화영상들, 즉 영화적 공간에 내재한 정치적 무의식을 파악하는 것을 의미한다.

크라카우어와 파노프스키는 모두 영화로부터 두 가지 방법을 배웠다. 우선 그 하나가 공간을 구체적으로 기술하는 방법이다. 크라카우어는 《칼리가리, 히틀러》 머리말에서—영화적 방법을 통해 세계를 모색해나가는 작업을 시대에 걸맞지 않게 '전자 빔'⁹에 비유하는 곳에서—1937년 프랑스 파리에서 간행되었던 잡지 〈트랜지션(transition)〉에 실린 파노프스키의 에세이 〈동영상에서의 스타일과 매체(Style and Medium in der Moving Pictures)〉를 인용한다. 이 에세이에서 파노프스키는 연기가 펼쳐지는 극장(Theater)에서의 표상 공간과 영화가 상영되는 영화관(Kino)에서의 표상 공간이 서로 다르다고 주장한다. 달리 말해, 극장에서의 관객과 연기자 간의 공간적 관계, 그리고 영화관에서 물리적으로 참여한 관객과 영화 속의 공간의 관계는 성질이 서로 다르다는 것이다.

영화관에서 (……) 관객은 고정된 자리가 있는데 그것은 단지 물리적으로만 그렇다. (……) 그러나 미학적으로 보면 관객은 끊임없이 움직인다. 이는 관객의 눈이 카메라렌즈에 비유될 수 있기 때문인데, 카메라렌즈는 이리저리 방향을 바꾸고 대상들에 가까이 갔다 멀어졌다 하는 식으로 계속 움직인다. 그리고 카메라렌즈에 담긴 영상 속에서 관객의 시선은 카메라렌즈를 따라 지속적으로 움직인다. 관객에게 제시되는 영화적 공간 속에서, 관객도 지속적으로 움직이는 것이다. 이렇게 볼 때, 고체 형태의 물체들만이 공간 속에서 움직이는 것이 아니다. 공간 자체도 움직이고, 변화하고, 회전하고, 와해되고, 재형성된다.¹⁰

지속적으로 변이되고 다양한 형태를 취하는 영화 속 공간 형식을 파노프스키는 광학, 운동 그리고 일관된 불안정한 공간들이라는 용어를 사용해 발견해낸다. 이러한 진술은, 크라카우어가 이를 1920년대 영화에 대한 심리학적 영화사(映畵史)에서 시도했을 때는 더욱 급진화되어, 이제는 공간 형태가 야생적으로 형성되기에 이른다. 《칼리가리, 히틀러》에서 크라카우어는 공간들을 우선 예술사적 범주에 따라 구분하는 가운데, 표현주의적 공간 형식들을 사실 기술적 공간 형식들로부터 구분한다. 크라카우어가 남겨준 주목할 만한 유산들 중의 하나는 (카시러의 말을 빌리자면) 그가 영화의 '구체적이고 감각적인' 공간에, 비록 '정신적인' 것은 아닐지라도 "영적인 특징을 갖는 의미 내용"을 연결시켜준다는 점이다. 현상학과 자크 라캉식으로 수정된 정신분석에서 공간위상학적 지각과 그것의 방해는 주관화(Subjektivierung) 과정에서 진행되는 심리적 장 및 심리적 등록 데이터들의 조직화 징후로 타진되고 취급된다.[11] 그런데 이보다 이미 수년 전에 크라카우어는 바이마르 시대 영화들과 예전 "나치 영화"에서의 공간을 분석하기 위해 그와 유사한 시도를 한 적이 있다.

크라카우어에 의하면, 영화의 교훈은 우선 그것의 기표체제와 기술적인 절차들이, 역사적 연대기를 가로질러, 각 시기의 역사적 공간들에 깊이 개입되어 있다는 사실을 보여주는 데 있다. 영화관이 카메라나 투사의 광학적 기능 원리에 근거해 르네상스식 공간이론의 시각에서 분석되는 동안,[12] 앞서 언급한 뒤러의 작품에서 발견되는 공간은—비록 영화관의 요동치는 광학이나 필터 혹은 카메라 움직임이 그리스적 집합공간을 훨씬 더 용이하게 모의(模擬)할 수 있었을지라도—이러한 20세기 초반의 영화관으로부터 얻어낸 시선을 통해 비로소 해독될 수 있었다. 개인용 컴퓨터가 대중화된 1980년대에 네트워크 모델이 공간 표상을 비로소 재구성하자, 영화학에서는 초창기 영화(관)에서 사용된 공간조직화 기법이

다시 발견되기에 이른다. 이 공간조직화 기법은 조르주 멜리에스(Georges Méliès)에게는 깊이에 대한 착각(Tiefenillusion)을 불러일으킴으로써 입체감을 표현하는 것을 추구하지 않는다. 대신, 공간의 평면적인 크기 관계들(flächige Größenverhältnisse)을 내러티브적인 형식으로 구성한다. 탈중심ㆍ조감도적 시각에 의해 통제되지 않는 이러한 공간이 영화사를 가로질러—아방가르드 영화에서—반복 사용되고 있음이 감지되었고, 이러한 반복 사용은 전복적 공간 유형의 계보학이 영화에서 하나의 두드러진 현상이 되도록 만들어주었다. 이러한 전복적 공간 유형은 결국 공간성의 정치적 측면이 예술로 투사될 수 있게 해주었다.[13] 헬레니즘 예술이 최초로 사물만이 아니라 "공간성을 묘사 가치가 있는 것으로 느끼기 시작"했던 순간을 파노프스키가 포착했을 때, 이 작업은 그가 고대에는 공간이 "한편으로는 물체 그리고 다른 한편으로는 물체가 아닌 것 간의 대립을 한데 묶어 대립을 승화시키는 것이 아니라, 단지 해당 물체들 사이에서 그것들 외에 남아 있는 그 무엇으로 여겨졌다"[14]는 사실을 확인하던 1920년대 프라이부르크, 뮌헨, 베를린에서 유행하던 현상학적 탐구 방식의 도움을 받아 수행했던 것이다. 이 역시 "과거로의 호랑이 점프(Tigersprung ins Vergangene)"[15]■라고 할 수 있다. 예술에서 사용되는 기술들이—원근

■ 발터 벤야민은 자신의 짤막한 철학 에세이 〈역사의 개념에 대하여(Über den Begriff der Geschichte)〉에서 과거로의 호랑이 점프에 대해 말한다. 이는 역사 진행을 선형적이고 목적지향적인 과정으로 생각하는 경향을 비판하는 은유이다. 반면 벤야민이 강조하는 역사 개념은, 역사는 지배자 혹은 강자의 위치에 있는 자들이 자신들의 시각에서 구성한 것들이자 대중들에 의해 지각된 것을 이르는 말이다. 강자들 혹은 지배자들의 역사관은 미래지향적이고 발전사적인 특징을 갖는다. 그것은 앞으로 향하는 역사이다. 하지만 벤야민이 보는 역사는 미래지향적인 것만이 아니라 뒤로도, 그러니까 과거로도 회귀한다. 예를 들어보면 다음과 같다. 인터넷은 지구를 서로 소통 가능한 하나의 마을로 엮는다. 이는 분명 과거에 비하면 발전이자 진보이다. 하지만 아이러니하게도 사람들은 정작 컴퓨터 앞에 앉아 철저히 개인화되고 익명화된다. 인터넷의 양지와 음지를 볼 때, 인터넷을 매개로 한 역사는 미래지향적인 것만이 아니고 탈사회화를 지향하는 원시적인 사회로의 회귀 같은 측면이 있다.

법(Scenographia), 목판화 혹은 영화 촬영 기법(Cinematograph)에 사용되는 기기 등이—관찰자와 공간의 "결합"을, 좀더 정확히 말해, 신체, 공간 그리고 사물들의 결합을 역사적으로 어떻게 형성해낼 수 있었을까? 이에 관련된 형식은 아직도 해명되지 않은 문제이다. 집적공간(Aggregatraum)과 체계공간(Systemraum)을 구분하는 파노프스키의 구분이 답이 될 수도 있겠지만, 또하나의 답은, 그가 잡지 〈트랜지션〉에 기고한 글에서 제기했던, 영화 감상에서는 공간과 관객의 신체가 승화된다는 진술이다.

파노프스키와 크라카우어의 예술사적 그리고 영화사적 연구에 따르면, 영화작품들은 도상론적 그리고 내러티브적 구조를 넘어 공간 구성 측면에서 기술될 수 있을 뿐만 아니라, 영화적 공간 표상에 내재한 역사적 · 정치적 시각에서도 기술될 수 있다. 그럼에도 영화 관람 및 영화의 기술적(技術的) 측면들과 관련해서는, 카시러에 의해, 특히 후설에 의해 현상학적 방법으로 확실해진, 수학적 공간과 심리생리학적 공간의 양립 불가능성 문제가 공공연히 뜨거운 이슈로 부각되기에 이른다.[16]

2 "가시적인 유령": 틈새, 불연속

대중매체인 영화가 빛으로 영상을 창조하듯이, 이와 유사한 표현을 빌려 지그프리트 크라카우어는 이렇게 쓴다. "역사와 사진술적 매체 간, 역사적 실재와 카메라 실재 간에는 여러 평행선이 존재한다는 사실이 불현듯 뇌리를 스쳤다."[17] 현상학에는 누락되어 부재하는, 역사성에 대한 자신의 방법론을 설명하는 자리에서 크라카우어는 마지막 저서 《**역사—마지막 사물들 앞에서**(Geschichte—Vor den letzten Dingen)》에서 역사 기술 및 영화의 우연성을 사고할 수 있게 하는 지식 형식이자 감각적 · 경험적 개별성 연구에 기여하는 지식 형식들을 천명한다. 아도르노에게 보낸 서한에서 크라카우어는 영화의 이중 의미에서의 '매체적 역사 기술'이 문학 형식의 단편과 등가임을 묘사하며, 거시적 조망(Überlick)은 미시적 시각(Nahsicht)으로, 즉 "'long-shot' 시각은 'close-up' 시각"[18]으로 대체되지 않을까 하는 견해를 피력한다. 연속되지 않는 단절이 크라카우어로 하여금 사물들로 이르는 길을 제시하게 한다. 이로써 그는 영화학의 방향을—그것을 모든 교란과 계산 불가능성이 완전히 정제되어 나타나는 학술적 사고에 대항시키는 가운데—생활세계의 맥락에서 발견할 수 있는 개별자들과 유한한 것들의 **"물리적 실재"**를 구제하는 방향으로 이끄는 데 기여하는 영감을 제시한다.[19] 이런 의미에서 영화학은 지난 세기에서 금세기로 전환될 무렵과 마찬가지로, 당시에 이미 확고하게 자리 잡고 있던 학술 영역들에 대항하는 가운데 자신을 관철한 두 가지 학문 영역과 관련이 있다. 바로 현상학과 정신분석학이다. "현상학과 정신분석학은 잘 드러나지 않는 스칸달론(Skandalon: 일반인들이 빠지기 쉬운 덫 혹은 남들이 일반적으로 싫어하는 악)을 내포하는데, 이들은 과학적 세계에서는 설명되지 않는 것들에 지대한 관심을 보일뿐더러 기꺼이 귀 기울인다."[20] "과학에 선행하는"[21] 경험으로서 세속의 삶에 기대어, 영화적 사고는 직관의 구체적인 감각성으로 되돌아가려 했다. 그런데 후자는 철학에서는 단지 행간이나 (예를 들어 '코라' 개념의) 해체에서, 특히 여성학 이론을 통해 획득되던 것이었다. 다른 이들 중에서도 특히 뤼스 이리가레이(Luce Irigaray)는 공간의 질서를 철학적으로 천착하면서 이를 명시적으로 보여준 바 있다.[22] 영화학은 영화(관)와 연결된 관객의 심리생리학적 끈에 주목한다. 즉 영화(관)이라는 공간에서 "단기간이나마 신체가 우리를 위해 응답해주고, 우리를 인격적 인간으로 구원해준다"[23]는 경험에 주목한다. 게다가 영화학은 사회적으로 외면당한 것들을 영화라는 문화공간에서 다시 현실화할 수 있도록 해준다.

반복적으로 그냥 단순히 느끼는 영화의 공간, 가령 지옥 · 쾌락의 지옥 · 문화의 묘지는 비공식적 문화 공간으로서만이 아니라 물리적 삶에서 이탈되지 않은 문화 공간으로 관객들이 최초로 상상할 수 있게 된다. 이는 또한 과학 연구의 틀에서도 나타날 수 있다.[24]

크라카우어 전통의 엄격한 영화적 사고에서는 사물에 자신을 급진적으로 내맡기는 것은 이질적인 것이나 낯선 것들에 자신을 위치시키는 것이었다. 거기서 논한 것들은 기호적 질서의 네트워크를 관통해 밀려오는 담론의 먼지가 아니라, 구체적으로 볼 수 있고 저항력이 느껴지는 "오물/진창"[25] 같은 것이었다. 이러한 오물/진창은 금지된 구체적인 공간들에 영화가 접근할 때 통찰할 수 있는 것들이었다. '쓰레기'를 언급하는 자신의 글에서 크라카우어는 다음과 같이 말한다. "거의 모든 인간은 쓰레기통 보기를 꺼리고, 자신의 발에 붙은 오물 보기를 꺼리고, 자신이 만들어낸 폐기물 보기를 꺼린다. 영화는 그러한 꺼림들을 전혀 알지 못한다."[26] 이 말은, 모리스 메를로퐁티가 1960년 에세이 〈**눈과 영혼**(Das Auge und der Geist)〉에서 분명한 어조로 설정했듯이, 과학성을 추구하는 경향들에 경종을 울리는 것과 같다.

사물의 연구에서 과학은 해당 사물에 자신을 내맡기지 않는다. 과학은 그것에 대한 모델을 만들어내, 이러한 지침들 혹은 매개변수들에 따라 자신들의 정의를 통해 가능해진 재구성된 형태를 제시하는 가운데 누차 시행착오를 거치면서 현실세계로 점차 접근해 들어간다.[27]

여기서 괄목할 만한 것은, 크라카우어와 마찬가지로, 모리스 메를로퐁티도 철저히 역사성을 추구하는 것 속에 기존 철학을 넘어서는 새로운 사고의 가능성이 배태되어 있음을 알아차렸다는 점이다. 그러나 두 사람 간에도 차이는 존재한다. 크라카우어는 규칙을 부여해 다룬다는 점에서 사진술(Photographie)이 역사적 경험의 우연성에는 적절치 못한 수단이라는 입장을 취한다. 반면 메를로퐁티는 그러한 사진술적 역사적 경험을 "채 작업이 되지 않은 감각경험의 층"으로, "고유한 현재적 실존"[28] 상태에 처한 인간 신체 저변에 존재하는 관계로 여기는 가운데, 그러한 경험을 명백히 신체적인 지각과 관련시킨다. 그래서 영화에서 관객들로 하여금 사물이 실제 존재하는 상태에서 사건이 일어나는 것처럼 경험하게 하며, 그때의 특수한 지각 형식인 영화 그 자체를 봄(Sehen)의 모델 혹은 디스포지티브(Dispositiv)▪로 고려하지 않는다 하더라도, 영화로서는 시도해볼 만한 도전이 될 듯하다.

매체학 시각에서 보면, 영화는 사물로의 진입을 허용치 않는다. 자신의 기술적인 변형 작업에서 영화 "그 자체는 실제 사물의 사태가 아닌",[29] 단지 사태들을 매개적으로 재현할 뿐이다. 모든 기술적 매체들처럼, 영화는 영상이나 영상의 움직임들을 일종의 속이는 상상으로 만들어내기 위해 부지불식간에 의식적 지각 저변을 파고 들어간다. 영화는—'가현상 이론(Lehre des Scheins)'을 입론하기 위해 최초로 이 개념을 도입한 요한 하인리히 람베르트(Johann Heinrich Lambert)가 말하는 의미에서—현상을 감

▪ 이 개념의 형성에 중요한 기여를 한 미셸 푸코가 이해한 디스포지티브는 일종의 담론 연합체로 담론, 제도, 기관, 결정, 법, 행정 조치, 학술적 명제들, 철학적·도덕적 교리 등 이질적인 요소들이 서로 앙상블을 이루는 그물망을 의미한다. 그 속에서는 힘의 복잡한 상호작용이 일어난다. 푸코는 이를 지식의 구성 문제에 적용해 지식을 진리가 아닌 권력과의 관계에서 분석한 바 있다. 이를 영화에 적용해서 여기서 전개되는 논의의 맥락에서 이해해본다면, 영화가 실제 현실 지각 자체는 아니라 할지라도, 실제 현실을 지각하는 본보기로 영향력을 행사한다는 의미라 할 수 있다.

각의 속임수로 생산한다. 관객들이, 마치 언어체계의 기표들이 그러한 것처럼, 사물을 표상할 수 있게 해주고, 사물로 접근해 들어갈 수 있도록 해준다. 이미 속임수로서의 환상을 미학이론으로 고려한 디드로나 레싱과는 달리, 람베르트가 감각적 가현상에 대해 자신의 이론을 발전시킨 것은, 다양한 감각 지각을 수학화하기 위해서였다. 선험철학적 사고가 팽배한 18세기를 살았던 람베르트가 당시까지만 해도 선험주의적 시각을 아직 "가현상의 언어"[30]와 연결 지어 생각할 수 있었던 데 반해, 19세기에 출현한 감각성을 연구하는 학문은 불연속성에 의해 분기되는데, 이들은 어떤 선험성에서도 승화되지 않고 오직 자신만의 환상을 생산해내기에 이른다. 그러한 불연속에는 영화 촬영술을 통해 구성되는 영화 공간 내에 새겨지는 불연속도 속한다.

영화사에서 결정적인 한 획을 그은 사건이 있는데, 바로 고속촬영 기법을 통해 구성되는 영화 공간의 태동이다. 마이클 패러데이(Michael Faraday)가 그것을 《**광학적 착각**(Optical Deceptions)》에서 기술하듯이,[31] 전기장적 영역에서 발견된 간섭현상이 시각 영역으로 전이·응용되면서, 영화 관람의 시각적 속임수들에 그 기초가 놓인다. 이러한 속임수에는 단절적 영사기법과 영상 주파수의 변조에 의한 현상이 속한다.[32] 이전의 고속촬영 기기들은 실제를 아주 작은 부분들로 나눴다가 다시 주마등같이 변하는, 그리고 놀랍게도 이전에는 상상할 수도 없었던 연속성이 있는 환상적인 영상들로 재조합한다.[33] 고속촬영 영상과 함께 영화는 디지털적 기법의 핵심을 체현할 수 있게 된다. 혹은 최소한 움직임을 영상으로 표현하기 위해 규칙적으로 지속되는 것을 비지속적인 것으로 변환시키는 몰타 십자가 정신을 체현한다. 그리하여 영화사에 속하는 모든 아날로그적 사진 기술에 해당하는 방법과 광학 외에도 신호처리 과정(Signalverarbeitungsprozess)을 구현한다. 이로부터 환영 같은 영상들을 만들어낼 수 있다. 움직이지 않던 것들이 움직이고, 중단적으로 촬영된 움직임들은 서로 속이는 척을 해, 영화 속의 모든 바퀴는—바퀴살을 갖고 있다면—고속으로 회전하는 와중에 갑자기 정지하는 듯한 착시현상을 만들어내기도 한다. 그러한 착시현상은 역설적으로 마치 실제인 듯해 오히려 탈착각화 과정 같은 것이다. 이러한 진짜 같은 착시현상을 생산해냄으로써 영화는 예술세계이자 현실세계의 시뮬레이션으로 자신을 드러내고, 기술적으로 생성된 가현상을 진짜보다 더 진짜 같은 감각지각으로 생산해낸다. 이러한 성취들을 통해 영화는 실제 지각보다 완벽한 통일성을 구축해내는 것으로 보인다. 왜냐하면 실제 사물들을 지각할 때의 "물체와 비물체 사이의 대립이 이제는 분리되지 않고 하나로 포괄되기에 그러한 대립은 이제 승화되는 것"[34]처럼 보이기 때문이다

그럼에도 문제는 있다. 다만 여기서 문제라는 것은 매체가 매체로 현상하는 괴이한 현상과 관련해서가 아니라, 영화가 속임수가 아닌 것으로 보인다는 사실, 그것이 구사한 기법, 틈새 그리고 편집된 부분이 영화 관객에게는 감지되지 않은 채 감춰진 상태로 머물러 있다는 사실과 관련해서이다. 여기서 영화적 시선과 현상학적 봄[■]의 차이가 드러난다. 이 둘을 상호 비교할 수 있는 것으로 여기면, 그때는 문제가 생겨난다. 무엇보다 세계를 보는 영화의 시선이 인간의 개별적인 시선으로 더이상 환원될 수 없기 때문이다. 영화 속 공간은 일종의 속임수 공간으로 거기에 대응하는 사물의 세계가 존재하지 않는다. 반면 개인의 시선으로 볼 경우, 영화 속 영상의 속임 · 왜곡 · 변형 들은 마치 실제 사물의 영상으로 표상되기 때문이다.

영화적 속임수가 실제 현상처럼 극적으로 보이는 경우가 영화 촬영

■ 여기서 '현상학적 봄'이란 인간이 영화 관람에서 직접 체험하는 내용을 두고 하는 말이다.

시 빛의 시각적·기계적·화학적 과정을 통해 모든 측면에서 변형되는 공간의 사례이다. 그리고 또 다른 경우는 패러데이의 발견과 함께 영화가 간섭현상을 지각하고 수용하여 마치 무에서 생겨나는 것 같은 색채효과와 굴절현상을 만들어내고, 이를 통해 진행되는 실제는 무엇이건 그대로 그려내지 않고 진정한 영화 고유의 공간을 만들어낼 때이다. 그러나 뭐니 뭐니 해도 영화의 가장 커다란 환영(幻影)은 영화가 자신의 간섭현상을 이용해 구성해주는 장 효과의 여러 측면이 19세기 수학이 무너뜨린 바로 그 실재를 그럴싸하게 재현해내는 것과 관련이 있을 것이다. 19세기 수학은 자연세계와 그 현상들은 오직 데카르트적 재현 개념과 수학이론 및 기호실천론적으로 구성된 연속성(Kontinuität) 덕분에 지속적인(stetig) 것으로 여겨질 수 있는 거라고 생각했다.

> 데카르트적 주체 개념, 즉 구심적 시각에서의 선험적 시점이라는 심급은, 이것의 투사로 제반 현상들이 보장되는데, 연속적이고 재현 가능한 함수라는 개념에 의존한다.[35]

생각하는 자아(cogito)로 파악된 주체는 이로써 기호체제의 환영(Phantom)이 되었다. 수학의 산수화, 이 산수화의 '기괴하게' 요동치는 함수들이 상상할 수 있는 모든 것이 평가절하되기에 이른다. 생각하는 자아로서의 주체는 우선 19세기의 공간 직관을 무너뜨렸고, 더 나아가 주체의 회의(懷疑)를 통해 구성되는 모든 표상을 무너뜨렸다. 그리고 기괴하게 구성된 이러한 실재와 그것이 취하는 상상조차 할 수 없는 공간 관계들은 수학자들이 머릿속에서 생각하던 사태 관계들이었다. 그뿐만이 아니었다. 수학자들의 논리는 모든 전자기적 기기들에서 재발견되기에 이르렀고, 물리학자들과 생리학자들의 사고 속으로 흘러들어 갔으며, 영화사

이전 시기와 초기 영화 역사에까지 흘러들어 가서 만행을 일삼기에 이른다. 그후 영화는 실재 불연속(reele Diskontinuitäten)과 환상적 연속성 사이를 넘나드는 자신의 역사를 만들어낸다. 세계를 요동치는 공간으로 바꾸는 일이 처음부터 영화에 스며들었다. 이런 식으로 영화의 공간은 더이상 **인간이 인간의 눈으로 바라본** 공간이 아니라, 파노프스키의 진술에서 발견할 수 있는 것처럼, 다형적인(polymorph) 공간이 되었다. 영화 공간은 "움직이고, 변하고, 회전하고, 사그라들고, 재구성된다". 하지만 인간이 사용하는 도량 표준과 측정에 따라서 그런 것은 아니다.

움직임과 형식만이 아니라 시선과 공간 구조도 매체 기술적인 방법의 적용으로 나타난 효과요 기능이다. 그런데 이러한 매체 기술적 방법과 절차들은 불연속성에 기반해서 일을 진행하며, 인간의 감각에 데이터들을 실어 나를 때는 자신의 매개변수와 조합을 변화시키는 가운데 이를 만들어내고, 이 데이터들만 융합하여 세계를 상호 연관시킨다. 이와 함께 지각 자체가, 이미 파노프스키가 염려한 대로, 수정되기에 이르고 그 결과 모든 세계상은 그러한 구조를 전제하기에 이른다. 문화적으로 조건화된 시선이나 매체를 매개로 경험된 시선은, 공간상 굴절이 나타날 법한 곳에서도 직선을 지각한다.

현대인들 중에서 몇몇 사람만이 이러한 굴절된 비틀림을 본 적이 있노라고 말할 때, 이 역시 부분적으로 청사진 구성에 길들여진 (또한 사진들을 봄으로써 강화된) 습관 때문에 그러한 것이다. 물론 이때의 청사진 구성은 단지 특정한 근대 공간에 대한 감각 혹은—그렇게 부를 수 있다면—세계에 대한 근대적 느낌으로 이해할 수 있는 구성을 말한다.[36]

실제 세계의 영상 그리고 영화 공간에서 나타나는 영상 같은 제반 현상들은, 그러한 곳에서 현실(Wirklichkeit)이 드러나도록 하기 위해 신체, 기술 그리고 대상을 일정한 방식으로 묶어 연결해주는 전체 구조물을 상대화한다.

3 "내가 보는 것을 가로질러, 나는 행동한다": 장(場)

매체학은 영화(관)공간에서 현상의 배후에 있는 실제 사물의 사태 관계를 발견해내기 위해 고유의 감각적 의미들(Sinne)을 실어 날라야 하고, 사용되는 기기들을 예술적 · 기술적으로 탐색해 연구해야 하며, 영상의 특성을 규정해야 한다. 이와 달리 자신의 토대를 현상학적으로 구축하는 영화학은 이미 세계 속에 내맡겨진 신체의 봄을 영화 공간에서도 매개되지 않은 경험들에 내맡길 것과 이를 통해 획득되는 직관을 다시 이론적인 모델들을 통해 오염시키지 말 것을 촉구한다. 1945년 파리의 영화전문학교 IDHEC에서 '영화와 새로운 심리학(Das Kino und die neue Psychologie)'이라는 주제로 행한 강연에서[37] 메를로퐁티는, 이는 우연이 아닌 것으로 보이는데, 영화 관람의 사례에 공간과 자신이 눈(Auge)과 시선(Blick)의 분리로 더 세밀화하는 타자의 개입(Dazwischenkunft)을 고려하는 가운데, 봄의 원리에 대한 생각들을 발전시킨다. 세계와 사물들을 오성, "성찰적 정신(mentis inspection)" 혹은 "오성만에 의한 지각(solo intellectu percipi)"[38]에 의해 합성되는 것으로 여기는 데카르트 심리학의 전통에 메를로퐁티는 자신이 이해하는 봄을 대립시킨다. 눈앞에 전개되는 세계는 자기 조직적이라고 생각하여, 메를로퐁티는 자신이 보기에 본다는 것은 세계와 하나 되는 것이라고 말한다. 게다가 그의 견해로는 보는 것과 사고(思考), 기호와 의미, 감각과 지각의 구분은 더이상 성립하지 않는다. 합리주의 시각에서의 봄이 시각장에서 펼쳐지는 요소들을 해독해내고 다시 전체로 종합하는 동안, 현상학적 봄은 시각장을 그것이 전개되는 자연 그대로 조직되도록 내버려둔다. "내가 지각할 때, 나는 세계를 생각으로 만나지 않고, 그것은 내 앞에서 그냥 조직된다."[39] 그러면 주객 간의 인식론적 틈새는 설 자리가 없다. 그 어떤 투사적 관계도 사고하는 자아를 **계산 가능한 사물**(res extensa)에서 거리를 두게 하지 않으며, 신체는 이미 세계에 조응하는 방식으로 반응한다. 신체는 공간에서의 사물들을, 가령 지각이론가들이 선호하는 대상인 상자 같은 물체를 염두에 두면서 움직이고 존재한다. "이때 나는 그러한 사물들에 수정이나 교정 같은 인위성을 가하지 않고 내맡겨진 상태에서 소통하고 있기에, 그것들이 어떤 방식으로 찌그러지거나 변형되는 경우를 한번도 경험하지 않는다. 보는 것을 가로질러, 나는 상자 같은 물체 자체에 대해 그 명증성이 액면 그대로 보장되는 선에서 행동한다."[40]

사물들과 공간에서 지각이 일어날 때, 지각은 항상—메를로퐁티는 영화이론의 하나인 이 새로운 심리학이 이 점에서는 게슈탈트(Gestalt) 이론이 성취해낸 인식과 합치하는 것으로 여겼는데—"장면을 모든 측면에서 균질적으로 재현하는"[41] 방식으로 조직된다. 이 새로운 심리학이자 영화이론이 우선 19세기 물리학에서, 지각과의 관계에서 이미 공간의 근본 문제 중의 하나가 된 장(場)의 문제와 얼마나 연관되어 있는지는 분명치 않다. 그렇더라도, 이 새로운 영화이론은 새로운 심리학이 말하는 공간 문제의 근본 가정을 따라야 할 것이고, 모든 물질적 기반을 넘어 장 속에서 작용하는 영향 관계들을 보아야 할 것이며, 그렇게 함으로써 부분의 단순한 합이 지각이나 관찰자들과 맺는 관계와는 상이한 형태를 취하는 전체성, 구조 혹은 형상들이 일으키는 영향들을 볼 수 있어야 할 것이다. 새로운 심리학은—두 번째로—모든 지각된 현상은 욕구와 연결되어 있음을 보여준다. 자연스럽게 있는 그대로, 그러나 우연치 않은 방식으로 세계는 주체와의 관계에서 형성되는데, 이는 특히 주체가 어떤 상황에 처해 있고 어디에 "닻을 내리느냐"[42]에 따라 달라진다. 새로운 심리학은—이제 세 번째로—타자와의 관계를, 이것이 존재의 표면에서 항상 이미 주어지듯이, 명증하게 나타나는 행동에 대한 자연스러운 반응으로 이해한다. 타자는 그 고유한 행동 양태에서 나에 의해 경험된다. 보는 눈, 내성, 전달 혹은 공감하는 이해, 또 외부 시선과 내성의 차이가 타자와의 관계를 규정해주는 건 아니다. 타자는 보이는 대로 자연스러운 형태에서 지각할 수 있다. 바로 이러한 시선으로 타자와 관계 맺기에, 사르트르가 말하는 "마술적인"[43] 상호 주관적 행동을 가능케 하는 "의식과 세계의 상호침투"[44]의 끈을 비끄러맬 수 있는 것이다. 그럼에도 타자가 개입해 들어오는 영화(관)들의 공간은 더이상 인격화된 공간이 아니라 스위치 회로의 요동에서 유래하는 공간이라는 조건하에서는, 위에서 언급한 "마술적인" 변이들이 가능할 거라는 맹신이 항상 정당화될 수는 없다. 그 마술적인 변이라는 것은 또한 누구도 끝을 알 수 없는 매체적인 변조의 결과로 생각할 수도 있는 것이다.

   이렇게 메를로퐁티는 현상학적 시선의 맥락에서, 사람들이 취하는 태도, 리듬 그리고 영화 속 침묵의 의미라는 요소들이 어떻게 관람객을 하나의 영화 공간으로 수렴하는지를 보여주기 위해, 자신이 소리 형상과 그림 형상의 연결을 지적했을 때, 아예 영화를 뛰어넘어 정의가 불가능할 것 같은 본래 지식으로, 즉 원래는 분해할 수 없는 전체로—가령 "목소리, 실루엣 그리고 성격"[45] 전체로—돌아가려 했다. 그리고 이미 무성영화에서도 소리와 영상의 연결을 인위적으로 만들어냈다. 물론 소리가 신체에서 원리상 분리될 수 있다는 사실은 인정되지만, 영화의 근본인 드라마적 레퍼토리에만 속할 뿐이다. 그 자신 거기에 기반을 제공하는 원리적인 장(場) 지각 그리고 게슈탈트 지각의 토대 위에서 다양한 환상 작용을 불러일으키는 영화의 종합하는 작용은—이는 아주 다형적이고 무한한 성질을 띠는데—더이상 그 배후로 파고들 수 없는 것이다.[46]

데카르트가 광학굴절학(Dioptrik)에서 발전시킨 것처럼, 메를로퐁티에게 데카르트의 시각 개념은 가시적인 것에서의 자기철수(Selbst-entzug), 즉 보는 것에서 관찰자 자신을 누락시키는 것이다. 또한 세계 내 존재(Sein-in-der-Welt)와 세계 내에서의 봄(Sehen-in-der-Welt)에서 통제 불가능한 것을 신체로부터 떨어뜨려놓으려는 엄청난 몸부림으로 보였다. 그것은 "가시적인 것의 환영(Spuk)에서 빠져나가려 하고 그것을 사라지게 하는 모델에 따라 재구성하고자 하는"[47] 사고일 수도 있다. 현상학은 인간의 몸은 항상 볼 수 있는 동시에 보일 수 있는 것이고, 물리적 세계의 부분임과 동시에 심리적 세계의 부분이며, 현실세계의 조직을 서로 연결하는 고리요, 사이쉼표라는 경험을 환기하려 한다. 그러면서 데카르트 같은 시각 개념에서 끊어진 심리생리학적인 연결끈을 재생해내려 한다. 혹은 현재의 위상학적 모델을 고려해 표현하자면, 현상학적 시각에서 볼 때, 몸은 데카르트식 심신 이원성 양면을 서로 스며들도록 매개하는 뫼비우스 띠 같은 것이다. 사물들에서도 "느끼는 것과 느껴진 것의 근원적 통일"[48]을 가능케 하는 "감각의 이중적인 본성"[49]은 정확히 실제 사물들에서 구성되는 시각적 표현, 즉 체험된 영상성(Bildlichkeit)으로서의 심적 영상에서 현현한다. 이러한 영상성은 플라톤에서처럼 존재 위계에서의 부수적 위치가 아니라, 세계 조직망으로의 입성(入城) 형식을 띠고 나타난다. 지식, 몸/신체 그리고 주체만이 새로운 제3의 것으로 서로 융합하는 게 아니라, 지식과 봄/시각 그리고 사물들과 그것의 공간성이 새로운 제3의 것으로 서로 통합되고 융합된다.

이렇게 볼 때, 현상학적 봄(Sehen)의 세 가지 측면이 영화 공간의 봄에 대립하는 것으로 보인다. **첫째**, 보는 것과 보일 수 있는 것의 얽힘과 관련해 서로 대립한다. 영화의 경우 봄만이 다뤄지는데, 영화관에서는 단지 볼 수 있는 것만 제시될 뿐이고 실제로 지각될 수 있는 것은 제시되지 않는다. 즉 일방통행식 봄만 있을 뿐이다. **둘째**, 세계의 지시적 유도로 호명되는, 신체 전체와 신체 운동의 봄(Sehen)으로의 개입과 관련해 현상학적 봄과 영화관에서의 봄이 서로 대립한다. "볼 수 있는 세계와 나의 신체가 수행하는 운동의 세계는 공통 존재의 각 부분이자 전체 존재의 모든 것이다."[50] 그런데 영화관에서 봄은 움직임 없는 관람으로 환원되고, 영화관에서의 지각은 인간화된 움직임이 아니며, 봄의 경험은 늘 그다음 장면으로 이어지는 또 다른 공간으로의 이행(transition)으로 남아 있어야만 한다. 영화관에서는 아마도 현상학적 시각 공간의 전제인 "영점 공간성(Nullpunkt der Räumlichkeit)"[51]이 더는 존재하지 않을 것이다. **셋째**, 데카르트적 공간 너머에 연속성이 있을 거라고 가정할 근거가 전혀 없다는 점에서도 현상학적 봄은 영화관에서의 봄과 대립한다. 메를로퐁티가 "차원이란 하나의 차원성을 하나의 그러나 다형적 성격을 갖는 존재에서 뽑아낸 것이지, 측정 체계들 중 어느 하나에 의해 완전히 표현될 수 있는 것이 아니다"[52]라고 확신에 차서 말할때, 이는 특정 차원에 국한된 지각을 부인하는 것이다.

물론 메를로퐁티의 경이로운 소망, 즉 사람들이 "(……) 공간에 대해 혹은 빛에 대해 말할 게 아니라, 오히려 세계에 존재하는 공간과 빛이 스스로 말하도록 (……) 해야 할 것"[53]이라는 소망은, 영화관 같은 간섭공간에서 얘기되는 사태 관계들은 실제 현실이 아니라 가상세계의 사태 관계들이고, 영화관처럼 요동과 불연속이 지배하는 공간에서는 거기에 존재하는 나 자신도 덩달아 떨림 속으로 빨려들어갈 수도 있을 거라는 반론이 나올 수 있기는 하다. 메를로퐁티가 앞서의 주장을 내세울 때는 이러한 반론들을 감수해야 할 수도 있으나, 그렇게 주장하는 데는 또 다른 이유가 있다고 보는 것이 타당하다. 다름 아니라 사물에 이르는 현상학적 지름길이 어떤 방해물도 없이 보장되기 위해서는, 수학, 물리학 그리고 그것들의 학문 토대적 위기(Grundlagenkrisen)와 관련된 얘기들이 영화 이론을 둘러싼 논의에서 왜 제외되어야 하는지, 또 시각 공간(Sehraum)에 구체적인 매개를 사용할 때 인위적 조작을 일으키는 조치들이 왜 제외되어야 하는지를 설명해주는 근거가 될 수도 있다.

영화(관)에 대한 이러한 현상학적 길(道)과는 정반대로, 거대한 문화적 공간 형식들[54]에 수학 모델을 배정하는 것도 어떤 사람들에게는 매혹적으로 보일 수도 있다. 가령 그리스의 우주적 공간에, 그 자신 항상 사물의 개수를 나타내는 수(數)였고 그래서 존재와 장소 들의 정체를 확인하는 과업을 스스로 떠맡아야 했던 불연속산수(이산수학)를 배정하기, 근대의 공간에 인도아랍식 숫자들이 유럽에 유입시킨, 존재하지 않는 것들을 기호로 나타내고 계산할 수 있게 하는 종파번호체계(Stellenwertsystem)■ 배정하기가 어떤 사람에게는 매혹적으로 보일 것이다. 이런 시각으로 볼 경우, 기호 질서는 실재계에서 완전히 독립해 있는 것으로 보인다. 그리고 현상학적 공간 경험도 결국 표상 가능성(Vorstellbarkeit)을 포기하는 대신 내실 있는 것(Das Reelle)의 형식적인 묘사 가능성을 추구하는 새로운 수학, 즉 함수적인 진동을 고려하던 19세기에 "수학의 산수화(분석학)"[55]라고 불리던 수학에 대한 하나의 답으로 기술될 수 있다. 내실적인 것을 이산화하고 디지털화하는 것은 한편으로는 불연속적인 것, 확률적인 것에서의 공간적 정향을 조직해준다. 그렇지만 공간 및 지각에 일종의 방해를 일으키는 요인으로서의 그러한 작업이 또한 지속적으로 통찰해야

■ 2진법, 10진법, 16진법 등과 같이 기호를 사용해 수를 표현하는 시스템을 말함.

할 것이 있다. 그것은 공간을 조직하고 그 자신 항상 환상과 괴물로, 어지러움과 잡음으로 혹은 다른 것과의 마술적 관계로 감지될 수 있는 뭔가 다른 것이 존재한다는 사실이다. 교란(Störung)과 경이(Staunen)는 최종 지향점이다. 아주 복잡한 방식으로 계산 가능한 공간에 주체는 피부와 머리카락을 가지고 늘 속박되어 있다.

어찌되었건 파노프스키는 영화를 기술(技術)로만 이해할 게 아니라 대상으로도 이해하기를 요구하고, 영화의 실제 공상적 공간을 그 물질성에서 고려하기를 요구하는 영화의 교훈을 잘 기억하고 있었다. 사물로 들어가는 길은 영화라는 사물을 그냥 지나칠 수가 없다. 수학적 모델에 의존해서는 영화의 공간 문제를 해결하지 못한다. 그뿐만이 아니다. 그렇게 해서는 공간적 혹은 위상학적 관계들을 형성하고 이러한 관계에 재차 교란을 일으켜 그것들을 변이시키는 데 긍정적으로 기여하는 것들(Positivitäten)을 영화가—뒤러의 〈**가시면류관을 쓴 그리스도**〉에서 시작하면서—일일이 찾아야 하는 수고가 면제되는 것도 아니다. 수학적 모델에 의존해서는 문제가 해결되지 않는다는 사실은 기술일 뿐 아니라 사물이자 매체인 영화에도 해당한다.

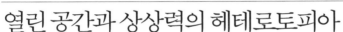
열린 공간과 상상력의 헤테로토피아

1 열린 공간의 위상학

인간의 지성사에는 오랫동안 습관화된 태도가 있다. 그것은 공간을 무엇보다 매개변수를 사용해 기술하고, 그렇게 함으로써 측정 가능한 형태로 연구하는 태도이다. 그러나 공간 논의에서 공간을 기술할 때 개입되는 것이 공간적인 것(das Räumliche)이다. 문화학에서는 이를 헤테로토피아적으로(Heterotopie) 탐구한다. 공간적인 것을 헤테로토피아적으로 탐구한다는 것은, 위에서 언급한 전통적인 공간 기술 태도를 해체하는 작업을 일컫는다. 우선 헤테로토피아는 시공간적인 관계에서 세밀하게 분화된 얽히고설킴을 규정하는 작업이다. 헤테로토피아는 이 작업을 통해 〔임재형이상학적으로(präsenzmetaphysisch) 파악되는〕 공간과 시간 개념에 일대 수정을 가한다. 위상학적 시각에서 장소를 기술하는 것 혹은 장소를 구성해내는 것(Ver-Ortung)은 시간과 공간 범주들을 탈중심화하는 작업을 말한다.[1] 시간 측면에서조차 잘 파악되지 않는 사이공간(Zwischenraum)이라는 것에 대한 이러한 장소 기술 작업, 즉 장소를 위상학적으로 규정하는 작업2이 불가했다면, 열린 공간들(offene Räume)을 환대하거나 아주 낯선 것으로 대할 수도 없었을 것이다. 문화학에서 관철된 **공간적 전회** 혹은 **지형학적 전회**에서 역사적으로 변화해온 문화학적 지식 속의 공간이나 문화학 속에서 권력의 형태로 그려지는 공간도, 공간을 그러한 방식으로 대했기 때문에 구성될 수 있었던 것이다. 여기서도 공간을 헤테로토피아적인 방식으로 대하지 않았다면, 분명 문화학적 공간을 구성할 수 없었을 것이다.

칸트 이래, 공간을 우리 눈앞에 주어지는 것이라고 여기는 습관이 있다. '공간의 장소(Ort des Raumes)'를 논한다는 것은, 그런 식으로 이해한 공간에 선행하는 공간적인 성질, 즉 공간성(Räumliches)이 존재하며 그러한 공간성이 고래로 일컬어진 공간에 비로소 자리(Platz)를 마련해준다는 것을 함축한다.■ 사실 공간을 규정하는 것과 공간성을 규정하는 일에는 서로 차이가 있다. 우리가 여기서 다루려는 공간은 열린 공간(offener Raum)으로, 이것은 일단 우리에게는 아주 친숙한, 균질적이고 빈틈이 없으며 항상 '거기' 존재한다고 말하는, 혹은 텅 비어 있어 언제라도 채워질 수 있다고 여기는 공간과는 좀 다른 것이다. 하지만 이때의 '열린 공간'이 우리 눈앞에 대상으로 주어지는 공간의 대항마라거나 그것에 반대되는 것

■ 칸트 이전에는 공간 문제를 두고 절대주의와 상대주의가 논쟁을 벌인 바 있다. 예를 들어 뉴턴 및 클라크는 절대공간 개념을 옹호했지만, 라이프니츠는 상대공간 개념을 옹호했다. 여기서 절대공간이란 그 자체의 존재 위상을 가진 공간이고, 상대공간은 그 자체의 존재 위상을 갖는 것이 아니라 사물이나 사건들과의 상대적인 관계 속에서 존재하는 공간이다. 이러한 차이에도 불구하고 이 두 입장은 객관적 공간을 논한다. 바로 이러한 객관적 공간 개념에 칸트가 반기를 드는데, 그는 공간을 객관적 속성이 아닌 주관적 속성으로, 즉 대상들이 주관에 주어질 때, 이것들을 정합적인 그 무엇으로 직관할 때의 조건으로 기술한다. 칸트가 이렇게 전통적 · 객관적 공간 개념에 대해 주관적 의미의 공간을 제안할 때는 객관과 주관의 구분을 전제한다. 이러한 전제에 하이데거가 반기를 들면서 자신만의 공간 개념을 제시한다. 하이데거의 공간 개념에 대해서는 이후 논의를 참조.

으로 자리매김되는 것을 가리키는 말은 아니다. 그럼에도 열린 공간이란 잡아챌 수도 점유될 수도 없는 차이(Differenz)이자 자족적으로 존재하고 온갖 곳에 임재하는 **도식**이라는 의미에서의 공간도식(Schematisierung des Raums)이라는 그물로는 제대로 파악할 수 없다.

'열린 공간'은 마음먹는다고 해서, 의지의 자유가 있다고 해서 맘대로 정위할 수 있는 공간이 아니다. 그것은 공간 관계의 규정 및 그런 표상들이 구성된다고 할 때, 그것들에 논리적으로 선행하는 가운데, 그런 활동에서 일종의 결(缺)로 자신을 드러내는 공간이기도 하다. 위에서 잠시 언급한 공간-시간-도식화의 문제점 내지 한계는, 칸트의 경우를 두고 얘기하자면 그러한 도식화를 통해서는 전혀 파악되지 않는 것들이 존재한다는 것이다. 칸트에게서는 바로 '무한성', '아페이론', '숭고함' 그리고 '**공동 감각**(sensus communis)' 등으로 알려진 것들이다. 이들이 바로 열린 공간의 예들이다. 그것들의 바닥 없는 심연(Ab-ort) 혹은 토대 없는 심연(Ab-grund)의 위상학을 칸트는—우리가 하이데거를 비롯해 하이데거를 언급하는 한스디터 바르(Hans-Dieter Bahr), 자크 데리다(Jacques Derrida), 장-뤼크 낭시(Jean-Luc Nancy) 같은 철학자들에게서 경험할 수 있듯이—오해하고 있다. 그는 그것들이 순수이성비판에서 떨어져나와 인식에서 단지 부차적인 역할을 하는 감성 영역에 속하는 것으로—감각적 내재성(empfindsame Innerlichkeit)[3]의 심연으로 여겨질 수 있는 것으로—간주했다. 그러나 우리가 열린 공간을 더 세심하게 생각하고 너무 협소하게 감성론의 영역에 위치시키지 않는다면, 열린 공간이라는 것이 보통 통용되는 공간 이해에 수반되는 부가물(Zusatz) 혹은 첨가물(Bei-Werk)[4]로 드러난다는 사실을 알게 된다. 그리고 열린 공간들을 통해 학문적 담론 및 사고 전형 그리고 인간의 문화적 자기 이해와 문화 위기의 정의를 다루는 방식에서 광범위하게 발견되는 시공간적인 변화, 중첩, 변위 들을 파악할 수 있는 기회까지 획득할 수 있다.[5] 하이데거의 말을 따르자면, 그것들은 근대과학과 그것의 모더니티를 상징하는 기호인 '개방된 영역(offener Bezirk)'의 개시 구조와 관계한다.[6] 하이데거가 이를 증명하려 했듯이, 공간·시간·기호 들의 상호 얽힘 자체를 과학은 성찰할 수 없다. 왜냐하면 과학적으로 자기 폐쇄된 조작 가능성[■]를 추구하는 가운데 그것을 실제로 감행할 경우(혹은 그러한 고질병이 도질 경우) 항상 실재(Realität)의 대상과 파악된 대상적 성질(Referenzialität) 간에 존재하는 간극을 간과하는 꼴이 되기 때문이다. 또 1900년에 언어적 전회와 함께 인간 사고에 도입된 존재적 존재론적 차이(ontisch-ontologische Differenz)를 다시 무용지물로 만들어버리는 위험에 빠질 수도 있다.

다양한 동시대 흐름들을—해석학에서 출발해 분석철학을 넘어 비판이론과 구조주의 혹은 그후에 전개된 철학 이론들을—아울러 고려하는 가운데 제기되는 철학적 물음의 특징을 규정해보자면, 다음과 같이 요약할 수 있을 것이다. "철학이라는 것은 내용이 다양한 사고작용을 대상으로 그것의 수행 조건을 사고작용으로 파악하는 학문이다."[7] 이렇게 '사고'를 **사고하는** 부류의 철학의 과제는 모더니즘이 생산해낸 재래의 명증성을 해체하는 일이며 현대사회에 대한 문화비판적 진단에서도 발견되는, 은폐된 사고 형태와 명제의 전형 들을 드러내 명시적으로 만드는 작업이기도 하다.

■ 과학에서 다루는 주제나 문제들을 다시 과학의 눈과 방법으로 다루는 것을 의미한다.

2 공간적 장소들

공간 담론이 유행이다. 공간과 관련한 신(新)매체를 다루지 않는 저술을
찾아보기 어려울 정도이다. 더 자세히 말해, 공간의 손실 내지 '무화(無
化)'를 다루지 않는 저술을 찾아보기 힘들 정도로 공간 담론이 유행처럼
번지고 있다. 그러한 저술에서는 원거리 소통 기술들(Teletechnologien)[8]과
디지털 기술이 세계적으로 네트워크화되며 야단법석을 떨고 있다고 한
탄한다. 상황이 그렇다 보니 공간이 점차 좁아질 뿐 아니라 그 와중에 인
간이 할 수 있는 일이라곤 아무것도 없다고 말한다. 그러한 말세적 과정
을 무기력하게 바라보고만 있을 수밖에 없다는 것이다.[9] 이러한 시대 진
단은 특히 폴 비릴리오(Paul Virilio)의 후기 저술과 정보화 시대를 애초에
현상학적으로, 즉 아주 섬세하고 주도면밀하게 기록하는 '철학적 이론
의 건축가들'에게서 발견된다. 거기서는 공간 상실에 대한 우려 섞인 추
정이 봇물을 이루고 있다. 하지만 그러한 진단들에는 착각이 섞여 있다.
우선 구분할 수 있는 것이 있으니, 한편에서는 공간과 시간에 대해 선험
철학적으로 성찰하는 반면, 다른 한편에서는 실제 '체험된' 공간의 상실
을 말할 때처럼 인간학적인 선결정을 논한다는 것이다. 이 둘은 서로 성
질이 다른 논의이다. 그런데도 위의 진단들은 이러한 구분을 하지 않는
가운데, 혹은 그러한 구분을 수행한다 하더라도 마치 전자가 후자인 것
처럼 착각한다. 그뿐만이 아니다. 그러한 문화비판식 진단은 실재와 비
실재[10]라는 극단적인 흑백논리적 도식을 사용해 공간의 쇠망 및 상실 수
사학을 펼친다. 그렇게 함으로써, 스스로 범주의 악순환을 저지르고 있
다는 사실을 깨닫지 못한다. 그들은 실재와 비실재를 구분하지만, 실재
가 비실재로 대체된다고 진단할 때, 이 진단 자체에는 이미 인공 기술 및
인위적 대체 세계가 전혀 사용되지 않고 '직접' 주어지는 인간의 감각성

(Sinnlichkeit) 내지 자연성(Natürlichkeit)에서 아무 매개 없이 전(前)기호적으로 형성되는 심상(心想)이나 환상이 있음을 인정한다. 그럼에도 현실적으로는 실재가 비실재에 의해 대체되고 있다고 말해지는 실정이다. 만약 후자의 진단이 옳아, 실제 현실이 그러한 상황에 처해 있다면, 전자 같은 진단은 내려질 수 없었을 것이다. 그런 주장은 자기모순이기 때문이다. 만약 모순이 아니라면, 거기서 말해지는 순순한 감각성 내지 자연성 속에서 형성된다는 심상이나 환상들은 순수한 것이라기보다는 실재와 비실재(즉 상상의 것)가 '내파(內破)되어' 서로 융합되어 나타난 결과라고 해야 할 것이다.

비릴리오[11]는 시각 보조용 기술이 발휘하는 인공의 힘들은 범접할 수 없는 논리와 속도 덕에 인간의 지각능력을 멀찌감치 추월하거나 아예 해체해버릴 수도 있을 거라고 말한다. 여기서 비릴리오가 가정하는 것을 보자. 텔레매틱스*의 시대에 인간의 자연지각은 그 중핵의 역할(시각에서의 중심 역할)을 이미 상실해버렸다는 것이다. 그러나 이러한 가정 자체가 깊은 성찰을 동반하지 않은 것이다. 물론 "광속같이 빠른 경향성", "무기들이 발휘하는 속도보다 훨씬 더 빠른 속도"[12]가 마치 볼 수 없는 것들에 대항해 무슨 전쟁을 치르기라도 하듯이 우리들에게—시계(視界) 내에서—수많은 그림으로 넘쳐나는 볼거리들을 제공한다는 질주학적인 발견은 공공연한 사실이다. 다만 여기서 문제 되는 것이 있다면, 그것은 현실과 그것을 보는 시선 간에, 실제와 상상 간에 모종의 상호일치(bi-univoke Entsprechung)가 있을 거라는 존재론적 선(先)판단을 충실히 믿는 고지식한 태도이다. 그런데 이것이 왜 문제라는 것인가? 인간의 눈을 기술(技術)로 대체하는 경향에 불평불만을 늘어놓는 사람들이 간과하는 것이 있

■ 이 용어는 텔레커뮤니케이션(telecommunication)과 인포매틱스(informatics)의 합성어이다.

기 때문이다. 그들이 눈을 기술로 대체하는 경향을 불평할 때, 시각에 대해 유사 자연주의적 논증을 펼치고 있을 때와 마찬가지로, 시선이라는 것이 눈의 기하학적 가시성에 고정될 수 없다는 사실, 그리고 그것이 기술(技術)로 진정 대체될 수 없다는 점을 간과하고 있다. 아무리 멀리 내다보는 시각 기술이 있어도, 세상을 훤히 꿰뚫어보는 텔레스코프 기술이 있어도, 그것이 공간의 실제 모습을 '대체하거나' '해체해 사라지게 할' 수는 없다. 왜냐하면 공간의 실제 모습은, 그에 관한 우리 이미지에서 추론할 수 있는 것이 아니기 때문이다. 그것이 표상하는 자리에서 구분되는 동안, 모든 이미지나 표상은 항상 이리저리 바뀔 수 있는, 공간에 대한 파편화된 상들이자 사람들이 나누어 가질 수 있는 불완전한 틀 부여 작용의 결과물이다.

종종 사람들이 가정하는 인간에게 구체적이면서도 직접적인 근접공간(Nahraum)은 과연 확고히 고정된 장소(fester Ort) 일반으로 존재하는 것인가? 그것은 오히려 역사적으로 조건 지워진 시각에 (이 단어의 모든 의미에서) 빚지고 있는 것은 아닌가? 위에서만 하더라도 사람은 공간을 텔레매틱적(전자 데이터 전송적)으로, 떨어진 곳을 볼 수 있는 장치나 기술을 통해서 본다고 말한다. 이와는 (거의 감지되지 않은) 모순을 일으키는 가운데, 또 다른 공간 관련 논의가 신미디어를 대상으로 한 경향 분석으로 제시된다. 거기서는 위에서 언급한 공간 이해에 기초해, 과거에 가정한 공간을 대체한다는 새로운 공간이, '사이버스페이스(Cyberspace)'라는 주문하에 선언되어 자리를 잡게 되었다. 이와 관련해서는 윌리엄 깁슨(William Gibson)의 노이로만서(Neuromancer: 마술사, 무당) 이후 도입되어 노이로만서라는 단어보다는 좀더 널리 사용된 '사이버모던(Cybermodern)'이라는 단어로 정리할 수 있는 정보들을 끌어모을 수 있다. 가령 마빈 민스키(Marvin Minsky), 한스 모라벡(Hans Moravec) 혹은 맥루언의 제자 데릭 드 커크호브

(Derrick de Kerckhove) 같은 인공지능 예언자들에게서 발견되는 뇌와 문화의 신경문화적·대체종교적 합성들이 그런 예에 속한다. 하나의 마을인 지구촌에서 펼쳐지는 장면들 역시 그런 방식으로 소개할 수 있으며, 하워드 라인골드(Howard Rheingold)와 여타 작자들이 그려주는 다양한 집단 유토피아 또한 그러하다.

이러한 유토피아적으로 정향된 공간 위기 담론들이 장소화하는 공간(Ortungsraum) 그 자체가 어떻게 해서 상상적 구성들(imaginäre Konstruktionen)의 자기현시로서의 부수 현상(blinder Fleck) 혹은 그림자 효과로 정위될 수 있는지를 미셸 푸코가 뭇 사람들로부터 많은 관심을 받았던 연구에서, 그러나 특별히 주목받지는 못했던 시각에서 묘사하고 있다. 푸코에 따르면, 시대 변혁의 주류 트렌드를 주제로 논의를 펼치는 위기 담론들은 칸트적 의미에서 이해되는 고전적인 빈 공간 개념에 버금가는 것으로서 유토피아적 빈 공간, 즉 유토피아적 담론 내용물에 의해 완벽하게 채워질 것으로 믿어지는 빈 공간을 상상의 형태로 제시한다. 이러한 상상은 종종 사회에 대한 절대적·전체주의적 환상을 가지고, 요컨대 거의 루소류의 생철학을 가지고 수행되기 일쑤다.

유토피아는 실재하지 않는 장소다. 그것은 실재하는 사회공간과는 일반적이고 직접적인 또는 완전히 대조적인 비유 관계에 있다. 그 장소들은 완전 무결한 사회상이나 그와 정반대되는 사회상을 취하는 심상들이다.[13]

이러한 끝없는 거울 반사 모델과는 다소 다르게, 사람들은 위기 담론이 말하는 위기를 '위기 헤테로토피아들'[14]로, 서로 겹치는 부분이 있는가 하면, 자기만의 폐쇄된 부분이 있어 서로 양립할 수 없는 장소들로 기술할 수 있을 것이다. 또한 문화사회학적으로 정향된 문헌들은 그보다 더 신중하고 엄격하게 사이버 모던 세계를 논한다. 여기서는 사이버스 페이스의 세계 혹은 '인공 세계들'이란 컴퓨터 기술과 텔레커뮤니케이션의 연계, 좀더 일반적으로 전기적 데이터 및 그림들만 있고 '구체적인' 대상은 없는 세계를 의미한다. 인공지능 시스템 및 가상현실 시스템과 함께 사용자 인터페이스는 분명 변화되었다. 거기서 인터페이스로는 자판이나 집게손가락 기능을 대신하는 마우스(2세대 사용자 인터페이스)만 있는 게 아니다. 몸에 걸치는 장치와 기술들도 있다. 인간의 몸과 기술의 이러한 상호 연결은 생리학적 은유가 사용되는 가운데 '내부'가 어디고 '외부'가 어디인지를 위상학적으로 결정할 수 없다는 식으로, 즉 무한한 인터페이스 일체에 대한 은유로 성급하게 일반화되고 있다. 그러한 '가상공간'의 은유에서는 또한 유목민적 방랑의 국면이 재기술되어 기술과 감성론(Ästhetik)의 관계가 공간 개시적이라고 규정된다. 가령 사회학에서는 매체기술이 보여주는 '발전 단계 간의 거리(Abstandsgefüge)'에 대해 말하면서 그것을 "고개를 넘는 단계 내지 시발 단계들"[15]로 논한다. 좀더 해명성을 띠기는 해도, 이러한 서술방식에서도 정보화시대의 매체가 만들어내는 공간(Raum des Medialen)은 차원의 공간으로 축소해 논하는 실정이다. 달리 말해, 거기서 매체들이 만들어내는 공간은 친근성, 친근 집단 혹은 가족적 만남 같은 이전 사회적 관계와 같은 "근접공간성[16]이라는 전통적인 특성"을 띤 공간에서 얼마나 떨어져 있는가와 같은 '사회지리적' 기준으로 축소해 논하고 있다.

상상력의 장소(Ort der Einbildungskraft)는 그 매체성에서 그토록 주제넘을 수 있는 것일까? 텔레매틱스적으로 변화된 공간-시간-얼개 구조의 부인할 수 없는 결과를 심각하게 받아들이면서도, 완전히 환상에 불과한 공간상실이라는 식으로 치부하지 않는 또 다른 공간 사고의 흔적을 우리는 어디서 발견할 수 있을까? 혹시 매체의 시뮬라크르(모조품)에 의해 만들어지는 '망령적(gespenstisch)' 효과들 그리고 최근에 진행되는 해체적이고 아이러니한 건축 스타일들이 자신의 정의에 걸맞게 변치 않는 실체의 존재론적 위상을 요구하지 않는 공간성을 지시해주는 것은 아닌가? 앞서 언급한 '실재' 공간을 대체한다는 '가상공간'이 보여주는 보강술(Prothetik)은 연장될 수 있는 공간성을 원칙상 대체할 수 있다고 말한다. 하지만 이러한 대체는 망령적이고 위협적인 것이자 사이비(Schein)라서 '비판'받아 마땅하고 제거되어야 한다고도 말해진다. 즉 위와는 반대로[17] 공간적인 것이 갖는 '망령적 성질' 혹은 낯섦을 일종의 열린 장소(offener Ort)로 상황화시키는 것이 가능한데, 이때의 열린 장소는 우리가 접하는 소위 '공적 공간'이 비로소 공간이 되게끔 하거나 공공성의 공간이 비로소 현현할 수 있게끔 보장해주며 그리고 그 어떤 극적 상황이 전개되지 않고는 그 자신 전혀 변하지 않는다. 그런데 이러한 탐구가 성공을 거두려면, 칸트가 성찰한 '공간성 도식', 이것의 선재성과 이것이 가져다주는 효과들을 고려할 필요가 있다.

3 칸트와 하이데거에 따른 '공간'

시간공간 도식은 공간 표상이 있는 곳이면 어디든 임재하고 그 배후로는 더이상 파고들 수 없는 것으로 추정되지만, 우리가 공간에 대해 물을 때 그보다 더 깊이 파고들어야 한다는 것이 마르틴 하이데거[18]가 제기한 철학적 생각이다. ▪ 하이데거는 거기서 칸트의 공간과 시간에 대한 규정을

▪ 하이데거는 세 가지 공간을 구분한다. 1. 세계공간: 눈앞에 놓인, 즉 vorhanden이라는 의미에서의 공간), 2. 지역(Gegend): 주로 도구적 관계에서 존재하는 공간을 의미한다. 작업장이 한 예이다. 3. 실존의 공간(Dasein's spatiality): 객관적으로 주어진 공간이 아니라 공간적으로

수용함과 동시에 변화시키면서 칸트의 규정 저변에 놓인 결정적인 전제를 찾아낸다. 그가 제시하는 것은 열린 공간으로서 칸트의 시간공간도식을 자기이탈(Selbstentzug) 내지 존재 발현 사건(Ereignis)으로 혹은 좀더 정확히는 '탈현 사건(Ent-eignis)'[19]으로 사고해보자는 것이다. 전반적으로 감지되지 않은 채 머물러 있는, 인식에 선재하는 감각적 직관 형식으로서 공간과 시간 아프리오리의 시간 위상을 묻지 않고는, 하이데거가 1929년의 칸트 강해에 이어 저술한 예술 저작에서 분석하는—하이데거가 "밝힘(Lichtung)과 은폐(Verbergung)라는 상반되는 것"[20]으로 기술한—저 개방성(Offenheit)은 미규정(unterbestimmt) 상태로 머무를 수밖에 없다. 하이데거에 따르면, 일종의 개방되어 열리는 빈 것(Leere)의 구현물(Inbegriff)로서의 탈목적적인 예술작품들에서 '고유하게' 나타나는 현상이라고 하는 주기(Gabe) 내지 선사하기(Schenken)의 수수께끼 같은 국면은 상상력(Eibildungskraft) 구조에 대한 반성적 성찰이라는 중간 단계를 거치지 않고서는, 공간을 항상 빈 차원으로 이해하는 전통적 방식의 공간 표상과 연결되어서는 그가 말하는 개방되어 열리는 빈 것이라고 하는 것이 마치 무엇으로 채워지거나 완전히 채워질 수 있는 양 오해된다고 한다. 그래서 우리는 이제 하이데거, 데리다가 논하고 있는 칸트로 돌아가보자.

임마누엘 칸트가 《**순수이성비판**(Kritik der reinen Vernunft)》에서 전개했고 지금까지의 표상 양식에서 지배적이었던 문제제기에 의하면, 아프리오리한 인식 원천으로서 경험에 선행하는 감각적 직관 혹은 대상 인식 일

실존한다는 것을 의미하는데, 이는 공간을 실존의 한 양식으로 기술하는 경우의 공간이다. 다른 한편 그가 구분하는 공간 관련 개념들도 다양하다. 1. 장소(Ort): 보통 물건이 놓여 있는 장소를 의미한다. 2. 위치/곳(Stelle): Ort 개념과 유사한 의미를 갖지만 기하학적 의미의 장소를 가리키는 경향이 있다. 3. 자리(Platz): 물건이 구체적으로 위치하는 적절한 장소, 즉 적소의 의미로 사용된다. Platz가 모이면 Gegend가 된다. 4. 처소(Stätte): 인간들이 거주하는 장소라는 의미가 있다.

체를 기초하는 감각적 직관이라는 두 순수 형식이 있는데, 바로 '공간'과 '시간'이다. 이들은 감각에서 자유롭고 감각에 선행하는 것들로서, 수용성의 '지속적' 형식(beständige Form)으로, 다양한 공간적 시간적 표상이나 경험적 직관의 구성틀로서 감성 속에 항상 존재한다. 여기서 감각성 내지 직관은, 칸트가 혹시라도 발생할 오해를 미연에 방지하기 위해 여러 차례 언급하듯이, 인간학적 능력이라는 의미에서 경험적·심리적 사태 관계가 아니라, 최초로 그러한 능력을 개시하는 선험적 '도식'을 의미한다. 이러한 차이가 종종 세속적 칸트 수용에서 말소되거나 무화되기까지 하는데, 이는 칸트가 간결한 표현을 위해 사용한 용어 때문이기도 하다. 그는 선험적/초월적 감성론을 규정하는 곳에서 부연설명한다. "감각성의 순수 형식은 그 자체가 **순수 직관**이라 불린다."[21]

칸트가 규정했고 직접 대립하는 외적 감각(공간)과 내적 감각(시간)의 이원성은 시간의 지배를 받아 틀 지워진다. 좀더 자세히 말해, 내적인 것과 외적인 것의 감각인 시간과 공간은 특정 시간 형태로서 그 자체는 과거, 현재, 미래의 시간 양상에 귀속되지 않는 대신 시간의 순서적 형태를 하나로 묶는 유사 무시간적 법칙인 **임재하는 시간**(Präsenz der Zeit) 자체의 지배를 받아 틀 지워진다. 그러면 우선 칸트가 이해하는 공간은 어떻게, 어떤 의미로 주어지는가? 칸트가 말하는 구성이론적으로(konstitutionstheoretisch) '주어진다'는 말은 무엇을 의미하는가? 공간이 경험 개념이 아니라는 것, 그래서 경험에서 도출되는 것이 아니라는 사실을, 칸트의 예들이 모든 독자가 추체험할 수 있도록 해주는 것처럼, 우리가 획득한 공간 표상의 차원적 특성이 잘 밝혀주고 있다. 사물들을 서로 분리해 옆에 나란히 (그리고 또 다양한 장소에 모아서) 표상하는 것 같은 제반 공간 표상의 기반에는 공간 표상 자체, 즉 저 옆에다 나란히 배열하고 분리하는 것이 깔려 있다. "공간은 외적 감각의 모든 현상 형식, 즉 감각성의 주관적 조건으로서,

그것이 있어야만 외적 직관이 가능하다."[22] 공간은 이렇게 사물들 및 그것들의 관계에 내재해 임의로 변하고 속성이 부여되는 형식이 아니라, 외재적 공간성의 직관에 선행하는 아프리오리, 즉 선험적으로 필연적인 표상이다. 칸트가 좀더 자세히 언급하길, 우리는 공간이 없는 경우를 표상할 수는 없지만, 대상이 없는 공간, 그러니까 공간시간 도식의 '빈 공간', 그것도—사물들이 현상으로 존재하기 위한 아프리오리한 조건으로 상황 지워진—다양하게 분리될 수 있는 공간 및 공간 표상을 자체에 허용하거나 담지할 수 있는 무제한의 공간은 생각해볼 수 있다고 한다.

> 그래서 순수 직관은 무엇인가 직관되는 데 필요한 형식을 자신 안에 담지한다. 그리고 순수 개념만이 대상 일체에 대한 사고 형식을 자체 내에 담지한다. 단지 순수 직관 혹은 순수 개념들만이 아프리오리(a priori)적, 즉 선험적으로 가능하고, 경험적인 것들은 아포스테리오리(a posteriori), 즉 후천적일 뿐이다.[23]

빈 공간*으로서—지속적이고 완고한 수용성 형식으로 전제된 선험적 틀로서[24]—대상들에 틀을 부여하는 이러한 빈 공간은 자신에게, 지속성이라는 생각 속에 이미 전제된 시간성의 형식에서, 동시 존재(동시성)와 앞뒤 순서(연속)를 표상하도록 규제하고 결정하도록 '시간'성을 갖도록 지시한다. 공간은 전자와는 관계있지만 후자와는 무관하다. 반면 시간은 둘 모두에 관계한다. 따라서 칸트는, 시간은 공간에 선행하는 주어짐, 즉 **공간적 아프리오리의 아프리오리**라고 추론한다. 그럼에도 이 공간적 아프리오리의 아프리오리도 직관을 위한 독자적인 원천 작용을 자체에 보

■ 내용을 담지하고 있지 않은 그리고 구체적인 공간 표상의 조건으로서 공간 형식을 의미한다.

유하고 있다. 왜냐하면 공간과 시간의 구분이 다음과 같은 것에 달려 있기 때문이다. 우선 다양한 공간이 동시에 존재하는 반면, 다양한 시간은 앞뒤 순서에 따라 존재한다. 그러므로 시간은 그 선험적 이상성 덕택에 모든 감각성 형식의 아프리오리적 특성에 좀더 가까이 다가서 있다는 사실이 증명된다. 왜냐하면 선후 관계 및 동시 존재의 관계 규정을 자체에 포함하기 때문이다. 즉 선후 관계를 자리 잡게 하려면 그것과 함께 공존해야 하는 것을 항상 자체 내에 포함하기 때문이다. 이것이 감각적 직관 형식으로서의 시간의 지속적인 선재성이다. 이로부터 시간은 내적 조건이자 그것을 통해 매개 가능한 외적 현상의 직접적인 조건으로 정의될 수 있다는 사실이 추론된다. "시간은 제반 현상의 아프리오리한 형식적 조건이다. 모든 외적 현상의 순수 형식으로서의 공간은 아프리오리한 조건으로서는 다만 외적 현상들에만 국한한다."[25]

4 공간시간

한스디터 바르는 자신의 주저 《**손님의 언어**(Die Sprache des Gastes)》에서 시간공간의 고전적 사고에 내재한 아포리아(해결할 수 없는 문제)와 여러 의미를 다루고, 버클리, 로크, 베르그송 그리고 메를로퐁티의 철학적 공간 규정들에서 개념적으로 그리고 유비적으로 늘 논해지는 공간의 침투 불가능성 문제에 천착한다. 하이데거를 따라 바르는 아주 상세하고 엄격한 현상학적 · 어원적 방법을 사용한 다양한—그는 여기서 자신의 작업을 '내부'와 '외부'의 구분에서 시작하지 않고 일상의 공간 경험에서 이미 타당한 것들인—공간부사들[거기-옆에(da-bei), ~의 둘레에(um-her), 그것-에서/그래서(da-her) 등]과 흔히 "지역(Gegend)"이라 불리는 것에 대한 '엄밀하지는 않은 개략적인' 기술들에 대한 분석을 제시하는 가운데 시간 특성이 없는 공간을 기술한다. 이때의 공간은 우리에게는 친숙해 보이는 공간 표상의 도식화 효과를 비로소 상황화하는 것을 최초로 허용한다.

근대가 열린 공간을 단지 '빈' 공간으로 취급하길 거부함으로써 (……) 공간 문제가 공간적인 것들―연장 실체(res extensa), 상상력의 대상(ens imaginarium), 혹은 상징 차원의 공간적인 것―중 하나에 속하는 문제로 환원되면서 결국 공간적인 것이 비분화되는 중대한 결과가 초래된다. 이로써 열린 장소와 방향의 유한성 문제는, 항상 이미 넘어설 수 있는 공간과 길의 제한성 문제와 동일한 것으로 여겨지기에 이르렀다. 그뿐만이 아니다. 공간의 전개 및 공간 방향의 시간성이 무엇보다 우선시되는 가운데, 모든 것이 생기하는 '곳'이라는 편재적 시간공간(Zeitraum)은 원래는 늘 자신의 빈 공간을 무화시켜 전복시키는 지평(der unbefragte Horizont)임에도 이에 대해서는 아무런 성찰도 수행되지 않은 채로 남아 있었다. 시간공간 도식을 이렇게 이해함으로써 내용물로 채워지는 도식으로서의 공간이 '과포화'된다. 사실 거기서는 더이상 자리가 없고, 모든 운동은―실제로 일어나는 운동이든, 상상 속의 운동이든, 기호적 상징 운동이든―'다른 공간을 비움으로써 자신의 공간을 확보하는 일'로써 완수된다.[26]

헤겔과 유사하게 칸트가 설정한, 비어 있고 편재적인 시공간에 대한 이러한 규정에서 빈 공간(Leerstelle)은, 하이데거가 상세히 증명하듯이, 아프리오리 도식 자체에서 발견된다. 좀더 정확히 말해, 그런 빈 공간은 선재성(Vorgegebenheit), 고정 불변성 그리고 기반성이라는 도식에 기거하는 게 아니라, 그러한 도식이 생겨나면서 수반되는(bei-wohnen) 시간 특성을 부지불식간에 넘어서는 사건에서 발견된다. 선행성에 무엇인가 선행하는 것이다. 좀더 정확히 말해, 아프리오리의 항상성을 최초로 형성해내고 가정하는 것을 허용하고 그것과 함께 '나는 생각한다'는 표상하는 자아의 항상성을 최초로 형성하고 허용하는 무언가가, 그 자신 더이상의 아프리오리로―마치 **좀더 근원적인 근원으로**―주어져 고정되는 일이 없이 선행성에 추가되어야 했던 것이다.

마치 물건을 담는 용기(容器)와 같고 그 안에서 "눈앞에 주어진 것(Vorhandenes)이 비로소 처음으로 만나는"[27] 공간이 있다고 할 때, 그러한 선재성은, 이것이 바로 하이데거의 개시적 질문인데, 무엇이 부여해주는가? 칸트의 말로는 외부 사물들로 하여금 병존할 수 있도록 하는 도식으로서 인식에 개입되어 있고 그러한 인식에 선행한다는, 유일하고 통합적이면서 독자적인 공간의 동시성 도식은 혹시 상상력이 스스로 부여하는 것, 즉 풀어놓는 것인 부여(Gabe) 혹은 선사(Geschenk)라는 의미에서의 주어지는 것을 말하는가? 그런 경우라면, 상상력의 장소는, 상상력이 비로소 편재적 시공간의 장소로 설정하거나 하이데거가 의식적으로 다의성을 염두에 두고 선택한 단어가 말해주듯이, "자리를 마련해주는(verstatten)"[28] 장소는 필연적인 것은 아닐 것이다. 칸트 강해에서 하이데거가 칸트의 선험적/초월적 감성론을 부활시킨 까닭은, 단순히 보존하기 위해서가 아니라 그것이 안고 있는 문제를 첨예화하기 위해서였다. 주어지는 것을 자기 자신으로부터 유래하는 통각 가능성을 통해 정제된 그 무엇으로 (als Dargebot einer sich selbst entzogenen Affizierbarkeit) 탐구하는 문제는, 하이데거에 따르면, 칸트 이후 그리고 칸트와 함께 숙고해야 할 과제로 남아 있다. 감성론은―신칸트주의자들의 여러 칸트 유산으로 가정되는 것과는 달리―오성의 우월주의, 달리 말해, 인식론적으로 스스로 격리하거나 대상을 인지론적으로 일정한 틀에 옥죄는 오성의 우선성에 부속되는 것이 아니다.[29] 상상력은 오히려 인식의 종합 기능을 담당하는 여러 원천을 중재하는 매개자로 자리매김할 수 있다. 상상력이 매개하는 고유성은—이는 또한 발터 벤야민이 말하는 의미에서 '충격적으로(schockhaft)' 사이에 개입하는 고유성(dazwischenkommende Eigenart)인데—직관과 사고의 순수 종합을 연계할 뿐 아니라 이들을 넘어서면서 그 자체가 "'완전히 다른 것'으로 넘어섬(Hinausgehen zum ganz anderen)"[30]이다. 이런 초월을 시원 혹은 "고향이 없어서 낯선"[31] 장소로 이해할 수 있는데, 이 장소가 바로 아프리오리의 선행적 시간성이 띠는 아포리아적인 모습, 혹은 (필자 생각으로는) 패러독스한 모습(Figur)이 교차하는 곳이다.

5 놀이공간

우선 도식화하는 혹은 도식화된 시공간의 마디/접점을 개폐하는 상상력의 키아즘(Chiasmus)이 칸트 자신에게는 어떤 모습으로 나타나는가? '공간'은, 칸트의 규정에 따르자면, 선여적으로 순수 표상된 것으로서, 그 틀 안에서 흔히 우리 눈앞에 공간 관계적으로 펼쳐지는 것들이 주어진다. 공간적인 것의 순수 표상은 하이데거가 요약하듯이, 이미 "자기를 밝혀 드러내야"[32]만 한다. 이런 순수한 선(先)견(Vor-Blick: 어떤 것을 어떤 것이게 해주는 특성을 선취하는 것, 즉 예비적 시선) 없이는 어떤 직관도 없을 것이다. "순수 직관 작용에서 직관된 것은 비대상적인 방식으로 그리고 비주제적으로 하나의 선견 속에 세워진다."[33] 자신의 임재(Präsenz)를 뒤로 연기한 채 드러나는 이러한 순수 직관의 선재성(das Vorhafte)은 칸트 자신도 생각하지 못한 시간적 지표를 담지하고 있다. 왜냐하면 직관의 선견이나 지평은, 언젠가는 앞에 마주 선 것으로 등장하는 대상성에 대한 헌신으로서, 스스로 행하는 선취 작용을 전제하기 때문이다. 지평은 그 자체로는 아프리오리적 통일성을 갖고 있지 않지만, 유사 공리적 설정 같은 것으로서 직관 작용에 우선한다. 하지만 고정된 자리를 틀고 있지 않은, 부유하는 것이다. "뭔가에 대항해 마주 서기(Gegenstehen)를 가능하게 하는 저항 특성(Dawider)은 통일성의 선취이기도 하다."[34]

유예(Vorenthalt) 혹은 유보(Vorbehalt)는—하이데거의 진전된 미시적 분석에 의하면—대상에 대한 헌신을 선행적으로 방사한다. 유예 혹은 유보는 종합하는 기능을 수행하는 감성 및 오성의 능력을 개시할 뿐 아니라, 이것들의 존재론적 우선성을 유예시킨다. 감성론에 대한 논리학의 '무소불위의' 우선성이 발견되는 칸트의 구성체계를 해체하는 작업에서 드러나는 하이데거의 문제의식은 데리다의 그것과 아주 유사한 (동일한 것이 아닌) 측면을 드러낸다. 이를 보여주는 뛰어난 사례가 하나 있는데, 그것은 하이데거가 자신의 텍스트에 첨가한 다음과 같은 주석이다. "존재 문제에 대한 고대 이후 모든 접근법이 **로고스**(카테고리들!)에서 출현했기 때문에, 존재 문제는 존재론(Onto-logie)으로 다루어졌다. 이때 존재론의 '론'은 영역 특성을 의미할 뿐 아니라 존재론론(Ontologo-logie)을 의미한다!"[35] 감성과 오성의 틈새를 파고드는 상상력의 매개 기능은 대상성의 지평만 명시적으로 개시되도록 하는 것이 아니라, 공간과 시간 도식을 자기 자신에게서 도출된(entzogen) 선견으로 방출하고 이에 기반해 가능한 시선(Anblick)을 만들어낼 수 있도록 해준다. 그러한 한에서 도식 혹은 도식상(象)은—가상공간과 실제 공간이라는 이원성 가설에 대항해—현실의 복사라는 의미로 이해할 게 아니라 공리적인 '묘사 규칙'[36]으로, (그러니까 구성적 묘사 규칙이나 담론 분석적으로 말하자면) 실증될 수 없는 주변(Rand)에 늘 둘러싸여 자기 방식으로 가능한 '시선 만들기'에 기여하는 규칙의 가이드라인으로 이해할 수 있다. 그러한 의미로 칸트가 언급하는, 겉보기로는 아주 단순해 보이는 예가 있다.

우리는 머릿속으로 선분을 **그리지** 않고는 어떤 선분도 생각할 수 없고, 생각 속에서 어떤 원을 **그려보지** 않고는 원을 생각할 수 없으며, 한 점에서 서로 직 각을 이루는 직선들을 **그려보지** 않고는 세 방향에서의 공간 측정을 상상할 수 없다. 우리가 (시간 표상을 시각적으로 나타내기 위해 사용하는) 직선을 그리 면서, 우리의 내적/심적 감(感)을 순서대로 규정하는 수단으로 사용하는 다 양한 것들의 종합 행위에 주의를 기울이지 않는 한, 그리고 그러한 순서 규 정 자체의 순서에 주의를 기울이지 않는 한, 시간조차 생각할 수가 없다.[37]

시간이 지나는 흔적, 즉 시간(선)을 그리는 주의 집중이나 주의 환기 자 체는 표상 형식과는 다른 차원에서만 유래할 수 있다. 이것이 바로 '운 동'이다. 운동은, 위에 인용된 글 바로 뒤에서 칸트는 이렇게 말하고 있 는데, "주체의 행위로서 (……) 결과적으로는 공간에 존재하는 다양한 것 의 종합이다. 우리가 이것들을 추상해 운동 행위에만 주의를 기울이면 (……) 우리는 순서 개념까지 산출해내기에 이른다."[38] 시간선 그리기, 이 것이 가능한 경우는 오직―여기서는 형태적 종합(figürliche Synthesis)과 가 능한 직관의 형태를 산출해내는 것이 관건이 되기에, 구체적인 형태를 표상하는 일을 도외시하면―표상 방식에 따라 시간적 또는 공간적이 될 때가 아니라, 그러한 운동이 표상 공간이 아닌 다른 공간을 가로질러 생 겨날 때이다. 자기 자신에 대해 비시간적인(un-zeitig) 이러한 시간성은 표 상 활동의 결과를 눈앞에 내세우는 것(즉 표상: Vor-stellen)을 인정하면서도 그로부터 거리를 두는 태도로 읽힐 수 있다. 달리 말해 무엇인가 정립 형 식으로 눈앞에 내세워져서(즉 표상되어) 그것이 대상의 형태 혹은 주체의 형태를 취할 수 있다고 할 때, 시간선은 그 일이 일어나는 장의 비시간적 열림으로(als unzeitgemäße Eröffnung) 생기한다.[39]

이러한 선행적이고 자신에 대해 비시간적인 상상력에서 출발하면서,

하이데거에 따르면, 시간의 우위성을 말할 수 있다. 그것도 공간과 시간의 순수 도식이 **상상의 존재**(ens imaginarium)■로서 한정된 타당성에서 생각될 때 그렇다. 이는 불변의 본체(beharrliche Substanz) 같은 것을 도식화하는 예상(豫想: Vorbild)이 통일성을 촉발하는 상상의 위상 속에서, 상상력이 수행하는 앞에 내세움(Vor-Bilden)에서 유래한다는 것을 안다는 뜻이다. 이러한 의미에서―'방금 전에 일어난 것을 뒤돌아보는 것으로서 혹은 이제 막 올 것을 예상하는 것으로서'―앞뒤 순서에 대한 순수 직관으로서의 선험적 시간 이해는 선험적 시각에서 인정되고 허용된다. 그러면 그것의 상상 자체는 이런 도식화에 추가되는 것이지 하나가 되는 것이 아니다. 그래서 하이데거는 자신의 재생산적 상상력 개념의 재수용을, 보통 이해되는 재생산 개념, 즉 원본을 단순히 흉내 내는 것으로서 재생산 개념과 구분한다. 재생산은(그리고 재인지 역시), "무엇인가를 앞에 내세워 그것을 계속 유지하는 활동의 지평"[40] 일반을 탐색한다는 의미에서 동일한 것과 지속되는 것을 '되가져오는' 사건을 의미한다. 즉 일시적 시간의 얼개구조 속에서 과거의 지평이 시야에 들어오고 이 시각이 열린 채 유지됨으로써, 그러한 지평의 재생산은 지평에 선행하면서 기반이 되는 불변의 '나는 생각한다'에 고정되지 않는다. "'닦아 세우는' 자아(das stehende Ich)가 그렇게 불리는 까닭은, 그것이 '나는 생각한다'로서, 즉 '나는 상상한다' 등으로서 섬(Stand) 또는 존속(Bestand) 같은 것을 앞세워 지속적으로 유지하기(vor-hält) 때문이다. 자아로서 그것(닦아세우는 자아)은 지속하는 것 일반의 짝(Korrelatum)을 형성한다."[41]

상상력의 시간은, 특별히 자기 자신과의 관계에서만 장소화되는 놀이공간(Spielraum)의 개방으로 읽힐 수 있다. 빈 공간이 그 상태에 머물러 있

■ 이는 칸트에 따르면, 대상 없는 빈 직관(empty intuition, without an object)을 의미한다.

는 동안, 열린 공간의 자기망각(Ekstasis)을 '검사해야' 한다. 베르나르 추미(Bernard Tschumi), 페터 아이젠만(Peter Eisenman) 그리고 다니엘 리베스킨트(Daniel Libeskind)의 현대 건축에서는 이러한 놀이공간에 대한 징후가 충분히 발견된다. 아이러니하고, 의미를 바꾸는 (혹은 역사적으로만 실패한) 조합술들(Kombinatoriken)이 너무 성급하게 열린 공간의 고향 상실과 동일시되어서는 안 된다. 열린 공간은 직접 건조될 수 있는 것이 아니다. 공간적인 뒤엉킴(가령 뫼비우스의 띠, 데 몽타주, 최근의 건축 논쟁에서 관찰되는 자기 전환 논리의 체현체로서의 '빈 장소'의 패러독스적 형태들)이 경험해 들려주는 충고가, 열린 공간을 '바꿔 써야' 하는 처지에 있는 현대적 사고가 처한 현실성과 어려움을 잘 확인해준다. 끝으로 '다른' 공간의 몇몇 흔적을 하이데거의 저술에서 직접 '확인'해야 할 차례다. 게다가 공간 개방성의 문제가 칸트의 범주화에서 누락된 상태로 머물러 있는지, 만약 그렇다면 그 이유는 무엇인지 물을 필요가 있다.

6 균열과 빈 공간

하이데거의 칸트 강해에서 보인 열린 공간의 패러독스적 시간 특성은 이제는 '고전적'이라 칭해지는 사례, 즉 하이데거가 예술에서의 사물적인 것을 규정할 때 끌어들인 사례에서도 볼 수 있다. 사람들에게 다리(교량)는 목적과 수단 도식에 비추어보면 강을 건너는 데 유용한 것으로 생각될 수 있다. 하이데거에 따르면, 그러한 규정에서는 다리의 사물적인 특성(dingliche Besonderheit)이 특별히 눈에 띄게 드러나지 않는다. 다리가 강둑을 비로소 강둑으로 드러나게 하고 마을 사람들이 거주하는 지역의 광경을 드러나게 함으로써, 다리는 목적과 수단 관계에서 파악되는 의미

지평을 비로소 넘어설 수 있고 공간을 비로소 내주는(freigeben) 장소가 된다. 하이데거는 이렇게 말한다. "그 자신 하나의 장소(Ort)가 되는 것만이 사람들에게 특별한 의미를 갖는 장소(Stätte)를 만들어 제공할 수 있다."[42] 내부 측정이 가능한 차원의 공간은 사물(Ding)이 장소가 됨으로써 비로소 구성된다. 이렇게 볼 때, 결국 장소와 공간의 관계는 비대칭적이다. "비워짐을 통해 마련된 공간(das Eingeräumte)은 항상 다리 같은 특별한 장소를 통해 허용되고 덧붙여지고 모아진다. 이에 따르면, 공간은 자신의 본질을 장소에서 부여받는 것이지 '어떤' 객관적인 공간에서 부여받는 것이 아니다."[43] 하이데거가 짓기/닦아 세우기(Bauen) 내지 사물화(Dingen)라고 칭하는 장소의 위상학적 지위는 원래 장소와 공간에 부수적으로 구성된 부가물이다. "건설하기는 곧 사방(Geviert)을 가령 다리 같은 사물에 수렴시키고 기존 것들에 사물을 장소로 가져다주어 이를 통해 특별한 의미를 갖는 장소를 마련해준다."[44]

"사물의 사물성"[45] 달리 말해 사물을 공리적 형태의 스케치/초벌 그림(Auf-Riss: 위로 난 틈을 통해 보이는 그림으로 위쪽에서 조망할 때의 그림 같은 형태) 혹은 윤곽도/밑그림(Grund-Riss: 사물의 토대가 되는, 즉 밑으로 난 틈을 통해 보이는 그림 형태)으로 규정하는 것은,* 대상에 내재한 성질 자체와 관계한다기보다는 오히려—이는 하이데거가 물이나 포도주를 담는 용기로 사용되는 병을 예로 들어 그것의 실천적 기능을 넘어서는 측면을 세심하게 분석하는 곳에서 잘 드러나는데—사물에 내재한 "파악할 수 없는 빈 공간(unfassliche Leere)"[46]과 관계한다. 이러한 빈 공간은 고전적 공간의 빈 공

---

* 하이데거는 예술작품을 '균열'(Riß)이라는 개념으로 설명한다. 이때 균열의 개념에는 다양한 종류가 있다. 우선 Riß는 일반적인 균열 혹은 선을 의미한다면, Aufriß는 위로 난 균열, Grundriß는 아래에 난 균열 그리고 Umriß는 주변과의 경계에서 난 균열을 의미한다. 이는 예술작품이 외부로는 사방팔방 그리고 내부로는 다양한 균열의 조합 및 구조화를 통해 구성되고 있음을 의미한다. 그 모든 것은 결국 하나의 형태(Gestalt)로 자리 잡는다.

간과는 일치하지는 않는 개념이다. 부여된 빈 공간의 공간성(Geräumigkeit)은 "세계 개방성을 개방한 채로(das Offene des Welt offen)"[47] 유지하는 열린 공간의 공간성이다. 이러한 열림으로서의 놀이공간은 자신이 차지하는 열림성을 계속 '유지해야' 한다. 여기서도 우리는 비시간적인 시간이라는 틈새가 나 있는 불일치(Zwiespalt)를 만난다. "창조적 생산(Hervorbringen)은 이러한 존재자를 열어 개방시키는데, 이는 미래에 가져올 것으로 하여금 자신이 그 속에서 현시될 수 있도록 그 존재자를 탈은폐시키게 하는" 방식으로 일어난다.[48] 시원을 가지고 있지 않은 공간의 키아즘적 상호 교차를 하이데거는 상반되는 것의 '균열' 혹은 균열을 하나의 통일적 "**형태**"[49]로 가져오는, 형언할 수 없는 갈등적 투쟁(Wiederstreit)이라 불렀다. 놀이공간을 특징짓는 이러한 틈새 혹은 간격을 하이데거는, 이러한 규정을 통해서는 그 바닥이 없는 열린 장소가 유연성 혹은 기동성(Wendigkeit)을 상실할지도 모를 일이지만, 종종 하나의 망각되고 은폐된 시원으로 특정하기도 했다. 하이데거는 이렇게 말한다. "'진정한 시작'은 항상 도약(Sprung)으로서의 선도약(Vorsprung)인데, 이런 도약에서는, 비록 은폐된 것이긴 하지만 모든 도래할 것이 미리 건너뛰게 된다."[50] 바로 이곳에서 데리다는 자신의 **차연** 사고와 하이데거식 차이 사고(Différance) 사이에 선을 긋고 분명한 '거리를 둔다'.

흔적은 임재하는 것이 아니고, 분해되고, 이전되고, 다른 것을 지시한다. 그것은 원래 일어나지 않는 시뮬라크르(복사물)이기에, 그것의 본래 구조에는 소멸이 속한다. 이러한 소멸은, 흔적이 항상 운명적으로 처할 수밖에 없는 소멸만은 아니다. 그렇지 않으면 그것은 흔적이 아니라 파멸할 수 없는 불멸의 실체일 것이다. 더욱이 흔적을 애초에 흔적으로 구성하고, 장소 변화로 도입하며, 그 흔적이 출현할 때 사라지고 흔적이 위치한 곳에서 자신

을 넘어서도록 하는 소멸이다.[51]

그런데 하이데거 역시 이러한 비(非)시원성(Nicht-Ursprünglichkeit)을 〈**예 술작품의 근원**(Der Ursprung des Kunstwerkes)〉에서 강조한다. 그 자신 아무것 도 존재하지 않는 상태가 아닌 것 그리고 자신을 하나의 개방성으로 세 우는 '구조물(Gefüge)'의 '각시성(各時性)'은, 하이데거에 의하면, 상상력 의 고향 없는 장소로서 "매번 다른 곳에"[52] 존재한다. 열린 공간의 이러 한 부재는, 양극단의 두 축 위에 상보적인 방식으로 위치지워지거나 그 렇게 상상된 것으로서 부재와 임재 관계를 벗어나야 한다. 그렇지 않을 경우, 열린 공간의 재량권 영역에는 들어 있지 않더라도 천상 그것의 몫 일 수밖에 없는, 즉 열린 공간의 흡입력(Gastlichkeit)을 규정하는 일이 항상 미리 정해진 공간의 선재성(Vor-Gegebenheit) 도식에 (그리고 직접성을 향한 낭 만주의적 추구에) 사로잡혀 매개될 수밖에 없기 때문이다.

이 우주적 '공간' 일체에 틈새들이 없다면, 도대체 그 다양한 자리와 방향 이 어떻게 조직될 수 있는가? 애초에 공간 관계의 간격과 틈새로 반복되어 야 했던 것은 무엇인가. 이 문제는 어떻게든 이런 관계를 지칭할 수 있기 위 해 항상 논의되어왔다. 물론 이러한 반복이 항상 JE(매번) 혹은 JÄH(갑자기) 라는 식의 표현을 통해 지시되어야 할 이유는 없지만.[53]

열린 공간이, 언어와 발화 형태에서, 쉼 없이 의미에 와 닿았다는 사실 은[54] 요한 밥티스트 메츠(Johann Baptist Metz)가 악몽 같은 상처에 대한 아 포리아적인 기억과 단절된 역사 이야기 틀 내에서의—아직도 발견해야 만 하는—"회상적 문화"라고 칭한 것을 건축학적으로 변형시킨 것이라 는 인상을 줄 수도 있다. 왜냐하면 우리가 망각하고 있을 뿐 아니라 망각하고 있다는 사실 그 자체를 망각하고 있음을 구성하는 기억은 틈새의 위상학, 즉 열린 공간에 접근할 수 없다는 것과 관계되어 있기 때문이다. 다니엘 리베스킨트는 자신이 베를린에 지그재그식으로 구성한 유대박물관의 건축물에 정당하게도 "**비워진 빈 공간**(voided voids, entleerte Leere)"이라는 이름을 부여한 바 있다. 이러한 '구축된 빈 공간'의 청사진은 원래 "**행간**(Between the lines)"이라 불렸는데, 마치 소멸에 대해 **마음대로 할 수 없는** 기억같이 **도무지 어쩔 도리가 없는** 것을 보전해야 하는 임무를 띤 건축물의 조직(Textur)을 나타낸다. 가령 리베스킨트는 이의 배후에서―인위적으로 구성된 시계(視界) 영역 내에서―기억공간의 묘사와 재현 가능성 사이를 가르는 분리선을 그어준다. 이러한 방식으로 불확실하게 남아 있는 '박물관'의 구성을 두고 진행된 자크 데리다와의 대담에서 그는 아주 간결하고도 적절하게 이렇게 말한다. "건축가가 이 경우에 해야 하는 일은, 빈 공간이 채워지는 것을 방해하는 일이다."[55]

공간, 예술, 파토스
하이데거의 토폴로지

그의 사상의 발전에서 점점 더 중요한 위상을 차지하는 하이데거의 공간 이론은 '존재의 장소성(Ortschaft des Seins)'에 대한 논의에서 극에 달한다. 장소, 혹은 존재의 장소화에 대한 이러한 사고와 함께 하이데거의 존재론은 위상학적 전회를 이룬다. 하이데거의 존재사상에서, 존재 이해의 지평으로서 시간에 대해 논의할 때 시간성이 전면에 나선다면, '존재의 위상학'을 논의할 때는 시간과 공간에 대한 사상적인 관심이 두루 미친다. 하이데거의 위상학적 접근법이 의미가 있는 이유는, 공간 사고에서 획기적인 전환점을 완수하고, 공간 및 공간 질서의 역사성을 다루기 위한 논증을 제공해주기 때문이다. 그의 논의에서 공간예술은 특수한 위상을 점한다. 하이데거 이후, 예술과 건축은 그 속에서 존재가 스며드는 현저히 눈에 띄는 장소로 파악되었고, 하이데거의 위상학적 접근법에서는 예술이론에 유용한 결과들이 도출되기에 이른다.

인간의 측면에서 보자면, 존재에 대한 개방성이 바로 존재의 위상학에 해당한다. 인간과 존재, 이 양자의 조응을 하이데거는 **파토스** 개념으로 설명한다. 이로써 전통적인 감정이론에서 느낌(Gefühl)이라는 말로 이해한 주제를 치환하고, 다른 한편으로 지금까지 간과되었던 토포스(topos: 위치/장소)와 파토스의 연결고리를 만들어낸다. 존재의 위상학과 함께 하이데거의 공간이론은 점차 파토스 측면을 강조한다. 그래서 존재의 위상학은 공간과 분위기(Atmosphäre)에 대한 현대적 논의에 유익하다.

1 존재의 위상학

하이데거는 여러 차례에 걸쳐 "존재의 위상학"을 언급한다. 우선 1947년에 쓴 잠언 모음집인 《**사고의 경험에서**(Aus der Erfahrung des Denkens)》가 이에 속한다. 거기서 그는 다음과 같이 말한다. "그런데 시작(詩作)적 사고란 실상 존재의 위상학(Topologie des Seyns)이다. 위상학은 존재에게 그것의 장소성을 말해준다."[1] 위상학은—순전히 자구적(字句的)인 의미에서 볼 때—존재의 장소를 말하기(das Sagen des Ortes des Seins)이다. 즉 존재의 진리는 공간적 의미에서 존재의 장소화로 사고된다. 에른스트 윙거(Ernst Jünger)의 계획에 대한 자신의 계획을 '지형학'과 '위상학'의 대조에서 규정하는[2] 《**존재 문제 연구**(Zur Seinfrage)》에서 하이데거는 위상학 개념을 두 번에 걸쳐 언급한다. 위상학적 성찰에는—'지형학적 성찰'과는 달리—"그 본질이 장소" 내지 "본질의 장소성"[3]을 캐묻는 특징이 있다. 위상학에 대한 관심과 함께 지금까지 존재 기술에서 지배적이던, 역운(Geschick) 및 발현 사건으로서 존재의 시간적 기술은 공간화라는 계기를 통해 보완되기에 이른다. 그에 합당한 방식으로 하이데거는 **근거율**(Der Satz von Grund)에서, '존재역운(Seinsgeschick)'을 말한다. 거기서 존재역운을 "동시에 일어나는 존재 자체의 본질 유래와 퇴거 시 매번 주조되는 존재자의 현현을 위해 영역(Bereich)을 밝혀 **공간을 마련해주는 것**(Einräumung)으로서의 자신 내보내기(Sichzuschicken)"로 파악한다.[4] 존재의 장소화가 역사적이듯, 존재역운도 자신을 필연적으로 공간화(verräumlichen)해야만 한다. 하이데거가 후기 철학에서 사용한 개념 "시간공간/시간의 공간(Zeit-Raum)"[5]이 역사성과 장소화의 이러한 융합을 잘 증언해준다.

마지막 증거로는 1969년 레 토르(Le Thor)에서 열린 세미나에서 사용한 "존재의 위상학"이라는 표현에 대한 하이데거 자신의 설명을 들 수 있다. 《**존재와 시간**(Sein und Zeit)》에서는 "존재의 의미"를 논의하는 반면, '전회' 이후에는, 존재 이해를 인간의 성취로 생각해서는 안 되기에, "존재의 진리(Wahrheit des Seins)"를 논했다고 말한다. 그러나 이 표현은 〔'진리(Wahrheit)'와 '올바름(Richtigkeit)'이 서로 뒤바뀜으로써〕 오해를 샀고, 그가 "존재의 장소성으로서의 진리"를 말했을 때,[6] 그는 '위상학' 개념으로 그 문제를 해소하려 했다고 말한다. 그리고 이렇게 보충한다. "그것은 물론 장소의 장소적 속성(Ortsein des Ortes)을 이해하는 것을 전제한다."[7] 이러한 표현에서는 겉보기에 시간적인 규정이 완전히 사라지는데, 그 이유는 시간이나 공간 이해가 위상학적으로 이해한 존재 사건에 기반하기 때문이다.

하이데거가 '위상학'이라는 개념을 비교적 드물게 사용하고 있기는 하지만, 그의 후기 철학을 '존재의 위상학'이라는 타이틀로 이해하는 것도 무리는 아니다.[8] 왜냐하면 하이데거가 '밝힘'이라고 칭하는 것도―그 개념이 잘 알려진 빛을 의미하는 것이 아니라, 개방된 영역 또 그렇게 하여 어떤 장소를 가리키는 동안―그가 위상학적으로 사고했기 때문이다. 하이데거는 "밝힘이라는 것은 임재하는 모든 것과 부재하는 모든 것에 개방되어 있는 것"이라고 말한다. 그리고 "그 속에서는 순수공간과 탈자적(ekstatisch) 시간 ■(……)이, 모든 것을 발굴해내는 **장소**를 소유한다."[9] 하이데거의 존재사적 사상의 위상학 형태는 장소성에 대한 물음이 어떻게 제기되느냐에 따라 달라진다. 이러한 장소성에서 역사적 존재 이해가 자신의 규정을 획득하고, 역사적 존재 이해의 장소 부여가 사고되기도 한다. 존재현성(Wesen des Seins)으로서의 장소성이 인간 현존재, 그것의 구성과 거주에 충분히 작용하는 동안 존재의 장소 부여에 대한 논의는 '위상학' 논의라 할 수 있다.[10] 위상학은 인간이 어떻게 장소를 점유하는지(verortet) 혹은—이 지점에서 최근 위상학적 접근법과 연결되는데—인간이 어떻게 존재사적으로 장소를 점유하는지 규정한다. 존재를 발현 사건이라는 측면에서(ereignishaft) 밝히는 일은 장소 부여(Einräumung)의 형태를 취할 때 완료되며, 공간 이해와 인간의 공간성을 결정한다. 라이프니츠와 연결되어 현재 활발히 진행되는 위상학적 접근법들과는 달리, 여기서 강조할 사항이 있다면, 하이데거에게는 사물들의 '물질성(Materialität)'[11]과는 독립해 있는 '위치 관계들'을 규정하는 문제가 연구의 관건은 아니라는 사실이다. 앞으로 알 수 있겠지만, 하이데거 이후에 공간은 그때그때 장소, 사물, 예술작품, 건축물 등에서 출발하면서 개방된다. 위상학적 전회의 접근법들에 얼마나 근접해 있는가, 이 문제는 물론 위상학을 일군의 요소에 구조를 써넣는 작업으로 규정하는 측면에서 판단할 수 있다. 왜냐하면 하이데거가 구조라는 개념을 사용하지는 않았지만, 존재의 장소화가 역사적인 공간 질서뿐만 아니라 각 공간 사고에도 결정적인 역할을 하기 때문이다. 발현 사건**에서 존재를 장소화하는 작업은 각각의 역사적 이해에서 공간성을 열어 밝혀준다.

■ 하이데거는 시간을 현재로 수렴되는 것이 아니라 자기 밖으로 발산하는 탈자적인 것으로 이해한다. 즉 구심이 아닌 원심의 논리에서 시간을 이해하는 것이다. 이와 마찬가지로 인간의 활동도 당김이 아니라 뻗침으로 이해한다. 예를 들어 인간은 과거와 미래로 뻗치면서 자신의 삶을 산다. 이런 배경에서 하이데거는 인간의 실존을 탈존으로 기술하기도 한다.
■■ 발현(사건)이란 본래의 고유한 모습을 드러내 보이는 사건을 의미한다.

위상학을 언급하는 하이데거의 텍스트를 읽어가다 보면, 하이데거의 '위상학' 논의를 최초로 언급한 공적이 인정받는 오토 푀겔러(Otto Pöggeler)의 해석이 하이데거의 위상학 개념이 함의하는 바를 모두 밝혀내지 못한다는 사실을 발견한다. 푀겔러는 하이데거의 위상학을, "위치의 독해(Stellenlese), 주요 단어들의 모음 그리고 서구 사고의 주요 구절들이 제시되는 가운데"[12] 완성되는 존재 진리의 "장소 규정"으로 이해했다. 푀겔러에게 보낸 서한에서 하이데거 자신은 이러한 해석을 부정한다. 현재까지 공개되지 않은 서신에서, 푀겔러가 다양한 텍스트에서 구성해 제시하는, 위상학과 토픽(Topik) 및 공간 연구와의 연계가—이러한 해석에 반기를 들고 있는—하이데거의 의미와는 거리가 있다는 사실이 밝혀진다. 사실 하이데거는 위상학이라는 타이틀을 자구 의미 그대로, 즉 존재 진리의 장소를 **말하기**(das Sagen des Ortes der Wahrheit des Seins)[13]로 사용했다고 푀겔러에게 위에 언급한 서신에서 답한 바 있다. 하이데거 위상학 개념에 대해 하이데거 자신이 회의적인 입장을 표명했을 뿐만 아니라, 우리가 그의 위상학에 대한 사태의 본질을 면밀히 검토할 때, 푀겔러는 하이데거 위상학의 공간이론적 의미를 도외시하고 있다는 점에서 하이데거 위상학 개념을 너무 축소해서 파악한다고 볼 수 있다.[14] 이러한 하이데거 이해에 의거하면, 하이데거에게는 토포스 독해하기 및 형이상학적 근본 사고가 관심의 초점이 아니며 변증술로서의 '토픽' 또한 주된 관심사가 아니다. 존재의 장소성에 대한 물음으로서의 위상학과 함께 하이데거는 공간보다는 시간을 우위에 두는 태도를 포기하는데, 이는 "시간유희공간(Zeit-Spiel-Raum)"[15]으로서 공간과 시간의 동일근원성을 강조하기 위해서이다. 하이데거의 이러한 입장은 후기 저작들에도 나타나며 특히 공간예술에 대한 텍스트에서 자신이 직접 표명하기에 이른다.

2 공간

하이데거 공간사상의 발전은, 비록 중간에 끊긴 것은 아니지만, 수차례 유예되었다. 《존재와 시간》에서 하이데거는 현존재의 세계내존재에서 출발하면서 분석을 진행한다. 이때 이미 하이데거는 생활세계적으로 밝혀 열리는 공간을 옹호하기 위해 독립적으로 존재한다는 상자로서의 공간 개념을 거부한다. 그의 분석 작업은 현존재에 접근 가능한 공간 그리고 현상학적 공간이론과 관련이 있는 공간을 목표로 삼는다. 하지만 이러한 분석은 현상학적 공간이론과는 구분되는데, 그의 분석이 인간의 신체성이나 공간 체험을 출발점으로 삼고 있지 않다는 점에서 그렇다. 그보다는 인간 현존재의 세계 연관에서는 인간 현존재의 공간성과 손안에 있는 도구의 공간성이 매개되어 열리는데, 이때 하이데거가 사용하는 '세계'는 잘 알려진 바와 같이, 존재자들에 대한 접근을 매개하는 의미 지평을 의미한다. 세계는 사태 연관과 행위 완수를 통해 공간적으로 개시되기에 이른다. 거리와 방향 들은 각각의 실천적 관계에서 나온다. 하이데거가 도구(Zeug)로 표현했던 세계 속에서 만나는 존재자는 우선 사용연관에서 출현하기 때문에, 존재자는 장소에서 그것의 '손안에 있음(Zuhandensein)'을 통해 실천적 교류에 상응해서 규정된다. 사물들이 '손안에 있다'는 사실은, 공간이라는 의미에서 '근접'을 의미한다. 사물들은 근본적으로 '자리'[16]를 가지며 거기에서 현현해 나온다. "모든 장소(Wo)는 일상의 교류 과정 및 소통의 길을 통해 발견된다."[17] 실천적 관계를 통해 공간적으로 구조화되는 이러한 생활세계는, 실천적으로 의미 있는 것들의 배열이 눈 앞의 공간에서 출현하는, 그러한 방식으로 공간에서 장소를 차지하는 것이 아니라, 자신의 특수한 세계성에 걸맞게 자기만의 공간을 구성한다. "각 세계는 매번 자신에게 속하는 공간의 공간성을 발견한다."[18] 즉 공간은 역사적 생활세계를 통해 분절화되면서 구성된다. 그에 의하면 "주변 세계에서 만나는 존재자의 특수한 공간성은 세계의 세계성을 통해 그 기반을 형성한다."[19] 각 세계에는 각자의 특징적인 공간성이 귀속된다.

하이데거는 손안의 존재의 공간성 외에도, 인간 현존재의 공간성에도 관심을 보인다. "현존재는 단지 떨어진 거리의 제거(Ent-fernung),■ 즉 근접해오기와 방향 잡기(Ausrichtung)라는 방식으로 공간적이기 때문에, 손안의 존재(das Zuhandene)를 고유의 공간성 속에서 만날 수 있게 된다."[20] 현존재는 세계 내적 존재자들과의 교류를 통해 이들에게 공간을 부여하는데, 이것이 바로 현존에 속한다. **"공간은 주체 안에 있는 것도 아니고, 세계가 공간 안에 있는 것도 아니다.** 공간은 오히려, 현존재에게 구성적인 세계내존재가 공간을 개시하는 동안, 세계 '안에' 있다."[21] 공간은 단지 세계 내에서, 즉 의미연관 내에서 발견되고 단지 현존재의 개시 덕에 접근 가능하다.

《존재와 시간》에서 존재 문제의 현존재 분석 작업에서 위상학적 발현 사건 사상으로의 전회에 결정적이었던 것은, 전회 이후에 더는 존재가 존재자가 현현하는 '지평'으로 파악되지 않는다는 점이다.[22] 오히려 "존재와 존재자에 대한 시공간적인 동시성"[23]이 주장될 수 있다. 존재의 역사적 진리는 존재자 자체를 통해 구성되며, 자신에게서는 자신의 현현을 선험적으로 규정하지 않는다. 바로 이러한 이유에서, 즉 존재가 사물을 통해 자신을 드러내고 사물들은 장소화되어 있기에, 후기 철학에서 하이데거의 사상적 접근법은 위상학적인 접근법이라 할 수 있는 것이다.

■ 'Entfernung'이라는 단어는 원래 '떨어진 거리'를 의미한다. 하지만 하이데거는 이 단어를 반대 뉘앙스로 해석한다. 우선 그 단어를 'Ent-fernung'으로 재기술한다. 그런데 단어의 앞부분 'Ent'는 '제거하다'라는 뜻이다. 이에 따라 결국 '멂(Fernung)을 제거하다'는 의미가 도출된다. 이는 '친숙하게 만듦'이라는 의미를 갖기도 한다.

3 장소

"존재의 위상학"이 무엇을 의미하는지는, 정확히 그렇게 불린 것은 아니지만, 논의 주제의 사태 관계를 따를 때, 하이데거의 《짓기 · 거주하기 · 사고하기(Bauen Wohnen Denken)》에서 잘 묘사된다. 거기에서 수행된 공간사상이 바로 '위상학'이라 할 수 있는데, 그 이유는 하이데거가 토포스로 생각한 장소에 '사방'[24], 즉 우리가 역사적 · 문화적 생활세계라 칭할 수 있는 것에 '장소'[25]를 마련해주기 때문이다. 간단히 말해 '사방'에서 세계가 의미 있게 열리면, 하이데거 사상의 유효성과의 관계에서 사물, 건축물, 예술작품 등을 매개로 뛰어난 세계개시의 장소들이 세워진다는 점은 위상학적 공간이론 측면에서 매우 의미가 있다. 하이데거는 이미 《존재와 시간》에서, 세계가 공간 안에 있는 것이 아니라 이미 개시된 세계 속에서 공간이 접근 가능하게 되는 것이라고 주장한 바 있다.[26] 이는 그와 유사한 방식으로, **사방이 처음으로 공간의 자리를 마련해준다**[27]는 것을 의미한다. 한편 공간의 역사성 테제가 이것과 연계되어 있는데, 이는 각 공간이해가 각 존재 이해에 합당한 방식으로 구성되기 때문이다. 게다가 이제는 후기 텍스트에 언급되는 소위 "사방의 처소(Stätte des Gevierts)"라는 것이 자신에게는 하나의 장소를 통해 "장소화"[28]되는 거라는 사실이 덧붙는다. 우리가 《존재와 시간》에서 전개되는 공간이론을—그것이 자신의 출발점을 일상적으로 경험되는 공간성에서 취하기에—현상학적이라 여길 수 있다면, 《짓기 · 거주하기 · 사고하기》에서는 좀더 엄격한 의미에서 위상학적 공간 규정이 나타난다. 왜냐하면 거기서 장소들은 세계개시적 기능 그리고 공간 구성적 기능을 획득하기 때문이다. "세계 사방의 보호(Schonen des Weltgevierts)"[29]라는 것을 역사적 생활세계가 방면(放免)되는 것으로 단순화해 번역할 수 있다면, 이제 스스로 장소를 형성하는 공간

시간적 사물들에서는 역사적 존재의 이러한 방면을 시행하는 작업이 필요하다는 점이다.[30] 존재를 부여하고, 시간과 공간을 부여하는 일은 존재자에 선행해서 일어나는 것이 아니라, 단지 생산되고 장소화된 사물, 건축물 혹은 예술작품 안에서 일어나거나 그것들을 매개로 해서 일어난다. 존재자들 속에서의 존재의 전개 문제를 하이데거는 이미 자신의 논문 〈**예술작품의 근원**〉[31]에서 자세히 논구한 바 있지만, 이제 그것은 사물세계[32] 특히 건축물들에 이전되어 그것의 위상학적 의미 관계에서 해명된다. 이것과 공존하는 테제가 공간은 역사적으로 매번 다르게 장소화된다는 것이다.

4 공간들의 역사성—장소의 힘

이미 칸트를 주제로 한 초기 저작[33]에서 하이데거는 공간의 역사성을 근거짓는 접근법을 제시했다. 칸트를 비판하면서 그는 "모든 외적 감각들의 현상 형식"[34]으로서의 공간은 이미 주어진 것으로 전제될 수 없다고 썼다. 그러나 현상학을 논할 때와는 달리 하이데거는 공간 경험의 구성을 보여주기 위해 지각 주체의 신체성에 머물지 않는다. 하이데거에게는 모든 외적 현상의 순수 형식으로서의 공간 자체가 아직 상상력(Einbildungskraft)을 통해 규정된다는 사실을 증명하는 일이 관건이다. 반면 대상으로서 눈앞에 펼쳐지는 것들이 주어지는 곳이라는 순수하게 표상된 것(rein Vorgestelltes)으로서의 공간은 이미 '개시되어야(offenbar)' 한다는 것이다. 순수공간의 이러한 "개시하기/열기" 혹은 "표상 형태로 구상화하기(das vorstellende Bilden)"[35]는, 하이데거의 칸트 해석에 따르면, 시간 관계적인 순수한 상상력의 책무이다. 한편으로 이는 균질적 컨테이너로서의 공간

도식 자체가 아직 상상력의 "선행하는 구상화하기"[36]에 빚지고 있다는 것을 말해준다. 다른 한편 이렇게 함으로써 공간을 다른 식으로 선구상하는 것(Vorbildung)이 허가될 수 있다. 이에 상응해 균질 공간은, 역사적인 변혁의 토대 위에서 변화될 수 있는 역사적 아프리오리로서 현현한다. 후기 철학에서 하이데거는 균질적 공간의 선재성을 주체의 능력이 아니라 공간적인 주어짐에서 출발해 캐물으면서[37] 논조를 바꾼다. 공간은 단순히 컨테이너가 아니라, "그 '안'에서 현현하는 현상과 연관되어 있다"는 것이다.[38] 하이데거는 건축술과 조형예술 같은 공간예술에 이러한 공간 구성 능력을 부여한다. 그에 따르면 공간 부여적인 것은 더이상 상상력이 아니라 예술작품, 건물 혹은 사물 들이다. 그것들에는 공간을 부여하는, 장소들을 형성하는 능력들이 부여된다. 공간은, 하이데거의 근본 통찰이 그러한데, 장소를 통해 부여되어야만 한다.[39] 이와 함께 선험철학적 근거 짓기의 수준이 변모하는데, 그 이유는 공간 부여적이고 공간 형성적인 것은 상상력도 직관의 순수 형식들도 아니며, 오히려 그 것들을 통해 선험적·경험적 사이 위치들(Zwischenstellung)이 부여되는 사물들과 장소들이기 때문이다. 가시적으로 돋보이는, 뭔가 안으로 접어넣는 운동(Einfaltungsbewegung)■에서 '사물'은 이미 임재하는 것들에 장소를 구성해주는 것으로 도입되었는데, 그 임재하는 것들은 이러한 장소를 통해 처음으로 공간을 부여받고 개시되기에 이른다. 장소에서 시작하면서 환경은 공간적으로 개시되어 열리고 유의미한 맥락에서 접근 가능한다.[40] 이렇게 함으로써 하이데거는 존재 이해의 역사성과 우리와 세계의 관계가 변화될 수 있음을 각 공간 표상을 매개로 표현하고자 한다. 위에서 언급한 뭔가를 안으로 접어넣는 운동 논증으로—이것에 맞추어 장소

■ 여러 요소를 각기 자립성을 가지게 하면서도 서로 조화를 이룰 수 있게 하는 작용을 일컫는다.

들의 예술적 혹은 건축학적 건설을 통한 공간 개시가 완수되는데—하이데거는 공간들의 발현 사건적 성질과 변화 가능성을 긍정하는 논증을 펼쳤다.[41]

　장소들을 통해 조직화되는 이러한 공간은 역사적 격변에 내던져져 있고, 하이데거에 따르면, 공간 부여의 발현 사건으로 생각해야 한다. 이로써 공간 및 공간 배열이 역사성을 갖는다는 사실이 부각되고 예술과 건축을 통해 공간의 형식이 전이되며 다양하게 장소화된 공간들이 형성되어 나온다는 사실이 명백해진다.[42] 이러한 논증에는, 하이데거가 아리스토텔레스를 참조하면서 발전시킨 '공간'과 '장소'의 구분이 결정적이다.[43] 이러한 의미에서 이해된 **장소들**은 공간 안에 지정된 어떤 위치(Stellen)를 의미하는 것이 아니다. 오히려 사물들이 장소들을 형성하며 그 자체로 "그때마다 비로소 공간들"에 "자리를 부여해준다(verstatten)".[44] 하이데거적 위상학에서는 존재 그리고 시간성과 공간성은 **자신들의 형태를 (공간들을 형성하는) 사물**(Gefüge)**들에서 강제당한다**고 할 수 있다. 장소들에는 우리가 '공간 부여의 힘'이라고 일컬을 수 있는 아리스토텔레스적 의미에서의 효력(Wirksamkeit)[45]이 발현 사건으로 일어난다.

　하이데거는, 사물을 통한 장소의 건립에 앞서 점유할 수 있는 위치들이 있지만, 공간의 형태 구조가—여기서 현상학적 관찰방식이 나타나는데—생생하게 체험된, 정향되어 있고 의미성을 통해 구조화된 공간은 비로소 사물 및 그것을 통해 열려나오는 관계를 통해 출현한다는 사실을 의심하지 않았다. 주위를 살피면서 정향하는 원근을 가진 이러한 "자리 전체의 총합(Platzganzheit)"[46]은 물론 탈세계화라 할 수 있는 추상이 될 수 있다. 이러한 "탈세계화"[47]와 함께 공간은 사물들 간의 사이공간 내지 서로 떨어진 거리의 간격(Abstand)으로, 즉 균질적이고 측정 가능한 공간으로—좀더 추상화될 경우에는—3차원의 컨테이너 공간으로 그리고 결국 수학적 · 다차원적 공간으로 현현할 수 있다. 위상학적 접근법과 함께 다양한 공간 이해를 그 기원 관계에서 언급할 수 있고, 그런 후에 무엇이 공간 경험, 행위 공간 그리고 수학적인 공간을 조건 지우는지 물을 수 있다.

물론 하이데거가 사방이 사물과 그 장소를 통해 공간을 부여받는다는 사실에서 출발하는 것만은 아니다. 그의 생각으로 사방은 건설, 즉 공간 부여적인 장소의 '건립'을 규정하는 역할을 담당한다.[48] 건축 분야에서 일어나는 역사적 변화는 거의 짓기에 '해당한다'는 "사방의 말걸어옴(Zuspruch des Gewirts)"[49]에 의해 그 기초를 부여받는다. 한편으로 공간은 항상 이미 '공간적으로 삶을 영위하게 됨으로써 장소를 부여받은 것(eingeräumt)'이고—사람들은 이미 공간적으로 구조화된 세계에서 존재한다는 사실을 발견한다—다른 한편, 예술과 건축은 또 다른 성질의 공간을 건설함으로써 공간에서의 변화와 단절들을 용인한다. 여기서 그런 새로운 장소의 건립을 조건화하는 것이 무엇인지 다시 물으면, 우리는 무한 후퇴에 빠진다. 하이데거는 "토대 없는 심연(Ab-grund)"[50]이라는 개념을 다양한 방식으로 사용해 다음과 같이 지적한다. 존재에서 일어나는 단절들이 유래하는 것 자체가 토대의 특징을 갖는 것은 아니다. 따라서 그것은 새로운 장소 진술을 통해 답할 수 있는 성질의 것이 아니다.[51]

5 거주: 공간에 속해 있음

하이데거는 존재의 장소화 그리고 사물과 건축물을 통한 공간의 부여를 다루지만, 다른 한편으로 자신이 '거주(Wohnen)'라 칭하는 인간과 공간의 관계를 다룬다. 이 '거주' 개념은 하이데거가 넓은 의미에서 사용한,

인간의 특수한 공간성을 지칭하는 개념이다. 이미 《존재와 시간》에서, '세계내존재'를 '거주'로 지칭할 때 그러한 사용법이 발견된다. 거기에서는 거주와 습관의 관계가 설정되고 있을 뿐 아니라, 공간적으로 개시된 세계에 대한 기분적 개입, 즉 어떤 상황에 처해 있음(Befinden)과도 연관해서 다뤄지고 있다.[52] 이미 '세계내존재(In-der-Welt-Sein)'라는 표현 자체에 공간 관련 의미가 스며들어 있다. 사람이 길을 걸어가는 것과 같은 세계 내적 삶을 살펴보자. 인간이 이러한 삶을 영위할 때 세계 내적 삶이라는 것은 마치 "유리잔 '안'의 물"[53]처럼 인간이 공간 안에 위치한다는 의미는 아니다. 오히려 일상적인 교류를 통해 형성된 세계 내적 존재자들과의 친숙함이 세계 내 존재를 구조짓는다고 말해야 할 것이다.[54] 이런 식의 진술에 현존재의 공간성과 관련한 언급이 내포되어 있다. 왜냐하면 '안에 존재한다는 것'은 완수된 형태에서의 실존이 공간화된다는 것을 일컬을 뿐 아니라 공간 관계적이라는 것을 의미하기 때문이다. '세계내존재'는 의미 있는 것들의 조직으로서 세계와의 친숙함을 의미하는 동안, 의미 있게 개시되고 조직화된 공간성을 떠나서는 생각할 수 없다. 현존재와 세계 및 공간 관계성의 습관화된 친숙함의 이러한 제한은 '거주'라는 개념에 표현되어야 한다. 하이데거 후기 철학의 위상학적 사용법에 적용해볼 때, 이는 존재의 발현 사건적 장소화가 인간을 공간적·신체적 현존재에 이르기까지 규정한다는 것을 뜻한다. 왜냐하면 하이데거가 인간과 공간을—공간은 대립적인 것이 아니어서, 인간이 있고 나서 추가로 공간이 있는 것이 아니라—서로 긴밀하게 엮어주기 때문이다. 그래서 공간이 거주를 규정해주고 세계와 관계하는 상태에서의 현존재를 규정해준다.[55]

건축물과 공간 배열이 다른 것들보다 영향력 있게 습관을 형성하게 한다는 사실이 체화된 행위의 완성과 실천의 측면에서만 입증된 것은 아니다. 그것은 또한 기분 및 분위기와 관련해서도 살펴볼 수 있다. 《존재와 시간》에서 하이데거는, 인간의 세계내존재에게 상황에 빠져 기분잡혀 있음이란 더는 파고들어갈 수 없는 것이라는 사실을 보여준 바 있다. 그에 의하면 '기분잡힌 공간'은 행위 공간이나 직관 공간 외의 별도의 공간 형식이 아니고,[56] 상황 안에서의 기분잡힘이 모든 공간 형식의 근본 요소이다. 어떤 의미에서 이를 이해할 수 있는지를 언급하기 위해, 또 하이데거의 후기 철학에서 **파토스**의 중요성을 상세히 조사하기 위해, 우리는 우선 하이데거가 《**존재와 시간**》에서 개진한, 상황에 처해 있음(Befindlichkeit) 분석을 기억할 필요가 있다.

6 파토스: 기분에서 '탈자존재'로

《**존재와 시간**》에서는 이해(Verstehen) 외에도 상황에 처해 있음은 세계 개방의 매체들인, 현존재의 두 가지 존재 방식 중 하나에 속한다. 상황에 처해 있음은 세계에 대한, 타자에 대한 그리고 자기 자신에 대한 관계적 기분잡힘을 의미한다.[57] 그래서 우리는 존재자에 대한 일체의 접근 가능성은 기분잡혀진 것이라고 말할 수 있다. "기분잡힘과 관계성이란 내적으로는 하나이다."[58] 사람들이 세계 안에 거처하자마자 그들은 기분에 사로잡힌다. 그래서 "**존재론적인** 근본에서 세계의 우선적인 발견은 '그냥 단순히 기분'에 위탁되는"[59] 것이다. 《**존재와 시간**》에서는 일상적, 실천적 생활에 정향된 세계개시가 전면에 나서기는 하지만, 상황에 처해 있음의 중대성을 감안할 때, 주위를 살펴보고 염려하면서 세계 내적 존재자들을 자신과 마주치게 내버려두는 것이 기분잡힘이라는 것은 명백한 사실이다. 이에 따르자면, 기분 개념과 함께 철학적 정서이론은 이제 근본적으로 변모한다. 기분은 행위와 사고 외에 자신만의 영역을 형성하는 특수한 감정의 세계가 아니고, 전체로서의 세계내존재라는 방식을 포괄하며 그와 함께 현존재의 공간성도 포함한다.[60] 상황에 처해 있음이란, 현존재가 사물에서 시작하고 자신의 감정 속에서 뭔가를 느끼게 하며 그래서 "실존적으로 현존재의 세계 개방성을"[61] 구성하는 가능성을 지칭한다. 상황에 처해 있음의 반경은 하이데거에게서는 열려 있음과 기분잡힘의 반경과 일치한다. "인간은 자신과 관련된 것에 머무른다."[62] 상황에 처해 있음이라는 것이 세계개시의 여러 방식 중 하나에 대한 묘사인 한, 느낌에 대한 원리적인 재평가가 거기서 완수된다. 인식이 아니라 상황에 처해 있음이 세계개시에서 우선 기능하는 것으로 여겨지는데, 이때 인간 현존재의 역사적 세계로의 내던져짐과 구체적인 여기와 지금에 내던져짐은 기분잡힘 속에서 접근할 수 있다. 현존재는 자기만의 조건성 및 제한성을 가진 역사적, 문화적, 사회적 세계에 내던져진 존재로 그 안에서 태어나고, 이러한 세계는 인식 대상이 되기 이전에 우선은 상황에 처해 있음을 통해 개시된다. 미리 설계된 인위적인 행동이 없이 단지 자신을 내맡겨 감당하기만 하는 것들을 현존재는 기분잡힌 상태에서 만나게 된다. 이러한 의미에서 하이데거는 기분 개념을 수동성과 느낌이라는 두 측면을 가진 **파토스**의 기본 의미에 연결한다. 기분잡힌다는 것은 기분이 수동적으로 규정되도록 한다는 것이며 이렇게 기분잡힌 상태에서 존재자를 발견한다는 것을 의미한다.

철학적 정서이론과는 달리 하이데거에게 기분은 한편으로는 세계개시적 특성을 획득하고—그것은 **"뭔가로의 지향을 최초로 가능하게 한다"**[63]—존재자를 관조적으로 관찰하며 이론적으로 대하는 대상과의 관계 방식에 선행한다. 다른 한편, 철학사적으로 정착된 이성의 감각성에 대한 우위가 철회되기에 이를 뿐 아니라, 합리성과 정서의 대립,[64] 즉 인간존재의 이성과 감각, 신체와 정신의 분열이 재차 의문시되기에 이른다.[65] 전통과의 또 다른 차이가 있는데, 우리는 그것을 근대 정서이론의 중요한 특징인 내면의 삶 혹은 영혼의 삶에 느낌을 장소화시키는 것이 공유되지 않았다는 사실에서 알 수 있다.[66] 하이데거는 오히려 처해 있음 속에서 자신을 조율하는 개방성을 통해 현존재가 초월 혹은 '탈자/탈아(Ek-stase)' 의미에서 '자기 바깥으로' 뻗친다는 사실을 강조한다. 이는 물론 완전히 비정서적(unpathetisch) 의미에서 이해된 것, 즉 기분적으로 자기 내면이 아닌 저 바깥의 개방된 세계 내에 존재하는 것으로 이해된 것이다.

> 감정/느낌은 인간 현존의 근본 형식으로, 우리는 그것의 힘을 빌려 혹은 그것에 알맞게 항상 자신을 넘어 우리에게 다가오거나 다가오지 않는 존재자들 전체로 나아간다. 기분(Stimmung)은 우리가 감지하는 내면의 단순한 기분잡힘이 아니다. 그것은 우선 이러저러한 기분이 드는 것이고 기분 속에서 어떤 기분이 들도록 그냥 내버려두는 것이다. 기분은 바로 우리가 우리 자신 **밖에** 처하는 듯한 근본적인 성질을 지닌 것이다. 본래 그리고 늘 우리는 그러한 존재이다.[67]

이는 물론 신체적 공간화 없이는 절대 불가능할 것이다. 처해 있음은 기분잡힘이지만 그와 동시에 필연적으로 공간적인 것이다. 소위 전회와 함께 존재의 초월에 자리를 내주기 위해 현존재의 초월이 후퇴했을 때, 이러한 전회와 함께 또다시 규정됨이라는 수동적 차원이 강화되기에 이른다. 하이데거는 이미 《**존재와 시간**》에서 다음과 같이 진술한다. "기분 이 엄습한다."[68] 왜냐하면 기분에서 세계는 다가오는 방식으로 드러나지 계획적으로 고안되는 방식으로 드러나는 게 아니기 때문이다.[69] 하이데거의 후기 철학이 전개되면서, 존재를 통해 요구되는 것(In-Anspruchgenommen-Sein)은 "해당성/관련성(Betroffenheit)"[70]이라는 특성을 갖는다는 사실이 점차 뚜렷해진다. 인간 측에서는 선택하는 것도 의도적으로 수행하는 것도 아니어서 수동성을 띠는 말걸어옴의 특성(Ansprechbarkeit)이 그 해당성/관련성에 해당하는 것이다.

우리는 **파토스**를 흔히 열정, 정열, 감정 상승으로 번역한다. 하지만 **파토스**는 겪다(paschein), 견디다(leiden), 참다(erdulden), 감수하다(ertragen), 끝까지 지탱하다(austragen), 무엇인가에 내맡겨 진행되도록 내버려두다(sich tragen lassen von), 무엇인가를 통해 규정되도록 하다(sich be-stimmen lassen durch) 등과 연관이 있다.[71]

하이데거는 기분으로서의 **파토스**를 경이와 의문, 즉 철학적인 반위사(反爲事)■ 일반의 예에 빗대어 설명하며 더불어 사고가 파토스에 기초한다는 사실을 강조한다.[72] 동시에 방금 사용한 '근본적 기분'이라는 개념과 함께 역사적인 차원이 도입된다.[73] 다양한 역사적 기본 태도에는 그에 해당하는 동조적인 기분에 사로잡힘들(Einstimmungen)이 존재한다.

즉 '기분'이란 **파토스**에 대한 하이데거의 번역이라고 확언할 수 있는데, 하이데거는 한편으로는 '기분에 사로잡힘'에서의 겪음당하는 순간을 강조하고 다른 한편으로는 이러한 기분에 사로잡힘에 역사적 세계에 동조적인 기분에 사로잡힘(Einstimmung)을 연계해 논한다. 이러한 역사적

■ 독일어 Widerfahrnis/widerfahren에 해당되는 한국어를 역자는 아직 찾지 못했다. 역자는 여기서 '반위사'라는 조어를 일단 끌어들인다. 인간의 인위적 개입이 없이 해당 사건의 주인공에게서 일어나는 사건이나 일의 진행을 두고 사용되는 단어이다. 달리 말해, 이면 일이 어떤 사람에게 일어나기는 하지만, 그것이 그 사람의 의지나 의도 혹은 계획 등과는 전혀 상관없이 운명적으로 일어나는 경우를 일컫는 용어이다. 병이 나거나 로또에 당첨되거나, 길을 가다가 친구를 만나거나, 돌부리에 걸려 넘어지거나, 상대팀이 훌륭하게 잘하는 바람에 자기 팀이 경기에 패배하는 등의 일들이 그에 속한다.

세계는 사고에서만 매개되는 것이 아니라 예술작품들 내에서도 일어난다. 예술작품에서는 이러한 기분에 사로잡힘이, "처해 있음을 통한 세계 개시"[74]가 명시적으로 완수되는 한에서는, 특별히 작품의 테마가 된다.

7 기분잡힌 공간: 예술과 파토스

하이데거의 예술철학은 잘 알려진 바와 같이, 철학적 미학에 대한 다음과 같은 생각, 즉 철학적 미학은 형이상학에 귀속되며 이러한 형이상학의 근본에 깔린 주객도식 관계(Subjekt-Objekt-Relation)는 불충분하므로 이를 배제하려는 의도에서 수행되었다. 그와 함께 감정과 감각적 체험은 진리 개념에 초점이 맞춰진 예술에 대한 하이데거의 사상에는 별 의미가 없는 것처럼 보인다. 그럼에도 하이데거는 공개 장소에서의 강연, 즉 공간예술을 다루는 후기 철학의 한 텍스트 〈**예술, 회화, 공간에 대한 소고** (Bemerkungen zu Kunst—Plastik—Raum)〉에서 기분 문제를 다룬다. 예술은 사실의 묘사도, 심적 상태의 표현도 아니다. 대신 인간을 규정하며 인간을 근본 기분으로 **빠져들게** 한다.[75] 앞서 언급한, 처해 있음과 **파토스**에 관해 하이데거가 수행한 작업을 고려하면, 하이데거가 이 말로 의미하는 것은 예술작품 앞에서 수행되는 미적 체험이 아니라, 존재자 및 역사적 세계로의 접근 가능성을 열어주는 장으로서의 기분이라는 점이 명백해질 것이다. 그의 후기 예술이론에 따르면, 예술은 앞서 말한 역사적 근본 기분으로의 내맡김을 완수한다. 혹은 다르게 말해 세계개시라는 의미에서 진리는 예술을 매개로 하는 규정을 통해 발현한다. 이러한 진술을 〈**예술작품의 근원**〉에서 개진된 작업들과 비교할 때, 눈에 띄는 것이 있다. 진리 개념이—물론 여기서 이 개념이 지성주의적으로 축소되어 협소하게 이해되는 것를 경고해야 하는데―보완됨으로써, 기분을 통해 정열의 차원이 예술사에서 인정받게 되었다는 사실이다. 즉 하이데거는 예술에서 '감정'을 결코 몰아내지 않는다. 감정은 오히려 중요한 위치를 차지한다. 하이데거가 예술에 배정해주는 역사 촉발적인 차원(geschichtsstifende Dimension)은 예술이 새로운 역사적 근본 기분에 위치되면서 형성되는 '기분'을 통해 생겨난다. 공간예술에서 열정의 국면은 하이데거가 공간의 발현 사건적인 차원을 다음과 같이 묘사해 보여줌으로써 더 강화된다. "공간은 그것이 공간을 부여하는(räumen) 한에서 공간이다."[76] 하이데거가 그와 동시에 공간을 만들어내는 것은 인간이 아니라고 강조했을 때, 이 경우에는 공간 부여의 수동적 특징이 드러난다.

기분의 정열적 차원을 하이데거는 잘 알려진 바와 같이《존재와 시간》이후부터는 낯섦(Unheimlich)과 연계시켜 논한다. 기분 덕택에 존재의 심연/끝없는 허무(Ab-grund)가 개시된다.[77] 왜냐하면 처해 있음을 통해 현존재의 내던져짐의 "냉혹한 불가해성(die unerbittliche Rätselhaftigkeit)"[78]이―**현존재의 현사실적 성질**(Daß es ist)이―[79] 비로소 감지될 수 있기 때문이다. 이러한 의미에서 역사적 근본 기분들도 그것의 정열적인 특성에서 낯설거나 이미 언급한 의미에서 '허무적'인 특성을 갖는다. 왜냐하면 그러한 근본 기분들은 자신에게는 어쩔 도리 없이 수용할 수밖에 없는 말걸어오기(Zuspruch)에 빚지고 있기 때문이다. 여기에 예술의 효력과 관련해 고려해봄직한 매우 가치 있는 비유가 있다.[80] 하이데거는 예술작품도 '사실적 사태(Dass es ist)' 앞에 선다(versetzen)고 말한다. 예술은 "괴상한 것"을 불러일으키고 "지금까지는 정상으로 보이던 것"[81]을 뒤엎는다. 그것을 통해 우리는 "우리가 습관적으로 있던 곳과는 다른 곳에"[82] 서게 된다. 이러한 것과 병존하는, 예술에서 발견되는 낯섦은 우리를 존재자와의 일상적 교류 관계에서 끌어내고 새로운 의미성의 세계로 인도한다.

이에 더해 다른 공간 관계의 개시를 통해 늘 친숙했던 것이 공간예술에 서는 이제 무효화되기에 이르고 거기서는 새로운 공간성이 촉발될 뿐 아 니라 위치들의 공간 부여적 힘과 존재의 장소화의 힘이 어쩔 도리 없이 낯섦으로 출현한다. 인간이 공간을 관장하는 것이 아니라, 오히려 장소 들이 인간들과의 관계에서 힘을 발휘한다는 것을 인정하면서 목격하는 수밖에 없다는 사실이 예술에서 현시된다. 예술은 우리에게, 공간이 자 신의 역사적 우연 속에서 인간 현존재를 규정한다는 사실을 지각하도록 해준다. 그렇게 예술은 낯선 것을 존재의 위상학적 차원으로 개시해주 는 것이다.

하이데거가 《존재와 시간》에서 발전시킨 기분이론은 후기 철학의 예술 철학적 텍스트들에서 본질적인 기능을 수행한다. 특히 처해 있음과 공 간화는 공간예술에서 지대한 의미를 가지고 있다. 공간예술이 존재의 장소화(Verortung)를 위상학의 의미에서 건립할 때, 각 역사적 존재 이해 는 화동적 기분에 사로잡힘 덕택에 완성된다는 것은 명백한 사실이다. 공간예술은 사람을 역사적 근본 기분에 내맡기는 데는 아주 특수한 방식 으로 적절하다. 왜냐하면 '거주' 개념으로 상세히 설명한 처해 있음과 습관(Gewohnheit)▪의 상호연계가 인간의 공간 연관성을 존재위상학과 함 께 잘 엮어주고 있기 때문이다. 그래서 존재위상학은 **파토스**라는 의미에 서의 기분에 대한 이론과 구분될 수 없다. 존재에 대한 위상학적 시각과 함께 공간의 역사성을 어떻게 사고해야 하는지 밝혀진다면, 인간이 이러 한 존재의 역사적 장소화에 어떻게 내맡겨지는지는 기분이론을 매개로 근거 지워진다.

하이데거의 기획에 대한 비판은 물론 가능하다. 가령 그가 주장하는

▪ '습관'을 의미하는 'Gewohnheit'의 독일어 원형은 '거주하다/살다(wohnen)'이다.

공간적으로 장소화된 존재역운으로서의 '존재의 위상학'과 함께, 해당 시기의 역사적 근본 기분과는 이질적인 것으로 남아 자기 자신만의 독자적인 의미를 갖는 장소들이 있을 텐데, 그런 가능성을 하이데거는 간과한다는 반론이 제기될 수도 있다. 〈**예술작품의 근원**〉 이후 하이데거가 주장한 테제, 즉 위대한 예술의 의미는 역사 구성적이라는 주장에 대해, 당시 예술작품의 의미는 그러한 작품에서만이 아니라 개별적, 변칙적 공간 기획 시설물에도 존재하는 것이라는 반론이 제기될 수도 있다. 공간예술과 분위기를 두고 벌어지는 현재의 논의들과 관련해 파토스적으로 이해된 위상학은 더이상 파고들 수 없는 인간의 공간에의 내맡김을 이론적으로 근거 지을 수 있는 강점이 있다.[83] 인간들의 공간 관계성에는 그것이 예술 공간들—그것이 공간을 장악하는 설비든 건축 형태의 작품이든—속으로 '빠져들기'를 의미하는 동안은, 원칙적으로, '분위기' 개념 하에 협의되는 것은 모두 해당된다. 하이데거의 위상학적 접근법과 함께 공간에 대한 파토스적이고 역사적인 내맡김은 인간의 공간 관계에서 근본적인 것으로 묘사될 수 있다. 이러한 하이데거 사고의 장점은 물론 공간적 분위기를 그것의 기분 차원에서만이 아니라 낯선 차원에서도 사고한다는 것이다.

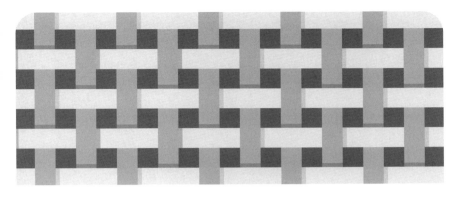

2부 위상학의 태동

카린 레온하르트(Karin Leonhard)

바로크의 나선
좌우 그리고 대칭

1 휘리릭 감아올라

바로크 건축의 휘감아 오르는 공간과 계단, 데카르트식 회오리 이론, 천체들의 타원궤도운동의 발견, 17세기 수학의 원뿔곡선 및 곡선 계산에 대한 선호, 이 모든 것은 고도로 패러독스적인 위상학에 근거한다. 거기에서 다루는 운동 형식은 중심점 혹은 중심축을 기점으로 지속적으로 휘감아 오르는, 즉 비평형 및 탈출의 경향, 더 정확히 말해, 평형이탈 경향을 보이는 운동 형식들이다. 이러한 패러독스는 항상 구심적인 복종과 원심적인 도주 간에 그리고 끌림과 자기 동력 간에 전개되는 긴장 관계에서 자신을 드러낸다. 그 결과는 원의 형태를 갖는 운동들의 출현이다. 이러한 것을 상징하는 대표적인 물체로는 그 속도가 무한히 상승 혹은 감소하는 원뿔이 있다.

회전운동은 현기증과 멀미를 일으킬 수 있다. 그것이 한 방향으로, 즉 시계방향이나 반시계방향으로 혹은 좌측이나 우측으로 곡선을 그리면서 계속 진행하기 때문이다. 17세기에는 그런 운동 방향을 규정하는 일이 특별히 문제가 된 적이 있었다. 이러한 문제와 연관된 또 다른 문제이자 바로크 시대에 여러 사람이 논의한 것이 바로 공간성과 시간성의 상관관계이다. 당시에는 덜 발전한 범주인 '공간'은 이 시기에는 아주 다이내믹해져, 거기에 시간의 화살이 이식되기에 이른다. 세계라는 기계장치는 스스로 성장해 혼자서 자신만의 길을 가고 자신의 역사를 펼친다. 거기서 공간과 시간의 자매결연은 그리 단순하지 않은 복잡한 연맹 관계여서, 인간 역사 · 지각 · 인지 과정의 재구성에서 아주 혁혁한 결실을 얻는다. 특히 18세기와 19세기 역사학, 정신과학 그리고 자연과학에서의 진화론적 모델을 준비한 것이 바로 공간성과 시간성의 자매결연이었다. 서로 이질적인 자매들의 연합으로 이해된, 공간과 시간의 자매결연은 기하학화할 수 있는 외부 경험세계와 내부의 주관적 경험세계를 구분하기 위한 새로운 기초를 놓는다.

아래에서는 에칭 기법으로 제작한 렘브란트의 1650년 작 청자고둥 그림(그림 1)을 중심으로 논의가 진행된다. 이를 중심으로 논의하는 이유는, 이 작품이 흔치 않은 특이한 모양을 묘사하기 때문이다. 지금까지 화가들에게서 거의 관심을 끌지 못한 동물의 한 종을 묘사한 것이다. 작품 속의 청자고둥은 평평한 동판에서 원뿔 모양을 서서히 드러낸다. 이를 가능케 하는 것이 보통 나무 껍질에 나 있는 그물망 모양의 패턴과 유사하

그림 1　렘브란트, 〈청자고둥(*Conus marmoreus*)〉, 에칭, 1650년.

게 사선 방향으로 얼키설키 새겨진 미세한 망상선(網狀線)이다. 마치 늘리거나 길게 뻗칠 수 있을 것처럼 보이는 그 망상선들을 실제로 늘리거나 뻗치면, 나선형 원뿔 형태를 취할 수 있다. 렘브란트의 청자고둥 그림은 공간론으로나 사물론으로 아주 설득력 있는 내용을 담지한다. 동판 표면에 새겨넣은, 잡아 늘려 팽팽해질 수 있는 동일한 모양의 망상조직들을 고안하는 문제에 대해서는 이

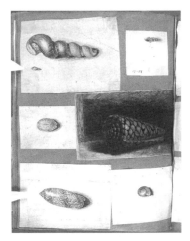

그림 2   마틴 리스터와 안나 리스터, 렘브란트의 에칭이 함께 붙어 있는 조개 분류를 위한 스케치북, 17세기 후반.

글 뒷부분에서 따로 논의할 것이다. 우선 필자에게 이 그림이 흥미로운 까닭은, 이 작품에서는 청자고둥 그림 밑그림이 인쇄술적 복사 과정을 통해 마치 거울에 비친 상처럼 좌우가 바뀐 상태로 복사될 뿐 아니라, 청자고둥의 나선형 껍데기 회전 방향이 원래와는 반대로 뒤집혀 있다는, 어쩌면 너무도 단순한 사실이다. 즉 청자고둥의 껍데기가 원래는 오른쪽으로 향하는 경우라면, 그림에서의 청자고둥의 회전 방향은 위에 기술한 과정을 통해 왼쪽으로 향한 것으로 나타난다. 생물학적으로 볼 때, 이런 청자고둥 껍데기가 물론 불가능한 것은 아니라 할지라도, 청자고둥 껍데기가 나선 방향을 취하는 경우는 아주 희박하다.

렘브란트에게는 위에서 설명한 청자고둥 껍데기의 나선 방향 역전이 눈에 띄지 않았거나, 그 문제로 그의 작업이 방해를 받은 것 같지는 않다. 하지만 렘브란트와는 생각이 아주 달랐던 사람이 있다. 영국인 의사이자, 지리물리학자이며 저명한 조개 수집가였고 개인 스케치북에 렘브란트의 에칭 기법 그림을 붙여놓았던 마틴 리스터(Martin Lister)라는 사람이

다(그림 2). 리스터는 딸 안나와 함께 수십 년간 영국의 해안을 샅샅이 뒤져 수집한 조개를 모아 그림으로 그리고 체계화해 서류철에 정리해놓았다. 이러한 노력은 여러 권으로 이뤄진《패류학사(Historia conchyliorum)》─이 책은 1000여 장의 조개 사진을 담고 있으며, 조개를 체계적으로 분류한 바로크풍의 기념비적인 최초의 작품(그림 3)이다─로 세상에 빛을 보게 되었다. 이 책에서는 렘브란트의 작품에 출현하는 청자고둥도 소개된다. 그런데 이 청자고둥 껍데기가 렘브란트의 그림에서와는 달리 올바르게, 오른쪽으로 향하는 그림으로 소개된다. 리스터는 이때 렘브란트의 경우와는 달리 청자고둥 껍데기의 나선 방향을 거울에 비친 상이 아닌 원래 자연적으로 나 있는 방향으로 환원한 상태에서 보고하는 것이다. 이는 우연이 아닌 듯하다. 그는 이 작업을 아주 의식적으로 수행하고 있었던 것으로 보인다. 이렇게 주장할 수 있는 까닭은, 리스터가 일찍이 자신의 저술에서 여러 차례 청자고둥 껍데기 무늬의 회전 방향을 언급한

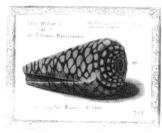

그림 3 마틴 리스터의 《패류학사(Historia Conchyliorum)》(런던, 1685~1692)에 들어 있는 청자고둥.

적이 있기 때문이다.[1] 그에 의하면, 청자고둥 껍데기는 아주 예외적인 경우에만 왼쪽에서 오른쪽으로 휘감아 올라간다.

2 '상징 형식'으로서의 조개

나선과 원뿔들은, 가령 그것들에 로그적 속성을 갖는 진행 방향이 실현될 경우, 형식논리적인 환상력을 갖는다.[2] 이미 1500년에 레오나르도 다 빈치(Leonardo da vinci)와 알브레히트 뒤러(Albrecht Dürer)는 회오리 형태와 나선 형태를 연구하는 일에 몰입한 적이 있다. 유체역학 연구에서 레오나르도는 벡터적, 직선형 진행 과정에서 출발하지만, 연구를 진행하는 과정에서 물 흐름이 회오리 형식으로 퍼져나가는 것을 접하고는 처음에는 이를 자신의 연구에 수렴하는 데 망설였다. 하지만 그후 자연철학적 고찰에서 그것들에 아주 정열적인 관심을 기울여 연구를 수행했다.[3] 나선형의 모듈적 다양성에 대한 뒤러의 연구에 대해서는 부분적으로 프리드리히 테야 바흐(Friedrich Teja Bach)가 먼저 작업한 바 있다.[4] 하지만 그 분야 연구는 당시만 해도 그리 진전된 상태는 아니었다. 네 권으로 된 1525년 저서 《**컴퍼스와 자를 이용한 측정 교본**(Underweysung der messung mit dem zirckel un richtscheyt)》▪ 1부에서 뒤러는 '달팽이집에 난 나선'을 다양한 방식으로 구성하는 방법을 보여준다. 그 구성 과정은 매우 흥미롭다. 가령 뒤러는 아르키메데스적 나선의 각 점을 정확히 구성해 그것을 수작업으로 이어주는 과정을 기술한다. 여기서 뒤러는 가운데로 갈수록 폭이 좁아지

▪ 이 작품은 구심적 시각의 수학적 · 기하학적 구성 절차의 최초의 종합을 묘사하고 있으며 이로써 시각적 구성 방법의 기초를 기술적 기하학의 하위 분야로 형성했다.

는 나선을 구성하여 그 효과를 강화하며, 나선의 회전 방향을 염두에 두고, 자신이 '영원한 선'이라 부를 뿐 아니라 나중에 데카르트가 수학적으로 정의해야 했던 로그형 나선을 초기에 기술(記述)한다.[5]

눈에 띄는 것이 있다면, 뒤러가 구성한 나선은 중심점에서 개념을 잡고 있음에도 안으로 그리고 바깥으로 말려들어가고, 주변에 개방되어 있으며 다시 원으로 닫힌다는 사실이다(그림 4와 5).[6] 이의 구성 방식은 먼저 눈금이 그려진 시계같이 간격이 동일한 열두 칸으로 나뉜 원에서 출발하지만, 두 번째 단계에서는 중앙에서 시작해 원주 방향으로 나가면서 예비작업을 해나간다. 이때 뒤러는 역방향 번호 붙이기를 통해 나선 방향이 역전될 수 있다는 사실을 잘 알고 있었다. 그럼에도 한쪽 방향을 선호했는데, 이는 그가 구성한 모양이 컴퍼스 혹은 연필과 서로 만나면서 구

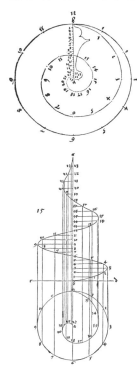

성되어 나오는 기하학적 점들로 구성된 동질적인 기호 영역(Zeichenfeld)에 위치했기 때문은 아니다. 그가 구성한 나선은 아직 상상의 형태이고 점대점 구성이며, 단계적으로 점차 수축하는 나선이다. 이것은 또 17세기에 구성된 저 지속적으로 커져가는 곡선을 선취하던 아이디어였다. 방향은 내부에서 외부로, 외부에서 내부로, 좌에서 우로, 우에서 좌로 향한다. 모든 가능성은 공히 존재하고, 확률

그림 4 알브레히트 뒤러의 〈아르키메데스 나선의 구성(Konstruktion der archimedischen Spirale)〉.《컴퍼스와 자를 이용한 측정 교본(Underweysung der messung〔……〕)》(뉘른베르크, 1525)에 실려 있다.

그림 5 알브레히트 뒤러의 〈원뿔 사선의 구성(Konstruktion einer konischen Spirale)〉. 출처는 그림 4와 같다.

역시 동일하다. 고등 껍데기 나선을 구성할 때, 뒤러는 기하학적 공간에 위치해 있었지, 생물학적 공간도 시간화된 공간에도 있지 않았다. 그런데 1600년에는 물이나 뭍에 사는 실제 고등 껍데기의 나선 방향은 주로 오른쪽으로 향해 있다는 사실이 알려진다. 그리고 거의 모든 덩굴식물도 오른쪽으로 회전한다는 사실도 알려진다. 나중에 칸트는 사람들의 정수리에 나 있는 머리카락의 회전 방향(즉 가마) 역시 그러한지를 연구한 바 있다.

> 모든 인간의 정수리에 난 가마는 왼쪽에서 오른쪽으로 회전한다. 모든 덩굴도 왼쪽에서 오른쪽으로 돌아 올라간다. 그러나 콩덩굴은 정반대로 회전한다. 거의 모든 달팽이집도, 단지 세 종류만 제외하고는, 위쪽에서 아래쪽으로, 즉 끝 꼭지에서 입구 쪽으로 가면서 좌에서 우로 회전한다.[7]

뒤러 시대 이전인 17세기에 발견된 경험적─논리적이 아닌─사실이 하나 있다. 생물학적 자연은 기꺼이 오른쪽으로 회전하는 생물들을 만들어냈으며 때때로 '일정한 경향', 즉 편향성을 띤다는 것이다. 오늘날 이러한 발견은 다소 상대화해 받아들여야겠지만, 17세기에는 많은 논의거리를 제공했다. 가령 1768년에 칸트는 이러한 발견의 토대 위에서 〈**공간에 주어진 것들의 차이에 대한 제일 근거에 관하여**(Vom ersten Grund des Unterschiedes der Gegenden im Raum)〉를 썼다. 물리학의 가르침에 따르면, 자연은 원래 가역법칙에 따라 작동해야 하고 대칭적으로, 중립적으로 운동해야 한다. 축을 중심으로 하는 동일한 회전운동이 대칭을 포함하는 동안, 자연은 그 같은 원리에 따라 작동해야 한다. 자연의 작동 원리에 대한 물리법칙은 아주 단순하고, 시계방향이든 반시계방향이든, 자기유사성의 원리에 따라 공간적 형태를 확장시킨다. 그럼에도 생물학에서 발견된 경험적 사실로서의 '편향적 자연'은 그러한 중립성을 의문시하기에 충분하다. 왜냐하면 자기유사성의 원리가 자연의 현상 형식들을 역동적으로 만들었고, 이는 다시 성장 단계와 유전 프로그램을 낳았기 때문이다. 나선 방향성을 다루는 글을 보면, 우리는 우연찮게도 17세기에 유행한 조개 관련 서적을 만나게 된다. 바로크 시대 사람들은 다이내믹한 운동의 방향성을 발견했고 청자고둥은 그 시대의 상징물로 등극했다.

3 같으면서도 같지 않은: 불일치하는 짝들

위에 언급한 것 같은 발견을 우리는 날짜로 표기할 수 있다. 린세이(Lincei) 아카데미 회원으로 페데리코 체시(Federico Cesi)의 자리를 이어받은 파비오 콜로나(Fabio Colonna)가 1616년에 여러 독자를 매료시켰을 뿐 아니라 자줏빛 색채의 획득과 관련한 문제를 다룬 논문에서 확인해주었듯이 청자고둥은 아주 예외적으로만 왼쪽에서 오른쪽으로 회전한다.[8] 흥미롭게도 콜로나는 나선 방향의 회전이 구심적이라고 설명했다. 회전을 바깥쪽에서 안쪽으로 따라간 것이다. 이에 대해 한마디 덧붙이겠다. 중요한 것은, 그가 자연이 부여하는 형식의 방향성을 인식했다는 것이고 그것을 거듭 테마화했다는 점이다. 거의 모든 바로크 패류학자들은 그의 연구 방향을 추종했다. 콜로나의 연구논문은 아주 뛰어난 그림들을 배치했는데, 이를 통해 고도의 호소력을 발휘했다. 이는 청자고둥(Gastropoden)을 거울에 비친 상, 즉 뒤집힌 상이 아닌 방식으로 묘사한 최초의 저작이었다.[9] 마틴 리스터의 스케치북에는 콜로나의 이름이 자주 등장한다. 리스터 또한 콜로나의 전통을 이어받는다. 로마에서 작업하고 있었으며 천재적이고 항상 혈기 왕성하게 활동한 아타나시우스 키르허(Athanasius Kircher)

의 친구인 필리포 부오나니(Filippo Buonanni)는 1681년에 최초의 독자적인 조개 관련 서적을 출간했다. 그의 《**눈의 재생**(Ricreatione dell'occhio)》[10]은 여러 곳에서 청자고둥에 나 있는 나선형 방향성을 언급하고 그것을 위상학적으로 설명하려 한다. 이와 관련해 진전된 언급은 나중에 하겠다. 여기서 부오나니가 문제의 소지가 있는 모델을 작업하고 있었기 때문이다.

당시에 청자고둥 껍데기와 나선형 방향성이 어떻게 설명되었는지, 어떤 문화철학적·자연철학적 함의들이 연관되어 있는지 그리고 어떤 위상학적 관계 구조들이 발견되었는지를 다루어보자. 당시에 우주적 연관관계는 사람들에게 아주 현실적인 문제였다. 사람들은 지구가 자신의 축을 중심으로 자전한다고 생각하기에 이르렀지만 실제 증거는 여전히 부재하던 터였다. 하위헌스와 카시니는 여러 차례 논쟁을 벌였다. 뉴턴은 비로소 만유인력이론을 발전시켰다. 1687년에 뉴턴은 지구가 (중력점을 기축으로 균질적으로 저항 없이 자전한다는 전제하에) 타원형의 공전궤도를 취한다는 사실을 알아냈다.[11] 부오나니가 지구의 경우—그가 지구와 간접 비교 대상으로 삼은 청자고둥에서와 마찬가지로—하나의 회전 방향을 관찰할 수 있다고 확신했을 때, 그는 자기 시대의 정점에 서 있었다. 지구 역시 동일한 회전 방향을 유지하면서 서쪽에서 동쪽으로 움직인다. 그러니까 지구는 회전체임이 드러났고 회전 방향은 결정되어 있다.[12] 부오나니에 따르면 지구의 회전 방향과 유사하게 청자고둥의 나선 방향 역시 결정되어 있다. 다만 그는 청자고둥 껍데기가 "일정한 방향으로" 회전하는 경향이 있기는 하지만, 가끔은 "그 반대로도 회전하는"[13] 경우가 있다는 조건을 달았다. 이 모든 것이 17세기에 발견되었고, 사람들이 이제 아르키메데스적 나선과 회전 방향을 점차 더 자주 논의하듯이, 새로운 나선형이 발견되었고 수학화되었으며, 근본적으로 어떤 청자고둥도 거울상처럼 뒤집힌 형태로 복사되지 않게 되었다. 사람들은 1600년 이전에는 거울상처럼 뒤집힌 청자고둥 껍데기의 회전 방향 그림에 전혀 의구심을 품지 않았으나, 1600년 이후에는 점차 문제의식을 느끼게 된다.

그런데 이 시기 사람들은 공간적인 방향, 즉 향방성을 어떻게 정의했을까? 이는 위상학적 질문이기도 하다. 왜냐하면 어느 쪽이냐를 묻는 질문이자, 거울 대칭적으로 생각된 자연물들에서 좌우의 방향적 편향성에 대한 질문이기 때문이다.[14] 재차 묻자면, 당시 사람들은 공간적 향방성을 어떻게 정의했던가? 부오나니는 두 가지 설명을 제시한다. "입구가 오른쪽에 있는 청자고둥"이라는 타이틀이 붙은 장에서 부오나니는 독자들에게 청자고둥의 꼬리가 위로 향한 상태에서 땅바닥에 수직으로 청자고둥을 세워보라고 말한다.[15] 그러면 청자고둥의 입구는 달팽이집 오른편에 놓일 것이다. 부오나니가 이를 주장한 까닭은, 외부의 고정점(즉 지표면)을 방향의 기준으로 삼고는 그것을 다시 자신의 몸에 전이시켰기 때문이다. '오른쪽'은, 위의 지시에 따르자면, '왼쪽이 아닌 곳'이면 어디든 상관이 없고 이는 금방 감으로 와닿는다. 렘브란트의 청자고둥은, 그것을 그림의 형태로 가져다 위의 지시처럼 수직으로 세워볼 수 있을 텐데, 반대로 회전하는 형태를 보일 것이다. 그것은 애초의 원형과는 일치하지 않는 거울상을 하고 있으며 그와 반대짝을 이룰 것이다.

그런데 청자고둥을 지면에 수직으로 세우지 않는다면 어떻게 될까? 사람들은 앵무조개(Nautilus)를 임의로 돌리고 뒤집을 수 있는데, 그래도 그것이 어느 순간에 확실히 자리 잡아 정착하는지를 알지 못한다. 달리 말해, 청자고둥 입구는 임의로 다양한 방향을 가리킨다. 왜냐하면 청자고둥이 평면에서 이리저리 어느 방향으로도 회전할 수 있기 때문이다. 이러한 회전은 결국, 마치 전축판의 홈이 그렇듯이, 평면에서 점차 밖으로 퍼져나가는 나선같이 행동한다(그림 6).

부오나니가 두 번째 범주화를 제안했을 때, 또 청자고둥의 횡단면에서 오른쪽 방향의 회전을 확인하려 했을 때, 거기에는 아직 생각이 미치지 못한 상태였다. 첫 번째 제안은 청자고둥을 지면에 수직으로 세워 유지하고 이를 인간의 몸과 유비적으로 비교하는 것이다. 이때 외적인 기준이 필요했다. 두 번째 제안은 내재적인 본질 관계를 확인하는 것이다. 이에 대해 부오나니는 독자에게 다음과 같은 지시사항과 함께 그림 하나를 제시한다.

이해를 돕기 위해 나는 그림 하나를 제시하겠다. 이 그림에서 나선 ABC는 청자고둥 껍데기가 휘감아 돌아가는 회전을 나타낸다. 회전나선은 중점 O에서 시작하고 A 방향뿐 아니라 C 방향으로 점차 퍼져나간다. 회전은 조금씩

그림 6 필리포 부오나니의 앵무조개 (Nautilus), 〈눈의 재생에 대한 원고 (Manuskriptseite zu: Ricreatione dell'occhio)〉에 실린 그림이다.

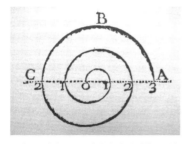

그림 7 필리포 부오나니의 회전 방향 고정을 위한 위상학적 모델(Topologisches Modell zur Feststellung der Drehrichtung), 《눈의 재생》(로마 1681)에 실려 있다.

진행하지만, 그것은 항상 D■의 방향으로 일어나지, A의 방향으로 일어나지는 않는다. 그림에서 중점 O를 지나 선 하나를 수평으로 그으면, 직선 CA가 나선과 만나는 점들이 있는데, 이때 절점의 수는 OA 구역에서보다는 선분 CO 구역에서 더 적다[그림 7]. 그렇기는 해도 이러한 법칙은 청자고둥에서 꼭 고정되어 있지는 않다 (……). 왜냐하면 청자고둥의 나선은 한 방향만이 아니라 때로는 반대 방향으로도 회전하는 경우가 있기 때문이다.[16]

여기서 볼 수 있듯이, 부오나니는 청자고둥의 회전 방향을 확인하기 위해 나선을 수평 방향에서 잘랐을 때 생겨나는 절점의 수를 기준으로 삼는다. 오른쪽 방향의 청자고둥 나선을 잘랐을 때, 축에서 오른쪽에 놓인 선 OA에서 잘리는 부분이 반대편에 놓인 선 CO에서 잘리는 부분보다 하나 더 많다. 즉 중심축을 기준으로 해서 볼 때, 양쪽에서는 물질적 수준에서 비평형이 지배한다. 즉 양쪽이 서로 일치하지 않는다. 이로써 물질적 수준에서의 비평형은 자연적인 것으로 보인다. 청자고둥의 나선은 점대칭도 축대칭도 아니다. 그럼에도 절점의 수는 나선이 오른쪽으로 향해 있다는 증거가 될 순 없다. 왜냐하면 이 나선은 180° 더 회전시킬 때도 유지되기 때문이다. 그 나선이 비록 수평으로 그은 선 상의 왼쪽

■ 원서에서 청자고둥 껍데기의 회전 방향이 D로 쓰여 있는데, 이는 C로 쓰일 것이 D로 잘못 쓰인 것으로 보인다. 논의 맥락상으로도 그렇지만 인용문에 병기되어 있는 이태리어 원문을 볼 때도 그렇다. 여기서 청자고둥 껍데기의 회전 방향이 C냐 아니면 A냐는 회전 방향이 O를 기점으로 해서 시계방향이냐 반시계방향이냐를 의미한다.

보다는 오른쪽에서 더 많은 절점을 가지고 있음에도, 우리는—최소한 우리가 그 결과를 다시 자연에 존재하는 청자고둥의 공간 형태들에 다시 적용할 때—계속 오른쪽으로 회전하는 청자고둥과 관계한다. 그럼 우리는 오른쪽으로 회전하는 나선과 관계하는가. 이는 또 다른 질문으로 마땅히 제기되어야 한다. 이 질문에 대한 답은 부오나니의 방법으로는 얻을 수 없다. 부오나니는 나중에 하위헌스, 라이프니츠, 뉴턴 혹은 칸트가 제기한 바로 그 문제, 즉 외부공간을 참고하지 않고는 거의 존재할 것 같지 않은 운동 방향의 결정에 맞닥뜨린다.

4 대칭 파기와 비가역성

문제를 역사적으로 심화시키기 위해 1600년 이전과 이후의 공간이론에서의 결정적인 변화를 언급할 필요가 있다. 일반론적으로 말해, 아리스토텔레스와 스콜라철학에서 물질은 항상 다른 것에—형식에—의해 규정되었고, 형태를 갖춘 실체는 구체적인 속성들을 갖춘 개별 사물들로 국한해 있었다. 그래서 아리스토텔레스도 이것을 물체에서 추상할 수는 없었던 것이다. 이 때문에 엄격한 물리학 구축은 방해를 받게 된다. 그에게 장소 개념은 실체를 공간과 중재할 수 없게 했고 공간적인 운동을 생각할 수 없게 했다. 초기의 장이론은 유연성 없는 아리스토텔레스적 장소와 물질 개념을 혁파한다. 이는 무엇보다 물질의 내재적인 변경(immanente Modifikation)이 좀더 유관해졌다는 것을 의미한다. 사람들은 이제 개별적으로 분리된 본체들이 아니라, 본체들의 단계적인 구분을 생각하기에 이른다. 그렇게 되면 데카르트적 스콜라 철학자들에게 형태란 물질이 기꺼이 보여주는 우연적인 속성이고, 데카르트에게는 본체의 변화를 사고하는 수단 그 이상이 된다. 이는 유물론적이자 관념론적인 시대로 나아가는 거대한 단계이기도 했다. 연장(延長)과 물질은 데카르트에게 동일한 것으로 취급되었고, 이를 통해 물질적 변경을 일으키는 자기조절계가 태동했으며, 이는 다시 모든 물체와 최소 입자는 내적으로 기능하는 체계의 일부이고 다른 것의 활동에서 독립되어 있다는 생각을 낳기에 이른다.

또한 1600년경 이후에 전개된 역동성을 확인하자면, 그것도 로그함수와 지수함수가 관철되었고 당대인들이 나선형의 확장에 응용한 피보나치수열이 지수곡선과 유사하다는 이유로 활성화되었으며, 입자세계 내에서 일어나는 물질의 성장과정 및 형성과정이 테마화되었다는 의미에서 확인한다면, 동시에 17세기에 일어난 나선형의 좌우 논쟁의 역사적 유관성을 물어야 한다. 시간의 두 가지 특징을 다음과 같이 기술할 수 있다. 첫째, 사람들은 1600년 이후부터 청자고둥, 덩굴식물, 머리의 정수리에 난 가마, 자연의 개별 종들에서 발견되는 일반적인 나선운동이 모두 동일한 방향을 취하는 것은 아니지만, 그럼에도 일정한 경향을 보인다는 사실을 강조했다. 17세기에는 특히 오른쪽 방향의 나선회전이 테마화되었다. 둘째, 사람들은 나선의 구성을 주로 확장으로, 즉 하나의 점 혹은 씨앗에서 포괄적인 공간적 크기로 성장해가는 형식으로 이해했을 뿐, 중심점으로 집중해 말려드는 형태로 이해하지는 않았다.

이렇게 나선과 청자고둥 들은 확장은 하지만, 수축되는 공간이나 물질은 아닌 것으로 이해되었다. 청자고둥을 밖에서 안쪽으로 향하는 것으로 기술하는 콜로나의 달팽이 나선 묘사는 예외적인 경우였고, 이것은 세기 초의 일이었다. 이제 한동안 물리적인 나선이 거의 배타적으로, 마치 물을 뿜어내는 샘과도 같이 안에서 바깥으로 뻗치는 것으로 여겨졌다. 반면 그것은 물질을 빨아들이거나 삼키는 흡착기로 여겨지지는 않았다. 달리 말해, 원심적인 것으로 여겨졌지 구심적인 것으로는 여겨지지 않았던 것이다. 동일한 변화가 17세기의 시간 개념에도 일어나고 있었다. 특히 확장적이고, 일정 방향으로 고양되는 것으로 여겨진, 더불어 대칭적인 과정으로 이해된 17세기 시간 개념의 이해에도 변화가 나타나기 시작했다.

이러한 이유로 청자고둥은 시대를 상징하는 형태가 될 수 있었다. 왜냐하면 하나의 축을 기점으로 하는 싸이클 운동을 공간에서 펼치고 이 과정에 하나의 방향을 부여해 대칭에서 멀어지기 때문이다. 사실 이러한 것이 바로 바로크식 사고였다. 바로크식 사고에서는 물질계의 내재적 표면은 꾸준히 운동하고 지속적인 비평형 상태에 머물러 있다고 생각한다. 이는 바로크 시대에 지배적이었던 또 다른 고전적인 사고 모델, 즉 축대칭적 엄격성과 합치성의 모델과 충돌을 일으킨다. 사실 17세기 거울대칭에서의 이탈은 여러 시각에서 결정적인 체험이었다. 절대 중심점을 축으로 한 회전은 자신도 주체할 수 없는 회오리로 빠져들고, 감히 따라잡을 수 없는 비평형을 보여주었는데, 이러한 비평형은 단지 회전이 출발하는 초기에만, 즉 회전운동이 시작되기 전인 정지점 혹은 출발점에서만 예외일 뿐이었다. 그래서 초기의 조개 관련 서적 말미에 청자고둥의 특수한 성장 형태가 나오는데 이는 우연이 아니다. 서인도달팽이(Vermicularia spirata) 껍데기 회전의 경우 나선이 처음에는 동일하지만, 그후 점차 분기해 진행되고 비규칙적이고 산만하게 변화한다. 원래의 구성 계획은 마치 망가진 듯하고 대신 나선의 선천적인 비평형이 분명한 모습으로 출현한다(그림 8). 바로크 시대의 기회원인론자들에 의하면, 서인도달팽이 껍데기의 형태는 마치 느려지고 궤도를 이탈한, 즉 초기 임펄스는 유지하지만 그후에는 더이상 유지하지 못하는 추시계의 운동이나 회전 모멘트가 부재한 자이로스코프와 유사하다. 대칭파괴는 계통발생론적으로 고정된 상태에서 제3의 세포가 몸의 한쪽으로 치우쳐 생기거나 마치 돌연변이 운동 및 폭발적인 운동을 일으키는 원인이 되기도 한다. 뉴턴은 동시대에 아주 다른 방식이기는 했지만, 주변부 물체를 중심에서 이탈시키는 다이내믹한 추동력의 힘을 인지했다.

바로크 시대에 일어난 고유의 사상적 변화를 칭하는 키워드는 공간적 운동(Räumliche Bewegung)이다. 모든 바로크 형식은 새로운 시공간 범주들에서 주조되었다. 그런데 문제는 이때 방향감각(Richtungssinn)이 잘 설명되지 않는다는 점이다. 고정되지 않고 움직이는 물질장(Materiefeld) '안'에서 사람들이 움직인다고 할 때, 달리 말해 물질장에 선행하거나 그 너머에 있는 외적인 것에 관련을 맺지 않은 상태에서 움직인다고 할 때, 사람들은 좌와 우의 구분을 어떻게 설명할까? 바로크 시대 사람들은 **자연**(Natura)은 하나의 격동하는 심장을 소유한다는 사실―그와 함께 순환운동을 한다는 사실―자연의 심장은 한쪽으로 치우친 상태에서 박동한다는 사실을 알아차리기 시작했다. 이는 오른쪽이냐 왼쪽이냐의 방향성(Chiralität)을 두고 벌인 논쟁에서 칸트가 추론해낸 것이기도 하다. 우리가 비록 좌우 양쪽의 신체 부위를 가진 존재지만, 그럼에도 우리의 심장은 한쪽에 치우쳐 있어, 우리는 좌우를 구분하기 위해 선험적 비평형에 관계해야 한다.[17] 그러한 기준점(Bezugspunkt)은 라이프니츠의 위치공간(Lager-

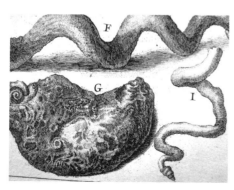

그림 8 앙투안-조제프-데잘리에 다르장빌레의 서인도달팽이(*Vermicularia spirata*)(우측). 《암석학과 패류학(La Lithologie et la Conchyliologie)》(Paris, 1742)에 실렸다.

raum)에서는 존재하지 않는다. 라이프니츠의 위치공간은, 운동하는 물체의 체계로는 일정 방향으로 정향되어 있지도 않을뿐더러, 장 자체에서 생성되지 않는 어떤 결정요소도 허용하지 않기 때문이다. 시간의 지배를 받는 비가역적 진화 과정과 노화 과정을 설명하는 일은 특수상대성이론으로도 불가능한 일이다. 특수상대성이론은 세계 과정을 시간 불가변적이고 시간 대칭적인 과정으로 여기는 가운데 작업을 진행한다. 그래서 문제가 되는 것은 시간 위상학적인 문제이다. 우리는 시간의 경과에도 불구하고 불변하는 가역적인 세계와 관계하거나, 여러 방향으로 발전할 수 있는 대안들을 가지고 있다. 여기서 현실화될 수 없을 듯한 발전 가능성을 포함하는 시간의 분기들과 관계하고, 그래서 미래는 분기되어 있거나 '열려 있는' 것이 될 것이다. 다른 한편, 그로부터 시간 대칭의 문제가 나온다. 비가역적 과정들은 기계역학적으로는 설명할 수 없다.[18] 청자고둥 껍데기의 나선형 비틀림에서도 똑같은 문제가 반복된다.[19] 나선형으로 비틀린 청자고둥 껍데기뿐만 아니라 그것이 형성되는 곳이기도 한 시간은 더이상 원래대로 환원될 수 없다. 이렇게 생명의 진화는 그 시원의 뿌리를 비평형성, 즉 대칭파괴에 두는 비가역적 시간의 발전임이 증명된다.

5 광범위한 성장 형식들

17세기에 제기된 질문이 있다. 하나의 중립 영역이, 가령 사물의 저장창고인 우주가 방향이 있는 시간의 흐름에 놓이면 어떤 일이 일어날까? 사람이 시간 화살의 문제나 시간의 대칭성 파괴를 심각하게 받아들여 왜 하나의 과정이 하필 이 방향이 아닌 저 방향으로 진행되는지 물을 때 무엇이 발생하는가? 필자가 보기에는 렘브란트의 **원뿔형 청자고둥**은 균질적인 망상구조 혹은 장구조 안으로 회전해 들어가 이를 역동적으로 만들고 시간화시키는 시간화살과도 같다.

　예술가 렘브란트의 철필은 크로스해칭▪기법으로 동판을 고르게 덮어씌웠는데, 이는 마치 화면에 집어넣을 수 있는 여러 위치와 형태들 혹은 운동의 좌표계에 비교할 수 있다. 크로스해칭 기법으로 만드는 선영(線影)은 마치 물체 표면에 난 세밀한 망상처럼 그 모습을 드러내는데, 이것은 둥근 천장 모양으로 인해 넓게 확장·압착되며, 인위적으로 형상화한 제2의 표면으로 조개의 몸체를 모방해 그 위에 덮어씌운 것 같은 방식으로 조개의 몸체에 이음새 하나 없이 꼭 맞게 들러붙어 있다. 청자고둥 자체의 줄무늬 구조에서는 올과 땀의 차이 그리고 인위적 기호와 자연적 기호의 차이는 사라져버린다. 또 전체 그림 영역으로서 선영은 지속적이고 균질적으로 머물러 있다. 이런 동일한 얼개구조망에서는 틈새 하나 없고 어떤 땀방울 하나도 누락되어 있지 않다. 그림 속 대상은 최대한 나선형 구조를 유지하고 교차점의 간격이나 위치를 자신의 형식에 유사하게 변화시킨다. 그리고 오로지 그뿐 그 이상의 과정은 일어나지 않는다.

　이는 우리를 또 다른 생각으로 인도한다. 라이프니츠에 의하면, 형식적 유사성은 단지 비율 관계의 문제이다. 즉 물체의 "수치, 관계, 각도"[20]가 동일할 동안은 "그 어떤 차이"도 생기지 않는다. 공간논리적이고 형식논리적으로 볼 때, 렘브란트의 청자고둥은 자연적 전형에 완전히 합치되는바, 자연의 청자고둥과 '유사하다'. 청자고둥은 이러한 라이프니츠 사상에 대한 이상적인 직관 대상이다. 왜냐하면 그 자체가 지속적인 유

▪ 직물의 조직같이 선을 서로 교차시키는 기법이라 하여 크로스해칭이라고 하며, 다양한 길이의 평행선들을 그려넣는 기법으로, 그어진 선의 수량과 밀도에 따라 음영·양감·명암 등의 강도를 조절할 수 있다.

사성 원리를 따라 성장하기에, 즉 청자고둥 껍데기에 난 각 곡선들은 기하학적으로 서로 동일하게 머물러 있고 단지 크기 차원에서만 성장하기 때문이다. 곡선이 원뿔의 축에 대해 지속적인 각도를 형성하는 판막 형식의 (예를 들어 앵무조개의) 달팽이 및 원뿔형 조개껍데기에서의 모양 형성 과정을 이 자기유사성의 성장 법칙이 조절해주고 있다.[21] 각 부분은 전체와 유사해서 지속적인 자기 관계에서 하나의 축을 중심으로 회전하는 기준계가 된다. 아리스토텔레스는 성장 기간에 크기 외에는 변화를 겪지 않는 사물들이 존재한다고 말한다.[22] 라이프니츠에게 하나의 모양이 갖는 내적 관계성은 그가 외연적 범주로서의 좌우를 결국 자신의 공간 정의 체계에서 퇴출시켰을 때, 그것의 양화를 넘어서는 의미를 가진다.

그러나 청자고둥의 똑같은 예가, 바로크 시대의 목격자들에 의하면, 그 반대를 보여주고 있다. 그러나 청자고둥 껍데기에 나 있는 비틀림은 방향이 정해져 있고, 더욱이 동물학적인 자료에 근거한 확률에 따르면, 거의 항상 오른쪽으로 향한다. 그에 대한 결정권을 가진 것은, 나선형에 대한 수학 방정식에서는, 단지 전조(Vorzeichen)이다. 부오나니가 보여주는 배열에서 방향이란 비대칭 신체의 좌우 특성을 통해 알려진다. 글을 마무리하면서 다시 한번 칸트도 심취해서 연구한, 부오나니의 초기 설정 (Anfangssetzung)을 생각해보자. 오늘날의 패류학 관련 서적들에서 여전히 그렇게 기술되는 것처럼, 부오나니는 청자고둥 껍데기의 회전 방향을, 그의 내재적 해결 시도가 실패하던 동안에, 체계 밖에 있는 관찰자를 기축으로 해서 규정했다. 그와 반대로 라이프니츠의 대답은, 절대적 입장을 묘사하던 외부 관찰자의 입장을 제거하고, 적잖이 또 다른 절대 심급 (Instanz)을 끌어들이는 것, 즉 "단지 하나의 정신의 눈을 소유하는"[23] 관망자를 도입하는 것이었다. 여기서 관망자는 신체의 성향과 상충하지 않는다. 즉 어떤 생물학도 시간성도 '경향'도 실험장치에 끌어들이지 않고 실제 형식과 인위적인 형식을 겹겹이 섞어 헷갈리게 하는 사실적 합치라는 간단한 증명조차 사용하지 않는다. 왜냐하면 사람들이 청자고둥을 렘브란트의 청자고둥 그림 위에 놓는다면, 그것의 내적 운동 논리는, 라이프니츠가 올바로 확인했듯이 그것들의 내적 관성이 그런 것은 아닐지라도, 자기모순을 일으키기 때문이다.[24] 공간적 방향을 가진 시간적인 성장 형식은 그것으로 설명되지 않고, 생활과학적 방법의 기술 및 정의는 뒤이은 후세대의 문제로 발전되어 나간다.[25] 또한 인쇄그래픽에서도 전범과 그림 사이에서 일어나는 방향전환은, 한번은 순전히 기술적으로 조건 지워진 상태에서, 17세기 이후 점점 더 자주 테마화되었고 원래 모습으로 환원되었다. 렘브란트의 예외적인 작품 속의 나선은 여전히 거울에 비친 영상처럼 뒤집혀 진행되었고 진화사에서 모두 우회전 나선을 가지게 된 조개고둥과는 서로 잘 들어맞지 않는—실제로 그런 것은 아니지만 마치 그렇게 진행될 수 있기라도 한 것 같은 사례로—일종의 쌍둥이고둥으로 현현한다.

페터 보른슐레겔(Peter Bornschlegell)

평행선 공리, 비유클리드기하학 그리고 위상학적 상상력

수학적 사고가 변화하려면 사물과 세계에 대한 제반 사고가 변해야 한다. 사상적으로 이전에 통용되던 길과는 다른 길을 걸어간다는 것, 이는 문제 해결을 위한 창의적인 아이디어를 제안하는 것만이 아니라 그 이상을 보여준다는 것을 의미한다. 뭔가를 새롭게 생각하고 바라보는 일은, 이전에 통용되던 세계상이나 이론을 수용하는 것에서 발전되어 나온다. 달리 말해 사물을 새롭게 생각하고 바라본다는 것은, 정신적 인공물로 각 세대의 지적 유산에 스며들어 유입되는, 사물을 보는 방식에서 발전되어 나온다. 사물을 보는 낡은 시각에서 새로운 시각 영역으로 빠져나오기 위해서는 용기와 다른 것에 대한 관심, 결연한 의지 등이 요구된다. 이를 통해 생산된 아이디어와 작품은 당사자의 능력과 노력, 성취에만 기초해 만들어진 것이 아니다. 그것이 생산되는 과정에서 여러 사람이 실패를 거듭하면서 스러져가고, 많은 사람이 새 사고의 밑거름이 되었으며, 기존 사고방식 위에 지렛대가 얹히도록 노력했기 때문이고, 그러한 사고가 견고한 토대를 다질 수 있도록 뒷받침해주었기 때문이다. 이러한 일에 지능만 요구되는 것은 아니다. 즉 다른 요소들은 필요 없이 단지 지능만 배타적으로 필요한 것은 결코 아니다. "사람들이 사고할 줄 몰라서가 아니라, 오히려 다른 방식으로 새롭게 사고하는 것이 쉽지 않기에"[1] 그렇다. 이러한 사실을 젊은 장 폴(Jean Paul)이 인식하고 있었다는 사실을 사람들은 거의 알지 못한다.

'다른 방식으로 생각하는' 사람들로는, 능력 있고 칭송이 자자한 사상가 월리스, 사케리 그리고 람베르트 등이 거론될 수도 있지만, 이들조차 빠져나오지 못한 유클리드적 기하학의 사고 습관을 극복한 뉴턴, 가우스, 보요이, 로바체프스키, 리만 또한 거론될 수 있다. 물론 이렇게 말한다고 해서 앞서 언급한 학자나 사상가 들이 쌓아올린 공적이 신통치 않다는 말은 아니다. 그들의 공적은 마땅히 칭송받아야 한다. 월리스는 뉴턴에게 결정적인 지적 충격을 주었고 맹점(blinde Flecken), 연속, 무한 등의 개념이 유클리드 체계에서 점차 격론을 일으킨 평행선 문제와 어떻게 관련되는지를 명확히 밝혀준 인물이다. 극한 문제와 관련해 뉴턴이 전개한 사고는 사케리가 자신의 저작에서 개진하는 논증 구성의 배경을 형성하는데, 사케리의 이 논증 구성에서 야노쉬 보요이(János Bolyai)와 로바체프스키의 결정적인 저작들이 근본 모델을 구성해낼 수 있었다.

람베르트가 쌓은 공적은 사케리의 공적을 전승·발전시킨 데 있다기보다는 오히려 사케리의 생각을 비유클리드기하학이 실제로 존재할 수 있다는 가능성과 연계한 데에 있으며, 사케리 구성 작업의 실제 공간적 크기와의 상관관계를, 이 작업을 끝내 완성한 것은 아니지만, 심각하게 받아들여 연구했다는 데에 있다. 반면 이러한 생각을 끝까지 밀고 나간 이가, 그로부터 100년이 지나 출현한 베른하르트 리만이다. 감각기관에 의존한 직관을 모두 털어버린 자신의 기하학에서, 리만은 기하학을 보는 시선을 단지 지성인의 시각에서만이 아닌, 즉 기하학을 지성인의 내부세계에만 존재하는 기하학으로 보는 것에서 해방시켜, 인간이 혼히 사용하는 기준으로는 제대로 파악되지 않는 양자역학에 적용될 기하학으로 제시한다.

'코페르니쿠스적 전회'는—'뭔가를 이전과는 아주 다르게 생각한다는 것'을 의미하는 말인데—우선 위상학이 가능한 조건을 언급하기 위해 반복 사용될 수 있는 표현이다. 이러한 가능성을 올바로 적용하기 위해서는 수학의 경우 비유클리드기하학을 언급해야 한다. 즉 기하학은, 칸트식으로 말하자면, 직관에 기반해야만 확고해지는 이해만을 고려하는 것이 아니다. 그것은 추상화하고 형식화하여 파악하는 것도 고려한다는 사실을 통찰하는 것이 무엇보다 필요하다. 그러면 위상학은, 이를 보요이와 로바체프스키가 밝혀주는데, 유클리드적 본성을 완전히 배제하는 것은 아닐지라도, 유클리드기하학 체계와는 전혀 다른 방식으로 생각하는 기하학 시스템에서 생성된다.

비유클리드기하학으로 향한 길, 즉 이제는 일상적 경험세계가 아닌 세계를 표상하는 방향으로 향한 길은 위상학이 나오기까지는 아직 끊어져서 연결되어 있지 않았다. 비유클리드기하학이라는, 어쩌면 좀 이상해 보이는 수학의 하위 분야는 칸트의 '코페르니쿠스적 전회'를 실천한 것들 중에서 아마도 가장 특이한 사례로, 그것 자체가 칸트의 견해까지 위협하는 것으로 보였다. 그렇다. 칸트가 철학의 반석으로 삼고자 한 코페르니쿠스적 전회에 비유클리드기하학 스스로 도달하기 위해 처부수어야 했던 것은 칸트식 독단주의의 껍데기 자체였다.

여기서 비유클리드기하학의 발전 과정에서 결정적인 역할을 한 구성원으로 카를 프리드리히 가우스(1777~1855)가 인정받아야 한다. 그 이유는 그가 평생 조력학문으로 삼았던 수학을 철학에서 이탈시켜 독자적인 학문 분야로 성립시키는 일을 거의 도맡았기 때문이고, 다른 한편으로 가우스와 관계를 맺었고 그의 학파와 지인들에게서 배출된 학자들이 수학의 새로운 분야를 개척한 선구자들로 존경받는 이들이기 때문이다.

1 첫 번째 생각

1.1 명석한 두뇌들의 유혹

유클리드기하학 위력의 원천은, 한스 라이히아르트(Hans Reichardt)가 언급하듯이, 직관과 경험을 이상화하는 데 있다.[2] 우리는 그러한 힘을 우리 주변의 거시적 코스모스에서 읽어낼 수 있다. 이러한 상황이 유클리드 공리계를 합법적으로 정당화하며, 유클리드 공리계가 **필수조건**(conditio sine qua non)의 위치에까지 오를 수 있게 해준다. 여기서 기하학을 심리학적으로 해석할 여지가 있는지를 추적하는 것은 부질없는 일이다. 유클리드 공리계가 많은 사람의 직관과 세계 속성 속에서 혹은 이러한 세계 속성을 사고하는 방식에서 목격되었다는 사실만으로도 기존 사고방식의 경계를 넘어설 준비를 하던 사람들이 왜 그걸 넘어서질 못하고 주춤거렸는지를 충분히 이해할 수 있을 것이다.

아래에서는 유클리드 공간이 논리적 구조를 어떻게 나타내고 직관적으로 이해 가능하게 만드는지를 논의할 것이다. 한편으로 이는 심리주의 냄새를 풍긴다. 다른 한편 세계 묘사의 틀인 논리적 구조 속성이 자신의 본질적 속성을 갖는지 아니면 단지 인간의 직관 형식에서 유래하는지를 따지는 것이 수학자들의 임무와는 무관할 수 있다는 인상을 풍긴다. 유클리드적 공간 표상이 매력적인 까닭은, 그것이 논리학의 추상적인 형식화가 아주 잘 '통할' 수 있음을 여실히 드러내주기 때문이다. 집의 단면도는 사람들이 방으로 들어가는 길을 잘 보여준다. 하지만 방들이 고정불변하고 완전히 폐쇄된 공간 단위라고 가정한다면, 이런 생각에는 방들이 해체되기 어려운 정적인 본성을 가지고 있어 추상화될 수 없다는 표상이 숨어 있다.

1.2 칸트의 코페르니쿠스적 '전회/장벽들'■

유클리드 공간의 고유한 위상을 옹호하는 이들이 있다. 칸트의 학설은 이들의 견해를 철학적으로 지지한다. 단지 세계의 기하학적 속성에만 관련된 문제였다면, 비유클리드기하학도 그것을 기술하는 하나의 기하학으로 용인될 수는 있었을 것이다. 그러나 칸트의 '코페르니쿠스적 전회'는 세계의 기하학적 속성이 아닌 세계 직관의 형식이자 인간에게는 가장 알려지지 않은 형식을 설명하고자 한다. 그 설명 방식에 따르자면, 유클리드 공간은 세계 내에서 진행되는 인식에 연원을 두는 게 아니라— 유클리드의 이론이 이러한 인식일 경우 경우에 따라 경험상의 착오라는 임의성에 빠질 수도 있어, 기하학적 공간 또한 그러한 운명에 빠질 위험을 안고 있는데—오히려 인간 지성의 능력에 연원을 두고 있다. 이러한 설명 방식으로 이해할 때, 유클리드기하학을 넘어서는 기하학이 존재한다면, 그 기하학은 전혀 직관할 수 없을 뿐 아니라 생각할 수 있는 모든 가능성 너머에 놓이게 된다.

그러한 생각은 수학자들이 여전히 철학의 영역 내부에 자리를 틀고는 연구 주제들을 탐구했던 시대에—이러한 사태 관계는 가우스의 시대에도 공공연한 사실이었다—지속적으로 영향을 미쳤다. 현대식으로 말하

■ 원문의 표현은 Kants Kopernikanische 'Wände'이다. 여기서 필자는 마지막 단어 'Wände'로 두 가지를 표현하고자 한다. 하나는 이 단어가 발음상으로는 'Wende'와 같아 '전회'라는 의미를 담지하고 다른 하나는 말 그대로 '장벽(들)'이라는 의미를 갖는다는 점이다. 칸트의 공간이론을 두고 저자는 이렇게 두 가지 평가를 내리고 있는 것이다.

자면, 잘 훈련된 수학자는 그 시절에는 철학적 배경을 깔고 연구했다. 그래서 공간에 대한 유클리드적 자기 이해라는 사고방식을 극복하는 것이 자신들의 연구 분야에서만 어려웠던 것이 아니다. 그럴 경우에, 그들의 이론체계는 철학적으로도 새로이 합법적인 정당화를 요청하고 있었다. 겉보기에는 칸트가 철학적으로 굳건히 다진 것으로 보이던 유클리드적 이론이라는 건축물의 벽을 붕괴시키는 것은 수학자들에게 전공 지식을 넘어서야 하는 것 이상의 커다란 도전이었다. 자신이 간행한 저작들과 관련해 가우스가 적잖이 멈칫거리는 태도를 보이면서, 학계에서 철학적 담론을 종종 기피한 이유를 이러한 배경에서 이해할 수 있다.

2 평행선 문제

2.1 평행선 공리

유클리드적으로 이해되던 세계가 와해되는 데 도화선이 된 것은 유클리드기하학의 평행선 문제를 두고 맹렬하게 벌어진 논쟁이었다. 유클리드 이론 체계에 내재한 허점이 폭발하면서 만천하에 드러난 것이다. 수십 년간 다양한 논쟁거리를 제공한 평행선 문제는 유클리드의 《기하학 원본 (Elelente)》의 제5공준에서 찾아볼 수 있다. 이 제5공준과 관련해 논쟁이 되는 공준의 질적 위상 문제는—유클리드의 《기하학 원본》에서는 공준 (Axiom) 개념이 사용되고는 있지만, 사실은 공준 대신 공리(Postulat) 개념을 논하고 있었던 것은 아닌지의 여부는**—단순히 수사학적 시각에서

■ 공리(公理, axiom)는 주로 다음의 의미로 사용된다. 어떤 사실에 대하여 자명한 것으로 가정된 명제, 모든 학문에 공통적인 가정, 명백하면서도 쉽게 이해할 수 있는 것에 대한 가정. 그리고 공준(公準, postulate)은 주로 다음의 의미로 사용된다. 어떤 사실에 대하여 자명한 것으

보아도 이미 유클리드기하학에 문제의 소지가 많음을 보여준다.

하나의 직선이 두 직선과 만나 같은 쪽에 생겨나는 내각의 합이 두 직각보다 작으면, 두 직선을 한없이 연장할 경우, 두 직선은 내각의 합이 두 직각보다 작은 쪽에서 서로 만난다.[3]■

앞서 언급한 유클리드기하학의 위력은 애초에 평행선 공리의 모든 증명 시도, 즉 평행선 공리를 그 외의 공리에서 추론해 증명하는 시도를 유예시켜야 하는 난점을 내포하고 있었다. 그런데 유클리드 공리계가 명시적으로 제 기능을 다하려면, 평행선 공리의 오류가 배제되어야 했다. 평행선 공리의 올바름을 증명하려는 모든 시도에 대한 역시도들이 평행선 공리를 문제의 소지가 다분한 공리로, 즉 유클리드 공리 체계 내부에서 다른 공리들과 논리적으로 정합적이지 않은 예외적인 공리의 위치로 몰고 가는 결과를 낳는다.

로 가정된 작도, 특별한 학문에서의 고유한 가정, 반드시 명백할 필요도 없고, 이해하기 쉬울 필요도 없는 것에 대한 가정. 《기하학 원론》에서의 유클리드는 공리를 모든 학문에 공통적인 가정의 의미로, 그리고 공준을 특별한 학문에서의 고유한 가정의 의미로 사용하였다. 공리와 공준의 이러한 구분은 자명한 명제가 존재하는가 그렇지 않은가를 전제한다. 이러한 구분은 유클리드기하학에서는 자명한 구분이었을지 모르나 후에 비유클리드기하학에서는 그렇질 못했다. 이에 따라 비유클리드기하학 이후부터는 이러한 공리와 공준의 구분을 굳이 유지하지 않고 단순히 둘을 합쳐 공리라고 부르기도 한다.

■ 이를 유클리드기하학의 제5공준(평행선 공준)이라고 한다. 그 외의 네 개의 공준은 다음과 같다.

제1공준: 임의의 점과 다른 한 점을 연결하는 직선은 단 하나뿐이다.
제2공준: 임의의 선분은 양끝으로 얼마든지 연장할 수 있다.
제3공준: 임의의 점을 중심으로 하고 임의의 길이를 반지름으로 하는 원을 그릴 수 있다.
제4공준: 직각은 모두 서로 같다.
다른 한편 평행선 공준은 다음의 두 기술과 동치를 이룬다. 1. 주어진 직선 위에 있지 않은 임의의 주어진 점을 통과하면서 그 주어진 선과 평행인 유일한 직선을 작도할 수 있다. 2. 세 각의 합이 두 직각과 같은 삼각형이 적어도 하나 존재한다.

다른 유클리드 공리계 내에서의 평행선 공리의 고립적인 위상, 즉 항상 불만족스럽게 답해졌던 문제인 평행선 공리를 유클리드기하학 공리 체계에 귀속시키는 것이 과연 합당한가의 문제는, 유클리드기하학이 탄생한 이후 장구한 세월이 지났음에도 지난 19세기에 이르기까지 수학자들이 왜 줄곧 불안해했는지 그 이유를 잘 설명해준다. 달리 말해, 평행선 공리가 유클리드 공리계에서 정착될 수 있다는 생각은, 일부 수학자들이 자신들의 기존 수학적 통찰조차 포기하면서까지 유클리드 공리계 바깥에서 문제의 답을 극구 구하고자 한 것과는 부합하지 않는다. 이러한 수학자들 사이에서 평행선 공리를 포기하는 대신 자명한 것으로 여기던 유클리드적 공간 표상의 필연성만이 아니라 그러한 기하학의 직관성을 유예할 대안 기하학이 필요하다는 주장이 점차 비등해진다.

2.2 무한, 운동 그리고 한계

평행선 문제를 해결하기 위한 시도들은 대략 두 부류로 나뉜다. 하나는 직접적인 해결 방식이고 다른 하나는 간접적인 해결 방식이다. 전자의 **직접** 증명 시도에서는, 한스 라이히아르트에 의하면, 대(大)수학자들조차 유클리드를 철저히 이해하지 못하는 경우가 있지만, "자신들이 알고 있는 것을 최대한 활용해 아주 신중하게 확실하다는 추론방식을"[4] 사용한다. 하지만 이러한 증명 과정에 전제된 자명한 것들이 유감스럽게도 평행선 공리를 내포하는 전제들을 증명 과정 속으로 부지불식간에 흘러들어가게 하는 역할을 하기에 이른다. 달리 말해, 이 증명 과정에서는 증명되어야 할 것이 이미 전제되어 있다.

이러한 접근법의 또 다른 문제는, 증명 작업에서 종종 공리는 물론이고 논리학에도 전혀 포함되어 있지 않은 증명 방식들이 사용된다는 점이다. 공리들의 직관성은, 라이히아르트의 견해에 따르면, 사람들로 하여금 깊이 생각지 않고 소통하도록 잘못 인도한다.[5] 공리에서 그런 직관성을 갖는 것으로 라이히아르트는 특히 연속성 사고 그리고 '운동' 및 '합동' 개념을 거론한다.

2.3 무한성 앞에서 좌초하다

존 윌리스(John Wallis, 1616~1703)는 평행선 공준 대신 평행선과 유사한 기하학적 형태가 존재한다고 주장함으로써 자신의 증명을 근거 지우려 했다.[6] 예를 들어 1663년 공개 강연에서 그는 이런 말을 한다. "임의의 형태 각각에는 항상 그와 유사한 임의 크기의 다른 형태가 존재한다."[7] 이는 오늘날에는 그래픽 프로그램을 사용해 직관적으로 묘사할 수 있다. 우리는 원 하나를 그려 이를 복사하고 다시 그것을 임의로 크게 혹은 작게 할 수가 있다. 그러면 이 두 형태는 양적 크기 측면에서 서로 구분되지만, 각과 변이라는 측면에서 여전히 서로 '유사하다'(닮은 삼각형). 이러한 시각에서 윌리스는 원뿐만이 아니라 임의의 기하학 형태들도 언제나 그리고 무한히—즉 원래는 무한대로—확대할 수 있다는 점을 보여주려 했다. 윌리스는 이와 함께 유클리드의 평행선 공준이 증명될 수 있을 것이라고 생각하고 있었다. 그러나 이 계획은 결국 잘못된 생각으로 드러난다.[8]

윌리스 자신이 평행선 공리를 증명하고자 논의의 장으로 끌어들인 기하학 형태의 **지형학적** 특성이 유한적임을 증명하는 데 결국 실패한다. 수치적 크기가 각기 다른 장소들을 서로 연결하는 통로, 즉 **로고스라고 하는 것은** 숨겨진 가정적 성질을 가지며 또한 아직 검증되지 않은 추측이다. 이 주제는 **위상학**의 설명 대상이다. 위상학의 관심은 장소들 간에 성립하는 관계들의 통로(Beziehungspfaden der Orte)를 고려하는 것이지, 사물들 간의 떨어진 거리를 고려하는 것이 아니다. 그래서 필연적으로 뭔가를 자

꾸 포괄하는 기능(einbeziehende Funktion)으로서 장소 이동을 고려하는 것
이 아니다. 그럼에도 그러한 생각을 도입해 사용함으로써 월리스는 스
스로 간과하고 넘어간 무한성을 개입시킨다. 그 이유는 점차적인 장소
이동같이 뭔가를 점차 포괄하는 측면에는 이미 무한성의 개념이 함축되
어 있기 때문이다. 월리스 이후 100년이 지나 람베르트가 이를 알아차린
다. 그는 평행선 공준을 증명하기 위해 이것과 동등한 위상을 갖는, 임의
의 크기를 갖는 기하학적 형태를 그릴 수 있어야만 한다는 요청은 정당
하지 않음을 알아차리고는, 평행선 공준 증명에서 이 요청을 거부하기에
이른다. 이로써 월리스가 제안한 방법을 사용해 평행선 공준을 증명코
자 하는 기획에 결국 마침표를 찍는다.

2.4 무한과 극한

"모든 물체는 정지 상태나 직선 방향의 운동 형식에 머무르려 한다."[9] 아
이작 뉴턴의 제1운동법칙(즉 관성의 법칙)이 유클리드의 기억을 되살려낸
다. 외부 힘이 가해지지 않은 상태에서 물체가 계속 운동하면, 어디로, 어
떤 무한 속으로 나아가는 것인가? 유한한 것은 자신의 포화 상태(Gnügen)
를 장소 자체에서 찾는다. 그런데 무한성의 경우 종착역에 도달할 수 없
다. 물론 무한성을 향해 접근과 물러섬이 반복되는 방식으로 무한성에
접근할 수는 있다. 그리고 이러한 운동방식에서는 수평선과 구체적인
장소 간에 하나의 관계가 생겨난다.

  뉴턴은 존 월리스의 저작을 알았고, 그것은 뉴턴이 극한 계산을 발전
시키는 데 영감을 주었을 것이다. 극한 계산은 어떤 측면에서는 대상을
고려하지 않는다. 대상 자체를 기술하는 것이 아니라 그러한 대상의 상
대적인 관계, 즉 서로의 상대적 차이로 묘사되는 '대상들의 관계', 한 장
소에서 다른 장소로의 이동에서의 장소들의 차이, 사물이 놓인 상태와

상태의 차이로 묘사되는 상태 변화 등이 기술 대상이 된다. 뉴턴에게 점은 선이 성장해가는 순간의 상태를, 선은 면이 성장해갈 때의 순간의 상태를 의미한다. 다른 것들도 이런 식이다. 무한 계산에서 대상은 결국 막다른 극한의 궁극적인 순간의 점으로 수축되어 나타난다. 이러한 순간의 기록은 한순간 운동 변화의 상태를 그려주는 것이지, 대상을 세부적으로 기술해 보여주는 것이 아니다. 오해를 방지하는 차원에서, 뉴턴은 《프린키피아(Principia)》의 제1책 1절에 대한 부연설명에서 다음과 같이 말한다.

하나의 반론이 가능할 수 있는데, 그것은 저쪽으로 사라져가는 크기들(Größen)은 최종 상관관계를 갖지 않을 거라는 생각이다. (……) 그렇지만 이런 반론에 대한 답은 간단하다. (……) 여기서 말하는 저쪽으로 사라져가는 크기들의 최후의 상관관계를 두고 〔우리들은〕 그런 크기들이 사라져가기 이전이나 이후 크기의 상관관계로 이해할 게 아니라, 오히려 그것들이 저쪽으로 사라져갈 당시 크기들의 상관관계로 이해해야만 한다.[10]

여기서 논의되는 현상은 마치 획하고 지나가는 유령 같은 것으로, 단지 두 상태의 상관관계가 확인될 때에나 비로소 파악될 수 있다. 거기서는 실체성에 대한 사고는 허용되지 않는다. 그 대신 논리적인 연결선의 망에서나 감지될 수 있는 기능적인 연관 관계에 초점이 맞춰져 있다.

뉴턴의 극한 계산이라는 생각과 함께, 이제 사물들을 완전히 다른 방식으로 현현하게 하는 사고가 적용되기에 이른다. 동시에 그 사고는 위상학이 사용하는 표상세계의 기이한 면을 취한다. 사물의 경계면(Grenzflächen)이 사물의 운동이 제한되는 영역들로 특징 지워지는 곳에서, 그러한 경계면과 연결된 대상은 고착 상태에 머물러 있을 수 없다는 사실이 도출된다.■ 뉴턴의 '점' 개념은 단지 최후의 정지 상태가 아니라, 어떤 순간의 상태가 다른 순간의 상태로 변화해갈 때의 운동 상태를 나타내는 개념이다. 직선은 점 하나가 또 다른 점을 낳으면서 성장해가는 것과 동일시될 수 있고, 면은 선이 점차 성장해가는 것과 동일시될 수 있으며, 물체는 면이 성장해가는 것과 동일시될 수 있다. 운동이란 서로 복잡하게 맞물려 돌아가는 움직임들이 만들어내는 추가된/변화된 운동을 일컫는다. 이렇게 보면, 선, 면 그리고 체(體)들은 서로 번역 가능하다.

한 차원에서 다른 차원으로 성장해가는 운동에서, 모든 물체에서 이것이 다시 다른 것의 한계가 될 수 있다는 생각 속에는, 한편에서는 평면에서 입체가 성장되어 나올 수 있고, 다른 한편에서는 입체에서 다차원적인 형태들이 성장해 나올 수 있다는 생각이 함축되어 있다. 왜냐하면 차원의 상승 과정은 임의로 계속 진행될 수 있기 때문이다. 여기서 눈에 띄는 것은, n차원적인 것에 준거해 논의를 진행하는 경우와 마찬가지로 '평면' 혹은 '입체' 같은 것들에 준거를 둔 논의가 무의미할 수 있다는 점이다.

2.5 경계, 집합, 분류

어떤 측면에서는 그 자체가 하나의 경계선으로서 두 지역을—존재하는 지역과 존재하지 않는 지역을—서로 분리하는 사라짐의 모멘텀에 대한

■ 이 말의 의미를 이해하기 위해서는, 여기서 요소주의적 사고가 아닌 관계적 사고가 전제되고 있음을 알아야 한다. 즉 여러 요소들의 속성이 먼저 독립적으로 주어져 있기에 전체의 관계들이 형성되는 것이 아니라, 그와 반대로 전체적인 관계가 먼저 작동하고 있기에, 그 배경에서 각 요소들의 특성이 부여된다는 것이다. 이는 전체가 부분에 앞서 있다는 사고와도 상통한다. 이의 배후에서 보면, 사물들의 경계면은 사물들 간의 관계들이 일어나는 곳으로, 각 사물의 경계면은 동시에 다른 사물의 경계면이 되기도 한다. 그 경계면에 어떤 일이 벌어지느냐에 따라 각 사물들의 속성도 변화를 겪게 된다. 이때 경계면은 사물들의 전체 관계이고 각 사물들의 속성은 그 관계에서 부분 요소로 이해된다. 이러한 논의는 여기에서 점은 선의 배후에서, 선은 면의 배후에서, 그리고 면은 체의 배후에서 그 속성이 정해지는 관계로 논의된다. 이것이 바로 위상학적 사고와 관련이 있는 것이다.

근본 표상을 되돌아봄으로써 평행선 논쟁에서, 제롤라모 사케리(Gerolamo Saccheri, 1667~1733)가 그렇게 하듯, 또 다른 논쟁의 흐름을 논의에 수용할 수 있다. 이 논쟁에서 사케리의 입장은 로바체프스키에 가까운데, 로바체프스키는 사케리의 생각과 유사한 표상에 기초하는 비유클리드기하학 논증에서 이 학문의 발전에 지대한 기여를 했다. 사케리는 평행선 공리와 동치인 명제, 즉 삼각형의 내각의 합은 두 직각의 합과 같다는 명제를 연구했다. 이 논증에서 이러한 삼각형의 속성을 증명해내기 위한 모델을 끌어들이는데, 이는 한편으로는 삼각형이 놓인 장이─유한과 무한의 배경에서─어떤 특성을 갖고 있는지를 묻는 질문에서 나왔다. 다른 한편, 그 증명에서는 삼각측량법을 통해 정당화되는 견해, 즉 모든 이론은 삼각형을 측지학적으로 측정할 수 있을 때에야 실질적으로 확증된다는 견해가 개입된다.

우선 사케리는 직선 위에 있는 점 A와 B에 길이가 같은 두 개의 수직선을 긋는 것으로 증명을 시작한다. 이때 그 선들의 끝점인 C와 D를 직선으로 잇는다. 이를 사람들은 보통 (유클리드적으로) 평행선이라고 말할 수 있을 것이다. 가우스의 동료인 파르카스 보요이(Farkas Bolyai, 1775~1856)는 45년이 지나, 사케리와 유사한 방식으로, 즉 직선상에 동일한 간격을 두고 수직선을 긋고 그 끝점들을 서로 연결함으로써 평행선 공리를 증명할 수 있을 거라고 믿었다. 그러나 가우스는 자신의 동료가 평행선 공리에서 요청되는 무한의 구성을 부당하게도 유한의 구성으로 대체하려는 시도에 내재한 오류를 지적해냈다.[11] 이제 물어야 할 것은 이것이다. '무한적인' 것에 접근하는 도상에서 실제로 어떤 일이 일어났는가?

사케리의 아이디어는 양직각 이등변사각형을 구성해, 이를 대할 때 평행선 공리가 더이상 타당하지 않은 것처럼 생각해보는 것이었다. 즉 그는, 자신이 구성한 양직각 이등변사각형이 유클리드기하학의 의미에서 직각사각형이 아니라고 가정할 때, 이 가설이 혹시 모순에 빠지는 것은 아닌지 살펴봄으로써, 평행선 공리를 간접적으로 증명하려 했다.* 만약 설정된 가설이 모순일 경우에는 유클리드의 평행선 공리의 타당성은 유지되지만, 그렇지 않고 모순 없는 논증으로 판명 난다면 이는 의문시되어야 한다. 이러한 시도는 평행선 공리를 전제하지 않는다는 것을 의미한다. 거기서는 우선 세 개의 가정이 구성되었다. a) 유클리드기하학의 경우 삼각형의 내각의 합은 두 직각의 합과 동일하다(직각 가설). b) 삼각형의 내각의 합이 두 직각의 합보다 더 크다(둔각 가설). c) 삼각형의 내각의 합이 두 직각의 합보다 작다(예각 가설). 양직각 이등변사각형에서 이는 점 C와 D에서의 각의 크기 문제와 관계있는데, 직각 가설의 경우 그 각은 직각, 둔각 가설의 경우는 둔각 그리고 예각 가설의 경우는 예각을 이룬다. 사케리의 입장에서는 둔각 가설을 반증하는 것은 하등의 문제가 없는 듯했다.** 반면 예각 가설에서는, 평행선 공리의 부당성을 가정하는 입장에서는 원래 증명했어야 할 모순을 도출해낼 수가 없었다.*** 즉 사케리의 시각에서 예각 가설에는 아무런 모순이 없는 것으로 보였다.

중명 불가능성을 이용해 증명 가능성을 타진하는 간접증명에서 사케리가 사용하는 접근법은 앞서 언급한 뉴턴의 성취에 근접하는 결과를 낳

* 공준을 부정하였을 때의 모순이 나타나는지 여부를 검토해 해당 명제를 증명하는 방법을 간접증명법이라 한다. 이는 다른 말로 귀류법이라고도 한다.
** 왜냐하면 이 가설은 직선이 무한한 길이를 갖는다는 공리를 어기기 때문이다. 그럼에도 이 논증 자체가 유클리드 평면을 전제로 하고 있기에 그 증명은 문제의 소지가 있을 수밖에 없다.
*** 평행선 공준을 부정한다는 것은 직각 가설을 부정한다는 것을 의미하는데, 이는 다시 둔각 가설이나 예각 가설을 끌어들인다는 것을 의미한다. 이 가설들에 아무 모순이 없다면, 평행선 공준은 모순이라는 것이 사케리가 기대한 것이었다. 그는 실제로 둔각 가설에서는 모순점을 발견했다. 왜냐하면 둔각 가설이 성립하면, 직선의 길이가 무한할 수 없기 때문이다. 하지만 예각 가설에서는 모순점을 발견할 수 없었다. 이는 예각 가설이 타당하다 하더라도 유클리드기하학의 모순이 증명되는 것은 아니라는 것을 함의한다. 예각 가설은 후에 비유클리드기하학의 일종인 쌍곡선기하학을 낳는다.

았다. 증명의 출발점은 뉴턴의 논증
에서처럼, 우선 유클리드 공리를 기
존 방식과는 다르게 기술하는 것이
다. 유클리드의 평행선 공리에 따르
면, 직선 AB 바깥에 놓인 점 P를 지나
면서 직선 AB에 평행인 직선은 오직

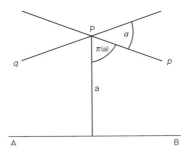

하나만 존재한다. 이 문제를 사케리는 직선의 극한을 고려하는 가운데
더는 유한하지 않은 구성법을 배경으로 다룬다.

　그림에서 보듯이, 직선 AB의 바깥에 점 P가 놓여 있다. 그리고 점 P를
지나는 직선들은 무수히 많다. 이 직선들 중에는 자신 외의 직선들을 두
무리로 분리하는 두 직선 p와 q가 있다. 한 무리는 직선 AB와 만나는 직
선들의 모임이고, 다른 한 무리는 p 및 q를 통해 형성된 각 α 내에 존재
하는 직선들의 모임이다. 직선 AB 상의 임의의 한 곳에 그은 수선을 공
유하는 직선들인 p와 q가 임의로 계속 연장될 때, 그 한계값이 논증의 핵
심이다. p와 q, 두 직선 모두를 사케리는 직선 AB에 근접하는 점근선으
로 보았다. 이로부터 사케리는 결국 예각 가설이 반증된다는 결론을 내
린다.■ 왜냐하면 "예각 가설이 동일한 면 내의 동일한 점 P에서 직선 AB
로 내린 하나의 수선을 공유하는 두 직선을 허용할 수밖에 없기 때문이
다".[12]■■ 여기서 직선 AB에 평행인 직선이 적어도 두 개 이상 허용되기

■ 말은 이렇게 하고 있으나, 엄격하게 말하면, 사케리는 예각 가설에서 모순을 찾아낼 수 없
었다.
■■ 여기서 진술은 다소 축약되어 있다. 독자의 이해를 돕기 위해 부연설명을 하자면 이렇다.
예각 가설이 타당하다면, 선 p와 q는 각각 직선 AB에 대해 무한히 접근하지만 그럼에도 직선
AB와 만나지는 않기 때문에 직선 AB에 대해 평행을 이루고 있다고 할 수 있다. 그럼에도 여기
서 직선 AB에 대한 평행선이 하나가 아닌 두 개 이상 허용된다는 것이 관건이다. 결국 예각
가설이 타당하다고 가정할 때 유클리드 공리의 평행선 공리가 증명되지 않기에, 결국 유클리
드의 평행선 공리는 예각 가설을 전제로 할 수 없다는 것, 그래서 유클리드의 평행선 공준의

에, 이는 직선 AB에 평행인 직선은 오직 하나여야 한다고 주장하는 유클리드의 평행선 공리를 반증할 수는 없다. 사케리의 논증이 신빙성 있다면, 유클리드의 평행선 공리의 타당성은 그대로 유지되어야 했다.

사케리의 논증은 신빙성이 없어 보인다. 그가 수행한 예각 가설의 증명을 철학자이자 수학자인 오스카르 베커는 실패작이라고 선언했다.[13] 그럼에도 사케리의 접근법은 서로 다른 부류의 '(선)집합들'을 자체에 담지하는 공간을 고려함으로써 기하학이론을 쇄신하는 계기를 마련했다. 서로 다른 집합 형식들에서 각 직선은 실체론적 시각에서 파악되고 있지 않다. 그보다는 오히려 한 영역에 존재하는 직선의 집합 혹은 그러한 가능성의 집합 모두가 고려 대상이다. 평행선 문제가 수학의 경계를 빠져나와 거시적 우주의 속성을 표현하는 표준 사례라고 할 때, 기존 평행선 개념은 거기서 가능한 여러 경우 중 극단적인 것 하나만을 묘사할 따름이다.

사케리의 구성을 계승해 그것을 확장한 요한 하인리히 람베르트(1728~1777)■는 사케리와는 반대로, 둔각 가설에서는 평행선 공리의 모순이 전혀 도출되지 않는다는 결론에 이른다. 그는 오히려 각 가설은 자체 정합적인 기하학으로 나아가야 한다는 비유클리드기하학 연구사에서 선구적인 결론을 끌어냈고 평면 대신 구면(球面)이나 쌍곡면에 기하학의 기초를 놓는 시도를 감행한다. 람베르트는 평면이 아닌 구면 위에 그려진 삼각형에 둔각 가설의 타당성을 증명하고 인정한다. 또한 예각 가설에서도 그때의 삼각형을 가지고 상상의 구면 위에 그려졌을 경우, 어떤 비정합성도 발견할 수 없다고 보았다. 이 모든 것이 평면과는 다른 형태의 면에서 예각 가설이나 둔각 가설의 타당성을 보여주는 동안, 그것은 유클

직각 가설이 간접적으로 타당할 수도 있다는 것을 사케리가 증명해주고 있다는 것이다.
■ 람베르트는 사케리와는 달리 두 각이 아니라 세 각이 직각이고 남은 하나의 각이 직각, 예각, 둔각이 되는 경우를 염두에 두고 논증을 진행했다.

리드의 평행선 공리를 증명하거나 반증할 수 있는 기하학은 아니었다. 그럼에도 거기서는 비유클리드적 기하학의 탄생이 예고된다. 달리 말해, 이후에 전개된 비유클리드기하학에 지대하게 기여하는 평행선 공리의 증명 불가능성의 인식이 어렴풋이나마 나타난다. 그렇게 함으로써 사람들이 처음에는 믿지 못하겠다는 듯이 고개를 갸우뚱하는 태도로 만나는 아이디어가 출현한다. 유클리드기하학은 이제 더이상 유일무이한 기하학일 수 없다는 아이디어 말이다.

2.6 유클리드기하학의 한계를 너머

가우스의 동료인 파르카스 보요이의 아들 야노쉬 보요이(1802~1860) 외에 비유클리드기하학의 창시자로 통하는 니콜라이 이바노비치 로바체프스키(Nicolaj Iwanowitsch Lobatschewskij, 1792~1856)는 카잔(Kasan) 대학교에서 수학교수를 지냈다. 그는 같은 대학교에서 재직하던 바르텔스(Johann M.C. Bartels, 1769~1836)의 제자인데, 바르텔스는 가우스가 열 살일 때 그의 '수학 과외교사'이기도 했다. 진정한 비유클리드기하학의 창시자로 통하는 로바체프스키는 사케리의 접근법을 계승한다. 그 역시 직선 AB를 기준으로 해서 점 P를 지나는 직선들을 두 그룹으로 나누었다. 즉 점 P를 지나면서도 직선 AB를 지나는 직선들과, 점 P를 지나지만 직선 AB는 지나지 않는 직선들로 나뉘는 두 무리의 직선들이 상정되었다. 또한 직선 AB에 대해 '평행'이라 불리는 두 직선 p와 q는 다시금 그것들에 의해 나뉘는 두 무리의 직선들과 '평행각' $\pi(a)$ 사이의 경계를 나타내는 표식으로 나타난다. a는 직선 AB에 대한 점 P의 거리 a에 따라 달라지는 각(角)을 가리키며, 이는 다음과 같은 결과를 낳는다. 점 P에서 직선 AB로 수선을 내리면, 그것과 함께 평행각 $\pi(a)$가 생기는데, 이보다 작은 각을 이루면서 점 P를 지나는 모든 직선은 AB를 지난다. 그 반대의 경우,

즉 각이 π(a)보다 큰 상태에서 점 P를 지나는 모든 직선은 'AB와 만나지 않는다'라고 하거나 '초평행적(überparallel)'이라고 한다. 여기서 확실히 말할 수 있는 것은, 이러한 초평행적인 직선은 무수히 많다는 사실이다.[14] 즉 직선 AB와 평행각을 이루지 않으면서도 직선 AB와 만나지 않는 직선이 무수히 많다는 것이다.

직선 AB 밖에 놓인 점 P를 지나면서 직선 AB와 관계해 그을 수 있는 직선들은 무수히 많지만, 그중 극단적인 경우로 직선 p와 q가 이미 언급한 유클리드적 의미에서 직선 AB에 평행인 직선들이라고 해보자. 그러면 각(角) π(a)는 90°가 된다. 그리고 로바체프스키에 따르면, 그 외의 모든 경우에 각 π(a)는 90°와 0° 사이의 값을 갖는다. 이것은 거리 a에 따라 결정된다. 왜냐하면 평행각 π(a)가 90°로 수렴하는 경향이 있기 때문이다. 만약 점 P가 직선 AB 쪽으로 점차 접근해 0°를 향한다면, P는 직선 AB에서 무한히 멀어지는 방향으로 움직인다. 이에 상응하게, 사람들은 이미 람베르트의 통찰에 도달한다. 삼각형 내각의 합이 180°보다 작은 경우, 즉 예각 가설에 해당하는 경우, 곡면의 곡률이 한결같이 음(−)인 쌍곡면에는 수많은 평행선이 존재한다. 이와 반대로 삼각형 내각의 합이 180°보다 큰 경우, 표면 위의 평행선은 전혀 없다. 후자는 타원기하학 내지 구면 위의 기하학에 적용된다.[15]

이러한 사태 관계들을 보면, 원래는 극단에 해당되는 것이 평범한 예로 묘사되고 있음을 알 수 있다. 위와 같은 수학이론의 맥락을 통해 주어지는 것이 인간의 직관을 벗어나는 동안에, 예외적이거나 극단적인 경우로 드러나는 p, q가 직관적으로 호소력을 갖는, 마치 직선 AB를 영원히 만나지 않고 뻗칠 수 있는 직선처럼 나타난다. 그럼에도 가우스는 직관만을 따르지는 않으려 했던 것으로 보인다. 그는 비유클리드기하학에 대한 신념을 갖고 있었기 때문이다. 사실 자연은 비유클리드적 성격을 갖는다는 것을 몰래 증명하기를 희망한 가우스는 커다란 삼각형을 실제로 측정하려 했다. 1821~1823년에 그의 측지학적 관측을 위해 만든 구슬선이 왕정도시 하노버를 관통해 당시 덴마크령이던 알토나에 이르기까지, 쓰러진 나무와 새로 구축한 다수의 탑을 관통해 설치되었다. 최악의 조건에서 수행된 측량 작업이었지만, 그럼에도 호엔 하겐(Hohen Hagen), 인젤스베르크(Inselsberg) 그리고 브로켄(Brocken) 사이에서 대단히 커다란 삼각형을 구성해 측정하는 데 성공한다. 하지만 비유클리드적 성격은 유감스럽게도 증명하지 못했다. 그는 1827년 3월 1일 올버스에게 보낸 서한에, "사실 지구상에서 측정되는 아주 커다란 삼각형에서는 그 면적분포상의 비동일성이 감지될 수 없는 것 같습니다"[16]라고 적었다. 그는 결국 그러한 증명은 불가능하다는 사실을 고백해야만 했다.

2.7 모든 수치상의 크기를 넘어 새로운 기하학으로

자연이 비유클리드적인 성질을 갖고 있을 거라는 개념이 로바체프스키로 하여금 별을 이용한 삼각형을 측정해보자는 생각을 하게 만들었을지도 모른다.[17] 사고의 단초를 제공하는 차원과 수치 배열의 변화는 분명 우발적으로 시작된다. 로바체프스키는 평행선 공리 연구에서 삼각형의 면과 관련해 다음과 같은 사실을 확인했다. 삼각형 내각의 합이 180°보다 작아져 0°로 수렴하기도 하는 것처럼, 삼각형의 면은 180°보다 크게 성장하거나 180°에 근접하기도 한다. 이에 따르면, 삼각형 면적은 임의로 정해지는 게 아니고 일정한 한계 내에 머문다. 이 연관 관계가 앞서 언급한, 람베르트의 생각이기도 하다.

두 번째 가설에서도 매우 유사한 명제들이 출현하는데, 그것은 모든 삼각형 세 각의 합은 180°보다 크다는 것이다. 이때 180°을 넘는 각도의 초과분

은 삼각형의 면적에 비례한다.[18]

삼각형 면적은 삼각형 내각의 합과 외떨어져 있지 않다고 할 수 있다. 삼각형 내각의 합에서 삼각형 면의 곡률이 추론된다. 다만 곡률이 너무 작아서 비유클리드기하학을 실험적으로 증명하는 데는 적절치 않은 유클리드적 평면 내지 인간의 생활세계에서 경험할 수 있는 사물의 표면에서는 물건의 표면적 크기는 대수롭지 않을 수 있다. 또 인간이 사용하는 크기를 재는 기준으로 보아서는 원래 형태는 동일하지만, 크기가 측정에 따라 임의로 축소되거나 확대된 것으로 생각할 수 있다. 그러나 극단적으로 커다란 면적의 경우에는 면의 휘어짐을 이론화하는 기하학이 개입된다. 이런 경우에는 가역적인 과정의 기계론적 모델이 종말을 고하는 최초의 실마리를 엿볼 수 있다.

자신이 어떤 기하학과 관계하는지를 사람들은, 야노쉬 보요이가 언급하듯이, 하나의 상수에서 인식할 수 있다. 이 상수가 충분히 작다면, 사람들은 유클리드기하학의 영역에 아주 가까이 있는 것이다.[19] 유클리드기하학을, 전체 맥락에서 수많은 가능성 중 극단적인 한 가지 경우로 보는 이러한 상황은 논의를 새로운 차원으로 나아가게 한다. 뉴턴식 계산 방식으로 돌아가 말하자면, 기하학의 다양한 곡률 그래프에서 미분화될 수 있는 국소적인 한 계기로서 유클리드기하학이 성장해 나왔다. 그래서 기하학은 유클리드기하학 이외의 다른 방향으로 나아갈 수도 있었다. 즉 지형학적 제한에서 벗어나 통합적인 맥락에서 또 다른 곡률상수를 찾아내는 것도 가능했다. 세계에서 거리를 두고 세계 속의 장소들에 기하학을 써넣는 일은 이제 세계 속의 한 장소에서 세계 밖으로 기하학을 쓰는 일로 전환된다. 가우스는 문제의 상수를 휘어진 면의 곡률상수로 연구했는데, 이때의 휘어진 면은 그것의 영점(Nullpunkt)이 마치 해수면 위로 불쑥 튀어나온 빙산의 꼭대기 같은 모양이었다. 이렇게 면을 빙산에 비유해 다룬 가우스의 아이디어는 사람들의 직관을 완전히 벗어나는 것이었다.

3 면, 체 그리고 새로운 세계

3.1 새로운 비직관성

람베르트가 1766년에 펴낸 《**평행선이론**(Theorie der Parallellinien)》에서는 원래의 연구 주제를 넘어서는 흥미로운 단평들이 발견된다. 그는 자신의 '논문' 11항에서 모든 직관에서 벗어나는 것, 즉 '사태표상'을 완전히 추상화할 것을 요구했다.[20] 다만 그림은 설명을 위한 실마리로서만 도입되었을 뿐이다.

> 논증을 할 때 우리들은 사태 자체에는 의존할 필요가 없고, 증명은 기호를 사용해 상징적으로만 수행될 필요가 있다는 것(……)이 요구된다. 이러한 의도에서 '유클리드 공준'은 사태 자체를 고려할 필요 없이, 마치 'x, y, z' 등으로 이루어지는 여타의 대수식들과 함께 구성되어야 한다.[21]

합목적적 해결에 도달하기 위해 람베르트는 사물의 논리적 구조에 집착하지 말 것을 요청했다. 이 말은 가우스, 보요이, 로바체프스키 그리고 리만이 19세기에 걸은 길을 선취한 것이다. 직관성에 호소하기보다 논리적 정합성을 만족시켜야 한다는 생각은 유클리드기하학이 유일무이하게 타당한 기하학이라는 요청을 단호히 거부하고 수학과 현실의 관계를 전혀 새로운 시각에서 제기한다.[22] 람베르트의 말이 얼마나 의미 있는지는, 위상수학적 대상들이 단지 수학적 · 논리적 구조를 매개로 도출되는 것들이라는 사실을 의식할 때 분명해진다. 위상수학적 대상의 특성을 고려할 때, 묘사를 위한 보조수단으로 사용되는 그림은 이해를 위한 단서 이상을 암시하지는 못한다.

3.2 비직관적인 것의 측정

휘어진 면을 테마로 논의를 전개하는 가우스의 저작들은 그 테마의 이론적 쇄신을 위해 자신이 수행한 측정 작업에서 태동한 것이다. 이를 가우스 자신도 베셀에게 보낸 서한에서 확인한다. "세계의 모든 측정은 '정리들(Theorem)'을 상쇄하지는 못 합니다. (……) 하지만 그러한 측정은 절대값이 아니라 상대값을 매개로 판단해야 합니다. '그러한 상대값'을 갖는 것이, 의심할 여지 없이, 바로 측정입니다."[23] 이미 가우스의 저작《일반 평면 이론(Allgemeine Flächentheorie)》의 초기 작업이 측지학적 사고와 관련되어 있다. "우리가 지리학적 의미에서 지표면이라고 부르는 것은 지구의 모든 곳에서 작용하는 중력을 모로 자른 면이나 다름없다."[24] 추상적으로 말하자면, 이는 다음 사실을 의미한다. 하나의 중력선이 휘어진 표면상의 어느 한 점 위에 세워질 수 있다. 이와 더불어 보조구(補助球)를 이용해 여기에 반지름을 그려 넣을 때, 반지름선의 끝점이 구면상에서 앞서 표시한 표면에 세운 중력선의 위치와 잘 합치되게 한다. 이런 방식으로 모든 보조구 표면에 그려진 선은 지구의 휘어진 표면의 선에 해당하고, 모든 보조구 표면의 표면 조각들은 지표면의 표면 조각들에 각각 해당되게 한다. 이제 두 표면의 크기를 서로 비교해보면, 보조구상의 표면 조각의 크기는, 지구상의 표면 요소가 평면의 형태에 가까울수록 작아진다는 사실을 확인할 수 있다. 한 지표면의 전체 휘어짐은 보조구에 그려지는 표면적을 측정함으로써 계산할 수 있는 것이다. 가우스가 이

것과 구분하는 것이

우리가 '곡률(Krümmungsmass)'이라 칭하려는 특수한 형태의 휘어짐이다. 이 곡률이란 표면의 한 '점'에 관계하는 것인데, 그 점에 놓인 표면 요소의 휘어진 정도의 총체를 표면 요소의 표면적으로 나눈 결과 그로부터 도출되는 몫을 가리킨다. 서로 일치하는 지구상의 휘어진 표면과 보조구상의 표면에서 무한히 작은 표면들이 나타내는 관계가 이와 똑같은 값을 제공해준다.[25]

수치 관련 크기에 대한 생각 외에도 두 번째 시각이 있다. 위치(Lage)를 보는 시각이다. 지표상에서 두 개의 직선이, 반대 방향은 아니지만, 서로 다른 방향으로 그어지면, 이를 나타내는 그림은 보조구상의 동일한 면에 놓인다. 지구상에서 두 직선이 반대방향으로 나아가는 경우에도, 보조구상에서 그것들을 나타내는 그림 역시 반대방향으로 나아간다. 이러한 사실을 알게 하는 것이 두 대상, 즉 지구의 표면과 보조구 표면의 비교이며, 음(−) 혹은 양(+)의 값을 갖는 곡률이다. 보조구상의 곡률 값을 미리 알면, 지구상에서 일정 방향으로 뻗친 선들이 어떻게 진행될지 알 수 있다.[26] 가우스 곡률만 보아도, 그것은 두 형태의 상관관계를 기술하는데, "그것들의 하나는 마치 다른 하나의 복사 그림이 된다".[27] 한 대상의 자기준거적 관계는 원래 개념으로 보면 그것을 모방하는 다른 것을 배제한다. 하지만 전자는 자신이 투사된 그림 속에 속성을—본질적인 것으로 환원해—표현하고 있어, 자신이 투사된 그림을 매개로 자기 모습을 알 수 있다. 위에서 논한 보조구의 표면은 지표면의 투사 표면으로 이해된다. 그리고 보조구는 지표면을 나타내는 체계적이고도 이론에 바탕한 전체 틀을 형성한다. 바로 이러한 근거에서 지표면에서 일어나는 운동들의 진행을 보조구 표면 위에 시뮬레이션할 수 있는 선들의 특성을 매개로 알 수 있는 것이다.

이런 가운데 가우스가 늘 의도적으로 도외시하고 넘어가려 한 철학적 의미가 모습을 드러낸다. 왜냐하면 여기에서 칸트가 완수한 '(인식)주체'로의 전회에 해당하는 전회가 일어나기 때문이다. 즉 세계와 마주하는 기하학이, 마치 인식 주체가 자신 안에 있는 선험적 인식 조건들에 기반해 세계를 구성하듯이, 세계 안에 자기 모습을 투사하기 때문이다. 이러한 기하학이 인간에게 요구하는 대상 확인은, 자신을 대상에 덧씌워 위치시키는 입장에서 진행되는 대상 확인 작업이다. 어떤 대상이 구형(球形)이냐, 원통형이냐를 규정하는 것은, 그것을 실제로 에워싼 공간에서 찾을 수는 없다. 인간들이 이리저리 돌아다닐 때의 활동의 장(場)이면서도, 크기 때문에 전체가 인간의 눈에 들어오지 않는 물체가 과연 어떤 종류인지를 규정할 수 있다고 할 때, 인간이 수행하는 이러한 규정은 일종의 위상학적 작업에 해당한다. 누군가 기차를 타고 갈 때, 이 기차가 구 위를 운행하는지 아니면 거대한 뫼비우스의 띠 위를 운행하는지를 어떻게 알 수 있는 것일까? 띠가 구와 차이가 나게 하는 속성이 있다면, 그것은 띠의 비정향성이다. 구상에서 기차는 일단 레일에 올라서면, 선로변경장치가 설치되어 있지 않는 한, 기관실을 항상 앞쪽으로 향하게 하고는 한 방향으로만 달린다. 반면, 뫼비우스의 띠 위에서 기차의 운행은—선로변경장치가 없는데도—한 방향으로 나아가는 게 아니라 회전한다.

이러한 속성은 직관이 아닌 논리적 구조에서 추론될 수 있는 것이라는 람베르트의 생각이 위의 예제에서 구체화되어 나타난다. '곡률'이란 추상성은, 사태를 조감하지 못하고 단지 자신이 서 있는 장소에서 행동할 수 있는 사람들이 공간의 속성을 알고자 할 때, 대상 속성을 규정하는 데 사용하는 도구이다.

3.3 새로운 공간, 새로운 수치

가우스의 곡면이론에는, 결국 미래의 광범위한 영역으로 흘러들어가는 두 가지 생각이 함축되어 있다. 그것들 중 하나가, 모든 면은, 가령 구(球)나 원통의 표면이 평면으로 바뀔 수 있는 것처럼, 다른 면들로 발전해 나갈 수 있다는 인식이다. 곡률이 각 점에서 변치 않는다고 가정해보자. 면들은 아무 문제 없이 유사한 면들 위에서 움직일 수 있다. 예를 들어, 곡률이 0인 유클리드적인 평면상에서 곡률이 0인 모든 면이 움직일 수 있다. 이것이 바로 가우스의 생각이다. 가우스는 다음과 같이 말한다.

> 우리가 (……) 면들을 물체의 한계로서가 아니라, 물체보다 한 차원 줄어든 모습의 물체로 보거나 휘어질 수는 있어도 연장될 수 없는 물체로 바라본다면, 면의 속성은 부분적으로는 그 면이 막 취한 형식에 의존할 것이고, 부분적으로는, 어떤 형태로 구부러졌든 간에, 절대적이고 불변한 상태로 남아 있게 된다.[28]

고정된 형태가 아니라 항상 취할 수 있는 가능한 형태들을 통해 자신의 형태를 바꿀 수 있는 특징을 가진 물체와 관련하는 기하학, 달리 말해 순간순간 형태를 바꾸거나 여러 다양한 현상 형식들을 갖는 것이 아니라, 다른 것을 통해서는 치환 불가능한 자신만의 구조들을 자기정체성으로 간직하는 물체들과 관련하는 기하학에서 위와 같은 가우스의 생각은 더이상 독창적이지 않다.

베른하르트 리만(1826~1866)은 논문 〈**수학의 기초에 관한 가설**(Ueber die Hypothesen, welche der Mathematik zu Grunde liegen)〉에서 가우스의 사상을 계속 발전시킨다. 리만의 논문은 좀더 일반적인 형식을 다룬다. 그래서 그는 '다양성들(Mannifaltigkeiten)'이라는 개념을 끌어들인다. 왜냐하면 다양성들에서는 "두 배로 확장된 형태의 상관관계가 면들을 통해 기하학적으로 묘사될 수 있고, 복수로 확장된 형태들의 상관관계는 그 내부에 포함된 면들의 관계로 환원될 수 있다"[29]는 사실을 인식할 수 있기 때문이다. 거기서 리만은 가우스로부터, 외적인 상관관계에서 추상이라는 기본 원리를 물려받는다. 사람들은 면들을, 그것들의 내적 수치관계를 그대로 유지한 상태에서, 구부릴 수 있고 "그렇게 해서 따로따로 생겨나는 면들은 모두 동일한 면들로 여길"[30] 수 있다. 그런데 리만의 목표는, 이러한 관계를 n차원의 다양한 형태로 확장하는 것이었다. 이에는 공간 역시 굽을 수 있는 3차원적 형태로 이해하는 것이 포함된다.

바로 여기서 고리가 스스로 폐쇄되기 시작한다. 측정 불가한 거시적·미시적 크기를 생각하는 가운데, 리만은 삼각형의 면적과 각의 합의 상관관계와 관련해 람베르트의 인식에서 이미 보인 문제, 즉 인간 경험의 접근 가능성에 대해 물음을 제기한다. 람베르트가 보기에 공간의 무한성은 고도로 경험적인 확실성을 갖는다. 왜냐하면 현실에서 지각되는 영역은 계속 보완되어 추가될 수 있기 때문이다. 공간에 대한 그런 식의 무한성 표상은 필연은 아니다. 공간이란, 리만에 따르면, 오히려 하나의 고정적인 곡률이 전제될 때, 가령 "그 곡률이 아주 자그마한 수치에서나마 양의 값을 갖게 되자마자 필연적으로 유한해진다".[31] 그 경우에 공간의 면은 유한한 구면 형태로 휘어진 형태를 띤다.

측정이 불가능할 정도로 극미한 것들을 묻는 것은 적어도 리만에게는 그 나름의 의미를 갖는데, 이는 인과관계를 "인식하는 일이 본질적으로" 무한히 극미한 것들의 정확성에 기초하기 때문이다.[32] 그러나 인식 가능성은 그 정도로 멀리까지 나아가는 건 아니어서, "우리가 일상에서 접할 수 있는 보통 크기의 수치 관계에서 무한히 극미한 것의 수치 관계로 추론"해 나갈 수는 없다.[33]

공간의 양의 규정에 기반이 되는 경험 개념들[고체, 광선]은 무한히 작은 것들에서는 타당성을 상실한다. 가령 무한히 극미한 세계에서 공간의 양적 관계들은 기하학의 전제들에 부합하지 않는다(……).[34]

여기서 리만은 대우주와 소우주가, 상대성이론과 양자이론이 양립 가능한지에 대해 최초로 생각을 제시한다. 마치 상대성이론에 차용되었던 비유클리드기하학이 19세기 사람들에게 그렇게 낯설게 보였던 것같이, 20세기 사람들에게는 양자물리학의 세계가 낯설게 보일 것이다.

4 맺는말: 새로운 가설들

지금까지의 논의를 기억해보면, 애초에는 평행선 문제라는 불안감이 지배하고 있었다. 팽행선 공준의 허점을 수정하려 한 시도들이 없었더라면, 팽행선 공준은 잘 정리된 채로 기하학적 세계상 내에 존재했을 것이다. 하지만 평행선 공준은 문제시되었고, 이를 수정하려 한 시도들은 결국 옛 유클리드기하학의 건축물을 무너뜨리는 결과를 낳았다. 평행선 공준을 둘러싼 논쟁의 불꽃이 지펴지고 난상토론이 벌어지는 과정에서 쏘아올린 불꽃은 아래로 떨어져 화약통들을 덮침으로써 새로운 폭발을 일으키고 화염을 터뜨려 장구한 세월 동안 손상 없이 전승되던 유클리드기하학의 아성을 죄다 무너뜨린 것이다.

새로운 비유클리드기하학에 대한 저항이 점차 사라지면서 그것이 관철되고 이를 통해 미래의 기하학을 위한 기회의 문이 열리고 있다. **물체들을 새롭게 생각한다는 것**, 이는 정적이고 고정된 형식이 아닌 움직이는 대상을 생각한다는 것을 의미한다. 람베르트가 스케치한 논리적 구조의 윤곽, 이것은 가우스가 알아내고자 했던 바로 그 물체였다. 그것은 계속 변화하는 형식에도 불구하고 자기만의 치환 불가능한 속성을 가지고 있다. 이는 그 물체가 주변으로부터 독립해 자율적으로 남아 있고 모든 공간을 통해 움직이기 때문이다. 이러한 물체는 컴퓨터 애니메이션으로 그려낸 공룡이 되어 스필버그의 **쥐라기 공원**을 뚜벅뚜벅 걸어갔을 때 알려졌다. 면들이 탄력적으로 되면, 추상적인 다양성을 보이면서 여러 차원을 통과해 성장해가고, 물체들은 인간의 눈에 항상 스케치 가능한 모습으로 생성되어 나온다. 그렇지 않았더라면 단지 추상적인 수학적 언어로만 기술될 수 있는 것이다. 이런 탄력적인 모습을 보이는 기하학의 앞뜰에서, 즉 막 형성되기 시작하는 위상학의 앞뜰에서, 뫼비우스나 리스팅 같은 가우스의 제자들을 만나는 것은 그리 놀라운 일이 아니다.

위상학이 전에 없던 낯선 것을 불러일으키는 곳에서, 리만에게서는 이제 새로운 도전이 출현한다. 측정 불가할 정도로 극미한 것과 극대한 것은 어떤 세계를 나타낸다. 물론 우리는 그것이 무엇인지를 안다. 일상적으로 잘 알려져 있어 친숙한 세계와는 달리 낯설게 현현하는 세계들은 인간의 인식 가능성 바깥에 머문다. 거시세계와 관련해서는, 아인슈타인의 상대성이론이 사람들로 하여금 더이상 낯설지 않게 공간을 휘어져 있다는 생각을 할 수 있게 해주었다. 그런데 리만이 다시 거시세계의 기하학이 완전히 와해되어 뒤집힐 수도 있다는 생각을 양자이론과의 관계에서 제기한다. 양자이론을 통해 다시 제기된 혼란은 현대의 '평행선 공준'을 신세대 과학자들에게 선물로 안겨줄지도 모를 일이다.

쾨니히스베르크의 다리
레온하르트 오일러의 공간 포에톨로지

프리드리히 키들러에게 바침

a

이것은 니콜라우스의 집이라네
—동요

수송이나 송신 및 인간들이 거쳐가는 중간 과정들은 공간이 기술적으로 어떻게 배열되고 얽혀 있느냐와 관계가 있다. 우체부가 편지를 배달하기 전, 지하철을 타러 가는 보행자가 에스컬레이터를 타고 서둘러 지하철 통로를 내려가기 훨씬 전, 혹은 크리스마스에 산타클로스가 아이들에게 선물을 주러 굴뚝을 타고 내려가기 전, 이 모든 경우에 소식 전달이나 전송 과정 그리고 중간기착지들의 특징은 그것들이 어떤 방식으로 **놓여 있느냐**에 따라 혹은 **배열되어 있느냐**에 따라 연구해야 한다. 왜냐하면 우편 송달 과정이 얼마나 복잡하건 혹은 지하철을 타고 가는 길이 얼마나

그림 1 페넬로페의 영악한 실잣기 작업.

멀건 간에, 모든 중간기착지, 연결 지점, 통로를 단 한 번만 거쳐 갈 수 있도록 설계해야 하기 때문이다. 이는 어떤 대도시를 방문하는 사람이 도처에 분산된 볼거리들을 살펴보기 전에 생각해야 할 과제이자 청소차가 길거리를 돌아다니면서 각지에 놓인 쓰레기를 빠짐없이 치우는 일을 수행하기 전에 해결해야 하는 과제이기도 하다. 이러한 과제는 또한 페넬로페가 20년 전 실종되어 돌아오지 않는 남편 오디세우스를 기다리면서, 그녀에게 결혼할 것을 애걸하는 사람들과 거리를 두기 위해서, 오디세우스의 부친이 사용할 수의를 직조하면서 4년 넘게 골몰한 과제이기도 하다.

> 하늘이 내 마음속에 명하기를 내 방에 커다란 틀 하나를 갖다놓고는 커다란 천을 잣는 섬세한 바느질을 시작하라고 명했습니다. 그러고 나서 내게 청혼하는 이들에게 이렇게 말했습니다. 이봐요, 거룩한 오디세우스가 죽었으니 나를 사랑한다는 젊은이들, 나와 결혼하자는 말들을 삼가주시오. 최소한 (내가 바느질이라도 해서 슬픈 마음을 추스리기 위해) 내가 시아버지의 수의를 완성하기 전까지는 말이오. 그 수의는 어둠의 시간이 영웅 라이르테스를 죽음의 그늘로 드리울 때를 대비하기 위한 것으로, 그때가 오면 그의 관을 덮을 것이오.[1]

매일 그녀는 낮에는 오디세우스의 부친이자 시아버지인 라이르테스를 위해 수의를 잣지만, "밤에는 그것을 횃불 밑에서 죄다 풀어버렸다."[2]

페넬로페의 영악한 실잣기 작업이 오디세우스의 고난의 항해 및 호메로스의 노래와 서로 엮여 있듯이,■ 수학도 사람들의 옷이나 공간 속으로 짜여 들어가고, 여러 패턴을 만들어내며 이를 다시 해체한다. 이러한 패턴이 18세기에는 쾨니히스베르크(Königsberg)의 주민들을 어리둥절하게 만든다. 프레골냐 강(江) 위에 난—두 개의 섬과 강둑을 연결해주는—일곱 개의 다리를 하나도 빠뜨리지 않고 오직 한 번만 거쳐 통과할 수 있을까? 스위스의 수학자 레온하르트 오일러가 이 과제를 해결했다. 이것은 그래프이론의 기초를 형성했고 그것을 개선하면, 그 결과 새로운 위상학적 전형이 산출될 것임이 확실했다.

b

그는 우편마차를 불러 세워 마차에 몸을 실었다.
비에 젖은 우편배달부가 선술집 안으로 들어와
보드카 한잔을 들이키고 떠났다.
그렇게 편지는 계속 배달중이었다.
─안톤 체호프

1736년 3월, 한 우체부가 쾨니히스베르크 다리와 관련한 수수께끼가 담

■ 여기서 전개되고 있는 내용들을 좀더 잘 이해할 수 있도록 오디세우스의 내용을 간략하게 소개한다. 왕 오디세우스(혹은 율리시즈)가 부인이자 왕비인 페넬로페와 갓 태어난 아들 텔레마코스를 남겨둔 채 트로이로 출정한 후 수년 동안 돌아오지 않자, 페넬로페 주변의 귀족들이 그녀에게 접근해 오디세우스는 죽었으니 자신과 결혼할 것을 청하면서 치근댄다. 이에 응하고 싶지 않았던 페넬로페가 묘안을 짜낸다. 하루는 마을의 귀족 한 사람이 나타나 그녀를 농락하려 하자 그녀는 지금은 시아버지가 위중하여 죽을 날이 얼마 남지 않아 보다시피 상복을 짓고 있노라고 둘러댄다. 이러한 꾀를 통해 당장은 치근대는 주변 사람들을 물리칠 수는 있었지만 그런 일이 거듭되자 낮에는 실 찾는 일을 하고, 밤에는 그것을 다시 죄다 풀어내고, 다음 날 이러한 일을 반복한다. 이는 결국 오디세우스가 살아 돌아올 때까지 지속된다.

긴 편지 한 통을 당시 상트페테르부르크에 거주하던 레온하르트 오일러에게 배달한다. 이 편지는 쾨니히스베르크에 인접한 도시 단치히(Danzig) 시장인 카를 레온하르트 고트리프 엘러(Carl Leonhard Gottlieb Ehler)와 거기에 거주하는 수학교사인 하인리히 퀸이 보낸 것이다.

학식 높은 존경하는 선생님, 선생님께도 이미 잘 알려진 쾨니히스베르크의 일곱 개 다리와 관련한 과제의 해결책을 증명하여 우리에게 보내주실 수 있다면, 이는 선생님 자신에게나 퀸 선생에게 더할 나위 없는 즐거움이 될 것입니다. 우리는 또한 선생님께 무한히 감사드릴 것입니다. 우리는 그것이 선생님의 수많은 계산에도 해결의 실마리를 제공하지 않을까 생각합니다. 그럴 경우 사람들이 선생님의 천재성에 특별히 주목하는 계기가 되리라 생각합니다. 쾨니히스베르크의 다리와 관련한 스케치를 첨부하는 바입니다.[3]

첨부된 스케치(그림 2)에는 필요한 모든 사항이 상세히 기술되어 있다. 도시의 해당 지역, 각 섬들 그리고 그것의 명칭, 강과 강물이 흐르는 방향 그리고 일곱 개의 다리. 그것들 각각의 이름은 이랬다. 그런데, 쾨틀, 회니히, 슈미데, 크레머, 호에 그리고 홀츠. 서신의 내용으로 볼 때, 편지

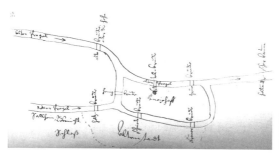

그림 2 카를 레온하르트 고트리프 엘러의 쾨니히스베르크 다리 스케치.

를 보낸 엘러 시장은 해당 과제가 고트프리트 빌헬름 라이프니츠 그리고 얼마 뒤 크리스티안 볼프(Christian Wolff)가 확산시킨 **위치기하학**(Geometria situs)에 해당하는 작업으로 추정하는 듯했다. 우선 그 서신은 오일러에게 다소 혼동스럽게 비쳤는데, 그 이유는 라이프니츠나 볼프가 다루었어야 할 과제들은 그 자신도 잘 알고 있지 않았기 때문이다. 다른 한편, 그를 놀라게 했던 것은 어느 누구도 쾨니히스베르크의 다리 문제를 해결하지 못했을 것이라는 생각이 들었기 때문이다. 그 까닭은 그것이 다양한 측면을 고려하는 거시적인 문제인 데다 "그 해결책은 수학에 속하는 법칙들을 끌어들일 필연성이 없는, 단지 수학적인 순수 논증에만 기초한다"[4]는 사실 때문이었다.

아무튼 오일러는 해당 과제의 해결에 집중하기 시작했고 1736년 3월 13일, 이전부터 서신을 교환하던 동료인 이탈리아 수학자 조반니 야코보 마리노니(Giovanni Jacobo Marinoni)에게 해당 문제 및 해결책을 설명해주었다. 이 이탈리아 수학자는 이미 그와 관련한 분야에서 연구를 진행하던 터였다. 오일러가 상트페테르부르크에서 도시의 지도들을 제작하는 동안 마리노니는 오스트리아의 빈(Wien)에서 지도 제작술 및 천문학과 관련한 문제들과 씨름하고 있었다. 쾨니히스베르크의 다리 문제를 설명하는 일을 오일러는 '진부한' 것으로 여겼지만, 스스로 적은 것처럼, 그 해

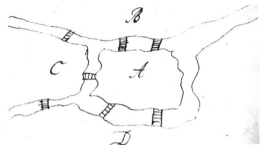

그림 3 레온하르트 오일러가 스케치한 쾨니히스베르크 다리.

결책이 "기하학, 대수(학), 조합론 등 어느 분야에도" 속하지 않았기에 마침내 관심을 보이기에 이르렀다. 그는 그것이 "라이프니츠가 말한 위치 기하학에 속하는 것으로 보인다"[5]고 썼다.

문제의 해결을 위해 오일러는 쾨니히스베르크 다리들을 코드화하는 실험적인 작업을 시작해나갔다. 모든 작업은 기호를 사용해 진행되었다. 쾨니히스베르크의 다리들은 소문자 a, b, c, d, e, f 그리고 g로 표기되었고, 양편 강둑 사이에 있는 크나이프호프(Kneiphof) 섬은 대문자 A 그리고 나머지 섬과 강둑들도 각각 B, C, D로 표기되었다(그림 3). 이 작업에서 섬과 강둑의 차이를 굳이 구분할 필요가 없었듯이, 강의 길이 및 강물의 방향도 오일러가 볼 때 굳이 고려할 필요가 없었다. 해당 문제를 기술하는 데 중요한 것은 거기 출현하는 대상들의 크기나 길이가 아니라, 그것들을 알파벳을 이용해 대수적으로 나타내는 것이었다. 이러한 기호화 작업 이후 오일러는 계산 작업으로 들어갔다.

맨 먼저 우리는 물길을 통해 얼마나 많은 구역들이―즉 다리를 통과하지 않고는 건널 수 없는 구역들이―서로 나뉘는지를 확인해야 한다. 우리의 예에서는 ABCD 이렇게 네 구역이 있다. 그다음에 이 구역들을 서로 잇는 다리의 개수가 짝수인지 홀수인지를 확인할 필요가 있다.[6]

쾨니히스베르크의 다리들은 구역 A쪽으로는 다섯 개, 다른 구역으로는 세 개씩 분포되어 있었기에 오일러는 다음과 같은 수(數)이론적 가설을 세웠다.

각 구역으로 연결되는 다리의 개수가 짝수이면, 문제의 핵심 주제인 산책은 가능할 뿐 아니라 어디서든 시작할 수 있다. 물론 각 구역으로 연결되는 다리들 중 두 곳이 홀수이면—단지 이것만이 가능한 것은 아닐 수 있기에, 문제의 산책은 이 경우에도 가능하지만—산책은 다리가 홀수 개인 두 구역들 중 아무 곳에서나 시작할 수 있다. 그러나 연결된 다리의 개수가 홀수인 구역이 둘 이상이면, 원하는 산책은 불가능하다.[7]

동요 산타클로스**의 집**에 나오는 산타클로스가 어떻게 하면 한 명도 빠뜨리지 않고 모든 어린이에게 선물을 전달할 수 있을까를 궁리할 때, 그에 대한 해결책을 제공하기도 하는 쾨니히스베르크 다리 문제에 대한 홀륭한 해결법과 관련해서는 다음과 같은 물음이 제기된다. 여기서 오일러는 단지 수를 세고 있을 뿐, 왜 대수적인 코드가 아닌 알파벳으로 구역과 다리 들을 표시한 걸까?

C

넌 일곱 개의 다리를 건너야 하지
넌 일곱 해의 어두운 시절을 살아가야 하지
－헬무트 리히터

호메로스가 우리들에게 '얽인' 이야기들을 들려주듯이, 쾨니히스베르크의 일곱 다리를 두고 전해지는 이야기가 있다. 연인들이 일곱 다리를 걸으면서 산책할 때, 그들은 예를 들어 앞서 g로 표시한 홀츠 다리에서 동전 하나씩을 강물 속으로 던지기 위해 잠시 정지해야 했다. 두 사람이 던진 동전 두 개가 강바닥에 동시에 가라앉으면, 그 연인들은 결코 헤어지지 않는다고 한다. 그리고 헤어지지 않으면, 바로 여기 쾨니히스베르크의 다리에서 다시 만난다는 것이다(그림 4).
오일러가 g로 표기한 다리에 얽힌 이러한 전설을 알았는지는 알려진

그림 4　우편엽서에 실린 쾨
니히스베르크의 나무 다리
(1905).

바 없다. 그러나 오일러의 지시적 기호 사용에 대한 설명은 1736년에《제
국 과학아카데미 상트페테르부르크 회보(Commentarii Academiae Scientiarum
Imperialis Petropolitanae)》제8권에 나온, 좀더 교육적인 논문에서 제공된다.
오일러는 앞서 적시한 해에 해답을 주었는데,[8] 마치 수수께끼 창작자들의
아이디어를 따르는 듯하다. 왜냐하면 〈위치기하학 관련 문제의 해결(Lösung
eines Problems zur Geometrie der Lage)〉이라는 논문에서 라이프니츠를 명시
적으로 언급하기 때문이다.

> 모든 시대에 서로 함께 연구했던, 정량적 크기를 다루는 기하학의 모든 영
> 역들과는 다른, 지금까지 거의 알려지지 않은 분야가 있습니다. 이 분야를
> 라이프니츠가 가장 먼저 언급하면서 위치기하학이라 칭했습니다. 이 분야
> 는 단지 위치 관계 하나만을 상대로 해서 작업합니다. 즉 위치의 속성들을
> 구성하는 일을 합니다. 여기서는 정량적 크기는 물론이고 그 계산도 적용
> 되지 않습니다.[9]

오일러는 자신에게 부과된 문제를 기술하고 보고하기를, 자신은 "그

것이 위치기하학에 속한다는 사실을 전혀 의심치 않으며 그 문제의 해결에 계산은 아무 소용이 없고, 단지 위치만을 고려하면 된다"[10]고 썼다. 그의 해결이 "아주 신빙성 있는 증명에 기초하고 있어, 사람들이 그것의 도움을 받아 그와 유사한 과제들에서 임의의 수많은 다리를, 그것들의 위치 관계를 고려하지 않고 건너는 길이 존재하는지를 금방 알 수 있었기에"[11] 그러한 문제를 해결하기 위해 자신이 발견한 방법을 오일러는 "위치기하학의 전형"[12]으로 수행하기에 이른다. 수학자들에 의하면, 오일러 연구의 "전체적 방법"은 그가 "다리들을 적절한 방식으로 건너기"라는 것을 도입한다는 것, "강의 물길에 의해 서로 나뉘어 구분되는 개별 구역을 지칭하기 위해"[13] 철자 A, B, C, D를 사용한다는 것에 기반한다. 친구인 마리노니에게 보낸 기호 사용법에 따라 오일러는 그래프이론 편력을 시작하는 것이다.

구역 A에서 다리 a나 b를 건너 구역 B로 갈 때, 나는 이 과정을 AB라는 표기법을 사용해 나타내는데, 이때의 첫 철자는 출발지를 그리고 두 번째 철자는 도착지를 나타냅니다. 산책자가 그 이후 B구역에서 출발해 다리 f를 통해 구역 D로 가면, 이는 다시 BD로 나타낼 것입니다. 이렇게 순차적으로 수행된 건너기 AB 그리고 BD를 나는 이제 단순히 ABD로 나타내고자 합니다. 왜냐하면 가운데의 B는 첫 번째 경우에는 출발지 그리고 두 번째 경우에는 도착지를 동시에 나타내기 때문입니다.[14]

다리를 가리키기 위해 사용된 기호들을 서로 나란히 놓는다는 것은 두 개의 다리를 건너 산책하는 것이 세 개의 철자로 가리키는 결과를 낳고, 세 개의 다리를 건너 산책하는 것은 네 개의 철자, 네 개의 다리를 건너 산책하는 것은 다섯 개의 철자로 가리킨다는 것, 그리고 "산책자가 임의의 개수의 다리를 건너 산책하면, 이는 그보다 하나가 더 많은 철자를 통해 표기된다".[15] 도시에 대한 지형학적 기술에서 이제는 거리나 곡률이 아니라 철자의 연결 방식에 관심을 갖게 되는 글자 매체의 경관(Medienlandschaft)이 태동한다.[16] 쾨니히스베르크의 일곱 개 다리를 건너는 산책 방식과 관련한 공간의 포에톨로지(Poetologie)■는 철자 여덟 개로 이뤄진 기호 조합을 만들어내야 한다. 이 조합들의 각 구성요소들은,

> 연결 AB가 두 번에 걸쳐 출현하도록 앞뒤로 나란히 연결되어야 한다. 왜냐하면 두 다리 a와 b는 구역 A와 구역 B를 연결하기 때문이다. 마찬가지로 연결 AC 역시 여덟 개 철자의 나열에서 두 번 출현해야 한다. 더 나아가 연결 AD 그리고 연결 BD와 CD 역시 각각 한 번씩 출현해야 한다.[17]

암호학의 시각에서 볼 때, 오일러는 가능한 하나의 철자 연결을 형성하는 동일한 철자 연쇄가 시리즈 내에서 몇 번 출현하는지를 규정하고 다리를 건너는 산책자들을 '철자로 재현해 나타내는' 것을 다루고 있다. 그 모든 물음은 "네 개의 철자 A, B, C, D를 사용해 여덟 개로 이루어진 일련의 철자 연쇄가 구성될 수 있는지, 그리고 그 안에서 모든 순서가 처

■ 포에톨로지는 시를 의미하는 'poet' 그리고 시학을 의미하는 'poetic' 혹은 제작적 실천을 의미하는 독일어 'poetische Handlung'이라는 표현들과 동일한 어원을 갖는다. 그것은 '만든다(make)'를 의미하는 그리스어의 포에시스(poesis)에서 유래하는 표현들이다. 즉 포에톨로지는 뭔가를 만들어내는 행위와 관련된 것들을 연구하는 분야를 지칭하는 개념인 셈이다. 가령 어떤 대상이나 현상을 포에톨로지적으로 읽는다는 것은 그 대상이나 현상에서 형상화되고 있거나 일어나는 것들의 배경을, 그것들을 만들어낸 사람의 사물을 보는 시각/세계관, 그 구성 과정 및 원리 등의 차원에 초점을 두어 읽는다는 것을 말한다. 푸코의 권력 분석이 그런 예이며, 여성학자들이 종종 그런 시도를 하듯이, 어떤 사회적/문화적 현상이나 결과물을 창조자의 세계관이나 사고방식(가령 남성주의적 세계관)과의 관계에서 논하는 것, '외국인' 같은 '타자'의 구성 메커니즘을 사람들의 이해관계나 세계관의 배후에서 분석하는 것 등이 포에톨로지적 읽기에 속한다. 재료를 가지고 음식을 만들어내는 것 같은 시도, 그것이 언어조탁을 통해 이루어질 경우 포에톨로지적 실천이다.

방된 수만큼 출현하는지"의 문제로 귀착된다.[18] 바로 이 지점에서 오일러는 코드 조합술적 작업을 떠난다. 왜냐하면 조합적 시각에서 원하는 철자 순서를 찾기에 앞서 그것이 대체 존재하는지를 알고자 했기 때문이다. 즉 "이러한 질문 그리고 유사한 질문에서 그러한 철자의 질서가 가능한지를 따로 수고를 들이지 않고 결정하는 것을 허용하는 하나의 규칙을 세우는 것"[19]이 관건이었던 것이다.

d

수론적(數論的)인 유희를 직관적으로 이해할 수 있도록 오일러는 쾨니히스베르크의 다리 배열 문제를 잠시 내려놓고 이제 새로운 산책들에 심취한다. 그것의 구성요소들은 앞서의 예보다 훨씬 더 넓은 강과 임의의 개수의 다리들 그리고 구역 A이다(그림 5).

산책자들이 다리 a를 건널 때, 그는 다리를 건너기 전에 A에 있었거나 다리를 건넌 후 A에 도달해 있어야만 한다. 위의 표기 방식으로 철자 A는 단지한 번만 출현할 것이다. 세 개의 다리 a, b, c가 A 방향으로 나 있는 경우, 그리고 산책자가 세 다리를 건너는 경우, 이 노선을 표기하면, 이때 철자 A가 (그 걸어간 노선의 출발지가 A가 되었든 아니든) 두 번 출현한다. 그리고 다섯 개의 다리가 A로 연결되어 있으면, 철자 A는 걸어간 노선을 표기할 때, 세

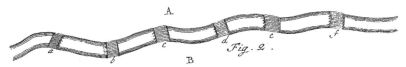

그림 5 오일러, 〈문제 해결(Solution problematis)〉, 130쪽.

번 출현한다.[20]

이러한 근본 통찰을 통해 오일러는, 기착지를 표현하는 대문자가 얼마나 자주 출현하는지는 얼마나 많은 다리가 거기에 이어지느냐에 달려 있다는 사실을 직관적으로 보여주려 했다. 그리고 오일러가 금방 확신할 수 있었듯이, 대문자가 몇 번 출현하는지는 해당 구역 다리의 개수가 홀수냐 짝수냐에 달려 있었다. 홀수인 경우, 오일러는 그 수에 수 하나를 더한 후, 다시 그것을 반으로 나누라는 처방을 내린다. 이러한 그래프이론적인 초석의 배후에서 오일러는 철자 A가 자신의 상상 속의 도시에서 얼마나 자주 출현하는지를 알려주는 수를 알아냈고 다시 쾨니히스베르크로 시선을 돌린다.

일곱 다리를 건너는 것을 나타내는 여덟 개의 철자를 나란히 배열한 순서에서 A는 세 번 출현하는 반면, B, C, D는 각각 두 번씩 출현한다. 그러나 이는 여러 개의 철자들을 배열한 순서에서는 해당되지 않는다. 이로부터 일곱 개의 쾨니히스베르크의 다리들을 건너는 문제와 관련한 해답이 나오는데, 그것은 문제의 산책이 수행될 수 없다는 사실이다.[21]

e

위와 같은 조작적인 작업을 통해서 드러나는 하나의 결론, 즉 쾨니히스베르크의 일곱 개 다리를 순회하는 일이 불가능하다는 사실에서 하나의 프로그램이 나온다. 이는 레온하르트 오일러가 위에서 보인 것 같은 직조기술을 배웠기 때문이다. 임의의 모양인 강과 다리 들을 보고는 거기 있는 각 다리를 한 번씩 통과해 순회할 수 있는지를 금방 알아차릴 수 있기 위해서 오일러는 다음과 같은 규칙을 세웠다.

나는 우선 첫 번째로, 물길을 통해 서로 나뉜 구역들을 철자 A, B, C 등으로 표시하겠다. 두 번째로 모든 다리의 개수에 수 하나를 더해 나온 수를 맨 위쪽에 기입한다. 세 번째로 그 숫자 아래에 철자 A, B, C 등을 기입하고 그 옆에는 다시 그것들 각각으로 통하는 다리의 수를 적는다. 네 번째로 짝수가 부여되는 철자들에는 별표(*) 표시를 한다. 다섯 번째, 나는 이 짝수들 옆에 그것을 반으로 나눈 수를 적어 넣고 홀수 옆에는 그것에 숫자 하나를 더한 후, 그것을 반으로 나눈 숫자를 적는다. 여섯 번째로 지금까지 얻어진 숫자를 모두 더한다. 그러고 나서 그 합을 맨 위쪽에 기입해놓은 숫자와 비교해, 그보다 하나가 작거나 동일하면, 원하던 다리 건너기가 수행될 수 있다고 추론한다. 이때 좀더 세밀히 보아야 할 것이 있다. 얻어진 숫자의 합이 맨 위에 기입한 숫자보다 하나가 적으면 다리를 통한 산책은 별표 표시가 된 지역에서 시작해야 한다는 것이다. 그렇지 않고 두 숫자가 서로 동일한 경우에 산책은 별표가 없는 지역에서 시작해야 한다.[22]

철자, 숫자, 기호 들은 오일러가 공간을 직조해갈 때 사용하는 것들로, 수학자들은 그것을 가지고, 마치 거미가 거미줄을 직조해가듯이, 공간 관계들을 직조해간다. 아래 그림에서 볼 수 있듯이, "두 섬들 주위로 강물이 흐르고 이 강물을 거쳐 네 개의 서로 다른 강줄기가 서로 통한다고 상상해보자".[23] 오일러가 상상한 도시의 도로들에 해당한다고 볼 수 있는 것들이 바로 상상의 섬 주위를 흐르는 상상의 강줄기들 위로 난 열다섯 개의 상상의 다리들이다. 이와 동일한 구조인 상상의 도시를 생각하는 가운데 오일러는 잘 알려진 질문을 던진다. "모든 다리를 단지 한 번

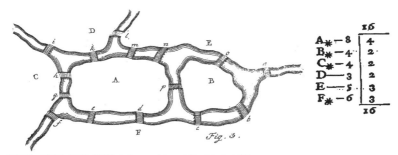

그림 6 오일러, 〈문제 해결(Solution problematis)〉, 130과 138쪽.

씩만 지나는 노선을 과연 생각해낼 수 있을까?"[24] 오일러의 공간 포에톨로지는 일곱 조직으로 직조된다. 1. 강물에 의해 서로 나뉘는 모든 구역은 대문자 A, B, C, D, E 그리고 F 같은 철자를 통해 지칭된다. "그러한 철자는 여섯 개가 있다". 2. 다리의 수는 하나를 더 더해서 기입한다. 가령 "다리가 열다섯 개니 거기에 하나를 더한 16을 맨 위에 기입한다".[25] 3. 철자 A, B, C는 상하로 가지런히 기입하고 그 오른쪽 옆에는 그것들에 연결되는 다리의 개수를 기입한다. 가령 A의 오른쪽 옆에는 그것으로 통하는 다리의 개수인 8을 기입한다. 4. 짝수의 다리 개수가 부여되는 철자들에는 별표 표시를 별도로 해준다. 5. 이제 세 번째 열에 짝수인 경우 그것을 반으로 나눈 수를 기입하고, 홀수인 경우에는 그것에 하나를 더한 후, 그것을 반으로 나눈 수를 기입한다. 6. 세 번째 열의 모든 숫자를 더하면 그 합은 16이 되는데, 이 수는 위에 기입한 숫자와 일치한다. 7. 그래서 "별표 표시가 없는 구역 D 혹은 E에서 산책을 시작하면 앞서 얘기한 모든 다리를 한 번만 거치는 산책 노선을 구성할 수 있다"[26]는 사실이 결국 추론된다.

이러한 일곱 단계 사고 과정을 거쳐 오일러는 상상 속의 도시를 관통하는 하나의 산책 노선을 직조해냈다. 그 경로는 다음과 같이 표시된다. "EaFb

BcFdAeFfCgAhCiDkAmEnApBoEiD".[27]

f

쾨니히스베르크에서의 산책의 미학을 구현하기 위해 오일러는 이미 마리노니에게 보낸 서신에서(그림 7) h로 표기된 지역에 다리 하나를 더 세울 것을 제안한다. 이로써 구역 B와 E는 별표 표시를 얻고 "구역 A와 C는 홀수의 다리 개수를 갖는다".[28] 위에서 제시한 오일러의 일곱 개 규칙에 의하면, 산책을 시작할 수 있는 곳은 구역 A와 C일 것이다. 이로서 순회 관광 문제를 해결하기 위해 주어진 장소에 여덟 번째 다리를 건설하자는 제안은 그와 동시에, 공간에 대한 위상학적 지식 형성과는 또 다른 특수한 측면을 이루는, 공간 배열 문제를 다루는 첫 번째 사례가 된다.

1905년에 쾨니히스베르크의 시(市)의원들은 오일러의 제안을 실행에 옮겨 여덟 번째 석조다리를 세운다. 비록 '카이저 다리'라고 명명된 새 다리가 원래 오일러가 제안한 자리에 세워진 것은 아니지만, 많은 사람으로 하여금 지금까지 논해온 산책을 할 수 있도록 해주었다. 레온하르트 오일러는 〈위치기하학 관련 문제의 해결〉의 마지막 부분에서 종이 위에

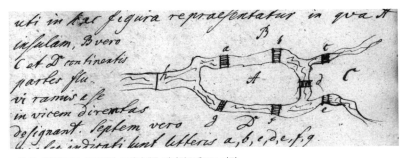

그림 7 레온하르트 오일러가 스케치해준 쾨니히스베르크 다리.

일일이 그리고 계산하면서 따져보는 것이 아니라 단지 '생각 속에서' 이러한 산책 가능성을 생각해볼 것을 제안한다.

생각 속에서, 동일한 두 구역을 연결해주는 다리 두 개를 반복해서 지워나가면, 이를 통해 다리의 수는 거의 매번 현격히 줄어들 것이다. 그런 후, 이는 어려운 일이 아닌데, 나머지 다리를 통과해 원하는 산책 노선을 찾아본다. 그것을 찾았다면, 생각 속에서 지워버린 다리들은, 이는 잠깐만 생각해봐도 금방 알 수 있는 것인데, 산책을 근본적으로 방해하지 않는 것들이다.[29]

쾨니히스베르크의 다리를 통과해 산책하는 일은 물론 제2차 세계대전 이후에는 불가능해졌다. 1944년 8월, 며칠간 밤낮으로 영국 공군은 도시

그림 8 아직 완공되지 않은 칼리닌그라드 다리가 어떤 집 위를 지나고 있다.

의 새로운 상징물이 된 쾨니히스베르크의 다리들을 공습했다. 여덟 다리 중에서 단지 세 다리만이 성하게 남았을 뿐이다. 도시는 자신의 상징물을 잃어버렸다. 1946년 7월, 동프로이센을 봉쇄하던 붉은군대 34사단 사령관의 명에 따라, 도시 쾨니히스베르크는 국가 및 당서기 미하일 칼리닌(Michail Kalinin)의 이름을 따 칼리닌그라드라 칭해졌다.

오늘날 칼리닌그라드는 교통 혼잡으로 숨이 막힐 지경이다. 소련연방 와해 이후 발트 국가들에 둘러싸인 러시아의 섬도시가 되는 바람에 교통량이 폭주하기 때문이 아니라, 도시의 다리들이 앞서 언급한 포에톨로지적인 구조를 하지 못하기 때문이다(그림 8).

g

그녀가 커다란 외투를 세제로 깨끗이 빨고
그것이 마치 태양과 달처럼 우리들 쪽으로 환하게 비추었을 때,
보라, 거기에서 갑자기 사악한 악마인 오디세우스가
저쪽에서, 돼지 주인이 거주하던 마이어호프로 오고 있는 것을.
-호메로스 ■

페넬로페가 수의를 완성하기까지 오랜 기간이 흘렀고, 그와 함께 오디세우스가 고향으로 돌아온다. 교통망 혹은 컴퓨터칩의 회로망, 공급망 혹은 월드와이드웹(www), 전화통신망 혹은 우편배달망, 이 모든 것은 페넬로페의 영악함과 오일러식 사고로 공간을 엮는다. 쾨니히스베르크 다리에서 미학적인 산책 내지 오디세우스의 모험을 포에톨로지적으로 그려내는 작업은 효과적이고 전략적인 움직임을 만들어내기 위한 문제가

■ 호메로스의 《오디세이아》, 24번째 노래 145~150행에 나오는 구절.

그림 9 옛 동독 우표 속의 레온하르트 오일러.

되었고, 이제는 데이터, 청소차 그리고 우편물 들이 그러한 길을 따라 미리 정해진 위치로 인도된다. 옛 동독 공무원들은 이러한 포에톨로지적인 조직화 경향을 잘 이해한 듯하다. 왜냐하면 그래프이론가 오일러의 모습을 아주 적절한 방식으로 우표에 새겨 넣어 여전히 존경을 표했기 때문이다.

수학과 자연철학에서 위상학의 태동

1 위치분석과 위상학

위상학(Topologie)이라는 개념은 비교적 늦게, 20세기 초반에야 비로소 특정 영역을 가리키는 개념으로 관철되기에 이른다. 이 영역의 창시자로 여겨지는 앙리 푸앵카레(Heinri Poincaré)는 당시까지 '위치분석(Analysis situs)'이라는 표현을 사용했다. 《현대수학대사전(Encyklopädie der mathematischen Wissenschaften)》에는 위치분석과 위상학이라는 개념이 등가적 표현으로 나란히 등장한다.[1] 1935년에 나온 파울 알렉산드로프(Paul Alexandroff)와 하인츠 호프(Heinz Hopf)의 위상학 교재에서는 결국 위상학이라는 개념만이 사용된다.[2] 그 두 개념의 역사와 의미는 서로 다르다.[3] 위치분석이라는 명칭은 고트프리트 W. 라이프니츠가 17세기에 처음 사용했고, 위상학이라는 이름은 요한 B. 리스팅이 19세기에 사용했다. 라이프니츠는 자신이 고안한 공간의 순수한 위치 관계를 연구하는 새로운 수학을 지칭하기 위해 위치분석이라는 표현 외에도 위치기하학, 위치계산(Calculus situs),

새로운 속성(nouvelle characteristique), 혹은 분석기하학(analyse géométique) 등의 표현을 사용했다. 위치분석에 대한 라이프니츠의 중요한 텍스트 두 권이 전해진다.

1. 크리스티안 하위헌스에게 보낸 1679년 9월 8일자 서신에서 라이프니츠는 동료를 위해 새로운 기하학을 수립하려 시도했으나 헛수고로 끝나버렸다. 이 서신에 부록을 추가하는데, 거기에 당시에는 '새로운 속성'이라 명명한 것에 대한 생각을 처음으로 펼쳐놓는다. 오늘날 이 부록은 아르투어 부혜나우(Artur Buchenau)의 프랑스어 판 번역을 참조해 '1679년의 기하학적 특성학 초안(Entwurf der geometrischen Charakteristik von 1679)'으로 불린다. 이 초안은 1752년에 발췌본으로 출간되었다. 그럼에도 레온하르트 오일러는 이미 1736년, 쾨니히스베르크의 다리 문제에 천착하는 《위치기하학》을 펴냈을 때 라이프니츠에 기대고 있었지만, 그 다리 문제는 라이프니츠가 《위치분석》에서 전개한 생각과는 거의 공통점이 없었다.[4] 1771년에 알렉산드르 T. 반더몬드(Alexandre T. Vandermonde)의 《위치계산(Calcul de situation)》이 출간되었다.[5] 하위헌스의 유고에서 발견된 라이프니츠의 1679년 9월 8일자 서신은 결정적인 부록을 덧붙인 상태로 1833년에 피터르 J. 아윌렌부르크(Pieter J. Uylenbroek)가 비로소 완전한 형태로 출간했다. 이와 함께 '위치분석'은 탄력을 받는다. 특히 슈체친(Szczecin) 출신 수학자 헤르만 그라스만(Hermann Graßmann)은 라이프니츠의 영감을 이어받아, 원래 의도하던 바에 따라 계속 발전시켰다.[6] 괴팅겐 출신 수학자 카를 F. 가우스, 베른하르트 리만 그리고 리스팅은 이 시기에 라이프니츠와는 근본적으로 다른 위상학적 사고에 골몰했다. 그러나 자신들의 위대한 지적 전형으로 기꺼이 라이프니츠를 끌어들였고 라이프니츠를 통해 자기 자신을 보고 있음을 확인할 수 있었다.

2. 라이프니츠의 또 다른 중요한 텍스트인 〈**위치분석에 대하여**(De analysi situs)〉가 1858년에 처음으로 출간되었다. 하노버 왕립도서관에 소장되어 있던 라이프니츠 유고작에서 카를 I. 게르하르트(Carl I. Gerhardt)가 편집해 펴낸 것이다.[7] 그래서 리스팅은 그 텍스트를 1847년에 나온 《**위상학 예비학**(Vorstudien zur Topologie)》에 수렴할 수 없었다. 리스팅은 1861년에 나온 《**공간적 복잡성의 의미 혹은 오일러의 다각형 정리의 일반화**(Der Census räumlicher Complexe oder Verallgemeinerung des Euleräschen Satzes von den Polyedern)》에서 자신의 위상학을 정교하게 다듬었는데, 그는 여기에서 라이프니츠를 더 언급할 필요가 없을 정도로 작업을 상당히 진전시켰다. (여기서는 우선 라이프니츠와 리스팅의 비교가 관건이기에, 필자는 첫 번째 텍스트, 즉 부록이 첨부된 상태에서 하위헌스에게 보낸 라이프니츠의 서신에 국한해 논의를 전개하고자 한다.)

리스팅은 1836년 자신의 옛 스승 요한 H. 뮐러(Johann H. Müller)에게 보낸 서신에서 처음으로 위상학이라는 표현을 사용한다.[8] 리스팅 자신이 수학한 가우스를 통해 고무되어 그 개념을 1847년에 나온 《**괴팅거 슈튜디엔**(Göttinger Studien)》에 처음 사용한다.[9] 리스팅이 그 개념을 도입한 까닭은, 자기 입장을 라이프니츠와 그라스만의 위치분석과 구별하기 위해서였다. 이러한 구별이 정당한지 그렇지 않은지는 뒤에서 따로 논의할 것이다. 리스팅의 그러한 용어 사용법은 결국 관철되기에 이른다. 이는 근거가 없는 것은 아니었을 것이다.

2 라이프니츠의 '위치분석'

하위헌스에게 보낸 서신에서 라이프니츠는 자신에게는 대수학(Algebra) 처럼 수나 크기에 근거하는 학문보다는 공간적 위치나 장소들의 관계 분석이라는 새로운 형식에 기반한 새로운 학문이 관건이라는 견해를 간략히 암시한다. 당시에 대수 연구가 커다란 진전을 이루고 있었지만, 그럼에도 대수만으로는 만족할 수 없다고 적었다. 왜냐하면 대수는 기하학에서의 아름다운 구성들("belles constructions de Geometrie"[10])을 허용하질 못하기 때문이라는 것이다. 그래서 기하학적·선형적이며, 마치 대수가 수치의 크기들을 표현하듯이, 위치를 직접 표현해야 하는 새로운 분석이 필요하다고 믿는다고 말한다. 그는 마치 대수가 정량적 크기들을 묘사하듯이, 형태와 기계 그리고 운동까지도 특성들("caracteres"[11])을 통해 규정할 수 있는 길을 찾았노라고 말한다. 라이프니츠의 서신에 첨부되었던 에세이는 다음과 같은 말로 시작된다.

나는 대수와는 완전히 다르고, 형태가 없어도 정신에게 감각적 직관의 대상을 정확하고도 그 본성에 적합하게 묘사할 수 있게 하는 장점을 가진 새로운 특성학의 요소들을 발견했습니다. 대수는 비규정적인 수나 크기의 특성을 다룰 수는 있지만, 위치, 각도, 운동을 직접 표현하지는 못합니다. 그래서 형태의 속성을 표현하는 데 사용하기에는 종종 어려움이 따르고, 게다가 대수 계산이 완전히 끝난 후에, 아주 간편한 기하학적 증명과 구성들을 찾기란 더 어렵습니다. 반면 직관적인 형태를 다루는 일에 아주 적합한 이 새로운 특성학은 문제 해결과 구성 그리고 기하학적 증명을 필연적으로 포함합니다. 게다가 아주 자연스러운 방법 및 분석의 결과를 매개로, 즉 정확한 처방술을 통해 제반 문제들을 해결합니다.[12]

자신의 새로운 방법의 유용성을 그는 우회적으로 이렇게 적는다.

그런데 그 방법의 본질적인 유용성은, 그 방법에서 사용되는 추론과 추리가 단지 특성의 조작으로 얻어질 뿐, 형태들을 통해서―모델을 통해서는 말할 것도 없이―표현될 필요도 없고, 형태 및 모델의 수를 늘리지 않고서도, 헷갈리는 여분의 점과 선들을 추가로 사용하지 않고서도, 특히 불필요한 시도들을 여러 번 반복할 필요도 없이 진행될 수 있다는 데 있습니다. 이 새로운 방법을 통하면, 확실하고 어려움 없이 소기의 목적을 달성할 수 있는 것입니다. 나는 사람들이 그 방법의 도움을 받아 역학(Mechanik)을 거의 기하학처럼 다룰 수 있고, 물질을 질(Qualität)을 시험하는 데까지 파고들 수 있다고 생각합니다. 왜냐하면 이 물질의 질이 보통은 그것의 감각적 부분들이 가지고 있는 형상에 의존하기 때문입니다. 궁극적으로 나는 사람들이 상상의 부담을 줄이기 위해 그러한 수단을 사용하지 못하는 동안에는 그것을 물리학에도 사용할 수는 없을 거라고 생각하며, 거기에 희망을 걸고 있습니다.[13]

라이프니츠는 질적인 지각 내용들, 즉 형태, 그것들의 위치 관계, 각도 그리고 역학적 운동의 순수공간적인 속성을 묘사하기 위해 형태의 수학을 의도한 것이다. 그의 '새로운 분석'은 형태, 기계 그리고 운동 진행 들을 충분히 형식화하는 방법을 제공해야 했다. 게다가 라이프니츠는 "자연 물체, 가령 식물을 기술하고 동물의 신체 구성을 정확히 기술하는 방법"[14]을 발전시키는 일에 관심을 가지고 있었다. 라이프니츠는 물질 속성들조차 더 잘 파악할 수 있기를 바랐다. 왜냐하면 물질의 질은 그 조직 혹은 "그것의 감각적 부분들의 형태"[15]를 통해 정의될 수 있기 때문이다. 이러한 내용은 이후 반더몬드가 세부적으로 작업했다.

라이프니츠의 새로운 이론체계는 선, 원, 평면 같은 특수한 기하학적

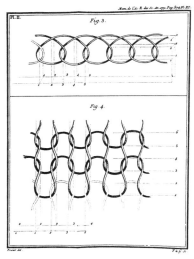

형태를 특징화하는 것으로서 점집합들의 합동이라는 핵심 아이디어에 기반을 두고 있다. 특별한 형태는 일정한 합동관계를 만족시키는 점들의 화신(化身)이라는 의미에서 '기하학적 장소들'로 구성되었다. 이에 더해 라이프니츠는 고정점들(feste Punkte)을 나타내는 기호들로 라틴어 알파벳 앞쪽 기호인 A, B, C, D 등을 도입한다. 위치에 따라 변화 가능한 점들을 나타내는 기호로는 알파벳의 뒤쪽 기호에 해

그림 1 반더몬드의 《상황 문제에 대한 노트 (Remarques sur les problèmes de situation)》 (1771), 574쪽.

당하는 X, Y, Z를 도입한다. 거기에 합동을 나타내는 기호로 8을 추가로 도입한다.

가령 ABC 8 DEF는, 항상 서로 고정적인 관계를 이루는 세 장소점의 집합이 고정된 위치를 점하는 가운데 서로 관계하는 또 다른 세 장소점들의 집합과 합동이 될 수 있음을 의미한다. 즉 이를 통해 두 삼각형의 합동이 표현된다. 하나의 고정점에 대해 서로가 합동인 장소점들은 그 고정점의 모든 방향 속에서 무한공간을 산출해낸다.

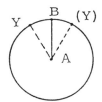

그림 2 합동관계인 AB 8 AY가 고정된 중심점 A 그리고 반지름 AB를 갖는 하나의 공(球)을 산출해낸다. 거기서 반지름의 변수인 끝점 Y는 중심에서 동일한 거리 AB를 갖는 모든 점을 "지나간다".

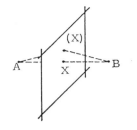

그림 3 공식 AX 8 BX와 함께 하나의 기하학적 형태가 주어진다. 이 기하학적 형태에서 변수 X는 고정점 A와 B 각각에 대해 항상 동일한 거리에 있다. 이러한 관계가 모든 가능한 공간점을 빠짐없이 지나 성립하면 평면이 얻어진다.

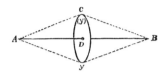

그림 4 ABC 8 ABY 관계가 하나의 원을 결정한다.

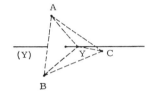

그림 5 AY 8 BY 8 CY 관계가 하나의 직선을 산출해낸다.

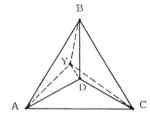

그림 6 AY 8 BY 8 CY 8 DY 관계가 하나의 고정점을 형성한다.

라이프니츠의 '위치분석'에 나오는 몇몇 사례는, 그의 방법의 핵심이 기하학적 형태를 좌표계적으로 묘사하는 것이라는 점을 잘 보여준다. 공간은 먼저 장소들의 집합으로 분해되고, 하나의 고정점에 대한 그 집합의 합동관계들은 무한공간을 산출해낸다. 각 기하학적 형태들은, 한편으로는 서로 일정한 거리 관계를 유지하는 일정 수의 점들이 고정되고, 다른 한편으로 다른 (변수적인) 점들이 이 배열을 유지하는 상태에서 움직일 수 있는 것들로 여겨짐으로써 태동한다. 우리는 이 방법의 본질을 그림 4와 관련해 하나의 줄을 이용해 쉽게 설명할 수 있다. 줄의 양 끝을 각각 A와 B라고 할 때, 이들은 줄의 길이를 통해 서로 고정된 거리 관계를 유지한다고 하자. 줄의 정중앙인 점 C를 손가락으로 잡아 약간 바깥 쪽으로 끌어내면, 점 C는 점 A와 B 각각에 대해 고정된 거리 관계를 맺는다. 이제 (점 A와 B가 고정된 상태에서) 점 C를 움직일 수 있는 범위 내에서 움직여보면, 우리는 그 움직임이 (AC와 BC의 거리가 고정된 상태에서) 단지 원의 형태에서만 움직일 수 있음을 확인할 수 있다. 그러면 점 C는 주어진 조건에서 단지 원의 형태로만 움직인다. 팽팽한 상태에서 줄이 여러 위치를 돌아다닐 때, 이 위치 관계들을 통해 점 C의 운동 가능성이 제한된다. 이는 결정된 관계이다. 그것도 단순히 외적이고 역학적으로 이해되는 원인(가령 충격)을 통해 그런 게 아니라 이러한 조작의 주어진 조건 전체 상태를 통해 결정되어 있다. 그림 5를 보면, 점 Y는 단지 하나의 직선을 따라서만 움직일 수 있다. 왜냐하면 세 개의 다른 점을 통해 한 가지 거리 관계에 고정되어 있기 때문이다. (그림 6에서와 같이) 네 개의 다른 점을 통해 고정된 하나의 점은 어떤 운동 가능성도 갖지 않는다.

라이프니츠의 개념에서 결정적인 것은 서로에 대한 점들의 위치 관계들이 일정한 운동기하학을 내적으로(intrinsisch) 결정한다는 것이다. 이러한 기하학은 일정한 제한하에 실현될 수 있는 가능성의 스펙트럼 혹은 가능성의 영역에 대해 무엇인가를 말해준다. 좀더 일반적으로는 일정한 운동 가능성의 공간을 고정시키는 것은 공간의 법칙적 관계 자체라고 말할 수 있을 것이다. 라이프니츠의 방법은 특히 내적 관계들에 의해 제한되고 규칙화되는 역학적 행위 과정들을 기호화한다. 이러한 내적 운동 제한에 라이프니츠는 관심을 갖고 있었던 것으로 보인다. 자신의 '위치 분석'과 함께 라이프니츠는 선형적인 인과관계를 넘어 전체적 배열 관계를 내포하는 전일적 국면(holistisches Moment)[■]을 역학에 끌어들이려 했다.

라이프니츠는 《**보편수학**(Mathesis universalis)》에서 이런 접근법을, **정량적 학문**(scientia generalis de quantitate)과 구분되는 **질적 학문의 일반 개념**(scientia generalis de qualitate)에 수렴했고, 후자를 전자에 비해 훨씬 중요한 것으로 여긴다는 견해를 분명히 개진한다.[16] 결과는 대수, 즉 정량적인 크기 관계를 다루는 학문을 조합 학문, 그러니까 질서, 유사성과 관련된 표현들을 일반적으로 다루는 학문 아래에 위치시키는 것을 의미한다. 라이프니츠는 항상 자신의 수학 저서에서 자신이 보기에는 대수 및 기하학이 아니라, 조합 학문이 수학의 기초학문이라고 누차 강조한다. 이 조합 학문은 수나 크기가 아니라 연결 형식과 관계한다. 결국 그에게는 모양, 형태 그리고 다양한 운동들이 범벅인 상태로 감각들에 주어진 듯한 물질의 질적 상이성의 구성이 문제가 되고 있는 것이다.

이와 함께 라이프니츠는 르네 데카르트의 분석기하학으로부터 거리를 둔다. 데카르트에게 기하학적 형태와 법칙성은 외적으로(extrinsisch) 주어진 좌표계를 통해, 즉 비교적 자의적으로 도입한, 자연을 바깥에서 계산 가능하게 하는 데 이용하는 측정계(Masssystem)을 통해 규정할 수 있다. 반면 라이프니츠는 좌표계 없이 재기술될 수 있는 기하학적 질서 관계의 내적 묘사를 찾고자 했고, 더불어 자연 및 기술의 형태들을 내적으로 이해하려 했다. 데카르트와 라이프니츠 방법의 차이는 우리가 원(圓) 알고리즘에 대한 그들의 이해방식을 서로 비교할 때 이해할 수 있다. 데카르트에게 원함수는 $x^2+y^2=r^2$을 의미하는데, 이 공식에서 그는 피타

[■] 시스템 전체가 시스템의 부분에 반영된다는 이 진술은 철학적으로는 라이프니츠의 《단자론(Monadology)》에서 표현된다. 라이프니츠에게 단자(모나드)는 영원하고, 더이상 나눌 수 없고, 창이 없어 고유의 법칙에 종속되어 있으면서도, 선천적으로 전 우주를 자체 내에 (조화롭게) 반영한다(범심론: panpsychism). 본문 내용이 비록 수학적이지만, 그것은 후자에 비추어 철학적(형이상학적)으로도 이해할 수 있을 것이다.

고라스 정리를 사용하고, 좌표계에 대한 거리 관계를 규칙화한다. 라이프니츠에게 원함수는 ABC 8 ABY를 의미하는데, 이는 거리 관계들이 점들(혹은 위치들)을 매개로 내적으로 결정된다. 그것도 고정(fest)되고 변화하는(variabel) 점들의 합동을 통해—외부에서 좌표계를 끌어들이지 않고—결정된다.

3 리스팅의 '위상학'

한스 프로이덴탈(Hans Freudenthal)이 1972년에 내린 판단에 의하면, 예나 지금이나 늘 활성화되고 있고 계속 발전해야 하는 기하학적 형태 묘사를 위한 알고리즘을 라이프니츠가 발견하고자 노력했다면, 리스팅에게서는, 본인이 직접 기술하듯이, "기하학의 양상적(modale) 측면"이 연구의 관건이 되고 있었다. 이것은 무엇을 의미하는가? 리스팅은 자신의 《**위상학 예비학**(Vorstudien zur Topologie)》 서문을 다음과 같은 말로 시작한다.

> 공간의 형태와 관련해 두 가지 시각 또는 범주, 즉 양(Quantität)과 양상(Modalität)이 서로 구분될 수 있다. 오늘날 관찰할 수 있는 형태에서 기하학 연구는—그것의 연구 대상 및 연구 방법이 얼마나 다양하든 간에—두 범주들 중 전자인 양의 측면을 늘 우선시해왔기에, 기하학은 예전부터 그 이름에 걸맞게 측정 개념에 기초해 정량적 크기를 다루는 학문의 한 분야 혹은 수학의 한 분야로 여겨졌다.[17]

리스팅의 연구에서는 분석기하학이나 전통적인 대수에서처럼 양과 측정이 기초를 형성하는 것이 아니라 (이는 라이프니츠도 강조하는 사항인데) 양상에 기반을 둔 연구 프로그램이 주된 관건이다. 라틴어로 '양상(modus)'은 어떤 것이 어떠한지 혹은 어떻게 생각될 수 있는지, 그러니까 '양식과 방식(die Art und Weise)'을 나타내는 것이어서, 가령 'modus vivendi'는 삶의 방식을, 'modus procedendi'는 과정의 방식을 의미한다. 수학에서 양상의 측면은 공간 형태의 질에 대한 시각, 즉 리스팅에 의하면, "위치와 순서에 관계하는 모든 물음을 고려하는 일"[18]과 관련되어 있다. 리스팅에게는 하나의 형태학적 〔부분적으로는 형태태동학적(morphogenetische)〕 수학이 관건이다. 그는 자신의 새로운 학문을 다음과 같이 정의한다.

위상학은 공간 형태의 양상적 관계에 대한 이론 혹은 서로의 위치, 점, 선, 평면, 체들 그리고 그것들의 부분이나 공간에서의 모음이 이루는 순서에 대한, 수치 및 크기 관계를 도외시한 상호 연관 법칙의 이론으로 이해해야 한다.[19]

여기까지 보면 리스팅의 개념이 라이프니츠의 그것과 동일하다고 생각할 수도 있다. 하지만 리스팅은 다음과 같이 말하며 자신의 개념을 라이프니츠의 '위치분석'과 구분한다.

기하학의 양상적 측면에 대한 학문적이고 계산적인 작업이라는 최초의 생각은 라이프니츠의 의사 표명에서 발견될 수도 있을 것 같다. 거기에서는 양적 크기라는 측면에서 수행되는 대수적 알고리즘과 같은 종류의 알고리즘이, 즉 공간적 형태의 위치분석 시에 사용되는 알고리즘이 언급된다. (리스팅은 여기서 라이프니츠가 하위헌스에게 보낸 서신을 언급한다―필자) 그런데 나중에 알려진, 라이프니츠 자신에게서 유래하는, 합동 개념에 기초하는 새로운 기하학적 특성학에 대해 라이프니츠 본인이 수행한 시험(Probe)은 원래 양상적 내용을 담고 있지 않았다. 또한 이러한 라이프니츠의 전통을 이어받는 그 라스만의 새로운 기하학적 분석은, 뫼비우스의 중심적(baryzentrisch) 계산처럼, 단지 원래의 기하학을 좀더 풍부하게 하는 것으로 여겨질 수 있다.[20]

같은 것이 라자레 카르노(Lazare Carnot)의 위치기하학(géométrie de position) 과 가스파르 몽주(Gaspard Monge)의 기술(記述)기하학(géométrie descriptive) 에도 해당한다. 리스팅의 라이프니츠 비판에서 결정적인 것은 라이프니츠 이론의 합동 기반적 근거짓기(Kongruenz-Begründung)에 대한 언급이다. 반면 리스팅은 장소 관계를 순수하게 질적으로 고찰하기 위해 합동 개념 과 특히 그것의 기초이며 양적 본성을 갖는 거리 개념(Abstandsbegriff)을 빼버린다. 리스팅에게는, 하나의 정해진 공간측정학(거리)이 필요하지 않고, 오직 장소들(그리스어로 topos는 '위치/장소'를 의미)의 상호관계의 양상 적 측면만이 관건이다. 리스팅은 라이프니츠의 물음이던, 고정되어 변 치 않는 점들의 배열 내에서 변수적 점들이 어떤 운동 가능성을 갖는지 보다는, 본인 스스로 칭하듯이, 모든 복합적인 것들(Complexionen)의 공간 의 복잡도, 질서도 그리고 상관관계성의 정도에 관심을 갖고 있었다. 리 스팅의 위상학 개념은 나중에 라이프니츠의 위치해석에 대항하는 개념 으로 관철되기에 이른다.[21]

《위상학 예비학》에서보다 리스팅의 〈공간적 복잡성 조사(Der Census räum-licher Complexe)〉[22]에서 그의 개념이 이미 라이프니츠의 그것과 구분된다 는 점이 더욱 뚜렷이 드러난다. 리스팅은 공간을 라이프니츠처럼 균질 적인 공간점들로 (혹은 항상 분화될 수 있는 다양성들로) 분해하지 않는다. 대 신 기본적인 정의 작업을 수행하는 자리에서 한편으로는 '가상의' 점, 선, 면, 체 그리고 다른 한편으로는 '효과적'인 점, 선, 면, 체를 구분한다. 우리가 하나의 선을 "무한히 많은 점의 모음으로 바라볼 수 있는 것"[23]처

럼, 가상의 점들이란, 무수히 많은 공간점의 합으로서 임의의 공간 형태
가 점들로 해체될 때 생성된다(이것이 라이프니츠의 위치분석에서는 변수의 성
질을 갖는 점에 해당된다). 이러한 가상의 점들은 복잡성의 구성에서는 리스
팅이 분명히 제외했고, 조작들을 위해 "단지 당분간 도움의 한 수단"[24]으
로만 사용되었다. 반면 효과적 점이란 다각형이나 다면체의 각, 원뿔의
끝 혹은 원의 중심점 같은 한계점들(Begrenzungspunkte)을 말한다. 이와 유
사하게 리스팅은, 효과적 선이라는 것이 가령 다면체의 모서리 혹은 삼
각형의 변 같은 실제 한계선인 경우 가상의 선을 기하학적 형태에 임의
로 그릴 수 있는 선으로 정의했다. 이는 면이나 체(體)에도 해당된다.[25]

효과적 점, 선, 면, 체들은, 리스팅이 그렇게 명명하듯이, 공간 복합체
들의 구성 요인들이 된다. 리스팅이 우선은 유한한 구성 요인들을 다루
고 있지만, 그의 분석은 결국 무한의 한계선과 한계면을 갖는 무한의 구
성 요인들로 넘어간다. 리스팅은 이렇게 정의한다.

공간적 복합체(räumliche Complexe)를 가지고 우리는 우선 공간에 존재하는—
점, 선, 면들의 임의의 [효과적인] 형성을 의미하는 바—선과 면들은 반듯하
거나 굽어 있을 수 있고, 개방되어 있으나 닫혀 있을 수 있고, 유한하거나
유한하지 않을 수 있지만, 단지 이 모든 요소[구성물들]가 하나의 복합체에
속하는 것들로 여겨지기 위해서는 그것들을 모아야 한다. 요소들이 연관되
지 않은 경우, 우리가 관계하는 것은 공간상에서, 그것들이 서로 맞물려 있
든 아니면 나란히 놓여 있든, 서로 분리되어 존재하는 형태로서의 여러 복
합체이다.[26]

리스팅은 라이프니츠와는 달리 개별 기하학적 형태의 내적인 알고리즘
에는 관심을 갖고 있지 않았다. 그는 공간적 복합체들의 연관도(Zusammen-

hangsgrad)에 흥미를 보였다. 그가 보기에는 이것이 진정한 위상학적 속성이었다. 그에 따르면, 단순하게 연관된 복합체들이 있는가 하면, 아주 복잡하게 연관된 복합체들이 있다. 단순히 연관된 면은 가령 임의의 방식으로 폐쇄된 선을 통해 구성될 수 있는데, 이는 이 선이 만드는 순환주기가 계속 수축되어 결국 하나의 "(비효과적) 점으로 사라지게"[27] 함으로써 구성될 수 있다. 이러한 지속적인 형태 변화에서 순환하는 선은 공간상의 면을 기술하는데, 이 면은 초기 형태에서 회선(Ringlinie)에 의해 완전하고 단순히 한정된다. "부분들 간의 상호 연관"은, 리스팅에 따르면, "태동 방식의 결과 그것이 평면 형태 아니면 다중적으로 굽어 있는 형태로 나오든 간에, 아주 단순한 것이어서, 마치 하나의 원판면의 경우처럼 통과 부분이나 구멍이 없고, 하나의 순환주기적인 가장자리(Rand)에 의해 완전히 한계지어져 있는데 이 순환주기적 가장자리는 그것의 양쪽 면 중 한 면에 있는 장소에서 반대편에 놓인 면 위에 있는 장소로, 면을 관통하지 않고 도달하려 할 때 필연적으로 그 어딘가에서 건너뛰어야 하는 것이어서, 그 가장자리는 두 개의 서로 분리된 (동일한 크기의) 양면의 면적 영역들을 나누는 유일한 경계선이 된다."[28] 이 단순하게 상호 연관된 면을 리스팅은 자신의 가장자리를 묘사하는 순환주기의 가로막면(Zwerchfläche) 혹은 격막(Diaphragma)이라 칭한다.

복수로 상호 연관된 도형들은 내적으로 서로 엉킨 여러 원들이라 할 수 있다. 리스팅은 그것을 적용하기 위해 생물학을 언급한다. 척추동물의 핏줄 체계는 복수로 상호 연관된 다양성이라고 한다. 왜냐하면 이러한 시스템에서는 다양한 순환들이 서로 엉켜 있기 때문이라는 것이다. 반면 나무의 외적 형태는 단순히 상호 연관된 형태라고 한다. 왜냐하면 지속적으로 수축되어 한 점으로 수렴할 수 있기 때문이라는 것이다. 상호 연관성의 정도를 규정하기 위해 리스팅은 자신이 투석(Dialyse)이라고 칭한 그리고 본질적으로는 절개해서 작업하는 방법을 발전시켰다. 상호 연관의 정도 혹은 그것의 질서의 수는 하나의 복잡한 상호 연관된 형태에서 하나의 단순한 상호 연관을 만들어내기 위해 얼마나 많은 절개가 필요한지를 통해 규정된다. 가령 원환체(Torus)를 수직 방향으로 원이 생기도록 절개해 호스관으로 변형시킬 수 있는데, 이것은 적절히 축소하면 한 점으로 수렴될 수 있고 단순하다.

관복합체 및 면복합체의 상호 연관성에 대한 숙고에서 출발하면서 리스팅은 결국 자신의 《센서스(Census)》에서, 다면체의 꼭지점(E), 모서리(K) 그리고 면(F)의 수들 간에 성립하는, 잘 알려진 오일러의 다면체 정리를 확장한다. E−K+R=2. 리스팅은 여기서 나타나는 항수 2가 다면체를 통해 정해지는, 공간을 안과 바깥으로 분해한 결과를 묘사한다는 것을 보여준다. 데카르트가 1752년에 발견한, 그러나 처음으로 오일러가 증명한 다면체 정리는 위상학에서 최초의 중요한 사건으로 통한다. 알렉산드로프는 이에 대해 다음과 같이 평한다.

다면체 정리는 구와 동형인 면들과 관련되어 있다. 그것은 면이 놓인 공간과는 아무 관련이 없다. 그것은—동일한 사실을 다르게 표현하자면—면의 내적 특성이나 형태 특성을 다룬다. 사람들이 면을 다른 '형태'에서 대하면, 해당되는 방식으로 정의된 수 E−K+F는 더이상 2를 갖지 않는다. 한 '원환체'의 폐쇄된 환면(Ringflächen)의 경우, 그 수는—하나의 예만 들어보자면—0이 된다. 반면 얽힘 수는 그것이 관계하는 형태의 내적 속성을 말해주지 않는다. 이 형태는 서로 낯선 한 쌍의 폐쇄된 곡선으로 이루어져 있고 그러한 두 쌍은 동형이다. 이러한 곡선들이 공간에 놓이는 방식이 비로소 얽힘 수의 값을 결정한다. 이것이 형태의 위치 속성을 표현해준다. 이로써 형태(Gestalt)와 위치의 위상학적 속성들이 존재한다. 한 종류의 속성은 형태 자체가 그것을 감싼 공간 없이 위상학적으로 복사될 때 유지되고, 다른 속성들은 일반적으로 형태가 포함된 공간 전체를 하나의 위상학적 복사에 끌어들일 때만 유지된다.[29]

리스팅은 다면체의 위상학적 속성들만 연구한 것이 아니라—가우스로부터 출발해—얽힘 관계까지도 연구했다. 이에 대해서는 다만 《센서스》에 소개된 다음과 같은 그림이 사례로 제시될 수 있다.

특히 리스팅이 위상학적 개념을 설명하기 위해 도입하는 사례들은 그가 형태와 운동의 일반적인 조건을 숙고한다는 것을 보여준다. '불가능한 형태와 운동들 또한 존재하는가?' 가령 좌우가 뒤바뀐 생물학적 신체가 있어 그 속을 피가 돌아다닌다면, 무슨 일이 벌어질까? 두드러지게 다양한 사례들이 생명 영역에서 도입된다. "한 식물의 나선형 맥관벽(Spiralfefäßwände)에 나 있는 좌우 방향 회전, 윤충류(輪蟲類) 동물의 발 운동", "달팽이들의 형태학", "고등동물류의 내이(內耳)의 달팽이관, 꼬불고불한 뿔과 치아", "전요(纏繞)식물 및 덩굴식물의 줄기".[30] 리스팅은 그에 더해 특히 식물학적 연구결과를 가령 《솔방울비늘의 질서에 대하여(Ueber die Ordnung der Schuppen an den Tannenzapfen)》 혹은 《덩굴식물과 나선형 식물들의 줄기와 휘감김에 대하여(Ueber den Bau und das Winden der Ranken und Schlingpflanzen)》 같은 저서에서 끌어들인다.[31]

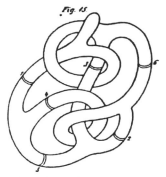

그림 7 리스팅의 《센서스》(1862), 87쪽에 실린 그림 15.

또한 리스팅은 요한 F. 프레히틀(Johann J. Prechtl)의 《기술학대사전(Technologische Encyklopädie)》에서 좌우 방향의 나사, 시계 태엽, 풍력발전기의 나선형 날개, 배의 나사형 노, 나선 펌프, 아르키메데스

나사, 나선 계단, 나선 기둥 그리고 건축에서 사용되는 나사형 장식물들 그리고 시계의 스프링, 태엽 그리고 밧줄, 꼰 밧줄, 꼬아 만든 끈 그리고 장식용 레이스에 사용되는 꼰 끈 혹은 철사 같은 사례들을 언급한다.[32] 그는 거기서 생물학적이고 기술적인 형태들을 서로 관련시켜 다음과 같이 쓴다.

비록 동일한 것이 여기서 어느 정도 부자연스러운 것으로 여겨질 수 있기는 해도, 린네의 용어는 이 점에서 앞서 끌어들인 기술학적 패류학 용어들과 일치한다.[33]

당시 리스팅에게, 위상학의 또 다른 주요한 적용 영역은 수학자들에게도 새로운 개념을 위한 기초를 형성하던 결정학(結晶學)이다. 가령 벡터대수의 창시자인 유스투스 그라스만(Justus Graßman)도 결정학을 통해 자신의 새로운 사고를 발전시킬 수 있었다.[34] 리스팅은 1836년 뮐러에게, 자신의 방법을 "내가 생각하는 바로는, 위상학이 언젠가는 의미를 갖게 될 결정학"에 적용했으며 "종종 아주 복잡한 법칙들을 따르는 반면상(Hemiedrie)■이 순수 위상학적 본성"[35]을 가지고 있다고 썼다. 또한 《센서스》에서도 결정(結晶)이론의 여러 사례를 끌어들인다.[36] 리스팅은 대칭성이 일반적으로 위상학적 본성이며 그래서 이런 학문의 본질적 분야가 될 것이라는 입장에 서 있었다. 그는 자신의 《**위상학 예비학**》을 다음과 같은 말로 마무리한다.

공간과 운동의 **대칭**은 궁극적으로는, 부분적으로 이미 입장 표명을 하는 가

■ 결정에 나타나는 면의 수가 완면상(完面像) 면수의 절반이 되는 것을 말한다. 한편 완면상은 결정형이 모든 결정면을 완전히 갖추고 있는 것을 말한다.

운데 소개한 입장을 계승하는 미래의 위상학적 연구들에 풍성한 재료를 제공한다. 크기, 수치, 기하학적 유사성 혹은 합동 등의 개념을 도외시해서는 안 될지라도, 그래도 그 개념들은 공간적인 동일성 및 균형의 표상에서 항상 양상적 공간 관계들의 배후로 후퇴하게 되어, 이를 통해 대칭성이 기하학이 아니라 위상학의 영역에 귀속된다. 대칭 법칙은 부분적으로 유기체의 형태에서 그리고 특히 결정학에서 중요한 역할을 한다.[37]

장소 관계의 질적 법칙을 다루는 이론으로서의 위상학은 리스팅에게 자연과 그 조직화된 존재들의 조직 정도 및 복잡성 정도를 통해 동기화되었다. 그의 노력은 거기서 (다른 것들 중에서도 결정학에서의) 소위 '낭만적 학문'의 시대정신에도 영향을 받은 좀더 규모가 큰 연구 영역에 속한다. 수학적 학문의 특수한 발전으로 인한 개념 · 동기적 영향이 19세기 독일에서 일어났듯이, 현재 필자가 수행하는 것과 같은 정확한 연구는 나름의 가치가 있는 작업이다.

4 자연철학의 결과로서 공간의 역동화

자연의 발전 역동성을 전면에 내세우는 자연이론적 표상에 편승해 독일과 스코틀랜드에서는 공간 표상이 역동적으로 변해갔다. 독일에서는 이러한 역동화가 낭만적 자연철학과 연관되었다. 역동주의 대 원자주의 논쟁은 다양한 분야에서 진행되었다. 구스타프 T. 페히너(Gustav T. Fechner)는 프리드리히 W. J. 셸링(Friedrich W. J. Schelling)의 역동적 원자주의를 받아들여 더욱 발전시킴으로써 두 개념의 종합을 시도하기까지 했다. 연속이론적 공간 개념을 원자론적 입자 개념과 통일하려는 시도와 자연의 근본적인 통일 시도는 더욱 강화된 위상학적 문제에 천착하게 되는 본질적 동기가 되었다. 베른하르트 리만, 헤르만 폰 헬름홀츠(Hermann von Helmholtz), 피터 G. 테이트(Peter G. Tait)를 위시한 스코틀랜드 학파 그리고 제임스 C. 맥스웰(James C. Maxwell)과 영국인 윌리엄 톰슨(William Thomson)은 위상학의 자연철학적 맥락에 서 있었다. 헬름홀츠는 리만의 위상학적 모델들을 유체역학적 회오리 이론과 연결했다.[38] 가령 쇼크파(波) 생성을 연구했다. 여기서 결정적인 것은, 연속이론적 시각으로 보면, 물질 입자가 유사 액체적 근본 실체의 회오리로 여겨질 수 있다는 사실이다. 장이론 역시 이 방향으로 나아갔다. 일반론의 장이론을 찾으려는 알베르트 아인슈타인의 추구는 이러한 발전을 완수하는 것이었다. 에테르이론의 극복과 함께 빈 공간 자체는 유사 액체적인 매체로 여겨졌다. 이러한 발전은 또한 거리(Metriken)는 공간의 필연적 속성이 아니어서 공간은 오히려 다양한 방식의 거리 능력이 있고 공간성 자체는 '위상학적 실체' 같은 것이라는 사실을 알아차린 리만에게서 연유한다. 리만의 또 다른 중요한 아이디어는, 자연의 '조직 원리'가 자연의 거리 자체를 만들어냈다는 것이다. 외부에서 좌표계를 통해 측정계를 도입하는 데카르트의 접근법은 이러한 자연철학적 배경에서 볼 때 충분치 않다.

공간 표상의 역동화에서 또 다른 이정표가 된 것은 1872년에 성립된 펠릭스 클라인(Felix Klein)의 '에어랑겐 프로그램'이다. 클라인은 다양한 기하학들을 그것의 대상이 아니라, 근본적인 행위 지침들(Handlungsweisen) 내지 변환들(Transformationen)에 따라 분류하기 위해 군(群)이론을 이용했다. 이에 따르면, 기하학적 대상은 일정 변환의 항수로 주어진다. 그것은 변화를 통해 생성된다. 이와 함께 기하학은 단지 삼각형, 원 같은 형상들만이 아니라, 변환 양식을 통해 생성되는 대상 전체를 연구한다. 대표적인 예가 원뿔 단면들이다. 유클리드와 데카르트 기하학에서는 원과 타

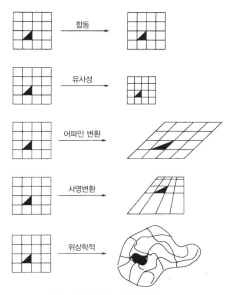

| 합동 → |
| 유사성 → |
| 어파인 변환 → |
| 사영변환 → |
| 위상학적 → |

그림 8 유클리드기하학에서 위상학으로.

원은 따로따로 연구할 수 있는, 구분되는 형상들이다. 의사기하학에서는 원과 타원은 하나의 형상으로 여겨진다. 왜냐하면 원과 타원은 유사변환을 매개로 하나에서 다른 하나가 형성되기 때문이다.

변환들, 변환함수의 생성 그리고 그것에 속하는 군들의 생성은 기하학의 단계화를 통해 보완되었는데, 이것은 엄격한 유클리드적 거리가 좀더 기초적인 기하학의 단계적인 제한의 마지막 결과물로 인식되도록 하는 작업이다.

유클리드기하학은 가장 강력한 기본 가정을 전제로 한다. 그것은 고정된 측정자로 측정할 수 있는 양화 가능한 공간을 전제로 한다. 이러한 시각에서 보면, 두 개의 형상이 합동이면, 즉 하나가 다른 하나에서 크기가 아니라 단지 위치만 변하는 운동을 통해 형성되면, 그것들은 서로 동치이다. 이러한 기하학의 정리가 길이, 각 그리고 면에도 적용된다. 네트워크 내지 거리(Metrik)는 고정적이고 불변한 상태로 유지된다. 유클리드기하학 내에서도 형성될 수 있고 라이프니츠가 위치분석을 정립하려 한 유사성 복사에서 네트워크는 확장되거나 축소될 수 있다. 크기는 달라지지만 형태는 유지된다. 유사복사에서 각(角)은 변할 수 있지만 평행선은 그대로 유지된다. 사영기하학에서는 사정이 달라진다. 여기서 직선과 절점은 변하지 않은 채로 유지된다. 직선을 가진 공간의 네트워크는, 비록 이 네트워크의 크기, 거리 각도를 더이상 규정할 수 없다 하더라도 어느 정도는 유지된다. 하나의 선을 직선으로 인식하기 위해서는 다시금 측정이 요구되고 하나의 고정되고 눈금은 없어도 상관없는 자가 요구된다. 위상학적 기하학에서도 마지막에 언급된 양적 여분은 생략될 수 있다.

일찍이 리만은 위상학적 공간을 비형태적(amorph)이고, 움직일 수 있는 공간으로 이해했는데, 이는 위상학적 항수로서 상호 연관 정도를 변하지 않게 한다. 항상 반복 시도된 예가, 모든 가능한 형태로 늘릴 수 있고 짓누를 수 있는 고무 공간이다. 그래서 위상학은 지속적인 탈형태화 이론으로 정의되기도 했다. 위상학은 단지 지속적, 형태발생적인 구조화를 기술할 수 있다. 즉 비평형적 상태의 분기점에서 일어나는 즉흥적인 자기조직 과정을 기술하는 것이 아니라, 영속적으로 정체되는 평형의 토대 위에서 일어나는 형태 변화를 기술할 수 있다. 이는 또한 1970년대에 놀라운 위상학적 생물수학을—비록 이것이 정체적인 형태발생학적 과정들을 넘어서지는 못하고 있었지만—창안한 르네 톰(René Thom)이 다룬 문제이기도 했다.

수학의 한 영역으로서의 위상학은, 자신에게 공간 · 시간 · 다양성의 생성을 테마화하는 것을 허용하지 않거나 유독 공간 생성만을 충분히 테마화하는 것을 불허하는 방해 요소를 가지고 있었다. 중요한 위상학적 항수가 바로 차원수이다. 차원성은 위상학적 복사 혹은 변환을 매개로 변할 수는 없다. 이는 위상학이 차원화된 공간을 전제해야 한다는 것을 의미한다. 이러한 틀 내에서 공간 생성은 생각할 수가 없다. 그러나 비연속적 변환이 허용될 경우에는 사정이 달라진다. 게오르크 칸토어(Georg Cantor)는 비연속적인 변환을 허용하면, 일차원적 거리(Strecke)에서, 점 하나라도 없어지거나 추가되는 일이 없이, n차원의 공간들이 전단사(全單射)적으로 생성될 수 있음을 보인 바 있다. 수학자 펠릭스 하우스도르프

(Felix Hausdorff)는 1898년에 출간된 철학적 저서 《우주적 선택에서의 혼동 (Das Chaos in kosmischer Auslese)》에서 이러한 사실에 감동을 표한다. 그러나 사람들은 이와 함께 고전적 위상학과는 작별을 고하고는, 소위 '칸토어 먼지(Cantor-Staub)'를 첫 번째 사례로 하는, 하우스도르프가 계속 발전시킨 프랙탈 기하학의 영역으로 접근해 들어간다.

고정된 거리(Metrik)에서 거리가 없이(metrikfreien) 역동적으로 퍼져나가는 공간 그리고 결국 물리학자들이 '공간 거품(Raumschaum)'이라고 이름 붙인, 좀더 기초적인 것으로 향하는 여정은 반대로 읽힐 수도 있다. 최소한의 기본 가정만을 가진 공간은 가장 근원적인 것일 수도 있어, 거기에서 점증하는 안정화를 통해 생명력 있는 다양성이 형성될 수도 있다. 그러한 최소한의 기본 가정을 가진 공간은 위상학적인 공간이 아니라, 영(零)차원적 칸토어 집합, 즉 '칸토어 먼지'를 통해 재현되는 비연속이다. 칸토어 집합은 하나의 원(元)집합으로, 그로부터 텅 비어 있지 않은 옹골성(Kompaktum)이 생성되어 나온다. 그런 후 거리화(Metrisierungen)가 가능한 경우, 이를 통해 다른 제한들이 따라나올 수 있다.

이러한 발전 방향은 아이들의 공간 표상 발전에도 타당하다는 것을 보여준 이가 발달심리학자 장 피아제(Jean Piaget)이다. 아이들에게서 거리적(metrisch) 표상은 아주 늦게 두드러지지만, 위상학적 표상은 그보다 일찍 형성된다. 중기 셸링의 인식론에 따르면, 혼돈이란 단지 물리학적 공간만이 아니라 인간의 인지에도 가장 근원적인 것이다.[39]

3부 응용위상학

무형의 형식
열 가지 테제로 읽는 @건축위상학

지나칠 정도로 빈번하게 사용되는 '세계화'라는 개념 대신 현대의 트렌드를 표현하는 용어로 논하자면 탈물질화(Entmaterialisierung), 잡종화(Hybridisierung) 그리고 초소형화(Transmaßstäblichkeit)가 시대의 화두이다. 즉 이러한 흐름이 21세기 도시세계의 디자인, 건축양식 그리고 도시적 맥락의 공간을 추동하는 주 요인이다. 이러한 동향에 직면해 필자는 **@건축위상학**(@rchi-Topologie)이라는 기호를 사용해, 건축위상학을 열 개의 테제로 나누어 논하고자 한다. 이 작업의 의도는 건축학의 전통에서 구성되어 개진되었던 이론적이고 경험적인 담론들을 '공간 연구'라는 측면에서 일목요연하게 다루는 것이다. 건축적 기획을 3차원(3D) 내지 4차원(4D) 애니메이션으로 새롭게 묘사하는 가능성들을 타진함으로써 공간의 구성요소들은 '밋밋한' 평면기하학(Planimetrie)과는 또 다른 의미를 획득할 수 있을 것이다. 이는 후자가 전자로 가는 가교 역할을 한다는 의미에서 그렇다. **@건축위상학**도 이런 의미를 갖는 것이어서, 수학의 추상적 공간 묘사로 들어가는 전 단계 작업으로서 가교 역할을 시도하는 것으로 이해할 수 있다.[1] 그래서 **@건축위상학** 논의에서는 수학적인 형식언어는 전혀 사용되지 않는다. 그것은 비교공간론 측면에서 건축 실천을 해석적으로 연구하기 위한 논증을 축적하는 데 기여하는 작업으로서 건축 실천의 해석을 위한 발견법적인 은유[2] 역할을 수행하는 데 목적을 둔다.[3] 이 논의를 통해 건축가들의 미래적인 직업 이미지와 비판적 공간 구성 실천을 역동적으로 연구하기 위한 도구들이 개발될 것이다.

1 무형(無形)의 맥락

마이크로프로세서 및 나노기술을 통한 집적화와 소형화로 생산품들은 급기야 탈물질화되어, 인간환경공학적으로 사용되기에는 종종 너무나 작아지는 방향으로 나아가고 있다. 그렇다면 사람들은 그것들에 유의미한 '형식'—의미를 자아내는 아키텍처적 속성으로서의 '형식'—을 어떻게 부여하는가? 초소형 인과변수들은 다른 무엇보다 맥락상 중요한 역할을 떠맡는 요소들(kontextuelle Schlüsselfaktoren)로 이해된다.

소형화와 함께 '탈물질화' 시대가 도래한다. 그렇다 하더라도, 탈물질화는 소형화 그 이상을 의미한다. 유럽이 앞으로 서비스사회와 정보사회로 발전해갈 경우, 생산품의 디자인이 아니라 훨씬 강력해진 서비스 디자인—가령 **애플사**가 아이팟/아이튠스(iPod/iTunes) 같은 제품을 통해 선보였듯이—그리고 생산품 내지 물품과 서비스를 구조적으로 연결하는 것이 혁신을 위해 매우 중요하다. 왜냐하면 미래사회에서는 형태 없는 '무형의' 혁신이 중요하기 때문이다. 즉 앞으로의 과제는 생산품이나 물품, 서비스 간의 연결점을 어떻게 디자인하느냐가 핵심 사안이라 할 수 있다. 이 영역에서 나노기술은 앞으로 생산될 물품들로 실현할 수 있는 지적인 인터페이스 표면 속성들을 급진적으로 변화시킬 기술이 될 것이다. 그러나 이 기술 자체가 혁신을 가져오는 것은 아니다. 인터페이스라는 서비스 디자인 같은 추상적인 의미에서의 '형식', 즉 무형의 형식[4]에 영향을 미치는 요소들을 정의하기 위해서는 취급하려는 인공물에 영향을 미치는 초소형 요소들의 공간적인 표현형식 및 사용자들의 제품의 사용맥락을 철저히 연구할 필요가 있다. 문학이론에서도 '맥락'과 '토포스'는 텍스트 분석과 해석에 아주 근본적인 것들이다.[■] 거기서 '맥락'은 표현에 사용되는 원래 언어의 바깥, 즉 언어의 실천적인 주변환경을 일컫는 말이다. 맥락을 고려하지 않고 텍스트 해석을 말하는 것은 의미가 없다. 또한 연극에서도 맥락주의가 중요한 역할을 한다. 이는 연기자, 청중석 그리고 상황, 이 셋의 유연한 흐름(flux)을 통해, 즉 청중석에서 매번 일어나는 위의 세 요소들의 상호작용과 일치 과정의 역동적 발전으로 규정된다. 일반적인 의미에서 맥락주의란 이러한 맥락의 측면을 상대주의적 시각에서 표현한 것에 불과할 뿐이다. '맥락'은 역동적이다. 그리고 그 속에 있는 행위자들만이 아니라 시대 및 문화와 함께 발전해 나아간다. 가령 맥락을 연결해주는 환경요인을 전면에 내세우는 경우, 그 이유는 분석이나 조작의 경우에, 행위능력을 가능케 하기 위해서이다. 맥락과 맥락을 연결하는 환경요인들이 있기에 건축 실천에서는 **@건축위상학**이 사회문화적으로 자리를 잡고 더 풍성해질 수 있는 것이다. 현재 진행되는 세계화, 도시화 그리고 가상화로 인해 복잡한 결과들이 양산된다. 그것들은 한편으로는 현대사회에서 미시 및 거시적 현상들을 복합적으로 얽히게 하고 있으며, 각 요소들로 하여금 복수의 맥락에 놓이게 하고 이제 더이상 중심과 주변을 가를 수 없게 만들어, 모든 것이 중심이 되

■ 토포스/토포이(topos. 복수 topoi)는 그리스어로 장소(place)를 의미하는데, 이 단어는 또한 고대 그리스의 수사학에서는 논증을 다루는 정형화된 방법을 일컫기도 했다. 이 개념이 문학 이론에 받아들여지면서 전통적 자료들을—가령 정형화된 장면이나 원형화된 인물 등을—재가공해 사용하는 것을 일컫게 된다.

는, 즉 탈중심화 현상을 초래한다. 이러한 현상은 총체적으로 조망할 수 없을 정도로 복잡하게 진행되고 있다. 그리고 이 과정에서 건축/아키텍처적인 것의 자율성이 점차 증대되는 상황이다. 이러한 상황에서 우리는 건축/아키텍처적인 것의 자율성을 물을 필요가 있고,[5] 이것이 사회문화적 미시·거시 복합 현상들, 복수맥락성 그리고 탈중심화의 복잡다단한 얽힘 속으로 구현되는 과정을 물을 수 있다. 바로 이러한 물음과 관련해 공간에 대한 질적인 이론이자 방법론으로서의 **@건축위상학**이 중재하면서 개입한다. 맥락, 도시, 건축, 이 요소들이 하는 역할은 이들에 대한 고전적인 분류법으로는 더이상 파악할 수 없다. 이 요소들은 물질화와 위계화를 매개로 생산물이라든가 고전적 장소들로, 즉 정태적인 장소들로 정의할 수 없다. 생산물은 변환 과정으로 대체되고 있다.[6]

2 도시적 맥락과 도시위상(학)

@건축위상학의 원천 자원이기도 한 '무경계도시'는 사람들의 의지와는 별개로 자연적으로 진행되는 제2의 자연으로서의 도시화 과정에 대한 반응이자, 중앙집중적 도시인 '인트라뮤로스(intra muros)'▪에 대한 향수를 견제하는 과정이기도 하다.

정상도시 개념(Normalbegriff der Stadt)이라는 것이 이제 위상(학)적 도시라는 유사 도시로 투사되고 있다. 건축학적 시각에서 정상도시 개념은 대부분 20세기에 모더니즘과의 논쟁을 통해 태동한 도시 개념적 모델을 통해 형성되었다. 그런 정상도시 개념을 형성하는 데 구심점 역할을 했던 초기 사건이 바로 사회기반 구조를 지향해 도시 기능을 분리할 것을

▪ 필리핀 수도 마닐라 시내에서 가장 오래된 지역으로 파시그(Pasig) 강 남쪽 강변을 따라 위치한 지역이다. 이는 라틴어로 '벽 안에(within the wall)'를 의미하는데, 이는 그 지역이 원래 높은 성벽으로 둘러싸여 있었기 때문이다.

주장한 아테네장전(Charta von Athen)▪이다. 여기서 형성된 도시 개념은 대략 두 방향으로 갈라져 나왔다. 그중 하나는 CIAM과 후기 CIAM에서 나온 개념으로,▪▪ 필자가 아테네장전의 '인격화'라고 말하는 도시 개념인데, 이는 (초기 1960년대의) **팀 엑스**(Team X), (1970년대와 80년대의) 네덜란드 구조주의 그리고 뒤이어 도시기호학, (1980년대와 90년대의) 텍스트로서의 후기구조주의적 도시를 거치면서 형성되었다. 다른 하나의 도시 개념은 (1960년대의) 알도 로시 학파[7]의 이태리 합리주의 형태학 학파와 그 학파와 연관 있는 콜린 로(Colin Rowe)를 중심으로 하는 (1960년대/70년대의) 코넬 학파의 형태/배경 분석에서 발견할 수 있다. 이러한 도시 개념 모델이 풍기는 개념상의 뉘앙스, 그것들의 혼합 형태들과 서로 대립하는 프로젝트들을 종합하는 개념으로 '정상도시 개념'—이 개념은 건축 논쟁 내부에서 일정한 도시 개념적 입장을 가리키기 위해 사용되었는데—이 형성된다. 오늘날의 도시는 이 개념으로도 파악할 수 없을 정도로 많은 변화를 겪고 있다. 즉 현대도시는 특히 대규모성, 이질성, 새로운 소통기술 요소들과 관련해 그러한 모델을 이미 먼 과거의 유물로 만들어놓고는 그것들을 앞질러 나가고 있다. 소위 현대의 '포디즘적' 도시는 우선 포스트포디즘적 서비스 도시로 변모해갔고 이제는 한 발짝 더 나아가 정보도시로 변모해가는 중이다. 여기서는 자주 언급되는 가능성, 즉 모델들을 몇몇 이상적이고 통일적인 모델들로 단일화 내지 수렴하는 가능성을

▪ 20세기 초반 유럽에서 산업화로 도시들이 비대해지고, 그 무질서한 전개로 삶의 조건들이 열악해지자 도시의 계획적 발전 문제가 대두되기에 이르렀다. 그리하여 1933년 아테네에서 제4차 현대건축국제회의가 개최되었고 여기서 아테네장전이 채택되었다. 도시계획자들과 건축가들이 주축이 되어 참가자들은 기능도시라는 주제로 논의를 펼친 끝에 미래 도시의 발전을 거주, 작업장, 여가, 움직임이라는 문제로 집약해 해결책을 모색했다. 그 결과는 특히 제2차 세계대전으로 도시가 폐허화된 이후 많은 영향을 미쳤다.

▪▪ CIAM이란 프랑스어 Congrès Internationaux d'Architecture Moderne의 약자. 1928~1959년에 개최된 일련의 현대건축국제회의를 칭한다.

엿볼 수 없다. 그러한 모델이 있다고 해도, 그것은 종종 도시의 특수한 측면만을 파악할 수 있을 뿐이다. 그리고 역사적 중심을 가진 고전적 도시 너머에 있는 특성들을 무리 없이 매끈하게 다룰 수 있는 수단들을 거의 제공하지 못한다. 즉 위에서 언급한 정상도시 개념이 '위상학적 도시'로 투사된다고 했을 때, 그 과정에서 관건이 되는 것은, 도시성을 보는 다양한 시선들 속에 내재한 노하우(know-how)들을 활성화하여, 그것을 더욱 발전시키고 매개해주는 현상들이다. '무경계도시'는 세분되어 있고, 정밀하다. 이는 인간 생활세계의 두 번째 자연적 본성이라고 할 만한 것으로, 이전 도시와는 다른 양상을 띤다.[8] 제멋대로 뻗어나간 도시경관과 교류할 때, 사람들은 도시의 조망 불가능한 경관을 현실로 인정해야 하고, (재)확인해야 하며, 이를 새로운 기회로 인정해야 한다. 무경계도시에는 여러 개념이 포함되어 있는데, 특히 도시 확산의 다양한 형식을 지칭하기 위해 사용되는 개념들이 포함되어 있다. 가령 메가시티(Mega-City),[9] 메갈로폴리스(Megalopolis),[10] 탈도시(Exurbia), 탈폴리스(Exopolis), 주변화(Peripherisierung), 사이도시(Zwischenstadt),[11] 위성도시/변두리도시(Rand-Stadt/Edge City),[12] 띠도시(Bandstadt), 그물도시(Netzstadt),[13] 다핵도시(Polynuclear City), 순환도시(Exchange City), 글로벌도시(Global City) 등이다. 무경계도시를 지칭하는 도시 개념들이 이렇게 다양한 이유는, **@건축위상학**의 도구들로 도시의 개별적인 특징들을 제대로 따라잡기 위해서다. **@건축위상학**이 파악하는 무경계도시는 이질적이고, 복합적이며, 다층적이고, 예측 불가하며, 역동적이고 '난해하다'.

3 위상(학)으로서의 맥락, 맥락으로서의 위상(학)

무경계도시와 건축/아키텍처적인 것 사이의 인터페이스를 위상학이 매개해준다. 다양한 공간 형태에 대한 비측정적(혹은 비정량적) 이론이자 질적 이론으로서의 위상학은 절대 기준을 사용하지 않는 기준 독립적 특성, 상대적인 관계를 고려하는 특징, 공간적으로 구현된 항수들을 찾아내려는 특성을 띠며, 그러한 공간적 상수들이 보여주는, 그 자체로는 전이과정에 있으면서 국소적인 성질을 띠는 행동 패턴을 전체의 측면을 고려하는 가운데 연구한다.

위상학은 일차적으로는 도구이지만, 무엇인가에 녹아들어 기능하는 조용한 지식, 즉 **암묵적 지식**(tacit knowledge)이기도 하다.[14] 오늘날의 건축/아키텍처적인 세계 내부에 추상적인 형태의 관계 공간으로 구현되는 위상(학)▪은 국소적으로만이 아니라 전체적으로도 구현되어야 한다. 위상(학)적 공간은 매체포괄적(medienübergreifend)이다. 달리 말해, 건축/아키텍처적인 것과 도시성에 대한 담론을 건축가들의 활동 영역에 관여 혹은 침투시키는 것을, 실제 맥락과 가상 맥락 간의 전이와 상호작용이라는 측면에서 가능케 해주는 것이 바로 위상(학)적 공간이다. 이를 통해 위상(학)적 공간은 데카르트적 전통을 넘어서는 공간 개념을 제시한다. 위상학은 **비교를 통해** 공간을 연구한다. 하나의 공간을 다른 공간으로 변형시키되, 이러한 변형에도 불구하고 그 구조 자체를 망가지지 않게 하는 공간 변형의 문제를 연구한다. 이때의 공간 변형 원리는 우리에게 익숙한 공간적 질서 원리들을 맥락상의 관계들로 대체한다. 위상학적 비교에서는 어떤 수치 (혹은 정량적) 관계도 전제되지 않으며, 수치적이거나 정량적인 관계 외의 요소들이 성공 여부를 결정한다. 건축의 전통과 실천을 볼

▪ 이하의 논의에서 필자는 위상학의 개념을 종종 공간 관련 이론이나 지식으로만 사용하는 것이 아니라 종종 공간과 관련한 대상적 속성을 지칭하는 의미로도 사용한다. 역자는 위상학이라는 단어가 이러한 뉘앙스가 포함된 상태에서 읽힐 수 있는 곳에서는 '위상(학)'이라는 표현을 사용해 번역한다.

때, 건축은 이미 '순박한 형태를 취하는 위상(학)'의 한 형식이다.[15] 유형, 물체, 표면, 위치, 배열, 형태 등을 다룬다. 공간에 대한 내외적 고찰은 위상학과 건축에 모두 해당되는 것들로, 이 두 분야의 공통성을 나타내는 술어이기도 하다. 그리고 위상학 및 건축, 이 두 분야에서 견지되는 테제가 있다. 그것은 오늘날의 도시적 맥락의 특징들이 이제 더이상 인습적으로 전승된 측정(Vermessen)으로는 제대로 파악되지 않는다는 생각이다. 무경계도시 혹은 좀더 일반화해 말하자면, 문화의 위상(학) 및 비측정적/비정량적 특성이 이미 존재하고 그리고 그렇게 생각되고 있다는 사실이 그러한 생각에서 드러난다. 특히 추상적 위상학 용어의 의미 해석과 관련해 **@건축위상학**은 영역들 간의 상호교류에서 많은 도움을 받는다. 즉 **@건축위상학**은 분리가 아닌 수렴 방식으로 작용한다. 공간에 대한 사고 모델이자 독법으로서 다양한 개념적, 맥락적, 문화적 패러다임이 **@건축위상학**에 공존한다. 게다가 그것들은 단순히 공존만 하는 게 아니라 상보적으로 소통한다. "건축적 위상학이란 형식, 구조, 맥락 그리고 프로그램이 활발하게 움직여 조직화된 패턴으로 변이되는 것"[16]이라고 스티븐 페렐라(Stephen Perrella)는 말한다. 한편으로는 연장(延長)의 문제를 다루지 않는 기하학이고 다른 한편으로는 고전적인 장소이론(Topos-Theorie)과는 무관한 이론이 위상학이라면, 이것은 대체 무엇을 말하는가? 수학적 형식주의에서 절대적 추상의 형식으로 나타나는 위상(학)의 모습은 순수한 구성물이자 완전히 객관적으로 주어지고 실제 공간 형태를 나타내지 않는 '무(無)'의 위상학이다. 위상(학)은 실제 공간이 아닌 유사(類似) 무(無)를 다루거나 무의 형상을 취한다. 이러한 위상(학)의 모습은 구체적인 것에 복사되어 구체적으로 실현되고, 이 복사물은 추후에 일정한 방식으로 해석된다.[17] 이때 해석에 동원되는 것이 무의 위상학이다. 즉 무의 위상학적 체계(그리고 무의 의미론)가 어떤 맥락의 해석과 조정을 위한 기준을 제공하는 가운데, 그 자체로는 무차별적이지 않은 공간적 체계 형태를 취한다. 그것은 공간정보적 관계들을 담지하는 공간이다. 우리는 아주 일반적인 공간을 일종의 '정보 담지자'로 취급할 수 있다. 이러한—아주 넓은 의미에서—정보 담지자로 상정된 공간에 자신의 항수들을 가진 위상(학)이 투사되면서 구조가 중복되고 이를 통해 위상(학)적 공간, 즉 의미적 위상(학)이 생성된다.[18] **@건축위상**(학)은 의미로 채워져야만 한다. 좀더 자세히 말해 **@건축위상**(학)은 구조화된 의미를 통해서 창출된다. 이렇게 공간이 위상학적 의미로 채워지는 곳에서 건축/아키텍처에는 객체맥락 관계(Objekt-Kontext-Relation)가 활성화된다.

4 맥락의 변형

오늘날의 건축/아키텍처적인 것의 맥락은 비측정적/비정량적, 지역 초월적, 위상(학)적인 변형들로 규정되는데, 이 변형들은 오늘날 도시문화의 전체적 속성들과 국소적 속성들의 교호작용으로 유연하게 수렴되어 스며든다.

@건축위상학에는 공간 형성적인 속성, 항수 그리고 조작적 도구 들이 내장되어 있다. 이것들은 변형 맥락(Transformationskontext) 요구에 방법론적으로 부응하기 위한 수단들이다. 이러한 의미에서 **@건축위상학**은 변형 맥락에 부응하기 위한 수단을 제공한다. 복합적이지 않고 단순하며 비측정적/비정량적인 위상학적 항수들에는 '상관관계', '지속성', '밀집성', '포섭성', '수렴성' 혹은 '방향성' 등이 속한다. '메갈로폴리스'에서 '변두리도시'에 이르는 소위 주변에 관해 논의하는 다양한 담론 모델들이 그러한 항수를 통해 파악될 수 있다. 위상학적으로 '패러독스한' 변형 형상들(Transformationsabbildungen)이 맥락상 서로 모순적이고 이질적이던 장

소들(Topoi)을 정합적일 수 있게 해주어, 이들을 각 맥락에서 자신의 위치를 가질 수 있도록 해준다. 이러한 복수맥락성은 중심 과제가 첨예하게 극단화된 결과이다.[19] 무경계도시는 중심이 없는 도시, 로티식으로 말해, '중심이 결여된 문화'[20]이다. 반면 자크 데리다의 '행간 쓰기(Dazwischen-Schreiben)'[21]가 추구하는 방법론적 **반(反)전략**(counter-strategy)은, 모순적인 것을 동시에 출현하게 하는 위상(학)적 방향전환이라는 전략을 사용한다. 강력한 위상학적 항수들 중 하나에 속하는 '방향 잡기'는 거기서 패러독스를 고려하는 것이다. 패러독스들은 통상 비(非)맥락적인 것으로 받아들여진다. 모순적인 것들은 필요한 경우 제거되거나 무마되어버린다. 그러나 이러한 제거나 무마를 통해 맥락에서는, 원래 그러한 무마를 통해 의도하고자 했던 것과는 완전히 반대로, 하나의 위상(학)적 틈새가 무의식적으로 생성된다. 영원성의 자리에 변형이 들어온다. 생성이 일어나는 도시에서 건축적/아키텍처적인 영원성은 허용되지 않는다. 추정컨대 무경계도시가 동형적인 도시적 맥락을 취하는 것으로 보이기는 해도, **@건축위상학**은 그러한 도시적 맥락이 사실은 비분화된 것이 아님을 보여줄 뿐만 아니라, 공간을 규정하는 위상(학)의 항수들을 통해 그러한 도시적 맥락이 세분화될 수 있음을 보여준다. 세분화는 개입을 가능케 한다. 건축적/아키텍처적 맥락 및 건축적/아키텍처적 원재료가 변형을 통해 역동화될 수 있다는 사실은 건축가, 건축 그리고 사회문화적 맥락에서, 기형(Deformation)과 변형(Transformation)을 받아들여 그것을 공간 형성과 미학의 범주로 수용할 것을 요구한다. 여기에서는 건축적/아키텍처적 유형학이 반복적인 해석학적 기초하에 새롭게 위상(학)적 유형학과 형태학으로 재고되어야만 한다.

5 복사공간, 맥락 그리고 수렴

오늘날만이 아니라 미래에는 도시의 소통 및 연결 공간으로서의 위상(학)적 호모토피(Homotopie)▪
가 전통적인 도시 건축적 기능 공간에 겹쳐질 것이다.

매사추세츠 기술연구소(MIT)의 니컬러스 네그로폰테(Nicholas Negroponte)
는 1995년에 출간된《디지털이다(Being Digital)》에서 IT 발전의 특성으로
인한 '기술학적 수렴'이라는 개념을 새로운 화두로 제시한 바 있다.²² 그
는 광범위하게 서로 독립적으로 작동하는 영역들인 정보기술학, 원거리
통신 그리고 미디어들이 인터넷을 매개로 공동 성장하는 진화 과정을 기
술한다. 여기서 '수렴'이란 기술들 간 접근, 가치창조 과정의 연쇄 그리
고 각 분야 시장의 공동 성장 등을 지칭한다. 수렴의 동력은 기술, 부문,
조절/통제, 수요, 시장 그리고 경쟁 등의 상호작용에 달려 있다. 그래서
@건축위상학이 연구하는 것은, 각 부문의 수렴과 전례 부재(Urbildlosigkeit)
가 호모토피라는 '**사이공간**(Intermundium)'이자 가능한 여러 위상(학)적 세
계 사이에 놓여 역동적인 활동을 펼치는 '빈' 공간으로서의 위상학 개념
속에서 어떻게 현현하는가의 문제이다. 사람들은 호모토피 안에서의 '섬
유질 공간(Faserräume)'에 대해서 얘기하고 시뮬라크르(Simulacre)▪▪는 그

▪ 만일 f0과 f1이 동일한 두 공간, 즉 X와 Y 사이의 사상이고 사상 f0에서 사상 f1로 연속 변형
될 수 있다면, 이 두 사상은 호모토픽하다고 말한다. 호모토피이론은 임의의 사상이 그것과 호
모토픽한 사상으로 대치되어도 변치 않는 성질을 연구한다.

▪▪ 시뮬라크르는 원래 플라톤이 이데아론을 펼치면서 사용한 개념이다. 그에 의하면, 현실계
는 이데아의 복제물이다. 그리고 또 현실계에서는 다시 현실을 복제하는 복제물들이 존재하
는데, 이것들이 바로 시뮬라크르이다. 즉 복제의 복제물이 시뮬라크르인 것이다. 복제가 반복
될수록 복제물은 원본과는 점차 멀어져간다고 생각한 플라톤은 이데아 개념의 극단에 시뮬라
크르를 대립시키고는, 전자에 비해 후자를 무가치한 것으로 여겼다. 그러나 들뢰즈는 시뮬라
크르에서 그와는 다른 의미를 발견한다. 그의 생각에 시뮬라크르, 즉 복제본은 단순히 원본의
그림자가 아니라, 원본과는 또 다른 독립적인 위상과 가치를 갖는다. 마치 모방은 창조인 것과
같다. 시뮬라크르가 이렇게 자기 독립성과 자기 가치를 갖는다는 생각이 사건론적 시각으로

에 대한 문화이론적인 균형추(Pendant)가 될 수 있다.[23] @건축위상(학)은 거기에 내재한 층과 섬유질 속에서의 횡단적 연결 공간을 통해 긴밀하게 엮인다. 문화학에서 그러한 횡단적 연결은 보통 '코드'로 기능한다. 도시의 복잡다단한 공간은 이질성과 시뮬라크르적 특성 그리고 소통·공간성 측면에서 코드를 통해 기술된다. '호모토피'는 길을 인도해주는 위상(학)적 교통수단이다. 달리 말해, 복사 및 변형 공간 내의 공간, 연결, 건널목, 가로지르는 연결, 임계로서의 커뮤니케이션 길이다. 가능한 길에는 무엇이 있는지에 관한 논리, 이러한 길의 우연성 및 해석학을 호모토피가 기술한다. 무경계도시와 관련해, 폴 비릴리오는 하나의 패러다임 텍스트를 제공하는데, 그것이 바로 1984년에 출간된 《임계공간(L'espace critique)》이다. '호모토피'는, 이를 비릴리오에 적용해 말하자면, 나들목길, 기술적 분화 그리고 기술학적 코드화 같은 변화나 변형이 일어나는 '임계공간들'을 기술한다. 비릴리오의 텍스트는 도시라는 코드의 재구성 및 독법들을 위한 안내서다. 그의 《임계공간》은 우선 건축과 공간에서 급진적인 탈물질화 그리고 '무형화' 경향을 진단해낸다.[24] 영어판 제목이 그렇듯이, '휘황찬란하게 빛나는 도시(überbelichtete Stadt)'에서 고전적인 건축 물질과 형식은 도시를 '전략적 복사체계(Tactical Mapping System)'로 읽는 독법, 달리 말해 @건축위상(학)을 나들목 공간(Übergangsräume)의 호모토피로 읽는 독법으로 대체된다고 한다. '임계공간'으로서의 호모토피는 무경계도시의 도시 맥락을 구성하는 요소이자 건축적/아키텍처적 맥락주의 이론 및 실천을 지난 몇 해에 걸쳐 모든 측면에서 따라잡은 요소이다. 전면에는 적절한 속성을 갖춘—우리의 논의와 관련해 말하자면, 건축적 기능

확장될 경우에는, 시뮬라크르는 잠시 나타났다가 금방 사라지는 사건 혹은 동일성이 유지되지 않는 사건으로 이해된다. 이러한 사고의 특징이라면, 세계에서 일어나는 사건들을 원본과 복제물이라는 위계적인 구조가 아니라 다양성이라는 수평적 시각에서 다룬다는 점이다.

들을 보유하는—복사공간들이 있다. 복사공간의 그러한 속성들은 아주 강인해, 지속적인 복사라는 그리 부담될 것도 없는 방해를 통해서는 전혀 와해되지 않는다. 그러나 기능 개념은 오늘날 훨씬 더 이질적으로 되었고 매체적 · 맥락적으로 변형되었다.

6 경계와 맥락

@건축위상학은 무경계도시의 맥락을 그것이 구현된 공간, 그것의 경계, 표면, 접근 가능성, 공간위계, 차원 들, 즉 그것의 내외재적 측면들을 관찰하여 기술한다.

생활공간으로서의 도시성, 생활을 통해 느끼는 기분으로서의 도시성 그리고 문화로서의 도시성은 복잡다단한 내적 경계 짓기, 시선 변화, 투과성 들을 통해 특징 지어진다. 거기서 변두리적 특성이란 더이상 주변부에서 찾을 수 없다. 그것은 무경계도시 전체에 걸쳐 이질적으로 분산되어 있다.[25] 위상(학)적 호몰로지(Homologie)▪와 보디즘(Bordismus)▪▪은 무경계도시를 일종의 신체로 취급한다. 호몰로지는 위상(학)의 차원성, 하부

▪ 호모토피이론에서 구체적인 결과를 얻기 위해서는 보통 계산될 수 있는 불변량이 필요하다. 그래서 프랑스의 수학자 앙리 푸앵카레로부터 비롯된 호몰로지(homology)라는 분야가 생겼다. 호몰로지의 기본 개념은 공간을 점 · 선분 · 삼각형, 그리고 기타 기하학적 성분으로 나누고, 이 성분들의 개수와 상호관계를 대수적인 방법으로 측정하는 것이다. 이런 공간에서 형성된 도형을 단체(單體, simplex)라고 한다. 가장 단순한 단체는 선분이며, 두 점을 1차원적으로 연결하여 얻는다. 여기에 다른 한 점을 2차원적으로 연결하면 2차원 단체인 삼각형이 생기고 이러한 방법으로 계속 확장해나간다.

▪▪ '경계'를 의미하는 프랑스어의 bord라는 말에서 유래한 개념으로 보디즘(bordism)이란 경계 없는 다양체들 간의 관계, 즉 폐쇄된 다양체들을 의미한다. 두 개의 폐쇄된 다양체는 자신들의 해체된 합이 서로 이가 잘 맞는 복합체인 경우에만 보던트(bordant)하다. 대략 두 개의 다양체는 그것들이 한 다양체의 경계를 형성하면 보던트하다. 이 경우에는 전자와는 달리〔전자의 경우는 코보디즘(co-bordism)이라 한다〕보디즘이라는 단어가 사용된다.

공간, 구현체 그리고 경계 짓기 들이 만들어내는 질적인 협력관계를 기술한다. 반면 위상학적 보디즘은 공간 경계로의 재귀적인 사상(寫像)관계들을 기술한다. 거기서 차원성들의 위계화는 중심이 되는 하나의 요소이다. 실제 공간의 차원성 외에도 거기서는 '차원'에 대한 다른 독법이 가능하다. 차원에 대한 이런 다른 독법은 체계의 자유 파라미터, 체계의 자유도 (Freiheits grade) 그리고 체계의 선택 가능성 들이 보여주는 전체적 특성을 기술한다. 이러한 전체 특성은 공간적인 우연성과 복잡성들에 대한 특징들의 일부분이다.[26] 호몰로지이론은 경계, 공간, 차원 그리고 분리를 서로 관련짓는 것을 말한다. 이에 해당되는 위상학적 개념이 바로 '호몰로지', '보디즘', '구현(Einbettung)' 그리고 '층화(Stratifikation)'이다. 층들은 차원들을 연결하는 호몰로지적 공간, 즉 '도시적 접착제(urbane Leim)'를 형성해낸다. 이의 규칙들과 기능하는 방식들은 조지 스펜서 브라운(George Spencer Brown)의 《형식법칙(Laws of Form)》[27]에서 개진되는 인식론적 논리의 지시 계산(Indikationskalkül)이라는 경계 형성적 분화이론(grenzformierende Differenztheorie)에 해당되는 것들이다. 그것들을 구성하는 전형적인 요소는 '구분(Unterscheidung)'과 '표식(Markierung)'의 연결이다. 동기부여된 각 구분 행위는 위상(학)적으로 상관된 하나의 경계를 만들어낸다. 그리고 표식은 표시된 내부와 표시되지 않은 외부의 비대칭을 지칭한다. 스펜서 브라운에 따르면, '형식'이란 내부와 외부 그리고 이 둘의 구분, 달리 말해, 하나의 구분을 통해 양쪽에 의해 생겨나는 공간, 이 셋의 통일을 의미한다. '구분'과 '표식'은 생겨나자마자 다시 건너줄 것—재기입(reentry)—을 호소하는, 즉 경계의 재차 건너기를 의미한다. 비로소 재기입되면서 이것이 내부에 대한 인식을 가능케 한다. 경계들은 분리될 뿐만이 아니라 서로 연결되고 생성되기도 한다.[28] 내부는 비로소 표식의 일시적인 경계 넘기와 이를 통해 생겨나는 차이를 통해서 생성된다. 우리는 여기서

부터 호몰로지와 지시 계산을 미셸 푸코의 '다른 공간들(andere Räume)'의 경계 넘어서기에 해석을 동반하는 가운데 적용해볼 수 있다.[29] 다른 것/타자에 연결된 경계는 '비타자(Nicht-Andere)'를—사르트르의 의미에서—[30] 다시금 내부로 보이게 하기 위해 넘어서야 한다. 무경계도시에서 벌어지는 경계 넘기와 경계 긋기들 사이에서 벌어지는 상호물림 놀이는 오늘날 도시건축 실천의 초가상적인 현실에서 표현된다.

7 장과 맥락

@건축위상학은 도시의 장들을 묘사하는 지도상에 있는 다양한 임계점들 간에 펼쳐지는 질적인 상호작용 패턴들을 연구하고 기술한다.

장(場)이라는 것은 위상(학)적 공간들의 표면에서 펼쳐지는 역동적인 속성들을 말한다. 벡터장위상학은 세분화할 수 있는 지도들을 가지고 도시적 다양성을 임계점들(kritische Punkte)을 찾아 추적한다.[31] 장이란, 쿠르트 레빈에 따르면, 서로 의존하면서 동시에 존재하는 사실들의 모음 전체를 일컫는다.[32] 게다가 장은 생활공간 그리고 사회적 긴장의 장 및 갈등의 장이 개인적인 장을 거치면서 일종의 중복을 경험한다.[33] 레빈이 말하는 갈등장은 피에르 부르디외(Pierre Bourdieu)의 문화적 생산의 장이론에서 일관성 있게 전개된다. 부르디외는 '장', '임계점들', '호몰로지' 그리고 '궤도' 같은 다양한 위상학적 요소들을 자신의 이론 안에 수렴한다.[34] 그가 말하는 '아비투스(Habistus)'는, 완전히 레빈적인 의미에서, 행위자의 개인적 생활공간, 즉 행위자의 내적이고 관계적 특징들—실천 형식들과 재현들이 생성되고 구조화되는 원칙—을 지칭한다. 아비투스에는 행위자로 하여금 일정한 상황에서 순전히 인지 계산적이지도 합리적이지도 않은 방식으로 행위하도록 하는 놀이의 감(感)이 내재해 있다.[35] '임계점들'은 부르디외의 사회적 장에서 영점이 진행되는 곳, 문화적 자본변형이 일어나는 장소에 존재한다. 장의 상호작용 패턴은 상호 교환의 지도(地圖), 즉 다매체적 **하이퍼장**(hyperfield)으로 변모해간다. 그것은 문화적 현상으로서 간섭, 방해, 저항이라는 임계점 형태로, 즉 꺾이지 않는 완고함(Widerspenstigkeit)이라는 비장소의 형태로 현현한다. 위상(학)적 신체와 장은 교류하는 것들이어서 서로 배제하지 않는다.[36] 장은 행위자들의 행동은 말할 것도 없이, 도시형태학의 위상(학)적 표면에 직접 맞닿은 곳에서 생겨나고 발달한다.

8 사건과 공간 전개로서의 맥락

역동적 체계로서의 도시적 맥락의 시공간적 발전은 복수의, 위상(학)적으로 개별적인 것들에 기반해서 일어나는 창발을 통해 규정된다. 그것은 속성을 가진 사건으로서의 무경계도시를 활동무대로 삼는다.

수학적, 물리적, 생물학적 혹은 사회적 체계들이 시간에 따라 발전해가는 관계들이 논의의 테마가 될 때, 사람들은 그와 관련해 '역동적인 체계'를 논한다. 위상학적으로 이 역동적 체계는 하나의 지도를 다양성 위에 놓고 각각의 다양성을 따라 이리저리 미는 것을 의미한다. '사건들'이라는 것은 정해진 경계면들 내에 그리고 다양한 담지자들에 구현된 개별적인 것들(Singularitäten)로서의 단일체들이다. '개별적인 것들'은 복사되어—위상(학)적으로 변환되어—현현하고 다양하게 분기되어 다치성을 양산하는 방향으로 나아간다. 개별적인 것을 다루는 이론은 위상(학)적인 변환들을 고유한 범주로 해서 다룬다.[37] 개별적인 것을 다루는 이론은 또한 맥락에 따른 다치성을 사건 내부에 조밀하게 주름 잡힌 위상(학)

으로 다루기도 한다. 하나의 맥락이 위상(학)적으로 변화되어가는 순서로서 사건 전개는 맥락 '학습'의 한 형식이다. 이것은 분명 가상적이고 실제적인 도시공간들의 상호작용에도 해당된다. 무경계도시에서 진행되는 맥락 학습은 사건들의 활성화 그리고/혹은 세분화로 이루어진다. 창발은 지속적이지 않은, 즉 불현듯 나타나는 새로움이 예견할 수 없는 방식으로 출현하는 것을 말한다.[38] '창발'은 출현하는 사건들의 예견 불가능성과 관련되고 배열 및 속성들의 창발과도 관련된다. 창발을 정신과학으로 보자면, 그것은 절대적 인식보다는 새로운 패러다임, 이론 구조와 관계한다. 창발에는 창발임계(Emergenzschwelle)를 지각하여 실천적으로 받아들이고 그것을 스스로 만들어 '기투하는 것'이 모두 포함된다. 사건들이 가능한 것은 단지 사회문화적 복잡성이 갖추어진 우연한 맥락에서일 뿐이다. 우연성, 맥락, 복잡성 그리고 사건, 이들은 서로가 서로에 대한 조건들을 형성한다.[39] 위상(학)적으로 개별적인 것들은 늘 중첩된 사건들이다. 이를 통해 사건들은 **@건축위상학**이라는 의미에서의 속성들을 가진 사건들로 변모된다. 하나의 관찰—'한' 사건으로서—은, 오직 이 사건에 대한 흔적이 존재하는 곳에서만 가능하다. 건축가 베르나르 추미는 건축을 정의하길, 그것은 상황주의적인 의미에서 양식조건들(Stil-Bedingungen)에 대해서는 무차별적이지만 프로그램이 무엇이냐라는 물음에는 직접 의존하는 역동적인 '**사건공간**(event-space)'이라고 말한다.[40] 그는 이렇게 말한다. '사건도시'는 사회적 모순을 담지하는 도시로서, 동질적이지 않고 갈등이 많으며 대각적 관계들로—즉 위상(학)적 횡단선들로—건축에 정보를 주는 역동적인 조건들을 내장한다. 이러한 점에서 사건도시에는 그 자체가 건축은 아닐지라도(Nicht-Bauen) 사건들을 무대에 올리는 것 같은 무대적 건축에 속하는 영역이 필요하다. 건축, 디자인 그리고 조형예술 사이의 절점에 놓인 무대 그래픽적(szenographische) 디자인은, 하나의 매트릭스로 단순화해 말하자면, 다음과 같이 기술된다. 화행적 행위(무대, 춤, 음악 등) 그리고 전시(展示), 이 둘은 '사건들'로서 내러티브적, 상호작용적 매체들을 사용해 아날로그적으로 혹은 다매체적/디지털적으로 내부공간 그리고/혹은 외부공간들의 무대 위에 올릴 수 있다. 거기서 **증강된 실재**(augmented reality)―고양되고, 보충된 실재―그리고 도시 큐레이팅(Urban Curating)이라는 개념들은 연구를 위한 접근법만이 아니라 방법적인 이슈로도 중요한 역할을 수행한다. 공공장소에서 수행되는 예술, 즉 설치예술, 퍼포먼스 그리고 경영과 마케팅으로부터 현대의 도시 마케팅/도시 아이덴티티, 브랜드 스케이핑(Brandscaping)▪ 그리고 문화경영으로 이어지는 시너지효과들이 나온다. 이와 함께 경제적 실천으로서의 **@건축위상(학)적** 사건들이 개시되어 나온다.

9 매체로서의 맥락

유체위상학은, 위상학적 안정성 상실의 경계 영역에 인접한 무경계도시, 건축, 그것들의 상태 변화들에서 일어나는 맥락의 매개적 흐름을 기술한다.

유체위상(학)(Topologie des Flüssigen)은 동형적인 흐름들이 회오리와 격랑을 일으키는 흐름으로 전이되는 상황을 다룬다. 유체위상(학)은 무차별과는 정반대다. 위상(학)은 적응 능력, 예상, 조절, 수용력, 회복력 그리고 신속한 대응 등을 가능케 해준다. 우연히 이리저리 섞일 경우, 유체위상(학)은 잡탕의 위상(학)이자 문화적, 상업적, 공공적 그리고 비공공적 공간들이 한데 섞인 위상(학)이기도 하다. 안정적인 위상(학)에 대한 특수한 기

▪ 브랜드 스케이핑은 브랜드 이미지를 제고하기 위한 차원에서 제품, 매장, 광고 등에 브랜드를 덮어씌워 해당 브랜드의 이미지를 표현하는 것이다.

준으로 볼 때, 그러한 위상(학)에서는 한편에서는 불안정성으로 넘어가는 임계가 기술되고, 다른 한편에서는 위상(학)적 상태 변화의 임계가 기술된다. 유동적인 맥락에서 생성되는 속성들의 중요성이 보여주는 것은, 그러한 양상을 나타내는 형용사들과는 달리, 유동적 건축(Liquid Architecture)과 관련해 무차별과는 완전히 다른 양상을 띤다는 것이다.[41] 오랫동안 안정성의 경계로 여겨져온 것들이 오늘날 훨씬 더 확장되어야 할 정도로 무경계도시에서 안정성을 규정하는 조건들은 많이 변했다. 다양한 형태의 새로운 경계 가로지르기 그리고 층화—말하자면, 가로질러 연결하기와 계층화—가 오늘날 출현한다.[42] 안정성은 비트루비우스*가 말하는 튼실함(firmitas)을 의미할 뿐 아니라, 특히 오늘날의 전문직이 갖는 안정성과 그 직업이 수행해야 하는 이론적 실천적 안정성을 의미한다. 매개라는 맥락에서 후자는 불안정하거나 불안정성으로 넘어가는 도상에 있다. 안정성과 불안정성 사이의 경계는 유동적이어서 매우 역동적이다. 그리고 그것은 개별적인 것들의 위상(학)적 전개에 대해, 즉 위상(학)적 변환의 전개에 대해 중요한 한계면을 이룬다. 매체들은 항상 부단하게 진행되는 변화들을 먹고 산다. 건축 그리고 무경계도시는 매체를 가지고 작업하고 스스로 매체가 되기도 하다. 매체들은—그것의 가장 일반적 형식에서 이런 개념이 존재해야만 한다면—포스트포디즘적 시대에 글로벌 경제와 공생하면서, 마누엘 카스텔스(Manuel Castells)에 따르면, 하나의 '유동하는 공간' 속에 일종의 정보 경제로 농축되어 있다.[43] 이러한 경향은 리스크 문제를 다루는 데 비합리적 투자 결정을 심리학적 기준을 통해 기술하는 '**행동금융학**'같이 시장의 비효율을 다루는 새로운 개념들에서 고려된

■ 로마시대의 건축가, 기술자, 작가로 아우구스투스에게 헌정한 《건축론(De architectura)》이라는 저술을 남겼다. 이 책에서 그는 건축의 구조가 firmitas(튼튼함), utilitas(유용성), venustas(아름다움)이라는 세 가지 질을 보여줄 수 있어야 한다고 주장한다.

다.⁴⁴ 거기서 맥락에 따른 행동은, 결국 안정성이 한계를 보이는 영역들에서 움직이는 리스크 경영과 유사하게 다루어진다. 이러한 경제 현상은 오늘날 부동산 영역에서의 새로운 재정전략들을 통해 도시 구성과 건축에 강력한 압력을 행사하고 프로젝트 발전 및 경영에도 영향력을 행사한다. 이를 통해 건축과 도시 건설은 결국 19세기 노스텔지어적인 안정 개념에서 이탈해나간다. 미래는 고정불변한 것이 아니라 유연하다.

10 위상학적 전회와 공간 혁신

@건축위상학은 도시의 복잡다단한 맥락에 따른 사태들을 그것들이 공간 규정적으로 인과된 것이라는 식으로 해독하는 데 기여하며, 건축적 기준들—위상(학)적 장면들—에 좀더 손쉽게 접근할 수 있도록 만들어주고, 이를 통해 건축의 맥락 인지 및 기투방법론에서 '공간적 전회'를 이루어낸다. 위상학과 관련해서는 종종 '사고될 수 없는 사고', '간접 사고' 혹은 '사변적 사고' 같은 평가와 관련한 언급들이 쏟아지고 있다. 이를 통해 건축위상학은 결국 건축의 기능 및 프로그램과 상호교류할 수 있는 결과들을 얻었고, 정보 건축으로 나아가는 인터페이스를 구성해냈으며 이를 통해 건축기사들의 직업관을 꾸준히 변화시키고 있다.

@**건축위상학**은 건축의 맥락에 따른 실천을 무경계도시의 공간 형태학이 거쳐간 위상(학)적 변화로 다룬다. 건축의 기능 및 프로그램 개념은 오늘날 단순히 사라지는 것이 아니다. 그것은 오늘날같이 역사적 변화와 함께 변화하는 조건들에 적절히 부응하기 위해 위상(학)적으로 변모한다. @**건축위상학**은 건축설계 실천과 건축 개혁 실천 전체에 기여하는 방법론적 결과물들을 낳았다. 도시에서는 다양한 위상학적 테마 영역들이 동시에 출현해 혼재되는 양상을 보이고 이를 통해 다중적인 코드화가 출현한다. @**건축위상학**은 '정체된 채 고정된 위상학'에 머무는 것이 아니고, 역동적인 변형들을 자체 내에 흡수한다. 공간을 비측정적/비정량적 측면에서 다루는 도구로서 @**건축위상학**은 항상 새로이 국소적 지역에서 전체로

넘어가기 및 안정성—모든 형태의 맥락주의의 중심점—문제들을 제기하고 다룬다. 건축가 빌 힐리어(Bill Hillier)가 표현하듯이, "공간은 건축조형 이론을 위한 기계"[45]이다. 대규모성(Großmaßstäblichkeit)은 **@건축위상학**을 이용해 용이하게 다룰 수 있게 되었고, 그리고 그러한 대규모성에 내재한 고유 본질을 조망할 수 없을 경우에도 **@건축위상학**은 역시 적용 가능하게 되었다. 건축적/아키텍처적인 위상학은 형식, 구조, 맥락 그리고 프로그램들이 서로 복잡하게 엮여 역동적인 모형으로 변이시키는 것을 가리킨다. 무경계도시를 맥락에 맞게 읽는 이러한 **위상학적 전회**는 공간, 프로그램, 맥락 그리고 직업의 공간 혁신적 속성들과 관련해 급진적인 시각 변화를 함축한다. "사회적 산물로서", 에드워드 소야(Edward Soja)의 말에 의하면, "공간성이란 사회적 행위 및 관계의 매체이자 결과, 전제와 구현, 그 모두를 지칭한다."[46] 위상학적 혁신과 함께 인공물만 생성된 것이 아니라 그것들이 거래되는 시장—하나의 '세계'—이 창출되었다. 거기서 시장이 전 지구적으로 펼쳐지든 국소적으로 펼쳐지든 혹은 좁은 틈새에서 펼쳐지든 아무 상관이 없다. 오늘날 혁신은 성공을 거두기 위해서는 생산을 위한 클러스터가—장면적으로 가능한 세계들이—형성되어야 할 정도로 지식 집중적이 되었다. 즉 맥락 혁신에 대해서 우리는 이렇게 말할 수 있을 것이다. 그런데 사람들은 하나의 생산물, 하나의 시장 그리고 하나의 공략 대상(Zielpublikum)—공간—을 어떻게 기획하는가? 그러한 환경은 고도로 역동적이고, 찰나적이고, 리스크가 많다. 그럼에도 건축에서도 점차 일상사가 되어가는 중이다. 무경계도시의 '신(新)시장'은 변화의 연속이고, 기술들은 수렴되고 있다. 제품의 소형화와 다기능주의는 서로 보완관계에 있다. 무형성에는 위상학적 의미에서의 형태가 주어질 수 있다. **@건축위상학**은 현재 일어나는 결정적인 도시 현상들을 **위상(학)적 전회**라는 공통분모에 기술하려는 시도이다.

페터 벡스테(Peter Bexte)

사이-공간
사이버네틱스와 구조주의

'장소'

1940년대 말 뉴욕, 클로드라 불리는 두 남자가 바로 이웃한 각자의 연구실에 앉아 있다. 한 남자는 클로드 섀넌(Claude Shannon)이란 사람으로, 사이버네틱스 문제를 연구하고 다른 한 남자는 클로드 레비스트로스(Claude Lévi-Strauss)라는 사람으로, 친족성의 기본 형식에 대한 글을 쓰는 사람이다.[1] 이렇게 그들 둘 사이에는 첫째, 인접한 각자의 방을 사용하는 관계로 사이공간이라는 것이 존재하고, 둘째, 각자의 연구를 언어를 사용해 수행하면서도 정작 서로 모르는 사이이기에, 능변의 침묵이 존재하는 상태와도 같다. 그들은 상대를 각자 혼자서만 의식하고 있을 뿐이고 단지 슬쩍 지나치면서 시선을 마주친 적은 있지만, 서로 대화를 나눈 적이 없었다. 이 두 '이웃'의 길은 서로 엇갈리게 된다. 그들의 이름과 연관된 담론들, 즉 사이버네틱스와 구조주의는 결국 아주 독특하고 고유한 방식으로 서로 연결된다.

　이러한 각자의 생각을 묶어줌과 동시에 서로 분리한 것은 수학을 대하는 서로 다른 성향이었다. 섀넌이 기획한 커뮤니케이션 수학이론은 통계학과 회로대수를 연결하는 방향으로 나아갔다.[2] 반면 구조주의적 사고의 수학적 야심은 집합론, 군(群)이론 그리고 위상학을 추구한다.[3] 이로써 수학적 사고의 상이한 두 가지 모델, 어떤 상황에서도 어느 한쪽으로 복제되거나 환원될 수 없는 상이한 방향의 두 갈래 수학적 모델들이 언급되기에 이른다. 그럼에도 사이버네틱스와 구조주의가 공유할 만한 공통분모를 찾는 일은 늘 새롭게 거듭 시도되었다. 가령 라캉은 그러한 가능성을 찾는 것을 몇 개의 고르디아스의 매듭■의 형태로 제자들에게 과제로 제시한 바 있다. 매체학 역시 그러한 공통분모를 찾는 작업을 여러 번 시도한 적이 있다. 예를 들어 우리는 볼프강 셰프너가 2001년에 제시한 **매체위상학**(Topologie der Medien) 스케치를 살펴볼 수 있다. 그는 거기서 점이나 장소 그리고 공간 일체는 "매체들의 효과로 간주될 수 있다"[4]는 선험적으로 정립된 확신을 가지고 작업을 시작한다.

　그런데 바로 이러한 선험성 테제에 필자는 의문을 제기하려 한다. 위에 언급된 격언과는 달리 (그리고 볼프강 셰프너의 작업에 대해서는 전적으로 공감을 표하는 가운데) 필자의 견해는 공간을 매체의 효과로 보는 곳에서는 위상학에 대한 언급이 아무 의미가 없다는 사실에서 출발한다. 그러한

■ 소아시아(현재의 터키 지역)의 소국인 프리지아 왕 고르디아스가 맸다는 복잡한 매듭으로 보통 풀기 어려운 난제를 상징한다. 그리스 신화에 의하면, 프리지아는 당시 내란으로 혼란이 끊이질 않았다. 이의 해결책을 묻는 제사장의 간청에 신탁이 답을 내렸다. 이에 따르면, 제우스 신전에 첫 번째로 2륜마차를 타고 오는 사람이 프리지아의 왕으로 추대되어 모든 혼란을 해결할 터였다. 농부였던 고르기아스(만지는 것을 금으로 변하게 한다는 신화 속의 인물 마이다스의 아버지이다)가 2륜마차를 타고 신전에 나타남으로써 왕으로 추대되었다. 고르디아스는 타고 온 수레를 신에게 바치고 아무도 풀 수 없도록 나무기둥에 꽁꽁 매어놓았다. 이것이 바로 고르디아스의 매듭이다. 그런데 고르디아스는 고르디아스의 매듭을 푸는 사람만이 아시아의 지배자가 될 수 있다는 말을 남겼다고 한다. 동방원정길에 올라 그곳을 지나던 알렉산드로스 왕이 이 매듭을 보고 풀려 했으나 여의치 않자 단칼에 잘라버렸다는 얘기가 전해진다. 알렉산드로스 왕의 일화에 빗대어 흔히 복잡한 문제를 창의적인 아이디어로 신속 정확하게 해결하는 것을 의미하게 되었다.

방식으로 파악된 매체의 위상학은 스스로 사라져버리는 바, 그러한 위상학은 위상학을 충분히 진지하게 생각지 못한다. 이러한 견해를 피력하는 사람들이 있다면, 아마도 고트프리트 빌헬름 라이프니츠, 요한 베네딕트 리스팅, 펠릭스 클라인 그리고 니콜라스 부르바키(Nicolas Bourbaki) 같은 이름들이 출현하는 전통을 떠올릴 것이다.[5] 사실 이러한 논의의 전통에서 위상학이란 "장소 일반에 대한 담론 일반(Diskurs im allgemeinen vom Ort im allgemeinen)"[6]으로서 기초 지어졌다.

   아주 치열한 위상학적 묘사가 위의 전통과는 정반대 쪽에서 그와 상반되는 주장을 제시할 수도 있을 것이다. 즉 공간을 매체의 효과로 볼 게 아니라 정반대로 매체를 공간의 효과로 볼 수도 있다는 주장이 가능할 수도 있다. 이러한 주장을 펼치려는 이들이 있다면, 위에 언급된 전통이 아니라 오히려 부르바키 학파의 구성원인 미셸 세르의 말에 귀 기울여 볼 수도 있을 것이다. "사람들은 공간에 절대 이별을 고할 수 없다. 단지 그에 대해서만 그리고 그 속에서만 말할 수 있을 뿐이다. 사람들은 절대 그것을 떠날 수 없는 것이다. 어디로 가야 하는 것일까 하고 내가 당신에게 묻는다."[7] 정말 어디로 가야 하는 것인가? 가령 매체들 속으로? 하지만 그것들은 또 어디에 자리 잡는가? 여기서 "어디"라고 묻는 다소 악의적인 질문이 이미 위에 설정된 문제, 즉 공간이 먼저냐 아니면 매체가 먼저냐의 문제에 사이비 문제가 도사리고 있음을 분명히 나타낸다. 매체들이 공간의 효과인지 혹은 공간들이 매체들의 효과인지의 문제, 이것은 달걀이 먼저인지 닭이 먼저인지를 묻는 문제처럼 (비록 이런 식의 불행한 언어 배열이 매체학의 기초 짓기 시도에서 악명 높게도 재차 출현할지라도) 진지하게 논의할 주제는 아니다.[8] 우리가 효과적으로 논의하면, 그 모든 논쟁은 아무 소용이 없다는 것이 드러난다.

'사이'

나는 여기에서 섀넌과 레비스트로스, 사이버네틱스와 구조주의, 회로대수와 위상학의 관계들을 기술하는 데 새로운 접근법을 사용하려 한다. 먼저 확고하게 해두어야 할 사항은, 여기에 사이라는 것이 놓여 있다는 사실이다. 이러한 확인만으로도 논의의 시작을 위해서는 충분하다. 즉 공간의 문제는 사이-공간인 것이다. 그리고 사이가 없이는 매체 또한 전혀 생각될 수 없다. 사이의 관계 범주에서는 증명해야 하는 것이 두 가지 있다. 하나의 매체이론을 발전시키기 위해서는 다음과 같은 방식으로 말하는 것만으로도 충분하다. "애초에 사이가 있었다." 그리고 닭과 달걀 사이에 놓인 것도 사이임을 알아둘 필요가 있다. 우리가 순수한 관계 그 자체로["théorie gènèrale des relations"(세르)][9] 논의를 밀어놓자마자 그 둘은 서로 관련이 없는 것들이 된다.

라이프니츠 이후 관계적 사고는 공간이라는 테마와 논쟁을 벌이면서 발전한다. 그래서 우리는 위에 언급한 관계를 섀넌과 레비스트로스라는 두 학자 사이를 갈라놓는 방의 벽, 즉 사이-공간에 기호화시켜 다루어볼 수 있다. 좀더 자세히 보면, 거기에 뭔가 이상한 것이 드러난다. 즉 벽은 '사이-공간'이란 표현에서 하이픈과 유사하다. 그것은 부분들을 나눠 서로 가르는 동시에 연결해준다. 이와 동일한 것이 아주 소란스러운 이웃에게 조용했으면 하는 바람을 전하기 위해 '똑똑' 두드릴 수 있는 사이벽들에도 해당한다. 동시에 분리하고 연결한다는 이러한 패러독스에서는 사이의 애매모호한 성질을 감지할 수 있는 무엇인가 출현한다. 두 개의 의자들 사이에는 의자가 없지만, 두 공간들 사이에는 다시금 공간이 있다. 즉 '사이-공간'이 있다. 이러한 패러독스적인 '사이'가 없이는 공간의 분리도 연결도 없다. 둘은 하나의 동일한 형상에서 동시에 일어난다. 그래서 임계(Schwelle)에 대한 꺼림, 즉 임계점 공포가 있는 것이다.

그것은 하나의 논리적 문제를 나타낸다.

사이의 사고에서 근본적인 형상, 즉 분리와 연결이 발전되어 나온다. 이것은 사이버네틱스에서 회로 문제로 다루지만, 구조주의에서는 신화적 이야기의 위상학적 토대로 다룬다. 분리와 연결이라는 테마는 사이버네틱스와 구조주의의 공통 테마인 것이다. 하나의 **비교점**(tertium comparationis)에서 서로 다른 사고방식들이 관찰될 수 있다. 이것이 일어나는 아주 특별한 장소가 바로 미로이다. 공간을 생각하는 사람은 미로에서 뭔가 도전받고 있음을 금방 감지한다. 앞에서 일종의 상징으로 언급한 벽의 양쪽 방에 있는 두 사람도 미로에 대해 말했다는 것은 매우 의미심장하다. 클로드 섀넌은 미로의 문제를 사이버네틱이론의 관점에서 연구했다. 미셸 세르는 미로의 신화적 구축자인 다이달로스를 이상적인 학자로 간주한다.[10] 양 진영 모두 미로에 대한 바로크적 열정을 공유하는 것이다.

위에 언급된 논쟁들은, 앞으로 좀더 자세히 논의할 터인데, 두 개의 프로토콜에서 발견된다. 그중 하나의 프로토콜은 1951년 8차 메이시 회의 모임을 기록하고 있는 프로토콜이다. 거기서는 미로 문제의 해결을 위해 클로드 섀넌이 고안한 기계가 기술되고 있다. 그리고 두 번째 프로토콜은 1974~1975년에 레비스트로스의 세미나, 그것도 미셸 세르의 강연에 뒤이어 나온 세미나에서 출현한다.

미로 (1): 사이버네틱이론의 논의

1951년 3월, 뉴욕에서는 그 유명한 제8차 메이시 회의가 개최되었다. 그에 대한 기록물이 바로 〈동물 및 기계에서의 통제와 커뮤니케이션〉[11]이라는 통합과학으로서의 사이버네틱스의 성립과 관련한 문서들 중 일부이다. 이러한 통합과학에 대한 요구에 응해 이를 용이하게 안내하기라도 하려는 듯 클로드 섀넌은 원고를 사용하는 대신 기계를 가지고 연단에 등장했다. 그 기계가 바로 강연의 내용을 이루었던 것이다.[12] 이것이 말하는 바는 이렇다. 한편으로 전기회로를 구성하는 기술(技術)이 관건이고 다른 한편으로는 해당 학문 영역들 간에 벌어지는 일종의 담론기계(Diskursmaschine)가 관건이었다. 기계를 사용한 섀넌의 시연은 많은 흥미와 논쟁을 불러일으켰고, 기록되었으며, 그 결과는 하인츠 폰 푀어스터(Heinz von Foerster)가 편집해 출판했다.[13] 그후 논의는 오늘날까지도 지속된다.

섀넌은 자신의 강연 구성을 미로의 문제를 해결하는 '미로해결기계(maze-solving machine)'라 명명했다. 이로써 그 기계는 미로 문제를 다룬 과거의 전통에 맞닿는다.

미로 문제의 해결책은 17세기에도 이미 존재했다(그림 1).[14] 또 바로크의 미로 정원들도 최초의 실험 본보기로 이용되곤 한다. 1900년에 윌리엄 스몰(William Small)은 빌헬름 폰 오라니엔(Wilhelm von Oranien) 소유의 햄프턴 궁전 정원에 있는 소형 미로 모델에 쥐들을 풀어놓아 돌아다니게 했다. 이 실험의 기초 아이디어는 《브리태니커 백과사전》에서 찾아냈다.[15] 이 전통을 바로 섀넌이 기계로 재현한 것이다. 게다가 그는 생물학적 쥐, 즉 살아 있는 쥐가 아니라 그렇게 칭

The Maze.

그림 1 거베이스 마챔, 뛰어나고 새롭게 고안된 매듭들 그리고 미로(London 1623).

할 수밖에 없었던 '테세우스'라
는 이름의, 전기(電氣)로 구동되
는 기계쥐를 사용했다. 그 기계
는 가로와 세로 5×5의 격자형
평판 스물다섯 개로 이뤄진 판
모양의 영역을 돌아다녔다. 판
위의 영역들 사이에는 무사통과
를 방해하는 벽을 세워 미로구

그림 2 자신이 만든 미로찾기 기계 옆에 서 있는 클
로드 섀넌.

조가 만들어졌다. 각 영역 가운
데에는 구멍 하나를 뚫어 거기에 목표점을 표시하는 표식들을 설치했다.
(중요한 것은 목표 표식을 꽂아두기 위해 뚫은 구멍이 해당 영역보다 작아야 한다는 사
실이다. 구멍이 해당 영역 전체에 걸쳐 있게 되면, 서로 이웃한 체계 관계들이 방해받
을 것이기 때문이다. 우리는 여기서 위상학적으로 유관한, 점집합들로 이뤄진 구멍 장
치들을 보고 있다.[16]) 기계가 수행해야 할 과제는 미로를 통해 목적지에 도
달할 때까지 감지기를 사용해 장애물 사이를 잘 운행해서 나아가는 것이
다. 이때 운동 가능성은 제한되어, 감지기는 항상 판자 테두리에 평행하
게만 인도될 수 있었다. 섀넌은 이를 지도 제작 시 사용되는 표현인 남/
북 혹은 동/서 같은 표식을 사용해 작업했다. 목표점에 도달하기 위해
기계는 주어진 과제가 해결되는 방향을 잘 인지해야 했다.

섀넌이 자신의 기계 옆에 서 있는 사진을 보면, 마치 미로를 구성하는,
즉 공간들을 분리하고 연결하는 제2의 다이달로스 같아 보인다(그림 2).
섀넌은 위쪽에서 서로 분리된 아래쪽 공간들을 보고 있다. 그는 미로를
조망하고/잘못 보고 있다(Er übersieht das Labyrinth). ■ 사진으로만 봐서는

■ 독일어의 'übersehen'이라는 단어가 원문에서 사용되는데, 이는 '조망하다'라는 의미지만

이 표현이 무슨 뜻인지 정확히 알 수 없다. 즉 섀넌이 그것을 조망한다는 의미에서 보고 있다는 말인가, 아니면 뭔가를 빼먹고 잘못 보고 있다는 말인가? 그는 그림을 조망하는 것인가, 아니면 자신이 기획한 회로 계획이 '눈앞에 펼쳐져 있기에' 그것을 그냥 바라보고 있는 것인가? 이 질문은 섀넌의 모습만 봐서는 답하기 어려울 것 같다. 기계를 보여주는 사진에 대한 이후의 수용을 고려할 때는, 꼭 그런 상황은 아닌 듯하다. 해당 사진과 관련해 나중에 벌어진 상황을 고려할 때, 미로상의 공간이 섀넌에 의해 단지 회로 계획이라는 창을 통해 미세한 회로들로 보인 것인지, 그래서 그 공간이 더는 지각되지 못한 것인지를 가늠할 수 없는 것만은 아니다. 사진에서 우리가 볼 수 있는 것은 다음과 같다. 섀넌은 벽판 조각들을 세웠다. 그러고 나서 곧장 정상적이지 않은 목표물에 손을 뻗치고 있다. 그런데 또 다른 확대된 손동작을 보여주는 그림이 독일어판 말고도 발행되었다는 것은 우연이 아니다. 그 그림에서는 뭔가를 잡아 쥐려는 손이 이제는 뭔가를 가리키는 모습으로 나타난다. 그것은 독일어판 그림을 다른 방식으로 해석하게 해준다. 이렇게 그림 속의 섀넌이 보여주는 모습을 완전히 다른 방식으로 읽으면서는 이제 바로크식 미로상징학과 관련해 논할 수 있는 나머지마저 마찬가지로 실천되기에 이른다. 즉 섀넌의 사진마저 관찰자들에게는 일종의 미로를 형성해주는 것이다. 섀넌의 기계는 실제로 많은 담론을 불러일으켰다. 그 기계는 실제 사물들의 미로 문제를 해결했고 그 문제를 겉으로 보기에는 예외 없이,

---

다른 한편 '뭔가를 빠뜨리고 보다' 혹은 '흘깃 지나쳐 잘못 보다'라는 뜻도 있다. 따라서 주어진 사진 속의 상황을 이 단어로 표현할 때, 사진 속의 섀넌의 지각활동은 두 가지로 해석할 수 있다. 한 상황이 서로 다른 두 상황으로 분기되어 둘 간에 '사이-공간'이 생겨날 수 있는 상황이다. 그리고 이러한 사이-공간의 문제는 필자가 논의하는 주제이기도 하다. 이러한 배경에서 볼 때, 필자는 위의 단어를 본문의 논의 주제와 같은 상황을 연출하기 위해 의도적으로 선택했음을 알 수 있다.

열고/닫는 (혹은 온/오프의) 회로 문제들로 변형해 재현해주었다. 거기에 수렴되지 못하고 남아 있던 것은, 기계 자체가 보여주는 매개성이었다. 그것이 여러 방식으로 해석될 수 있는 한 평가절하할 사항은 아니지만, 그 기계에 수렴될 수 없다는 의미에서는 간과되는 성질을 띤다.

혜겔의 저서에서는 정신이 이루어놓은 성취들이 아이들 장난감으로 전락한다는 문구가 발견된다. 이는 섀넌의 기계에서도 마찬가지다. 미로 문제는 오늘날 정보학/컴퓨터학을 전공하는 학생들이 선호하는 연습과제가 되었다. 섀넌의 아주 우아한 미로 과제의 해결을 돌아보면, 그것은 모든 선구적인 성취와 마찬가지라고 생각하게 된다. 그가 제시한 해결책은 아리아드네의 실 하나를 다양한 전기회로와 약 일흔다섯 개의 회로스위치를 기판 위에 구성하는 방식이었다. 격자판 스물다섯 개는 각기 하나의 스위치를 통해 주소가 매겨지고 각 영역에는 하나씩의 스위치를 통해 동/서 혹은 남/북의 방향 표시를 코드화할 수 있었다. 간단히 말해, 거기서 미로의 공간 구조는 회로들의 모음으로 전이되었다. 그렇지만 이러한 회로화와 함께 역사는 끝난 게 아니라 이제야 비로소 시작된다.[17]

이제는 두 번째 해석 영역인 담론을 논할 차례이다. 메이시 회의의 기록물은 통계학자 레너드 새비지(Leonard Savage), 수학자 월터 피츠(Walter Pitts), 생리학자 랠프 제라드(Ralph Gerard), 여성 문화인류학자 마거릿 미드(Margaret Mead), 신경학자 한스 루카스 토이버(Hans Lukas Teuber), 전기공학자 율리안 비겔로프(Julian Bigelow), 정신의학자 브로신, 다방면의 자유로운 사상가인 하인츠 폰 피어스터 그리고 회의 의장이자 뇌 연구자인 워런 매컬로크(Warren McCulloch)의 질문과 중간 평론 및 논의 들을 기록한다. 여기 언급된 다양한 학문들로부터 거대한 프로젝트 하나가 진행되었다. 즉 핵폭탄, 학교, 경제, 뇌, 우주정거장, 짧게 말해 '동물과 기계' 같은 모든 시스템을 조종하고(Steuerung) 조정하는(Regelung) 아주 포괄적인 학문을 형성하려는 프로젝트가 진행되었다. 바로 이것이 메이시 회의에서 가장 중요한 요청 사항 중의 하나였다. 그것을 해결하기 위해서는 영역 간 학문적인 번역이 요구되었다. 섀넌의 기계가 바로 이러한 담론 메커니즘을 제기했고 그러한 일들이 벌어질 수 있는 계기를 마련해주었다. 회의 기록 자체도 부분적으로는 번역 연습처럼 읽힌다. '기계'가 '동물'로 번역되는 것이다. 이런 연습에서 특히 랠프 제라드는 탐구심 강한 학생 같은 호기심을 가지고 나섰다. 섀넌이 기계 메커니즘을 무한되먹임으로 똑같은 과정을 끝없이 반복하게 했을 때, 회의 기록은 다음과 같이 보고한다. "제라드: 신경증이구면."[18] 뒤이어 섀넌이 "그런 것 같네요"라고 대답했다.

회로화할 수 없는 것에 대해서 우리는 함구해야만 한다. 1950년대 사이버네틱이론의 신조는 이렇게 정리될 수 있다. 바로 그래서 신경증이 회로화되거나 회로들이 신경증적인 것들로 설명되었다. 그럼에도 추가해야 하는 것이 있는데, 이러한 전달 방향(Übertragungsrichtung)에서 관건이 무엇인지를 섀넌이 제대로 보여주지 못했다는 점이다. 기술적 측면이 관건이 될 경우에는 자세히 설명했다. 그럼에도 학문의 영역과 영역 간의 담론적인 번역의 문제에서는 거의 말문을 닫을 수밖에 없었다. 매컬로크는 나중에 섀넌에게, 혹시 어떤 사람이 섀넌의 기계에서 방향을 지시하는 케이블을 거꾸로 바꾸어놓으면 어떻게 되는가를 물은 적이 있다. 섀넌은 기술적인 방향에서 답을 했지만, 그에 뒤이어 여러 얘기들이 오갔다. 이때 진행된 얘기들에 대해 다음과 같이 기록되어 있다. "제라드: 그것은 마치, 사람이 동물의 운동신경들을 열십자(+) 모양으로 꿰매서는 원래는 뻗는 동작을 원하면서도 결국은 굽히는 동작을 얻어내는 것과 같군요."[19] 여기서의 "그것은 마치 ……과도 같다"는 표현은 사이버네틱스에서 일어나는 사건을 그것과는 다른 분야, 즉 여기서는 생리학으

로 번역하려는 일종의 전치 시도(Transponierungsversuche)를 나타내는 표현
이다. 토론에서 관심을 끌었던 또 다른 언어적 지시어는 "어떻게"라는
말이었다. 그것은 워런 매컬로크의 마지막 단평에서 출현하는데 섀넌의
기계에서 미로 영역들이 보통은 부분적으로 저장되고 부분적으로는 그
렇지 않다고 하는 것과 관련된 표현이다. "매컬로크: 도시를 잘 아는 사
람, 그래서 한 장소에서 다른 장소로 아무 문제 없이 잘 걸어갈 수 있는
사람은 어떻게 해서 자신이 그리했는지를 기억하지 않는단 말인가?"[20]

예리코와 롬에게 전수되었던 미로와 도시의 마지막 비교는 일종의 토
포스이다.[21] 신경학자 매컬로크는 그러한 비교와 함께 섀넌의 기계를 오
랜 전통을 가진 담론, 가령 드니 디드로(Denis Diderot)가 말하는 전통의 담
론과 서로 연결한다. 그것도 자신의 생리학적 단편에 나오는 얘기에 비유
해 설명했다. 디드로는 파리 시내를 정신 없이 여기저기 쏘다녔는데, 깜
짝 놀라서 다음과 같이 자문했다고 한다. 그런데 이런 일이 대체 어떻게
가능한 것일까?[22] 디드로는 감각의 자기 생명이 답이라고 생각했다. 나중
의 행동 연구는 운동감각(Kinästhetik)을 도시를 거니는 철학자와 미로 속에
서 길을 찾아다니는 쥐가 공유하는 공통 기제로 가정한다.[23] 매컬로크의
경우에는 인용된 문장에서 자신의 신경학적 회로 다이어그램을 생각하
고 있었을 것이다. 사람들이 "어떻게"의 문제를 포함하는 문장들을 구성
해내기 위해 섀넌에게서 걸어를 채갔을 당시에, 섀넌의 머리를 스치고 지
나간 것이 그런 식으로 제기된 것은 아닐까.

'너머'

위에 소개된 논쟁은, 섀넌의 미로가 한편으로는 회로 기술, 다른 한편으
로는 다양한 분야에 종사하는 학자들 간에 벌어지는 담론기계라는 두 방
향에서 번역되고 읽힌다는 사실을 보여준다. 섀넌의 미로의 장소 이동

논의를 거쳐 다양한 담론들이 등장한 후 이제는 매체학이라는 담론이 인구에 회자되는 상황이다. 호불호를 떠나 이러한 담론들 자체가 이미 번역 및 '장소 이동'이라는 프로젝트에 함께 참여하는 셈이다. 거기서는 관계적인 사고인 '너머(über)'라는 범주가 수립되는데, 사람들은 그러한 사실을 어렵지 않게 알아차릴 수 있을 것이다. 즉 '너머'라는 것이 그러한 담론에서 설정되는 것이다. 이러한 '너머'라는 것의 설정에는 우리에게 필요한 모든 것이 내재되어 있다. 이러한 운동에서 관찰되는 것은 미로의 매개성(Medialität) 그 자체이다. 그렇다. 그것은 이 모든 담론과 너머 설정하기/번역(Über-Setzungen) 가능성의 공간을 제시해준다. '미로'라는 것의 매개 형식을 간과하는 매체이론이 있다면, 그러한 이론은 사실 맹목적이라고 불려야 할 것이다. 그에 대비하기 위해 앞에서는 담론의 장소 이동이라는 정리가 도입되었다. 그것은 우리가 찾던 연관 관계에 정식을 제공해주며, 앞서 스케치한 문제와 연결될 수 있는 것으로 증명된다. 그렇게 해서 비로소 매개 공간으로서 미로찾기 기계는 위상학적 사고들에 적용될 수 있다.

여기에서 주장한 공간 사고는 구조주의에서 형성되었다. 이제 그곳에서 정리의 원천을 찾아보려 한다. 그래서 논의 영역을 변경하여, 소위 섀넌의 옆방, 즉 레비스트로스의 세미나실로 입장한다.

미로 (2): 구조주의적으로

1950년대에 레비스트로스는 자신이 니콜라스 부르바키 집단에서 전수받은 수학을 통해 구조주의를 기초 지우려 했다. 그가 1974년에 부르바키에게 사사받은 미셸 세르를 세미나에 초대했을 때, 이미 한참 나이가

든 노학자요 민속학자인 레비스트로스에게 이는 회춘 같은 것으로 보였을 것이다. 세르는 레비스트로스의 《**신화학**(Mythologica)》 전집을 감안한 문장으로 초대에 대한 고마움을 표시했다. "신화적 텍스트 일체와 관련해서 가장 성공적인 방법들이 오늘날 대수학 그리고 좀더 정확히 말해 조합론적 대수학에 배정된다."[24] 이렇게 두 사람이 만났다. 그것도 레비스트로스에게는 거의 처음이자 마지막이라고 할 정도로 아주 화기애애한 분위기에서의 만남이었다. 이때 왕권 수여식이라도 거행되는 듯한 일이 벌어졌다. 레비스트로스는 당시 자기의 철학을 잇는 후배들 중에서는 유일무이한 사람으로, 세르를 염두에 두었고 세르의 견해가 자신의 생각과 완전히 일치한다고 말했다. "내 생각에는 우리가 단 한번 만났을 뿐인데도 우리의 생각은 완전히 일치한다고 생각하네."[25] 이 말이 주목할 만한 까닭은, 레비스트로스가 세르 외에는 후대 연구자들과 그리 친근하게 교류하지 않았기 때문이다. 최후의 위대한 구조주의자라 불리는 미셸 세르는 이런 면에서는 거의 유일하게 예외적인 존재였던 것이다.

세미나 모임을 기록해주는 프로토콜이 흥미로운 이유는 이러한 개인사적 내용 때문만은 아니었다. 그 프로토콜은 무엇보다 세르 사상의 가설적 특성을 잘 보여준다. 그는 여러 차례 자신이 아직 시험 단계에 있으며 아직 에너지론(Energetik)을 형성하지 않은 상태라고 말한다. 사실 형식 구조들에서 무엇이 동력원이 되어야 하는지는 아직 결론이 나지 않았다. 세르의 평가가 이 자리에서 적지 않은 도움이 될 것으로 사료된다. 세르가 강연한 후 한참이 지나 그 원고를 실은 《헤르메스(Hermes)》는 논의 기록이 없는 강연 관련 소식을 전한다. 거기서 해당 텍스트는 원래 의미했던 것보다 훨씬 권위 있어 보이는 형식을 취한다.[26] 그러한 외적 인상을 방지하기 위해 강연 텍스트 내용 자체를 세미나 기록과 함께 살펴보자.

대수학(代數學)과의 인연은 세르와 레비스트로스의 대화를 열어젖히기에 이른다. 하지만 단지 호의 끌기(captatio benevolentiae)만이 형성되었을 뿐이었다. 왜냐하면 세르는 뭔가 다른 것, 위상학으로 좀더 나아가려 했기 때문이다. 대수학과 위상학의 차이는 이후 논쟁에서 나름대로 중요한 역할을 한다. 눈에 띄는 것은 세르가 거기서 테마 내부적인 관계들을 인간학적 단어인 친화성들(Verwandtschaften)로 특징 지운다는 점이다. 세미나 기록이 이를 잘 보여준다.

> 세르: 저는 사람들이 클로드 레비스트로스의 저서처럼 대수적 조합학의 모든 가능성을 빠짐없이 고려할 수 있을 것이고, 그와는 다른 수단을 사용할 수 있을 것이라고 생각해보았습니다. 저는 그것들을 자매학문이라고 말하지는 않았습니다. 저는 대수학을 위상학과 나란한 평행 학문으로 보지 않습니다. 만약 그렇다면, 그것은 정말 어불성설에 불과할 것입니다. 저는 단지 관련 학문의 수단을 사용할 수 있을 거라고 말할 뿐입니다.[27]

세르의 이 진술에 따르면 학문들 간에는 친화성의 정도가 있고, 이때 친화성의 체계 속에서 자매나 쌍둥이 학문이 되는 것들에는 특수한 역할이 부여된다. 대수학과 위상학은 자매학문일 수 없다. 반면 라이프니츠가 발견한 위치분석학은 리스팅 및 다른 이들이 발전시킨 위상학의 자매학문으로 통한다. 그러나 결정적인 것은 19세기에 위상학과 신화학의 공통 출현이라는 '쌍둥이 특성'이다.[28]

이미 알아차릴 수 있는 바, 세르는, 단어 선택과 테마로 볼 때, 레비스트로스의 학문적 기획에 이르는 다리를 놓고자 하여 야생위상학(wilde Topologie)[29]을 형성했다. 레비스트로스의 1962년 저서 《**야생의 사고**(La pensée sauvage)》에 대한 동조는 아주 선명했다. 세르는 자신이 야생위상학으로 표현하려 한 것을 우선 하나의 텍스트를 연구하면서 발전시켰다. 그것이 바로 에밀 졸라(Emile Zola)의 **《루공 마카르 총서(Rougon-Macquart-Zyklus)》**이다. 졸라가 자신의 소설에서 제기하는 합리적이고 학술적이기까지 한 요청에서 아직 밝혀지지 않은 것이 있는데, 그것은 졸라의 다양한 소설들에서 항상 반복되는 장소들이 순서대로 나타난다는 사실이다. 가령 "다리, 심연, 술집, 미로, 감옥 그리고 죽음"[30] 같은 사건들의 연속이 그 예이다. 세르는, 이러한 장소의 순서를 장소들의 관계 구조물로 기술될 수 있는, 자기 승화하는 담론의 아직 파악되지 않은 '장소 이동'이라고 칭했다. 이런 점에서 에밀 졸라의 학술적인 소설이 오디세우스의 항로 이탈에 관한 신화적 이야기와 유사하다고 말한다. 그 둘이 유클리드기하학에 의해 완전히 제거되었을 뿐 아니라 산산히 분열된 공간을 마치 아치형 지붕같이 뒤덮고 있다.

이성이 신화에 대해 승리를 거두었다고 회자된다. 아니, 오히려 유클리드적 공간이 야생위상학을 쫓아냈고, 운송과 저지당함이 없는 지속적 운동이 구식 운행을 어느 날 갑자기 몰아내고 그 자리를 차지했다. 가령 섬에서 재앙으로의 운행과 여행을, 통행에서 절벽으로의 운행과 여행을, 다리에서 지옥으로의 운행과 여행을 그리고 중간기착지에서 미로로의 운행과 여행을 어느 날 갑자기 대신한 것이다. 신화는 원래 기능을 죄다 잃었고 새로운 공간이라는 것이, 이성 혹은 이 이성에 내재한다는 합리성처럼, 단지 그 속에서는 어떤 충돌도 일어나지 않는다는 이유로 보편적이 되어버렸다.[31]

위에서 감지할 수 있는 공간의 파국이론/카타스트로피이론(Katastrophen-theorie)은 원래 수학자 르네 톰의 이론에 연원하는데, 그의 저술은 레비스트로스 세미나의 방향 설정에 결정적인 영향을 미쳤다.[32] 이러한 파국

이론이라는 배경에서 담론의 장소 이동이란 정리가 발전해 나온 것이다. 그것은 누구라도 맞닥뜨릴 수 있는 공간과 관련을 맺고 있다. 왜냐하면 파국이론에는 임계, 경계, 다리, 강, 절벽, 빙하의 틈새, 모든 종류의 틈, 차이 그리고 치환/전위 들이 존재하기 때문이다. 이러한 연관에서는 또한 미로의 그림이 결코 부재하지 않는다.

모종의 의도를 가지고 레비스트로스는 세르에게 혹시 바슐라르가 그에게 중요한 의미가 있는 사람인지를 물었다. 세르는 이 질문에 서슴지 않고 그렇지 않다고 대답했다. 세르가 다리와 지옥/심연에 대해 말할 때, 자신은 단지 조작적 연결사들인 "켜고(anschließen)", "끄고(abschalten)", "연결하고(verbinden)", "분리하고(trennen)"[33] 등에 관심을 갖고 있었다고 말했다. 우리는 이런 표현법을 아마도 피아제가 그랬던 것처럼 '반성적 추상화'라 할 수 있는데, 그것들은 대상이 아닌 인간의 행위를 상대로 구성될 수 있는 것들이며, 사람들은 자신의 행위를 상대로 그것을 직접 실행해볼 수도 있다. 이는 마치 고전 논리가 분류된 집합들(Klassen)의 내용이 아닌 관계를 나타내는 연결사(Operatoren)들에 연관되는 점과도 유사하다.[34] 조작적 연결사들에 대한 이런 사고는 사실 은유학(Metaphorologie)으로 이어지지 않고 바슐라르의 사상에서 찾아낼 수 있는 '심연의 정신분석(Psychoanalyse der Grube)'으로 이어지지도 않는다. 대신 관계를 다루는 이론으로 이어진다. 이러한 관계이론에서는 위상학이 패러독스적 능력을 자체 내에 보유하는지 증명해야만 했다.

교란 요인들

현대 이론의 한 특징이 있다. 그것은 시스템에서 일어나는 교란이 시스템에 대해 생산적인 기능을 하는 것으로 파악하고 있다는 점이다. 이는 진화론, 사이버네틱스 그리고 구조주의 위상학 같은 이론들에서 그렇다. 가령 레비스트로스의 사상에서 본질적인 것은, 교란 요소들(konfligierende Elemente) 없이는 어떤 구조도 존재하지 않는다는 생각이다. 그가 매번 반복 제시하는 구조주의적 삼각형들이 아주 정태적으로 작용할 수도 있다는 것은 분명하다. 사실 그것들은 하나의 수정 같은 그림을 매개해준다. 그럼에도 텍스트 내에서 역동적인 갈등 모델들로 취급되기도 한다. 그에게서 한 마을의 구조란 이러한 공동사회가 안고 있는 갈등 혹은 교란들을 내포한다. 그러한 갈등 내지 교란들로부터 레비스트로스는 신화가 발생하게 만든다.

재차 확언하자면, 신화를 생성해낼 수 있는 구조의 힘은 어쩔 도리 없는 대칭 부재, 즉 비대칭에 빚지고 있다는 것이다. 구조의 힘은 구성적 역할을 하는 이러한 대칭 부재를 수정하고 숨기려는 노력과 다름없다.[35]

구조와 신화의 상호 연관은 모자람/궁핍을 통해 혹은 비대칭을 통해 창출된다. 구조와 신화의 두 측면은 그러한 의미의 부정적인 형식에서 서로 관계한다. 신화적인 이야기들이 시작되는 까닭은 구조가 방해를 받았기 때문이다. "뭔가 통하는 것은 그것이 통하지 않기 때문에 그렇다."[36] 세르는 둘의 생산적인 상관관계를 이러한 패러독스 관계로 명명하고 호메로스의 《오디세이아》를 이러한 의미에서, 즉 서로 이탈할 것 같은 공간들의 분리와 연결이라는 교란적 동요(動搖)로 독해한 바 있다. 시작과 끝, 트로이와 이타카(Ithaka) 사이의 띠가 찢기고 지속적으로 새롭게 연결되어야 하는 곳에서, 요정 사이렌들이 노래하고 배를 타고 가는 사람들이 돼지가 되는 곳에서, 배가 난파당하고 눈이 눈물범벅이라 아무것도 보지 못하는 곳에서 세르는 그러한 관계들을 발견한다. 이편에서 저편으로의 길은 끊어진다. 그리고 공간 이동의 이러한 위태위태한 불안정성으로부터 호메로스의 담론이 출현하고, 이리저리 연결된 공간들의 분석으로부터 신화 분석이 출현한다. 이것이 바로 세르와 레비스트로스가 1974~1975년에 서로 합의에 이른 위상학과 신화의 상관관계인 것이다.[37] 세미나 기록은 이렇게 전한다.

> 레비스트로스: 게다가 나는 고백할 것이 하나 있는데, 그것은 내가 인간적으로 미셸 세르의 다음과 같은 말에 아주 감동을 받았다는 사실이지요. "문화의 과제는 공간을 분리하고 새롭게 연결하는 것이다." 우연히도 나는 이 구절과 정확히 똑같은 말, 그리고 거기서 사용된 표현들과 거의 똑같은 표현들로 신화에 대해 얘기한 적이 있지요."[38]

그것이 우연이었는지는 의문이다. 왜냐하면 두 사람은 스스로 선택한 출발점, 즉 공간 및 관계의 범주에서 생각하기라는 공통점을 가지고 있었기 때문이다. 어쨌든 레비스트로스는 조합적 대수학에서 출발해 신화를 위상학적으로 처리하는 방식으로 이월해갔다. 미셸 세르의 강연도 이러한 논점들을 강조하는 방향으로 나아갔다. 이를 염두에 두면서 그는 19세기 위상학과 신화학의 동시 출현을 강조한 바 있다. "이러한 재발견의 이중 특성이 이제 설명되어 밝혀진다. 즉 오일러의 다리(橋)와 폭풍우 속의 헬레스폰트 해협(Hellespont)▪을 가로지르는 선박 교량들이라는 이중 특성, 맥스웰의 복합체(Komplex) 혹은 리스팅의 복합체와 크레타의 미로라는 이중 특성이 설명되어 밝혀진다."[39] 여기 언급된 것들 중 처

▪ 현재의 터키에 위치하며, 에게 해와 마르마라 해를 잇는 좁고 기다란 모양의 해협 이름.

음 것은 쾨니히스베르크의 다리에 관계하고, 마지막 것은 새넌의 미로와 관계한다.

'통해서(durch)'

메이시 회의에서는 회로대수 및 생리학에서의 이중 담론이 미로와 연결되었다. 레비스트로스의 세미나에서 그것은 위상학과 신화로 이루어진 시스템 연합 형태를 띠었다. 이러한 공간에서는 다양한 담론들이 등장했다 사라지고 이 와중에서 미로의 매개성이 모습을 드러낸다.

　매체와 공간의 관계, 사이버네틱스와 구조주의의 관계에 대해 여기 소개된 생각들은 둘 다 전제하는 그 무엇에 관계하는데 바로 '사이'이다. 사이의 형상은 미로가 개방과 단힘, 내부와 외부, 정향과 비정향의 중간적인 것으로 존재하는 곳에서 발견된다. 그래서 이러한 상징적인(emblematisch) 공간의 기호 기능이 바로 사이인 것이다. 미로가 논의의 초점인 곳에서는 사이가 항상 관건이 된다. 또 사이가 관건인 곳에서는 미로가 항상 그 주변에 있다(그림 3). 사이나 미로는 지식과 지식들 간의 경계를 오가는 자리 이동이다.

　　영웅 테세우스에서 자동기계 테세우스에 이르기까지, 전화망을 가장 효과적으로 선택하고 전 지구적으로 뻗친 인터넷 지식 질서를 관통해 데이터 패키지를 송수신하는 알고리즘에서 복잡성을 다루는 일반적인 컴퓨터과학에 이르기까지, 미로들은 지식의 경계들 사이에서 개입한다.[40]

　미로들은 선행하는 지식을 의문시하여 하나의 가능성 공간을 창출해낸다. 고래로부터 거기에는 긍정하는 '아니요' 식으로 말하기라는 상징적 차원이 적합하다. 이러한 이중 의미에서 오비드는 다이달로스가 구

그림 3 미셸 세르의 복잡한 지식의 길 그림: 북서 길(1900년경의 지도).

축한 미로를 완전한 이중성 위에 세운다. 성적(性的) 금기 파기를 숨길수록 그것은 성적 금기 파기의 한 계기가 된다.[41] 자신의 내면에 거주하는 악마적인 미노타우로스는 동시에 포함되기도 하고 제외되기도 했다. 그래서 그것은 구조로서의 혼란인 것이다.

서로 분리하고 연결하는 것은 미로의 양상이고 근본적인 활동성이다. 그것은 포함과 배제에 기초를 제공하고, 한 장소에 접근하거나 접근하지 않는 근거들을 형성한다. 또 문화적으로 코드화된 장소들 간의 소통의 길을 구조화하고 '여기'와 '저기' 사이의 통로를 구조화하며 그것들을 하나의 교통망으로 엮는다. 현대철학에서 미셸 세르의 철학처럼 사이 사고(Denken des Zwischen)가 스며들어 있는 것은 드물다. 그래서 모든 사이 존재들이 저술 제목으로 사용되는 것이다. 가령 헤르메스, 기생, 천사, 다리[42] 등은 몇 가지 예일 뿐이다.

기하학에서 위상학으로의 이행이 전체에서 나타나는 특징을 잘 구분해 준다. **공간적 전회**를 두고 벌어진 최근 논쟁이 간과했던 길을 세르는 결국 걸어갔다. 짧게 말해 공간적 전회에서는 아직도 뭔가 발견해야 할 것이 남아 있다.[43] 오늘날 공간인문학들에 대해 말하려는 이들은 언젠가, 이것이 프랑스 구조주의 사고에서 이미 논의된 바 있듯이, 문제들에 맞닥뜨릴 것이다. 거기서는 분명 '고르디아스의 매듭'을 묶는 유의 일은 새삼스럽게 문제되지 않을 것이다. 다행스럽게도 미셸 세르가 그 테마를 자매로서의 위상학과 '관계이론'이라는 이중 형태로 제시한다. 그중에서 후자, 즉 관계이론은 다음 같은 관계 개념의 모음으로 기술될 수 있다. "~에 의해 (selon)", "~위에/~에 대해(sur)", "~안에(dans)", "~다음에(suivant)", "~에 영향을 미치는(touchant)", "~와 함께(avec)", "~의 밖에(hors)", "~의 터에서 (chez)", "~에 대항해(contre)", "~쪽으로 향하여(vers)", "~중에서(parmi)".[44]

오늘날 사람들은 기꺼이 배낭을 메고 여행한다. "그리고 지금 여기서 한결같은 권력들에 의해 지배되는 우리들의 공간에는 의심의 여지 없이 아직도 그러한 공간을 이탈해 콧바람을 쐬려는 모험의 시도들이 존재한다."[45]

후기

독일 베를린에 있는 발터 벤야민 아카이브에는 위상학적 사고를 위한 입문 학교(Vorschule)가 있다. 문고번호 Ts 2336번을 보면, 겉표지에 손으로 "형상 수수께끼(Figurenrätsel)"라 쓴 제목과 그 밑에 그려진 두 형상, 즉 직사각형 하나와 타원 하나가 있다. 이와 관련해 과제가 하나 있다. 그것은 벤야민이 메모한 것인데 다음과 같다. "이 두 개의 형상을 각 부분이 다른 세 부분과 적어도 하나의 선을 공유할 수 있도록 네 조각으로 자를 수 있을까?" 여기까지는 형상 수수께끼이다. 위상학으로 넘어가는 질문은 이제 다음과 같은 것이다. 왜 두 번씩이나 똑같은 해답이 나오는 걸까?

마이 베게너(Mai Wegener)

라캉의 정신분석학적 위상학
─네 고개

필자는 정신분석학 진영의 위상학 수용, 특히 라캉의 정신분석학에서의 위상학 수용을 네 고개에 걸쳐 소개하려 한다. 첫 고개는 이야기 중간부터(medias in res)■ 시작되는데, 내부와 외부를 서로 관계맺는 다양한 가능성을 다룬다(결국 이러한 관계들을 승화시키는 뫼비우스의 띠라는 위상학적 형태에 이르기까지). 두 번째 고개에서는 '심적 국지성(Psychiche Lokalität)' 그리고 '저편 무대(Anderer Schauplatz)'에 대해 프로이트가 수행한 작업을 출발점으로 삼아 라캉의 모델들로 들어간다. 세 번째 고개에서는 토픽과 토폴로지, 즉 위상학의 차이를 언급하고 위상학에 대한 정신분석학 진영의 좁은 의미에서의 관심을 개략적으로 보여줄 것이다. 마지막으로 네 번째 고개는 '수학소(Matheme)'라는 라캉의 위상학적 기호의 연습을 기술

■ 내용 서술이 전체 줄거리의 시작이 아니라 중간에서 시작되는 문학적이고 예술적인 기교를 일컫는 말로, 이를 통해 독자나 청중을 이야기의 중간으로 몰입하도록 유도할 수 있다. 반면 이야기의 시작 부분에서 서술을 시작하는 것을 아브 오보(ab ovo) 혹은 아브 이니티오(ab initio)라고 한다.

할 것이며 그것이 라캉의 저작에서 차지하는 위상에 대한, 꽤나 까다로 운 문제를 다룰 것이다.

1 내부/외부

내부와 외부는 다양한 방식으로 서로 관계 맺을 수 있다. 이를 수행하는 데는 하나의 경계 모서리(Rand)가 요구된다. 왜냐하면 내부와 외부가 접 하는 경계 모서리에서 그것들이 서로 구분되기 때문이다. 내부/외부에 대한 표상 방식은 물리학자이자 철학자인 구스타프 테오도어 페히너의 저작에서 따온 형태를 예시해볼 수 있을 것이다. 페히너는 1860년에 《**심 리물리학의 요소들**(Elementen der Psychphysik)》에서 그것을 심신 관계에 대한 언급과 연관지어 사용한다. 그가 말하는 바에 따르면, 신체이론이나 영 혼이론, 이 둘은 일정한 한계 내에서 자신만의 확고한 기초를 가지고 있 다. 하지만 그는, 둘의 관계에 대해서는 그와 똑같은 방식으로 말할 수는 없다고 쓴다. 이런 관계는 파악하기가 훨씬 난해한데, 그것은 "항상 〔두 요소들 중〕 하나만이 직접적인 경험에서 출현하는 반면, 다른 하나는 항상 이면에 숨어 있기 때문이다". 즉 "정신적 이면(裏面)" 혹은 "신체적 이면"[1] 에 숨어 있는 것이다. 여기서 그는 이러한 생각을 나타내기 위해 텍스트 에 그림을 도입해 설명한다.

> 어떤 사람이 원 내부에 서 있다면, 원의 볼록한 부분은 오목한 부분의 이면 에 완전히 숨겨져 보이지 않을 것이다. 이와 반대로 원 바깥에 서 있으면, 원 안쪽의 오목한 부분은 원 밖의 볼록한 부분의 이면에 숨어 보이지 않게 될 것이다. 원의 양쪽은 서로 분리할 수 없이 붙어 다닐 수밖에 없다. 인간의

그림 1 기원후 79년경, 어느 집에 그려 져 있던 폼페이(케룬에 따른 것임).

정신적 측면과 신체적 측면은, 이러한 그림과 비교하자면, 각각 내적 측면과 외적 측면으로 파악할 수 있다.[2]

내부와 외부를 서로 관계짓는 또 다른 형태는 미노타우로스의 미궁▪일 것이다. 그것은 내부와 중심부 사이에 하나의 우회로가 있다는 것이 특징이라면 특징이다. 미로를 평면도로 볼 경우, 전체 구성방식은 안쪽으로 도달하기 위해 미로를 따라 진행만 하면 되도록 구조화되어 있다. 또 미로 안에서의 진행 방향이 이리저리 복잡하게 돌아다니게 되어 있다. 거기서 길은 이리저리 구불구불하게 구조화되어 있어 아차하면 방향감각을 잃어버릴 수도 있을 정도로 헷갈리게 되어 있다.[3] 하지만 이 크레타의 미로에서 사람들이 길을 잘못 들 개연성은 전혀 없다. 왜냐하면 미로의 길은 하나뿐이어서, 미로 정원과는 달리 분기된 길이 없기 때문이다. 이로부터 사람들은 아리아드네의 실〔絲〕을 새롭게 물을 수 있지 않을까? 사람들이 만약 거기서처럼 길을 잘못 든 게 아니라면, 아리아드네의 실은 과연 사람들을 인도하고 있는 걸까?

신화에 스며들어 있는 미로는 프로이트가 말하는 내부와 외부의 매개 방식에 상징적인 메시지를 줄 수 있을 것으로 보인다. 정신분석학 논의

▪ 그리스 신화에서 미노타우로스는 몸은 인간, 머리는 황소 모습을 한 짐승으로, 크레타 섬의 미궁의 중앙에서 살고 있었다고 한다. 이 미궁은 미노스 왕을 위해 지어졌는데 유명한 장인 다이달로스의 작품이다.

의 장(場)에서 볼 때, 아리아드네의 실은 주체를 '저편 무대', 즉 무의식과 연결하는 실(絲)로 독해할 수 있을 것이다. 그것은 저 유명한, 프로이트가 《쾌락 원칙 저편(Jenseits des Lustprinzips)》에서 서술한 '저쪽 여기 놀이(Fort-Da-Spiel)' 장면에서의 실 같은 것이 될 수 있다. 거기서 프로이트의 손자는 실패를 침대 아래쪽으로 반복해서 던지는 놀이를 한다. 아이는 실패를 던져 그것이 시야에서 사라지면, "오-오-오-오" 하는 소리를 내고, 실에 연결되어 있던 실패가 잠시 후 다시 나타나면, 아주 기분이 좋아져서는 "여기 있네!(Da)"라고 반갑게 소리를 지른다.[4] 정신분석학적 해석에 따르자면, 이 어린아이는 모든 기호화에서 근본적이라고 할 수 있는 현전과 부재의 리듬이 일어나는 놀이에서 자신의 욕망(Begehren)을 조절하는 일에 입문하는 셈이다.[5] 실을 놓아 풀어주거나 던지는 놀이는 내부와 외부 혹은 저쪽과 이쪽을 매개하는 시도를 잘 묘사해주고 있다. 아이의 놀이에서 실은 아이가 내는 음성적 소리 조절을 이중화하고 실패가 '저쪽으로' 사라지면서 생겨나는, 아이와 실패의 틈새를 다리를 놓듯이 연결해준다. 이와 유사하게 신화 속 이야기에 내재한 아리아드네의 실은, 하나의 이야기—그 핵심에서 미로의 내부에 사는 저 (비)존재, 즉 반은 동물이고 반은 인간이면서 경계 변두리를 체현하고, 인간과 동물의 경계, 문화와 자연의 경계를 체현하는 미노타우로스[6]의 언저리를 맴도는 이야기—를 해줌으로써 외부와 내부를 이어주는 이야기를 해주는 신화의 비유이자 그런 이야기의 전개를 복사하는 이중화로서 자신을 묘사한다.

프로이트는 자신의 저작에서 정작 위에서 언급한 것 같은 미로나 미노타우로스 신화를 끌어들이고 있지는 않다. 그럼에도 그것이 프로이트의 위상학에 대해 상징적인 의미를 띨 수 있다면, 그것은 미로가 위상학적 해석들에서 제시될 만한 형태를 취하고 있으며 동시에 자신의 출처가 되기도 하는 신화를 환기시키는 형태를 취하기 때문이다. 프로이트의

이론은 위상학적 사고에 연결될
수 있는 여러 측면을 갖고 있지
만, 이러한 위상학적 생각은 그
의 이론에서 아주 세세히 언급
되는 (오이디푸스, 나르시스) 신화
들과는 대조적으로 거의 언급되

그림 2 뫼비우스의 띠.

지 않은 채로 남아 있다. 프로이트보다는 오히려 라캉이 위상학을 정신
분석에 체계적으로 끌어들인다고 할 수 있다. 위상학적 교재에서 직접
인용한 다음 제3의 형상 또한 라캉의 저작에서 유래한다.

　1850년대에 처음으로 독일 수학자 아우구스트 페르디난트 뫼비우스
(August Ferninand Möbius)와 요한 베테딕트 리스팅이 기술한 뫼비우스의
띠는 아주 간단히 만들어낼 수 있다. 그것은 띠의 끝을 잡고 평평하게 한
다음 한번 꼬아 양끝을 서로 이어줌으로써 만들 수 있다. 이 띠는 내부와
외부의 전이가 감지할 수 있는 단속이 전혀 없이 띠의 면을 지속적으로
따라감으로써 자연스레 일어나는 특수한 속성을 가지고 있다. 띠의 모
양은 단지 하나의 자기 횡단적인 모서리, 즉 디터 홈바흐(Dieter Hombach)
가 언젠가 말했듯이, '자기 자신을 스스로 휘감고 있는'[7] 형태의 경계 모
서리를 지니고 있다. 수학적으로 표현하자면, 거기서는 일면(一面)적 혹
은 방향이 정해져 있지 않은 비정향적 면이 관건이 된다. 또한 전이된 의
미에서 보아도 일정한 방향 상실이 존재한다. M. C. 에스허르는 공포에
관한 라캉 세미나의 책자 겉표지를 장식하기 위한 뫼비우스의 띠 묘사[8]
에서 개미들을 띠 위에 돌아다니게 하고 어떤 시각에서 정향의 문제가
흥미진진해지는지를 잘 보여준다. 사람들은 여기서 일어나는 안쪽과 바
깥쪽 비틀림을 파악하기 위해—적어도 상상으로—뫼비우스의 띠의 면
을 직접 걸어봐야 할 것이다. 비록 자신이 서 있는 위치에 따라 내부나

외부로 혹은 '다른 쪽'으로 해석될 수도 있는, 도달 불가능한 반대편이 존재할 것이라는 인상이 매번 들 수 있다. 하지만 거기서 모양상 전통적으로 생각해온 내부와 외부의 이분법이 해소된다.

뫼비우스의 띠 모양은 관찰자가 파악하는 순간에 전통적 표상과의 단절을 다소 급작스럽게 개시한다. 그것은 아무 설명이나 관련 신화도 없이 마치—라캉의 텍스트에서 독자들로 하여금 지금까지 유지한 표상을 내팽개치게 하는 경이의 효과를 내는—매듭같이 기능한다. 그것과 자신이 정신분석에 끌어들인 위상학적 형태들로 라캉은 새로운 '주체의 위상학'[9]을 발전시킨다. 그것들 중에서 뫼비우스의 띠는 가장 간단한 모양이다. 라캉은 그것을 가지고 모든 심층심리학에 이별을 고한다. 무의식은 심층에서 찾을 수 있는 것이 아니며, 전의식(ein Unterbewusstes)—이것은 "프로이트가 부적절하고 오해의 소지가 있다"고 말한[10] 표현인데—도 아니다. 오히려 표층에서, 주체의 말하기에서 감지될 수 있다. "무의식의 담론은 (……) **밖에** 있다"[11]고 라캉은 말한다. 그것은 마치 뫼비우스의 띠의 '저편'이라는 것이 그렇듯이, 담론의 이면(裏面)을 형성한다. 이를 파악하기 위해서는 시간 속에서 운동해야 한다. 담론은 자기 자신에게 돌아와야 하는데, 여기서 결정적인 것이 바로 차후성(Nachträglichkeit)이라는 시간 형식이다. 다른 말로 표현해 주체가 무의식에서 뭔가를 파악하려면, 말하기의 운동 속에서 이것 자체로 돌아와야 한다. 마치 서 있던 쪽이 전혀 바뀌지 않는다는 것이 현실화되기 위해서는 뫼비우스의 띠를 완전히 한 바퀴 돌아야 하는 것처럼.[12]

2 토픽들: 소위 '시각적 모델들'

앞서 이미 출현했고 그사이 무의식에 대한 동의어가 되었던 '저편 무대'의 기술은 프로이트가 자신의 《꿈의 해석(Traumdeutung)》에서 도입한 것이다. 거기서 언급하듯이, 그는 그것을 앞서 언급한 페히너에게서 따왔다. "위대한 G. Th. 페히너는 자신의 심리물리학에서 (……) **꿈의 사건 현장은 깨어 있는 표상적 삶의 그것과는 사뭇 다르다**는 가설을 표명한다. 다른 어떤 견해도 꿈적 삶만의 특수한 고유성을 파악하는 것을 허락지 않는다."[13] 하지만 페히너와는 다르게 프로이트는 그 저편 무대라는 것에 근본적인 위상을 부여한다. 그는—심적인 토픽에 관한 후반기 작업들 이전에[14]—이러한 표상의 공간성을 진지하게 받아들인다. 프로이트의 이론 구성이, 라캉과는 달리, 신화에만 기초하는 것이라는 인상을 (이러한 것이 일어난다고 한다면) 반증해야 하는 과제를 안고 있는 《꿈의 해석》에 나오는 유명한 구절은 다음과 같다.

〔저편 무대라는 것에 대한 논의를 통해〕 우리에게 떠오르는 아이디어는 **심적 국소성**(psychische Lokalität)이다. 여기서 문제가 되는 심적 장치가 우리에게는 해부학용 표본으로도 알려져 있다는 사실은 일단 제쳐두려 한다. 그리고 심적 국소성을 해부학적으로 규정하는 유혹 같은 것을 조심스럽게 피해가려 한다. 우리는 심리학적 토대 위에서 논의를 진행하는 데 머무르고자 하며, 조립된 현미경, 사진촬영 도구 그리고 그와 유사한 것 같은 영혼의 성취에 사용되는 도구를 표상해야만 한다는 요구를 따르는 것만을 생각하기로 한다. 심적 국소성이란 그러면 상이 맺히기 전의 단계들 중 하나가 출현하는 도구 내의 한 장소에 해당된다. 현미경과 망원경 같은 경우 이것은 잘 알려져 있다시피 부분적으로 관념적인 장소성들이거나 지역들로, 이곳들에

는 도구의 그 어떤 구성 부분도 위치하고 있지 않다.[15]

여기서 프로이트는 심적인 것을 국소성으로, 도구 내의 장소성들의 모습으로 표상한다. 도구를 적절히 조사해보면, 그것들에서는 뭔가 번쩍인다. 이러한 장소성들은 물론, 프로이트가 인정하듯이 부분적으로는 이념적이다. 이는 그것들이 하나의 이념, 하나의 사고에 기반을 두었다는 뜻이다. 현상 **그리고** 장소는 단지 일시적이고, 파악하기가 애매하다. 이는 마치 누군가 빛나는 숲 속에 도착해, 그곳이 웰링턴 공작이 그 유명한 말을 했던 장소인지를 알고 싶어 하고 대답을 얻는 일화와 같다. "그렇소, 이곳이 그곳이오! 다만 그가 이러한 말을 직접 하지 않았을 뿐이오."[16] 혹은 더 짧게 말해, 그것은 리히텐베르크를 비추는 저 "손잡이와 날이 없는 칼"[17] 같은 것이다. 실제로 정신분석은 그러한 금방 사라지는 물질—프로이트가 언젠가 언급했듯이 "현상세계의 찌꺼기(Abhub der Erscheinungs-welt)"[18]—과 관계하고 있어, 홀연히 사라지는 그물망들을 고정시켜 결국 그 구조들에 닿기 위해 위치기하학(Lagegeometrie), 옛 위상학이 그렇게 칭해지듯이,[19] '위치분석'에 기대게 된다.

그림 3 현미경.

심적 장치/기구를 기술하기 위해 프로이트는 시각적 도구를 끌어들인다. 《**꿈의 해석**》의 한 구절에서 발견되는 광학(Optik)에 대한 언급은, 꿈의 그림들을 마치 표상, 기억 인상 그리고 무의식적 판타지로 무리 없이 위치시킨다. 심적 장치는 표상, 즉 심상을 만들어내는 것이다. 그리고 정신분석은 이러한 심상의 분석, 라캉의 말을 빌리자면, 상상적인 것의 분석(분해)과 관련되어 있다. 거기서 강조해야 할 부분은 물론 상상적인 것 자체가 아니라 오히려 그것을 만들어내는, 상상적인 것의 현상 및 상황화를 비로소 가능케 하는 장치다. 다시 한번 라캉의 말을 차용해 표현하자면 우리는 심상들이—충분히 찰나적으로—유통되고, 지속되고 그리고/혹은 사그라드는 기호적인 것의 조절 구조들(Artikulationsgefüge)에 주의를 집중할 필요가 있다.

이제 **그 저편** 무대는 어디에 있는가? 그것은 관념적 장소성에서 태동되는 심상이 아니고, 이러한 장소성 자체도 아니다. 저편 무대는, 이를 강하게 무의식으로 읽을 때는, 밖에 머물러 있다. 그 다른 장소란 무의식적 법칙성이 자신의 원인을 찾을 법도 한 곳이다. 프로이트는 여기서 신화적으로 '**원(原)장면**(Ur-Szene)'[20]—이는 심상 만들기(Bildung)의 공간성을 강조할 경우에는 **원현장**(Ur-Schauplatz)으로 읽힐 수도 있는 것인데—에 대해 얘기한다. 라캉은 프로이트와는 다른 길을 간다. 그는 신화적인 수단들을 좀 덜 사용해 그 저편 무대—라캉이 여기서 더욱 타당하게는 '**비(非)현장**(Un-Schauplatz)'이라 칭할 수도 있는 곳—에 접근하기 위해 자신의 이론 형성에 위상학을 수용한다. 또한 라캉의 대상 a 혹은 '대상 욕망의 원인'[21]은—이는 그의 이론 형성의 핵심에 자리 잡고 있는데—이러한 원인을 포획하려는 시도이다.

프로이트의 경우 광학적 도구의 언급은 별로 세세하지 않은 반면, 라캉의 경우는 정교하게 다듬어진 광학적 모델—거울 모델이라고도 불리고 '뒤집힌 꽃다발 모델'이라고도 불리는 모델—이 사용된다. 프로이트에서와 마찬가지로 라캉의 거울 모델에서도 보는 것 자체가 관건은 아니다. 거기서 관건이 되는 것은 장소, 관계, 배열, 심적 공간의 펼침 그리고 이러한 심적 공간에서 주체에게 현상되거나 그렇지 않은 것들이다. 프로이트의 경우와는 달리 라캉의 거울 모델은 결정적으로 내적으로 심어

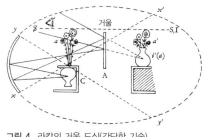

그림 4 라캉의 거울 도식(간단한 기술).

진 것으로 여겨지지 않는다. 이러한 차이는 라캉에게는 모델 형성의 문제가 더 중요하게 여겨진다는 것을 의미한다. 그의 모델은 더이상 개별적인 심리에서 시작해 개념화되고 있지 않고—애초에 다른 것/타자(das Andere)의 장소를 다룰 때, 그것이 심적 장치에 대해 구성적인 기능을 갖는 것으로 보아—그것을 심적 장치에 포함해 받아들이며 심리분석적인 주체 구성에 적합한 것으로 수용한다. 라캉의 광학 모델, 즉 거울 모델은 두 개의 거울—오목거울 하나와 평면거울 하나—로 구성되어 있다. 이 거울들의 배열관계는 이렇다. 먼저 어느 상자 속에 거꾸로 매달린, 직접적인 시선의 범위를 벗어난 꽃병이 하나 있고 꽃병 위쪽으로는 꽃다발 하나가 똑바로 놓여 있다(위 그림에서 좌측 그림 참조). 그림의 우측 부분에서 볼 수 있는 것처럼, 해당 꽃병이 이제 상자 위에 똑바로 놓인 상태에서, 그것도 안에 꽃다발이 담긴 형태로 나타날 수 있게 오목거울과 평면거울이 적절히 배치된다. 이러한 배열 속에서 라캉은 대상 a의 자리를 표시한다.[22]

이로써 라캉은 하나의 대상을 정위시키기 위해, 하필 거울들로 이뤄진 모델을 끌어들인다. 그리고 그 대상은 결코 복사한 그림을 갖지 않는다고 강변한다. 바로 이러한 인식은 다음과 같은 경우에 그러한 모델에서 더 명시적으로 두드러진다. 대상 a는 "자신의 위상이 거울상에서 도출되는 대상의 위상에서 탈주하는, 즉 선험적 미학의 법칙들에서 탈주하는 여분이자 그러한 성질의 대상으로"[23] 자신을 드러낸다. 그럼에도 불구하고 위의 거울 모델은, 라캉에 의하면, 그런 대상을 표상하기에는 만족스럽지 못한 것으로 남아 있다.

그래서 모호성이 출현하는데, 그것은 우리가 거울 속에 기록되는 것들로부터 〔**상상적으로**〕 표상할 수 있는 것만을 행할 수 있다는 사실이다. 여기서, 만약 내가 그렇게 표현해도 된다면, 이 대상이 정의되어 나타나는 상상하기 (Imaginisierung)를 그와는 다른 방식으로 구축하는 것이 관건이다.[24]

라캉은 '상상하기'의 다른 방식을 묻는다. 그리고 (다른 것들 중에서) 이러한 것을 크로스캡(cross-cap) 혹은 자기 교차형 모자라는 위상학적 형상에서 발견하는데, 이 위상학적 형상은 경계 모서리가 없는 뫼비우스의 띠, 다시 말해 경계 모서리가 자기 자신 속으로 물려 들어간 형태의 뫼비우스의 띠와 유사한 것이다. 이러한 성질을 띤 면은 뫼비우스의 띠와 마찬가지로 내부/외부 구분을 전혀 알지 못한다. 이러한 형태에서는 오직 하나의 면, 즉 자기 자신 속으로 물려 들어간 면만이 존재할 따름이다. 이 크로스캡 혹은 자기 교차형 모자를 특정한 점(Φ)을 지나 두 부분으로 자르면, 뫼비우스의 띠 한 개와 소위 곡면엽(曲面葉)에 해당하는 표면 하나가 얻어진다.

이러한 절단 및 그 결과에 라캉은 특별한 관심을 보이고 있다. 왜냐하면 대상 a 역시 하나의 절단을 통해 구성되기 때문이다. 그리고 곡면엽에 대해—절단으로부터 생겨난 이것은 라캉이 보기에 대상 a에 해당하

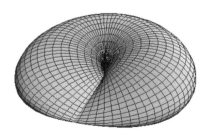
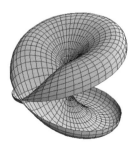

그림 5와 6 크로스캡과 곡면엽.[25]

는데—사람들은 실제로 그것이 거울상을 갖고 있지 않다고 말할 수 있다. 그것은 뫼비우스의 띠와 마찬가지로, 단지 한 면만을 가진 표면으로, "그것의 면을 접으면, 그것은 항상 자기 자신과 동일해진다. 이게 바로 내가 거울상을 갖지 않는다고 말하는 것이다".[26] 라캉은 세미나에서 긴장감이 도는 어느 한순간에 절단을 통해 생겨난 이 곡면엽을 대상 a로 제시한다. 그리고 이렇게 말한다.

여기 있는 것이 나머지 부분이다. 나는 그들을 위해 그것을 구성해냈고 배포한다. 그것에 관심을 좀 가질 필요가 있다. 왜냐하면 그것들이 나로 하여금 여기 이것이 a다라고 말하게 하기 때문이다. 나는 그들에게 마치 성체(聖體)라도 되는 것처럼 그것을 준다. 왜냐하면 그들은 이후에 그것을 사용할 것이기 때문이다. 작은 a는 마치 그것처럼 만들어져 있다.[27]

라캉의 모델을 작업하는 데는 외면과 내면이라는 양면에서의 접근이 요구된다. 달리 말해, 그러한 작업은 물리학적 광학 (거울 모델의 경우에) 혹은 위상학에서의 접근 **그리고** 정신분석, 즉 무의식의 논리로부터의 접근을 요구한다. 사람들이 이러한 모델들이 수학적 혹은 물리학적으로 어떻게 사용되는지를 알면, 게다가 그것들이 어떻게 설비되는지를 보았거나,[28] 면과 띠 그리고 매듭들을 물질적인 형태로 손에 넣고 있다면, 라캉의 해석을 이해하는 근거가 마련된다.[29] 하지만 라캉이 사용하는 그러한 모델에 생명력을 불어넣어 움직임을 부여하고, 그것을 정신분석이라는 의미에서 비로소 말이 되게 하는 것은 그러한 모델들이 포함된 라캉의 텍스트이다. 그 형태들은 그의 텍스트 내에서 매듭을 구성하고 수수께끼를 형성해낸다. 그것들은 라캉의 텍스트에 절대적으로 개입되어 있다. 텍스트는 그것들을 포함하며, 그것들은 텍스트를 첨예화한다. 묘사상의 모든 변화는 교재에서의 묘사들과는 대조적으로, 모든 세부사항을 정신분석적 사고에 종속시킨다. 그러나 수학적인 혹은 물리학적인 사고에 종속시키는 것은 아니다.[30] 라캉은 다양한 상호 연관들 속에서 다양하게 이를 부연설명한다. 이러한 방식으로 그것들의 의미는 동적인 상태로, 변하기 쉽고 작업중인 상태로 남아 있다.

이러한 형태는 고유한 방식의 독법을 만들어내도록 촉구한다. 독자는 **독자를 위해** 해결해야 할 수수께끼가 거기에 존재함을 전제해야 하고, 이와 반대로 수수께끼는 독자로 하여금 암호풀기 작업을 맡도록 부추겨야 한다. 그 수수께끼가 그 형태들을 복잡하게 쓰인 글들에서 구분하는 것은 아니지만, 그러한 형태들에서 분명한 형태로 출현한다. 독자의 그러한 성취가 그 형태들로 이월되지 않거나, 독자가 **알고 있는 것으로 가정된 주제**(sujet supposé savoir)[31]가 없을 경우, 거기서 제대로 작동되는 것은 아무것도 없을 것이며, 그 형태들은 아무 메시지도 주지 못한 채로 머물러 있을 뿐이다. 이러한 요구의 이면, 즉 요구에 대한 응답이 바로 라캉 자신이 위상학적 모델들을 가지고 수학소(Matheme) 개념을 통해 그렇게 하듯이, 그런 형태들이 제기하는 수수께끼를 해결할 수 있노라고 행세하는 어떤 사람이 나타날 때면 언제나 그런 사람과 최고의 담론을 최선을 다해 기꺼이 나눠보겠다고 하는 명랑성인 것이다.

3 '위상학'—정신분석을 위한 정의

엄밀하게 보면, 거울 모델은 토픽에 대한 기여이지 위상학에 대한 기여가 아니다. 실제로 라캉의 모델들 중에서 어떤 것이 위상학에 해당하고 어떤 것이 그렇지 않은지 항상 명확히 파악되는 건 아니다. 라캉의 위상학을 다루는 사람들은 다양한 것들을 얘기한다. 마르크 다르몽(Marc Darmon)은 자신의 저작 《**라캉 위상학에 대한 에세이**(Essay sur la Topologie lacanienne)》[32]에서 거울 모델을 언급하고 도식 L 그리고 그래프들(Graphen)에 관한 글을 쓴다. 즉 '위상학'이라는 제목으로, 이 위상학이라는 말을 수학적인 의미 이상으로 이해하는 가운데 글을 쓰는 것이다. 자신의 글 도입부에서 천명하듯이, 그는 아주 넓은 의미에서 라캉의 형식적 직관을 다룬다. 반면 그 개념의 수학적 의미에 충실하게 라캉에 대한 글을 쓰는 이는 잔 그라농-라퐁(Jeanne Granon-Lafont)인데, 그녀는 자신의 《**자크 라캉의 일반위상학**(Topologie ordinaire de Jacques Lacan)》[33]을 공간 및 구조 문제에 대해 언급하면서 시작한다. 그리고 뒤이어 뫼비우스의 띠, 원환체(Torus), 사영면(projektive Ebene) 내지 크로스캡 그리고 '비출 수 있는 것에서 비출 수 없는 것으로: 클라인의 병(Vom Spiegelbaren zum nicht Spiegelbaren: die Kleinsche Flasche)'이라는 제목이 붙은 단원과 마지막에는 '표면에서 매듭으로(Von den Oberflächen zu den Knoten)'라는 제목이 붙은 단원으로 구성한다. 그녀는 라캉이 자신의 작업에서 다루는 가장 중요한 위상학적 형상을 집성해서 다루고 있다.

　라캉의 위상학을 다루는 저서 도입부에서 그라농-라퐁은 작은 위상학적 전략 하나를 사용해 논의를 전개한다. 그녀는 위쪽의 한 끝이 고정되어 있는 너비 몇 센티미터인 띠에 숟가락 하나를 매단 경우를 생각해보자고 제안한다. "이 띠는 우리들이 경험하려는 대상, 즉 숟가락과 공간의 연결을 실현시켜준다."[34] 숟가락이 다시 원래 자리에 돌아와 정지할 때까지 수직 방향을 축으로 숟가락을 한번 회전시키면, 이 운동은 띠에 비틀림 흔적을 남긴다. 숟가락의 회전수가 비틀림 횟수에 표현되는 것이다. 또 다른 숟가락 회전운동이 그 대상에 가해질 수 있고, 이 운동을 통해 경우에 따라 흔적은 더 복잡해지거나 지워질 수도 있다. 결정적인 것은, 띠를 매개로 공간 자체가 현상한다는 것이다. "목적은 공간에 있는 대상의 불변성을 기술하는 것이다"[35]라고 그라뇽-라퐁은 확신에 차서 말한다. 왜냐하면 위상학의 관심사는 공간 및 공간 속성을 기술하는 것이기 때문이다. 여기서는 위상학의 개입을 위해 사용되는 띠[36]는ー위상학자들의 아리아드네의 실과 마찬가지로ー우리들의 지각 범위 너머에 있을 수도 있는 공간 그 자체를 시각적으로 보이도록 해준다. "모든 공간은 평평하다(platt)"[37]라고 라캉은 자신의 세미나 R.S.I■에서 말한다. 라캉의 이 진술에 대해 그라뇽-라퐁이 부연설명을 해준다. 그녀는 부연설명에 병행해서 라캉의 그 말이 위상학과 관련이 있음을 확증해주며 공간 그 자체는 깊이라는 '제3의 차원'을 포괄하는 것이 아니고ー이러한 논의의 전환은 아주 결정적인 사항인데ー깊이의 **지각**을 통해 정의된다는 사실을 말해준다. 개미가 면 위에서 움직이고 있을 때, 이러한 깊이는 (우리는 여기서 뫼비우스의 띠 위를 돌아다니는 개미를 다시 한번 상상해볼 수 있다) 개미에게 지평으로 출현한다. 그것은 지속적으로 뒤로 밀리는 지평선이다.

정신분석과 관련이 있는 공간은 심적 공간이다. 우리가 공간의 깊이 혹은 공간의 평평한 성질(Plattheit)을 파악하는 문제를 정신분석에 끌어들여 보면, 위상학은 (무의식, 영혼 등의) 깊이를 다시 새삼스럽게, 본질론적으로 해석하려 하는 '심층심리학'의 독(毒)을 제거하는 해독제 역할을 자처한다는 사실이 증명된다. 그라뇽-라퐁은 영혼의 깊이와 관련해 이렇게 적는다. "그것들의 깊이/심연의 연구라는 것은 위상학자의 눈에는 단지 공간 이동만을 다루는 작업이다."[38] 이러한 시각에서 볼 때, 정신분석가는 라캉의 말마따나 실제로 위상학자여야만 한다.

위상학은 그 외에도 공간 속의 형태들을 주로 정량적, 투사적 항수들로

■ R.S.I는 각각 실재계(Real), 상징계(Symbolic), 상상계(Imaginary)를 의미한다. 본 글의 뒷부분을 참조.

부터 정의하는 유클리드적 위상학의 특성들에서 거리를 둔다. 두 형태가 동일하다는 것 (즉 한 형태를 다른 하나의 형태로 전이시킬 수 있다는 것)에 대한 결정적인 기준은 위상학의 경우에는 동형(Homöomorphie)인 반면 유클리드기하학에서는 합동이다. 동형의 정의와 관련해 교재에서는 "직관적으로 우리는 동형이라는 것을, 한 집합을 다른 한 집합으로 복사할 때, 그 작업이 어떤 틈새도 불일치하는 구석도 없이 매끈하게 전개되는 경우로 생각해볼 수 있다"[39]고 말한다. 그리고 수학적으로 엄밀하게 말할 경우, 동형은 일의적이고(eindeutig) 가역적이고(umkehrbar) 연속적인 복사(Abbildung)이다. 이 말을 일상어로 고쳐 쓰자면 이렇다. 우리가 쏟아야 할 모든 주의(注意)는 한 집합을 다른 한 집합으로 복사할 때의 틈 혹은 건너뜀 그리고 기운 자리 혹은 접착 지점에 놓여 있다. 여기서 우리는 이것과 정신분석 실천의 친화성을 발견한다. 균열/틈새 내지 연속성을 찾아 기록하는 것, 꿰어 맞춰진 자리와 분리점[40]을 규정하는 일은 정신분석가가 위상학자와 공유하는 과제이다. 이를 라캉식으로 이해할 때, 특히 그가 주체의 얘기에서 그것의 속성을 엿들어야 하는 경우에는, 정신분석학자도 무의식의 구조(무의식의 담론)를 대상으로 작업을 진행한다.

4 라캉의 위상학 연습들의 위상

"수학은 자신이 양(量)의 과학이어야 한다는 고답적인 이념에 물들어 있다. 이는 이중의 의미에서 문제가 있다. 왜냐하면 수학은 과학이 아닐뿐더러, 무조건 양을 연구하는 것도 아니기 때문이다. 그것은 다른 것도 연구하는데 이는 하나의 연습이고 춤에 비유할 수 있다. 그 규칙이 일상어의 규칙보다 좀더 엄격한 수학에서는 약속된 인습적인 언어를 말하고 쓰는 것이 관건이다."[41]

위상학적 형태도 포함된 라캉의 수학소(Matheme)들은 항상 혼란을 불러일으켰다. 그것들을 어떻게 읽어야 하는가? 텍스트 속에서 그것이 차지하는 위상은 무엇인가? 그것은 텍스트에서 자연과학적 확증 같은 증명의 무게를 가지고 있는가? 아니면 그와 반대로 순수한 상상을 표현하는가, 아니면 허풍의 산물인가? 거기서는 어떤 방식으로 묘사, 실습, 연습이 관건이 되는가?

'수학소'는 라캉이 만들어낸 말이다. 그것은 그리스어적 낱말인 수학(mathémata)과 레비스트로스가—언어학에서 사용되는 '음소(Phonem)'라는 단어를 모방해서—신화의 구성 요소들을 가리키기 위해 만든 '신화소(Mythem)'라는 단어를 합쳐 만들어낸 표현이다. 그리스어의 마테마타(Mathémata)는 학습 재료(Lerndinge)를 말한다. 피타고라스 학파 학자들은 여기에 네 가지 학문이 속한다고 본다. 산수, 기하, 천문학 그리고 조화론(Harmonielehre)이다. 그러나 그 개념이 이러한 학습 재료들에만 국한되어 사용된 것은 결코 아니다.[42]

원래 옛 이름이 타 마테마타(ta mathémeta)였던 '수학(Mathematik)'이라는 이름으로 잘 알려진 마타네인, 마테인(Manthánein, matheîn). 이것을 우리는 '학습/배움(Lernen)'이라는 말로, 그것도 집중적인 학습, 철저한 학습으로 번역한다. 반면 단순히 '배움에 자신을 수동적으로 내맡기는 것'에 해당되는 그리스어는 디다스케스타이(didáskesthai)이다. 마테마타(Mathémeta)는 전자의 의미에서 배움의 대상인 '학습 재료'를 의미한다.[43]

라캉의 이러한 수학소는 정신분석학의 학습 자료이자 정신분석이론의 보급을 위한 초석이다. 라캉은 1955년 세미나에서, 이때는 아직 '수학소'라는 말을 사용하기 전인데, 그것들에 산파술적인 기능을 부여한다.

아주 중요한 것은 모델이지 그것이 무엇이라 불리는지가 아니다. 그것은 아무것도 아닌 것이라 불린다. 하지만 우리가 한번 그렇다고 하면—이는 우리의 동물적인 약점인데—우리는 그림을 사용한다. 그림이 부재하면, 기호가 출현하지 않는 일이 벌어진다."[44]

위상학에 관한 한, 라캉은 그것을 누군가에게 가르친 선생이라기보다 오히려 그것과 관련해 자신에게 충고를 해주던 선생 같은 사람을 두고 있었다. 1951년부터 라캉은 수학자 길보[45]와 함께 자신의 연구 집단에서 작업을 진행했는데, 그와는 생을 마감할 때까지 친분을 유지했다. 길보와의 교류는 사이버네틱스의 수용(1954/55 Séminare Ⅱ)에서, 위상학적 면(面)들의 수용(1962년부터 Séminare Ⅸ)을 거쳐 보로메오 매듭(처음으로 1972년에 Séminare ⅩⅨ에서)에까지 이른다. 길보 및 다른 사람들과의 공동작업에 대한 역사적 연구 작업은 물론 아직 나오지 않았지만 앞으로 기대해 봄직하다.[46] 그 외에도 라캉이 아주 가깝게 교류했던 이들로는 위상학자 피에르 수리(Pierre Soury)와 미셸 토메(Michel Thomé)가 알려져 있다.[47] 그 일부가 출판된, 수리에게 보낸 라캉의 서신들은 모로코 여인들의 베일을 향해 클레랑보가 쏟아낸 정열을 연상시키는 집착을 보여준다.[48] 여기에서 말하는 주인공은 위상학의 마이스터인 라캉이 아니라, 당시 서신을 교환한 주요 이유였던 매듭의 세계로 흠뻑 빠져들었던 라캉이다.

1978년 2월 21일, 나는 일찌감치 뭔가를 제기하려고 당신에게 들렀지요. 그런데 당신은 부재중이더군요. 최소한 나는 그렇게 생각했습니다. 왜냐하면 나는 오랫동안 문을 두드렸거든요. 이 역사가 나를 정말 미치게 합니다.[49]

필자의 제안은, 정신분석에서 다루는 위상학—면과 그 유명한 보로메오 매듭—을 라캉이 자신의 청자들에게 한 말인 "글자 맞추기 수수께끼

를 한번 풀어보시지요"라는 의미에서 이
해할 수 있는 실습이나 연습으로 보자는
것이다. 요컨대 이런 말이다. "위상학을
한번 해보시지요!" 이 말은, 라캉의 청자
들이 자신들의 관심을 자료들에서 찾아
낼 수 있는 균열/틈새들과 불일치하는 것
에 돌리면, 그들은 한 주체가 완수하는 심

그림 7 보로메오 매듭.

적 공간에서의 운동을 추적한다는 의미이다. 혹은 자신들의 해석을 운율
분석(Skansionen)으로—그것이 해당할 경우—구조 변화를 일으키는 활동
으로 여긴다는 것을 말한다.

위상학적 모델은 라캉의 세 가지 목록인 상징계(R), 상상계(I) 그리고 실
재계(R) 중 하나에 그냥 단순히 구겨넣을 수 있는 게 아니다. 그것은 단순
히 상상적인 것, 즉 순수 환상적인 것이 아니며, 속임수도 아니고, 정신분
석을 실재계 속에서 마치 자연과학 이상의 의미에서 증명하는 것도 아니
다. 마찬가지로 그것들이 상징적인 것 속에서 사라지는 것을—말로 할 수
없는 것을—생산하려는 한, 상징계를 (실재계를 향해) 넘어서는 것도 아니
다. 이 목록들(S, I, R)의 연결을 위해 세 개의 고리로 엮어 만든 보로메오
매듭이 있다. 이 또한 라캉이 수용해 사용하는 위상학적 형태의 하나이
다. 그것의 특수한 속성이라면 세 고리 중 하나가 묶음에서 빠지면 나머
지도 뿔뿔이 흩어져버린다는 점이다.[50]

결정적인 것은, 위상학은 정신분석을 순수화하거나 논리화하기 위해
필요한 것이 아니라는 점이다. 그것의 위상은 아주 모호해서 그에 대한
작업이 따로 요청된다. 여기서 정신분석에만 고유한 초과이윤이 생겨난
다. 위상학적 모델들은 심리분석이론의 통합보다는 오히려 그 운동에,
즉 심리분석 작업을 계속하게 하는 데 이용된다. 이러한 운동에서 형태

들은 뭔가를 완전히 뒤받침해주는 지지점 기능, 뭔가를 묶어 그것이 흐트러지지 않게 유지해주는 매듭 기능을 할 수 있다. 1978년에 라캉은 "위상학이 저항한다"라고 메모한다. 그리고 또한 이렇게도 말한다. "위상학과 실천 간의 합치."[51]

헬무트 E. 뤽(Helmut E. Lück)

심리학적 위상학
쿠르트 레빈의 장이론

여러 심리학자가 위상학적 접근법들에 토대를 제공했다. 그 작업은 대부분 1920년대에 시작되었다.[1] '위상학적 심리학'이라는 개념과 특별히 연관된 것이 쿠르트 레빈의 저작이다. 레빈이 '**위상심리학 기초**(Grundzüge der topologischen Psychologie)'를 1932년에 출판사에 제출했을 때, 원고에서 그가 기획하고 있었던 것은,

> 인간 및 심리학적 환경의 구조를 구축하는 것을 포함하는, 통일적이고 과학적인 묘사 방식을 발전시키는 것이다. 이 작업은 실험적·전일주의적으로 정향된 심리학과 밀접하게 접촉하며 동시에 현대 수학, 특히 위상학과도 긴밀히 접촉한다.[2]

나치 점령으로 원고는 유감스럽게도 빛을 볼 수 없었다. 레빈은 1935년에 원고를 돌려받았고, 이듬해인 1936년 결국 미국에서 책을 출간했다. 그후 30년이나 지나 독일어 번역본이 출간되었다. 강제 이주와 그의 저

작이 겪은 운명은 독일에서 장이론이 뒤늦게 수용되는 계기가 되기도 했다. 독일에서는 장이론의 위상학적·수학적 부분은 거의 수용되지 않았다. 심리학적 힘의 재현과 측정에 관한 레빈의 방대한 저술은 지금까지 번역되지 않았으며 학계나 대중들에게 거의 관심을 받지 못한 채 잠자고 있어야 했다.[3]

레빈을 연구하는 데 다소 방해되는 것이 있다. 그가 사용하는 용어들이 통일적이지 못하다는 점이다. 그는 자신의 이론에 다양한 개념들을 사용한다. '벡터심리학', '역동이론', '위상학적 심리학', 그리고 '장이론' 등이다. 이들 중 마지막 개념은 레빈이 사망하고 나서 심리학에 도입되었다. 주로 유고작으로 출간된 논문집 제목을 통해서였다.[4] 레빈 자신이 '장이론'이라는 제목을 붙여 출간한 저서는 없다.

1 쿠르트 레빈

쿠르트 차덱 레빈(1890~1947)은 유대계 독일인 심리학자이다. 그는 모길노라는, 당시에는 포젠(Posen) 지방에서 태어났으며, 의학, 철학 그리고 심리학을 공부했다. 베를린에서 카를 슈툼프(Carl Stumpf)의 지도를 받아 박사학위를 취득했으며 역시 베를린에서 교수자격시험을 통과했다. 종종 사람들은 그가 형태심리학자 볼프강 쾰러(Wolfgang Köhler) 및 막스 베르트하이머(Max Wertheimer)의 제자였다고 소개하는 글을 접할 수 있지만, 이러한 진술은 타당하지 않다. 하지만 그가 형태심리학과 관련이 있다는 것은 분명한 사실이다. 이전의 의지심리학에서 떨어져 나와 그는 베를린에서 (일부는 서로 연결된) '심적 포화', '분노', '불완전 행위', '요청의 수준' 그리고 '대체 행위' 같은 테마를 연구하는 행위심리와 정서심리에 대한 연구를 진행했다.

레빈의 사상 형성에 영향을 미친 또 다른 요소가 스승인 에른스트 카시러(Ernst Cassirer)에게서 유래한다. 레빈의 저작 여러 곳에서 카시러가 구분하는 '실체 개념'과 '기능 개념'[5]이 발견된다. 레빈 스스로는 그러한 구분과 유사하게 생물학 및 심리학에서 '아리스토텔리스식' 시각과 '갈릴레이식' 시각을 구분한다.[6] 간단히 말해, 그는 지금까지의 ('아리스토텔레스식') 이론 구성 및 연구 실천 대부분을 정적이고, 분류적이며, 평균 구성적이고, 유형 형성적인 것으로 (예를 들어 동식물에 대한 린네의 체계) 간주한다. 그러면서 연구가 기능 개념들로 나아가야 하고, 전일적이고 역동적이며, 빈도성과 평균값들에 만족하지 말고, 개별적인 것들의 규칙성을 고려하는 '갈릴레이식' 이론(그리고 연구 방법)을 발전시켜야 한다고 말한다.

전 생애에 걸쳐 레빈은 이론과 실제의 상호침투에 깊은 관심을 가지고 있었다. 좋은 이론보다 실천적인 것은 없다는 그의 고백은 제자 앨프리드 매로(Alfred Marrow)가 쓴 레빈 전기의 제목이 되었다.[7] 레빈은 1933년에 미국으로 이주당해 이전과는 다른 관심을 가지고 연구를 수행한다. 장이론의 지속적인 발전 외에도 그의 경험적 연구는 현저히 정치적인 색채를 띠었다. 교육과 지도 스타일의 영향과 관련한 문제들을 연구하는 것 외에도 레빈은 집단 결정의 영향들을 연구했고 인생 말년쯤에는 책임 있는 사회적 개입과 (그것에 동반된) 연구 그리고 지속적인 교육이 하나로 집산되던 '행위 연구'에 몰두하기도 했다. 그가 사망하기 얼마 전쯤에 레빈은 **감성 훈련**(sensitivity trainings)이라는 형식의 응용 집단 역동성(Angewandte Gruppendynamik)에 추진력을 제공하기도 했다. 오늘날 심리학에서 사용되는 여러 개념들이 레빈에 연원을 두고 있다. 레빈의 다양한 저작들이 늘 언급되고는 있지만,[8] 그의 장이론은 오늘날 심리학에서 특별히 자주 이용되지는 않고 있다.

2 이론의 기초

1930년대 중반에 레빈은 이런 기억을 한다.

> 이미 1912년에 학생으로서 과학철학에 흥미를 가지고 있던 나는 당시에 인
> 정받던 철학적 이론에 반해, 동시에 존재하는 사실들의 다양성과 관계하는
> 심리학이 결국 시간 개념만이 아니라 공간 개념을 사용할 수밖에 없다는
> 테제를 옹호하기에 이르렀다. 내가 일반적인 집합론에 대해 뭔가 알고 있
> 을 때, 나는 아직 생겨난 지 얼마 되지 않던 수학의 한 영역인 '위상학'이,
> 심리학이 하나의 진정한 학문으로 발전하는 데 도움이 될 거라는 생각을
> 하기에 이르렀다.[9]

이러한 생각에 걸맞게 레빈에게서는 아주 일찍부터 위상학적 시선이
발견된다. 가령 빈번하게 인용되는 1917년의 《전장(Kriegslandschaften)》이
라는 저작에서는 "경관현상학의 한 장"[10]이고자 하는, 전문서적은 전혀
끌어들이지 않고 제1차 세계대전에 야전포병으로 참전한 경험에 비추어
자유분방하게 묘사한 대목을 발견할 수 있다. 둥그런(rund) 형태의 평화
풍경(Friedenslandschaft)과는 대조적으로 전장은 한편으로는 앞쪽으로 다
른 한편으로는 뒤쪽으로 나뉘어 구조화된 형태를 띠고 있다.■ 이는 군인

■ 레빈에 의하면 풍경의 표상은 사회문화적 조건들에 따라 다르다. (여기서 말하는 표상은
지각과 구분된다. 레빈의 표상은 현실의 대상 자체를 심상으로 갖는 지각과는 달리, 지각 이전
에 먼저 주어지는 구체적인 상황과 동반하는 대상에 대한 심상을 의미한다.) 가령 같은 언덕

들의 행군과 관련된 것이 아니라 "구역 자체가 그렇다"는 것이다.[11] "지역은 저 앞쪽이 끝이고, 그 뒤쪽으로는 '아무것도' 따르는 것이 없는 듯하다."[12] 이것이 경계 구역(Grenzzone)이라면, 여기서 레빈은 기동전에서의 위험 구역(Gefahrenzone)을 구분한다. 위험 구역은 "앞쪽으로 빼곡하게 밀려 **똑같이** 고르게 되어 있는"[13] 구역을 말한다. 즉 레빈은 이러한 초기 저작에서 '구역(Zone)', '영역', '지역(Region)', '방향(Richtung)' 그리고 '경계(Grenze)' 같은 개념을 사용하고 있어, 레빈의 생각 그리고 그가 선취한 연구 프로그램에 들어 있는 개념인 "개인적 성향의 공간 표상 형식"[14]은 자연스러운 것으로 나타난다. 레빈의 전장 기술(記述) 방식은 어떤 환경에 처해 있는 개인들을 기술할 때는 말할 것도 없고, 이러한 인간과 환경과의 관계가―근본적으로는 움직임을 통해서―역동적인 경우에 훨씬 더 자연스러운 것으로 보인다.[15]

체험된 경관과 아주 유사하게, 레빈은 초기 발전심리학적 저작에서 아이들의 주변환경에는 유사 물리적이고 유사 사회적인 본성을 갖는 다양한 상(象)과 사건이 존재한다고 지적한다. 가령 방, 복도, 책상, 의자, 칼, 친구, 이웃 등이 아이들의 주변환경에 존재한다는 사실을 지적한다. 이러한 것들의 속성을 아이들은 아주 일찍 경험한다. 물질적인 대상들은

(혹은 마을, 숲, 도로 등)이라고 하더라도 전쟁 상황에서와 평화 상황에서 그것을 표상하는 방식은 서로 다르다. 평화 시의 풍경은 주어진 지역의 특성이 별로 고려되지 않고 중립적으로 표상되는 경향이 있다. 그때의 지역은 앞과 뒤가 없이 모든 방향으로 골고루 끝없이 넓게 펼쳐져 전체적으로는 둥그런 형태를 취한다. 반면 전쟁 시의 풍경, 가령 병참에서 전선으로 이동할 때, 같은 지역이라 하더라도 평화 시의 풍경은 이제 더이상 보이지 않아 평화 시에 모든 방향으로 뻗쳐 보이던 풍경이 이제는 중요한 지역과 그렇지 않은 지역으로 나뉘어 지역들은 제한된 모습으로 다가오고 앞뒤 방향과 제한된 끝 그리고 경계를 갖는다. 이때 전장을 결정하는 것은 거리 관계나 지리상의 형태, 교통상의 접근성 등이 아니다(이러한 특성은 흔히 평화 시의 풍경에 해당된다). 펼쳐진 공간상의 넓이도 아니다. 오히려 참호의 질, 적군을 관찰할 수 있는 특성, 참호와의 근접성 등 풍경에 대한 표상을 결정하는 요소들이다. 전쟁의 풍경은 적군이 물러나면서 다시 평화의 풍경으로 바뀌어 그에 대한 표상 또한 달라진다.

넘어지고 떨어지고, 어떤 어른들은 아이들에게 친절하지만, 또 다른 사람들은 그렇질 않아 아주 엄격한 모습을 보이기도 한다. 사람들이 비를 피할 수 있는 장소들이 존재하는가 하면, 엄격한 어른들을 만나면 안전하게 숨을 수 있는 또 다른 장소들이 있기도 하다. 이때 아이들에게 중요한 것은 사물의 물리적 속성이 아니다. 중요한 것은 기능적 가능성이다. 어떤 사물은 그것을 먹도록 아이들을 유혹하고, 어떤 사물은 그것을 기어오르도록 아이들을 자극한다. 그러한 요구들을 방출하는 환경 사실들을 레빈은 "유인특성(Aufforderungscharakter)"이라 칭했다. 이 개념은 레빈에게서 1920년대 후반기에 출현한다. 레빈의 미국인 제자이자 동료인 도널드 K. 애덤스(Donald K. Adams)는 (그가 1930년 베를린에 체류할 당시) 그 단어를 '값(valence)'이라는 단어로 번역했는데, 이는 금방 학계에서 통용되기에 이르렀다. 그 개념은 실천적으로 이전의 valency(중요성, 의미) 그리고 value(가치)라는 개념을 연상시키는 단어이다. '유인특성', '값'이라는 개념은 오늘날 독일에서는 거의 동의어로 사용된다.

유인특성의 종류(기호)와 강도(强度)는 본질적으로 순간적인 필요를 통해 규정된다. 그래서 사람들은, 레빈에 따르면, 환경이 늘 변화하는 가운데 개인의 생활공간을 늘 새롭게 표상해야 한다. 몇몇 사물들은 자극을 유발하지만 다른 사물들은 그렇지 않다. 어떤 긍정적인 삶의 지역들은 단지 부정적인 값을 가진 지역들을 뚫고 갈 때나 도달할 수 있다. 가령 층층이 위계적으로 구조화된 회사 조직에서의 지위 상승(긍정적인 유인특성)은 단지 부정적인 값을 가진 지역 (상사에 대한 순종, 지불되지 않은 초과노동 수당 등) 을 지날 때에야 도달할 수 있다. 삶 공간의 이러한 관통은 물론 물리적 의미에서가 아니라 심리학적 의미에서 일어나는 것을 가리킨다. '운동성(Lokomotion)'은 레빈이 이러한 방향에서의 값의 변화들을 지칭하기 위해 사용한 개념이다. 그러한 방향은 아무 조건 없이 되돌려지진 않는다. 왜냐하면 생활공간은 한 번 운동이 일어난 이후에는 이미 변화를 겪기 때문이다. 가령 레빈은 운동성을 비가역적인 성질을 갖는 생활공간 '통과하기(Durchschreiten)'로 간주한 바 있다.

물리학에서 오래전부터 대상과 사건(예를 들어 '운동')을 묘사하기 위해 공간이 사용되었다는 사실은 자명해 보인다. 한 대상의 위치, 거리, 운동은 원칙적으로 정량적으로 규정된다. 그러나 심리학이 공간 개념을 사용할 때는 다르다. 거기서 한 인간의 주변에 있는 사실들은, 레빈에 의하면, 단지 "어느 정도까지만 직관적으로"[16] 파악될 수 있다.

그 문제를 이러한 견지에서 볼 때 물리학과 심리학이 원칙적으로 구분되는지 아니면 단지 정도의 차이만 있는 것인지의 문제로 바꿔서 제기해볼 수 있다. 어쨌든 아직 역사가 일천한 심리학은 그 직관성과 단순성이 물리학의 엄격한 잣대들에 견줄 정도로 생활공간을 정량적 혹은 위상학적으로 규정할 수 있는 처지에 있지 않다.[17]

현재진행형인 생활공간을 파악하는 문제와 관련해 레빈은 다음과 같이 쓴다.

현재 우리에게는 생활공간을 과학적으로 묘사할 완성된 방법이 없다. 아직 역사가 짧은 환경학(Milieukunde)은 자신의 문제를 우선 심리학의 일반적인 상황에서 유래하는 분류적 통계학이라는 수단을 빌려 공략해왔다. 가령 사람들은 '자기만의 특성을 가진 아이'를 평균 성적 혹은 '세 명 중 중간쯤 가는 두 번째 아이'의 학교 성적으로 다루는 경우가 있다. 심리학적 환경의 구체적인 풍부함과 고유성은 오히려 의학적 결의론(Kasuistik)에서 좀더 분명히 묘사되는 경향이 있다. 예를 들어 우리는 사람들의 가정환경을 훌륭하게 묘사하는 경우를 종종 본다. (……) 이때 묘사는 부분적으로 예술적인 방식을 차용한다. 즉 사람들은 표현법을 조심스럽게 선택함으로써 그리고 여러 행동 사례를 동원하는 가운데 사람들 고유의 특성을 부각시킴으로써 현재 상황에 대해 직간접으로 생동적인 '직관'을 최대한 매개하려 한다.[18]

《**위상학적 심리학 기초**(Grundzüge der topologischen Psychologie)》에서 찾아볼 수 있는 사례에 비추어 레빈의 위상학적 심리학의 핵심 아이디어를 밝힐 수 있다. 여섯 살배기 아이 둘이 욕조에 들어가 앉아 있다. 한 아이는 아주 활달하고, 다른 한 아이는 아주 조용하다. 활달한 아이(A)가 욕조에서 산만하게 이리저리 움직이는 바람에, 조용한 아이(B)가 자리가 비좁다는 느낌을 받아 "결국 배수구가 있는 위치인 욕조의 중간에 경계 표시의 의미로 금을 긋는다. 그리고 상대편 아이를 그의 영역에만 머물러 있는 상태에서 넘어오지 말라고 알린다".[19] 여기서 아이(B)는 욕조를 서로 인접한 두 운동 영역으로 분명히 나누고 있다.

다른 이들이 종종 인용하는 이 사례는 매력적인 장점이 있다. 레빈이 특히 생활공간을 위상학적으로 묘사하기 위해 끌어들이는 욕조 형식은 소위 '조르당 곡선(Jordan curve)'과 유사하다. ■ 조르당 곡선(타원형의 제한된 면)은 프랑스 출신 수학자인 마리 에네몽 카미유 조르당(Marie Ennemond

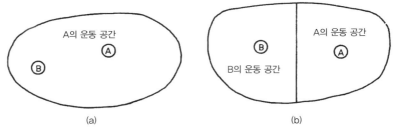

그림 1 아이 A와 B가 자유로이 운동할 수 있는 공간. (a) 아이 A와 B의 운동 공간이 서로 구분되지 않았다. (b) 운동 공간이 나뉘었다.

Camille Jordan: 1838~1922)의 이름에서 유래한 것이다.[20] 조르당 곡선을 통해 묘사된 생활공간은 사람을—점으로 묘사해—포함('umfassen')한다. 생활공간에서의 변화는 '장력(場力)들'의 사건이다. 양의 값을 갖는 생활공간의 지역은 사람들로 하여금 이곳을 목표 지역으로 설정해 따르거나 추구하게 하고 음의 유인특성을 갖는 지역들을 피하도록 한다. 이는 사람이 어떤 환경 자극의 한 '대상'을 묘사하는 방식으로 일어나는 것이 아니다. 레빈은 사람이 생활공간의 일부이긴 하지만, 이 생활공간은 단지 사람을 통해 지각될 수 있다고 생각한다. 레빈의 이론은 종종 행동주의에 귀속되었다. 이러한 진술만큼 그의 이론을 잘못 기술하는 것도 없다. 이런 의미에서 레빈의 '보편적인 행동 공식'인 V=f(P,U)〔행동(V)은 사람(P)과 환경(U)의 함수(f)이다〕는 P와 U의 합 혹은 곱으로 해석되어서는 안 된다. 즉 P와 U의 관계를 계산적인 것으로 이해해서는 안 된다. 그것은 여기서 말하는 환경(U)이라는 것이 항상 사람(P)이 어떤 순간에 체험하는 심리학적 환경을 의미하기 때문이다.

생활공간은 경계를 갖는데, 그 이유는 어떤 구체적인 시점에서 의미가 없는 사물, 사건 등이 존재하기 때문이다. 생활공간은 다양한 값을 갖는 '지역들'로, 가령 들어가지 말라는 금지어가 있어 들어갈 수 없는 지역들을 통해(레빈에게 이는 대개 선으로 묘사된다) 그리고 '장애물'을 통해 구조화되어 있다. 한 아이가 울타리 뒤로 넘어간 공을 되찾고자 한다. 하지만 공에 접근할 수 없다. 이 아이는 장애물을 돌아 그곳에 도달하려 하거나 어른에게 부탁할 것이라고 생각할 수 있다. 아이는 유인특성을 향해 목표 지향적 인상을 획득한다. 여기서는 일종의 '자연목적론(natürliche Teleologie)'이 지배한다.[21] 구체적인 상황 구축에 대한 레빈의 관심은 (가

■ 조르당 곡선 정리는 평면 위에 있는 (자기 자신을 자르지 않는) 단순한 폐곡선은 평면을 내부와 외부, 두 영역으로 분할한다는 명제를 말한다.

령 뭔가를 하지 말라는 금지와 벌을 주겠다는 협박에서) 자신의 위상학적 시각을
부모와 교육자들에게 '실천적'이게 한다.

3 적용 영역

위상학적 · 심리학적 시각의 가장 잘 알려진 적용 영역이자 아마도 가장
직관적인 적용 영역은 **갈등심리학**이다. 한 사람이 긍정적으로 평가하는
두 목적물 사이에서 결정해야 하는 상황, 즉 양의 값(Valenz)을 갖는 지역
인, 똑같은 강도의 두 장력이 작용하는 상황에 처해 있다고 가정해보자.
'이것도 끌리고 저것도 끌리는 갈등 상황(Appetenz-Appentenz-Konflikt)'은 이
를테면 식당에서 한 손님이 같은 값의 두 요리 사이에서 결정해야 할 때
벌어진다. 반면 '이것도 싫고 저것도 싫은 갈등 상황(Aversions-Aversions-
Konflikt)'은 사람이 전혀 피할 수 없고 싫어하는 두 가지 사이에서 결정해
야 하는 경우에 주어진다. 세 번째 갈등 유형은 (하나의 물건을 두고) '이런
면은 좋은데 저런 면은 안 좋은 갈등 상황(Appetenz-Aversions-Konflikt)'으로
지칭된다. 이것은 서로 독립된 긍정적인 값과 부정적인 값 사이의 결정
을 두고 하는 말이 아니다(이러한 경우에는 갈등 상황을 묘사한다고 할 수 없을
것이다. 왜냐하면 당연히 긍정적인 값을 가진 것을 취할 테니까). 그것은 하나의 물
건이 있을 때, 긍정적인 값과 부정적인 값이 공존하는 상황에서 그 물건
을 취해야 할지 말아야 할지 결정해야 하는 경우를 대상으로 한다. 심리
학 교재에서 제시되는 사례를 예로 들자면, 개를 쓰다듬어주고는 싶은데
겁이 나서, 개를 쓰다듬어야 할지 포기해야 할지를 머뭇거리는 아이의
상황이다. 일상에서 사람들은 '이런 면은 좋은데 저런 면은 안 좋은 갈
등 상황'을 만난다. 한 소년이 너비 5미터의 널빤지를 뛰어넘고자 한다.

아이는 위험을 무릅쓰고 그것을 감행할 수도 있지만 그 결과 성공할 수도 있고 실패할 수도 있다. 경우에 따라 넘어져 몸을 다칠 수도 있다. 하지만 아이가 그 널빤지를 뛰어넘으면 친구들로부터 인정받을 것이고, 자신감도 가질 것이다. 그러나 뛰어넘을 생각을 아예 하지 않으면 아이는 친구들의 조롱을 받겠지만 다쳐서 고통받는 일은 없을 것이다.

삶에서 갈등이 종종 너무 강렬하게 나타나, 사람들은 상황을 피해 아예 도망치거나 자살하겠다고 야단법석을 떨거나 실제로 자살에 이르기도 한다. 레빈은 이러한 행동을 "장으로부터의 탈주(Aus-dem-Felde-Gehen)"라 칭했다. 아이들의 갈등 행동, 또한 "장으로부터의 탈주"를 레빈은 초기 연구에서 사용한 흑백영화에서 확인해준다. 이러한 영화는 레빈이나 그의 제자들이 분석이나 학회 발표에서의 직관적 설명을 위한 재료로 사용하기도 했다. 레빈은 이러한 영화로 미국으로 망명하기 전에 이미 세계적인 관심을 받고 있었다.[22]

레빈이 독일만이 아니라 미국에서도 **발달심리학**과 **교육심리학** 분야에서 오랫동안 가르쳤기 때문에, 다른 무엇보다 특히 이 분야에서 심리학적·위상학적 작품들의 신빙성 있는 적용 사례들이 발견된다.[23] 이 자리에서 독일어권에서 근래에 나온 두 저작, 토마스 쉬나글(Thomas Schinagl)과 기젤라 슐체(Gisela Schulze)의 작업을 언급해보겠다. 쉬나글은 자신의 작업을 교육적 실천 장의 해당 요소 전체를 기술하고자 하는 전초 작업으로 이해한다. 레빈처럼 그는 전일론적 접근방식을 취한다. 3주에 걸쳐 남프랑스에서 일곱 명의 보호자와 스물여덟 명의 아이들을 대상으로 사회측정학적 인터뷰가 진행되었다. 여기서 부분적으로 표준화된 인터뷰와 함께 값들과 운동 가능성에 관련된 정보들에 대해 질문이 제기되었고 그리고 표준화된 테스트와 함께 아이들의 지리학적 표상에 대한 정보들이 수집되었다.[24] 결과는 다양했는데, 그중에는 여자아이들은 "남자아이들보다는 좀더 좁은 운동 공간에서 움직이는 대신 더욱 분화된 값의 구조"[25]를 보여준다는 연구결과도 있다. 심리학적·위상학적 시선에 대해 이 결과가 말해주는 것은, "조르당 곡선과 함께 위계화된 힘의 장들을 이루고 다양한 힘의 장을 통해 각인된 구조를 갖는 사회화 맥락의 다양한 공간 환경은 통일적으로 수렴된 형식에서 시각화된다"[26]는 사실이다. 기젤라 슐체는—아이들이 학교를 싫어하는 행동에 대한 연구 프로젝트를 출발점으로 삼아—학생들의 생활공간에서의 영향 요인들을 매개하는 시도를 했다. 그리고 레빈의 위상학적 묘사를 계승 발전시킨 자신의 작업에서 그것을 시각화해 학생들의 생활공간에서의 영향 요인들을 방해 요인과 값이라는 것을 사용해 분석했다.[27] 이 연구의 기반이 된 것은 다양한 경험적 연구이고, 연구결과들은 특히 부모를 상대로 한 목표 지향적이면서도 직관적인 훈련 행사들로 이어졌다.

사회적 장 및 학생의 장을 다룬다고 해서 레빈의 위상학이 포괄적으로 묘사되는 것은 아니다. 레빈이 발전시킨 중요한 적용 분야가 성격심리학(Persönlichkeitspsychologie)이다. 앞서 소개한 레빈의 갈등심리학은 성격심리학의 일부로 볼 수 있다. 후반기 저작에서 레빈은 장이론적 성격이론을 좀더 구체적으로 언급한다. 레빈은 《**위상학적 심리학 기초**(Grundzügen der topologischen Psychologie)》의 끝부분에서 간단히 "인간의 위상학(Topologie der Person)"을 논하면서 이렇게 확언한다. "인간의 심적인 부분을 묘사하는 데는 환경에 사용되는 것과 동일한 수학의 개념들이 사용될 수 있다."[28] 그럼에도 레빈은 여기서 운동성/움직임을 환경과는 대조적으로 성격(Persönlichkeit)에 근본적이면서 역동적으로 영향을 미치는 요인으로 여기지는 않는다. 레빈은 인간 성격의 다양한 영역, 경계 구역, 다양한 분화 정도를 아주 훌륭하게 구분한다. 그의 위상학적 모델은 현실 내지 비현실의 다양한 영역들을 도입함으로써 3차원적으로 바뀐다. 이러한

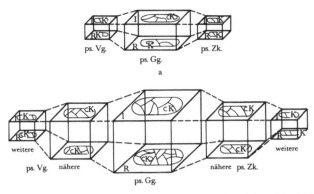

그림 2 "두 발전 단계에서의 생활공간. 위 그림은 어린아이의 생활공간을 묘사하고, 아래 그림은 나이가 좀 더 많은 아이들의 고도로 분화된 생활공간을 (……) 재현한다. K=아이, R=실제층, I=비현실층, ps Vg= 심적 과거(psychologische Vergangenheit), ps Zk=심적 미래(psychologische Zukunft)." (레빈) 여기서 나이가 더 많은 아이들의 생활공간은 과거와 미래에 더 광범위하게 뻗쳐 있고, 실제와 비실제 영역 간의 간격도 훨씬 더 떨어져 있다는 사실에 주목할 필요가 있다.

구분은 생활공간 개념과 매우 유사하게 진행된다. 아이들 생활공간은 좀더 나이가 많은 아이들이나 성인들의 생활공간보다 좁은데, 아이들 성격도 마찬가지라고 그는 말한다. 실제와 비실제는 서로 긴밀한 관계에 있다. 과거와 미래는 성인들에 비해 아이들의 현실에서 더욱 미미한 의미를 갖는다.[29]

레빈이 여러 차례 다룬 테마인 '퇴행'[30]은 그가 자신의 이론에는 낯선 개념들—여기서는 정신분석—을 장이론적으로 재해석해 계속 발전시키는 데 성공한 사례에 속한다. 레빈은 퇴행을 개인 성격적 구조의 분화 정도가 감소된 것으로 여긴다. 심적인 압박하에 (가령 "화가 났을 때") 각 분야의 경계는 의미를 잃고 이전의 원시적인 구조들이 지배적으로 되면서 퇴행적인 ("유치한") 행위로 빠져든다. 실험을 통해 좌절이 아이들의 행동에 어떤 영향을 미치는지를 연구했다. 가령 실험에서 아이들은 처음에 자유로운 놀이 상황에 놓였다. 그러나 일정 시간이 지나 자신들이 좋아하는 장난감으로부터 격리되었다. 이러한 강력한 좌절을 경험하게 함으로써 아이들은 장난감을 가지고 노는 데서 (신빙성 있는 관찰 스칼라를 통해 측정했을 때) 평균적으로 뚜렷하게 감소된 구성 능력(Konstruktivität)을 보였다. 무려 24개월에 해당하는 지능나이가 퇴행하고 있음을 보여준 것이다. 그 결과 정서적 압박감을 받고 있음이 나타났고, 재미로 혼자 중얼거리는 횟수도 적어졌으며, 실험자와 나누던 친근한 대화도 감소했고, 전략적인 사회적 행동 방식이 출현했으며, 뭔가를 자꾸 숨기는 행동이 나타났다. 다른 한편 좌절 실험에서는 운동적 불안, 말더듬기, 손가락 빨기 그리고 공격성 등이 나타났다.

장이론적 성격심리학의 마지막 예로 '요구 수준(Anspruchsniveau)'에 대한 연구들을 언급할 수 있다. 베를린의 레빈 연구집단으로부터 유래하는 초기 작업들 중에서 페르디난트 호페(Ferdinand Hoppe)의 연구는 특수한 위치를 점한다.[31] 호페의 연구대상은 요구 수준의 정도를 규정해주는 요소들을 매개하는 것이었다. 요구 수준 개념은 레빈 연구집단, 아마도 레빈 자신이나 혹은 박사과정을 밟는 타마라 뎀보(Tamara Dembo)에게서 유래하는 것으로 사료된다. 요구 수준으로는 과제가 주어진 이후의 행위에서 추구하는 목표의 (특히 과제의) 어려움을 말한다. 단 열 명의 피험자들을 상대로 수행된 요구 수준에 대한 성공과 실패의 영향에 대한 호페의 연구는 새로운 성취동기 연구의 개시로 여겨질 수 있다. 레빈 자신은 '요구 수준'이라는 테마를 늘 연구해왔다. 그는 일련의 연구들을 고무했고 마조리 레너드(Majoree Leonard)와 함께 1943년에는 〈**열망의 수준**(Level of Aspiration)〉이라는 교육용 영화를 제작하기도 했다.

확실히 레빈의 성격심리학은 일반적 · 심리학적 특성을 가지고 있다. 그에게는 성격심리학적 과정들을 일반론적으로 설명하는 것이 관건이었다. 반면 레빈은 개인적인 진단이나 표준화된 테스트, 응용하는 일에는 별 흥미를 느끼지 못했다. 이를 언급하는 이유는, 앞에서 제시한 레빈의 보편적인 행동 공식과 관련해, 레빈이 사람들의 성격(P)을 상황에 따라서는 테스트를 통해 파악하려 했으며 사람들의 행동을 상황(U)을 알고 있는 상태에서 예상하고자 했기 때문이다.

갈등심리, 발달심리 그리고 성격심리를 언급한 이후, 이제 한발 더 나아가 **문화비교적 심리학**(kulturvergleichende Psychologie)을 언급해야겠다. 1930년대와 1940년대에서 유래하는 레빈의 유대인식 교육에 대한 연구들은 오늘날 그리 잘 알려진 편은 아니다. 그리고 1936년에 수행된 미국과 독일의 사회심리학적 차이에 대한 연구도 마찬가지다.[32] 레빈은 이러한 연구에서 거의 일상적 경험에서 출발하는데, 부분적으로만 자신의 이론적 작업들을 끌어들인다. 이것이 일어나는 곳에서—예를 들어 마지막에 언급된 작업에서—비교문화적, 장이론적 성격심리학의 명쾌함이 드러난다. 미국 어린이들은 독일 어린이들에 비해 자유로운 운동 공간이 더 확보된 그러나 이웃한 지역들 간의 경계는 아주 엄격한 생활공간을 가지고 있다. 반면 독일 어린이들은 자유공간은 비교적 덜 가진 반면, 서로 이웃한 지역들 간의 경계는 그리 명확한 편이 아니어서, 각 지역의 특성은 그다지 두드러진 편이 아니었다. 각자 다른 사회적이고 문화적 측면을 가진 교육 상황들을 레빈은 유일하게 구체적이고 역동적인 전체로 이해했다. 가령 평균 미국인들의 성격구조는 평균 독일인들의 그것과 분명히 구분된다. 미국에서는 사람들 간의 사회적 거리가 그리 멀지 않아 미국인들은 다른 이들에게 비교적 쉽게 접근하는 편이다. 〔레빈은 종종 성격의 층이론들(Schichtentheorien der Persönlichkeit)이 아니라 성격 "층들"(Persönlichkeits-Schichten)에 대해 말한다.〕 이와 대조적으로 독일에서는 개인의 성격적 지역이 미국보다 더 넓게 작용하는 편이다. 그래서 독일인들의 사회적 거리는 미국인들보다 좀더 간격이 있는 편이다. 이는 독일인들의 경우 사람들과의 관계에서 개인적 친분이 중요한 역할을 할 뿐 아니라 타인들에게 접근하기가 그리 쉽지 않다는 것을 말해준다. 반면 미국인들은 개인적 친분 없이도 친근한 관계를 유지할 수 있다.

4 비판, 비교 그리고 평가

장이론의 타당성이 확증되는 다양한 분야는―거기서는 여기서 언급한 집단 역동성과 행동 연구의 커다란 영역들이 제외되는데도―몇몇 의문들을 제기하게 한다. 여러 심리학 교재에서는 장이론을 일종의 메타이론으로 기술한다. 달리 말해 장이론을 심리학적 문제들을 더욱 구체적으로 파악할 수 있게 해 그것들을 특수한 이론의 힘을 빌려 연구할 수 있도록 도와주는 '사태 관계들을 보는 시선'으로 기술한다. 다른 한편, 다른 것은 전혀 없이 장이론에서 경험적 연구를 위한 구체적인 작업가설들을 도출할 수 있는 심리학 분야들이 있다. 예컨대 앞서 간단히 묘사한 갈등심리학이다. 레빈을 연구하는 전문가들은 좀더 일반적인 "유형1 장이론"과 좀더 특수한 "유형2 장이론"을 구분한다. 하지만 이러한 구분은 관철되지는 않았다.

레빈은 장이론의 이론적 위상 규정을 완수했다고 천명하지는 않았다. 왜냐하면 자신이 장이론에는 방법의 위상까지도 부여될 수 있다고 진술했기 때문이다. 다른 한편 그는 미국인 동료들과 벌인 학술적인 논의에서 장이론을 정열적으로 (가령 행동주의적 견해에 대항해) 방어했다. 또한 그의 위상학적 심리학에서는 "일정 사건집합들의 상호 의존성의 ('아리스토텔레스식') 묘사도 아니고, 직관의 교육적 보조수단도 아닌 (……) 구체적인 상황들의 역동적인 속성들을 개념적으로 파악하는 것이 관건이 되었다."[33]

레빈의 이론에는 이의를 제기할 여지가 있다는 평가 내지 비판이 수학자들의 진영에서 제기되기도 했다. 또한 심리학자들은 레빈의 위상학이 "이름이 동일한 수학 영역과는 거의 공통점이 없다"[34]고 생각했다. 실제로 레빈의 위상학적 묘사들이 항상 정확한 것은 아니다. 가령 위상학의 한 장에서 두 점들은 길[道]적인(hodologisch) 특성에서 볼 때 동일한 것으로 볼 수 있다. 그러나 레빈의 묘사에서는 종종 그렇지가 않다. 예를 들어 욕조의 두 아이들의 묘사(그림 1a)는, 아이들 사이의 거리와 생활공간의 경계 구역에 대한 거리를 분명히 규정해야 하기 때문에, 위상학적이라기보다는 정량적 묘사이다. 이러한 의미에서 메이(Mey)는 레빈의 위상학을 비판한다.

> 레빈의 '길[道]적 공간'은 많은 경우 수학적 위상학에 근접해 있고, 종종 한 모델에서 다른 모델로의 번역이 가능할 수도 있다. (……) 내 생각에 레빈의 길적 공간에서 우리는 위상학적 공간과 정량적 공간 사이를 왔다 갔다 할 수 있는 불명확한 형태와 관계하고 있다. 그래서 개별 경우마다 기초하는 심리학적 실험의 성질에 따라 어느 한쪽으로 그의 이론을 속하게 할 수도 있다.[35]

자신의 이론에 근간이 되는 과학철학적인 배경을 구축하기 위해 레빈은 현상학적 방법을 사용하던 스승 카를 슈툼프에게 철학을 배웠고 (그 당시 경험적으로 작업을 진행하던 대다수 심리학자들과는 달리) 물리학으로 환원될 수 없는 인간 행동을 다루는 심리학적 이론을 구축하고자 했기에, 그가 실증주의적 사고에 가깝게 서 있지 않다는 점을 언급할 필요가 있다.[36] 이를 베를린에서 진행된 레빈의 작업과 이미 언급한 그의 제자들의 창의적인 실험방법학 그리고 교수 및 학생 그룹의 실험적 결과로 증명해 보일 수도 있다.[37] 물론 레빈은 미국에서 얼핏 보기에 신실증주의적 연구 실천과 거의 구분되지 않는 연구방법들을 실천한 바 있다. 이러한 요소들 때문에 장이론을 적절히 평가하기 상당히 어렵다. 어찌되었든 다양한 심리학 영역들에 대한 레빈의 광범위한 영향력은 오늘날에도 지속되고 있다.

롤란트 리푸너(Roland Lippuner)

피에르 부르디외와 미셸 드 세르토의 사회과학적 위상학

소위 **공간적 전회**의 흐름을 타고 사회과학에서 공간 관계 은유가 피부에 와 닿을 정도로 크게 유행한 적이 있었다. 얼마 전부터는 주요 논쟁에서 또다시 공간, 장소 그리고 경계에 대한 논의들이 전개되고, 공간사회학이 구상되고 있으며, 공간 생산의 이론들이 새롭게 출현하는 중이다.[1] 그럼에도 '위상학'은 부수적 역할을 하는 실정이다.[2] 예외가 있다면 잘 알려져 있다시피 부르디외의 '위상학'이라는 표현의 사용법이다. 그는 자주 인용되는, 사회학의 이론적 방향에 관한 논문의 전반부 몇 쪽에 걸쳐 이러한 사회학이 (초기 접근에서) "일종의 사회위상학(Sozialtopologie)"으로 개념화될 수 있다고 쓴다.[3] 부르디외는 이 단편에서 모든 행위자, 집단, 대상이 "그것들의 **상대적 위치**"[4]를 매개로 정의되는, 즉 "그것들의 다른 것들과의 그때그때의 관계를 통해서 (……) 그리고 근접과 친근성 내지 서로 떨어져 있는 거리 관계들을 통해"[5] 규정되는 사회공간 개념을 도입한다. 이에 합당하게 사회이론은 항상 "그 자신 다시 관계에 입각해 규정되는 활동들 및 (……) 상품들의 앙상블과 (……) 연관되어 있는 사회적 지위들의 앙상블과 관계한다"[6]고 말한다. 사회공간이라는 개념은 **관계적 시선**과 **사회적 세계의 관계적 이해**를 촉진시킬 수 있어야만 한다. 그것의 발견적(heuristisch) 의미는, 프란츠 슐타이스(Franz Schultheis)에 따르면, 특히 "그것이 관계와 구조의 사고로 나아가도록 강제하고 특수한 방식으로 본체론적이거나 본질주의적 즉흥이론을 방지하도록 해준다는 데 있다".[7]

이제 부르디외가 어떻게 사회공간이라는 개념으로 사회적 세계의 관계적 시선을 획득하고자 했는가를 논해야 한다. 사회공간 개념에 기초를 놓아주는 사회 세계의 위상학적 이해가 부르디외의 다른 개념과 서로 정합적이지 못한 상태에서 어느 정도나 충돌하는가. 이는 현존하는 사회적 관계 그리고 계급 상황, 구조 패턴 그리고 불일치를 발견해내려는 요청하에서 수행될 것이다.[8] 관계적 사회공간 개념과 명시적인 분류들을 동시에 수행하려는 작업은 서로 방해가 된다는 반론이 제기된 적이 있다. 이것이 공간 관련 일상 실천을 분석하는 미셸 드 세르토 이론의 출발점을 이루고 있다. 다른 것들로 환원 불가능한 일상 실천의 다양성을 고려하면서 드 세르토는 '사회적 위상학'을 어느 정도 내부로부터 기술하고자 했다. 그래서 이 글의 2장에서는 드 세르토의 생각들을 부르디외의 이론 기획에 대립시켜 소개할 것이다.

1 사회공간과 계급, 피에르 부르디외

사회공간이라는 개념이 추구하는 이론적 야심은 이러한 개념으로 완수되어야 하는 몇몇 용법들로 구성된다. 우선 본체론적 사고방식을 거부하는 입장이 두드러진다. 부르디외는 개념적인 것이 실재한다는 개념실재론(Realismus des Intelligiblen), 즉 사회과학적 구성들을 사물화하는 경향에 대해 여러 곳에서 비판적인 경고를 보낸다. 이는 특히 마르크스주의에서 기원하는 구조주의적 이론들이 구성된 계급과 실제 계급을 동일시하면서 "논리적 사태를 사태의 논리"[9]와 혼동했을 때, 그러한 경향을 엿볼 수 있었기 때문이다. 부르디외에 따르면, 구조주의적 사회이론들은 전반적으로 이론적인 구성물들(가령 계급, 집단, 지역 등)을 실제 존재들로 여겨 그것들이 "사회에 대해 실질적 작용을 일으키고 실천들을 직접 지배할 수 있다"[10]고 여긴다. 모든 이론은, 부르디외가 다른 곳에서 그것과 관련해 적었듯이, "세계를 보는 시선의 구성에, 그와 함께 이러한 세계 자체의 구성에"[11] 주체들이 어떠한 기여를 하는지 인지해야 한다. 그러한 이론은 행위주체들이 세계를 보는 자신들의 방식을 관철시키고 자신과 다른 사람을 사회 세계에 위치시킬 때 그 수단이 되는 재현 작업[12]을 고려해야 한다고 부르디외는 말한다. 구조에 초점을 맞추는 이론의 객관주의적 시선에는 사회적 세계의 구성으로 들어가는 이러한 접근방식이 아예 폐쇄되어 있다. 왜냐하면 그러한 이론에 사회적 사건이란 "마치 저 하늘 위 높은 곳에서 내려다본 것과 같은 사건의 전개요, 하나의 **표상**처럼 자신을 내비치는 사건"[13]에 불과하기 때문이다. 그러한 이론들에 내재한 모델들이 실천적 관계들과 맺는 관계는 "마치 지도상에 나 있는 기하학적 공간을 상상할 수 있는 모든 사람에게, 그들이 다른 사람들과 대화중에 언급되었고 그리고 자신이 직접 걸어가보았던, 스스로 걸어서 직접 만들어냈던 길의 형식을 묘사하고 있어, 그것이 어떤 사람에게는 실제로 걸어볼 수 있는 도로망을 묘사하는 형식"[14]과도 같다.

그러나 그와 동시에, 부르디외의 말에 따르면 사회적 행위자들은 "자유로이, 의식적으로 그리고 (……) **완전히 이해하여**"[15] 행위하는 주체들은 아니라는 사실에 주목해야 한다. 구조주의적 이론의 객관주의적 시각에 대한 비판이 주관주의와 객관주의라는 구도하에 어느 한쪽, 즉 객관주의가 잘못되었으면 그 반대편인 주관주의가 옳다는 식으로 나아가서는 안 된다는 것이다. 부르디외는 인간의 사회적 행위를 행위자들에 의해 항상 의식적으로 코드화된 규칙들에 비추어 수행된 행위로 파악하는 이론들로부터—행위자들이 선명하게 질서 지워진 선호도 및 일의적으로 확정된 목표에서 행위를 구성해낸다는 생각에서 출발하는 **합리적 행위 이론**(Rational Action Theory)으로부터—분명히 선을 긋는다. 그는 또한 사회 현실을 경험과 행위의 결과물로 바라보고, 세계가 아무 매개작용도 없이 일상적 태도를 통해 친숙하고 의미 있는 것으로 주어진다고 보는, 개인들이 수행하는 유형화의 산물이라는 식의 견해를 피력하는 사회현상학적 이론들에 대해서도 비판적 입장을 취한다. 이러한 학술이론적인 입장을 고려하면서 부르디외는 사람들이 "우선 경험 가능성의 조건들에 대한 물음"[16]을 제기해야 하고 기본적인 경험으로부터 주어지는 것을 있는 그대로 기술(記述)하는 것 이상의 무엇을 성취해낼 것을 요구한다.

현상학적으로 사고하는 사회이론의 주관주의적 시각과 구조주의적 이론의 객관주의적 시각을 부르디외가 공히 비판했다는 것은, 그렇다고 그 두 진영에 '그들 나름의 권리를' 인정하는 가운데, 이러한 이분법을 극복하려는 제3의 길을 걸어가겠다는 것을 의미하지는 않는다. 부르디외는 주관주의와 객관주의라는 이분법이 "사회과학을 인위적으로 쪼개는" 모든 대립의 "가장 근본적이고 파멸적인" 것들 중의 하나라는 사실을 인정한다.[17] 그러나 이러한 대립을 극복하는 열쇠를 주관주의와 객관주의 사이의 한 입장 속에서 구하지는 않는다. 부르디외의 실천이론 기획을 특징짓는 것은 그가 객관주의적 시각과 주관주의적 시각의 공통점을 노골화시키는 것이다. 그는 두 시각이 근본적으로 동일한 '인식론적 오류'에 의해 특징 지어진다는 것을 보여준다. 그 두 이론은 이론주의적

이거나 지성주의적 **편견**을 내포한다. 즉 과학적인 발견의 요소를 관찰된 실천 속으로 투사해놓고 그 배후는 묻지 않으면서 그것을 실천에 속하는 요소로 다루는 경향이 있다는 것이다.[18] 부르디외가 사회공간이라는 개념으로 정초하려는 시선이 향하는 곳이 바로 이러한 **스콜라적 오류**를 피하는 것이다. 부르디외가 사회공간이라는 개념으로 사회 세계에 대해서 관계주의적인 시선(relationale Sicht)을 굳이 고집해 관철하려 할 때, 이는 사회현실이 관찰자 상대적이라는 사실을 의미하기도 한다.

  사회공간의 좌표계로는 다양한 종류의 자본이 있는데, 특히 경제적, 사회적, 문화적 자본들을 거론할 수 있다. 개략적으로 말하자면, 자본이란 행위자, 대상 그리고 해석들에 대한 처분권력(Verfügungsmacht)을 의미한다. 이는 경제적 수단에 기초해 주어질 수 있고(경제자본) 사회적 관계들에―친분에 기초한 의무감 및 노동계약을 통해 확정된 의존성들에―기초해 있을 수도 있다(사회자본). 그러한 처분권력이 해당 증서(타이틀)의 소유 유무와 (교육을 통한) 특수한 지식을 통해서도 획득될 수 있다는 사실은 누구라도 쉽게 알 수 있다. 어떤 정황은 경제적, 사회적 자본만이 아니라 문화적 자본까지도 요구한다. 게다가 모든 자본은 기호자본의 형태를 띨 수 있다는 사실에 주목할 필요가 있다. 이는 다양한 자본이 구분원리로 기능하고, 그것들을 매개로 행위자, 상품 그리고 실천이 사회공간에 위치되며 그것을 통해 가치평가가 이루어진다는 것을 의미한다.

  물론 부르디외는 "사람들이 지각원리와 조직원리"를 적용할 때에 비로소 구성되는 구분이 "뭔가를 표시하는 기호 그리고 출중함의 (혹은 천박함의) 기호"[19]가 된다는 사실을 강조한다. 이러한 지각원리와 조직원리가 바로, 부르디외의 이론에서 잘 알려진 아비투스(Habitus)라는 것인데, 이 아비투스는 (일정한 장에서 삶을 영위하는) 모든 행위자에게 존재하는 성향의 모음을 의미한다. 이는 행위자의 성향 자체가 "객관적인 구분의 구조들이 체화되어 생겨난 결과들"[20]이기 때문이다. 행위자의 아비투스─행위자들의 지각도식, 사고도식 그리고 행위도식들─는 사회구조와 일치한다. 왜냐하면 일정한 사회공간적 조건 아래에서 체화된 것들이기 때문이다. 이렇게 볼 때 아비투스는 내면화된 사회공간적 관계들이라고 할 수 있다.

사회공간이라는 개념에 따르면 사회는 결코 하나의 통일적인 공통 문화를 통해 혹은 집단적인 자율성을 통해 수렴된 전체가 아니며 "하나의 유일한 사회 논리에 (……) 종속되지 않는, 상대적으로 자율적인 활동 공간의 앙상블"[21]이다. 다른 말로, 사회공간은 각자 자신의 장 특수적인 구분 원리와 지칭 원리(Bezeichnungsprinzip)가 지배하는 장들로 나뉘어 있다. 각 장은, 부르디외에 의하면, "고유의 논리, 자신만의 특수한 규칙과 규칙성"[22]을 가지고 있다.

고도로 분화된 사회에서 사회적 코스모스는 이러한 상대적으로 자율적인 사회적 마이크로코스모스들로 구성되어 있을 뿐 아니라, 각각의 특수한 논리 그리고 여타의 장에서 기능하는 논리로 환원되지 않는 필연성을 내재한 장소들로 구성된다.[23]

사회공간에서의 위치는 절대적 가치를 통해 (가령 주어진 크기, 영점 혹은 절대방향, 혹은 고정된 좌표계들과의 관계에서) 규정될 수 있는 것이 아니라 **상관적인 방식**으로 규정되고, 공간 자체는 차이라는 아이디어 속에서 자신의 본질적인 원리를 갖고 있다고 부르디외는 말한다. 이러한 견해를 거듭 표명하고 있음에도 부르디외는 사회공간들은 한편으로는 서로가 서로에 대해 놓여 있으면서 다른 한편으로 자신들보다 더 커다란 장 (사회) 안에 놓여 있다고 말한다. 이로써 그가 제시하는 사회상은 장들의 공간적인 층화 형태를 취한다. 이러한 사회상에서 사회적 사건은 서로 맞댄 지역들로 나뉘어 그 속에서는 초개인적인 구조와 주관적 지각 패턴 및 행위 패턴이 (아비투스가) 아주 놀라운 방식으로 서로 일치한다. 그런데 이러한 사회상은 '컨테이너식 논리'를 담지하고 있다. 즉 부르디외는 상대적인 사회공간 개념으로 본체론적 사고를 제거하려 했지만, 그의 사회상에는 위와 같은 사회상으로 인해 자신이 제거하고자 했던 적잖이 본체론적인 사고의 흔적이 남아 있다는 사실이 드러난 것이다. 사정이 이렇다면, 부르디외가 여러 차례 상대적 공간 이해를 공언했음에도 "사회적 행위자들이 사회공간에 대해 가질 수 있는 표상들이 아직은 사회공간을 통해서 규정되는 것"이기 때문에, 사회공간이 결국 "처음이자 마지막 실재계"[24]라는 실재론적·존재론적 설정에 빠지는 것은 그리 놀라운 일이 아니다.

앞에서 보았듯이, 서로가 서로에 대해 계층화되어 있고 경우에 따라 서로 부양하는 관계에 있는 사회공간 속의 사회적 장의 정체성을 밝혀내는 데 기초가 되는 공간 메타포는 결국 본체론적·본질주의적 사고방식을 피하려는 요청의 토대를 뒤엎는다. 그런데도 그러한 공간 메타포는, "사회 세계를 선이 분명한 동질적인 단위들로 세분해서 사회 세계의 "더 나아간 특징들을 예견하고, 행위자들을 구분하며, 종합정리"[25]라는 성취들을 이루고자 '소망'한다. 부르디외에 의하면, 사람들은 사회공간의 구성을 통해서 "실천 현실을 결정적으로 규정하는 주요 인자들과 그것들로 인한 모든 특징에 기반해 고도의 동질성을 갖는 이론적 단위 집합들(theoretische Klassen)을 구성할 가능성을 획득한다."[26]

부르디외가 사회공간에서는 모든 위치가 다른 것들과의 관계를 통해 규정된다고 강조했을 때 그가 공언한 것은, 지금까지의 논지를 요약하자면, 상관적인 공간 개념과 사회 세계를 아주 넓은 의미에서 위상학적으로 이해하는 것이었다. 하지만 그와 동시에 부르디외는 사회 세계의 이론을 형성하는 데 있어, 절대적·실체론적 공간, 하나의 포괄적인 용기처럼 좌표계를 따라 펼쳐지고 계층 혹은 계급의 정체성 확인을 허용하는 공간의 이념으로 나아가는 경향을 보여준다.

2 장소 그리고 실천

부르디외 저작의 양면성 때문에 미셸 드 세르토는 《**행위의 예술**(Kunst des Handelns)》에서 부르디외의 텍스트들은 "그것의 분석은 매력 있지만, 이론에는 다소 거부감이 생겨난다"[27]고 평했다. 드 세르토의 우호적 태도는 부르디외의 전기 민속학적 연구들인 알제리 카바일 족과 프랑스 베안(Béam) 지역의 삶에 대한 저작들과 연관되어 있다.[28] 이러한 연구는 일상적 실천의 다양성 및 풍부함에 대해 아주 뛰어난 감수성을 보여준다는 것이다. 그후 그의 후기작, 특히 《**실천이론 기획**(Entwurf einer Theorie der Praxis)》에서는 부르디외가 실천의 다양성에 대한 사회이론적인 코르셋을 제시한다고 말한다. 드 세르토가 보기에 부르디외는 그것을 통해서 "아주 세밀한 기술(記述)들을—마치 그런 식의 예리하게 연구된 복잡성이 독단적인 이성의 가혹한 대항마를 필요로 하기라도 하듯—압도적인 진리들로" 변화시키고 있다.[29]

드 세르토는 부르디외의 저작에서 이론적으로 거의 통제 불가능한 실천의 다양성을 이론에 유용하게 만들어 개념적인 틀에 수렴하는 가운데 하나의 상호 연관된 전체로 나타나게 만드는 수사적인 전략이 사용되고 있음을 발견한다. 그는 부르디외의 전반기 연구들에서 정확하고 아주 훌륭하게 정돈된 지리학적 장소(카바일 족의 마을 혹은 베안 지방)가 초개인적인 구조들과 일상적인 실천들이 서로 정합적일 수 있다는 것을 아주 잘 드러내고 있다고 평가한다. 이 작업들에서 관찰된 실천들은 "부르디외가 연구하는 (……) 아주 특수한 형태로 완결되어 있는 공간에"[30] 잘 들어맞는다는 것이다. 그러나 드 세르토가 강조하고 있듯이, 관찰된 실천들과 지역사회의 집단적인 조직원리를 서로 연결해주고 정합적인 전체로 나타나게 만들어주는 것은 결국 지리적 지역(地域)이다.

실천이론을 발전시키고 그것을 프랑스 민속학[31]의 틀에 적용하는 일에서 부르디외는 더이상 소규모 관계나 사회체계의 공간적인 경계로부터 출발할 수 없게 된다. 그의 실천이론에서는 **사회**공간이라는 개념과 아비투스, 즉 사회 세계를 일정 규모의 단위로 구분짓거나 혹은 그러한 방식으로 지역화하는 일 그리고 사회구조를 체화하는 원리가 특수한 지리적 조건들을 대신해 자리해 들어선다. 사회공간과 함께 사회를 공간적으로 격자화하는 부르디외의 작업은 지역(Territorium) 및 지리학에 대한 직접적인 관계를 이제 더이상 언급하지 않는 (그래서 경계 초월적이거나 거시적 소통의 조건들하에서 그럴듯하게 이해되는) 형식을 취한다. 그러나 사회공간과의 관계에서 볼 때, 장들은 지역과 다름없고 아비투스도 국소적 혹은 지역적으로 자리 잡는 행위 및 해석 패턴과 별반 다를 것이 없다.

자신의 연구에서 드 세르토는, 부르디외와는 달리, 일상적인 시각의 다양성과 변화 가능성에 관심을 기울인다. 의도적·계획적인 전략들과는 달리 자신의 지역을 잘 알지 못하고 고유한 장소를 차지하고 있지 않은 전략들에 관심을 기울이는 것이다.

전략(Taktik)은 단지 타자의 장소만을 취한다. 전략은 자신에게 주어지는 영역(Terrain)에 마치 낯선 힘의 법칙이 그것을 조직해주고 있기라도 하듯이 대응해야 한다. (……) 전략은 스스로 전체적 조망을 만들어낼 가능성이나,

상대방을 거리를 두고 조망할 수 있는 능력, 그리고 상대방을 대상화할 수 있는 공간 속에서 파악하는 가능성을 갖고 있지 못하다. (……) 전략은 소유자의 권력을 통해 수행되는 조망적인 감시의 특수한 상황에서 그 틈새를 비집고 열려나오는 것들을 주의 깊게 관찰하고 이용해야 한다. 전략은 그런 틈새들 속으로 무단침입해 들어가고 기대치 않은 놀라운 것들을 만들어낸다. 전략은 사람들이 전혀 기대하지 않는 곳에서 출현한다. 전략은 간계 그 자체이다.[32]

드 세르토에게 행위라는 예술은 사물의 질서를 "그것의 고유한 목적으로 변화시키는" 대다수 "통속적인 전략들"로 구성되어 있다.[33] 다른 말로, 행위라는 예술은 낯선 타자의 질서나 타자에 의해 강제된 질서 내에서 관계들(Verhältnisse)을 (일시적으로) 서로 어울리게 하거나 '자기 자신을 위해' 사용하는 가능성이고, 예견된 과정들을 더이상 작동하지 않게 하는 가능성, 즉 '기생적인' 방식으로 공적인 놀이에 참여하는 가능성을 일컫는다.

드 세르토는 부르디외와 달랐다. 부르디외는 발생의 원리와 실천의 논리라는 문제에 주의를 돌렸으며 체계화하려는 의도로 그것들의 통일성을 파악하고자 했다. 반면 드 세르토는 창의성, 발견의 풍부성 그리고 일상적인 실천의 생산적인 능력을 드러내고자 했다.[34] (특히 사회과학 및 문화학들에 의해 소위 '유행문화'라는 생략된 형태로 불리는) 일상 실천의 연구방향과 관련해 드 세르토는, 사람들이 일상의 과정을 재학습하고 분석함으로써 분석 대상의 변형물을 만들어내야 한다는 가정을 세운다. 그러한 작업은 (완수된) 장소를 구성하는 것으로부터 멀찌감치 거리를 두는 반면, 스스로를 다양화하고 다양한 길을 가는 연구를 허용해서, 결국 "다수 속에서 길을 잃을" 정도로 다양한 연구방식이 여러 장소에서 만나고 교차

하게 할 수 있다고 말한다.[35]

드 세르토가 관심을 가졌던 도시 분석은 주민들의 일거수일투족을 따라가고 관찰자의 시각이 아닌 행위 당사자의 시각을 취해야 했다. 이것들은 도시를 높은 상공에서 내려다보는 조망적인 기술(記述)방식이 아니다. 그것들은 절대적 영점을 지시하지도 고정된 좌표축을 지시하지도 않으며 하나의 도로망 내부에 위치해 움직인다. 그러한 길들의 교차점에서는 장소들이 태동하는데, 그 의미는 그것들을 나타내는 지도를 본다고 해서 아무 조건 없이 생겨나는 게 아니다.[36] 그래서 분석자는, 드 세르토에 의하면, 도시를 발품을 팔아 직접 돌아다녀야 하고 그러한 경험을 직접 실천하는 당사자 입장에서 기술해야 한다.

도시공간을 구성하는 실천에 대한 드 세르토의 분석 스케치는 장소와 공간의 자의적 구분에 기초한다. 장소들은 드 세르토에게 (유클리드적) 공간 내의 단순한 '위치들'(혹은 점들)이 아니고 행위와 상호작용이 일어나는 '현장', 즉 특수한 기호적 의미를 담지하는 물질적 대상의 배열로 이해되지 않았다. 장소는, 드 세르토에 의하면, 뭔가 추상적인 것, 일종의 요소들이 단단히 얽힌 상호 연접이다.

장소는 요소들이 서로 공존하는 가운데 분산될 수 있게 해주는 (그것이 어떤 종류이든 간에) 질서이다. 이와 함께 두 사물이 동일한 장소에 위치할 가능성은 배제된다. (……) 그러므로 한 장소는 고정점들이 이루는 순간적인 배열이다.[37]

이러한 장소 개념에 반해 공간 개념에 대한 드 세르토의 묘사는 다른 모습을 띤다. 그는 사람들이 공간을 염두에 두고 말할 때, 그것과 관련해 뭔가 움직이는 것, 변수적인 것 그리고 잠정적인 것을 생각해야 한다고 말한다. "공간은 동적인 요소들의 상호 얽힘이다. 공간은 어떤 면에서 그 속에서 진행되는 움직임들의 전체로 채워져 있다. 공간은 그것에 방향을 제시하고, 그것을 시간화하는 (……) 활동의 결과이다."[38] 즉 공간은, 위에 사용된 용어로 말하자면, 요소들의 느슨한 접합으로 이해할 수 있을 것이다. 공간은 그 안에서 요소들의 확고한 접합을 통해 (장소 배열을 통해) 형태가 형성되는 매체를 지칭한다는 것이다.[39] 장소와는 달리 공간에는 "일의성도 없고 뭔가 '고유'의 안정성이 존재하질 않는다."[40] 공간이란 장소가 활동(운동/움직임)을 통해 서로 관계를 맺음으로써 '시간화되는 것'을 통해, 즉 일련의 사건 국면이 일어나는 가운데 그 발생 순서에 따라 길이 형성됨으로써 출현한다.

장소를 공간 속에 기입해주는 활동이 있다고 할 때, 거기에는 다른 무엇보다 우선 걷는 것이 속한다. 드 세르토는 걷는 것에 주목한다. 걷는 것을 통해 도시공간이 비로소 생성되고 변화한다고 보았다. "걷는 행위가 도시체계에 갖는 의미는 (발화 행위의) 발화가 언어에 대해 혹은 형성된 명제에 대해 갖는 의미와 유사하다."[41] 화자가 언어를 사용하는 것과 유사하게, 걷기에서는 도보자를 통한 "지형학적 체계의 습득"[42] 이 일어난다. 더 나아가 걷기는 "장소의 공간적인 실현"을 묘사해준다[그래서 걷기는 언어를 말소리로 현실화하는 화행(話行)에 비교할 수 있는 활동이다]. 도보자는 자신이 걷는 길에서 공간의 질서를 자체에 포함한 여러 가능성을(그리고 금지들을) 활성화한다. 그는 "그러한 것들이 (……) 존재할 수 있도록 도와주며 그것들에 하나의 현상을 만들어준다."[43] 그와 동시에 도보자는 존재하는 공간 질서를 변화시키고 그 가능성을 더욱 확장시킨다. "왜냐하면 길을 걷는 동안에 지름길, 우회로 그리고 즉흥적 결정을 통해 공간적인 요소를 선호하고 변화시키고 보류할 수 있기 때문이다."[44]

'걷기의 수사학(Rhetorik des Gehens)'에 대한 반기획(Gegenentwurf)을 묘

사하는 그림이 바로 도시를 높은 곳에서 볼 때 혹은 어느 지역을 조망하는 시각을 취할 때 생기는 그림이다. 걷기라는 행위가 공간 배분과 함께 일어나고 그 속에서 "애매함과 이중성들"[45]이 만들어지는 동안, 높은 곳 (공중, 높은 건물 혹은 탑)으로부터의 파놉틱적 시선을 통해 도시에 대한 그림이 서로 연관된 전체로 태동한다. 높은 곳에서 바라보는 관조자는 경관을 방조하는 관망자가 된다. 고양된 시점은 대상과의 거리를 여유롭게 만들어주고 "자신을 '사로잡고 있던' 세계를 발아래에 멀찌감치 펼쳐진 텍스트로 변화시킨다".[46] 도시공간을 영원히 운동하도록 유지시키고 여러 부분들로 나누며 항상 새롭게 (불완전하게) 재조합하는 실천들을 고려할 때, 그러한 전체 그림은, 도시를 "하나의 투명한 텍스트로 응고시키는 픽션이기도 하다".[47] 드 세르토의 눈에 그것은 단지 "공간 기획자, 도시 기획자 혹은 지도 제작자들이 시선의 투사를 통해 만들어내는 일종의 팩시밀리"다.[48] "파노라마도시"—지도상의 묘사가 도시계획 형태 혹은 항공사진 형태 또는 다른 어떤 방식으로 진행되든 간에—는 단지 도시공간을 만들어내는 "실천적 과정의 망각과 오독을 통해" 생성되는 환상이자 "이론적으로 구성되는 환상"[49]일 뿐이다. "이러한 픽션을 만들어내는 신(神)적인 시선을 취하는 관망자는 (······) 일상 행위의 투시될 수 없는 얽힘들에서 빠져나와 그에 대해 타인처럼 낯선 존재가 되고 있음에 틀림없다."[50]

3 요약

부르디외가 위와 유사한 말들로 (사회)과학적 관찰에서 객관주의적 시각의 한계를 지적하고 있음에도,[51] 이러한 '신적인 시선을 취하는 관망자'

의 관찰방식이 사회공간 개념을 통해 생성되는 시선이라는 것을 인식하기란 그리 어려운 일은 아니다. 사회공간을 관찰하고 기술한다는 것은 "세계로부터 그리고 세계 속의 행위로부터 물러나 그런 세상과 행위를 숙고하는 시점과 인식적 행위"[52]를 전제로 한다.

이러한 "행위와 세상과의 어쩔 수 없는 단절"[53]을 부르디외는 반성적으로 성찰하면서 그러한 단절을, (아마도) "제3단계의 인식에 이르기 위해서",[54] 사회 세계의 이론에 끌어들여 수렴시키고자 모색한다. 반면 드 세르토는 일상적인 과정에 머물러 이것의 인도를 받아 나아가고자 한다. 이러한 방식으로 자신의 고백을 따라, "'파놉티콘적 혹은 이론적인 시각적 구성방식을 취하는 지리적이거나 지리학적 공간에는 아주 낯설기만 한 실천들을 강조'하고자 한다".[55] 드 세르토에 따르면, 사람들은 사회이론에서 자행되는 높이 고양된 시선을 포기하고 대신 '보행자 시점'을 취해야 한다. 단지 이러한 시각을 취할 수 있을 때만 사람들은,

도시적 체계를 만들어내거나 억제하고 그러한 도시적 체계의 몰락에도 살아남을 수 있는 유일무이하면서도 색깔이 다양한, 마치 미생물 같은 실천을 연구할 수 있다. 그러한 행위 방식은 파놉티콘적인 관리감독에 의해 통제되거나 제거되는 것에서 멀찌감치 떨어진 채로, 어떤 법칙성도 없이 우후죽순처럼 생기는 가운데 강화되고 성장해 나온다. 그것들은 오늘날 서로 긴밀하게 연결되어 해독 불가하지만, 그럼에도 안정된 전략들을 통해 비근한 일상사가 될 뿐 아니라 일상사를 창조해내고 있다. 그러한 행위 방식은 마치 중심 없이 감독하는 사회조직의 디스포지티브와 담론들에 의해 감지되지 않기를 원하는 것처럼 행동하는 가운데, 감찰의 망들 사이에 난 틈으로 비집고 스며들어 침투하는데, 오늘날에도 여전히 증가하고 있다. 사람들은 그것을 추적할 수도 있을 것이다.[56]

드 세르토가 말하는 걷기라는 방법으로 사람들은 이러한 일상 실천의 다양성과 운동성을 통찰할 수 있지 않을까. 혹시 사회가 그러한 조작 과정을 통해 완성되어 가는 것을 관찰할 수도 있지 않을까. 단지 거기서 사회라는 것이 관건이 되고 있다는 사실을 혹시 모를 수도 있다. 사람들은 그래도 그것을 기억할 수 있지 않을까…….

비토리아 보르소(Vittoria Borsò)

문학적 위상학
공간의 저술과 저술의 공간

문학은—문화학이 그러한 것처럼—'지형학'이 '주어진 공간'을 모방한다고 생각지 않으며, 세계에 대해 모방적 관계에 있다고 생각지도 않고, 세계 재현의 그릇/용기(이)라고 생각하지도 않는다. 문학은 장소-형태학으로서의 지형학을 하이픈을 내재하는 형식으로 이해한다. 그래서 문학은 지형학을 일종의 공간 쓰기(Schreiben) 및 공간 새겨넣기(Einkerben)로 여긴다.[1] 왜냐하면 공간이란 우리 눈앞에 주어져 있는 것이 아니라, 일정한 방식으로 생산되는 것이기 때문이다. '위상학'이라는 것이 공간과 관련한 이론임과 동시에 공간 생산의 조건, 공간 역동성 내지 공간 창발의 조건을 비판적으로 성찰하는 이론인 한, 그러한 견해는 분명 위상학적 사고에 기초를 둔 문학적 지형학 혹은 문화학적 지형학이 견지하는 기본 생각이기도 하다. 어떤 매체를 매개로 공간이 구성되느냐와는 상관없이, '지형학'에서 관건이 되는 재현이란 그것의 위상학이 '지도 제작 논리'와는 완전히 상이한 재현이라고 할 수 있다. 그런데 문화학도 공간 재현을 연구대상으로 삼아 "지형학"을 논한다.[2] 실제로 공간 재현에서 위상학과 지형학의 관계는 아주 밀접해서, 개념 사용에서 제기되는 부정확성은 최소한 부분적으로는 연구대상에도 원인이 있다. 그래서라도 지형학(즉 공간의 재현)의 위상학적 기초를 반성적으로 성찰하는 것은 아주 긴요한 일이다. 필자의 이 글은 이러한 형태의 성찰을 수행한다.

위상학과 지형학의 관계에 대한 암묵적인 성찰은―다른 이론적인 문제를 다루는 것과 마찬가지로―아르헨티나 작가인 호르헤 루이스 보르헤스(Jorge Luis Borges)■의 텍스트에서 발견된다.

1 보르헤스에게 위상학적인 것의 차원

1.1 '알레프' 혹은 해석학적 심연에 대한 저항

보르헤스의 텍스트 〈**알레프**(Das Aleph)〉■■에 대해 에드워드 W. 소야는 그것이 현대인이 현대세계의 복잡한 길을 헤쳐갈 수 있게 도와주는 위상학적 **도구**를 재현한다고 해석한다.[3] 그러나 보르헤스의 텍스트에 대한 소야의 이러한 해석과는 달리 필자는 이 글에서 보르헤스의 저작에 대해 강조점을 달리하는 해석을 제시하고자 한다. 왜냐하면 보르헤스는 단편소설에서 '포스트모던적' 세계의 위상학적 관계의 얽힘을 헤쳐나갈 수 있는 **왕도**

■ 아르헨티나 출신으로 스위스, 스페인 등에서 교육 및 문학 수업을 받았으며, 초기에는 시를 쓰기도 했지만 주로 소설을 썼고, 아르헨티나가 주요 활동 무대였다. 그럼에도 세계적인 문호로 통한다. 1961년에는 국제출판인협회가 수여하는 포멘터상을 받았으며, 후에는 노벨상 후보로 거론되기도 했다. 말년에는 실명을 했다.

■■ 작품의 줄거리를 간단히 소개하자면 이렇다. 이야기는 작가 자신의 이름이자 작품 속의 1인칭 화자 보르헤스가 자신의 연인 베아트릭스 비테르보의 죽음을 언급하면서 시작된다. 그녀가 죽고 나서 보르헤스는 매해 그녀의 사촌인 카를로스 아르헨티노 다네리를 방문하여 그녀의 생일을 기념한다. 그러던 어느 날 카를로스는 보르헤스에게 자기가 장시를 쓰고 있다고 고백하면서, 그것은 자기 집 지하실에 알레프가 있기 때문에 가능한데, 이 알레프는 공간 속의 점으로 그 안에 세상의 모든 장소가 한데 어우러져 있을 뿐 아니라 모든 각도에서 동시에 보이

(voie royale)를 현시해주지 않기 때문이다. 그에게는 공간의 복잡성을 성찰하는 것만이 관건이 되는 게 아니다. 텍스트 속에서 공간을 물질화하는 것의 복잡성을 비판적으로 성찰하는 것이 그의 초미의 관심사이다.

히브리어 알파벳의 첫 글자인 '알레프(א)'는 신적인 기호로 여겨진다. 보르헤스는 이 기호를 **유대 신비주의** 카발라에 넌지시 빗대어 말하면서 해석의 흔적을 남겨놓았다. 그리고 이 해석적 작업들은 신비적 혹은 포스트모던적 독해들로 인도되었다. 그중 특히 포스트모던적 독해들은 형이상학적 의미의 퇴거(Entzug)를 강조했다. 그런데 스스로 퇴거하는 선험적 기의에 대한 형이상학적 해석이나 포스트모던적 독법은, 필자의 견해에 따르자면, 해당 텍스트의 내용을 구체적으로 해석하는 데 그리 정당한 접근법이 아니다. 그러한 해석법들은 오히려 서구 기독교적 해석학에서 말하는 의미개시의 약속에 뿌리를 둔 문헌 해제가 투사된 것들이다. 이러한 투사 관계가 반대라거나 부정된다 해도 그 사실은 변함이 없다. 반면 탈무드적 주석 자체에서 신비주의적 경험은 인간이 신과의 합일을 이룰 때 엄습하는 불안의 경험 같은 것이며, 유대교적 신비주의는 신의 개시의 이론이라기보다는 언어의 잠재성을 개시하는 이론이다. 유대 신비주의 언어에서 신적 언어의 수수께끼를 재생하는 일은 철자(綴字) 관련 자료들의 작업에는 일종의 의무에 해당한다. 신의 언어와 인간의

는 신비한 것이라고 설명한다. 호기심에 보르헤스는 단숨에 카를로스의 집으로 달려갔고, 카를로스의 지시대로 그의 식당 지하실 계단에서 누운 채로 위를 쳐다본다. 반신반의하던 보르헤스는 실제로 알레프를 보게 된다. 카를로스의 설명대로 직경이 2~3센티미터인 조그마한 구체는 상상 불가능한 우주를 담고 있었다. 카를로스가 장시를 쓰겠다고 했던 까닭은 그 속의 세상을 자세히 기술하려 했기 때문이다. 그러나 (작품 속의) 보르헤스는 알레프가 언어로 묘사할 수 없다는 것을 깨닫는다. 알레프와 언어 간에는 본질적인 간극이 존재하기 때문이다. 알레프 속에는 세상이 동시에 존재하지만, 언어란 것은 직선적이기 때문이다. 만에 하나 알레프 속의 세계가 언어에 담긴다 하더라도 그것들은 원래 모습이 아니라 모두 찢긴 모습이 될 것이다. 보르헤스는 알레프 속의 세계를 언어 안에 담고자 하는 카를로스의 기획에 결국 회의적인 입장을 취한다.

언어의 차이를 개시해주는 것이 바로 에니그마다.[4] 권위 있는 해석가에 따르면,[5] 보르헤스가 바로 개시에 대한 이러한 유대적 해석을 계승하는데, 이때의 개시는 언어적 사건의 개시로 이해된다. 그의 작품 〈**알레프**〉에서 이야기 서술은, 텍스트의 심층으로 들어가는 방식의 해석학적 과정을 뒤집기 위해 작품 제목이 넌지시 제공하는 해석학적 암시를 이용한다. 전개되는 이야기의 미로 속에서 알레프가 위상학적 도구로 공간 인식을 개시해주는 기호적 깊이와 텍스트는 서로 모순을 일으킨다. 전면에 나서는 것은 오히려 텍스트의 물질성이다. 작품의 이러한 물질성을 고려함으로써 위상학적 문제 또한 좀더 예리하게 파악될 수 있다.

소설 〈**알레프**〉는 초반부터 시간성과 죽음을 강조한다. 주인공 베아트릭스 비테르보(Beatrix Viterbo)의 죽음이 텍스트의 서막을 장식한다. 하지만 거기서 **헛된 허영심**(vanitas vanitatum) 모티프에 대한 도덕적인 해석은 제시되지 않는다. 이러한 동기와 관련한 이야기는 오히려 메타 미학 차원으로 넘어간다. 즉 죽음의 실존적 테마 외에도 이러한 모티프가 보르헤스에게는 드물지 않은 메타 언어 차원에서도 작용한다는 사실이 금방 분명해진다. 덧없는 것은 기호의 잠시성을 의미하고 이야기는 이것을 이용해 기호 사용에서의 복잡성 증가와 감소의 관계를 다룬다. 이러한 이야기에 의해 설정되는 문제제기는, 한편으로는 재현을 통한 삶의 살해, 다른 한편으로는 삶의 흐름 속에서의 시간 지각(知覺)과 공간의 무한성의 긴장에도 적용된다. 이러한 긴장은 이야기 속에서 분석된다. 그때 텍스트의 다양한 차원이 위상학적 개념화를 끌어들인다. 텍스트 도입부에는 저편, 즉 메시아적인 의미에서 약속의 장소인 임계점을 통과해 넘어가는 사건이 기술된다. 이 사건이 바로 친구 카를로스 아르헨티노 다네리(Carlos Argentino Daneri)의 보고가 넌지시 알려주는, 저 고대로부터 전해내려온 전설인 **저승으로 내려감**(descensus ad inferos)[*]이다.

'나는 몰래 내려갔고, 금지된 계단에서 미끄러져 그 밑으로 내동댕이쳐졌다. 눈을 떴을 때, 나는 알레프를 보았다' '알레프?' 나는 몇 번이고 되물었다. '그렇다. 직접 섞이지 않고도 세상의 모든 장소가 자리 잡고 있으며, 모든 각도에서 볼 수 있는, 그 장소를.'[6]

즉 이야기 시작부터 화자는 심연 속으로의 운동을 은유적으로 알릴 뿐 아니라 그것을 해석의 흔적으로 제시하는 것으로 보인다. 여기서 알레프는 아마도 텍스트 표면과 심연의 위계적 관계에 대한 모델이 될 수 있을 것이다. 지하실을 통해 묘사되는 기호의 심연에는 알레프의 시선에 의해서 가능해진 진리의 개시가 놓인 듯하다. 그러나 칙칙한 지하실은 알레프가 신의 무한성이라는 상(象)을 자기 현시로 내보이면서 승화되어가는 곳이 아니며, 관조자/수용자의 시선에 그러한 모습으로 자신을 드러낼 수 있는 장소가 아니다. 단지 그렇게 보일 뿐이다. 왜냐하면 그가 지하실 계단 밑으로 잘못 떨어지고 있듯이, 그는 잘못된 길로 들어섰기 때문이다. 이야기가 진행되면서 보르헤스는 표면과 심연의 상호 의존성을 근거 지우는 구조 모델에서 거리를 둔다. 그렇다. 그는 이러한 모델에 내재한 지도 제작적인 이성을 시험대에 올리는 것이다. 왜냐하면 이야기는 알레프를 이용해 표층과 심층, 의미와 말할 수 있는 것의 관

■ 지옥으로의 하강 신화는 여러 문화권의 고대신화에서 종종 나타난다. 이집트 파피루스에 있는 멤피스의 대제사장 Setne Khamuas의 하강이 기술되어 있고, 메소포타미아 신화에서는 이슈타르, 그리스 신화에서는 헤라클레스의 하강 이야기가 있다. 또 힌두교나 불교에도 저주받은 자들을 해방하기 위해 하강하는 마하바라타나 라마야나와 관련한 이야기들이 있다. 그리고 유대교에서 하강 이야기는 메시아 개념과 연관되어 있기도 하다. 이 표현이 기독교와 관련되는 경우, 그리스도의 지옥으로의 하강이라는 아이디어는 현대 교회 신학에서 가르치는 아이디어를 말한다. 다만 이 아이디어는 복음의 가르침에는 부재하는데, 아마 후대에 첨가된 것으로 보인다. 그리스도가 죽고 나서 지옥으로의 하강을 통해 죽음과 지하세계가 무력해졌으며, 그리스도가 거기에 묶여 있던 사자들이나 그리스도가 가르침을 주는 동안 믿음을 가졌던 자들의 영혼을 낙원으로 옮겨주었다는 이야기이다.

계를 매개성(Medialität)의 문제로 다룰 수 있는지를 새롭게 타진하는 위상학적 사건을 찾기 때문이다.

거기서 나는 알레프를 보았다. 이제 나는 내가 전하려는 메시지의 말할 수 없는 중심점에 도달한다. 여기서 작가로서의 나의 의문이 시작된다. (……) 내가 두 눈으로 보는 것은 동시적이고, 기술하려는 것은 순서적이다. 언어가 그렇기 때문이다. 어찌되었건 나는 그에 대해 확신하고자 한다.[7]

여기서 볼 수 있듯이 보르헤스에게는—소야가 말하는 의미에서의 공간의 무한한 복잡성이라는 은유가 아니라—재현을 동시성과 시간성 간의 해결할 수 없는 관계로 나타내는 위상학적 문제 설정이 관건이 되고 있다. 모든 재현에 내재하는 이러한 패러독스는 텍스트의 물질성에서, 텍스트공간의 가시성 속에서 지양된다. 실제로 화자 자신은 지하실로 내려간 이후 세상의 개시 앞에 서지 않는다. 그는 오히려 철자투성이가 만들어내는 얽힘 속에 빠져들고 이런 것은 화자에게 또 다른 공간에 대한 인식을 매개하는 대신 공간에 대한 '광학(Optik)'을 매개한다.

나는 생명이 있는 바다를 보았고, 새벽과 저녁의 태양의 붉은 노을을 보았고, 아메리카의 인간 집단을 보았고, 검은 피라미드 한가운데에서 은빛으로 출렁이는 거미줄을 보았고, 열린 미로를 보았고 (……) 내 속에서 그리고 다른 놀이들에서 해명되는 완전히 근접해 있는 숱한 눈들을 보았고, 나를 전혀 비추지 않은 천체의 모든 거울을 보았고 (……) 포도, 눈〔雪〕, 담배, 광맥(……)을 보았고, 사랑의 톱니바퀴와 죽음의 변화를 보았고, 모든 방향에서 동시에 알레프를 보았고, 알레프에서 지구를 보았고, 지구에서 다시 알레프를 보았고, 알레프에서 지구를 보았고, 나의 얼굴과 내장을 보았고, 너

의 얼굴을 보았고, 어지러움을 느끼고, 나는 울었다.[8]

이러한 서술에서 다루어지는 테마는 알레프나 광학적 장치를 통해 알수 있을 우주의 무한성이 아니다. '광학적 디스포지티브'로써 알레프는 오히려 공간에서의 위치를 묻는 위상학적 질문이 제기되는 곳으로서 두꺼운 텍스처(Textur)이다. 그러한 질문은 텍스트의 표면에서 순차적으로 나타나는 시각들, 가령 근거리(피라미드의 거미줄)와 원거리 사이, 구체적인 것과 추상적인 것 사이, 시간 흐름과 순간 포착 사이를 오가며 진동하는 다양한 시각의 결과로 텍스트공간에서 나타난다. 알레프는 공간의 위치화를 가능케 하는 도구가 아니고 내가 위치해 있지 않은 저 유토피아적인 곳도 아니다. 오히려 개시되는 것은 주체와 세계로 짜인 두꺼운 직물 속에 위치하는 것들의 무한한 상호 얽힘이다.[9] 근본적으로 현상학적인 이러한 문제는 보르헤스의 수많은 텍스트에서 발견되고 그의 인식론을 근거 지운다.[10]

1.2 '두 갈래 갈림길이 있는 정원' 혹은 정치적 분석으로서의 위상학

단편소설 〈두 갈래 갈림길이 있는 정원(Der Garten der Pfade, die sich verzweigen)〉[11]은 아직 명성을 얻기 이전(avant la lettre)의 보르헤스에게 '포스트모던적' 작가라는 명성을 획득할 바탕을 마련해주었다. 왜냐하면 여기서 인간은 이미 정착된 기하학 없이 극단적으로 순간화된 내적 경험을 통해 무한히 분기화될 수 있는 길들 앞에 서기 때문이다. 또한 화자는 글의 물질성에 주의를 환기시키고,[12] 공간은 여러 이야기의 차원을 거치면서 접힌다. 여기에는 제1차 세계대전 당시에 쓰여 니중에 발견된 원고에 대한 이야기가 나온다. 한 중국인이 하나의 미로를 지나 영국 출신의 중국학자를 만난다. 그의 이름은 스티븐 앨버트이다. 중국인은 이 영국인 중국학자를 살해한다. 이 사건이 있기 전, 스티븐 앨버트는 중국 출신 천문학자이자 연극인이며 미로 형식으로 소실되는 끝없이 긴 책을 썼을 것으로 추정되는 작가인 추이펜 이야기를 들려준다. 정확히 바로 여기에서 역사의 수수께끼와 스토리에 취하는 미로 형태가 자리 잡는다.[13] 알베르트 아인슈타인이 뉴턴의 중력이론을 수정해, 유한하지만 무한한 새로운 공간 및 우주의 개념을 제안했듯이, 보르헤스는 이 이야기에서 시간과 공간의 제한을 통해 문화적 기호의 상대성이론을 그린다. 문화의 기호들은 〔조합술, 간(間)텍스트적 연결 그리고 망(網)을 통해 그리고 시간 속에서 그것들의 빈번한 반복을 통해〕 무제한적이다. 도서관에서의 분기된 미로같이 글 또한 그 자체로는 유한하지만, 그럼에도 시간을 두고 수행되는 해독들이 늘 새롭게 쓰이는 무제한의 공간이다.[14]

그 단편소설 ■ 에서 보르헤스는 기호들의 '비분화(Indifferenz)'를 실험한다. 왜냐하면 그러한 미로에서는 기호들이 더이상 수학적 의미에서 '이산적'이지 않기 때문이다. 그것은 마스터플랜이 마치 길을 잃는 것 같은 미로이다. 여기서 장소는 결정되어 있지 않고 국소화되어 있다. 도시 팔레르모(Palermo)가 언급되지만, 그것은 이태리의 한 도시이자 부에노스아이레스의 한 지역이 되고 있다(바로 이러한 모호성이 해당 이름이 아르헨티나의 한 장소를 지칭하는 것이 아닌가 생각하게 만든다). 이름 '앨버트(Albert)'는 제1차 세계대전 때 독일군에 의해 폭파된 프랑스 브르타뉴의 도시와 중국학자인 스티븐 앨버트의 성(혹은 알베르트 아인슈타인의 이름)을 동시에 가리킨다. 기호의 원시적인 '비분화'는 발견된 원고의 수수께끼 풀이이자 물건에 홈을 파 홈집을 내는 실천이나 공간 기술(記述) 실천을 분석하게 해주는 위상학적 모델을 동시에 준비한다.[15] 예를 들어 작품 속에서 이야기

■ 앞서 언급한 〈두 갈래 갈림길이 있는 정원〉을 지칭한다.

를 진행하는 주인공이 수행하는 배제하고 파멸시키는 실천이다. 중국인은 스티븐 앨버트에 대한 원한 맺힌 살인을, 폭파해야 할 것은 도시 앨버트라는 식으로 독일인에 대한 기호로 사용한다. 여기서는 또한 (앨버트를 폭파해야 할 도시로 여기는) 일방적인 암호해독의 폭력, 보이고 파기되어야 할 것들로 여겨지는 공간의 경계 혹은 선악의 구분, 아군과 적군의 구분을 일삼는 폭력이 나타난다. 단편소설 〈**알레프**〉의 이러한 메타 언어적이고 언어철학적인 그리고 인간학적 명제는 실천론적인(pragmatisch) 에토스를 포함한다. 제2차 세계대전에 직면해 이 단편소설은 정치적 법체계의 이름으로 자행되는 국가들의 경쟁적인 국경선 확립이라는 폭력 논리를 아주 예리하게 비판하고 있다.

1.3 '기억의 명수 푸네스' 혹은 위상학과 기억

보르헤스의 단편소설 〈**잔인한 기억**(Das unerbittliche Gedächtnis)〉에서는 사고를 당해 움직일 수 없게 되었지만, 다행히도 (혹은 불행하게도) 감각적 지각과 시간 흐름의 각 순간을 기억하는 무한한 기억력을 갖게 된 어느 마을 청년의 이야기가 나온다.[16] 또한 이 소설은 기억의 다양한 위상학을 포함하는 다양한 이야기적 차원을 갖추고 있다. 이야기의 틀 안에서 우리는 '이야기의 화자 보르헤스'와 함께, 부에노스아이레스 출신으로 다방면으로 교육받은, 분류하기를 즐기고 기술(技術)에 의존해 장(場)을 관찰하는 사람이 수행해내는 기억들을 갖는다. 이 사람은 꼬치꼬치 물어 우루과이의 배후 지역으로 들어가는데, 푸네스가 들려주는 이야기 속에서 질서 없는 기억을 '시간 속에서' 가진 '토착민'을 만난다. 거기서 발화의 두 장소가 표시된다. 하나는 중심으로서 유럽의 한 장소이고 다른 하나는 주변으로서 비유럽 지역의 장소이다. 이렇게 처음부터 중심과 주변이라는 대조 도식을 설정한 까닭은 이야기가 전개되면서 그것들의 위계

질서가―그리고 공간의 장소화의 위계적 논리가―어떻게 되는지를 알아보기 위해서였다.

화자는 자신이 기억하는 이야기의 시작 무렵에 말할 수 없는 장소(Unsagbarkeitstopos)를 언급한다. 여기서 언어가 맞닥뜨리는 어려움은, 앞서의 단편소설들에서와 마찬가지로, 복잡성 감소의 언어체계 그리고 흐름 속에 위치한 지각, 이 양자 간의 상관관계에 해당하는 것이 아니다. 여기서는 오히려 언어와 기억의 관계가 관건이 된다. 보르헤스에게서는 나타나지만 보통의 기억이론에서는 나타나지 않고 숨겨진 게 있는데, 그것이 바로 기억의 구성적 매개성, 즉 기억의 매체 의존성이라는 것이다. 다양한 매체들은 다양한 기억의 위상학적 형태를 낳는다.

푸네스의 기억은 순수한 '시간상',[17] 흐름의 상, 시간 속에서 존재하기, 이 모두의 종합으로 상상된다. 가령 화자는 이러한 기억을 종(種) 이름, 분류체계 등의 플라톤적 이념, 기호적 추상화 혹은 전형(Prototypen)으로는 절대 이월해 넘어갈 수 없는 것들로 정의한다. 전형이라는 의미에서 일종의 추상 개념인 '나무'는 그러한 기억에는 아무 의미도 없다. 오히려 그러한 기억에 필요한 언어 형식은 지구상의 다양한 시대에 존재하는, 다양한 나무의 개별 잎사귀를 복사해주는 무한히 많은 개별 개념이다. 푸네스에게는 의미 생산(Sinnproduktion) 능력이 없다. 왜냐하면 의미에는 구체적인 것의 추상화가 필요하고 연대기적 시간 흐름의 변형이 필요한데, 그의 기억으로는 그것을 해낼 수 없기 때문이다. 그러나 푸네스는 항상 분화의 흐름 속에 놓여 있다. 이야기의 주인공은 그 흐름을 다른 것들 중에서도 바빌론의 언급을 통해―런던과 뉴욕을 포함하는 순서로―자세히 진술한다.

푸네스는 계속 분해(分解), 충치, 고통의 적나라한 진척 과정을 구분했다.

그는 죽음의 진척, 습윤화의 진척을 관찰했다. 그는 외로운 사람이었고 다양하고 순간적이며 거의 견뎌낼 수 없이 명백한 세계에 대한, 정신이 맑디 맑은 관찰자였다. 바빌론, 런던 그리고 뉴욕은 격렬한 화려함과 함께 인간의 상상력에 과도하게 무리를 준다. 수많은 군중들로 미어터지는 그 도시들의 마천루 속에서 혹은 톱니바퀴처럼 복잡하게 얽힌 거리 속에서 삶을 영위하는 사람들 중 그 누구도, 항상 지칠 줄 모르게 돌아가는 현실의 열기와 압력을, 남미 교외도시에 살고 있는 딱한 이레네오(Ireneo)가 밤낮으로 무거운 짐처럼 짓누르는 현실을 느끼는 것만큼 느끼지는 못했다.[18]

이런 유의 기억은 소통될 수 없다. 시간성으로부터 추상된 형식들만이 사회적으로 의사소통될 수 있는 의미의 분화를 가능케 한다. 왜냐하면 의사소통 가능성이란 차이들 간의 위상학적 선택을 요구하기 때문이다. 의사소통은 동일한 것을 묶고 차이를 배제해 차후에 획일적인 아이덴티티를 규정하는 위상학적 결정이다. 배운 자들의 토착민들에 대한 초기 헤게모니적 주권을 포기하고 이제는 푸네스로부터 배울 준비가 되어 있는 이야기의 화자는 "사고(思考)란 사물들 간의 세세한 차이와 구별을 망각하고, 그것을 일반화, 추상화하는 것"[19]이라고 말한다. 이 이야기는 보르헤스의 인식론을 추동하는, 의사소통체계의 추상화와 삶의 구체성 간의 모순에 대한 상세한 성찰이다. 이와 관련해 보르헤스는 로크를 언급하면서 다음과 같이 말한다.

17세기에 로크는 그 속에서 모든 사물, 돌, 새 그리고 가지와 줄기들이 각자 이름을 가져야 하는 불가능한 언어를 요청한 적이 있다(그리고 나서 이를 파기한다). 푸네스는 그와 유사한 언어를 계획했다가 이내 포기한 적이 있다. 왜냐하면 그것은 너무 일반적이고 모호해 보였기 때문이다. 실제로 푸네스는 각 숲에 있는 각 나무의 잎사귀들을 기억했을 뿐 아니라, 똑같은 것을 보거나 생각할 때마다 이 각각의 경우를 기억했다. (……) 이러한 두 가지 프로젝트는 어불성설이다. 그나마 뭔가를 폭로해주기는 한다. 그것은 우리에게 푸네스의 현기증을 일으키는 세계가 어떤 것인지 알게 하거나 감을 잡을 수 있게 해준다.[20]

즉 의미 있는 기억을 생산하는 일은 차이에 대해 화자가 맺는 관계라는 측면에서 위상학적인 결정을 요구한다. 왜냐하면—푸네스가 보여주듯이—보르헤스가 직접 관계하는 영화 자체가 그렇듯이,[21] 기억은 잠재적으로 형식 없는 순수한 매체이자 흐름이기 때문이다. 여기서 우리는 문화적 기억의 재현 문제를 만난다. 이는 자신을 미메시스의 문제로, 보르헤스 소설의 틀 속에서 다루어지는 방식으로 드러낸다.[22] 또한 보르헤스는 소설의 텍스트공간 내에서 기억의 위상학적 조건을 개방시켜 전개하고 그것을 하나의 메타 분석에 내맡기는 일을 성공적으로 수행한다. 하지만 그는 더 많은 것을 성취한다. 극도로 조밀화되고 작업된 언어 자료는 저술 속으로 신체성의 차원을 끌어들인다.

나는 가죽만 남은 그의 앙상한 손을 기억한다(나는 그렇게 믿는다). 나는 그 손들 가까이에 있는, 우루과이의 방패 문양을 한 마테차 다기(茶器)를 기억한다. (……) 나는 오래된 도시 외곽 주민의 느려터지고 듣기 거북한 코맹맹이 소리, 하지만 오늘날의 이태리식 치찰음이 빠진 바로 그 말소리를 여실히 기억한다.[23]

빼곡한 언어 자료 속에서 보르헤스는 탈신체화된 개념의 언어를 극복하고 인간에 의해 거주되는 언어의 신체 관련성을 재발견하는 형식을 발견한다. 주체의 위상학적 배치는 신체 관련적이다. 그의 글은 인간이 자신의 신체를 매개로 공간에서 어떻게 자리 잡는지를 잘 보여준다. 알파벳 철자들의 자료 속에서 우리는 신체적인 성질이 기입되는 흔적을 발견한다. 롤랑 바르트가 **투박한 목소리**(grain de la voix)라고 칭할 목소리의 특수성과 함께, 화자가 자신의 임재를 설득력 있게 만드는 수단인 특수한 사건이 구체화되고 있다.[24] 목소리는 화자의 환원할 수 없는 고유성을, 좀더 부연해서 표현하자면, 자기 정체성으로서의 고유성이 아니라 개성으로서의 고유성을 지칭하는 기호다.[25] 그것은 마치 사진학에서의 푼크툼(Punctum)■처럼, 사람들을 다소 혼란스럽게 하는 차이와 마찰 들이다.[26] 저술에 내재한 위상학적 개념은 신체성에 결부되어 있다. 신체가 관련된 상태에서 수행되는 공간과의 교류는 자신이 저술의 〔심상(心象)〕 공간에서 표현되고 있음을 발견한다.

2 방법적 도전—일곱 개의 테제

보르헤스의 텍스트는 마치 문화학적 정리들이 실험되는 실험실과 같다. 그것의 내적 위상학은 다음과 같이 **정리될** 수 있다. 문화학적 위상학의

■ 롤랑 바르트의 《카메라 루시다(Camera Lucida)》에 나오는 개념이다. 롤랑 바르트는 사진의 의미를 감상할 때 두 가지 층위가 있음을 지적한다. 그것이 바로 스투디움(studium)과 푼크툼이다. 우선 스투디움은 감상 대상인 사진 속에 작가가 의도적으로 표현하고자 하여 이미 존재하는 의미 내용이다. 이는 보통 사회문화적으로 널리 공유된 의미이다. 관찰자는 이를 이성적 능력을 통해 획득할 수 있다. 반면 푼크툼은 관찰자의 관심이나 기억을 유발하기 위해 사진에서 던져진 화살 같은 것으로, 관찰자에게 우연적이면서 직관적·비논리적인 경로로 철저히 주관적인 감성적 동요를 일으킨다. 이는 마치 주사바늘이 피부를 찔러 따끔한 느낌을 일으키는 것과도 같다. 이러한 푼크툼은 세부적인 것일 수도 있고, 대상적인 것일 수도 있고, 그림자일 수도 있고, 분위기 같은 것일 수도 있고, 표현 같은 것일 수도 있다.

태동 일자는 구조주의에 내재하는 데카르트적 기하학 비판 그리고 전통적 공간 개념에 대한 후기구조주의를 통한 비판과 일치한다.[27] 이러한 비판은 모리스 메를로퐁티의 현상학 그리고 〈텔 켈(Tel Quel)〉■에 의해 수용되었던 메를로퐁티의 가시적인 것(Sichtbarkeit)[28]의 분석을 통해 영감을 얻어 성립한 것이다. 주체성을 주체와 세계의 〔간(間) 신체적인〕 관계로 포괄하는 인간학적 공간과 고전적 재현 개념에 내재한 기하학적, '탈신체화된(entleiblicht)' 공간을 프랑스 현상학은 구분하고 있다. 가령 인간학적 공간에서 '세계내존재'의 경험이나 세계 신체성에의 참여 경험은 원초적(primordial)이다.[29] 기하학적으로 구조화된 사고, 본래 공간에 대한 사고에 공간의 '비분화'가 우선하는 것이다. 한편으로는 푸코의 공간, 주체 그리고 권력 내지 주체와 권력의 관계에 대한 후기 논문 그리고 다른 한편으로 앙리 르페브르(Henri Lefebvre)의 《공간의 생산(La production de l'espace)》 그리고 드 세르토의 공간 생산 실천의 분석 같은 여러 이론이 이러한 테제에 기반을 두고 있다. 드 세르토는 '공간 위치적' 구조 혹은 (권력의) 전략 그리고 (횡단) '위상학적' 실천 각각을 서로 구분한다.[30] 르페브르는 "공간에 존재하는 것"[31]의 목록에 해당되지 않고, 공간에 대한 담론에도 해당되지 않는 거주된, 인간적 공간성에 대해 말하기도 한다.

보르헤스 텍스트 분석의 토대 위에서 위상학과 문화학 내지 문학의 상관관계에 대한 기본 테제를 다음과 같이 정리해본다.

1. **수행활동으로서의 공간의 '생산'**: 구조화된 공간은 '주어진 것'도 이산적인

■ 프랑스의 아방가르드 문학잡지인 〈텔 켈〉을 중심으로 주로 1960년대에 활동했던 포스트모더니즘 계열의 지식인들을 일컫는다. 이 그룹에서 활동하거나 정신적 영향을 미친 이들로는 가령 필립 솔레, 롤랑 바르트, 조르주 바타유, 자크 데리다, 미셸 푸코, 자크 라캉, 쥘리아 크리스테바 등이다.

것도 아니다. 오히려 언어적 혹은 시각적 매체를 통해 만들어지는 수행적으로 인위적인 것이다. 위상학은 공간의 인지, 지각 그리고 생산을 포괄할 뿐 아니라 구체적인 물질성 그리고 기술(技術)을 포괄한다.[32] 미셸 푸코 후기 저술의 중심 테제인 "권력은 만들어진다"[33]는 기하학적인 위상학을 배경으로 형성된 것은 아니지만, 공간과 관련될 수밖에 없다. 공간은 만들어진다.

2. **정치적인 것의 분석 가능성으로서의 위상학**: 권력은 공간상의 배열과 조절로 정의되는데, 이것은 또한 시각성을 (파놉티콘) 조종하기도 한다. 그리고 이 시각성은 다시 그것이 수행되어 완수될 경우에는 서로 겹치고 횡단하는 공간적 정렬(Lagerungen)과 시선(Blicken)을 생산해내는 전복적 실천 가능성을 내재한다. 공간적 정렬과 시선 모두는 문학적으로나 시각적으로도 시연될 수 있다. 이와 관련해 모더니즘 문학은 카프카에서 제임스 혹은 콘래드를 거쳐 남미의 소위 '마술적 사실주의(Magischer Realismus)' 작가들에 이르는 여러 사례를 제시한다. 보르헤스처럼 여기서 위상학은 권력 분석의 도구이자 권력 무력화를 위한 실천의 도구이고 정치적인 분석의 방법론이기도 하다.[34] 카프카의 《집(Der Bau)》은 권력 공간, 포함 배제의 상호관계 그리고 그러한 전략을 기술적으로 승화시키는 것에 대한 비판적 성찰을 위한 위상학적 은유로 여겨질 수 있다.

3. **역동적 공간 생산의 인식론적 가능성으로서의 위상학**: 이 테제에 기초한, 권력 외에도 저항이라는 횡단적/가로막기의 공간들에도 1980년대부터 초점이 맞춰지고 있다. 그러한 위상학적 역동성은 제3의 공간과 관련을 맺고 있다. 그것은 '공간성의 복변증법(Trialektik der Räumlichkeit)'■ 혹은 혼합

■ 역자는 여기서 Trialektik/trialectics라는 한국어 번역을 일단 '복변증법'이라고 하였다. 이는 일단 Dialektik/dialectics가 '변증법'이라고 불리는 것을 염두에 둔 번역인데, 후자가 이항관계에서의 변화 관계를 설명한다면, 전자는 그 이상의 관계 방식, 즉 다항관계에서의 복잡한 발전

성(Hybridität)의 '제3공간'의 차원이다.[35] 호미 바바(Homi Bhabha)가 자신이 펼치는 혼합적인 것(Hybride)을 다루는 논증 초반부에서 설정하는 현상학적 통찰은, 자기 자신과 타자의 이항(Binom) 관계에서 동일성을 규정하는 것을 넘어 새로운 방식으로 동일성을 재해석하는 것으로 이어졌다. 우리가 동일성을 바라볼 때, 위상학적으로 형성되고 수행적인 활동으로 바라보면, 동일성의 사고는 차이들이 또렷하게 형성되어 나오는 사이의 사고(Denken des Dazwischen)로 변형된다.[36]

4. **위상학의 '영점'으로서의 기호의 '비분화'**: 공간 구조 및 공간 역동성은 공간의 속성이 아니며 그래서 공간의 존재론도 아니다. 오히려 거주된 공간과의 관계에서 생산된다. 위상학은 이를 파악코자 한다. 반면 과학적 분류와 지도 제작술은 '거주된', 살아 있는 공간을 살해한다. 이러한 견해의 배후에서는 방법론적으로 공간 구조화를 현상학적으로 환원하는 것이 필요하다. 수학적 의미에서의 이산적이지 않은, 즉 구조화에 선행하는 '비분화된' 공간이 위상학의 영점으로 취급되어야 한다. 위상학자에게 '영점'은 개방된 관찰자적 시점, 즉 위상학자가 자기만의 위치화가 갖는 우연성을 성찰할 때의 시점을 말한다.[37] 이때 위상학자는 이러한 시점을 텍스트의 심층 의미론에서 획득하는 것이 아니라, 오히려 재현의 물질적 표면에서(aus der materiellen Oberfläche der Repräsentationen) 얻어낸다. 이는 미셸 세르를 통해 이미 1970년대에 가정되고 보여진 바 있다.[38] 〔위상학에 대한 개방된 방법이 얼마나 필요불가결한 것인지를 의사소통이론에 대한 베른하르트 발덴펠스의 정당한 비판이 잘 보여준다. 그는 '소식 전달(Mitteilung)'

관계를 칭하는 개념으로 이해되는데, 이 역시 '변증법'이라는 단어의 사용과 모순되는 것은 아니지만, 그럼에도 Dialektik/dialectics를 지칭하기 위해 이미 '변증법'이라는 단어가 사용되고 있는 만큼, 그리고 Trialektik/trialectics라는 개념이 Dialektik/dialectics라는 개념과는 구분되는 만큼, 기존 '변증법'이라는 개념과 구분하기 위해 '복변증법'이라는 개념을 제안한다. 물론 더 나은 번역어가 앞으로 나와야 할 것이다.

내지 의사소통의 은유는 상위 심급을 전제한다고 말한다.)[39]

5. **공간에서의 신체 관계적 위치화 분석으로서의 위상학**: 위상학적으로 관찰되는 사건들은 기술된 대상(énoncé)만이 아니라 기술하는 주체의 영역(énonciation)에서도 발생한다. 그때 그것은 주체를 공간과 (공간 내의 '다른 타자'와 '다른 공간'에) 신체적으로도 관계시키는 추가적인 위치화로 발생하는 것이다. 즉 위상학은 기술되는 대상이나 기술하는 주체의 영역, 두 차원을 모두 포괄하는 것이다. 밝혀야 할 문제는, 대상의 위치와 바라보는 주체의 위치, 이 둘 모두를 묘사할 수 있게 해주는 방법론이라는 것이 과연 무엇인가 하는 문제이다. 우리는 여기서 가장 난해하다고 할 수 있는 위상학의 측면, 즉 대상의 복잡성과 관계하고 있다.

6. **위상학은 눈의 (지각의) 학교이다.** 위상학은 시선과 신체의 상호관계를 성찰할 수 있게 해준다. 왜냐하면 공간 배열은 항상 '신체화'되기 때문이다. 공간 배열은 신체를 매개로, 그리고 공간상에서 신체가 이루는 공간 정향을 매개로 형성된다.

7. **위상학은 그림이론을 포함한다.** 그림의 위상학적 문제는 다음과 같이 정리할 수 있다. 공간에 대한 이마고(Imago)는 공간에 대한 그림(Bild), 모상(Bildnis), 복사본(Abbild), 즉 지시 대상의 또 다른 짝이 아니다. **이마고란,** 어원상으로는 복사 그림을 의미하지만, 위상학적 배열의 형성(Bilden)을 의미하고 그것의 생산 실천을 의미하기도 한다. 그러면 예술과 문학은 공간의 위상학적 연구에 대해 어떤 기능을 담당하는가? 상상적 · 문학적 지형학은 위상학적 기계이자 공간을 생산하는 실천이다. 어떤 매체를 통하든 언어예술이 관건이든 혹은 회화예술이 관건이든 간에, 묘사 **사건**(Darstellungsgeschehen)이라고 하는 것은 거기서 형성하기가 위상학적으로 일어나는 장소이다. 이러한 것은 기호적 심층 의미에서 일어나는 것이 아니라 그림의 물질적 표면 그리고 언어의 물질성에서 일어난다. 반

면 기호의 심층 의미란 미리 구조화된 지형학의 복사일 뿐이다. 그림(그리고 언어)의 물질성 차원에 공간을 구성해내는 문화 기술(Kulturtechniken)은 모더니즘의 데카르트적·원근법적 그림 개념을 침식하기 위한 프로그램이라고 할 수 있다. 세잔이 발견한 소위 '인간학적 공간'은 메를로퐁티 같은 이에게는 결정적인 것이었다. 모네, 마티스에서 알버스, 이브 클랭(Yves Klein) 그리고 현대미술에 이르기까지 현대화가들은 "그림공간이 (그것 자체에 축약되어 상상의 깊이를 개시하면서) 천편일률적이지 않다는 것을 보여주었을 뿐 아니라, 그림의 층이 '전진적으로'도 그렇지만 '후진적으로'도 역시 동일한 충격을 내재한다"는 사실을 여실히 보여주었다.[40] 공간에 대한 그림은 매체 외부에 자리 잡고 있는 것이 아니라, 그것의 매개적 특성과 위상학적 실천에서 창발적 속성으로 자리 잡고 있다.

지금까지 적시된 일곱 개의 테제에는 위상학의 도전이 명시적으로 드러난다. 왜냐하면 우리는 거기에서 위상학이 시간과 공간의 고도로 복잡한 관계와 맞닥뜨리고 있음을 목격하기 때문이다. 공간은 주체뿐 아니라 대상의 차원에서도 존재한다. 또 추상적일 뿐 아니라 구체적이고, 상상적일 뿐 아니라 실제적이며, 은유적일 뿐 아니라 실천적으로 실용적이다. 공간은 힘이고 구조이고 정신이고 신체이다, 등등. 이렇게 위상학은 인식의 두 차원에 걸쳐 넓게 분포한다. 한편으로는 분석과 과학적 기술로서 분류 사이에 그리고 다른 한편으로는 지각에서의 현상의 흐름과 기억 사이에 걸쳐 분포한다.[41] 이러한 문제제기는 도시의 역동적 맥락에서도 다루어진 바 있다. 가령 미셸 드 세르토와 이에인 체임버스(Iain Chambers)는—인식론자들의 추상화하는 조망적인 시각과는 대조적으로—어슬렁어슬렁 도시를 만끽하면서 걷는 게으름뱅이(Flaneur)의 시각을 내재하는 주객(主客) 혼연일체의 상호 얽힘을 강조한다.[42] 경관을 조망하는 지도 제작적 논리와는 양립하지 않는 질서가 그러한 시각에서는 하나로 묶이고, 장소들은 질적으로 현현하며 기억과 지각의 다양한 장소들로 경험된다.[43] 느긋하고도 여유 있게 이리저리 "공간을 이동하는" 게 으름뱅이의 여정(드 세르토)과 함께 이제 공간 생산의 전복적인 형식들이 사고될 수 있게 되었다. 그것이 전복 형식인 까닭은, 계획 입안자들이 생각하는 공간, 도시주의자가 생각하는 공간 혹은 경제 기관이 생각하는 공간에 대항하는 시각이기 때문이다. 이와 유사한 문제를 소야가 "재현의 공간(Raum der Repräsentation)"[44]이라는 개념으로 다루는데, 이는 공간적인 실천의 분석, 즉 물질화할 수 있고 측정할 수 있는 공간의 분석 그리고 과학과 중앙권력의 공간 묘사에 대한 중요한 보충이다. 그런데 '재현의 공간'이라는 것은 정확히 무엇을 의미하는가. 이는 좀더 자세히 논구되어야 하는 숙제로 남아 있다. 소야는 보르헤스의 텍스트가 만들어내는 복잡성을 감소시킨다.

그런데 '재현의 공간'이란 무엇을 말하는가? 이는 위상적인 것이 보여주는 역동성과는 어떤 관계에 있는 것인가? 현상학 이래 20세기 전체를 거치면서 잠재적으로만 남아 있다가[45] 문화 기술의 매개성에 대한 오늘날의 이론에서 새롭게 그 관련성이 입증되는 문화학적 위상학에서 거의 주목을 받지 못했던 호르헤 루이스 보르헤스가 제시하는 분석의 한 차원이 여기서 매우 유의미해진다.[46]

3 문학의 연구대상 및 방법으로서의 위상학

위상학적 문제제기는 문화학 일반과 마찬가지 방식으로 문학에도 해당된다.[47] 문학적이거나 시각적인 지형학은 위상학적으로 분석될 수 있다.

다시 말해 텍스트공간과 그림공간의 문제요, 공간의 배열 문제이며, 재현의 물질성 속에 적힌 사물을 대하는 태도의 문제이기도 하다. 묘사에 대한 위상학적 분석이 공간의 역동성을 둘러싸고 생성되는 지식과 관련되는 점에서 그것은 기호화되고 상징적인 공간으로서 지형학을 재구성하는 것을 넘어선다. 왜냐하면 글에 내재한 물질적 차원을 거론하지 않기 때문이다. 우리가 보르헤스에게서 예시적으로 보았듯이, 위상학적 자리 배열과 그것의 역동성은 텍스트공간에 내재해 있다. 즉 그 안에 기입되어 있다. 여기서 주체는 자리매김과 그것의 노마드적 가능성을 독서행위(보는 행위)에 관철시키는 가운데 자기 안에 '체현한다'. 텍스트의 위상학은 심상(心象)이 생기하는 공간이다. 텍스트 표면에 쓰인 아라베스크같이 화려하게 수놓인 문자 속에서는 멀리 떨어진 곳으로, 지나간 과거로 수평 확장을 가능케 하는 이동(parcour)이 일어난다. 여기서는 생각의 상들이 반복되고, 변화하고, 삽입되는 것 그리고 갑자기 출현하는 새로운 배열 질서를 발견할 수 있다. 또한 공간을 전혀 다르게 현현하게 하는 카프카의 유명한 이상적 **우상**(eidola) 혹은 시원의 감옥(Urzelle) 같은 작은 장르(Gattungen) 및 단편(Fragmente)을 발견할 수 있다. 거기서 텍스트 미학은, 이를 우리가 규칙체계로서가 아니라 물질화 과정으로 이해할 경우, 그 자체가 문체(Stil)가 되기도 하는 **광학장비**(instrument optique)가 되고—그것을 위상학적으로 볼 때는—귀스타브 플로베르(Gustave Flaubert)와 마르셀 프루스트(Marcel Proust)가 가정한 것처럼, "기술(技術)을 묻는 질문이 아닌 보는 것을 묻는 질문(question non de technique mais de vision)"[48]이 된다.

문학적이고 시각적인 상(象)의 공간은, 우리가 그것의 물질적인 성질들을 살펴보노라면, 개념적인 것과 물질적인 것 사이를 오가는, 개방되어 있고 비판적인 위상학을 위한 눈의 학교(Schule des Auges)가 된다. 위상학이란 인간들이 고유의 마스터플랜 없이도 공간과 관계하면서 수행하는 행위이자 행함이다. 위상학자로서 보르헤스가 만약 마스터플랜을 가지고 있었다면, 새로이 선의 세계와 악의 세계, 아군의 세계와 적군의 세계를 분리했을 것이다. 하지만 위상학자로서 보르헤스는 방법적으로 미리 완성된 지형학 같은 것을 일찌감치 포기했다. 만약 그렇지 않았다면, 다음과 같이 해야 했을지 모른다. "모든 방향에서 나는 동시에 알레프를 보았고, 알레프 속에서 지구를 보았고, 지구 안에서 다시 알레프를 보았고, 알레프 속에서 지구를 보았고, 그리고 나의 얼굴과 나의 내장을 보았다."[49]

마르크 리스(Marc Ries)

영화위상학, 그리고 그 너머

사람들은 필름 영상으로부터 모든 실제를 몰아낼 수 있겠지만, 하나만은 그럴 수 없다. 바로 공간의 실제이다. (······) 스크린 속의 세계는 우리들 세계 옆에 나란히 서 있을 수 없고, 자신들의 위치에 서 있다. 이미 '그 세계'라는 개념은 여타 공간을 배제한다. 한동안은 필름이 우주요, 세계요, 혹은 우리가 그렇게 부르고자 한다면 자연이다.
— 앙드레 바쟁

우리가 책을 읽거나, 연극 혹은 그림을 관람할 때, 특히 우리 스스로가 작자일 때, (······) 하나의 형태 변형의 층을 형성해내 여러 층 간의 횡단적인 연속성 혹은 소통 같은 것을 만들어내고 그것들 간의 국소화될 수 없는 관계망 전체를 구성해낸다. (······) (층들의) 이러한 공존 혹은 형태 변형이 위상학을 형성해낸다.
— 질 들뢰즈

영화를 지형학적으로 분석하는 작업들이 1960년대 이래 영화이론에 결정적인 영향을 미쳤다. 필름적■ 영상들은 세계를 재현한다는 주장의 폭

■ 본 텍스트에서는 Kino(영화/영화관)나 Film(영화/필름)이 사용되는데, 이들 모두가 '영화'라고 번역될 수 있다. 하지만 전자가 흔히 기술적 측면이나 영화관까지를 포함해 지칭되는 데 비해 후자는 일종의 텍스트로서 영화를 지칭하는 경향이 있다. 그리고 이 둘을 합쳐 '시네마'라는 개념이 좀더 폭넓은 맥락에서 사용되기도 한다. 그러나 이러한 개념의 의미들이 개념적으로도 그렇고 본 텍스트에서도 뚜렷하게 구분되지는 않은 것으로 판단된다. 그러나 번역에서는 이러한 개념상의 무차별을 악화시키지 않기 위해 원문의 Kino는 영화로 그리고 Film은 필름으로 번역한다.

력적 측면을 강조하는 분석이 있었는데, 이러한 분석은 영상이 자연주의적 효과를 만들어낸다는 견해에 대항하는 입장을 피력하는 가운데, 특히 영상이 수행하는 이데올로기 제조 기능을 강조했다. 뿐만 아니라 관람객의 시선과 의식에 부지불식간에 덮어씌워지거나 각인되는 정권의 권력 및 통제 편집증적인 기질을 부각하는 데 초점을 맞춰왔다. 가령 장루이 보드리(Jean-Louis Baudry)의 영화적 디스포지티브에 대한 생각, 로라 멀비(Laura Mulvey)의, 장비에 의해 수행된 남성적으로 코드화된 **시각적 쾌락**의 강조는 영상과 시선을 헤게모니적으로 점유하기 위해 영화가 펼치는 공간성의 구성 문제를 비판적 시각으로 다룬다.[1] 이는 관객과의 관계에서 영화가 만들어내는 지각적이고 욕망적인 '왜곡'에 대해 논하는 것이다.[2] 그러나 이러한 논의와는 달리 이 글에서는 영화에 대한 위상학적 묘사가 시도된다. 즉 위상학과 미학의 연결 관계를 천착하고자 한다. **영화(관)의 위상미학**(Topoästhetik des Kinos)이라는 개념은 위상학과 미학의 이러한 연관 관계를 잘 드러낸다. 이 작업의 수행은 한편으로는 라이프니츠에 의해 기초가 다져진 '관계적 공간(relationaler Raum)'이라는 형상에 초점을 맞출 것이며, 다른 한편으로는 질 들뢰즈의 위상학적 논증, 특히 영화의 위상학적 공간에 의해 잘 연계된 '외부'와 '내부'라는 두 가지 형상에 논의의 초점을 맞추려 한다.[3] 이에 대한 본격적인 논의에 앞서 우선 다른 논의의 기초를 준비하는 데 도움이 될 것으로 보이는 영화와 관련한 간단한 정의부터 소개하기로 한다. **필름은 움직임을 다루는 일종의 움직임과의 협상**(Verhandeln der Bewegung)**이다. 움직이는 것들로서 영상은 물체들이 서로 멀어지고 근접하는 현상을 보여주고 물체의 운동과 변화에 대해서 얘기해준다. 왜냐하면 스스로 움직이는 것은 또한 스스로 변화하는 것이기 때문이다.**[4]

1 변화로서의 영화: 영화적 위상학의 요소들

운동, 좀더 정확히 말해 위치운동, 즉 "자연물체들 사이에서의 공간상의 위치 변화들"[5]은 유럽 자연철학의 가장 오래되고 영향력 있는 정리(定理)들 중 하나에 속한다고 할 수 있다. "**물리**(physis)라는 말은 어원적으로는 (phy-) 씨앗, 태동 그리고 성장이라는 표상으로 거슬러 올라가고 그것의 형성 작용(Bildung)을 고려해서(-sis) 활성을 나타내는 이름(nomen actionis), 즉 과정 자체(Vorgang selbst)를 지칭하는 말이라 할 수 있다."[6] 자연은 운동이고 그 상태대로 인간에 의해 경험되는 현상이다. 자연현상은 인류의 역사에서 일찍부터 운동 종류, 운동 형식, 사물의 형태 그리고 형태 변화 등으로 세분화되어 이해되었다. 이러한 와중에서 과정적인 것은 모든 자연 인식의 가장 눈에 띄는 특성으로 통하기에 이르렀다. 소크라테스 이전의 자연철학자들에게 4요소이론은 운동 형식의 범례들이 매번 동원되는 가운데 이러한 과정적인 것을 감각적으로 검증할 수 있는 경험 매체로 해석되었다. 태양은 항구적인 불[火]이라는 물체로, 바다는 순수한 운동 공간으로, 공기는 모든 유기체적 생명체의 무조건적인 전제로, 사계절(四季節)은 땅의 성장과 사멸을 설명해주는 기본 모델로 해석되었던 것이다. 아리스토텔레스는 이러한 경험을 자신의 범주론에 표현한다.

예를 들어 성장과 축소가 성장할 수 있고 작아질 수 있는 것과 같은 변화이고, 태동과 사멸이 태동될 수 있고 사멸할 수 있는 것과 같은 변화이고, 위치 운동이 위치를 옮길 수 있는 것의 변화일 때, 변화라는 것이 (이것은 질적으로 변화할 수 있는 것의 채움 혹은 실현을 말하는데) 질적으로 변화될 수 있는 것처럼, 과정이라는 것은 가능성에 따라 존재하는 것 자체의 채움(실현)이다.[7]

이로부터 질, 양, 실체 그리고 위치 규정이라는 범주가 생성된다. 우리가 자연에 대해 알게 되는 것은 곧 운동하는 자연을 연구함으로써 알게 되는 것이다. 이러한 정리는, 그 함의를 볼 때, 지각 및 관찰과 아주 유사하다.[8] 그래서 자연을 연구하고 대하는 서구인들의 태도 관련 모델에서 양극단을 형성하는 것이, 한편에서는 운동이고 다른 한편으로는 그것들에 대한 지각활동이다.

영화(관)의 물질성에 관한 분석에서는 주로 다음과 같은 견해가 제출된다. 이드위어드 마이브리지(Eadweard Muybridge)와 에티엔 쥘 마레(Étienne-Jules Marey)는, 실제로 '존재하는' 상태가 무엇인지 그리고 변화한다는 것이 무엇인지 밝혀보고자, 가령 말[馬], 인간 등의 운동을 표현하고 측정하기 위해 영화 촬영술적 장치를 개발해냈다. 필름을 통한 운동의 관찰과 이것들의 순차적인 묘사 방식은 자연과 물체, 외적 실재에 대한—'운동중인 물질'에 대한—지식을 검증하는 데 기여하는 바가 매우 크다. 이러한 필름적인 지각은 기계론적 자연 관찰자의 연구에서 발견되는 자연을 자연 자신에 대한 '진실한' 명제로 확증하고 그렇게 되도록 부추긴다. 자연은 기술적(技術的)으로 재생산될 수 있고 필름적으로 통제되어 묘사될 수 있는 경우, 그 속에서 자신의 모습을 드러낼 수밖에 없다. 이는 필름 같은 기술주의적 범례를 이용해 수행되는 지각의 경우에도 마찬가지이다. 필름적 지각은 특수한 운동 형식인데, 이것은 물체의 위치운동에 의해 우선 외적으로 인과되는 운동 형식이다.

필름 카메라가 필름을 제작할 때 추구하는 이념은, 현실을 정지된 그림으로 표현하는 사진 모델을 따르지 않는다. 그것은 오히려 움직이는 동영상 모델, 정확히 말해 위치 이동 영상 모델을 따른다. 이드위어드 마이브리지는 1877년에 팔로알토(Palo Alto)에서 뛰어가는 말을 일련의 순서에 따라 최초로 촬영했다. 이것은 이후 영화적 '자연'을 기초 지울 정도로 완전한 것이었다. 실험 조건(Versuchsanordnung)에는 두 가지 전제가 있었다. 그 하나가 카메라 내부에 의해 형성되는 '분석적 공간'인데, 이 것은 사진 위에 복사되는 측정 데이터를 통해 최대한 잘 들여다볼 수 있 도록 되어 있다. 그리고 다른 하나는, 촬영된 사진을 모아 하나의 대상을 형성하고 나중에 자기 운동하는 몇몇 대상으로 집약하는 것이다. '체계 공간으로서의 영화'는 다음 과정을 밟아 만들어진다. 미리 규범화된 노 선을 따라 수행되는 물체의 움직임, 이와 함께 물체의 위치 관계의 통제 된 변화, 그와 동시에 촬영장치에 대한 물체 운동의 관계 설정, 즉 운동과 영상의 관계적 역동성 구축, 이와 함께 필름적 위상미학의 형성이다.[9]

필름적 위상학이 **첫 번째** 요소로 관심을 갖는 것은 물체의 운동을 형식 적·공간적으로 재현하고 물체의 운동, 물체가 겪는 변화를 동영상 형식 으로 재생해내는 것이다. 또한 운동을 연구 분석한 것들이 사진 같은 개 별 영상들로 분해될 때, 즉 물체의 원래 운동 흐름을 **파괴시켜** 비로소 분석 작업이 개입되고, 그것이 이 물체를 세분화하고, 움직이는 물체의 변화를 일정한 수의 틀 단위들 내에 고정시키더라도, 그 작업은 모티프가(물체들 의 위치운동이) 다시 전체로서, 즉 '동영상 그림'으로 태동할 수 있도록 그 리고 그러한 것으로 지각하도록 하기 위해 개별 부분들을 전체적인 모습 으로 되돌려 운동으로 바꿔줄 수 있어야만 한다. 영화에서 운동 자료와 지각 자료들은 관람객에게 하나로 통일되어 주어진다. 관람객은 운동의 어떤 부분이 외부에서 지각된 물체 운동에 해당되는지 그리고 어떤 부분 이 내적인 생리학적 수치를 흉내 내어 재생산하는 내부기관의 운동에 해 당되는지를 구분해낼 수가 없다. 카메라 내에서의 영상 생산의 복잡한 운 동 메커니즘 그리고 영사기에 의한 영상 투사의 복잡한 운동 메커니즘, 이것들은 물체들이 만들어내는 위치운동의 지각을 실제로는 **자기 자신으 로부터** 반복해내고 있다. 필름 메커니즘, 필름 자체, 그것들은 자연현상을 만들어내려는 기술이지만, 그렇다고 자연만을 묘사하는 것은 아니며, 기술 '로서의' 자연이자 영화적 자연(Kino-Natur)이다.[10] 사실은 이것이 영화사(映畵史)의 토대이다. 영화는 이러한 원형식에서 그리고 이러한 원 메커니즘에서 실제로 자연을 재생산하게 하는 기술이자, 자연을 복제하거나 반복하게 하는 기술이다. 달리 말해, 영상 속에서 인간과 사물이 마치 영상의 외부에서 움직이는 것과 똑같이 움직인다는 불변성과 구분 불가능성 혹은 '영상'과 '세계'의 공존 및 공존 가능성은 영화적인 것만이 가진, 다른 것과의 비교를 거부하는 뛰어난 매력을 형성하는 것이며 영화위상학의 제일요소로 여겨질 수 있는 것이다. 그래서 분석적 공간(analytischer Raum)은 거대한 영화 공간을 형성하기 위한 모델이자, 스튜디오 조건에서 만들어지는 내부세계(Innenwelten) 형성을 위한 모델이 된다.

기계적인 메커니즘을 이용하는 영화(관)는 이러한 기원을 이제는 '영화 유기체주의/생명주의'로 확장 변형시킨다. 이것이 영화의 **두 번째** 위상학적 요소를 형성해준다. 한편으로, 이러한 유기체주의는 카메라, 근접촬영(Großaufnahme) 그리고 **미장센**(Mise en scène)▪의 자기 운동과 함께 전개되고, 이것이 바로 '외적인 영상 운동'을 가능하게 한다. 다른 한편, 이는 편집과 몽타주의 발전과 함께 진행된다. 편집은 다양한 시각을 거쳐 물체를 일정 장소에 하나로 연관시켜 정립하고, 필름적 배치로 생명을 불어넣는 내적이고 형성적인 운동으로 이해할 수 있다. 우리는 편집을 분석적 운동으로 이해할 수 있는데, 이는 물체의 운동을 전제하지 않

▪ 영어로 표기하면 'putting on stage'이며, 영화와 연극, 오페라, 뮤지컬 등의 무대극 예술에서 사용하는 용어로서 연출의 디자인 측면을 지칭한다. 즉 무대 위에 인물이나 사물, 조명, 의상 등을 어떻게 배치하는가란 물음에서 출발한 미학적인 개념이다. 이는 몽타주(Montage)와 구분된다. 다양하게 촬영한 장면들을 편집한 영상미가 몽타주 방식이라면, 그와 대비되는 의미로서 미장센은 단일 화면에서 담아내는 영상미를 가리킨다. 즉 제한된 장면 안에서 대사가 아닌, 화면 구도, 인물이나 사물 배치 등으로 표현하는 연출자의 메시지, 미학 등을 말한다.

고도 가능하며, 그러한 상태에서 진짜 '영화 관계적인 공간'을 만들어내고, 관점의 '위치 관계'의 위상학적 공간을 만들어낸다. 분석적 운동으로서 편집이라는 작업은 실제 물체 없이 이루어지는 연장(延長)이자, 질적인 과정, 개별 장면들의 내러티브 논리적 혹은 실험적 운동, 사물들이 일으키는 운동에 보완적인 것으로 지각될 수 있는 운동, 기본 요소적인 순순한 운동이다. 몽타주 역시 편집과 마찬가지로 내적인 운동이다. 하지만 전체를 지향하는 운동이자 전체로부터의 운동으로, 개별 위치를 하나의 내적 연관으로, 개념적 혹은 내러티브적 관계로 이전시키는 운동이다. 이러한 개념적 혹은 내러티브적 관계를 통해 영상 공간이 만들어질 수 있는 것이다. 발전된 형식에서의 영화는 외부 힘과 내부 힘의 상호침투로, 이 둘은 영화의 "감각적 혹은 살아 있는 위상학"[11]의 실현으로 이해되는 것이다.

영화위상학의 마지막 **세 번째** 요소는 필름과 관람객의 관계에 기초한다. 영화에서, 다른 물체—그것의 운동과 변화—를 경험하게 하는 것은 관람객을 세계와 또 다른 방식으로 관계 맺도록 해주는 영상 공간을 구성함으로써 성사된다. 영상 공간은 (우선) 복사이론적이거나 재현주의적으로 읽을 게 아니라, 내재적이고 과정적으로 읽어야 한다. 그것의 뛰어난 기능이라고 할 것은, 그때마다 공간 영상을 관람객과 관계시키는 것, 즉 영화적 사건과 관람객의 '공통 외연(Koextension)'을 만들어내 이것을 다시 형식적·내러티브적 개입을 거쳐 양자의 '일치(Koinzidenz)'로 이끌어가는 것, 즉 관람객을 영상 공간의 일부가 되게 해 그들이 영화 속의 사건에 다양한 방식으로 휘말릴 수 있게 연결시키는 것, 즉 영상과 관람객을 '하나로 묶어주는' 것이다. 이 세 번째 위상학적 조치는 영상 생산의 내부로부터 관람객들의 생활세계의 외부로 나아가는 것이 특징이다.

영화의 위상학이 갖는 세 요소는 이제 다음과 같이 정리할 수 있다. 우선 외적 물체 운동을 형식적 · 공간적으로 재현하는 일은 분석적 영상 공간, 즉 영화의 체계공간 속에서 그것들을 매개로 이루어진다. 두 번째 요소는 우선 카메라의 고유 운동과 **미장센**을 거쳐, 즉 외적인 영상운동을 거치고 나서 영화 관계적인 공간의 형성, 편집과 몽타주의 내적 운동의 형성 등을 포함하는 추후 작업을 거쳐 실현된다. 마지막 세 번째 요소는 영상과 관람객과의 관계에서 발견되는 것으로, 이는 내부에서 다시 외부로 향하는 운동이다.

2 영상장(場)의 외부: "화면 외부"

지금까지 수행한 것을 일정한 형식요소에 비추어 분명히 해둘 필요가 있다. 달리 말해, 필름의 관계적 공간에 **필수조건**으로 속하고 내부와 외부의 체계적 긴장을 설정해주는 요소에 비추어 지금까지 논의한 내용을 좀더 명확히 밝힐 필요가 있다. 그 요소가 바로 오프/**외부**(Off), 다시 말해 **화면 외부**(Hors-champs, 'Außerhalbß-des-Bildfeldes')라고 일컬어지는 것이다.[12] 이미 프랑스 영화이론 형성에서 유클리드적 의미에서의 공간으로 이해될 수 있는 것을 지칭하기 위해 champs, 즉 (화면의) 장면이라는 개념이 도입되었다는 것만으로도 논의의 좋은 출발점이 된다. 그 개념에서는 공간이 무엇을 담는 용기(Behälter)로 이해되지 않는다. 반면 물체의 개별 위치 관계들이 이루는 개방된 역동이 그것의 대상성과는 별개로 관찰된다. **화면 외부**라는 것은 미적인 치장을 위한 주변현상이 절대 아니다. 오히려 각각의 그림/영상 내부 그리고 사물을 바라보는 관람객의 시야(Einstellung) 속에 거주하는 것이다. 판화(Tafelbild)의 경계를 필름의 경계, 틀 그리고 은막(Leinwand)과 비교하는 자리에서 앙드레 바쟁(André Bazin)은 중요한 구분을 한 바 있다. 바로 틀/프레임(Cadre)과 은신처(Cache)의 구분이다. 회화의 경우, 그림의 틀, 즉 Cadre는 그림의 내부에 명상의 공간을 개시해주는 과제를 갖는다. 즉 관람객에게 구심적 작용을 일으키는 기능을 떠맡는 것이다. 반면 영화 은막(Kinoleinwand)의 경계는, 바쟁에 따르면, 영상에 대해 그러한 틀을 부여하는 기능을 갖고 있는 것이 아니라, 실재의 한 부분만을 드러낼 수 있게 하는, 그래서 일부 다른 것을 숨기는 은신처(Cache)요, 마스크요, 덮개 기능을 한다. 그래서 "틀이 공간을 내부로 극단화시키는 반면, 은막은 관람객들을 무한한 우주 속으로 질주해 들어가게 해준다".[13] 그림의 틀이 구심적이라면, 은막은 원심적인 것이다. 본질적인 것은, 그렇게 이해된 영상의 장은 자신의 외부, 사람들이 보지 못하는 곳, 부재하는 것과의 집약된 관계들을 떠받쳐준다는 사실, 즉 이러한 외부, 비가시적인 것이 내부의 볼 수 있는 것에는 아주 중요한 의미를 갖는다는 사실이다. "외부는 사람들이 듣지도 보지도 못하는 것, 그럼에도 완전히 현존하는 것을 지시한다."[14] 은신처(Cache)에 대한 경험, 달리 말해 **구조적으로 숨겨진 것**의 경험은 이러한 방식으로 필름적인 것에 내재한 위상학적 구조와의 은밀한 만남이기도 한 것이다. 그런데 이러한 만남, 가시적인 것과 비가시적인 것의 관계는 필름사적으로 어떻게 형성되는가?

초기 시네마(Early Cinema)에서 틀은 우선 뭔가를 포함하는 작용을 일으키고, 무대공간과 각 장면적인 장치로의 집약은 이야기적으로 유관한 모든 요소를 완전히 포괄한다. 이것들은, 이고르 라메(Igor Ramet)에 따르면, "필름적 조각은 전체로 수렴하고, 모든 본질적인 것은 이미 하나의 유일한 그림/영상 속에 현전해 있다"[15]는 사실을 설명한다. 그럼에도 이러한 균질적 영상은 **화면 외부**에 의해서도 결정된다. 정지 트릭(Toptrick)■을 사

■ 정지 트릭이란 영화제작에서 특수효과를 만들어내는 기술이다. 이는 촬영 시에 대상이 움직이는 동안, 그 대상을 촬영하던 카메라를 끄고 대상이 시야에서 사라진 후 카메라를 다시 켜

용해 제작된 멜리에스의 필름에서는 상영되는 영상 중간중간에 대상이나 사람들이 출현했다가 갑자기 사라질 뿐 아니라 형태 변화를 겪기도 한다. 그러한 영상은 어쩌면 무(無)에서 무엇인가 갑자기 출현하는 것이라고도 할 수 있다. 이러한 무, 비장소의 마법이 현실적일수록 그것들은 더욱더 기대치 않은 상태에서 갑자기 출현한다. 여기와 저기의 상호관계가 속임수를 매개로, 즉 필름적인 현실 구성이라는 장치 내재적인 가능성을 매개로 현실화되는 곳에서, 사람들은 이러한 영화의 초기 단계를 영화의 '마법 시기'라 칭할 수 있을 것이다. 이 시기만 하더라도 영화의 마법적 특성으로 인해 관람객들의 상상력은 풍부했고 그들은 긴장감을 늦출 수 없었다. 그러나 영화의 '산문적 단계(prosaische Epoche)'와 함께 상황은 달라지기 시작한다. 이 시기는 영화산업화와 함께 시작되는데, 이러한 산업화가 몰고 온 기술 분화 덕택으로 영화의 각 장면은 우선 단순한 파편 조작으로 취급되고 이 파편들은 다시 편집과 몽타주를 거쳐 다른 영상 조각들과의 이야기식 통일을 이루기 위해 재차 짜맞춰진다. 그런데 이는 영화의 위상학적 구조를 축소시킴으로써, 즉 영상 장면을 필연적으로 **중심**(Mitte)과 **선**(Linie)으로 축소시킴으로써 일어난 것이었다. 달리 말해 각 영상 장면이 벌이는 운동을 전체 영상의 중심(Bildzentrum)으로 집중시키고, 공간 시간적이며 내러티브적인 연속성을 엄격하게 따르게 함으로써 일어났다. 앞서 언급한 초기의 마술적 비장소가—들뢰즈의 구분에서처럼—"절대적 외부(absolutes Off)"를 제시한다면, 산문 단계에 속하는 주류 영화들은 "상대적인 외부"를 제시한다. 전자와는 달리 후자의 경우에는 모든 비가시적인 공간 앙상블은 현재의 가시적인 영상 장면과 기능적 관계에 있으며, 다양한 영화 생산의 양식 수단을 매개로 만들어

촬영할 경우, 후에 촬영된 필름을 보는 관람객은 영상 속에서 사물이 갑자기 사라지고 없어졌음을 알게 된다.

지는 가시적인 영상들의 애니메이션은 드라마적 연속성 혹은 스토리적 통일성을 구성하는 데 사용된다.[16] 영화 필름이 이런 식으로 제작된다고 할 때, 이제 그러한 필름 전체를 상대로 물음이 제기된다. 영화제작의 근간이 이러한 내러티브 논리적인 앙상블 구성이라고 할 때, 그리고 이러한 내러티브 논리적인 앙상블 구성을 통해 영화의 위상학적 구조가 축소된다고 할 때, 이런 식으로 만들어지는 영화는 결국 이데올로기적 음모를 담고 있는 게 아닌가 하는 의구심을 불러일으킨다. 산문적 시기에 만들어지는 영화를 보면, 모든 필름적 얘기는 '주인공(Haupt-Darsteller)'에 집중되고 이러한 집중은 다시 체계들의 인격화(Personifiziereung), 정치와 경제의 인격화를 강제하며, 영화 속 스토리는 악에서 선으로의 선형적인 발전(해피엔드)을 강화하고, 텍스트나 이야기를 과도할 정도로 영상으로 나타나게 한다. 이렇게 해서 관람객은 영화 영상에 대해 어떤 마법적인 관계나 정신적인 관계를 맺을 수 없게 된다. 영상에 대한 마법적이거나 정신적인 관계는 이제 현대 영화의 '정신적 단계'에서 관찰되기에 이른다. 여기서 오프/외부(Off)는 다시 절대적 오프/외부(Off)가 된다. 물론 이번에는 애니메이션적인 시각에서가 아니라 시간적이고 정신적인 시각에서 그러하다.

> 가시적인 것을 비가시적인 것과 연결하는 끈이 조밀하면 조밀할수록, 영화의 줄거리는 일찌감치 거미줄 같은 체계 속으로 빠져들고, 외부(Off)는 자신의 두 번째 기능인, 아직 완전히 폐쇄되지 않은 영상의 체계 안으로 공간 포괄적인 것과 영적인 것을 끌고 들어오는 과업을 더 잘 완수한다.[17]

이러한 부류의 영화는 오선 웰스(Orson Wells)의 〈**시민 케인**(Citizen Kane)〉과 함께 시작되었고, 그 뒤를 네오리얼리즘(Neo-Realismus), 누벨바그(Nouvelle

Vague),■ 독립영화(Independent Cinema) 등이 따르고 있다. 이들 영화에서는 화면 외부가 영화에서 보여지는 균질적인 공간과 시간 바깥에 존재하는 개방된 전체 세계, 즉 급진적인 곳에서 자신을 개시한다. 위상학이 다른 무엇보다 화면 밖에서 정의되는 곳에서 사람들은 알렝 레네(Alain Resnais)의 영화 등을 발견하게 되는데,[18] 그러한 영화는 과거 층과의 공존하에 구성된다. 〈**지난 해 마리엔바드에서**(Letztes Jahr in Marienbad)〉, 〈**뮤리엘**(Muriel)〉, 〈**프로방스**(Providence)〉 같은 필름은 위상학적 공간을 만들어낸다. 왜냐하면 거기서는 주인공의 움직임이, 서로 겹치고 변화하고 어느 한 곳에 국지화될 수 없는 관계로 빠져드는 과거 층들의 파편화된 조각이기 때문이다.

3 내면세계―외부세계

필름산업이 시작되면서 영화의 위상학적 기초는 스튜디오 체계를 고무시키는 중심 요소가 된다. 이 스튜디오 체계는 필름의 장대한 성취가 보여주는 쇼, 인간적인 것의 수없이 많은 **내면세계**의 묘사와 내러티브를 규정한다. 여기서 내면세계란 인간들(그리고 사물들) 사이에서 일어나는 내적 관계성을 두고 하는 말이다. 이러한 것은 슬랩스틱(Slapstick: 익살극)에서 시작해 비극 코미디, 데이비드 W. 그리피스(David W. Griffith)의 웅장한 서사시적 필름을 거쳐 분화된 여러 내면세계 장르에 이르기까지 다양한

■ 누벨바그란 프랑스어로 새로운 사조를 의미하는데, 이는 1957년경부터 20~30대 젊은 영화인들을 중심으로 전통적인 영화에 대항하여 일어난 새로운 영화제작 물결을 지칭한다. 이들 이전에는 낯익은 이야기, 줄거리 중심의 영화를 만들었지만 이들 새로운 감독들은 작가주의를 외치며 영화를 개인적인 표현 도구로 만들었다.

방식으로 묘사된다. 이러한 내면세계에서 공통적인 것은, 그것이 하나의 역사, 하나의 내러티브적 질서에서 시작해 금방 방향을 잡아낼 수 있고 정체를 확인할 수 있게 해주는 '역사화된' 관계들을 생성해낸다는 점이다. 이러한 내면세계 필름들의 형식적인 실체는 스튜디오의 존재, 즉 분석적 내부공간에 의존한다. 달리 말해 그러한 필름의 형식적인 실체는, 자신의 위상학적 조건이 세밀히 통제되고 수정될 수 있는 체계공간에(설비, 조명, 카메라 움직임 등에) 의존하거나 자신의 조건이 아주 정확히 측정될 수 있고 조정될 수 있는 범례적인 외부공간에 의존한다.

이러한 체계공간을 기초하는 데 함께 참여한 마이브리지는 영화의 또다른 커다란 공간 형성, 영화위상학을 넘어서는 공간 형식의 창시자로 통한다. 팔로알토에서 실험이 수행될 무렵 마이브리지는 샌프란시스코의 파노라마를 촬영했다. 전망 좋은 건물탑에서 촬영되어 열세 개의 커다란 널빤지에 펼쳐진 1878년의 이 파노라마는 샌프란시스코의 센세이션한 도시 전경을 보여준다. 이 작업과 함께 마이브리지는 자신이 수십 년 전에 취했던 사진적 방식의 경관 촬영 원리를 벗어나 영화 속 경관이 처음으로 위대한 경관을 노출하는 데 지대한 기여를 했다. 이 파노라마의 관조자들은 마침내 사람의 눈이 아니라 필름 카메라와 영사기가 합쳐진 시스템이다. 이들은 경관 지각 속에서 개별 영상을 촬영해 그것을 다시 짜맞추어 곧바로 도시의 움직임을 불러일으킨다. 도시는 관찰자 주변에 당당한 모습으로 건설되어 솟아오르고, 다양하고 이질적인 대상과 전체 조망을 허용하지 않는 우연한 대상들로 조합된 도시의 몸체는 관객들을 도시경관 저 밖으로 이끈다. 즉 영상 속 도시의 몸체는, 관찰자의 내면세계에서 이전에 도시 경관으로 자리 잡던 좌표계를 와해시키는 가운데, 즉 그 경관 속에 비치는 현상의 밀집 속에서 관찰자들이 내면에 가지고 있던 도시 경관을 어느새 잃게 만드는 가운데, 관찰자를 도시 외부

세계로 끌어낸다. 도시 경관은 여기서도 페트라르카적 경관[■]이기는 하지만, 물론 관찰자 입장에서는 어쩔 수 없이, 즉 '자제할 수 없이' 그렇게 볼 수밖에 없는 경관이다. 그 경관 속으로 시민적 주체가 투사하는 정신적인 내용은 관찰자를 변형시키는 집합적인 도시 경관의 난공불락성, 무시무시함에 의해 금방 연해져 그 안으로 녹아든다. 달리 말해, 관찰자들의 내면적 지각운동, 표상운동 그리고 상상운동은 이러한 관찰자의 불안정한 위상(Status)을 도시 몸체의 일부로 나타나게 만들어준다. 하지만 인간은 이러한 경관 속에서만 자신을 아는 것이 아니다. 이제 그 자체가 실제 경관이 되는 영화 속 영상이 인간으로 하여금 외부세계와의 관계를 재정의하라고 닦달한다.

심미적인 경관의 필름적 구성은, 관람객들이 그렇게 구성된 영상에 직면해 자신이 생각하는 질서를 훌쩍 넘어설 수 있는 공간적 운동들 만들어낼 수 있는 곳에서—그러한 것이 어디에서 개시되어 나오든 간에—완수된다.¹⁹

이러한 공간은 분석적으로 질서 지워진 공간과 비교될 수 없고, 제작자들의 이념들에 내던져질 수 없으며, 스튜디오 안에서 만들어지는 층화된 공간과 비교될 수 없다. 그러한 공간은 오히려 비규정적이고, 힘이 있고, 혼돈적이다. 그것은 인간이 가질 수 있는 공간과는 다른 공간이고, 탈경계화되고 통제될 수 없는—그것이 도시든, 자연이든 혹은 억압된 '내

■ 페트라르카는 이탈리아의 대시인이다. 인간의 내면을 노래하는 그의 서정시는, 그가 1327년 한 교회에서 라우라라는 여성을 만난 후 그녀를 흠모하며 연애시를 쓰면서 시작되었다. 서정시집 《칸초니에레》에는 300편의 시가 수록되어 있고, 특히 14행의 소네트 형식으로 쓰였다. 이것이 바로 '페트라르카 시풍'이라고 불리는 것으로, 근대 서정시의 중요한 형식으로 자리잡는다. 이러한 배경에서 볼 때, 본문의 '페트라르카적 경관'이라는 표현은 관찰자가 내적으로 느낀 경관을 의미하는 것으로 해석할 수 있다.

부의 외국'(프로이트)이든 간에—외부세계들이다.

경관을 완전히 현전시킨다는 것은 관람객이 가지고 있는 장소까지도 포괄한다. 그래서 경관의 완전한 현전이란 사람들이 눈으로 파악할 수 있는 범위를 넘어선다. 심미적 경관이란 자연이나 문화보다 더 광대한 공간일 뿐아니라, 그 전체가 조망될 수 없는 직관의 공간이자 느낌의 공간이다.[20]

마르틴 젤(Martin Seel)이 수행한 이러한 영화의 경관 규정은 관찰자로 하여금 이중운동을 경험하게 한다. 그것은 한편으로 '~에 쏙 빠져 있는 (Inmitten)' 지각을 경험하게 한다. 달리 말해, 중심을 잡지 못하게 하고, 정향을 불가능하게 하는 경관에 사로잡히는 것을 경험하게 해준다. 그런데 무엇인가에 심취해 쏙 빠지는 운동은 또한 '밖으로' 향한 운동과도 상관한다. "우리가 심미적 경관 속에 심취해 밖으로 나아간다는 것. 우리가 실제적임과 동시에 은유적인 외부에 이르는 것이 바로 심미적 경관에 스스로를 내맡긴다는 것의 온전한 의미이다."[21] 우리는 친숙한 내면 공간을 떠나, 우리가 바깥세계를 보기 위해 부지불식간에 사용하는 공간의 좌표계들을 떠나, "개방된 지평에 들어서고 (……) 이미 안면이 있고 속속들이 친숙한 곳에서 빠져나와 현상들의 다양함 속으로 들어간다".[22] 이러한 공간적이고 실존적인 외재성은 익명적이고 우연적이다. 관찰자의 내면세계는 이제 더이상 파노라마적인 그림에 의해 완전히 채워지지 않고, 대신 불안정과 불확실성의 영상에 의해 인도되고 상승된다. 그러나 앞서 지적한 것같이, 영화적 경관은 익명의 폭력과 권력의 '영상'을 위한 모델 경험, 긍정적이자 부정적인 우연성의 '영상'을 위한 모델 경험이 되어간다.[23] 이러한 모델은 분명 영화에서 의심의 여지 없이 아주 커다란 의미를 갖는다. 다만 저항을 불러일으키는 조건이 지배적으로 행사되고 있다는 사실만 예외로 하고 말이다. 영화가 자신의 경관과 외적인 것들까지 실제로 형성할 수 있으려면 시간이 필요하다.[24] 스튜디오 내에서 제작된 인간들 간의 관계만이 아니라, 외부에서 구해 영화로 제작되고 있는 인간과 (그들의) 자연 그리고 자연이 되어버린 것들 간의 관계 역시 중요하다. 많은 필름에서는 내부의 외부로의 그리고 외부의 내부로의 '접침들(Faltungen)'이 위상학적 프로그램이 되고 있다.

4 영화 이후: 디지털적인 것의 경관들

영화 외부(Kino-Außen)를 검증하기 위해서 제시되는 것이 있다. 바로 마이브리지의 파노라마 사진을 애니메이션화해서 시연하려는 것이다. 마이브리지는 이러한 디지털 연구에 동참하지 못 할 것도 없지만, 다른 세계로 떠나 자신의 사진과 함께 이전에 전혀 볼 수 없었던, 아마 어느 누구도 본 적이 없는 뭔가를 새롭게 만들어낼 것이다. 마이브리지의 파노라마는 구축된 파노라마 **안**에서 보인 적이 없다. 그럴 의도를 갖지도 않았다. 마이브리지는 장대하지는 않지만, 조물주적인 관심을 항상 가지고 있었다. 그의 파노라마 사진은—그 당시에는—유일하게 가능한 사진적인 성취였는데, 사진이 〔영화 촬영술이 등장하기 전에〕 경관이 '되게' 했다. 즉 경관이 움직일 수 있는 것으로 묘사되게 한 것이다.

　영화 촬영술이 출현하기 이전의 기술로 제작된 그 파노라마는 사진 열세 장으로 나뉘어—가령 **마지막 편집**(Final Cut)과 함께—전혀 다른 영상의 옷을 입고 포스트 영화 촬영술적 검증과 축제로 변모된다. 저 두 번째 영화 공간을 함께 기초 지우는 영상의 모티프, 즉 '경관 현상(Landschaft-Sein)'은 후기모던(Nachmoderne)의 경관들과 내적 연관을 맺고 있으며, 그 자신 '포스트조건적 기계'인 컴퓨터를 이용해 묘사될 수 있는 현대의 비규정성, 무조건성 그리고 무전제성과도 내적 연관을 맺고 있다. 달리 말해, 영화의 경관은 '포스트조건적 시대'를 예감하게 해준다.[25] 영화가 만들어낸 최초의 경관이 소프트웨어를 통해 (재)생산됨으로써, 영화에는 영상 공간이 소프트웨어 형식으로 최초로 재구성될 뿐 아니라, 디지털에는 경관이 일종의 체계공간으로 도입된다.

디지털 애니메이션 영상과 함께 마이브리지의 파노라마는 데스크톱의 '경관'으로, 포스트조건적 인터페이스의 경관으로, 계산기의 '기하학적 장소'로 옮겨갔다. 수많은 점이 모인 중심으로 옮겨갔고 서로 집중되고 분산되는 영상, 텍스트, 프로그램, 조종 가능한 요인, 시리즈, 즉 "서로 섞일 수 없는 현재들의 동시성으로"[26] 옮겨갔다. 사람들이 장소의 비밀을 더불어 생각코자 한다면, 마이브리지가 팔로알토에서 실험을 수행한 지 100년이 지나 동일한 장소에 위치한 작업장에서 스티브 잡스(Steve Jobs)와 스티브 워즈니악(Steve Wozniak)이 **애플 컴퓨터**를 세워, 컴퓨터 기술사상 최초로 그래픽된 설계도를 기반으로 대중매체로서의 가정용 컴퓨터인 **애플 I**을 만들어냈다는 사실, 즉 동시에 모든 이들을 위한 경관이기도 한 디지털 체계공간을 열어젖혔다는 사실을 참조할 필요가 있다.

이 모든 것을 통해 영화에서 다음과 같은 변화가 일고 있음이 감지된다. 입체형의 정합적인 물체 및 사물로부터 유연하고 변화 가능한 물체 및 사물로의 이전. 혹은 자신의 조건이 정확히 주어질 수 있는 조건적 영상 및 텍스트의 세계로부터 포스트조건적 현상인 불명료성, 무규정정, 무법칙성, 불확실성, 의문, 기생성, 변형적인 것, 극한적인 것, 가능성, 다기능 등의 세계, 즉 포스트조건적 매개성, 전제개방적인 매개성으로의 이전(移轉).

'현장'
공간철학에서 장소이론으로

1

수많은 공간이 존재한다. 공간을 논하는 방식 역시 수없이 많다. 공간이란 3차원 세계에 대한 지식이자, 생각 속의 형상이 물질적으로 구체화된 것이다. 레싱의 《라오콘》과 그것의 공간예술과 시간예술로 분화 이후 모든 전공 분야 저자에게는 텍스트상의 시간 속에서 공간을 수용하는 일은 가장 어려운 과제가 되었다. 실제로 이러한 단순한 문제가 예술사에서 다양한 답변들을 내놓도록 고무했다. 장소를 텍스트 내에 공간화하는 방식을 포함해, 공간을 성찰하는 일군의 이론사들이 존재한다. 원한다면 우리는 이러한 이론과 공간 질서를 '위상학'으로―공간을 텍스트의 형식 내에 논리적으로 배열하는 것으로―이해할 수 있을 것이다.

우선 이 자리에서 위상학의 개념을 먼저 간단하게나마 언급하고 넘어가는 것이 좋겠다. 우리가 저술 속에 공간을 어떻게 공간화해야 하는가를 묻는 질문을 만날 때, 철학적 전통만을 참조하는 것은 아니다. 위상학적 전통의 기본 텍스트로 잘 알려진 것이 있다. 바로 장소 성찰에 바친 아리스토텔레스의 《물리학》 4권이다.[1] 장소이론의 기본 텍스트라 할 수 있는 이 책을 출발점으로 공간을 성찰하는 다양한 장르와 텍스트 내에서의 공간에 대한 물음을 천착한 저자들이 출현한다. 다양한 스펙트럼의 공간화 작업(Verräumlichungen)은 오늘날 공간을 계산적으로 대하는 자연과학적 연구를 위시로, 장(場) 연구 분야에서 인문학적 장소의 수용에서, 공간에 대한 철학적 성찰을 하는 곳에서 그리고 공간과 관련한 에세이적인 논의 방식들에 이르기까지 아주 광범위하고 다양하게 전개되고 있다. 이러한 이론에서 나타나는 공간의 모습은 다양한데 이는 실제 공간이 다양한 형태를 취하는 것과 마찬가지다, 시인 조르주 페렉(Georges Perec)은 실제 공간의 다양성에 대해 이렇게 말한다.

> 짧게 말해, 공간은 증가되고, 나누어지고 느슨해졌다. 오늘날 모든 크기의 모든 종류의 모든 용도의 모든 기능의 공간이 존재한다. 삶이란 하나의 공간에서 다른 공간으로 가는 것, 가능한 한 그것에 부딪히지 않도록 노력하는 것을 말한다.[2]

수많은 이론과 그보다 더 많은 작가들이 어떤 방식으로든 공간 연구에 집중한다. 그런데 그들의 이론은 어떻게 분화시킬 수 있을까? 다양한 방식으로 펼쳐지는 이러한 공간화 제스처를 우리는 어떻게 생각해야 하는가? 상황을 보면, 그것들의 분화는 필연인 듯하다. 왜냐하면 문학적 에세이들이 현상하는 공간은 민속학자가 현장 연구에서 그려내는 공간과 다르다는 것은 아주 자연스럽기 때문이다. 그리고 고고학자가 작업하는 현장은 철학자가 사고 대상으로 논하는 공간과는 상이하다. 그렇게 다양한 공간 성찰이 존재하고, 그 수많은 공간이 양산되고 있는 것이다. 왜냐하면 모든 공간 성찰은 나름의 특화된 공간을 '생산해내기' 때문이다. 이러한 다양한 공간을 분류하기 위해 여기서는 단지 20세기에 양산된 공간 구성 이론 중 몇몇 중요한 부분만 고려하고자 한다. 왜냐하면 이것은 공간을 사고하는 새롭고 특이한 방식을 생산해냈기 때문이다. 이러한 다양한 공간화의 다양한 제스처들은 과연 자신이 구성해내는 공간들을 어떻게 다루고 있을까? 그리고 그러한 공간이 출현하는 장소인 해당 이론에는 무엇을 의미하는가?

20세기의 공간 성찰을 고려하면, 특히 새로운 것이 떠오른다. 공간에 대한 철학적 성찰은 이 테마에 대해서는 단 한 가지 사고방식에 불과할 뿐이라는 것이다. 이론과 미학에서 수행되는 공간 구성 활동에서 발견할 수 있는 반짝이는 아이디어의 풍부성은 그것이 공간이론이 되었든 **지형학적 전회**가 되었든 혹은 **공간적 전회**가 되었든,[3] 한 단어로 축약될 수 없고 아주 다양한 형태를 취한다. 사실 철학의 발밑에서, 철학을 넘어, 철학과 나란히, 20세기가 흐르는 과정에서 다양한 규모의 공간 성찰 혹은 공간 개입이 발전했다. 이러한 공간 창출 과정은 공간이라는 테마가 철학으로부터 해방되었음을 보여준다. 잘 알려져 있다시피, 푸코는 '다른 공간'을 말한 적이 있다. 그런데 이를 두고 공간이라는 것 자체가 관찰 대상으로 등극했다는 사실만을 읽어서는 곤란하다. 또한 생각해봐야 할 것은, 금세기 공간이 전개되는 데서 다양성이 나타나고 있었다는 사실이다. 우리는 공간의 다양성 혹은 상이성이라는 것이 20세기에 펼쳐진 다양한 비철학적 이론이 생산한 것이며 그래서 그 공간은 비철학적 성격을 띤다는 사실을 이해해야 한다. 이러한 공간의 시각에서 보면, 푸코가 20세기를 "공간의 세기"[4]라 칭했을 때의 진의를 올바로 이해할 수 있다.

2

지난 세기에 양산된 공간이론의 규모를 볼 때, **하나의** '공간 성찰'을 얘기한다는 것은 거의 생각할 수 없는 일이다. 물론 전통적으로 공간에 대한 하나의 규약적 철학 혹은 위상학이 있기는 했다. 그러한 철학이나 위상학은 이런 질문을 제기한다. '공간이란 무엇인가?' 또한 **공간적 전회**에 대한 성찰에서는 공간 연구가 중심 역할을 하는 이론의 주요 관심사가 되고 있다. 경험적 맥락에서 제기되던 질문이 있는데, 그것은 공간은 '본래' 무엇인가, 혹은 '본래적인' 공간은 무엇을 말하는가라는 질문이다. 반면 공간화의 위상학적 질문은, 텍스트에서 공간이 어떻게 묘사되는가라는 물음을 포함해 너무나 적게 고려되었다.

전통적으로 철학적 공간 성찰은 아리스토텔레스적 물리학에서 전개되어 나왔고 그와 함께 공간 문제에 대한 자연과학적인 답변과 경쟁했다. 이러한 편향적인 공간 논쟁의 와중에서 '자연적', 현실적, 생활세계적 공간에 대한 사고는 배제되었다. 더욱이 여기서 생각해봐야 할 것은, 서양철학이 공간 논의의 과정을 거치면서 현실의 장소들을 시나브로 추상적인 공간들로 대체해갔다는 사실이다. 물론 결과적으로 보면, 모든 현실적 장소가 추상적 공간으로 대체되던 조작 활동의 근간에 형이상학적인 조작이 내재해 있었다. 현실의 공간이 추상적 공간으로 대체되는 이러한 과정이 숙성되면서 이제 현실의 실제 장소에서 출발하면서 이론을 발전시키거나 구체적인 공간을 이론 속으로 수렴시키는 일은 철학사에서 추방당하는 상황에 처한다. 그러나 이는 반대 상황을 연출하기에 이른다. 형이상학에 의해 구체적인 현실 공간이 추상화되는 정도에 비례해, 이제는 구체적인 공간을 다시 지칭하고 이론의 놀이 속으로 끌어들이는 일이 점차 탈형이상학적 경향을 띠면서 20세기에 출현한다. 이로써 본고에서 언급하는 다수의 공간 관련 저자들이 철학적 정전 밖에서 출현하는 상황이 연출되기에 이른다. 반대로 뒤집어보면, 이러한 상황은 철학적인 정전이 구체적인 장소를 상대로 진행되는 실험도 다루지 못한다는 것을 말해준다. 실제로 구체적인 장소들은 서양철학사에서 단지 주변부에서만 출현할 뿐이다. 에피쿠로스의 정원, 칸트의 쾨니히스베르크 다리 정도이다.

쾨니히스베르크 주민들이 시계를 칸트의 산책 시간에 맞춰놓았다는 이야기는 철학사에서—혹은 비사(秘史)에서—어떤 위상도 갖지 못한다. 칸트는 공간 담론에서는 철학을 통한 공간의 독점화를 시도한 이로 통한다. 그의 철학이론에서 공간은 감각적인 직관 형식으로서 결국 내재화되었다. 거기서 삼켜져 사라진 것이 바로 실제 공간들이다. 이를 푸코의 말을 빌려 표현하자면, "쾨니히스베르크, 행정수도, 대학도시 그리고 무역도시, 바다에 접한 교통 요충지"[5] 등이 바로 그의 이론에 삼켜져 사라진 실제 공간들이다. 이러한 실제 공간이 펼치는 공간적 장면은 칸트의 이론에서의 공간과는 아주 다른 모습이었다. 칸트 철학을 고고학적으로 기술하는 푸코는 자신의 고고학이 태동해 나온 실제 장소를 매개로 선험철학에 응수했다. 거기서 실제 공간은 결국 선험적 공간이론도 완전히 지워 없애기에 이른다. 그러한 고고학은 선험철학의 공간 사고를 자신의 지리정치적, 정보기술적, 인식적 좌표계로부터 읽어내는 과제를 떠안고 있다. 왜냐하면 칸트의 저작은 독일어로만 쓰인 것이 아니다. 그것의 중심은 또한 푸코의 박사학위논문에서 이미 고려된 쾨니히스베르크의 실제 장소에 놓여 있었기 때문이다.[6]

서양철학을 관통해 일어난 실제 공간의 주변화는 당연히 그 결과를 남겼다. 실제 공간이 조만간 사라질 듯하자 이는 반응을 불러일으켰다. 그러나 공간을 추상적으로 사고하는 것에 대한 이런 반응은 20세기에야 출현하기에 이른다. 이때부터 철학적 공간 사고에 대한 비판과 공격이 감지된다. 1930년 초현실주의 철학자인 조르주 바타유(Georges Bataille)는 잡지 〈르 도큐망(Le Documents)〉의 '공간'과 관련된 사전의 한 항목을 기술하는 자리에서 철학적 공간 사고에 대한 자신의 견해를 피력한다. 거기서 그는 공간에 대해 추상적으로 철학하는 교수들을 "공간이 과연 무엇인가를 알게 하기 위해"[7] 감옥에 가둬보자고 제안한다.

분명 사람들은 바타유가 제시한 의문의 여지 없는 제안을 유사철학적 농담으로 치부해버릴 수도 있다. 진실은 바타유 이후 철학자들이 (그리고 완전히 이 전통에서는) 감옥의 구체적인 공간을 사고하기 시작했다는 사실이다. 여기에서—구체적인 공간에 대해 사고한 훌륭한 사상가인 발터 벤야민의 진술에서는—"구체적인 역사적 형식들"[8]이 다뤄진다. "구체적 역사적 형식들"에 대한 이러한 심사숙고는 20세기가 흐르면서 점점 더 자명한 (그리고 경구로서만이 아니라) 것으로 철학적 전통에 수렴되기에 이른다. 20세기 미학은 구체적인 공간들에 반짝반짝 빛나는 풍부한 사고를 공간의 운문, 공간의 현상학, 공간의 민속학, 공간의 고고학 형식으로 그리고 문학적이고 에세이적인 부록 형식으로 전개시켰다. 공간을 연구하는 이론 분야는 그에 상응하게 그러한 이론의 종류 및 유형을 차근차근 물으면서 연구 영역을 점차 확장해갈 수 있다. 그리고 질문을 할 때 그런 이론 속에서 공간은 어떻게 현상하는지, 어떻게 전개되는지 그리고 그 이론이 공간을 다루는 특수한 제스처는 무엇인지 등에 좀더 관심을 기울일 수 있을 것이다. 공간은 **어떻게** 사고되는가? **이론들 속에서 공간들은** 어떻게 그리고 어떤 방식으로 **현현하는가**? 이러한 현현은 가능한 경우 이론에 어떤 영향을 미치는가? 즉 여기서 위상학에 대한 비교방법적 기술의 시도가—어떤 면에서 위상학들의 위상학이—관건이 되고 있다.

3

20세기에 일어난 철학에서의 혁신 중 하나를 사람들은 공간 성찰의 새로운 유형이 태동했다는 사실에서 찾아볼 수 있을 것이다. 또한 20세기부터 공간의 "구체적인 역사적 형식"이 이론화될 수 있게 되었다. '구체적' 공간 대 '추상적' 공간이라는 이러한 대조와 대립이 헤겔 이후 전혀 문제가 안 되는 것은 아니라 하더라도, 20세기 이론사에서는 (그리고 거기서만이 아니라) 실제 공간을 이론적으로 사고하는 시도가 두드러진다. 그렇다고 무조건 실제 장소들을 철학하게 되었다는 (이는 벤야민의 글 같은 역사상의 예외에서는 완전히 그러했는데) 의미는 아니다. 그것은 우선 한편으로는 구체적 장소를 이론 속으로 흘러들게 한다는 것, 공간으로 하여금 스스로 자신을 쓰게 만든다는 것을 의미한다. 이러한 의미에서 다양한 이론에서는—하지만 또한 운문과 미학에서 이미 암시되었던 것처럼—철학적 전통에 의해 지금까지 주변화된 자기생산적인 공간이 출현하게 된다.

문어체 형식을 사용하는 분야인 '이론', '철학' 혹은 '시'가 구체적인 공간성을 어느 정도나 전개시킬 수 있느냐에 대해서는 확실히 기나긴 논쟁이 필요할 수도 있다. 공간과 함께 있을 때, 특히 구체적인 공간과 함께 있을 때, 이론은 확실히 자신과는 다른 어떤 것을 수용한다. 이론은 원래 낯선 공간 속에 있을 때 좀더 활기차게 역동한다. 여하튼 구체적인 장소들이 이전에는 들어갈 여지가 거의 없던 이론 속에서 자리를 잡고 현현한다는 사실은 이견의 여지가 없다. 통로 그리고 일방통행로, 수용소 그리고 실험실, 경이의 방(Wunderkammer),▪ 기록보관소, 경기장, 차고,

---

▪ 중세가 지나고 르네상스기를 기점으로 근대가 펼쳐진다. 15세기 말부터 16세기 초에는 유럽에서 점차 세력을 키우게 된 그리고 세력을 키우려는 왕들의 재정적 지원하에 원거리 항해가 유행한다. 이에 대항해가들이 출현해 걸출한 업적을 남기는데, 콜럼버스의 신대륙 발견, 바

병원 그리고 감옥, 하물며 둥지새, 조개 혹은 오솔길까지도 갑자기 이론적인 저작들에서 출현하는 상황이 연출되고 있다. 사실이지 여기 열거된 공간은 철학자에게 낯선 장소가 아니라, 비록 물리적이고 물질적인 공간들이라 하더라도, 철학자들로서 고고학자들이 오히려 쉽게 접근할 수 있는 공간이다. 세상을 자기 방식으로 조급하게 재단하는 사변적 억측보다는 공간을 진득하게 재건하는 작업 속에서 모습을 드러내는 공간이다. 이러한 구체적이고 진부할 수도 있는 장소를 고려한다는 일은 이전과는 전혀 다른 그 무엇이다. 집과 옷장, 서랍과 사물 트렁크 같은 일상의 장소들이 이제 이론화될 수 있게 되었다.

우리가 목격하는 것처럼, 20세기 이론가들은 자신의 저작들에서 구체적인 장소들이 현상할 수 있도록 도와주는 다양한 방식을 고안해냈다. 그 이론가들의 이름과 연구 방식들을 거론해보자면 이렇다. 발터 벤야민('통로', '일방통행로'), 조르조 아감벤('수용소'), 브루노 라투르와 스티브 울가('실험실'), 미셸 푸코('기록보관소', '병원', '감옥'), 페터 슬로터다이크('경기장'), 프리드리히 키틀러('차고') 그리고 집과 관련한 가스통 바슐라르의 사례 등. 사람들이 이러한 사례 및 다른 사례들을 정리해서 구분한다면, 우선 지형학적 혹은 또한 지리학적 모델들을 발견할 수 있을 것이다.[9] 예를 들어 장-프랑수아 리오타르에게서 발견할 수 있는 상상의 그림인 '환초(Atolls)', 자크 데리다에게 발견할 수 있는 '토굴' 모델과 '기록보관소' 모델 혹은 슬로터다이크에게서 발견할 수 있는 '풍선', '지구', '거품' 모

스코 다 가마의 인도항로 개척, 마젤란의 세계일주 항해 등이 그 예들이다. 항해가들은 지구촌 곳곳을 돌아다니면서 진귀한 것들을 닥치는 대로 수집했고, 수집된 것들이 왕족이나 귀족들의 저택 안에 진열되기에 이르렀는데, 그것이 바로 독일에서 분더캄머(Wunderkammer), 즉 경이의 방이라는 것을 유행시키게 되었다. 경이의 방에는 바다의 어패류 가공품 및 보석 가공품, 그림, 도자기, 알코올 처리한 동식물 표본, 연금술과 관련된 문헌들, 물리·화학적 실험 도구, 이국의 무기류 및 기계류, 민족학적 표본 등이 전시되었다. 경이의 방은 흔히 오늘날 과학박물관의 효시가 되었다는 평을 받는다.

델들에서는 철학적인 지식들이 예증될 뿐 아니라 직접 수행된다.[10] 그러한 철학적 지식은 또한 그 자체가 공간화되고 스페이스화되었다. 이러한 예를 개별적으로 다루지 않고 전체적으로 뭉뚱그려 말하자면, 위에서 인용된 모델과 상상의 그림 들은 모두 공간 구조의 우위성을 자체에 반영한다. 리오타르가 비록 실제 환초를 생각하지 않았고, 데리다에게 특수한 토굴이 관건이었던 것은 아니며, 슬로터다이크가 단지 스쳐 지나면서 실제 장소, 섬 혹은 경기장 들을 언급하긴 하지만, 그럼에도 그들은 추상적인 사고 형태가 공간적 형상화로 환원되는 동안은 자신들의 성찰을 공간화시킨다.

공간을 연구하는 민속학자와 현상학자 들은, 그들이 예를 들어 마르크 오제(Marc Augé)와 가스통 바슐라르의 저작을 통해 제시하는 것처럼, 자신들의 작업을 다른 방식으로 진행시킨다. 바슐라르는 《**공간의 시학**(Poetik des Raumes)》—20세기 공간 관련 서적들 중 영혼이 가득한, 가장 **빼어난** 저술 중 하나—에서 공간을 시적 형태로 작업하는 가운데 공간의 현상학을 펼쳐 보인다. "부모님 집의 토굴(Krypta des Elternhauses)"로부터 시작해, 자신의 저작에 의해 불려나온 모든 "시간의 화석(Fossilien der Dauer)"[11]에 이르기까지 모든 공간은, 바슐라르의 "위치분석(Topo-Analyse)"에 따르면, 자신의 내부에 시간을 조밀화해 저장한다. 공간에 대한 그의 접근법에는 현상학적인 면이 있다. 즉 바슐라르는 시(詩)에 의해 작업된 다양한 장소들 이면에는 강건한 공간적 틀이 숨어 있다고 생각한다. 예를 들어 (무의식에 해당하는) 칙칙한 지하실 공간에서 시작해, 그 자신 "아주 깊은 지하의 심연과 물속 심연으로부터 하늘을 믿는 영혼이 살고 있다고 말하는 집에 이르기까지 자기 스스로를 드높이는"[12] 탑 속의 공간에 이르는 수직성의 틀구조 말이다. 바슐라르는 이러한 틀구조가 현상학자의 심층 분석을 통해 만들어진 것이라고 생각한다. 그리고 이러한 생각이 바로 현상학적인 것인 동안, 바슐라르의 저작에는 현상학적인 측면이 있다.

견고한 공간적 틀을 민속학자 마르크 오제가 발견한다. 그는 이것을 일상적으로 사용되는 잠정적인 공적 공간들을 분석할 때 발견한다.[13] 바슐라르가 의식의 심층구조로부터 드러내 보여준 구조를 오제는 다양한 공공(公共)의 공간들 속에서 발견한다. 이러한 공공의 장소들을 구조주의적으로 '장소들'과 '비장소들'로 구분한다. 거기서 완전히 인습적인 구분법(Raster)을 사용한다. 거기서 **장소들**이라 함은 **오제의 가톨릭적 취향**에는 교회 첨탑이나, 보들레르가 말하는 교회 첨탑과 굴뚝의 공존같이 역사적 깊이를 가지고 있고 형이상학적 위엄성을 갖춘 공간들을 의미한다. 반면 이러한 깊이와 위엄이 결여된 일시적으로 거쳐 가는 통행 지역과 통로 지역을 오제는 **비장소**라고 일컫는다. 원거리 교통로들과 고속도로 인터체인지, 서비스 에어리어와 슈퍼마켓, 휴가지 그리고 호텔, 백화점과 난민수용소, 환승역과 공항 터미널 등이 비장소에 속하는 것이다.

오제는 《**장소와 비장소**(Orte und Nicht-Orte)》라는 제목을 붙인 저작에서 마치 자신이 장소와 비장소를 어슬렁거리는 것처럼 글을 전개한다. 비장소의 위상이 스스로 남길 수도 있을 잔인한 결과를 묘사해주는 이론가로서 그는 다른 사람의 모습을 하고 있었다. 오제의 비장소 중 두 가지, 즉 난민수용소와 공항 터미널은 또한 조르조 아감벤의 《**호모 사케르**(Homo Sacer)》에서도 출현한다.[14] 수용소 혹은 포로수용소를 다루는 이론의 마지막 장에서 아감벤은 이러한 장소를 법사(法史)을 재구성하는 자리에서 끌어들인다. 그 결과는 잘 알려져 있다. 수용소만이 아니라 비행기 터미널은 아감벤에게 비상사태가 일종의 규칙이 되어버리는 지역이다. 이로부터 그는 다음과 같은 생각을 끌어낸다.

그러한 장소와 비장소의 구조가 생성될 때마다, 우리는 가상적으로 수용소의 현재에 처한다. 거기서 자행되는 범죄의 장소와는 별개로 그렇게 한다. (……) 이 모든 경우에 아마도 무해한 장소〔예를 들어 루아시(Roissy)에 위치한 아케이드(Arcades) 호텔〕는 정상적인 질서가 **실제로는**(de facto) 지양된 공간의 현실 속에서 자신의 경계를 둘러친다.[15]

4

아감벤의 침울한 분석이 우리 논의의 관심사는 아니다.[16] 구체적인 장소의 문제에는—이를 우리는 구체성의 위상학(Konkrettopologie)이라 칭할수 있는데—우선 언급된 예들이 이론에 대해 취하는 관계가 설명에 도움이 된다. 이론에 이러한 장소와 모델을 도입할 때, 이는 무엇을 변화시키는가? 20세기의 다양한 공간미학과 시학에서 관건이 되는 것은 앞서 언급한 바타유 전통에서 수행된 철학 비판이 아니다. 우리는 그것이 정신과학과 철학의 자기애적 연민과 관련된 것이라는 사실을 알게 된다. 이것은 앞서 언급한 제스처, 즉 시간적으로 질서 지워진 지식을 공간화하려는 제스처에 내재했다. 아무리 늦어도 독일 관념주의에서 오성, 정신혹은 의식은 아직 시간 사고의 주권성을 주장할 수 있었다. 그렇지만 이와 함께 공간의 문제는 금방 지나쳐버린다. 그래도 칸트는 공간을 선험주의적으로 시간에 연결할 수 있었다. 하지만 시간과 공간의 이러한 연결끈은 칸트 이후의 성찰에서는 분리되어 떨어져나가기에 이른다. 이와 함께 선행하는 아프리오리 공간으로부터 경험된 공간으로 그리고 다시경험 공간으로부터 구체적인 장소로의 이행이 도입되기에 이른다.

구체적인 장소를 다루는 여러 이론에서 공간의 철학은—그것이 출현한다 하더라도—단지 각주에서 출현했을 뿐이다. 200년간 진행된 과정의 끝자락에서 지식은 이제 더이상 세월을 표기하는 숫자로만 존재하는 것이 아니다. 그것은 구체적인 장소와 현실의 공간에—그리고 모든 가능한 지식 영역과 분기에—분산되어 존재한다. 거기서는 앞서 언급한 스펙트럼들의 여러 저자들이 다른 무엇보다 특히 한 가지를 보여준다. 자기애적 연민에서 야기된 공간화의 제스처는 20세기 철학에서만이 아니라 (특히 현상학과 존재론에서) 융성하는 다양한 인문학에서, 가령 역사학과 예술사에서, 문학과 매체학에서, 심리학과 과학사에서, 민속학과 역사적 인간학에서 발견된다.

여기서 금방 눈에 띄는 것이 있으니, 구체적인 장소의 문제가 어느 한 분야나 영역만의 문제가 아니라는 것이다. 그것들은 모든 분야와 과학적 학문 영역들에 걸쳐서 출현한다. 그러한 구체적인 장소가 상기한 대역폭에서의 지식에서 표현된다는 사실 자체가 20세기 이론사에서 실제로 공간 혁명이 일어나고 있음을 방증해준다. 왜냐하면 이 모든 분야에서 공간화 경향이 감지되기 때문이다. 이러한 영역에서 사람들은 구체적인 장소에서 출발해 자신들의 사고를 전개한다. 철학자와 이론가의 역사적, 정치적, 지리학적, 자서전적 구체화를 돌봐주던 것이 바로 구체적 장소였던 것이다. 구체적 장소는 이러한 이론들이 또한 민속학적이고 인간학적으로, 현상학적이고 존재론적으로, 늘 구체적 장소들의 출발점이 그러하듯이, 구체성이 가득한 상태로 현현할 수 있도록 뒤를 돌봐준다.

현재 공간화 운동은 20세기의 분기된 이론사를 가로질러 진행되고 있다. 이러한 파노라마를 보고 있노라면, 인문학이 장소를 다루는 기술(技術)로 무장한다고 생각할 수도 있다. 거기서는 원래 아주 단순한 한 가지 일이 관건이 된다. 그것을 칭하기 위해서는 이론가의 말보다는 시인의 말에 귀를 기울이는 편이 나을 듯하다. 페렉을 다시 언급해보자면, 그는 1974년에 말하기를,

사람들 주변에 아주 가까이 놓인 공간이다. 예를 들어, 도회지, 평지, 지하철 갱도, 공공주차장 등을 그는 언급한다. 우리들은 공간에서, 언급된 그러한 공간에서, 이러한 도회지에서, 이러한 평지에서, 이러한 갱도 속에서, 이러한 주차장에서 거주한다.[17]

이 텍스트는 "우리들 일상 주변에 가까이 놓인 많은 공간"에 대해 말해준다. 그 텍스트는 '우리가 거주하는' 실제적이고 구체적인 공간으로 접근한다. 그런데 이 지점에서 의문이 생긴다. 우리가 정녕 구체적인 공간에서만 거주하는 것인가? 물론 이러한 질문에 다음과 같이 답변할 수도 있겠다. 물리적으로 우리는 구체적인 공간에서 거주하고 있기는 하다. 하지만 정신적으로는 꼭 그렇지는 않다. 사실 우리는 물리적인 공간과 정신적 공간의 구분이 현대가 진행되면서 지양되었다고 말할 수도 있다. 가령 책은 어떤 공간인가? 그리고 가상적 실제들은 또 어떠한 공간인가?

그런데 다행히도 이러한 문제를 성찰했던 이가 있다. 모리스 블랑쇼는 1961년에 구체적인 공간이 금방이라도 날아가 없어질 것 같은 휘발성을 가지고 있다는 사실은 유리 가가린과 함께 생겨났다는 테제를 제시했다. 현대사회의 총아인 기술력이, 그것의 정점이 우주 속에서 홀로 서 있는 사람의 모습으로 현현하는데, 우리에게 장소적이라는 것(das Örtliche)에서 "이탈"해 나올 수 있게 해주었다고 한다. "가가린은 저 시원적 자연의 힘들이 작용하는 장소에서 빠져나와 순수한 탈장소화된 운동을 개시했고 자신은 장소를 이탈한 인간으로 존재하기 시작했다."[18] 한마디로 1961년 가가린의 우주공간 정복은 구체적인 공간에 매여 있던 인간을 거기서 떼어냈다. 이전에는 한 번도 생각할 수 없었던 사건이었다.

'장소'와의 관계에서 새로 획득된 (……) 자유라 할 수 있는, 본체 인간의, 본질 인간의 이러한 유영 상태는 '장소적인 것'에서의 이탈을 통해 야기된 것이다. (……) 우리는 장소에 대한 미신을 내면에서 깨끗이 지워버릴 수는 없을 것이다. 비장소의 유토피아에 대한 일시적인 상상 속에서라고 하더라도 말이다.[19]

엠마누엘 레비나스는 위의 텍스트에서 가가린이 우리를 "장소의 미신"[20]으로부터 해방시켰다고 생각한다. 이와는 달리 블랑쇼에게 우주비행사는 인간과 장소를 서로 연결해주던 끈을 끊어버린 장본인이다. 그러나 저 자연적이거나 구체적인 장소로부터의 인간의 이탈은 공간이론을 새로운 도전 앞에 세운다. 그러한 도전에 대해 블랑쇼는 재영토화(Reterritorialisierung) 필요성을 역설하면서 하나의 응답을 제시한다. 지구를 떠나는 가가린의 이륙과 함께 공간이론의 과제(그리고 하이데거의 과제만이 아니라)는 이제 다시 지구로, 지구상의 구체적인 장소로 돌아와야 한다는 것이다. 공간이론의 이러한 과제는 인터넷의 탈영토화 앞에서는 어떻게 스스로를 묘사하는가? **제2의 삶**(second life)에서의 가상 만남의 가능성에 대해서는 완전히 함구할 것인가?

5

다양한 이론이 새로운 방식으로 이전의 오래된 장소로 접근해 들어갔다. 그 이론이 친숙한 장소를 새로운 방식으로 다룰 때, 우리는 그러한 작업 방식, 즉 새로운 지식상(知識象)에 이름을 부여해줄 수 있다. 이 새로 갱신된 오래된 이론 유형을 '**현장**(In-situs)'■이론 혹은 장소특정적 이론

(ortspezifische Theorie)이라 칭할 수 있다. 이러한 이론 유형은 구체적인 장소를 성찰해 그것들을 현현하게 한다는 특징을 가지고 있지만, 그렇다고 그것만을 통해 고유한 의미가 부여되는 것도 아니다. 그것은 오히려 구체적인 장소, 즉 현장에서 출발하면서 자신의 성찰을 수행한다는 사실을 통해 더 잘 부여된다. 사실, 구체적인 장소에서 출발하면서 완전히 새로운 이론 포맷들이 발전되어 나왔다. 이러한 새로운 이론 포맷은 **장소특정적 이론**이라 명명된 바 있다.

우선 장소특정성(Ortspezifik)이라는 개념은 조형예술 분야에서 사용된다.[21] 이 분야에서는 한때 작품(Werk)이 다른 무엇보다 중심 역할을 수행했다. 그러나 현대의 예술 논의에서는 이제 장소가 그 역할을 이어받는다. 즉 장소가 중심 역할을 떠맡고 있는 것이다. 현대의 조형예술 분야에서는, 지형학적 혹은 역사적 장소와 관련 있는 예술 실천이 중요시된다. 예를 들어 예술작품의 배경을 이루는 경관이나 예술작품이 전시된 공간 혹은 예술작품의 전시를 마련해준 기관과 관련을 맺는 예술 실천들이 주요 관심사가 되고 있다. 그러한 장소 관련 활동은 오늘날 현대 예술작품의 스탠더드 비품(Standardausstattung) 목록에 속한다. 예술에서 장소가 주요 관심사가 되지 않는 곳은 드물 정도이다. 현대 예술작품은 장소를 정의하고 표시하고 감독하고 변화시킨다. 장소를 정의해주는—그것과 함께 또한 장소 의존적인—사업이 되어버렸을 정도이다. 다니엘 뷔랑(Daniel Buren)의 **현장**(in-situ)의 정의[22]로부터 로버트 스미스슨(Robert Smithson)의 **비사이트**(non-site) 그리고 마이클 애셔(Michael Asher)의 **이탈**(dislocation) 그리

■ 영어로는 'in the place'라는 의미의 라틴어 표현이다. 이 표현이 사용되는 영역에 따라 다양한 의미를 가지나 전반적으로는 '현장' 혹은 현장 지향적인 무엇인가를 지칭할 때 사용되는 개념이다. 가령 어떤 제품을 만들어 현장에 설치한다든가, 생산된 제품이 제대로 기능하는지를 확인하기 위해 실제 상황 및 조건에서 시뮬레이션을 해본다든가 하는 것이다. 예술의 맥락에서는 주로 원래의 전시장소에 설치하기 위해 만들어진 작품을 두고 사용하는 개념이다.

고 로렌스 와이너(Lawrence Weiner)의 **변위**(displacement)에 이르기까지 지난 40년간 다양한 예술가들에 의해 공간특정적인 실천이 발전했다. 현대예술에서 장소는 이제, 이 현대예술이 장소를 아직도 충분히 고려하지 못한다는—혹은 장소의 역사적이고 정치적인 함의를 충분히 고려하지 못한다는—식의 비판이 종종 제기될 정도로, 중요한 요소가 되었다.

그럼에도 로잘린드 크라우스(Rosalind Krauss)의 "확장된 장에서의 조각 (Skulptur im erweiterten Feld)"은 기존 장소에만 관련을 맺고 있는 것이 아니다. (영어의 site-specific로부터 번역된) "장소특정학(Ortspezifik)"이라는 개념 자체가 이전에는 전혀 존재하지 않았던 장소들이 표시되고 정의되었다는 사실을 넌지시 알려준다. 즉 조형예술의 장소 형성 능력은 1969년에 에두아르도 치이다(Eduardo Chillida)에게 헌정된 하이데거의 글 〈**예술과 공간** (Dis Kunst und der Raum)〉에서만 언급되는 것이 아니다.[23] 그와 동시에 **장소특정적 예술**(site-specific-art)이라는 개념이 미국에서 사용되었던 **대지미술** (Land-Art)이라는 개념과의 연관에서 형성되어 나왔다. 그 개념은 조각품을 이용한 경관 프로젝트를 실제로 실현하는 외떨어진 지역과 밀접하게 연결하는 일과 관련되어 있다. 도시나 건축에서의 장소특정적 프로젝트들은 기존 장소와 관련을 맺고 있었던 반면, 대지미술 예술가들은 그들의 장소를 새롭게 건립하여 관심의 대상으로 만들었다. 로버트 스미스슨의 **나선형 제티**(Spiral Jetty: 1969~1970)■가 만들어지기 이전에는 솔트 레이크 호수는 단지 이름 없는 평범한 호수에 불과했을 뿐이다.

스미스슨의 예술이론으로부터 비장소 혹은 **비사이트**(non-site: 이 개념을

■ 미국 유타 주의 그레이트 솔트 레이크(Great Salt Lake)에 있다. 현지에서 조달한 검은 현무암과 흙 그리고 1500피트 길이에 15피트 넓이의 코일을 사용하여 만든 작품이다. 스미스슨 자신은 이 작품 자체를 '사이트(site)'라고 부르는 반면, 이것의 지도, 다이어그램, 사진, 그리고 이에 대한 박물관이나 갤러리에서의 재현수단들은 '비사이트'라 불렀다.

비행기 터미널, 고속도로 그리고 고속도로 인터체인지를 지칭하는 마르크 오제의 비장소, 즉 non-lieu의 이론과 혼동해서는 안 된다)라는 개념이 유래한다. 스미스슨에게 한 장소는 그것이 다른 장소로 이동됨으로써 비장소가 되었다. 스미스슨의 **토공 작품**(earthworks)에 사용된 흙은 구체적인 장소에서 갤러리 공간으로 옮겨졌다. 이로써 그 작품에 원래 사용되었던 흙은 장소를 잃어버린 것이다. 결국 사람들은 이식(Verpflanzung)과 추방(Deportation)이 20세기에 **인간조건**(conditio humana)■의 주요 특징이 되었다는 사실을 무시할 수 없다. 흙을 한 장소에서 다른 장소로 이동하는 것과 함께 스미스슨은, 장소이론적으로 볼 때, 이미 아리스토텔레스와 관계를 맺고 있었다. 아리스토텔레스는 **토포스** 개념을 정의하는 자리에서 장소를, 그곳에 자리 잡은 사물―예를 들어 한 무더기의 흙(Erde)―자체가 움직이거나 움직일 수 있는 동안, 자기가 있던 곳에 머물러 있는 것으로 정의했다. 스미스슨의 경우 같은 예술적 실천은―예를 들어 철학적 공간이론 혹은 자연과학적 공간 개념과는 달리―장소특정적 예술이 원래 어디에 존재하는지 분명히 보여준다.

위에 언급된 장소특정적인 조형예술 실천들은 '현장'이론을 도입해 적용한다는 것, 즉 이러한 현장이론의 도입에 의해 자주 야기되거나 두드러지는 구체적인 장소에 관계한다는 것이 과연 무엇인가를 잘 보여준다. 조형예술에 이러한 현장이론이 도입될 때의 공간 개념은 철학 및 자연과학에서 발견되는 셀 수 있고 양화 가능한 추상적 공간들과는 대조적인 개념이다. 후자의 공간에서는 측정과 자료 추출이 벌어진다면, 전자

■ 이 개념은 일반적으로 인간이 인간으로서 존재하기 위한 조건 혹은 본성이나 자연성을 가리키는 인문학적 개념이다. 그것은 인간이 존재하기 위한 최소한의 조건을 일컬으며, 그것 없이는 인간이 아예 존립할 수 없는 필요조건을 말한다(이러한 개념은 특히 한나 아렌트에게서 발견된다). 그래서 이 개념은 특히 인간학을 다루는 학문에서 사용된다.

인 '현장' 예술에서는—예술 형태로만이 아니라 예술이론 형태에서—
(역사적, 정치적 혹은 사회적으로) 구체적인 장소를 끌어들이는 일이 주요 관
심사가 된다. 이는 예술 및 이론이 우선 구체적인 장소를 성찰하지 않고,
구체적인 장소를 넘어서지 않으며, 구체적인 장소를 그대로 복사하지 않
는다는 것을 말한다. 현장예술은 이러한 구체적인 공간과 함께, 그리고
이것들에서 출발하면서 자신의 작업을 진행한다. 그런데 구체적인 장소
에 대한 이러한 작업은 대체 구체적으로 어떠한 모습을 띠는가?

6

조형예술의 장소특정적 실천은 그사이 어느 정도 확산되기에 이르렀다.
그럼에도 이것이 공간 관련 이론들에서 어떻게 기능하는지는 아직 어느
정도 불명료하게 남아 있을 수 있다. 구체적인 장소에서의 출발이 어떤
경우에는 새로운 이론 포맷으로 이어진다는 것은 이미 말한 바 있다. 이
러한 새로운 이론 유형은 위에서 이미 장소특정적인 것으로 지칭되었
다. 비교적 잘 알려진 구체적인 장소의 예로는—수용소, 실험실, 기록보
관소 그리고 병원 외에도[24]—벤야민과 푸코가 드는 사례인 통로와 파놉
티콘*이 있다. 이러한 예에서—1928년과 1939년 사이에 나온 벤야민의
《파사주(Passagen-Werk)》를 끌어들이든 아니면 1975년에 나온 《감시와 처벌

---

* 파놉티콘은 원래 공리주의 창시자로 알려진 영국의 철학자 제러미 벤담이 학교, 공장, 병
원, 감옥 등에서 사람들을 효율적으로 감시하기 위해 고안한 건축물을 두고 하는 말이다. 이러
한 형태의 건물에서는 한 사람의 감시자가 여러 사람을 동시에 감시할 수 있지만, 감시당하는
사람은 감시자를 잘 볼 수 없다. 이러한 파놉티콘 개념을 현대사회에 적용해 유행시킨 이가 바
로 프랑스의 철학자 미셸 푸코다. 그는 현대사회, 특히 정보화사회를 일종의 감시사회로 규정
하고 이런 사회를 상징적으로 나타내기 위해 파놉티콘(빅 브러더)이라는 개념을 사용한다.

(Überwachung und Strafen)》에서 유래하는 푸코의 파놉티콘 모델을 끌어들이든 간에[25]—공간이론은 구체적인 공간 형상들로부터 기획되었다. 이런 형상은 기존 이론이 나타내는 것과 동일한 것을 보여주는 기능만 한 것이 아니었다. 여기서 이론은 그 자체가 근본적으로 공간적인 방식으로 구성되었다. 벤야민에게 통로는 "공간이 되어버린 과거"[26]인데, 푸코의 파놉티콘 모델에서 그 이론들은 구체적인 장소에서 출발해 전개되었다.

장소에서 출발하면서 발전한 이론들에 위와 같은 장소의 구체화가 이제 역방향에서 영향을 미쳤다.■ 사람들이 통로에서 그리고 파놉티콘으로부터 사물을 볼 때, 그들은 중앙의 한 곳으로부터 늘 동일하게 진행되는 역사를 보지 않았다. 서술된 역사는 이론가가 어느 시점을 취하느냐에 따라 그 모습이 변했다. 즉 이론은 철학과 역사 사이를 오가면서 사물을 보았다. 그 자체가 공간화된 이러한 역사 기술이 어떠한 기술적(技術的) 모델을 사용해 역사를 기술하는가의 문제를 묻고 답하는 매체사적 작업이 중요한 것과 마찬가지로, 장소특정학이 이론에 어떠한 결과를 가져다주었는가를 묻는 질문—이런 이론에서는 지금까지 이러한 질문이 조형예술에서보다 훨씬 덜 부각되었는데—역시 중요하다.

다른 말로 표현하자면, **장소특정성**(site specificity)이라는 것이 1960년대와 1970년대에 조형예술에서 회자되기 전에 장소 관련성은 이론에 이미 도입되었다. 일찍이 벤야민의 《**파사주**(Passagen)》는 모든 지식, 역사, 이론이 장소와 관련한다는 사실을 간파해 그것을 독자들에게 잘 보여주었다. 20세기에 가장 훌륭한 장소특정적 실험에 속한다고 할 만한 벤야민의

■ 지금까지 논의한 공간 관련 이론이 외재적 공간을 상대로 논의하거나 실천한다면, 여기서 말하는 구체적인 공간은 외재적 대상이 아니라 공간 관련 이론을 개진하는 이론가의 세계관이나 글쓰기 혹은 작품 구성하기 전략 자체에 구현되어 실천되는 공간을 일컫는다. 전자에 비해 이러한 공간은 작가나 작품 구성 방식에 내재화된 공간 혹은 체화된 공간을 의미한다.

《파사주》는, 모든 장소는 또 다른 가시성(Sichtbarkeit)을 내주며 그렇게 됨으로써 또 다른 역사이론을 가능하게 해준다는 사실을 여실히 보여준다. 이러한 토대 위에서 벤야민의 《파사주》에 실린 글들은 공간 지향적 성찰이 무엇인가를 잘 보여주는 출중한 모델이었다. 이러한 장소 관련 성찰에서는 (역사)철학적 주체의 자리에 지형학적 장소가 대신 들어선다. 벤야민의 《파사주》에 실린 글들에서는 어느 한 장소로부터 출발하면서 역사가 기술된다. 그런데 이 역사 기술에서는 벤야민 자신의 파사주 프로젝트를 확고히 해줄 장소나 테마의 역사가 논의의 핵심이 아니라, 그 자체가 새로운 성찰 유형을 산출해내는 장소 관련 역사 서술이 주요 관심사가 되고 있다. 이러한 구체적이고 역사적인 성찰에 의해 공간은 이론적으로 사고되지 않았고, 오히려 이론이 구체적인 장소들로부터 시작하면서 재구성되었다. 이런 방식으로 새로운 유형의 장소특정적 이론이 발생한 것이다.

이러한 새로운 이론 포맷의 또 다른 예로 프리드리히 키틀러의 작업장이 거론될 수 있다. 산타클라라(Santa Clara)에 위치한 이 작업장에서 진행된 작업을 매개로 최초의 컴퓨터칩 구조물 디자인이 나왔다. 즉 구체적인 현실의 한 장소인 이 작업장에서는 1979년에 "최초의 집적 마이크로프로세서 하드웨어 구조물을 그리기 위한"[27] 작업이 진행되었다. 이 작업을 위해 64제곱미터의 제도용지가 작업장 전체에 펼쳐졌다. 당시까지만 해도 컴퓨터의 몸체가 워낙 컸던지라, 이러한 문제를 해결할 만한 것을 찾고 있던 키틀러는 차고 크기의 종이 위에 컴퓨터의 회로도를 그리고 나서 이를 이용해 컴퓨터칩을 만들 수 있다고 생각한 것이다. 이 작업을 통해 컴퓨터 구조는 직관적인 형식으로 공간화될 수 있었고 이후 컴퓨터 발전사에서 혁신의 효시가 되었다. 이제 복잡했던 컴퓨터의 여러 회로들은 간단한 집적회로의 실현물인 칩으로 대체되었다. 이는 필연이었다. 왜냐하면 매체사가 발견해낸 것은 특이하게도 철학사의 그것과 유사했기 때문이다. 컴퓨터 같은 매체의 공간성 역시 자신이 그러한 매체에 기초를 형성해줄 당시에 사용하던 바로 그 규칙성을 통해 사라져버렸다. 가령 64제곱미터 크기의 최초 컴퓨터 구조물의 밑그림이 이전의 덩치 큰 컴퓨터의 공간을 줄이는 계기, 즉 공간성을 집어삼키는 계기를 만들었던 것과 마찬가지로, 매체의 공간성 역시 매체들이 펼치는 역사의 과정에서 점차 집어삼켜졌다. 즉 기존의 공간화는 다시 새로운 공간화에 의해 대체되면서 공간의 축소나 변화 같은 재공간화를 겪게 되었다.

산타클라라의 차고는 카를 슐뢰겔이 "장소 거부권(Vetorecht des Ortes)"[28]■이라 칭한 것의 의미를 명백하게 해준다. 장소의 이러한 권한은 철학사에서와 마찬가지로 매체사에서도 작동되었다. 매체와 철학, 이 둘에 구체적이고 물질적인 공간은 외적 공간이었는데, 이 외적 공간은 선험철학적 직관 공간에는 보이지 않고 부재하는 것으로 여겨진다. 이러한 이유에서 구체적 장소를 사고하고 장소의 구체성을 이론에 끌어들이려는 시도에서는 증명 가능한 실제적인 "외부를 생각하는 사고(Denken des Außen)"[29]가 긴요하다. 실험실, 수용소 혹은 기록보관소 같은 장소와 함께 외부 장소들은 사고 안으로 밀려 들어온다. 주체철학은 늘 성찰적 사고가 거침없이 실행되는, 조밀하게 얽힌 내면공간에서 일어나는 표상과 관계를 맺었다. 그와는 달리 외부세계와 관련한 사고는 항상 외부공간에서 출발했다. 구체적인 외부공간은 내재화된 성찰들로 하여금 타자인 외부세계와 직접 대결하도록 조장한다. 이러한 접촉 과제는 내면공간에 폐쇄된 채 머물러 있는 철학에는 파국을 의미한다.

■ 카를 슐뢰겔이, 장소가 거부권을 가지고 있다고 할 때, 이는 규율과 노동분업적 연구가 선호하는 대상의 세분화 및 파편화에 거부권을 갖는다는 맥락에서 한 말이다. 장소가 그러한 식의 접근법으로는 제대로 파악될 수 없다는 뜻이다.

7

우리가 이미 목격하듯이, 장소특정적 실천은 다양한 문화를 생산해내는 20세기의 다양한 장에서 발견된다. 그것은 이론 분야뿐만이 아니라 조형예술에서도 그렇다. 다양한 분야에서 일어나는 이러한 실천은 서로 어떻게 관계를 맺는가? 그것들은 서로 떨어져 아무런 관계도 없이 각자 진행되는 것인가, 아니면 서로 소통하는 것인가? 그리고 이러한 소통은 방법적으로 그리고 역사적으로 분리된 영역 사이에서는 어떻게 적절히 기술될 수 있는가? 여기 예술과 이론 사이에서 진행되었던 것을 우리는 그 두 영역에서의 내재적 수준(Immanenzebene)으로 기술할 수 있다. 물론 장소특정적 실천은 두 영역에서 항상 동시에 현현하는 것은 아니다. 예술적이고 이론적인 장소특정적 실천 간에는 커다란 불일치가 존재한다.

이러한 불일치는 때때로 역사적 측면에서 세부적으로 작업될 수 있다. 그러면 내재적 수준은 그 위에서 일정한 지식 형식이 유통되는 역사적 장이자 판(Plateau)의 형식임이 드러난다. 여러 분야의 장들 사이에 있는 역사적 장과 판 들을 직관적으로 보여주기 위해, 우리는 특정한 작품 속에서—예를 들어 벤야민의 1928년 저작 《**일방통행로**(Einbahnstraße)》에서—장소특정적 실천 현상이 어떻게 나타나는지를 물을 수 있다. 알려진 바와 같이 벤야민의 《**일방통행로**》라는 저작에서는 시간의 질서가 아니라 오히려 공간의 질서가 중요한 역할을 한다. 즉 거기서는 시간적 질서가 파기되는 반면 공간적 질서가 고려된다. 그 책의 각 절은 행위가, 시간적 순서에 따라 혹은 그러한 사건 전개 과정을 묘사하는 방식으로 구성되고 있지 않다. 오히려 통행로 좌우의 경관이 동시에 존재하는 것 같은 통행로의 공간적인 동시성을 따라 이야기가 전개된다. 이렇게 책 전체도 그렇거니와 그 속에 실린 단편 각각은 결국 사건이 전개되는 내용보다는 대상들 상호간의 공간적인 관계를 보여준다.

　이미 책의 겉표지 그림이 이러한 공간적이고—우리가 이렇게 표현하고자 한다면—장소특정적 개입(介入)의 기원을 드러낸다. 겉표지를 장식한 것은 다다예술가 존 하트필드(John Heartfield)의 콜라주였다. 그 콜라주 위에는 도로 질주를 나타내는 사진 한 장이 자리 잡고, 다시 그 위에는 여러 일방통행로를 나타내는 이정표들이 콜라주 형태로 덧붙여져 있다. 벤야민의 《**일방통행로**》 겉표지는 그의 (그리고 그의 것만이 아닌) 장소특정적 이론의 비밀을 아주 자유롭게 나타낸다. 작품 내부에서 펼쳐지는 구체적인 장소들이 이루어내는 창발은 이로써 예술에서 역사적으로 출현한 전위예술과 의문의 여지 없이 관련을 맺는다. 달리 말해, 여기서 작품의 내용 혹은 벤야민의 이론에서 출현하는 구체적인 장소들이 조형예술에서 일어난 수많은 공간 혁명과 직접 소통한다.[30] 이와 유사한 방식으로 수행된 전시도 있다. 이러한 전시에서는 공간 개념이 은유적으로 사용되는 위험스러운 조짐을 보이기도 했다. 그럼에도 구성주의, 입체파 그리고 다다이즘 이후, 예술에서 우선하는 것은 현실의 복사라는 생각은 더는 관철될 수 없다. 예술가들은 새로운 방식으로 재현예술에 이별을 고했다. 그림은 이제 더이상 현실을 재현하지 않는다. 오히려 현실은 예술작품 속으로 초대될 뿐이고 그것도 예술작품에 자신을 맞출 것을 요구받고 있을 뿐이다. 현실은 더이상 복사의 의미에서 그려지지 않았고, 오히려 신문 조각 혹은 다양한 일상의 대상 속에서 스스로를 증여한다.[31] 즉 조형예술은 재현(Repräsentation)에서 떠나 증여(Präsentation)로 나아갔다.

　현실이 자기 자신을 예술작품 속에 증여한다는 이러한 신화는 조형예술에서는 잘 알려져 있다. 반면 그리 알려지지 않은 것은 20세기 전반기의 이러한 지각변동이 조형예술에서만 진행된 것은 아니라는 테제이다. 벤야민, 블로흐, 바타유 그리고 바슐라르 같은 다양한 개성을 가진 이론가들이 모두 유사한 길을 걸어갔다. 이미 소개한 이론 다수가 공간 재현이 최우선이라는 생각에 작별을 고했다. 그들은 하나같이 현실을 재현한다는 이념을 추방하는 길로 나아갔다. 이러한 테제가 옳다면, 공간 현실은 단지 조형예술 속으로만 흘러들어간 것만은 아니며, 다양한 장소특정적 이론 속으로도 흘러들어갔다.

8

그런데 텍스트 내에 공간 현실이 증여되는 것과 공간 현실이 그림 속에 증여되는 것은 서로 다른 것 아닌가? 물론 둘은 다르다. 물론 우리는 예술적 공간화와 이론적 공간화의 차이를 연결하는 기호학적 분석을 진행할 수도 있을 것이다. 게다가 텍스트적 공간화와 회화적 공간화가 공통으로 출현할 수도 있는 사례를 끌어들일 수도 있을 것이다. 여기서 다시 역사적 아방가르드를 고려할 필요가 있다. 콜라주 예술에서는 블라디미르 타틀린(Wladimir Tatlin), 알렉산드르 로첸코(Alexander Rotschenko), 엘 리시츠키(El Lissitzky), 쿠르트 슈비터스(Kurt Schwitters) 혹은 앞서 언급한 존 하트필드 같은 예술가들은 한편으로는 사진이 제시하는 물리적 현실을 자신들의 몽타주에 도입했고, 다른 한편으로는 신문지 조각 그리고 다른 원천의 텍스트를 자신의 그림에 붙여 넣었다. 이렇게 해서 텍스트에는 완전히 공간적인 새로운 현전이 주어졌다.

　물론 그와 상반된 길을 걸어가는 경우도 있었고, 텍스트를 그림에 넣질 않고 공간적인 그림을 텍스트와의 관계에서 현현하게 하는 시도도 있었다. 이 한 길을 걸어간 이가 바로 이미 언급한 공간이론가 조르주 바타유였다. 위에서 이미 언급한 사전(辭典)의 한 항목을 위해 쓰인 글에서 바타유는 1930년에 공간철학자들에게 한 가지 제안을 했다. '감옥으로 들어가라!' 이러한 제안에 이어 또 다른 판타지가 따랐는데, 그것은 말이 아니라 그림으로 재생되어 실천되었다. 이러한 판타지가 마치 언어적 재현의 경계를 폭파해버리기나 할 것처럼, 그는 자신의 글에 사진 하나을 덧붙였다. 〔통신사 키스톤(Keystone)을 나타내는〕 이 사진은 우선 아주 적나라하고 구체적인 장소, 즉 철학자들에게 "공간이라는 것이 무엇인지"를 알게 해줘야 하는 감옥을 보여주었다. 그 감옥의 특이한 점은, 벽이 허물어졌다는 것이다. "(미국 오하이오 주의) 콜롬비아에 있는 허물어진 감옥"이라는 간결한 타이틀이 그림 하단에 붙어 있다. 사진에서 사람들은 허물어진 (감옥의) 벽을 볼 수 있었고 그 벽으로부터 막 몇 명의 수감자들이 기어나온다. 그 모습은 마치 개미들이 개미굴에서 기어나오는 모습과도 유사했다. 죄수들 뒤에는 감옥 창살이 있고, 그들 앞에는 추측건대 자유가 있다. 이는 바타유의 글 마지막 문장에서 환기되었다. 바타유는 "감옥 창살 앞쪽에 놓인 감옥의 벽이 무너질" 바로 그날이 밝을 때를 이미 정해놓았다.[32] 감옥은 수감자들만의 것은 아니었다. 초현실주의적 풍자가 무너지도록 만들어놓은 감옥의 벽은 순수 학술적인 공간 성찰 대상이기도 했다.

들어가기

공간, 지형학, 위상학

1. 이에 대한 전반적인 논의를 위해서는 Doris Bachmann-Medick, *Cultural Turns, Neuorientierungen in den Kulturwissenschaften*, Reinbek bei Hamburg: Rowohlt, 2006을 보라.

2. 이에 대한 상세한 논의를 위해서는 Jörg Döring과 Tristan Thielmann이 2007년에 편집한 *Spatial Turn, Das Raumparadigma in den Kultur- und Sozialwissenschaften*, Bielefeld, transscript 참조. 이에는 일반적으로 에드워드 소야의 1996년 판 *Thirdspace* 가 해당되는 것으로 여겨진다. "공간적 전회"라는 표현은 1989년에 출간된 소야의 저서 *Postmodern Geographies*에서 제기한 논의의 맥락에서 이미 통용되고 있다.

3. Richard M. Rorty가 편집한 *The Linguistic Turn, Essays in Philosophical Method*, Chicago: Chicago University Press, 1992〔1967〕참조. "언어적 전회"라는 표현을 창안해 사용한 사람은 빈 학파의 일원이기도 했던 구스타프 베르그만(Gustav Bergmann)으로 그는 이미 1950년대에 이 표현을 사용한 바 있다. (언어성찰적 전회와는 다른 전회 가능성을 비판적으로 논의하는 문헌으로는 칼하인츠 뤼데킹(Karlheinz Lüdeking)의 논문 "Was unterscheidet den pictorial turn vom linguistic turn?"을 참조할 것. 이 논문은 클라우스 작스-홈바흐(Klaus Sachs-Hombach)가 편집한 *Bildwissenschaft zwischen Reflexion und Anwendung*, Köln: Halem 2005, 122~131쪽에 실림.)

4. 후대에 그렇게 명명되었던 전회는 1787년에 칸트가 기하학의 '고안'을 고려하는 가운데 우선 "사고 양식의 혁명"(*Kritik der reinen Vernunft*, 2판, XI쪽)이라 칭한 바

있고, 이는 다시 코페르니쿠스의 천체론(*De revolutionibus orbium coelestium*, 1543)
과 관련지어졌다.

5. Werner Köster의 *Die Rede über den 'Raum', Zur semantischen Karriere eines deutschen Konzepts*, Heidelberg: Synchron, 2002 참조.

6. Klaus Kost의 *Die Einflüsse der Geopolitik auf Forschung und Theorie der politischen Geographie von ihren Anfängen bis 1945*, Bonn: Dümmlers 1988. 그리고 Rainer Sprengel의 Kritik der Geopolitik, Ein deutscher Diskurs 1914~1944, Berlin: Akademie, 1996 참조.

7. 'Geopolitik(지리정치학)'이라는 용어는 스웨덴 지리학자 크옐렌이 제일 먼저 사용했다. (Rudolf Kjellén, "Geographische Betrachtungen über Skandinavien" 참조. 이 글은 *Geographische Zeitschrift* 12, 1905, 657~671에 실려 있는데, 여기서는 658쪽 참조.) 영국의 경우에는 핼퍼드 매킨더(Halford Mackinder)가 언급될 수 있다.

8. 여기에 앵글로색슨계에는 소야가 속할 뿐 아니라, 특히 데이비드 하비와 데릭 그레고리(Derek Gregory)가 속하고 사회학의 공동 선구자로서 프레더릭 제임슨(Frederic Jameson)이 속한다.

9. "Geographie der Aufklärung. Klimapolitik von Montesquieu zu Kant", in: *Aufklärung und Kritik* 22 (2004), 66~91쪽 그리고 23(2005), 122~144쪽.

10. Fernand Braudel, "Geschichte der Sozialwissenschaften, Die 'longue durée'", B. Classen의 번역), in: *Geschichte und Soziologie*, Hans-Ulrich Wehler 편집, Köln: Kiepenheuer & Witsch, 1976, 189~215〔1958〕을 보라. 브로델이 'lange Dauer(장기지속)'이라는 개념을 사회사와 관련해 사용하는 반면, 후속 세대 저자들이 그 개념을 브로델이 'Geohistoire(지리사)'라 칭한 바 있는 자연사와 관련해 사용할 때, 그 개념은 논란의 여지가 많다. 가령 사회적인 것이 결정된 사건사의 저변에서 출현한다는 식의 혼란이 일었다.

11. 앤서니 기든스에 이어 사회지리학적 공간 기술의 행위론적 입장을 취하는 이로는 그 누구보다 베노 베를렌이 두드러진다. (Benno Werlen, *Zur Ontologie von Gesellschaft und Raum*, Stuttgart: Steiner 1999〔1995〕.) 독일에서 이 입장을 대표하는 선구자로는 그 외에도 디트리히 바르텔스(Dietrich Bartels)와 게르하르트 하르트(Gerhard Hard)가 언급될 수 있다.

12. 예를 들어 Rudolf Maresch/Niels Werber의 "Permanenz des Raums", in: *Raum Wissen Macht*, Rudolf Maresch/Niels Werber 편집, Frankfurt a.M.: Suhrkamp 2002, 7~30쪽.

13. Paul Virilio의 "Der kritische Raum", Marianne Karbe의 번역, in: *Tumult* 7(1983), 16~27쪽에서 예시적으로 표현된 바 있다.

14. Wolfgang Schivelbusch의 *Geschichte der Eisenbahnreise. Zur Industrialisierung von Raum und Zeit im 19. Jahrhundert*, Frankfurt a.M.: Fisch 2004[1977], 35~45쪽. Schivelbusch는 거기서 오늘날 공간 논쟁에서 거의 망각되었던 사회학자 피티림 소로킨(Pitirim A. Sorokin)과 그의 1943년 저작 *Sociocultural Causality, Space and Time*의 논지를 계승한다.

15. 먼 거리라는 것이 교통 기술적으로 단지 '노선(Strecke)'이 아니고 다른 무엇보다 떨어져 있는 거리를 달리는 데 '걸리는 시간' 형식에서 측정된다는 사실이 인정된 다 하더라도, 그러한 시간 개념은 실체공간 개념과 마찬가지로 적잖이 문제가 있 다. 왜냐하면 이러한 생각 역시, 시간을 **공간을 움직이는** 물체의 운동으로 이해하는 뉴턴 물리학의 유산을 이어받고 있기 때문이다. 이렇게 되면 '운동'으로서의 시간 과는 다른 베르그송의 '걸리는 시간'으로서 체험된 시간이 이 운동에서 파생된 것 이 되어버린다.

16. Albert Einstein의 "Relativität und Raumproblem", in: A. Einstein, *Über die spezielle und die allgemeine Relativitätstheorie*, Berlin/Heidelberg/New York: Springer 1988[1917], 91~109[1954]쪽, 여기서는 93쪽.

17. Vilém Flusser, "Räume", in: *Raumtheorie. Grundlagentexte aus Philosophie und Kulturwissenschaft*, Jörg Dünne와 저자 편집, Frankfurt a.M.: Suhrkamp 2007 [2006], 274~285쪽. 여기서는 274[1991].

18. Hermann von Helmholtz, "Über den Ursprung und die Bedeutung der geometrischen Axiome", in: H. v. Helmholtz, *Schriften zur Erkenntnistheorie*, Wien-New York: Springer 1998 [1921], 15~39쪽[1870] 참조, 여기서는 35쪽 이하. 이러한 생각이 얼 마나 유행을 타고 있는지는 에드윈 애보트(Edwin A. Abbott)의 1884년 소설 *Flatland* 에서 볼 수 있다.

19. Emmanuel Levinas의 "Heidegger, Gagarin und wir", Eva Moldenhauer의 번역, in: Emmanuel Levinas, *Schwierige Freiheit. Versuch über das Judentum*, Frankfurt a.M.: Jüdischer Verlag 1996[1963], 173~176쪽, 여기서는 176쪽.

20. 슬로터다이크에 따르면 잡지 *Globus*도, "인간들은 우주에 떠 있는 평평하지 못한 둥근 물체의 끝 주변에 존재해야만 하는 생물"이라고 기술하는 "근대의 위상학적 복음"을 전하고 있다. (Peter Sloterdijk, *Sphären*, 2권, *Makrosphärologie: Globen*, Frankfurt a.M.: Suhrkamp 1999, 828쪽.)

21. Flusser, "Räume", 278쪽.

22. 레미 브라그(Rémi Brague)는 코페르니쿠스적 전회가 (지그문트 프로이트가 생각하듯이) 인간을 '비하하는' 쪽으로 흘러간 것이 아니라, 그와 반대로 중세 천문학에서 지구—땅속—지옥 다음으로 열악한 곳으로 여겨졌던 지표면이—과거에 신이 기거하고 있는 곳으로 여겨진—우주 주변부로 접근하고 있어, 인간이 기거하는 곳이 그보다 훨씬 고평가되었다는 점을 밝히고 있다. (Rémi Brague, "Geozentrismus als Demütigung des Menschen", in: *Internationale Zeitschrift für Philosophie* 1(1994), 2~25쪽[1990].)

23. Sigrid Weigel, "Zum 'topographical turn'. Kartographie, Topographie und Raumkonzepte in den Kulturwissenschaften", in *KulturPoetik* 2/2 (2002), 151~165쪽, 여기서는 159쪽.

24. 이러한 의미와 관련해서는 Jeremy Black의 *Maps and Politics* (London: Reaction Books 1997) 혹은 'Critical Geopolitics' 분야로부터 유래하는 다양한 저서들을 참조.

25. Wolfgang Schäffner의 "Operationale Topographie. Repräsentationsräume in den Niederlanden um 1600", in: *Räume des Wissens. Repräsentation, Codierung, Spur*, Hans-Jörg Rheinberger, Michael Hagner und Bettina Wahrig Schmidt, Berlin: Akademie 1997, 63~90쪽.

26. 칸트는 이성이 오성에 준비시켜주는 규제적 이념들의 기능을 말 그대로 "한 점으로 모두 모여드는" "모든 그의 규칙들의 방향선들"을 미리 주는 것으로 본다. (Immanuel Kant, *Kritik der reinen Vernunft* (1781/1787), 644/672쪽).

27. 파리넬리는 여기서 고대 지도 제작술에는 사용되지 않던, 프톨레마이오스 이후의 세 번째 구성원리를 끌어들여 사용한다. (Samuel Y. Edgerton, *Die Entdeckung der Perspektive*, Heinz Jatho의 번역, München: Fink 2002 [1975], 85~112쪽 참조).

28. Franco Farinelli의 "Von der Natur der Moderne. Eine Kritik der kartographischen Vernunft", A. Bodisch와 Dagmar Reichert의 번역, in: *Räumliches Denken*, Franco Farinelli 편집, Zürich. 1996, 267~300쪽, 여기서는 275쪽.

29. 이런 접근법과 구분되는 것이 구체적 장면들, 특히 실험실과 서재에서의 구체적 장면들을—이것이 마치 라투르의 작업들에서 그랬던 것처럼—과학적으로 기술하는 것이다. (Bruno Latour/Steven Woolgar의 *The Social Construction of Scientific Facts*, Beverly Hills: Sage 1979.) 그렇게 함으로써 그런 지형학적 기술은 '결정론적' 공간 기술로 회귀한다. 다만 거기서는 문화의 자연공간적인 조건성이 아니라 실험공간적인 조건성 그리고 그 안에서는 확고한 배열을 넘어 과정적인 것이 중

요한 조건성을 논한다는 점이 다를 뿐이다. (이에 대해서는 해당 주제를 다룬 논문 집 *Kultur im Experiment*, Henning Schmidgen 편집, Peter Geimer와 Sven Dierig, Berlin: Kadmos 2004 참조.)

30. Michel Foucault, *Überwachen und Strafen. Die Geburt des Gefängnisses*, Walter Seiter의 번역, Frankfurt a.M.: Suhrkamp 2004 [1975], 264쪽. 또한 Gilles Deleuze, "Topologie": 'Andes denken', in: Gilles Deleuze 편집, *Foucault*, Franz von Hermann Kocyba의 번역, Frankfurt a.M.: Suhrkamp 2006 [1986], 69~172쪽. 여기서는 114쪽 이하를 참조. 그리고 Petra Gehring의 "Paradigmen einer Methode. Der Begriff des Diagramms im Strukturdenken von M. Foucault und M. Serres", in: *Diagrammatik und Philosophie*, Petra Gehring, Thomas Keutner, Jörg F. Maas 그리고 Wolfgang Maria Ueding 편집, Amsterdam/Atlanta: Rodolpi 1992, 89~105쪽.

31. Steffen Bogen/Felix Thürlemann의 "Jenseits der Opposition von Text und Bild. Überlegungen zu einer Theorie des Diagramms und des Diagrammatischen", in: *Die Bildwelten der Diagramme von Joachim von Fiore. Zur Medialität religiös-politischer Programme im Mittelalter*, Alexander Patschovsky 편집, Ostfildern: Thorbecke 2003, 1~22쪽 참조.

32. 수학적 위상학은 그때 평면에서의 문제들에 관계하고 특히 "망들"을 대상으로 삼을 수 있다. 그것은 3차원 "공간"에서의 동치에 관련할 수도 있고 그리고 나서 특히 공간적 형태들을 서로 비교할 수도 있다. 그것은 더 나아가 집합론적으로 파악될 수 있고 '원소들'의 무리들 혹은 n-차원적 기술의 의미에서 '다양성들'을 규정할 수 있다. 그중 마지막의 경우 특히 원소들의 집합을 구조 지우는 일에 관한 것이다.(이에 대한 조망을 위해서는 Brandford H. Arnold, *Elementare Toplogie. Anschauliche Probleme und grundlegende Begriffe*, Helmut Freund의 번역, Gerhard Holland와 Arnold Kirsch, Göttingen: Vandenhoeck & Ruprecht 1974 [1964]를 보라.)

33. Gottfried Wilhelm Leibniz의 "Briefwechsel mit Samuel Clarke (Auswahl)", Volkmar Schüller의 번역, in: *Raumtheorie*, 58~73쪽 [1717]을 보라.

34. 라이프니츠에 따르면 비로소 "관찰자의 신체"가 공간적 "비동일성"을 조건 지운다. "관찰자가 단 하나의 정신적 눈을 가지고 하나의 점에 초점을 맞추고 있다고 생각해보라. 그리고 그가 실제로든 아니면 자신의 감각적 상상에서든 비교 단위들을 가지고 있지 않다고 생각해보라. 그러면 어떤 구분도 출현하지 않을 것이다." (Gottfried Wilhelm Leibniz의 "Zur Analysis der Lage(1693)", Artur Buchenau의 번역, in: Gottfried Wilhelm Leibniz의 *Philosophische Werke in vier Bänden*, 1권,

Ernst Cassirer 편집, Neuausgabe, Meiner: Hamburg 1996〔1904〕, 49~55쪽〔1858〕, 여기서는 52쪽.)

35. Johann Benedict Listing, "Vorstudien zur Topologie", in: *Göttinger Studien* 2(1847), 811~875쪽, 여기서는 814쪽.

36. Bernhard Riemann의 "Ueber die Hypothesen, welche der Geometrie zu Grunde liegen(1854)", in: *Bernhard Riemann's gesammelte mathematische Werke und wissenschaftlicher Nachlass*, Richard Dedekind와 Heinrich Weber 편집, Leibniz: Teubner 1876, 255~269쪽〔1867〕 참조.

37. 라이프니츠의 공간 표상을 문화학적 연구 주제들로 옮겨놓은 대표자 중 하나가 에른스트 카시러인데, 그는 현상학적 입장에 근접해 있을 뿐 아니라 클로드 레비 스트로스를 거쳐 구조주의에 영향을 준 학자이다. (공간의 질서와 관련해서 참조할 글로는 Ernst Cassirer의 "Mythischer, ästhetischer und theoretischer Raum", in: *Raumtheorie*, 485~500〔1931〕을 보라.)

38. Kurt Lewin의 "Kriegslandschaft", in: *Raumtheorie*, 129~140쪽 〔1917〕.

39. Kurt Lewin의 "Der Richtungsbegriff in der Psychologie. Der spezielle und allgemeine hodologische Raum", in: *Psychologische Forschung* 19 (1934), 249~299쪽 참조.

40. 심리학의 외부에서는 예를 들어 장-폴 사르트르가 이러한 시각을 취하는 가운데 상호 주관성을 상호 인정과 무화로 기술하면서 이것들이 공간성을 구조화한다고 말했다.(Jean-Paul Sartre, *Das Sein und das Nichts. Versuch einer phänomenologischen Ontlogie*, Hans Schöneberg와 Traugott König의 번역, Reinbek bei Hamburg: Rowohlt 2004 〔1943〕, 547쪽 참조.) 메를로퐁티는 이러한 기술에 종국적으로는 존재론적 전회라는 명칭을 부여하고 "존재의 모델로서의 위상학적 공간"에 대해 말한다. (Maurice Merleau-Ponty, *Das Sichtbare und das Unsichtbare gefolgt von Arbeitsnotizen*, Claude Lefort 편집, Regula Giuliani와 Bernhard Waldenfeld의 번역, München: Fink 2004 〔1964〕, 271쪽.)

41. Martin Heidegger, "Zur Seinsfrage", in: Martin Heidegger, *Wegmarken*, Frankfurt a.M.: Klostermann 1996 〔1967〕, 379~419쪽 〔1955〕, 여기서는 406쪽.

42. 하이데거가 직접 수학적 위상학을 끌어들이는 시도와 관련해서는 Beatrice Nunold 의 *Her-vor-bringungen. Ästhetische Erfahrungen zwischen Bense und Heidegger*, Wiesbaden: DUV 2003, 153~161쪽 참조.

43. Martin Heidegger, "Die Kehre" 〔1949〕, in: Martin Heidegger, *Die Technik und die*

Kehre, Stuttgart: Klett-Cotta 2002 〔1962〕, 37~47쪽 참조.

44. Martin Heidegger, "Der Ursprung des Kunstwerkes (1935/36)", in: Martin Heidegger, *Holzwege*, Frankfurt a.M.: Klostermann 2003 〔1950〕, 1~74쪽, 여기서는 32쪽.

45. "구조적이라는 것은 공간이지만 연장이 없는, 외연 이전의 공간, 즉 순수공간이다. 그것은 점차 서로 이웃해 있음의 질서로 형성되는 것으로 이해되는 가운데 오히려 연장에서 그 의미를 갖지 않는다." (Gilles Deleuze, "Woran erkennt man den Strukturalismus?", in: Geilles Deleuze, *Die einsame Insel. Texte und Gespräche von 1953 bis 1974*, David Lapoujade 편집, Eva Moldehauer의 번역, Frankfurt a.M.: Suhrkamp 2003 〔2002〕, 248~281쪽〔1973〕, 253쪽.)

46. 사회학자 미셸 드 세르토는 이러한 방식의 이해에서 출발해 '장소들'의 위상학적 관계를 사람들의 '산책하는' 실천의 결과로 기술한다. (Michel de Certeau, "Praktiken im Raum", Ronald Voullié의 번역, in: *Raumtheorie*, 343~353쪽 〔1980〕. 참조)

47. 구조주의 기호학에서도 최근 텍스트 분석에서 위상학적 이해가 형성되었다. (Jurij M. Loman, "Zur Metaspache typologischer Kultur-Beschreibung", Adelheid Schramm의 번역, in: (Jurij M. Loman, *Aufsätze zur Theorie und Methodologie der Literatur und Kultur*, Karl Eimermacher, Kronenberg Ts.: Scriptor, 1974, 338~377쪽 〔1969〕 참조.)

48. 이는 라캉이 위상학에 관심을 가졌던 내용을 고려할 때 분명해진다. 자체적으로 한번 꼬여 있어 더이상 내부와 외부를 구분할 수 없는 소위 '뫼비우스 띠' 같은 형체들은—이런 뫼비우스 띠에 라캉은 언어 속에서 언어에 대해 말하면서 이 말의 지시체에 도달하려는 것의 불가능성이 '시각화되어 있다'고 보는데—우선 설명이 구체적이고 은유적 가치에 있어 흥미롭다. 위상학적 형태 구성의 매력에 대해서는 글 모음집 *Verkehrte Symmetrien. Zur topologischen Imagination in Kunst und Theorie*, Wolfram Pichler와 Ralph Ubl 편집, Wien: Turia+Kant 2007 참조.

49. 이에 대해서는 Hajo Berressem, "Archite kturen. Überlegungen zu einer Topologie der Torison", in: *DisPositionen. Beiträge zur Dekonstruktion von Raum und Zeit*, Michael Scholl과 Georg Christoph Tholen, 편집, Kassel: Gesamthochschule 1996, 51~79쪽 참조.

50. Michel Foucault, "Von anderen Räumen(1967)", Michael Bischoff의 번역, in: *Raumtheorie*, 317~329쪽 〔1984〕 참조, 여기서는 318쪽.

51. Giorgio Agamben, *Homo sacer. Die souveräne Macht und das nackte Leben*, Hubert Thüring의 번역, Frankfurt a.M.: Suhrkamp 2006 〔1995〕, I장, "Das Paradox der Souveränität", 30~40쪽 참조.

52. Hannah Arendt, "Der Raum des Öffentlichen und der Bereich des Privaten", in: *Raumtheorie*, 420~433쪽 〔1958〕 참조.

53. 슈미트에 따르면 이는 "비상사태에서 결정하는" 사람으로 정의될 수 있는 주권자의 행위이다 (Carl Schmitt, *Politische Theologie. Vier Kapitel zur Lehre von der Souveränität*, Berlin: Duncker / Humbolt 2004 〔1922〕, 11쪽). 푸코와 아감벤에 의해 밝혀진 공간도식주의에 대해서는 다음 책 *Auszug aus dem Lager. Zur Überwinding der modernen Raumparadigmas in der politischen Philosophie*, *Ludger Schwarte*, Bielefeld: transcript 2007 참조.

54. Boris Groys, "Die Topologie der Aura", in: Boris Groys, *Topologie der Kunst*, München-Wien: Hanser 2003, 33~46쪽 참조.

55. Lambert Wiesing, "Was sind Medien?", in: Lambert Wiesing, *Artifizielle Präsenz. Studien zur Philosophie des Bildes*, Frankfurt a.M.: Suhrkamp 2006 〔2005〕, 149~162쪽 참조.

1부 공간에서 위상학으로

'틈새 생각하기': 현대 공간 논의에 대한 문화지형학적 단편

1. 예를 들어 Doris Bachmann-Medick, "Spatial Turn", in: Bachmann-Medick의 *Cultural Turns. Neuorientierung in den Kulturwissenschaften*, Reinbek bei Hamburg: Rowohlt Taschenbuch Verlag 2006, 284~328쪽 참조.

2. Alexander C.T. Geppert/Uffa Jensen/Jörg Weinhold, "Verräumlichung. Kommunikative Praktiken in historischer Perspektive, 1840~1930", in: Alexander C.T. Geppert/Uffa Jensen/Jörg Weinhold, *Ortsgespräche. Raum und Kommunikation im 19. und 20. Jahrhundert*, Bielefeld: transcript 2005, 15~49쪽. 그리고 Roland Lippuner/Julia Lossau, "In der Raumfalle. Eine Kritik des spatial turn in den Sozialwissenschaften", in: *Soziale Räume und kulturelle Praktiken. Über den strategischen Gebrauch von Medien*, Georg Mein과 Markus Rieger-Ladich 편집, Bielefeld: transcript 2004, 47~63쪽 참조.

3. Homi Bhabha, *The Location of Culture*, London/New York: Routledge 1994. Drek Gregory, *Geographical Imaginations*, Cambridge: Blackwell 1994. 그리고 Doreen Massey, "Imagining Globalisation: Power-geometrics of Time-Space", in: Doreen Massey, *Power-geometrics and the Politics of Sapce-time*, Hans Gebhardt와 Peter Meusburger 편집, Heidelberg: Geographisches Institut 1999, 9~23쪽 참조.

4. Edward Said, *Orientalism*, New York: Vintage Books 1978.

5. Julia Lossau, *Die Politik der Verortung. Eine postkoloniale Reise zu einer ANDEREN Geographie der Welt*, Bielefeld: transcript 2002, 73~82쪽 참조.

6. 예를 들어 Ulrich Beck, *Was ist Globalisierung?*, Frankfurt a.M.: Suhrkamp 1997, 그리고 Wolfgang Welsch, "Transculturality—the Puzzling Form of Cultures Today", in: Spaces of Culture: City, Nation, World, Mike Featherstone과 Scott Lash 편집, London: Sage 1999, 194~213쪽 참조.

7. Niklas Luhmann, *Die Gesellschaft der Gesellschaften*, 1권, Frankfurt a.M.: Suhrkamp 1997, 25쪽.

8. Antje Schlottmann, "2-Raum-Deutschland. Alltägliche Grenzziehung im vereinten Deutschland—oder: warum der Kanzler in den Osten fuhr", in: *Bericht zur deutschen Landeskunde* 79/2-3 (2005), 179~192쪽 참조.

9. Gerhard Hard, "Über Räume reden. Zum Gebrauch des Wortes 'Raum' in sozialwissenschaftlichen Zusammenhang", in: Gerhard Hard, *Aufsätze zur Theorie der Geographie*, 1권, *Landschaft und Raum*, Osnabrück: Rasch 2002, 235~252쪽 [1993], 여기서는 236쪽.

10. Karl Schlögel, *Im Raume lesen wir die Zeit. Über Zivilisationsgeschichte und Geopolitik*, München: Hanser 2003 참조.

11. Karl Schlögel, "Kartenlesen, Augenarbeit", in: *Was sind Kulturwissenschaften? 13 Antworten*, Heinz-Dieter Kittsteiner, München: Fink 2004, 261~283쪽, 여기서는 262쪽.

12. 같은 곳.

13. Chris Philo, "More Words, more Worlds. Reflections on the 'Cultural Turn' and Human Geography", in: *Cultural Turns/Geographical Turns: Perspectives on Cultural Geography*, Ian Cook, David Crouch, Simon Naylor 그리고 James R. Ryan 편집, Harlow: Prentice Hall 2000, 26~53쪽 참조.

14. 독일어권 **고유의** 사회지리학 내지 문화지리학이라는 것은 그것의 짝인 영미권 지

리학과 마찬가지로 존재하는 것은 아니다. 전공학문으로서의 지리학은 (독일어권이나 영미권 모두에서) 서로 경쟁하는 패러다임들의 동시성을 통해서 특징 지어진다. 그럼에도 발견적 근거에서 독일어권과 영미권 담론들에 대해 말하는 것을 정당화해주는, 각 영역 역사적으로 근거 지어진 차이들이 존재한다. 이는 특히 여기에서 관건이 되는 질문, 즉 물리적 물질성이 사회과학적 그리고 문화학적 이론 생산에 대해 어떤 의미를 갖는지에 관한 물음과 관련해 타당하다.

15. 경관 패러다임은 "구체적인 환경적, 경관적 · 지역적 분위기와 함께 조화와 대조 속에서 살아가는 구체적인 지역 사람들"을 기술하는 것을 목표로 한다고 밝힌다 (Gehard Hard, "Alltagswissenschaftliche Ansätze in der Geographie", in: *Zeitschrift für Wirtschaftsgeographie* 29 (1985), 190~200쪽, 여기서는 194쪽). "구체적인 것에서 일반적인 것으로 가는 방법, 지구공간적으로 고정된 사태 관계들에서 배열 패턴으로 그리고 '직관적인 질들에서'(……) 객관적인 법칙성들(거리 관계들)로 향하는 길을 기술하는" 접근법은 1970년대에 속칭 '자연과학적' 접근을 통해 해체되기에 이르렀다. (Roland Lippuner, *Raum—Systeme—Praktiken. Zum Verhältnis von Alltag, Wissenschaft und Geographie*, Stuttgart: Steiner 2005, 20쪽).

16. Andreas Reckwitz. *Die Transformation der Kulturtheorie. Zur Entwicklung eines Theorieprogramms.* Weilerswist: Velbrück 2000. 16쪽 이하.

17. Michael Flitner와 Julia Lossau가 편집한 *Themenorte*, Münster: LIT 2005에 실려 있는 기고문들을 보라. 또한 Julia Lossau, "Zu Besuch in Ere li. Kulturelle Grenzen im Schulbuch 'grenzenlos'", in: *Berichte zur deutschen Landeskunde* 79/2-3 (2005), 241~251쪽, Judith Miggelbrink, "Konstruktivismus? 'Use with Caution'… Zum Raum als Medium der Konstruktion gesellschaftlicher Wirklichkeit", in: *Erdkunde* 56/4 (2002), 337~350쪽. 그리고 Mark Redepenning, *Wozu Raum? Systemtheorie, critical geopolitics and raumbezogene Semantiken*, Leipzig: Institut für Landeskunde 2006 참조.

18. 미국과 영국식 문화지리학의 다양한 발전 노선들에 대한 조망을 Franz-Josef Kemper가 "Landschaften, Texte, soziale Praktiken—Wege der angelsächsischen Kulturgeographie", in: *Petermanns Geographische Mitteilungen* 147/2 (2003), 6~15쪽에서 보여준다.

19. James S. Duncan, "The Superorganic in American Cultural Geography", in: *Annals of the Association of American Geographers* 70 (1980), 181~198쪽 참조.

20. 예를 들어 Peter Jackson, *Maps of Meaning. An Introduction to Cultural Geography*,

London: Routledge 1989. 혹은 Denis E. Cosgrove/Peter Jackson, "New Directions in Cultural Geography", in: Area 19/2 (1987), 95~101쪽 참조.

21. James S. Duncan, *The City as Text. The Politics of Landscape Interpretation in the Kandyan Kingdom*, Cambridge: Cambridge University Press 1990, 15쪽. Raymond Williams, *The Sociology of Culture*, New York: Schocken 1982, 12쪽 이하 참조.

22. Benno Werlen, *Sozialgeographie alltäglicher Regionalisierungen*, 1권, *Zur Ontologie von Gesellschaft und Raum*, Stuttgart: Steiner 1999〔1995〕, 2권, *Globalisierung, Region und Regionalisierung*, Stuttgart: Steiner 1997 참조.

23. Josef Schmithüsen, *Was ist eine Landschaft?* Wiesbaden: Steiner 1964, 13쪽.

24. Gerhard Hard, "Raumfragen", in: *Handlungszentrierte Sozialgeographie, Benno Werlens Entwurf in kritischer Diskursion*, Peter Meusburger 편집, Stuttgart: Steiner 1999, 133~162쪽, 여기서는 133쪽.

25. '새로운 문화지리학'에 대한 논의에 대해서는 Hans Heinrich Blotevogel, "Neue Kulturgeographie'—Potenziale und Risiken einer kulturalistischen Humangeographie", in: *Berichte zur deutschen Landeskunde* 77/1 (2003), 7~34쪽. 그리고 Benno Werlen, "Cultural Turn in Humanwissenschaften und Geographie", in: *Berichte zur deutschen Landeskunde* 77/1 (2003), 35~52쪽 참조.

26. 이에 대해서는 Roland Lippuner, "Reflexive Sozialgeographie. Bourdieus Theorie der Praxis als Grundlage für sozial- und kulturgeographisches Arbeiten nach dem *cultural turn*", in: *Geographische Zeitschrift* 93/3 (2005), 135~147쪽 참조.

27. Chris Philo, "De-Limiting Human Geography: New Social and Cultural Perspektives", in: *New Words, New Worlds: Reconceptualsierung Social and Cultural Geography*, Chris Philo 편집, Lampeter: Department of Geography 1991, 14~27쪽, 여기서는 9쪽 참조.

28. Philo, "More Words", 33쪽.

29. 같은 책 37쪽. 필로의 입장이 다양한 신문화지리학을 표방하는 저자들에 의해 공유되었다는 점은 특히 2000년에 설립되고 자리를 잡은 잡지 *Social and Cultural Geography*가 그 예를 보여준다. 잡지 첫 판에 실린 일련의 논문들은 고전적 사회적 (그리고 문화적) 지리학적 테마들을 끌어들일 것을 주장한다. 예를 들어 신문화지리학의 지도적 위치에 있는 피터 잭슨(Peter Jackson)은 (다시) 인문지리학에서 '물질적' 시각을 도입할 것을 옹호하고 있다. "물질적 문화 시각은—특수한 것들 (……) 혹은 특수한 장소들 (……)이 되었든—좀더 추상적 사회 과정들을 설명

하는 데 도움을 준다 (……)." (Peter Jackson, "Rematerialization Social and Cultural Geography", in: *Social and Cultural Geography* 1/1 (2000), 9∼14쪽, 여기서는 11쪽.)

30. Don Mitchell, "There's no such Thing as Culture: Towards a Reconceptualization of the Idea of Culture in Geography", in: *Transformations of the Institute of British Geographers* 20 (1995), 102∼116쪽. 그리고 Don Mitchell, "The End of Culture? — Culturalism and Cultural Geography in the Anglo-American 'University of Excellence'", in: *Geographische Revue* 2/2 (2000), 3∼17쪽 참조.

31. David Harvey, *The Condition of Postmodernity*, Oxford: Blackwell 1989. 그리고 David Harvey, "Postmodern Morality Plays", in: *Antipode* 24 (1992), 300∼326쪽 참조.

32. David Harvey, *Justice, Nature and the Geography of Difference*, Oxford: Blackwell 1996, 210쪽. 닐 스미스(Neil Smith)도 **신문화지리학**의 (추정되는 바의) 텍스트 몰입을 마르크스주의적 시각에서 비판하고 있다. 구체적 물질성에 대한 그의 선호는 예를 들어 경험주의적 현장 연구 작업에 대한 옹호에서 드러난다. 그러한 작업에서 문화주의적 텍스트 작업의 "실제적 한계들"이 극복될 수 있다고 본다. "대충 말해, 문화적 지리학은 (……) 현장 연구의 중요성을 평가절하해서는 경험적 연구를 너무 자주 이것 혹은 저것의 재현을 위한 텍스트를 찾는 문제로 (……) 생각하기에 이르렀다. 이러한 전제의 대부분은 인문학의 몇몇 부분들로부터 유래하는 빌려온 권위에서, 특히 현실의 거의 모든 면면들을 텍스트, 담론 혹은 내러티브로 대체할 수 있다고 여기고, 텍스트의 해체와 재구성이 실제 현실의 설명을 위한 보편적 권위를 지닐 수 있다고 여기는 문학비판에서 유래한다. 텍스트 연구는 정당할 뿐 아니라 기초적으로 필요불가결한 것이다. 하지만 가장 훌륭한 텍스트 분석가들은 또한 텍스트성의 한계를 본능적으로 실제적인 성질의 것으로 여기는 실천가이기도 하다 (……)."(Neil Smith, "Socializing Culture, Radicalizing the Social", in: *Social & Cultural Geography* 1/1 (2000), 25∼28쪽, 여기서는 27쪽)

33. Nigel Thrift, "Strange Country: Meaning, Use and Style in Non-Representational Theories", in: Nigel Thrift, *Spatial Formations*, London: Sage 1996, 1∼50쪽. 그리고 Nigel Thrift, "Steps to an Ecology of Place", in: *Human Geography Today*, Doreen Massey, John Allen 그리고 Philip Sarre 편집, Cambridge: Polity Press 1999, 295∼322쪽 참조.

34. Nigel Thrift, "Non-Representational Theory", in: *The Dictionary of Human Geography*, Ronald J. Johnston, Derek Gregory, Geraldine Pratt 그리고 Michael

Watts 편집, Oxford: Blackwell 2000, 556쪽. Catherine Nash, "Performativity in Practice: Some Recent Work in Cultural Geography", in: *Progress in Human Geography* 24/4 (2000), 653~664쪽, 여기서는 655쪽 참조.

35. Nigel Thrift, "The Still Point, Resistance, Expressive Embodiment and Dance", in: *Geographies of Resistance*, Steve Pile 그리고 Michael Keith 편집, London: Routledge 1997, 124~151쪽, 여기서는 126쪽.

36. Thrift "Still Point", 26쪽. Edward P. Thompson, *The Making of the English Working Class*, Harmondsworth: Penguin 1967, 13쪽 참조.

37. Mechthild Rössler, '*Wissenschaft und Lebensraum'. Geographische Ostforschung im Nationalsozialismus. Ein Beitrag zur Disziplingeschichte der Geographie*, Berlin/Hamburg: Reimer 1990. 그리고 Michael Fahlbusch/Mechthild Rössler/Dominik Siegrist, *Geographie und Nationalsozialismus: 3 Fallbeispiele zur Institution Geographie im Deutschen Reich und der Schweiz*, Kassel: Gesamthochschule 1989 참조.

38. 1945년까지의 정치적 지리학과 지리정치학의 관계에 대해서는 Klaus Kost, *Die Einflüsse der Geopolitik auf Forschung und Theorie der Politischen Geographie von ihren Anfängen bis 1945*, Bonn: Dümmlers 1988 참조.

39. 지리학적 시각에서 문화이론의 구성주의적 기초의 논의를 위해서는 Lippuner, Raum—Systeme—Praktiken, 39~50쪽 참조.

40. 이러한 의미에서 필로 같은 이는 자신이 재물질화의 위험을 성찰했고 **문화적 전회**의 성취들을 포기하는 것을 생각해보지 않았다는 점을 다양한 방식으로 분명히 밝힌다. "이런 맥락에서 나는 문화적 전회의 장점을 옹호하고자 하며 (……) 내가 주장하는 인문지리학의 재사회화 요청은, 측량 가능한 패턴들에 사로잡힌, 그리고 구성, 논쟁, 물질적 지리학의 생생한 의미에 관심을 기울이지 않는, 사려 없는 경험주의로의 회기를 제재하는 것을 의미하지 않는다는 점을 분명히 하고자 한다." (Philo, "More Words, 42쪽".)

41. 이러한 비판적 태도는 물론 새로운 문화지리학이 고안해낸 것이 아니다. 1960년대 후반기 이후 독일어권 지리학의 발전은 실제로 물질과 의미 사이, 물리적 세계와 사회적 세계 간의 '존재론적 단절'을 인정하거나 유지하고 지리학적 이론 형성에 끌어들이는 노력으로 특징 지어진다. (Dietrich Bartels, "Einleitung", in: Dietrich Bartels, *Wirtschafts- und Sozialgeographie*, Köln/Berlin: Kiepenheuer & Witsch 1970, 13~45쪽. Gerhard Hard, "Zu Begriff und Geschichte der 'Natur' in der Geographie des 19. und 20. Jahrhunderts", in: *Natur als Gegenwelt. Beiträge zur*

Kulturgeschichte der Natur, Götz Großklaus 그리고 Ernst Oldemeyer 편집, Karlsruhe: von Loeper 1983, 141~167쪽. Helmut Klüter, *Raum als Element sozialer Kommunikation*, Gießen: Geographisches Institut 1986. 그리고 Benno Werlen, *Geschellschaft, Handlung und Raum. Grundlagen einer handlungstheoretischen Sozialgeographie*, Stuttgart: Steiner 1985. 참조)

42. 독일어권에서 그와는 다른 주장을 예를 들어 카를 슐뢰겔이 펼치고 있다. "도시 읽기"에 관한 텍스트들에서 그는 시의적절한 도시 역사 이해는 "책상에서가 아니고 독해를 통해서도 아닌" 방식으로(Schlögel, "Kartenlesen", 277쪽) 형성될 수 있다고 말한다. 사람들은 그 도시를 벤야민처럼 걸어서 돌아보고 소요하면서 답사해야 한다고 한다. 이러한 배경에서 그는 "역사가들이 운동, 여행의 인식 가능성을 오래전에 개인적, 여행적 그리고 틀에 박힌 일로 만들어버리고는 그러한 형식들을 봄과 보는 연구의 진일보한 형식으로 여기는 것을 포기해버린 것에 대해 우려를 표한다"(Schlögel, *Im Raume*, 503쪽)고 말한다.

43. Benno Werlen, *Sozialgeographie. Eine Einführung*, Bern: Haupt 2000, 307쪽.

44. Adolf Muschg, "Der Raum als Spiegel", in: *Räumliches Denken*, Dagmar Reichert 편집, zürich: vdf 1996, 47~55쪽, 여기서는 50쪽.

45. Wolfgang Zierhofer, "Die fatale Verwechslung. Zum Selbstverständnis der Geographie", in: *Handlungszentrierte Sozialgeographie*, 163~186쪽, 여기서는 181쪽.

46. Wolfgang Zierhofer, "State, Power and Space", in: *Social Geography* 1 (2005), 29~36쪽, 여기서는 31쪽.

47. Lippuner, Raum-Systeme-Praktiken, 47쪽.

48. Gesa Helms/Julia Lossau/Ulrich Oslender, "Einfach Sprachlos but not Simply Speechless: Language(s), Thought and Practice in the Social Sciences", in: *Area* 37/3 (2005), 242~250쪽.

49. Schlögel, "Kartenlesen", 264쪽.

생활세계의 지형학

1. 필자가 여기서 염두에 두고 있는 것은 아리스토텔레스의 토포스이다. 플라톤의 코라(Chora)는 따로 논평이 필요할 수도 있겠지만, 여기서는 생략하기로 한다. 다만 자크 데리다의 관련 논의를 참조하기 바란다.

2. Cicero, *De officiis*, I. 40쪽.

3. 이에 대해서는 B. Waldenfels, "Leibliches Wohnen im Raum", in: *Kulturtheorien der*

Gegenwart. Ansätze und Positionen, Gerhart Schröder 그리고 Helga Breuninger 편집, Frankfurt a.M./New York: Campus 2001, 179~201쪽 참조.

4. 예를 들어 갈릴레이에 대한 후설의 비판에서 갈릴레이는 "발견하는 동시에 덮어버리는 천재"로 기술된다. (Edmund Husserl, *Die Krisis der europäischen Wissenschaften und die transzendentale Phänomenologie. Eine Einleitung in die phänomenologische Philosophie*, Walter Biemel 편집, Husserliana, 6권, Den Haag: Nijhoff 1976, 52쪽).

5. 후설이 이미 1907년에, 즉 후에 하이데거가 편집한 시간 강의들 직후에 이미 공간 강의를 했다는 사실을 우리는 상기해볼 수 있을 것이다.(Edmund Husserl, *Ding und Raum. Vorlesungen 1907*, Ulrich Claesges 편집, *Husserliana*, 16권, Den Haag: Nijhoff 1973.) 좀더 나중에 출현한 생활세계 개념의 경우, 이 맥락에서 필자는 필자의 이전 연구들, 즉 *In den Netzen der Lebenswelt* (Frankfurt a.M.: Suhrkamp 2005 [1985])에 실린 필자의 글들(해당 저서에서 필자는 후설에서 출발해 일상, 경관, 고향 그리고 낯선 곳과 같은 특수한 공간 형식들로 논의를 확장한다)과 *Der Stachel des Fremden* (Frankfurt a.M.: Suhrkamp 1998 [1990])에 실린 대도시 연구를 언급하고자 한다.

6. Edmund Husserl, *Ideen zu einer reinen Phänomenologie und phänomenologischen Philosophie, Zweites Buch, Phänomenologische Untersuchungen zur Konstitution*, Marly Biemel 편집, Husserliana, 4권, Den Haag: Nijhoff 1952, 158쪽 참조.

7. Karl Bühler, *Sprachtheorie. Die Darstellungsfunktion der Sprache*, Stuttgart: Lucius & Lucius 1999 [1934], 7쪽. 장소부사와 대명사의 친화관계는 이미 빌헬름 폰 훔볼트에 의해 명시적으로 언급된 바 있다. 뷜러뿐만 아니라 하이데거도 훔볼트를 다루었다. (Martin Heidegger, *Sein und Zeit*, Tübingen: Niemeyer) 2006 [1927], 19쪽 참조.)

8. 이에 대해서는 B. Waldenfeld, "Verschränkung von Heimwelt und Fremdwelt" in: *Topographie des Fremden. Studien zur Phänomenologie des Fremden* I, Frankfurt a.M.: Suhrkamp 1999 [1997], 66~84쪽 참조. 우선 가장 중요한 다소 머뭇거리는, 철학과 민속학, 낯설음의 철학과 낯설음의 학의 상호 접근에 대해서는 Iris Därmann의 훌륭한 연구서인 *Fremde Mode der Vernunft. Die ethnologische Provokation der Vernunft*, München: Fink 2005을 참조. 타이틀에서 저자는 마르셀 모스(Macel Mauss)의 견해를 넌지시 시사한다.

9. Eugène Minkowski, *Die gelebte Zeit*, Meinrad Perrez와 Lucien Kayser의 번역, 1, 2권, Salzburg: Müller 1971/2 [1933]. 이 현상학적, 정신병리학적 연구에서는 생활로 체득된 시간과 마찬가지로 생활로 체득된 공간도 철저히 다룬다. 베르그송이 동기를

부여한 이 같은 단어 선택은 공간과 시간을 사전에 공간 의식 내지 시간 의식으로 환원시키는 것을 차단하는 장점이 있다.

10. 이에 대해서는 B. Waldenfels, "Architektur am Leitfaden des Leibes", in: *Sinnesschwellen. Studien zur Phänomenologie des Fremden* III, Frankfurt a.M.: Suhrkamp 1999, 201~215쪽 참조. 필자는 거기서 드레스덴의 예술사가 슈마르소브(Schmarsow)를 끌어들이는데, 이 사람은 건축학을 처음으로 "공간 형성자"로 파악한다 (August Schmarsow, "Das Wesen der architektonischen Schöpfung", in: *Raumtheorie. Grundlagentexte aus Philosophie und Kulturwissenschaften*, Jörg Dünne 그리고 Stephan Günzel 편집, Frankfurt a.M.: Suhrkamp 2006, 470~484쪽 〔1894〕, 여기서는 470쪽).

11. 1935년 빈과 프라하에서 행한 강연에서 그 초안적 아이디어가 모색되기 시작했고 1936년 미완의 형태로 벨그라드에서 출판된 후설의 *Krisis der europäischen Wissenschaften*는 바이마르 시기의 후설 사상을 장식하는 마지막 저작들 중 하나에 속한다. 이후 생활세계 개념이 유행해 그 개념이 이제 통상적으로 사용되는 개념이 되어 버린 것을 볼 때, 우리는 당시의 그러한 연관들이 어떠했는지를 잘 이해할 수 있다.

12. 다른 영역에서처럼 여기서도 중요한 통찰을 선취하는 니체에 대해서는 Stephan Günzel의 단행본 *Geophilosophie. Nietzsches philosophische Geographie*. Berlin: Akademie 2001 참조

13. Edmund Husserl, "Grundlegende Untersuchungen zum phänomenologischen Ursprung der Räumlichkeit der Natur", in: *Philosophical Essays in Memory of Edmund Husserl*, Marvin Farber 편집, Cambridge: Harvard University Press 1940, 307~325쪽. 여기서는 316쪽. 1934년에 나왔고 종종 "Umsturz der kopernikanischen Lehre"라는 제목으로 인용되는 텍스트는 메를로퐁티에게서만이 아니라, 폴 비릴리오의 드로몰로지(Dromologie: 속도 논리)와 장 라플랑슈(Jean Laplanche)의 정신분석의 코페르니쿠스화에서 주의를 끌었다. 고려해야 할 것은, 프로이트의 논제들 역시 공간적인 것의 재평가에 기여했다는 점이다.

14. Maurice Merleau-Ponty, *Das Sichtbare und das Unsichtbare gefolgt von Arbeitsnotizen*, Claude Lefort 편집 및 후기, Regula Giuliani와 Bernhard Waldenfels의 번역, München: Fink 2004 〔1964〕, 326쪽.

15. 같은 곳. Merleau-Ponty의 공간철학의 영향사에 대해서는 Stephan Günzel, "Zur Rezeption von Merleau-Pontys Raumbegriff", in: *Phänomenologische Forschungen* 9 (2004), 253~315쪽 참조.

16. Husserl, *Krisis*, 183쪽.

17. 같은 책, 331쪽.

18. Heidegger, *Sein und Zeit*, §§22쪽 이하 참조.

19. 순전한 수적인 관계와 수치적인 크기 관계들에 반해 '위치', '이웃성', '주변성', '영역' 그리고 '주위' 같은 국면들을 다루는 수학적 위상학의 경우, 그것은 장소들 안에서의 사고에 접근한다. 그러나 인용부호들이 이미 우리로 하여금 수학적 공식들과 구성물들을 직접 경험의 기술로 흘러들어가게 하는 것을 경계하게 하며 그와 반대로 후자를 전자로 대체하는 것을 경계하게 해준다. 이는 새로운 형태의 동맹과 친화성이 존재한다는 것을 배제하지 않는다. 미셸 세르는 수리위상학에서 출발하는 새로운 정향을 수립한 바 있다. "어떻게든 쉽고 단순하게 작업해보려는 나태성에 근거한 수학과의 관계는 기하학에서 공간은 항상 측정이나 치수와 관련되어 있다는 생각을 낳기에 이른다. (······) 위상학은 공간을 다르게 그리고 훨씬 뛰어나게 파악한다. 이를 위해 위상학은 폐쇄성(안쪽), 개방성(외부), 사이공간(사이), 방향과 뻗침(~로, ~앞에, ~뒤에), 근접과 접촉(~옆에, ~위에, ~에 붙어, ~아래, ~위쪽으로), 잠김(~안쪽에/~와중에), 차원 등을 사용해, 실재 전체를 수치를 부여하지 않고 단지 관계적으로 파악한다. 라이프니츠가 한때 **위치분석**이라 불렀던 위상학은 사물들의 위치를 기술하고 그것을 위해 최대한 전치사들을 사용한다." (Michel Serres, *Atlas*, Michael Bischoff의 번역, Berlin: Merve 2005 〔1994〕, 67쪽). 물론 여기에 언급된 '사물'이 '위치'와 마찬가지로 인용부호가 사용된다는 점을 잊지 말아야 한다.

20. Aristoteles, *Physik*, IV, 2, 209a35 참조.

21. 이에 대해서는 Manfred Sommer, *Suchen und Finden, Lebensweltliche Formen*, Frankfurt a.M.: Suhrkamp 2002. 책의 3부에서 이런 생활세계적 찾기 활동들은 "자동 항해"와 관계해 논의된다(282~394쪽).

22. 경험에 개입하는 기술의 이러한 개념에 대해서는 B. Waldenfels, *Bruchlinien der Erfahrung*, Frankfurt a.M.: Suhrkamp 2002, 8장 참조.

23. *Totalité et Infini*의 초반부에서 레비나스는 랭보의 두 번째 명제를 인용한다. "참된 삶은 없다(Das wahre Leben ist abwesend)". 그리고 다음과 같은 문장을 역시 첨가한다. "그러나 우리는 세상에 있다(Aber wir sind auf der Welt)". (Emmanuel Levinas, *Totalität und Unendlichkeit. Versuch über die Exteriorität*, Wolfgang Nikolaus Krewani의 번역, Freiburg/München: Alber 1987 〔1961〕, 35쪽.). 여기서 말하는 알리바이는 우리를 저승세계에 위치시키지 않는다.

24. Minkowski, *Die gelebte Zeit*, 2권, 110쪽.

25. Husserl, *Ideen II*, §60, 257~275쪽, 여기서는 257쪽.

26. 중세에는 terra nullius(영점 지역)라 불리던 트랜스카르파티안(Transkarpatien)은 오랫동안 오스트리아헝가리제국의 일부였고, 제1차 세계대전 이후에는 체코슬로바키아에 귀속되었으며, 제2차 세계대전 후에는 소련연방에 병합되었고, 현재는 우크라이나에 (그래서 또한 동구의 시간 지역에) 속한다. 동쪽 지역의 중앙부에 거주하는 독일어 사용 주민들은 중부 유럽적 시간체제를 사용했다. 그래서 이러한 방식으로 두 가지 시간체제를 사용하는 삶을 살았다고 한다.

27. Friedrich Nietzsche, "Über Wahrheit und Lüge im aussermoralischen Sinn (1873)", in: Friedrich Nietzsche, *Kritische Studienausgabe*, Giorgi Colli 그리고 Mazzino Montinari 편집, München/Berlin/New York: dtv/de Gruyter 1988, 1권, 871~890쪽 〔1896〕, 여기서는 880쪽 참조.

28. 이에 대한 상세한 논의는 B. Waldenfels, *Topographie des Fremden*, 9장: "Fremdorte" 참조.

29. "가까움은 하나의 상태나 정지가 아니라 불안이고, 안정적 장소 바깥에 위치해 있는 비장소이다 (……)." (Emmanuel Levinas, *Jenseits des Seins oder anders als Sein geschieht*, Thomas Wiemer의 번역, Freiburg/München: Alber 1992 〔1974〕, 184쪽.)

30. Platon, *Des Sokrates Apologie*, 17d (번역: Schleiermacher). 이에 대해서는 에세이 Non-Lieux를 참조. 거기서 프랑스의 민족학자 마르크 오제가 자신의 다양한 타자의 이론을 위상학적으로 혹은 '비공간론적으로' 배열한다. (Marc Augé, *Orte und Nicht-Orte. Vorüberlegungen zu einer Ethnologie der Einsamkeit*, Michael Bischoff의 번역, Frankfurt a.M.: Fischer 1994 〔1992〕.)

31. Merleau-Ponty, *Das Sichtbare und das Unsichtbare*, 여러 곳을 참조. 특히 Valéry 와의 연결점을 위해서는 번역자가 274쪽에서 기재해놓은 주를 참조.

32. Blaise Pascal, *Gedanken*, Lafuma 51/Brunschwicg 293 (번역, Wasmuth).

틈새와 장(場): 영화에서의 공간지각

1. *Siegfried Kracauer—Erwin Panofsky. Briefwechsel 1941-1966*. Volker Breidecker 편집, Berlin: Akademie 1996, 27쪽.

2. Erwin Panofsky, *Das Leben und die Kunst Albrecht Dürers*, München: Rogner & Bernhard 1977, 80쪽.

3. 같은 책, 81쪽.

4. Erwin Panofsky, "Die Perspektive als symbolische Form", in: Erwin Panofsky: *Aufsätze zu Grundfragen der Kunstwissenschaft*, Berlin: Spiess 1998, 99~167쪽 〔1927〕, 여기서는 104쪽.

5. Ernst Cassierer, 위의 책 108쪽에서 재인용함.

6. 위의 책, 101쪽.

7. 또 다른 계보학에서 코스모스적 공간이 그리스를 테트락티스(Tetraktys)의 로고스에 기초하는 가운데 집적물(Aggregat)로 만든 것이 아니라, 모든 것을 포괄하는 가운데 '존재'로 만들고 있다는 사실을 프리드리히 케틀러(Friedrich Kittler)가 자신의 책 *Musik und Mathematik*, 1권, Hellas, 1부, Aphrodite (München: Fink 2006)에서 보여준다. 그는 이것을 마찬가지로, 듀링-세계공간으로부터 유래하는 시대에 걸맞지 않는 중층화들(anachronische Schichtungen)로 보여준다.

8. Siegfried Kracauer, *Von Caligari zu Hitler. Eine psychologische Geschichte des deutschen Films*, Ruth Baumgarten 그리고 Karsten Witte의 번역, Frankfurt a.M.: Suhrkamp 1979, 10쪽.

9. 같은 책, 12쪽.

10. Erwin Panofsky, 위의 책에서 재인용.

11. 메를로퐁티에 관한 라캉의 강해와 예술사에서의 심리적 위상학의 귀환에 대해서는 *Blickfalle und Augentäuschung. Zu Jacques Lacans Bildtheorie*, Claudia Blümle 그리고 Anne von der Heiden 편집, Zürich/Berlin: Diaphanes 2005를 참조.

12. *The Cinematic Apparatus*, Teresa de Lauretis 그리고 Stephen Heath 편집, London: Macmillan 1980, 그리고 하르트무트 윙클러(Hartmut Winkler)의 비판, *Der filmische Raum und der Zuschauer. 'Apparatus—Semantik—'Ideologie'*, Heidelberg: Winter 1992 참조

13. 이에 대해서는 Noël Burch, "Building a Haptic Space", in Noël Burch: *Life to Those Shadows*, Berkeley/Los Angeles: University of Califonia Press 1990, 162~185쪽. 그리고 Tom Gunning, "An Unseen Energy Swallows Space: The Space in Early Films and its Relation to American Avangarde Film", in: *Film Before Griffith*, John L. Fell 편집, Berkeley/Los Angeles: University of Califonia Press 1983, 355~366쪽 참조. 또 *Early Cinema: Space, Frame Narrative*, Thomas Elsaesse 편집, London: BFI 1990 참조.

14. Panofsky, "Perspektive", 109쪽.

15. Walter Benjamin, "Über den Begriff der Geschichte(1940)", in: Walter Benjamin:

Gesammelte Schriften, Rolf Tiedermann 그리고 Hermann Schweppenhäuser 편집, Frankfurt a.M.: Suhrkamp 1980, 1/2권, 691~704쪽 [1950], 여기서는 701쪽.

16. 19세기 수학 및 지각생리학과 벌인 후설의 논쟁에 대해서는 Daniel Tyradellis, Untiefen, Husserls Begriffsebene zwischen Formalismus und Lebenswelt, Würzburg, Königshausen & Neumann 2006 참조.

17. Siegfried Kracauer, *Geschichte—Vor den letzten Dingen*, Karsten Witte의 번역, Frankfurt a.M.: Suhrkamp 1971 [1969], 15쪽.

18. Kracauer, Brief an Adorno von 12. Februar 1949, 인용은 *Briefwechsel*, 49쪽에 따름.

19. 영화 공간에 대한 매체학과 영화학 간의 대결을 스케치하는 시도에서 필자는 최근에 발간된 Heide Schlüpmann의 선언 "Celluloid & Co. Filmwissenschaft als Kinowissenschaft", in: *Frauen und Film* 65 (2006), 39~79쪽을 참조하고 있다.

20. 같은 책, 65쪽.

21. 같은 책, 39쪽.

22. 이에 대해서는 Lucy Irigaray, "Der Ort, der Zwischenraum. Eine Lektüre von Aristoteles Physik IV, 2-5", in: Lucy Irigaray: *Ethik der sexuellen Differenz*, Xenia Rajewski의 번역, Frankfurt a.M.: Suhrkamp 1999 [1984], 46~70쪽. 기호학적 코라에 대해서는 Julia Kristeva, *Die Revolution der poetischen Sprache*, Reinold Werner의 번역, Frankfurt a.M.: Suhrkamp 1978 [1974] 참조.

23. Schlüpmann, "Celluloid & Co.", 61쪽.

24. 같은 곳.

25. 같은 책, 59쪽.

26. Siegfried Kracauer, *Theorie des Films. Die Errettung der äußeren Wirklichkeit*, Friedrich Walther 그리고 Ruth Zellschan의 번역, Frankfurt a.M.: Suhrkamp 1996 [1960], 87쪽.

27. Maurice Merleau-Ponty, "Das Auge und der Geist", in: Maurice Merleau-Ponty, *Das Auge und der Geist. Philosophische Essays*, Hans Werner Arndt의 번역 및 편집, Hamburg: Meiner 1984, 13~43쪽 [1964], 여기서는 13쪽.

28. 같은 책, 14쪽.

29. Friedrich Kittler, "Phänomenologie versus Medienwissenschaft)1998=", http://hydra.umn.edu/kttler/Istambul.html. [앞서 표기된 사이트를 대체하는 사이트는 다음과 같다. http://hydra.humanities.uci.edu/kittler/istambul.html—옮긴이]

30. Astrid Deuber-Mankowsky, "Eine Aussicht auf die Zukunft, so wie in einem

optischen Kasten. Transzendentale Perspektive, optische Illusion und beständiger Schein bei Immanuel Kant und Johann Heinrich Lambert", in: *Apparaturen bewegter Bilder*, Daniel Gethmann 그리고 Christoph B. Schulz 편집, Münster: LIT 2006, 19~35쪽, 여기서는 25쪽.

31. Michael Faraday, "On a Peculiar Case of Optical Deceptions", in: Michael Faraday, *Experimental Researches in Chemistry and Physics*, 재판본, London 1859, London/ New York/Philadelphia: Taylor & Francis 1991, 296쪽 참조.

32. 이에 대해서는 Ute Holl, "Trance-Formationen. Tony Conrads Flickerfilm von 1966", in: *Auflösung*, Berlin: NGBK 2006, 29~37쪽 참조.

33. 이와 관련한 상세한 역사를 위해서는 Werner Nekes, *Eyes, Lies and Illusion: The Art of Deception*, London: Humphries 2004 참조.

34. Panofsky, "Perspektive", 109쪽 참조.

35. Bernhard Siegert, *Passage des Digitalen. Zeichenpraktischen der neuzeitlichen Wissenschaften 1500-1900*, Berlin: Brinkmann & Bose 2003, 316쪽.

36. Panofsky, "Perspektive", 104쪽.

37. Maurice Merleau-Ponty, "Das Kino und die neue Psychologie (1945)", in: Maurice Merleau-Ponty, *Sinn und Nicht-Sinn*, Hans Dieter Gondek의 번역, München: Fink 2000 [1948], 65~82쪽 [1947], 여기서는 67쪽. 그런데 이 텍스트는 (Fink판에 기재되어 있는 것과는 달리) 우선 프리다 그라페(Frieda Grafe)가 번역했다, in: *Filmkritik* 11 (1969), 695~702쪽.

38. René Descartes, *Meditationes de prima philosophia* (164), 57쪽 이하.

39. Merleau-Ponty, "Kino", 70쪽.

40. 같은 곳.

41. 같은 책, 65쪽.

42. 같은 책, 71쪽. "내가 보고 있고 거기에 닻을 내리는 대상은 항상 고정된 것처럼 보이고, 나는 다른 곳을 보는 가운데 그것으로부터 의미를 찾아낼 수 있다."

43. 같은 책, 72쪽.

44. 같은 책, 81쪽.

45. 같은 책, 76쪽.

46. 해당 영화로는 아마도 프리츠 랑(Fritz Lang)의 〈마부제 박사의 유언(Das Testament des Dr. Mabuse)〉(1933), 스탠리 도넌(Standley Domen)의 〈빗속에서 노래하며 (Singin' in the Rain)〉(1952) 혹은 앨프리드 히치콕(Alfred Hitchcok)의 〈사이코

(Psycho)〉(1960)가 언급될 수 있을 것이다. 이에 대해서는 Michel Chion, *La voix au cinéma Paris:* Cahiers du Cinéma/Ed. de l'Etoile 1993 〔1982〕 참조.

47. Merleau-Ponty, "Auge und Geist", 23쪽.

48. 같은 책, 17쪽.

49. 같은 책, 18쪽.

50. 같은 책, 16쪽.

51. 같은 책, 31쪽.

52. 같은 책, 27쪽.

53. 같은 책, 31쪽

54. 이에 대해서는 본서에 실려 있는 베른하르트 발덴펠스(Bernhard Waldenfels)의 글을 참조하기 바람.

55. Siegert, *Passage*, 305~385쪽 참조.

열린 공간과 상상력의 헤테로토피아

1. 이에 대해서는 다른 것들 중에서도 특히 Hans-Dieter Bahr, *Die Sprache des Gastes. Eine Metaethik*, Leipzig: Reclam 1994. 그리고 Hans Joachim Lenger, *Vom Abschied. Ein Essay zur Differenz*, Bielefeld: transscript 2001 참조.

2. 이에 대해서는 본서에 실려 있는 카트린 부슈의 글을 참조할 것.

3. 이에 대해서는 칸트의 숭고함의 재강해에 대한 필자의 재구성, 특히 장 프랑수아 리오타르가 그것을 자신의 후기 저작에서 어떻게 수행했는지를 보라. (Georg Christoph Tholen, "Jean-Francois Lyotard(1924~1998)", in: *Klassiker der Kunstphilosophie. Von Platon bis Lyotard*, Stefan Majetschak 편집, München Beck 2005, 307~327쪽 참조.)

4. 이에 대해 Ulrike Dünkelsbüler, *Kritik der Rahmen-Vernunft. Parergon-Versionen nach Kant und Derrida*, München: Fink 1991 참조.

5. 이에 대해 발견적으로 가치 있는 "불안정한 사이공간"이라 불리는 개념이 있는데, 이 개념을 우리는 다음 저작들로부터 골고루 얻어낼 수 있다. *Räumliches Denken*, Dagmar Reichert 편집, Zürich: vdf 1996. Herbert Mehrtens, *Moderne—Sprache— Mathematik. Eine Geschichte des Streits um die Grundlagen der Disziplin und des Subjekts formaler Systeme*, Frankfurt a.M.: Suhrkamp 1990. Karin Wenz, Raum, *Raumsprache und Sprachräume. Zur Textsemiotik der Raumbeschreibung*, Tübingen: Narr 1997. 그리고 *Räume des Wissens. Repräsentation, Codierung,*

Spur, Hans-Jörg Rheinberger, Michael Hagner 그리고 Bettina Wahrig-Schmidt 편집, Berlin: Akademie 1997. 이 모든 작품에 공통점이 있다면, 거기서 전개되는 논의들이 '추상적' 공간에서 발견되는 선형적인 개념사 및 이념사와 관련해 펼쳐지는 것이 아니라, 오히려 과학 발달에서 나타나는 단절들과 절단들을 지시해주는 문화적 기호 공간들 및 의미체계들의 산출과 역사성에 대해서 아주 민감한 반응을 보인다는 점이다.

6. 이에 대해서는 Martin Heidegger, "Die Zeit des Weltbildes(1938)", in: Martin Heidegger, *Holzwege*, Frankfurt a.M.: Klostermann 2003 〔1950〕, 75~113쪽을 보라.

7. Alain Badiou, "Philosophie und Politik", Rado Riha의 번역, in: Alain Badiou/Jacques Rancière/Rhado Riha/Jelica Sumic-Riha, *Politik der Wahrheit*, Wien: Turia+Kant 1997, 31~45쪽 〔1992〕, 여기서는 37쪽.

8. 예를 들어 Paul Virilio, *Geschwindigkeit und Politik. Ein Essay zur Dromologie*, Ronald Voullié의 번역, Berlin: Merve 1980 〔1977〕. 그리고 Peter Weibel, "Vom Verschwinden der Ferne. Telekommunikation und Kunst", in: Vom Verschwinden der Ferne. Telekommunikation und Kunst, Peter Weibel 그리고 Edith Decker 편집, Köln: DuMont 1990, 19~77쪽 참조.

9. 그 안에서 자기 자신의 불가능성이 부지불식간에 거주하고 있음을 보게 되는 곳인 종말론적 도식의 아포리아에 대해서는 근본적으로 Jacques Derrida, "Von einem neuerdings erhobenen apokalyptischen Ton in der Philosophie", in: Jacques Derrida, *Apokalypse*, Michael Wetzel의 번역, Wien: Passagen 2000, 9~90쪽 〔1981〕 참조.

10. 이의 전형적인 예로 거론될 수 있는 것이 장 보드리야르(Jean Baudrillard)의 실제와 실제 자체보다 더 실제적이라는 초실제의 중단 없는 반복 등이다.

11. Paul Virilio, *Die Sehmaschine*, Gabriele Ricke 그리고 Ronald Voullié의 번역, Berlin: Merve 1989 〔1988〕을 보라.

12. Dietmar Kamper, "Unter dem Schatten des Körpers", in: Ethik der Ästhetik, Christoph Wulf, Dietmar Kamper 그리고 Hans-Ulrich Gumbrecht, Berlin: Akademie 1994, 225~232쪽, 여기서는 230쪽.

13. Michel Foucault, "Von anderen Räumen (1967)", Michael Bischoff의 번역, in: Michel Foucault, *Schriften in vier Bänden. Dits et Esrits*, Daniel Defert, 편집 4권, Frankfurt a.M.: Suhrkamp 2005, 931~942쪽 〔1984〕, 여기서는 935쪽.

14. 같은 책, 936쪽.

15. Manfred Faßler/Wulf R. Halbach, "Vorwort", in: Manfred Faßler/Wulf R. Halbach

편집, *Cyberspace. Gemeinschaften, Virtuelle Kolonien, Öffentlichkeiten*, München: Fink 1994, 7~20쪽, 여기서는 8쪽.

16. 같은 책, 11쪽.

17. Jacques Derrida, *Marx' Gespenster. Der verschuldete Staat, die Trauerarbeit und die neue Internationale*, Susanne Lüdemann의 번역, Frankfurt a.M.: Fischer 1995 〔1993〕를 보라.

18. 이에 대한 좀더 상세한 논의를 위해서는 필자의 논문 "Einschnitte. Zur Topologie des offenen Raumes bei Heidegger", in: *DisPositionen. Beiträge zur Dekonstruktion von Raum und Zeit*, Georg Christoph Tholen과 Michael Scholl 편집, Kassel: Gesamthochschule 1996, 23~35쪽을 보라.

19. Martin Heidegger, "Zeit und Sein (1962)", in: Martin Heidegger, *Zur Sache des Denkens*, Tübingen: Niemeyer 2000 〔1969〕, 1~26쪽, 여기서는 23쪽.

20. Martin Heidegger, "Der Ursprung des Kunstwerkes (1935/36)", in: *Holzwege*, 1~74쪽 〔1960〕, 여기서는 47쪽.

21. Immanuel Kant, *Kritik der reinen Vernunft* (1781/1787), 20쪽 및 35쪽 이하.

22. 같은 책, 26쪽, 42쪽.

23. 같은 책, 50~51쪽, 74~75쪽

24. "대상들에 의해 촉발되는 방식을 통해 우리가 대상들에 대해 표상을 가질 수 있게 될 때, 이러한 능력(수용성)이 바로 감성(Sinnlichkeit)이라고 하는 것이다." (같은 책, 19/33쪽).

25. 같은 책, 34쪽, 50쪽.

26. Bahr, *Sprache des Gastes*, 370쪽.

27. Martin Heidegger, *Kant und das Problem der Metaphysik*, Frankfurt a.M.: Klostermann 1994 〔1929〕, 45쪽.

28. Martin Heidegger, "Bauen Wohnen Denken", in: Martin Heidegger, *Vorträge und Aufsätze*, Stuttgart: Neske 1997 〔1954〕, 139~156쪽 〔1952〕, 148쪽.

29. "Davoser Disputation zwischen Ernst Cassierer und Martin Heidegger (1929)", in: *Kant*, 271~296쪽 〔1973〕.

30. Heidegger, *Kant*, 115쪽.

31. 같은 책, 136쪽.

32. 같은 책, 45쪽.

33. 같은 책, 47쪽.

34. 같은 책, 78쪽. 후설이 말하는 이상성이라는 의미에서의 모든 지평에 선행하는 이
   러한 에포케(Epoché), 좀더 정확히 말하자면, 후설이 말하는 의미에서의 지평 자
   체가 사고될 수 있기 위해서는, 그러한 지평을 빠져나가는 이 에포케가 하이데거
   와 해체(Dekonstruktion) 간의 차이점을 드러내준다. 그런데 이때의 해체는 니클
   라스 루만(Niklas Luhmann)의 체계론에 대립하는 입장인데, 루만의 체계론은 다
   시 (그것들의 구분) 지평을 항상 주어진 것으로 받아들이는 입장임을 스스로 인정
   한다. "조작적 구성주의의 테제는 '세계 상실'로 이어지는 것이 아니다. 즉 실재
   가 존재한다는 사실을 부인하지 않는다. 하지만 그 테제는 세계를 대상으로가 아
   니라 현상학의 의미에서 지평으로 전제한다." (Niklas Luhmann, *Die Realität der
   Massenmedien*, Opladen: VS 2004 [1995], 18쪽.)
35. Heidegger, *Kant,* 67쪽. 이 명제에 대한 하이데거의 주석: "말미에서는 일반 형이
   상학의 기초 작업 전체에서의 선험논리의 우위가 일정 방식으로 정당하게 존재한
   다." (같은 곳).
36. 이에 대해서는 또한 칸트의 《판단력비판》에서 개진되는 상상력의 수사적 특성
   (Rhetorizität)에 대한 로돌프 가스케(Rodolphe Gasché)의 논의를 보라. 칸트의
   《판단력비판》에서 나타나는 상상력의 심상 개념(Bildbegriff)은 복사 이미지라기보
   다 회화적 정경(Tableau)이라고 생각될 수 있다. (Rodolphe Gasché, "Überlegungen
   zum Begriff der Hypotypose (Entwurf, Umriss) bei Kant", in: *Was heißt Darstellen?*,
   Christiann L. Haart Nibbrig 편집, Frankfurt a.M.: Suhrkamp 1994, 152~174쪽). 가스
   케는, 그것 없이는 어떤 심상의 가능성, 혹은 좀더 정확히 말해, 도식 가능성이 구
   성될 수 없다는 수사적 심연성 앞에서 칸트가 혼란스러워하고 있음을 증명한다.
37. Kant, *Kritik der reinen Vernunft* (2. Aufla.), 154쪽.
38. 같은 책, 154쪽.
39. 이에 대한 상세한 논의를 위해서는 Werner Hamacher, "Contre-Temps oder des
   Contrees (Gegenden) des Temps", in: *Zeit-Zeichen. Aufschübe und Interferenzen
   zwischen Endzeit und Echtzeit*, Michael Scholl 그리고 Georg Christoph Tholen 편
   집, Weinheim: VCH 1990, 29~36쪽.
40. Heidegger, Kant, 186쪽.
41. 같은 책, 193쪽.
42. Heidegger, "Bauen Wohnen Denken", 148쪽.
43. 같은 책, 149쪽.
44. 같은 책, 154쪽.

45. Martin Heidegger, "Das Ding", in: Martin Heidegger, *Vorträge und Aufsätze*, 157~180쪽 〔1951〕, 여기서는 159쪽.

46. 같은 책, 161쪽.

47. Heidegger, "Ursprung des Kunstwerkes", 31쪽.

48. 같은 책, 48쪽.

49. 같은 책, 52쪽. 이러한 묘사가 라캉의 무의식의 규정과 얼마나 근접해 있는지는 판단하기 쉽지 않다. 그래도 라캉은 사물의 위상학이 공리적으로 제정될 수 없다고 생각했기에, 그에게 사물의 위상학이 〔하이데거에게서는 종종 시원적 도약(Ur-Sprünglichkeit: 원천성)의 배후로 돌아가고자 하는 것으로 이해되는〕 원천성에 의존하지 않고서도 가능하게 되었다. 즉 라캉에게 사물의 위상학은 계보학적으로 분화되는 것이 아니고 사이를 매개로 하는 언어법칙으로, 유사시원(Ursprungspseudos)이 없는, 즉 존재신학적 의미에서 출처와 도착이 없는 위상학적 엉킴 (실제-기호-상상)으로 가능해졌다. 이러한 언어와 욕망의 법칙 그리고 철학적 윤리학사(아리스토텔레스, 벤담, 칸트)의 중요한 단계들 및 자연과학과 정치경제학의 법칙 구성들에 그런 법칙이 개입한 과정들을 재구성해서 기술하는 작업이 독어로 번역된 라캉의 '윤리학'의 과제였다. (Jacques Lacan, *Die Ethik der Psychoanalyse*, Jacques-Alain Miller에 의한 텍스트 갱신, Norbert Haas의 번역, Weinheim/Berlin: Quadrige 1996 〔1986〕.)

50. 같은 책, 62쪽.

51. Jacques Derrida, "Ousia und gramme", in: Jacques Derrida, *Randgänge der Philosophie*, Frankfurt a.M./Berlin, Wien: Ullstein 1976, 38~87쪽, 여기서는 49쪽.

52. 같은 책, 20쪽.

53. Bahr, *Sprache des Gastes*, 396쪽.

54. 같은 책, 445쪽 참조.

55. Daniel Libeskind, *Radix-Matrix. Architekturen und Schriften*, Alois Martin Müller 편집, München/New York: Prestel 1994, 119쪽.

공간, 예술, 파토스: 하이데거의 토폴로지

1. Martin Heidegger, *Aus der Erfahrung des Denkens*, Stuttgart: Neske 1996 〔1954〕, 23쪽. "존재"를 하이데거는 존재의 진리 혹은 '의미'로 이해하고자 한다.

2. 윙거가 허무주의의 장소 기술이라는 의미에서의 지형학을 특징 지우는 동안, "존재와 무를 그 본질에서 끌어모으는" 장소를 언급하기 위해 위상학 작업을 하는 것

은 타당하다고 하이데거는 말한다. (Martin Heidegger, "Zur Seinsfrage", in: Martin Heidegger, Wegmarken, Frankfurt a.M.: Kostermann 1996 [1967], 379~419쪽 [1955], 여기서는 406쪽). 이것에 비추어 허무주의의 본질이 종국적으로 명백해져야 할 것이라고 한다.

3. 같은 책, 408쪽.

4. Martin Heidegger, *Der Satz vom Grund*, Pfullingen: Neske 1992 [1957], 150쪽, 고딕체는 저자.

5. Marting Heidegger, *Beiträge zur Philosophie* (Vom Ereignis), Friedrich-Wilhelm von Herrmann, 편집 *Gesamtausgabe* 65권, Frankfurt a.M.: Klostermann 2003 [1989], 371쪽 이하 참조. 그리고 Paola-Ludovica Coriando, *Der letzte Gott als Anfang. Zur ab-gründigen Zeit-Räumlichkeit des Übergangs in Heideggers 'Beiträgen zur Philosophie'*, München: Fink 1998 참조.

6. 인간적인 존재의 밝힘에서 발현사건적인 존재역운, 즉 하이데거의 사상에서 소위 '전회'를 구성하는 인간으로서는 어쩔 수 없는 그리고 역사적인 존재역운으로의 이동은 합법적으로 또한 정당하게 '위상학적 전회'라 부를 수 있다.

7. Martin Heidegger, "Seminar in Le Thor 1969", in: *Seminare*, Curd Ochwadt 편집, Gesamtausgabe, 15권, Frankfurt a.M.: Klostermann 2003 [1986], 326~371쪽, 여기서는 335쪽.

8. 오토 푀겔러는 하이데거의 후기 사상은 "존재의 위상학"(Ott Pöggeler, "Heideggers Topologie des Seins", in: Otto Pöggeler, *Philosophie und Politik bei Heidegger*, Freiburg/München: Alber 1974 [1972], 71~104쪽 [1969], 여기서는 71쪽)으로 정리할 수 있다는 테제를 내세운다.

9. Martin Heidegger, *Zur Sache des Denkens*, Tübingen: Niemeyer 1988 [1969], 72쪽. 고딕체는 저자.

10. Heidegger, "Zur Seinsfrage", 416쪽. 참조

11. 본서에 수록된 슈테판 귄첼의 '들어가기'에 개진된 설명 참조.

12. Otto Pöggeler, "Sein als Ereignis. Martin Heidegger zum 26. September 1959", in: *Zeitschrift für philosophische Forschung* 13 (1959), 597~632쪽, 여기서는 630쪽.

13. 1958년 12월 12일, 마르틴 하이데거가 오토 푀겔러에게 보낸 편지.

14. 에밀 케터링(Emil Kettering)의 평가도 마찬가지이다. 그의 책 *Nähe. Das Denken Martin Heideggers*, Pfullingen: Neske 1987, 222쪽.

15. Heidegger, *Der Satz vom Grund*, 129쪽.

16. Martin Heidegger, *Sein und Zeit*, Tübingen: Niemeyer 1986 〔1927〕, 102쪽.

17. 같은 책, 102쪽.

18. 같은 책, 104쪽.

19. 같은 책, 101~102쪽.

20. 같은 책, 110쪽.

21. 같은 책, 111쪽.

22. 이와 관련해 가장 중요하게는 Pöggeler, "Sein als Ereignis" 그리고 Günther Neumann, *Die phänomenologische Frage nach dem Ursprung der mathematisch-naturwissenschaftlichen Raumauffassung bei Husserl und Heidegger*, Berlin: Duncker & Humblot 1999 252쪽 이하 참조.

23. Heidegger, *Beiträge zur Philosophie*, 13쪽.

24. 하이데거는 "사방"이라는 개념을 '땅', '하늘', '신적인 것', '죽을 것'을 가리키기 위해 사용했다. 그것들의 조합으로 세계가 열린다고 한다.

25. Martin Heidegger, "Bauen Wohnen Denken", in: Martin Heidegger, *Vorträge und Aufsätze*, Stuttgart: Neske 1997 〔1954〕, 139~156쪽 〔1952〕, 148쪽. 하이데거는 이 강연을 1951년에 건축가들이 초대한 두 번째 '다름슈타트 대담'에서 했다. 텍스트는 《존재와 시간》에 펼쳐지는 공간이론을 '전회'를 기준으로 정확히 재기술한 것으로 독해할 수 있다.

26. Heidegger, *Sein und Zeit*, 111쪽 참조.

27. Heidegger, "Bauen Wohnen Denken", 148쪽 참조.

28. 같은 곳.

29. "땅을 구제하고, 하늘을 받아들이고, 신적인 것을 기다리고, 죽을 자들의 인도에서 인간의 거주는 사방의 4중적 보호로서 일어난다." (Heidegger, "Bauen, Wohnen Denken", 145쪽.)

30. 같은 곳 참조.

31. Martin Heidegger, *Der Ursprung des Kunstwerkes*, Stuttgart: Reclam 1960.

32. Martin Heidegger, "Das Ding", in: Martin Heidegger, *Vorträge und Aufsätze*, 157~180쪽 〔1951〕.

33. Martin Heidegger, *Kant und das Problem der Metaphysik*, Frankfurt a.M.: Klostermann 1991 〔1929〕.

34. Immanuel Kant, *Kritik der reinen Vernunft* (1781/1787), 26/42쪽.

35. Heidegger, *Kant*, 200쪽.

36. 같은 책, 145쪽.

37. 하이데거는 명시적으로 이렇게 쓰고 있다. "공간은 (……) 단지 **주체의 직관 방식이 아니고**, 대상과 같은 객관적인 것도 아니다." (Martin Heidegger, *Bemerkungen zu Kunst—Plastik—Raum*, Hermann Heidegger 편집, St Gallen: Erker 1996, 15쪽.)

38. Michael Scholl/Georg Christoph Tholen, "Einleitung", in: *DisPositionen. Beiträge zur Dekonstruktion von Raum und Zeit*, Michael Scholl/Georg Christoph Tholen 편집, Kassel: Gesamthochschule 1996, 7~12쪽, 여기서는 16쪽.

39. Georg Christoph Tholen, "Der Ort des Raums. Heideggers Kant-Lektüre und ihre Aktualität", in: *Bauen und Wohnen. Martin Heideggers Grundlegung einer Phänomenologie der Architektur*, Eduard Führ 편집, Münster/New York/München/Berlin: Waxmann 2000, 79~98쪽, 특히 93쪽 참조.

40. 유사한 방식으로 하이데거는 《예술작품의 근원》에서 공간개시적인 효과를 그리스 신전의 예를 들어 기술한다. (Heidegger, *Ursprung des Kunstwerkes*, 37쪽 이하 참조.)

41. "Bauen, Wohnen, Denken"과 하이데거의 발현 사건-사상 사이의 관계에 대해서는 Günther Neumann, "Die Ursprungsordnung von Orten und mathematischen Räumen in Heideggers Vortrag 'Bauen Wohnen Denken'", in: *Heidegger Studies* 11 (2005), 35~56쪽. 건축이론에서 하이데거 수용에 대해서는 선집 *Bauen und Wohnen. Martin Heideggers Grundlegung einer Phänomenologie der Architektur*, Eduard Führ 편집, Münster/New York/München/Berlin: Waxmann 2000, 이중에서 특히 Ullrich Schwarz, "Dis-location. Aspekte der architekturtheoretischen Rezeption Heideggers zwischen 'Ort' und 'Ereignis'", 121~138쪽. 그리고 *Bauen, Wohnen, Denken. Martin Heidegger inspiriert Künstler*, Hans Wielens 편집, Münster: Coppenrath 1994 참조.

42. 여기에서 미셸 푸코의 1967년 작 Von anderen Räumen에서 개진된 성찰과의 연관이 구성된다. 이러한 의미에서 본서의 기고자인 게오르크 크리스토프 톨렌이 논지를 펼치고 있다.

43. Heidegger, *Bemerkungen zu Kunst*, 10~11쪽 참조.

44. Heidegger, "Bauen Wohnen Denken", 156쪽.

45. Martin Heidegger, *Platon: Sophistes* (Marburger Vorlesung Wintersemester 1924/25), Ingeborg Schüßler, *Gesamtausgabe*, 19권, Frankfurt a.N.: Klostermann 1992, 105쪽. 하이데거는 여기서 아리스토텔레스의 《물리학(Physik)》 5권의 상세한 강

해를 발전시키고 있다.

46. Heidegger, *Sein und Zeit*, 112쪽.

47. 같은 곳.

48. Heidegger, "Bauen Wohnen Denken", 153쪽.

49. 같은 책, 154쪽.

50. Heidegger, *Der Satz vom Grund*, 185쪽.

51. 이러한 의미에서 "고향 상실"이라는 개념도 Bauen Wohnen Denken의 마지막에서 이해할 수 있다. 거기서는 다음과 같은 말이 있다. 고향 상실은 "죽을 자들을 거주로 부르는 유일한 말 걸어옴"이다. (Heidegger, "Bauen Wohnen Denken", 156쪽).

52. 하이데거에 있어서 거주와 기분잡힘(Gestimmtheit)의 상호 연관에 대해서는 또한 Neumann, "Ursprungsordnung von Orten", 41쪽 참조.

53. Heidegger, *Sein und Zeit*, 54쪽.

54. 상황에 처해 있음의 공간적 의미에 대해서는 Rainer Thurnher, "Vom Befinden des Menschen im Raum", in: *Daseinsanalyse. Jahrbuch für phänomenologische Anthropologie und Psychotherapie* 12 (1995), 95~109쪽 참조.

55. Heidegger, "Bauen Wohnen Denken", 153쪽 참조.

56. 예를 들어 Ludwig Binswanger, "Das Raumproblem in der Psychopathologie", in: *Zeitschrift für Neurologie* 145 (1933), 598~647쪽. 그리고 그에 이어 Otto Friedrich Bollnow, *Mensch und Raum*, Stuttgart/Berlin/Köln: Kohlhammer 2004 〔1963〕가 이러한 입장을 대표한다.

57. Friedrich-Wilhelm von Herrmann, *Subjekt und Dasein. Interpretationen zu 'Sein und Zeit'*, Frankfurt a.M.: Klstermann 1985 〔1974〕, 176쪽 참조. 기분에 대한 하이데거의 이론에 대해서는 그 외에도 Klaus Held, "Grundstimmung und Zeitkritik bei Heidegger", in: *Zur philosophischen Aktualität Heideggers*, Dietrich Papenfuss 그리고 Otto Pöggler, 1권, Frankfurt a.M.: Klostermann 1991, 31~56쪽. Hinrich Fink-Eitel, "Die Philosophie der Stimmungen in Heideggers 'Sein und Zeit'", in: *Allgemeine Zeitschrift für Philosophie* 17 (1992), 27~44쪽. 그리고 Paola-Ludovika Coriando, *Affektenlehre und Phänomenologie der Stimmungen. Wege einer Ontologie und Ethik des Emotionen*, Frankfurt a.M.: Klostermann 2002 참조.

58. Martin Heidegger, *Zollikoner Seminare. Protokolle—Zwiegespräche—Brieffe*, Medard Boss 편집, Frankfurt a.M.: Klostermann 2006 〔1987〕, 251쪽.

59. Heidegger, *Sein und Zeit*, 138쪽.

60. 같은 책, 136쪽 참조.

61. 같은 책, 137쪽.

62. Heidegger, *Zollikoner Seminare*, 273쪽.

63. Heidegger, *Sein und Zeit*, 137쪽.

64. 이는 특히 1930년부터의 텍스트들에서 분명해지고 있다. 근본적 처해 있음은 더 이상—아직도《존재와 시간》에서 그런 것처럼—두려움과 무료함이 아니고, 전면에 나서는 것은 오히려 경이 혹은 수줍음 같은 사고적 기분들이다. (Romano Pocai, *Heideggers Theorie der befindlichkeit, Sein Denken zwischen 1927 und 1933*, Freiburg/München: Alber 1996, 20쪽.)

65. 그에 병행하는 신체에 대한 재고는 *Zollikoner Seminaren*에서의 논문들에서 스케치 되고 있다. (Cathrin Nielsen, "Pathos und Leiblichkeit. Heidegger in den *Zollikoner Seminaren*", in: *Phänomenologische Forschungen* 8 (2003), 149~169쪽.)

66. 인간 내면에서의 느낌과 감성의 위치화는 그 대신 일정한 공간 표상을, 즉 신체는 영혼을 담는 상자라는 표상을 기초로 삼는다.

67. Martin Heidegger, *Nietzsche*, 1권, Stuttgart: Neske 1996 〔1961〕, 100쪽.

68. Heidegger, *Sein und Zeit*, 136쪽.

69. 그래서《존재와 시간》에서의 기분 분석이 후기 철학의 존재사상으로의 전회를 준 비했다고 주장할 수 있다. (Held, "Grundstimmung", 36쪽 참조.)

70. Heidegger, *Zollikoner Seminare*, 230쪽.

71. Martin Heidegger, *Was ist das—die Philosophie?*, Stuttgart: Klett-Cotta 2003 〔1956〕, 26쪽.

72. '교감적'이라는 개념으로는 이미 거론한 **파토스**의 두 개의 기본 의미들과 연결되어 야 한다. (이 개념에 대해서는 기본적으로 Bernhard Waldenfels, *Bruchlinien der Erfahrung. Phänomenologie, Psychoanalyse, Phänomenotechnik*, Frankfurt, a.M.: Suhrkamp, 2002 참조.)

73. *Was ist das—die Philosophie?*, 24~28쪽에서 전개되는 철학사에서의 다양한 기 본 기분들에 대한 하이데거의 수행 작업을 참조.

74. Herrmann, *Subjekt und Dasein*, 188쪽.

75. 하이데거는 예를 들어 고대의 비극은 그리스 사람들에게 사실 문제를 밝히는 것을 꺼리는 기분이 들게 만든다고 말한다. (Heidegger, *Bemerkungen zu Kant*, 6쪽.)

76. 같은 책, 14쪽.

77. Coriando, *Affektenlehre*, 133쪽.

78. Heidegger, *Sein und Zeit*, 135쪽.

79. 같은 책, 134쪽 참조.

80. 처해 있음과 예술의 관계에 대해서는 Martin Weiß, Der Stoß der Kunst und die Stimmung der Angst. Einige Bemerkungen zur Rolle der Befindlichkeit in Heideggers Kunstauffassung, in: *Orte des Schönen. Phänomenologische Annäherungen*, Reinhold Esterbauer, Würzburg: Königshausen & Neumann 2003, 327~351쪽 참조.

81. Heidegger, *Ursprung des Kunstwerkes*, 66쪽 이하.

82. 같은 책, 29쪽.

83. '공간'과 '분위기'를 두고 벌어지는 논의들에 대해서는 주제 논집 "Konstruktion von Atmosphären", *Daidalos* 68 (1998) 그리고 "Die Produktion von Präsenz", *archplus* 178 (2006) 및 Gernot Böhme, *Architektur und Atmosphäre*, München: Fink 2006 참조.

2부 위상학의 태동

바로크의 나선: 좌우 그리고 대칭

1. 리스터는 이미 자신의 초기 저술에 해당되는 텍스트에서 청자고둥의 회전과 나선의 방향을 연구한 바 있다. (Martin Lister, "Some Observations Concerning the Odd Turn of Some Shell-snailes, and the Darting of Spiders", in: *Philosophical Transactions der Royal Society*, No. 50. London 1669 〔Martin Lister, *Letters and Divers other Mixt Discourses in Natural Philosophy*, York 1683, 1~6쪽에 다시 실림〕). 나선 방향에 대한 다른 언급들은 리스터의 1678년 작 *Historiae animalium Angliae tres tractatus*에서 찾아볼 수 있는데, 이 작품에서의 언급들이 필리포 부오나니의 관심을 일깨웠다(주 13번 참조). 1685년에서 1692년 사이 마틴 리스터의 전범적, 대형 포맷의 조개 관련 서적 *Historia conchylioum*이 출판되었고, 1696년에는 편집판 *Conchyliorum bivalvium*이 출판되었다.

2. 이에 대한 고전적인 참고문헌으로는 D'Arcy Wentworth Thompson, *On Growth and Form*, 2 Bde., Cambridge: University Press 1917 (특히 등각나선을 다루고 있는 4장) 참조. 이 책은 부분적으로 테어도어 쿡(Theodore A. Cook)의 나선운동 관련 저서들을 참고한다. *Spirals in Nature and Art: A Study of Spiral Formations Based on the Manuscripts of Leonardo da Vince*, London: Constable 1903. 그리고 동일 저

자, *The Curves of Life, Being an Account of Spiral Formations and Their Application to Growth in Nature, to Science and to Art, with Special Reference to the Manuscripts of Leonardo da Vince*, London: Constable 1914, 특히 151~169쪽 의 "Right and Left Spirals in Shells". (Martin Kemp, "Spirals of Life: D'Arcy Thompson und Theodore Cook, with Leonardo and Dürer in Retrospect", in: *Physis* 32/1 (1995), 37~54쪽. 그리고 동일 저자, *Seen/Unseen. Art, Science, and Intuition from Leonardo to the Hubble Telescope*, Oxford/New York: Oxford University Press 2006, 165~238쪽.) 로그형의 성장 형식에 대한 수학적인 증명에 대해서는 Karl Friedrich Naumann, "Über die logarithmische Spirale von Nautilus pompilius und Ammonites galeaus", in: *Berichte über Verhandlungen der Königlich Sächsischen Gesellschaft der Wissenschaften*, Bd. II (1848/49), 26~34쪽. (그 외의 문헌: Hans-Ulrich Mette, Der Nautiluspokal: Wie Kunst und Natur miteinander spielen, München: Klinkhardt & Biermann 1995. Clifford A. Pickover, "Mathematics and Beauty. A Sampling of Spirals and 'Strange' Spirals in Science, Natur and Art", in: *Leonardo* 21/2 (1988), 173~181쪽. Rorty Fonseca, "Shape and order in Organic Nature. The Nauthilus Pompilius", in: *Leonardo* 26/3 (1993), 201~204쪽. Hans Holländer, "Nautilus mirabilis", in: *Aachener Kunstblätter* 1998, 461~464쪽. 그리 고 *Die Spirale im menschlichen Leben und in der Natur. Eine interdisziplinäre Schau*, Hans Hartmann과 Hans Mislin 편집, Basel: Edition MG 1985.)

3. Frank Fehrenbach, *Licht und Wasser. Zur Dynamik naturphilosophischer Leitbilder im werk Leonardo da Vincis*, Tübingen/Berlin: Wasmuth 1997 참조.

4. Friedrich Teja Bach, *Struktur und Erscheinung: Untersuchungen zu Dürers graphischer Kunst*, Berlin: Mann 1996. 뒤러와 레오나르도에 있어서의 나선운동에 대해서는 또 한 Kemp, "Spirals of Life" 참조. 달팽이 형식('muschellini')에 대한 뒤러의 심층 연 구에 대해서는 Martin Beech, "Albrecht Dürer and his conchoid", in: *Bull. Inst. Math. Appl.* 26/3 (1990), 38~40쪽 참조.

5. 로그형 나선은 마랭 메르센(Martin Mersenne)에게 보낸 데카르트의 서신에서 논의 된다. (René Descartes, *Oeuvres*, Charles Adam과 Paul T. Tannery 편집, 2권, Paris: Cerf 1898. 360쪽). '로그형 나선'이라는 명칭은 Jakob Bernoulli, *Acta Eruditorum*, Leipzig: Grosse & Gleditsch 1691, 282쪽에서 사용된다. 수학과 건축 그리고 초기 패류학의 상호관계에 대해서는 크리스토퍼 렌(Christopher Wren) 경이 존 월리스 의 *Tractatus duo, de Cycloide*, Oxford: Lichfeldiani 1659, 107쪽 이하에서의 달팽이

껍데기 구조에서의 로그형 나선의 발견에 대한 기술을 참조: "즉 월리스는 이러한 회전형 곡선을 아주 조심스럽게 그리고 명확하게 정의하고 기술한 후, 렌이 나선형 껍데기를 일종의 원뿔 혹은 수직축을 중심으로 회전하는 피라미드로 여겼을 뿐 아니라 껍데기 형식이 나선각의 크기에 의존한다는 것을 알아차렸다고 보고한다." (Thomson, *Growth and Form*, 276쪽에서 재인용). (이에 대해서는 Edwin A. Whitman, "Some Historical Notes on the Cycloid", in: *The American Mathematical Monthly* 50/5 (1943), 309~315쪽 참조.) 데카르트, 월리스, 렌 그리고 부활의 상징으로 자신의 묘비에 로그형 나선을 새기도록 했던 베르누이 외에도, John Collins (1675)의 'spira mirabilis'에 대한 더 나아간 탐구, Pascal, Torricelli 그리고 Nicolas (1693), Halley(1696), Huygens 그리고 Newton(1687) 그리고 또 Guido Grandi (1701) 참조. (로그형 나선의 표식 기계 구성에 대해서는 John Collins가 Tschirnhaus 에게 1675년 9월 30일에 보낸 서신 in: *Correspondence of Scientific Men of the Seventeenth Century*, 1권, Oxford: University Press 1841. 그리고 이를 이어 받고 있는 Peter Frieß, *Kunst und Maschine, 500 Jahre Maschinenlinien in Bild und Skulptur*, München: Deutscher Kunstverlag 1993 참조.)

6. 아르키메데스적 나선은 영점에서 시작해 중심을 향해 곡선을 그리면서 세 바퀴를 돌아 들어간다. 나선가지들의 간격은 항상 동일하다. 좀더 정확히 말해, 곡선상에 이웃한 점들은 영점선을 기준으로 할 때 항상 일정하다. 그와는 대조적으로 (예를 들어, 앵무조개 혹은 달팽이 껍데기의) 로그형 나선이 그리는 회선들은 항상 동일한 비율 관계에서 넓이가 증가한다. 동일한 (아르키메데스적) 나선과 동일각의 (로그형) 나선은 가장 자주 테마화되는 유기적인 나선 형식들이다. 나선과 간단한 형태의 나사 혹은 달팽이 나선의 차이에 대해서는 예를 들어 Thomson, Growth and Form, 255쪽 참조.

7. Immanuel Kant, *Von dem ersten Grunde des Unterschiedes der Gegenden im Raume*, Klaus Reich 편집, Hamburg: Meiner 1975 〔1768〕, 83쪽. "종종 종의 구분에 계기를 제공할 수 있는, 자연 산물들의 잘 알려진 표식들이 일정 지역에 존재하기도 한다. 그 표식들을 기준으로 보면 그 자연 산물들의 부분들이 형성하는 질서는 역전되어 있고, 그 표식들을 통해서 보면 두 피조물은 (그들이 비록 크기나 비율 그리고 부분들의 위치에서 완전히 일치하고자 하는데도) 서로 구분될 수 있다."(같은 곳.)

8. "Rarior hic, & praeter morem à Naturâ elaboratus, atque à nemine abservatus: cujus Orbes non in sinistram partem convolvuntur, ut in omnibus Testaceis marinis ac terrestribus, sed contrario modo ex sinsitrâ in dexteream Orbes in amplum os, juxta

orbis proportionem, desimunt.(이것은 아주 드물고 자연법칙에 반해 조심스럽게 작업되었으며, 게다가 누구에게도 관찰된 바 없다. 그것의 나선형 껍데기는 모든 해양 및 뭍에서 사는 조개들같이 왼쪽으로 말아 올라간 것이 아니라, 고른 비율의 회전을 통해 왼쪽에서 오른쪽으로 주둥이 입구를 향해 감아 올라간다.)" (Fabio Colonna, *De purpura*, Rom: Mascardus 1616, 26쪽.)

9. 동물학적 분류학과 조개 명칭 목록은 순전히 시각적인 유사성에 기초한다. 그것들은 바로크의 경이로운 캐비닛에 정리된 아주 찬란하고 멋진 수집물들에서 이미 준비된 것들이다. (해양동물들과 조개들에 대한 초기 도해들은 Adam Lonitzer의 *Historia naturalis opus novum etc.*, *2 Bd.*, Frankfurt: Egenolff 1551~1555쪽. Conrad Gesner, *Icones animalium*, Tiguri: Froschover 1553. 동일 저자, *Histroria animalium (Liber 4 qui est de piscium & aquatilium animantium natura)*, Tiguri: Froschover 1558. Pierre Belon, *De aquatilibus, 2 Bd.*, Paris: Estienne 1553. Guillaume Rondelet, *Libri de piscibus marinis, in quibus verae piscium effigies expressa sunt, 2 bd.*, Lugduni: Bonhomme 1554~1555. Ulisse Aldrovandis *De reliquis animalibus (exanguibus libri quatuor ... de mollibus, crusaceis, testaceis, et zoophytis)*, Bologna, Bellagamba 1606. Fabio Colonna, Lyncei purpura etc., aquatilium et terrestrium aliquot animalium etc., Rom: Mascardus 1616. 혹은 Jan Jonston, *Historia naturalis*, Amsterdam: Schipper 1657.) 영국에서는 카를 1세의 궁정 정원사이자 열정적인 조개 수집가였던 존 트레이즈캔트(John Tradescant)가 초창기 자연사박물관을 세웠고 이 박물관의 카탈로그는 1656년에 그의 아들에 의해 출판되어 일라이어스 애시몰 (Elias Ashmole) 경에게 헌정되었다. (John Tradescant, Musaeum Tradescantianum: or a Collection of Rarities, Preserved at South Lambeth, near London, Londen: Grismond/Brooke 1656.) 애시몰박물관은 이미 17세기에 일반인에게 개방되었고 영국 최초의 공공박물관으로 통한다. 그 외의 중요한 조개 도해들은 이후 바로크의 경이로운 내실에 있는 수집 카탈로그에 보관되었다. (가령 다음과 같은 것들이다. Giovan Battista Olivi, *De reconditis et praecipuis collectaneis in Museo Calceolaris asservatis*, Venice: Ceruti 1584. Benedetto Ceruti/Andrea Chiocco, *Musaeum F. Calceolarii*, Verona: Tamo 1622. Basil Besler, *Fasciculus rariorum et aspectu dignorum varii genris quae collegit*, Nürnberg: Iselburg 1616. Michael Rupert Besler, *Gazophylacium rerum naturalium e regno vegetabili, animali et minerali*, Leipzig: Wittigau 1642. Ole Worm, *Museum Wormianum. Seu hisoria rerum rariorum ... quae ... in aedibus authoris servantur*, Leiden: Elzevir 1655. Ludovico

Moscardo, *Note overo Memorie del Museo di L. Moscardo*, Padua: Frambotto 1656. 혹은 Adam Olearius, *Die Gottorfische Kunstkammer, worinnen allerhand ungemeine sachen*, Schleswig: Holwein 1666.)

10. 이는 오직 조개만을 다룬 최초의 논문이다. 그후 시간이 조금 지나 마틴 리스터의 기념비적 저작 *Historia conchyliorum* (Londen 1685~1692)과 게오르크 에버하르트 룸피우스(Georg Eberhard Rumphius)의 *D'Amboinsche Rariteitkamer* (Amsterdam 1705)가 출간되었다. 그러나 부오나니의 작품에서는―리스터와 룸피우스에서와는 달리―아직까지 모든 달팽이 껍데기가 거울에 비친 상처럼 뒤바뀐 모양으로 그려지는데, 이는 그후의 어떤 패류학 관련 작품에서도 출현하지 않는 오류이다. 왜냐하면 그러한 오류는 분류학적으로 불안정적인 분류로 이어질 수 있기 때문이다.

11. 만유인력과 구심력의 관계에 대해 그리고 타원운동과 나선운동의 관계에 대해 바로크가 보이는 관심에 대해서는 Thomson, *Growth and Form*, 263쪽 이하 참조. "우리는 뉴턴의 경이로운 증명〔Principia 19, II 15〕을 기억하고자 한다. 중력이 떨어진 거리의 제곱 대신 세제곱에 반비례해서 변했다면, 행성들은 타원형 궤도에 머물러 있기보다는 나선형 궤도를 따라 태양에서 격리되어 고립되었을 것이고 등각적 '로그 나선 또한 그랬을 것이다.'"

12. "Non è però questa legge invariabile nelle Chiocciole, come nel Sole, che muovendosi con il moto diurno attorno ambedue gli Emisferi del Mondo, ogn' uno, che l'osserva nell'Emisfero Boreale, il vede sempre nascere dalla parte sinistra, e tramontar nela destra."(달팽이 껍데기에 나 있는 이것은 낮 동안에 지구의 남북반구 주위를 움직이는 태양의 운동과는 달리 불변적인 법칙이 아니다. 지구 북반구에서 태양의 움직임을 관찰해본 사람들은 항상 왼쪽에서는 일출을 그리고 오른쪽에서는 일몰을 보게 된다.) (Filippo Buonanni, *Ricreatione dell'occhio e della mente nell'observation' delle Chiocciole*, Sergio Angeletti 편집, Rom: Cesaretti 1681판의 재인쇄, 1984, 287쪽.) 서쪽에서 동쪽으로의 태양 운동은 지속적인 좌회전으로 파악되었고 달팽이 껍데기의 나선 방향 편향성과 비교되었다. (이에 대해서는 Cook, *Curves of Life*, 165쪽 이하 참조.) 쿡은 축이 회전하는 경향―"소켓에서의 변경(an alteration in the socket)"―을 설명 수단으로 끌어들여 그에 해당하는 실험의 사태 과정들을 기술한다. "As soon as the spiral begins to come out, e.g. of the egg of 'Pharaoh's serpents', it will exibit a dextral helix if the tube is dented slightly on the left, and a sinistral helix when the orifice of the tube has a dent upon the right.(파라오 뱀 알의 나선이 밖으로 빠져나오자마자, 튜

브의 왼쪽에 살짝 구멍이 나면, 그것은 오른쪽 방향의 나선을 보여줄 것이고, 튜브의 오른쪽에 구멍이 날 때는, 그것은 좌측 방향 나선을 보여줄 것이다.)" (같은 책, 157쪽). 이전에 칸트는 천체운동과 조개의 회전 방향 간에 성립하는 것으로 가정된 모종의 평행성을 지양하고는, 후자가 유전적인 원인을 갖는다고 제안한 바 있다. "이런 특정 속성은 정확히 동일한 종의 피조물에게서도 변함없이 수반된다. 그것도 피조물들이 위치한 반구 그리고 우리에 대해서는 좌에서 우를 향해서 움직이지만 우리의 대척점에 서 있는 이들에게는 그 반대로 움직이는 일상적인 태양 및 달 운동의 회전 방향과 어떤 관계를 맺지 않고도 그렇다. 왜냐하면 위에 언급된 자연 피조물들에는 회전의 원인이 그 씨앗 자체에 있기 때문이다." (Kant, Grunde des Unterschiedes, 83쪽.)

13. "[I]l vede sempre nascere dalla parte sinistra, e tramontar nella destra. poiche alcune ve ne sono, che in sito contrario si attorcigliano."(나는 항상 좌측에서 떠올라 우측으로 지는 것을 본다. 이는 움직임을 역전시키지 않는 어떤 지역들이 존재하기 때문이다.) (Buonanni, Ricreatione, 287쪽.)

14. 좌우 문제에 대한 훌륭한 정리와 기본 위치들에 대한 조망을 다음 기고문들이 제공한다. The Philosophy of Right and Left. Incongruent Counterpart and the Nature of Space, James van Cleve와 Robert E. Frederick 편집, Dordrecht/Boston/London: Kluwer 1991.

15. "Perche i Turbinati quasi tutti habbiano la bocca del guscio voltata alla parte destra": "Si raggirano i Turbinati can tal regola, che posti in atto di strisciarsi sul terreno, la bocca del guscio sempre riguardo la parte destra."(청자고둥 껍데기의 나선모양이 거의 모두 오른쪽 방향으로 나 있기 때문에: 땅에서 기어갈 수 있도록 되어 있는 규칙을 내재한 청자고둥 껍데기의 입구가 여전히 오른쪽에 위치할 수 있을 것이라고 당신은 잘못 생각할 수 있다.) (Buonanni, Recreatione, 287쪽.)

16. 부오나니는 마틴 리스터가 수행한 바 있는 나선운동의 방향성 관찰을 명시적으로 끌어들여 논의한다. "L'osservò fra Moderni Martino Lister, ove disse: i gusci motum solis observando, a sinistra dextram versus torqueri(근대인 마틴 리스터는 자신의 관찰에 따라 이렇게 말했다. 태양운동의 관찰을 통해 청자고둥 껍데기는 좌에서 우로 회전한다는 사실이 확인되었다). Per meglio ciò intendere si osservi la figura, ove la linea Spirale A, B, C suppone la voluta della Chiocciola. Comincia la detta voluta dal centro O, né si stende a raggirarsi verso A, ma verso C, e dopo essersi raggirata in chi pi , in chi meno, sempre termina con la bocca verso C, né mai verso

piano orizzontale, e sia C, A sopra di essa farà lal linea Spirale le intersecationi in minor numero nella parte da O a C, che da O ad A come ogn'uno può facilmente osservare." (같은 곳.)(상기 문장의 내용은 본문의 인용문과 대동소이하여 번역을 생략한다―옮긴이)

17. "그리고 우리가 인체의 양쪽 측면들이 갖는 대체적인 외적 유사성을 도외시하고 몸 내부의 여러 장기들의 다양한 위치와 느낄 수 있는 심장박동 모두를 도외시하고 보면, 심장 근육이 매번 수축해 그 말단의 작용으로 한쪽으로 기울어진 운동이 일어나 이것이 흉부 왼쪽에 일정한 충격을 가함으로써 분명한 느낌을 받게 되는데, 이를 통해 인간 신체의 양 측면들은 아주 간단하고 효과적으로 구분된다." (Kant, *Grunde des Unterschiedes*, 83쪽.)

18. Klaus Mainzer, *Zeit*, München: Beck 2002, 24쪽 이하 그리고 48쪽 참조.

19. "기계적 구조들에서 **휨/비틀림**은 본질적으로 기계적인 현상이다. 우리가 휘어질 수 있는 구조들에서 그러한 현상을 관찰할 때, 그 현상은 인간이 인위적으로 휘는 행동(Biegung)을 함으로써 나타난다는 사실을 발견한다 (……). 그러나 달팽이 껍데기나 치아 혹은 발톱들은 인위적으로 휠 수 있는 구조물들이 아니다. 그것들은 사람들에 의해 휘어질 수 있는 게 아니라 **성장에 의해 그런 결과가 나오는 것들**이다." (Thomson, *Growth and Form*, 263쪽. 고딕체는 원저자.)

20. Gofffried Wilhelm Leibniz, "Zur Analysis der Lage (1693)", Artur Buchenau의 번역, in: Gofffried Wilhelm Leibniz, *Philosophische Werke in vier Bänden*, 1권, Ernst Cassirer 편집, Neuausgabe, Meiner Verlag 1996 〔1904〕, 49~55쪽 〔1858〕, 여기서는 52쪽.

21. "우리가 커다란 조개껍데기 내의 작은 조개껍데기의 윤곽을 대강 그림으로써 이러한 드문 현상을 아무 제한 없이 묘사할 수 있다. 둘 다 동일한 형태라는 사실을 금방 알거나 인식할 수가 있다. 즉 우리가 확대경을 가지고 작은 집을 보면, 그것은 커다란 집과 동일할 것이다. 하지만 다른 한편, 작은 달팽이 껍데기가 모든 부분 및 방향에서 성장 혹은 확대(……)를 통해서가 아니라, 단지 **한 끝에서부터** 성장이 일어남으로써 커다란 것으로 성장해간다는 사실을 알고 있다." (Thompson, *Growth and Form*, 265쪽, 고딕체는 저자.)

22. "자신의 본성은 변하지 않고 성장하는 사물들이 존재한다. 예를 들어, 사각형은 거기에 하나의 기준을 적용할 때, 크기가 커지기는 하지만 사각형이 아닌 다른 것이 되는 것은 아니다." (Aristoteles, *Kategorien*, 14, 15a30.)

23. Leibniz, "Analysis der Lage", 52쪽.

24. 다시 한번 라이프니츠가 주장하던 저장공간(Lagerraum)의 존재에 대한 칸트의 반론을 참조할 것: "물체들은 서로 완전히 동일하고 유사할 수 있지만, 그 자체는 한 물체의 경계가 또 다른 물체의 경계가 될 수 없을 정도로 다양하다. 자신의 축을 중심으로 왼쪽에서 오른쪽으로 타고 올라가는 나선을 가진 수나사는 오른쪽에서 왼쪽으로 진행되는 나선을 가진 암나사에 절대 들어맞지 않을 것이다." (Kant, *Grunde des Unterschiedes*, 84쪽.) 이러한 연관 관계에서 칸트는 또한 '조화되지 않는 맞짝(inkongruentes Gegenstück)'이라는 개념을 도입해 사용한 바 있다. "다른 것과 완전히 동일하고 유사한 물체를, 그것이 혹여 완전 동일한 경계들로 추론될 수 있는 것은 아닐지라도, 나는 그것의 조화되지 않는 맞짝이라 칭한다." (같은 곳.)

25. "사실, 시각적인 활동들을 (그래서 또한 분자적 비대칭을) 보여주는 혼합물들은 변함없이 유기체적이라고 언급한 부분에서 파스퇴르가 오류를 저지르고 있다는 점을 최근 연구들이 지적하는 듯하다. 하지만 속성의 차이가, 오른쪽 혹은 왼쪽 방향의 나선들 사이에서, 실제로 구분될 수 있거나 정의될 수 있는 유일한 방법은 이것들이 **생명원리**와 접촉할 때라는 것은 여전히 진실로 남아 있다."(Cook, *Curves of Life*, 168쪽.) 예를 들어 Ernst Haeckel의 *Kunstformen der Natur*, Leipzig/Wien: Biographisches Institut 1904와 같이, 1900년에 일어난 생활과학들에서의 달팽이 껍데기의 왼쪽 혹은 오른쪽 나선 방향 및 나선 형식들에 재차 환기된 관심을 참조. (이에 대해서는 또한 Wilhelm Worringer가 *Formprobleme der Gotik*, München: Piper 1920, 38쪽에서 강조하는 역동적 나선의 '생명력'과 그것의 내재적 탈대칭을 참조.) Gilles Deleuze/Félix Guattari, *Tausend Plateaus. Kapitalismus und Schizophrenie* 2(Gabriel Ricke와 Ronald Voullié의 번역, Berlin: Merve 62005 〔1992〕, 657~693쪽, 여기서는 687쪽 이하)에 실린 "1440—평지와 고저지대"에서는 시간화된, '유목민적 선'의 원리로 채택됨.

평행선 공리, 비유클리드기하학 그리고 위상학적 상상력

1. Jean Paul, "Rhapsodien", in: Jean Paul, *Sämtliche Werke*, Abt. II, Bd. 1, Norbert Miller 편집, München/Wien: Hanser 1974, 255~307쪽, 300쪽.

2. Hans Reichardt, *Gauß und die Anfänge der nicht-euklidischen Geometrie*, Leipzig: Teubner 1985 〔1976〕, 15쪽 참조.

3. Euklid, *Die Elemente. Bücher I-XIII*, Clemens Thaer의 번역 및 편집, 재인쇄, Thun/Frankfurt a.M.: Deutsch 31997, Buch I, Postulat 5 (Axiom 11).

4. Reichardt, *Gauß*, 17쪽.

5. 같은 책, 16쪽.

6. Oskar Becker, *Grundlagen der Mathematik in geschichtlicher Entwicklung*, Frankfurt a.M.: Suhrkamp, 1990 〔1954〕, 170쪽.

7. Wallis, 위의 책 170쪽에서 재인용.

8. 같은 책, 171쪽.

9. Isaac Newton, *Die mathematischen Prinzipien der Physik*, Volkmar Schüller의 번역 및 편집, Berlin/New York: de Gruyter 1999 〔1687〕, 33쪽.

10. 같은 책, 57쪽.

11. Walter K. Bühler, *Gauß*, Berlin/Heidelberg: Springer 1987 〔1981〕, 96쪽.

12. Saccheri, Becker의 인용을 재인용, *Grundlagen*, 172쪽.

13. 같은 책, 173쪽.

14. Jeanne Peiffer/Amy Dahan-Dalmedico, *Wege und Irrwege. Eine Geschichte der Mathematik*, Klaus Volkert의 번역 그리고 서문, Basel/Berlin/Boston: Birkhäuser 1994 〔1986〕, 159쪽.

15. 같은 책, 160쪽 참조.

16. Gauß, Bühler, *Gauß*, 103쪽에서 재인용.

17. 같은 책, 97쪽 참조.

18. Lambert, Reichardt, *Gauß*, 22쪽에서 재인용.

19. Christoph J. Scriba/Peter Schreiber, *5000 Jahre Geometrie*, Berlin: Springer 2000, 395쪽.

20. Lambert, Becker, *Grundlagen*, 174쪽에서 재인용.

21. Lambert, 같은 책 175쪽에서 재인용.

22. Peiffer/Dalhan-Dalmedico, *Wege und Irrwege*, 162쪽.

23. Gauß, Gerd Biegel/Karin Reich, *Carl Friedrich Gauß*, Braunschweig: Meyer 2005, 178쪽에서 재인용.

24. Gauß, 위의 같은 책 175쪽에서 인용.

25. Carl Friedrich Gauß, "Allgemeine Flächentheorie", Albert Wangerin의 번역, in: *Gaußsche Flächentheorie, Riemansche Räume und Minkowski-Welt*, Johannes Höhm과 Hans Reichardt 편집, Leibniz: Teubner 1984, 15~65쪽 〔1827〕, 여기서는 25쪽.

26. 같은 책, 26쪽 참조.

27. 같은 책, 25쪽.

28. 같은 책, 39쪽.

29. Bernhard Riemann, "Ueber die Hypothesen, welche der Geometrie zu Grunde liegen", in: *Gaußsche Flächentheorie*, 66~83쪽, 여기서는 76쪽.

30. 같은 곳.

31. 같은 책, 80쪽.

32. 같은 책, 81쪽.

33. 같은 곳.

34. 같은 곳.

쾨니히스베르크의 다리: 레온하르트 오일러의 공간 포에톨로지

1. Homer, *Odyssee*, 19번째 시, 145행.

2. 같은 곳.

3. 1736년 3월 9일에 카를 레온하르트 고트리프 엘러가 레온하르트 오일러에게 보낸 편지, St. Petersburger Archiv der Akademie der Wissenschaften 소장, f. 1, op. 3, Nr. 21, 33~36쪽.

4. 같은 책, 37쪽.

5. 오일러가 1736년 3월 13일에 조반니 야코보 마리노니에게 보낸 서신, St. Petersburger Archiv der Akademie der Wissenschaften, f. 1, op. 3, Nr. 22, 17~18쪽, 여기의 것은 18쪽.

6. 같은 곳.

7. 같은 곳.

8. 오일러가 1736년 4월 3일 엘러에게 보낸 서신. Petersburger Archiv der Akademie der Wissenschaften: f. 1, op. 3, Nr. 22, 33~44쪽.

9. Leonhard Euler, "Solution problematis ad geometriam situs pertinentis", in: *Commentarii Academiae Scientiarum Imperialis Petropolitanae* 8 (1736), 128~140쪽, 여기서는 128쪽. 여기 및 아래의 독일어 번역은 저자에 의한 것임. 여기서 라이프니츠의 '위치분석'과 관련해 오일러가 여전히 '위치기하학(Geometriam situs)'에 대해 말한다는 것은 당시 상트페테르부르크의 그 수학자와 동료들이 라이프니츠의 이론을 아직 의식하지 못했다는 징표이다.

10. 같은 곳.

11. 1736년 4월 3일 엘러에게 보낸 오일러의 서신, 37쪽.

12. Euler, "Solution problematis", 130쪽.

13. 같은 곳.

14. 같은 곳.

15. 같은 책, 131쪽.

16. Friedrich Kittler, "Die Stadt ist ein Medium", in: *Mythos Metropole*, Gotthard Fuchs, Bernhard Moltmann 그리고 Walter Prigge 편집, Frankfurt a.M.: Suhrkamp 1995, 228~244쪽 참조.

17. Euler, "Solution problematis", 130쪽.

18. 같은 곳.

19. 같은 곳.

20. 같은 책, 132쪽.

21. 같은 책, 132쪽.

22. 같은 책, 135쪽.

23. 같은 책, 136쪽.

24. 같은 곳.

25. 같은 책 137쪽.

26. 같은 곳.

27. 같은 곳. 오일러는 대문자들 사이의 소문자 알파벳들로 다리를 나타낸다.

28. 1736년 3월 13일에 Euler가 Marinoni에게 보낸 서신, 18쪽.

29. Euler, "Solution problematis", 140쪽.

수학과 자연철학에서 위상학의 태동

1. *Encyklopädie der mathematischen Wissenschaften mit Einschluss ihrer Anwendungen*, 6권 시리즈 중 제3권의 Geometrie, 3부, Leipzig: Teubner, 1부/전반부 [1907-1910], 154~220쪽 그리고 후반부 [1914-1931], 140~237쪽 참조.

2. Paul Alexandroff/Heinz Hopf, *Topologie*, Berlin: Springer 1935 참조.

3. 이에 대해서는 이미 필자의 "Geschichtliche Betrachtungen zum Begriff 'Topologie'", in: *Topologie. Ein Ansatz zur Entwicklung alternativer Strukturen*, SFB 230 편집, Stuttgart: Sprint 1994, 1~13쪽 참조.

4. Hans Freudenthal, "Leibniz und die Analysis situs", in: *Studies Leibnitiana* 4 (1972), 61~69쪽 참조.

5. Alexandre Théophile Vandermonde, "Remarques sur les problèmes de situation", in: *Mémoires de l'Académie Royale des Sciences 1771*, 566~574쪽 참조. 또한

Moritz Epple, *Die Entstehung der Knotentheorie*, Braunschweig/Wiesbaden: Vieweg 1999 참조.

6. Hermann Graußmann, *Geometrische Analyse geknüpft an die von Leibniz erfundene geometrische Charakteristik*, Leipzig: Weidmann 1847.

7. Gottgried Wilhelm Leibniz, "De analysi situs (1693)", in: G. W. Leibniz, *Mathematische Schriften*, Carl Immanuel Gerhardt 편집, Hildesheim: Olms 1971 〔1849-1863〕, V권 〔1858〕, 178~183쪽 (독어본: "Zur Analysis der Lage", in: Gottfried Wilhelm Leibniz, *Hauptschriften zur Grundlegung der Philosophie*, Artur Buchenau의 번역, Ernst Cassierer 편집, Leipzig: Dürr 1904, 1권, 69~76쪽).

8. Ernst Breitenberge, "Gauß und Listing: Topologie und Freundschaft", in: *Mitteilungen, Gauß-Gesellschaft e. V. Göttingen* 30 (1993), 3~58쪽.

9. Hohann Benedict Listing, "Vorstudien zur Topologie", in: *Göttinger Studien* 2 (1847), 811~875쪽 참조.

10. "Leibniz a Huygens, A Hanover ce 8 de Sept. 1679", in: *Christiani Hugenii aliorumque seculi XVII virorum celebrium exercitationes mathematicae et philosophhicae*, Pieter Johannes Hulenbroek 편집, Fasciculus I: *Chr. Hugenii, Leibnitii et Hospitalii epistolas mutuas*, Hagae Comitum: ex typographia regia 1833, 7~11쪽, 본문의 해당 논의와 관련해서는 9쪽. Die Beilage zum Brief in Fasciculus II, 6~12쪽.

11. "Leibniz a Huygens", 9쪽.

12. Gottfried Wilhelm Leibniz, "Entwurf der geometrischen Charakteristik (1679)", in: G. W. Leibniz, *Hauptschriften*, 1권, 77~83쪽, 본문의 해당 논의와 관련해서는 77쪽.

13. 같은 책, 78쪽.

14. 같은 곳.

15. 같은 곳.

16. Gottfried Wilhem Leibniz, "Mathesis universalis", in: G. W. Leibniz, *Mathematische Schriften*, 7권 〔1863〕, 49~76쪽, 본문의 해당 논의와 관련해서는 61쪽 참조.

17. Listing, "Vorstudien", 811쪽. 이러한 단평은 리스팅의 이러한 단평은 물론 자신의 역사적인 시각에서만 정당화된다. 왜냐하면 그가 살았던 당시에 수학은 본질적으로 수(數)의 학문으로 그리고 자연 과정들(특히 장소 변화들)을 양화하는 도구로 이해되었기 때문이다. 리스팅은 이미 케플러가 수학을 다르게 이해했다는 사실, 즉 수학은 본질적으로 자연의 조직화 원리들을 연구하는 학문으로 이해했다는 사실을 알 수가 없었다. 여기서는 단지 리스팅이 살아 있던 당시에는 알려지지 않았던, "육

각형의 눈"에 대한 케플러의 논문만 언급하고자 한다. (저자의 "Keplers Theorie der Selbststrukturierung von Schneeflocken vor dem Hintergrund neuplatonischer Philosophie der Mathematik", in: *Selbstorganisation. Jahrbuch für Komplexität in den Natur-, Sozial- und Geisteswissenschaften* 3 (1992), 237~258쪽 참조.)

18. Listing, "Vorstudien", 811쪽.

19. 같은 책, 814쪽.

20. 같은 책, 812~813쪽.

21. 오늘날 리스팅의 위상학은 조합적 위상학, 즉 19세기와 20세기에 게오르크 칸토어와 펠릭스 하우스도르프(Felix Hausdorff)의 집합론적 위상학에 추가되는 위상학으로 여겨진다. 두 전통의 흐름들은 1935년 알렉산드로프에 의해 종합되기에 이른다.

22. Johann Benedict Listing, "Der Census räumlicher Complexe oder Verallgemeinerung des Euler'schen Satzes von den Polyedern", in: *Abhandlungen der Königlichen Gesellschaft der Wissenschaften zu Göttingen* 10 (1861), 97~182쪽. 같은 해에 리스팅은 괴팅겐 왕립과학협회(Königliche Gesellschaft der Wissenschaften zu Göttingen)의 정회원으로 받아들여지고, 1년 후에 상기 논문과 저서가 출간된다.

23. Johann Benedict Listing, *Der Census räumlicher Complexe oder Verallgemeinerung des Euler'schen Satzes von den Polyedern*, Göttingen: Dieterich 1862, 5쪽.

24. 같은 책, 6쪽.

25. 찰스 샌더스 퍼어스는 리스팅이 추구하는 철학적이고 수학적인 의미를 인지하고 있었던 몇 안 되는 사람 중 하나이다. 그는 가우스, 리만, 리스팅 그리고 그라스만의 위상학적 연구들을 집중 연구한 바 있다. 퍼어스는, 연속의 점들 (리스팅의 "상상적 점들"이) 개별적인 자기정체성을 가지고 있지 않는 동안, 위상학적 개별성들 (리스팅에게 그것은 특히 입체교차로 혹은 매듭과 같은 것들이다)이, 유체의 회오리가 잔잔한 흐름에서 두드러지게 나타나듯이, 정체성과 개별성을 가진 유일한 것들이라는 사실을 확신했다. 이에 대해서는 편집자에 의해 다음과 같이 요약된 바 있는 퍼어스의 원고 번호 159번을 보라: "그는 이 새로운 아이디어를 아주 상세히 연구했고 위상적으로 개별적인 점들은, 일반적으로 연속하는 선에 놓인 한 점은 개별적인 정체성을 전혀 가지고 있지 않는 동안, 정체성을 갖고 있는 점들뿐이라고 믿기에 이른다." (Carolyn Eisele, "Introduction", in: Charles S. Peirce, *The New Elements of Mathematics*, Carolyn Eisele 편, Vol. II, *Algebra and Geometry*, Den Haag/Paris: Mouton 1976, V~XXVII쪽, 본문의 해당 논의와 관련해서는 XIII쪽.)

26. 리스팅, Census, 4쪽 이하.

27. 같은 책, 13쪽.

28. 같은 곳. 이러한 연관에서 리스팅은 원래는 뫼비우스에 앞서 자신이 1858년에 발견했으나 두 번째 발견자인 뫼비우스의 이름을 따 "뫼비우스의 띠"라 칭해진 것과 관련된 자신의 발견을 언급한다. (Klaus Mainzer, *Geschichte der Geometrie*, Stufttgart: Klett 1980, 186쪽, 주 84번 참조.) 뫼비우스의 띠는 방금 전에 기술된 것과는 반대의 속성을 가진다. 왜냐하면 분리선으로서의 주변 모서리(Rand)를 넘지 않고서도 다른 쪽으로 넘어가는 것이 허용되기 때문이다.

29. Alexandroff/Hopf, *Topologie*, 2쪽.

30. Listing, "Vorstudien", 832쪽 및 844쪽 이하.

31. 같은 책, 846쪽과 848쪽 참조. 그는 Matthias J. Schleiden의 *Grundzüge der wissenschaftlichen Botanik von 1842*를 자세히 인용한다. (같은 책, 848쪽 이하 참조.)

32. 같은 책, 844쪽.

33. 같은 책, 845쪽.

34. 이에 대해서는 필자의 "Geometrical Product—Exponentiation—Evolution. Justus Günther Grassmann and dynamist *Naturphilosophie*", in: *Hermann Günther Graßmann (1809-1877): Visionary Methematician, Scientist and Neohumanist Scholar*, Gert Schubring 편집, Dordrecht/Boston/London: Kluwer 1996, 47~58쪽 참조.

35. Breitenberger "Gauß und Listing", 38쪽.

36. Listing, "Census", 79쪽 이하.

37. Listing, "Vorstudien", 875쪽. 결정체학(Kristallographie)과 관련해 그는 밀러의 1839년에 출간된 저서 *A Treatise on Crystallography*를 거론한다.

38. Rieman과 Schelling에 대해서는 필자의 "Subjektivität als Selbstorganisation. Schellings Transformation des Subjektbegriffs und sein Einfluss auf erste mathematische Ansätze einer Theorie der Selbstorganisation im 19. Jahrhundert", in: *Philosophie der Subjektivität? Zur Bestimmung des neuzeitlichen Philosophierens. Akten des 1. Kongresses der Internationalen Schelling-Gesellschaft 1989*, Hans Michael Baumgartner와 Wilhelm G. Jacobs 편집, Stuttgart-Bad Cannstatt: Frommann-Holzboog 1993, Bd 2, 431~440쪽 참조.

39. 수학적 공간들과 자연철학적 그리고 심리학적 발달이론들과의 상호관계는 이 자리에서 더이상 심화될 수 없다. 이 테마에 대한 필자의 저서가 곧 완료될 것이다.

3부 응용위상학

무형의 형식: 열 가지 테제로 읽는 @건축위상학

1. Jeffrey R. Weeks, *The Shape of Space. How to Visualize Surfaces and Three-Dimensional Manifolds*, New York/Basel: Dekker 2002 [1985]. Jan J. Koenderink, Solid Shape, Cambridge: MIT Press 1993 [1990]. George K. Francis, *A Topological Picturebook*, New York: Springer 1988 [1987]. Vladimir G. Boltjanskij/Vadim H. Efremovič, *Anschauliche kombinatorische Topologie*, Detlef Seese와 Walter Weese 의 번역, Braunschweig: Vieweg 1986 [1982], 그리고 J. Scott Carter, How Surfaces Intersect In Space. An Introduction To Topology, Singapore/New Jersey/London/Hong Kong: World Scientific 1995 [1993] 참조.

2. *Theorie der Mataphter*, Anselm Haverkamp 편집, Darmstadt: WBG 1996 [1983]. 그리고 *Die paradoxe Metapher*, Anselm Haverkamp 편집, Frankfurt a.M.: Suhrkamp 1998 참조.

3. Gianni Vattimo, "Metropolis and Hermeneutics. An Interview", in: *World Cities and the Future of the Metropolis, Beyond the City, the Metropolis*, Katalog Triennale di ilina 1988, Bd. 1/2, Georges Teyssot 편집, Milano: Elektra 1988 참조.

4. Rosalind F. Krauss/Yves-Alain Bois, *Formless. A User's Guide*, New York: Zone 1997 [1996] 참조.

5. Aldo Rossi, "An Analogical Architecture", David Stewart의 번역, in: *Architecture and urbanism* 65/5 (1976), 74~76쪽 참조.

6. "위상학적으로 접근했을 때 건축의 재료는 더이상 형식이 아니라 변형(deformation) 이다. 선반(bracket)들은 열린 채 흔들린다. 형식은 한쪽으로 떨어져 나가 그나마 끝에 있다. 형식은 과정 쪽을 향해 있기보다는 그러한 과정에서 출현하고 형식을 넘어서는 운동에서 도출된다. 형식의 원천은 변천으로 휩쓸려 들어간다." (Brian Massumi, "Sensing the Virtual, Builing the Insensible", in: *Architectural Design* 68/5-6 (1998), 16~24쪽, 본문의 해당 논의와 관련해서는 16쪽.)

7. Aldo Rossi, *Die Architektur der Stadt. Skizze zu einer grundlegenden Theorie des Urbanen*, Arianna Giachi의 번역, Düsseldorf: Bertelsmann 1973 [1966], 10쪽.

8. 이에 대해서는 필자의 *Urbane Topologie. Architektur der randlosen Stadt*, Weimar. Bauhaus 2002 참조.

9. Saskia Sassen, *Metropolen des Weltmarkes, Die neue Rolle der Global Cities*, Bodo

Schulze의 번역, Frankfurt a.M./New York: Campus 1996 [1994], 26쪽. 참조

10. Jean Gottmann, "Megalopolis or the urbanization of the northeastern Seabord", in: *Economic Geography* 33/3 (1957), 189~200쪽, 본문의 해당 논의와 관련해서 는 196쪽. 그리고 Lewis Mumford, *Megalopolis. Gesicht und Seele der Grosstadt*, Veronica Ensslen의 번역, Wiesbaden: Bauverlag 1951 [1938] 참조.

11. Thomas Sieverts, *Zwischenstadt. Zwischen Ort und welt, Raum und Zeit, Stadt und Land*, Braunschweig: Vieweg 1997 참조,

12. Joel Garreau, Edge City. *Life on the New Frontier*, New York: Double-day 1991 참조.

13. *Netzstadt. Transdisziplinäre Methoden zum Umbau urbaner Systeme*, Peter Bassini와 Franz Oswald 편집, Zürich: vdf 1998 참조.

14. Anselm Haverkamp, "Paradigma Metapher/Metapher Paradigma", in: *Epochenschwelle und Epochenbewusstsein*, Reinhart Herzog과 Reinhart Koselleck 편집, München: Fink 1987, 547~560쪽 [1985], 본문의 해당 논의와 관련해서는 552쪽 참조.

15. Ernest W. Adams, "The Naive Conception of the Topology of the Surface of a Body", in: *Space, Time and Geometry*, Patrick Suppes 편집, Dordrecht: Reidel 1973, 402-424. 그리고 Margaret M. Fleck, "The Topology of Boundaries", in: *Artificial Intelligence* 80 (1996), 1~27쪽 참조.

16. Stephen Perrella, "Hypersurface Theory. Architecture><Culture", in: *Architectural Design* 68/5-6 (1998), 11~15쪽. 필자의 번역.

17. Brian Rotman, *Die Null und das Nichts. Eine Semiotik des Nullpunkts*, Petra Sonnenfeld의 번역, Berlin: Kadmos 2000 [1987] 참조.

18. Georg Simmel, "Über räumliche Projektionen socialer Formen", in: Georg Simmel, *Gesammtausgabe*, Bd. 7, Otthein Rammstedt 편집, Frankfurt a.M.: Suhrkamp 1995, 201~220쪽 [1903] 참조.

19. Gotthard Günther, "Life as Poly-Contexturality", in: Gotthart Günther, *Beiträge zur Grundlegung einer operationsfähigen Dialektik*, Bd. 3, *Philosophie der Geschichte und der Technik*, Hamburg: Meiner 1980, 283~305쪽 참조.

20. Richard Rorty, *Eine Kultur ohne Zentrum. Vier philosophische Essays and und ein Vorwort*, Joachim Schulte의 번역 및 편집, Stuttgart: Reclam 1993 [1991] 참조.

21. Jacque Derrida, *Die Schrift und die Differenz*, Rodolphe Gasché의 번역, Frankfurt a.M.: Suhrkamp 2003 [1967] 참조.

22. Nicolas Negroponte, *Being Digital*, New York: Knopf 1995 참조.

23. Jean Baudrillard, "Die Präzession der Simulakra", in: Jean Baudrillard, *Agonie des Realen*, Lothar Kurzawa와 Volker Schaefer, Berlin: Merve 1978 〔1977/78〕, 7~69쪽 〔1978〕.

24. "농업적 기계화를 통해 경관들이 받는 고난과도 흡사하게, 도시위상학도 이주 (transmigration)와 형상전이를 부추기는 형상들(figures) 및 시각적 기준들(visual points of reference)을 원자화하고 분산시킨" 대가를 혹독하게 치러야만 했다." (Paul Virilio, "The Overexposed City", Daniel Moshenberg의 번역, *Rethinking Architecture. A Reader in Cultural Theory*, Neil Leach 편집, London/New York: Routledge 1997, 381~390쪽 〔1984〕, 본문의 해당 논의와 관련해서는 382쪽.)

25. Chris Philo, "Foucault's Geography", in: *Environment and Planning D: Society and Space* 10/2 (1992), 137~161쪽.

26. Karl Menger, "What is Dimension?", in: *American Mathematical Monthly* 50 (1943), 2~7쪽.

27. George Spencer Brown, Gesetze der Form, Thomas Wolf의 번역, Lübeck: Bohmeier 1997 〔1969〕 참조.

28. Jean-Francois Lyotard, "Zone", Gabriele Ricke의 번역, in: *Perspektiven metropolitaner Kultur*, Ursula Keller 편집, Frankfurt a.M.: Suhrkamp 2000, 119~129쪽 〔1993〕 참조.

29. Michel Foucault, "Von anderen Räumen (1967)", Michael Bischoff의 번역, Michel Faucault, *Schriften in vier Bänden, Dits et Ecrits*, Daniel Defert 편집, Bd. 4, Frankfurt a.M.: Suhrkamp 2005, 931~942쪽 〔1984〕 참조.

30. Jean-Paul Sartre, *Das Sein und das Nichts. Versuch einer phänomenologischen Ontologie*, Hans Schöneberg과 Traugott König의 번역, Reinbek bei Hamburg: Rowohl 2004 〔1943〕 참조.

31. Stephen Smale, "Differentiable Dynamical Systems", in: *Bulletin of the American Mathematical Society* 73 (1967), 747~817쪽 참조.

32. Harald Mey, *Studien zur Anwendung des Feldbegriffs in den Sozialwissenschaften*, München: Piper 1965 참조.

33. Kurt Lewin, *Feldtheorie*, Werkausgabe, Bd. 4, Carl-Friedrich Gaumann 편집, Bern/Stuttgart: Huber/Cotta 1982 참조.

34. Pierre Bourdieu, *The Field of Cultural Production. Essays on Art and Literature*, New York 1993 참조.

35. "그것들은 (……) 흐름 속에서 그리고 현실에서 움직이는 전체 전범들(Muster)이

다. 그것들은 춤추듯이 발전해가는 모습들(Bild-Entwicklungen)이자 건축들이다.
(······) 분기된 개별 원인이나 동기 대신 여기서는 작용 연관들과 함께 뭔가 포괄
적으로 돌아가고, 여러 가지가 완전히 하나로 모양이 갖추어진 상태에서 돌아가며,
전체적으로 코러스를 이루어 돌아가고 있다. 가령 형태 변형, 회전 형상들, 작용 원
들, 제반 충동들(Ge-Triebe), 그리고 전환 현실들의 디자인 등이 하나의 상관관계를
이루며 공존한다"(Herbert Fitzek/Wilhelm Salber, *Gestaltpsychologie. Geschichte
und Praxis*, Darmstadt: WBG 1996, 144쪽.)

36. Stan Allen, "From Object to Field", in: *Architectural Design Profile* 127 (1997), 24~
31쪽 참조.

37. René Thom, *Structural Stability and Morphogenesis. An Outline of a General
Theories of Models*, David H. Fowler와 Conrad H. Waddington의 번역, Reading:
Benjamin 1975 [1972] 참조.

38. Peter Eisenhardt/Dan Kurth/Horst Stiehl, "Emergenz: Die Entstehung von
radikalen neuen", *Arch*+ 119~120 (1993), 26쪽.

39. Kevin Kelly, "Mehr ist anders. Zur Topologie des Schwarms", *Arch*+ 138 (1997),
25~32쪽 참조.

40. Bernard Tschumi, "The Architecture of the Event", *Architectural Design* 62/1-2
(1992), 24~26쪽, 본문의 해당 논의와 관련해서는 26쪽 참조.

41. Marcos Novak, "Liquid Architectures in Cyberspace", in: *Cyberspace. First Steps*,
Michael Bededict 편집, Cambridge: MIT Press 1991, 225~254쪽 참조.

42. Wolfgang Welsch, *Vernunft. Die zeitgenössische Vernunftkritik und das Konzept
der transversalen Vernunft*, Frankfurt a.M.: Suhrkamp 1996 참조.

43. Manuel Castells, *The Informaltional City. Informational Technology, Economic
Restructuring, and the Urban-Regional Process*, Oxford/Cambraidge: Blackwell
1989 참조.

44. Robert J. Shiller, "From Efficient Market Theory to Behavioral Finance", in: *Cowles
Foundation Discussion Paper* 1385 (2002), 1~44쪽. 그리고 Andrej Shleifer, *Inefficient
Markets. An Introduction to Behavioral Finance*, Oxford/New York: Oxford
University Press 2000 참조.

45. Bill Hillier, *Space Is the Machine. A Configurational Theory of Architecture*,
Cambridge/New York/Oakleigh: Cambridge University Press 1996.

46. Edward W. Soja, *Postmodern Geographics. The Reasseration of Space in Critical*

Social Theory, London/New York: Verso 1989, 129쪽.

사이-공간: 사이버네틱스와 구조주의

1. Mai Wegener, "An der Straßenkreuzung: der Mathematiker Georges Théodule Guilbaud. Kybernetik und Strukturalismus", in: *Archiv für Mediengeschichte—1950*, Lorenz Engell, Bernhard Siegert 그리고 Jeseph Vogl 편집, Weimar: Bauhaus 2004, 167~174쪽, 본문의 해당 논의와 관련해서는 168쪽 참조.

2. Claude Elwood Shannon/Warren Weaver, *The Mathematical Theory of Communication*, Urbana: University of Illinois Press 1949 참조.

3. Claude Lévi-Strauss, "Die Mathematik vom Menschen", Eva Moldenhauer의 번역, in: *Kursbuch* 8 (1967), 176~188쪽 〔1955〕, 특히 183쪽 참조. 레비스트로스는 여기서 집합론, 군이론 그리고 위상학, 짧게 말해, 부르바키 수학자 집단의 프로그램을 언급한다. 이 집단의 공동 발기인인 앙드레 베유(André Weil)은 1949년 친족성의 기본구조들에 대한 레비스트로스 저서에 대한 수학이론적 성격의 부록을 썼다.

4. Wolfgang Schäffner, "Topologie der Medien. Descartes, Peirce, Shannon", in: *Die Adresse des Mediums*, Stefan Andriopoulos, Gabriela Schabacher 그리고 Eckhard Schumacher 편집, Köln: DuMont 2001, 82~93쪽, 본문의 해당 논의와 관련해서는 82쪽 이하.

5. 이에 대해서는 Marie-Luise Heuser, "Geschichtliche Betrachtungen zum Begriff 'Topologie': Leibniz und Listing", in: *Topologie. Ein Ansatz zur Entwicklung alternativer Strukturen*, SFB 230 편집, Stuttgart: Sprint 1994, 1~13쪽. 그리고 Felix Klein, *Das Erlanger Programm*, Hans Wußing이 도입부 및 주석과 함께 편집, Leipzig: Geest & Portig 1974. 부르바키에 대해서는 http://planetmath.org/encyclopedia/NicolasBourbaki.html. 그리고 Jean Piaget, *Der Strukturalismus*, Lorenz Häfliger의 번역, Stuttgart: Klett-Cotta 1980 〔1968〕, 특히 II장, 19~36쪽. ("부르바키"라는 이름은 아이러니하게도 1871년 스위스에서 보호감호에 처하게 된 프랑스군 장군과 관련이 있다.)

6. Michel Serres, *Carpaccio. Ästhetische Zugänge*, Ulrich Raulff의 번역, Reinbek bei Hamburg: Rowohlt 1981 〔1975〕, 93쪽.

7. 같은 곳.

8. 매체이론의 기초 짓기에서 달걀이 먼저냐 닭이 먼저냐의 문제를 하르트무트 윙클러가 논의했다. (Hartmut Winkler, "Die prekäre Rolle der Technik", in: *Medien*.

Dreizehn Vorträge zur Medienkultur, Claus Pias 편집, Weimar: VDG 1999, 221~
240쪽 참조.)

9. 라이프니츠, 카시러 그리고 레비스트로스의 관계적 사고에 대해서는 Michaela Ott,
"Raum", in: *Ästhetische Grundbegriffe*, Karlheinz Barck et al. 편집, Bd. 5, Stuttgart/
Weimar: Metzler 2003, 113~149쪽, 특히 114~117쪽 참조. 세르 또한 이 전통에 속
한다. "Je ne décris que des relations. Jusqu'à maintenant contentons-nous de dire:
théorie générale des relations.(저는 관계를 기술합니다. 그러하니 우리 이제 관계
들의 일반론에 대해 얘기하지요.)" (Michel Serres, *Éclaircissement. Cinq Entretiens
avec Bruno Latour*, Paris: Bourin 1992, 186쪽.)

10. Michel Serres, "Spektralanalyse. Die blaue und die rote Mühle", in: *Hermes IV.
Verteilung*, Michael Bischoff의 번역, Günther Rösch 편집, Berlin: Merve 1993
[1977], 224~270쪽 [1976], 본문의 해당 논의와 관련해서는 265쪽 참조.

11. Nobert Wieder, *Cybernetics or Control and Communication in the Animal and the
Machine*, Cambridge/New York: MIT Press/Wiley 1948 참조.

12. 카르파초 그림에 대한 미셸 세르의 단평 참조. "그림이 설교의 내용이었다(das
Tableau ist die Predigt)" (Serres, *Carpaccio*, 93쪽).

13. Claude Shannon, "Presentation of a maze-solving machine", in: *Cybernetics /
Kybernetik. The Macy-Conferences 1946-1953*, Bd. 1, *Transactions / Protokolle*,
Claus Pias에 의해 재인쇄되어 편집됨, Berlin/Zürich: Diaphanes 2003, 173~180쪽
(독일어본: "Vorführung einer Maschine zur Lösung des Labyrinthproblems", in:
Claude Shannon, *Ein / Aus. Ausgewählte Schriften zur Kommunikations- und
Nachrichtentheorie*, Friedrich Kittler, Peter Bery, David Hauptmann 그리고 Axel
Roch 편집, Berlin: Brinkmann+Bose 2000, 288~298쪽 [1952])

14. Gervase Marham, *Excellent and New Invented Knots and Mazes*, London: John
Marriott 1623.

15. Willard S. Small: "An experimental study of the mental processes of the rat", in:
The American Journal of Psychology XI (1900), 133~165쪽, 그리고 XII (1901),
206~239쪽 참조.

16. Jan Freund, "Der Topologiebegriff in der Mathematik", in: *Topologie*, 15~31쪽,
본문의 해당 논의와 관련해서는 17쪽 이하 참조.

17. 독일어권에서 미로에 대한 사이버네틱스 이론적인 회로 작업은 Richard Eier/Hans
Zemanek이 계속 진행했다. "Automatische Orientierung im Labyrinth. Automatic

Path-Finding in the Maze", in: *Elektronische Rechenanlagen. Zeitschrift für Technik und Anwendung der Nachrichtenverarbeitung in Wissenschaft, Wirtschaft und Verwaltung* 2/1 (1960), 23~31쪽. 또한 Karl Steinbuch의 16mm, 영화, *Ein lernender Automat, iwf-Film* Nr. 517, 1962 참조. Steinbuch의 학습 매트릭스(Lernmatrix)는 이 전통에 서 있다.

18. Shannon, "Vorführung einer Maschine", 292쪽.

19. 같은 책, 297쪽.

20. 같은 책 298쪽.

21. Hermann Kern, *Labyrinthe, Erscheinungsformen und Deutungen. 5000 Jahre Gegenwart eines Urbilds*, München: Prestel 1999 〔1982〕, 29쪽 이하 및 188쪽 이하 참조.

22. Dennis Diderot, "Elemente der Physiologie (1774-1780)", in: Dennis Diderot, *Schriften zur Kunst*, 필자의 편집, Berlin/Dresden: Philo/Fundus 2005, 28쪽 참조.

23. Otto Kehler 그리고 W. Dinger, *Orientierungsversuche bei Mäusern. Versuche im Hochlabyrinth*, Institut für den wissenschaftlichen Film, Wiessenschaftlicher Film B 635/1953, Begleitveröffentlichung mit 3 Abb., Göttingen: IWF 1970, 8쪽.

24. Michel Serres, "Mythischer Diskurs und erfahrender Weg", Gottfried Pfeffer의 번역, in: *Identität. Ein interdisziplinäres Seminar unter Leitung von Claude Lévi-Strauss*, Jean-Marie Benoist 편집, Stuttgart: Klett 1980 〔1977〕, 22~36쪽, 본문의 해당 논의와 관련해서는 28쪽.

25. Claude Lévi-Strauss/Michel Serres et al. "Diskussion", in: 같은 책, 37~47쪽, 본문의 해당 논의와 관련해서는 37쪽.

26. Michel Serres, "Diskurs und Parcours", in: Michel Serres, *Hermes* IV, 206~221쪽 〔1975〕 참조.

27. Lévi-Strauss/Serres et al., "Diskussion", 41쪽.

28. Serres, "Mythischer Diskurs", 29쪽과 36쪽 참조.

29. 같은 책, 34쪽과 36쪽.

30. 같은 책, 23쪽.

31. 같은 책, 36쪽. 흥미롭게도 장 피아제는 어린아이들도 기하학을 배우기 전에 위상학적으로 사고한다는 견해를 피력한다. Piaget, *Strukturalismus*, 26쪽.

32. Jean Petitot-Chcorda, "Identität und Katastrophentheorie (Topologie der Differenz)", in: *Identität*, 102~151쪽. 이 강연에 대한 세르의 언술들은 논의 기록으로 전해진다.

33. Lévi-Strauss/Serres et al., "Diskussion", 38쪽.

34. Piaget, *Strukturalismus*, 20쪽.

35. Claude Lévi-Strauss, "Das kulinarische Dreieck", Eva Moldenhauer의 번역, in: *Strukturalismus als Interpretatives Verfahren*, Helga Gallas 편집, Darmstadt: Luchterhand 1972, 1~24쪽 (1965), 본문의 해당 논의와 관련해서는 17쪽.

36. Michel Serres, *Der Parasit*, Michael Bischoff의 번역, Frankfurt a.M.: Suhrkamp 1987 (1980), 112쪽.

37. 세르는 1974년에 발전시킨 프로그램을 오늘날까지, 그것도 문학적 논의의 위상학적 분석에서 계속 탐구한다. Honoré de Balzac의 "Sarrasine"에 대해서는 Michel Serres, *Der Hermaphrodit*, Reinhard Kaiser의 번역, Frankfurt a.M.: Sihrkamp 1989 (1987) 참조. Jules Barbey d'Aurevilly의 "La Chevalier Des Touches"에 대해서는 Michel Serres, "Spektralanalyse: Die blaue und die rote Mühle", in: *Hermes* IV, 224~270쪽 (1976) 참조. 그리고 Guy des Maupassant의 "Der Horla"에 대해서는 Michel Serres, *Atlas*, Michael Bischoff의 번역, Berlin: Merve 2005 (1994), 57쪽 이하 참조.

38. Lévi-Strauss/Serres u.a., "Diskussion", 37쪽.

39. Serres, "Mythischer Diskurs", 36쪽.

40. Peter Berz, "Das Labyrinth—Spiel des Wissens", in: *7 Hügel. Bilder und Zeichen des 21. Jahrhunderts*, Bd. VII, *träumen*, Bodo Baumunk 그리고 Margret Kampmeyer-Käding 편집, Berlin: Henschel 2000, 112~114쪽, 본문의 해당 논의와 관련해서는 114쪽.

41. Ovid, *Metamorphosen*, VIII, Verse 155쪽 이하 참조.

42. 제자 브루노 라투르는 그로부터 과학사 기술의 현명한 형식을 끌어낸다. 사람들은 그의 세르에 대한 경의의 표시를 읽을 수 있다. (Bruno Latour, "The Enlightment without the Critique: A Word on Michel Serres' Philosophy", in: *Contemporary French Philosophy*, A. Phillips Griffiths 편집, Cambridge: Cabridge University Press 1987, 83~97쪽 참조.)

43. 도움이 되는 유용한 텍스트들이 있다. Petra Gehring, "Paradigma einer Methode. Der Begriff des Diagramms im Strukturdenken von M. Foucault und M. Serres", in: *Diagrammatik und Philosophie*, Petra Gehring, Thomas Keutner, Jörg F. Maas 그리고 Wolfgang Maria Ueding 편집, Amsterdam/Atlanta: Rodopi 1992, 89~105쪽, 특히 97~102쪽, "Topologie als Sinngrammatik". 그렇지 않고 위상학과의 관계가 부재하는 곳에서는 세르라는 이름 역시 부재한다. 가령 *Topos Raum. Die Aktualität*

des Raumes in den Künsten der Gegenwart, Angela Lammert, Michael Diers, Robert Kudielka 그리고 Gerd Mattenklott 편집, Nürnberg: Verlag für Moderne Kunst 2005.

44. 바로 이 개념들을 미셸 세르는 한 구름 위성사진에 써넣은 적이 있다. (Michel Serres, *La Légende des Anges*, Paris: Flammarion 1993, 142쪽 이하 참조.)

45. Michel Serres, *Hermes* V. Die Nordwest-Passage, Michael Bischoff의 번역, Günther Rösch 편집, Berlin: Merve 1994 [1980], 27쪽.

라캉의 정신분석학적 위상학—네 고개

1. Gustav Theodor Fechner, *Elemente der Psychophysik*, 2 Bde., Leipzig: Breitkopf & Härtl 1907 [1860], Bd. 1, 2쪽.

2. 같은 곳.

3. 크레타 미궁은, 한 연구의 가설에 따르면, 변이의 무용법(Choreographie einer Transformation)을 복사한다. (Hermann Kern, *Labyrinthe. Erscheinungsformen und Deutungen. 5000 Jahre Gegenwart einer Urbildes*, München: Prestel 1999 [1982], 49쪽 이하.)

4. Sigmund Freud, *Jenseits des Lustprinzips*, in: *Gesammelte Werke* [GW], Anna Freud, Edward Bibring, Willi Hoffer, Ernst Kris 그리고 Otto Isakower 편집, Bd. XIII, Frankfurt a.M.: Fischer 1999 [1942], 1~69쪽 [1920], 본문의 해당 논의와 관련해서는 12쪽.

5. 여기서 필자는 라캉의 해석을 그대로 받아들인다. (Jacques Lacan, Das Seminar, Buch XI (1964), *Die vier Grundbegriffe der Psychoanalyse*, Transkription: Jacques-Alain Miller, Norbert Haas의 번역, Weinheim/Berlin: Quadriga 1987 [1973], 67쪽 이하 그리고 251쪽.)

6. 프랑스 파리의 초현실주의자들은 잡지 이름을 *Minotaure*라고 칭했을 때, 이러한 형상에 걸출한 위치를 부여한다. 라캉은 이 잡지에 몇몇 초기작을 발표한 적이 있다.

7. Dieter Hombach, 'Freuds Traum', in: *Der Wunderblock* 14 (1986), 21~44쪽, 본문의 해당 논의와 관련해서는 41쪽.

8. Jacques Lacan, Le Séminaire, Livre X, *L'angoisse: 1962-1963*, Transkription: Jacques-Alain Miller, Paris: Seuil 2004.

9. Jacques Lacan, *Grundbegriffe der Psychoanalyse*, 163쪽. 여기서 이 기술(記述)은 '곡면엽(曲面葉: Innenacht)' 모양에 관계한다.

10. Sigmund Freud, "Das Unbewusste", in: GW X, 263~303쪽 〔1913〕, 본문의 해당 논의와 관련해서는 269쪽. 반면 프로이트는 "심층심리학"이라는 표현을 전적으로 허용한다.

11. Lacan, *Grundbegriffe der Psychoanalyse*, 137쪽. 여기서 "무의식은 타자의 담론"(같은 곳)이라는 정식이 발견된다. 대상 a에 대해 라캉은 마찬가지로, 그것은 "바깥(außen) 〔extime〕"(Lacan, *L'angoisse*, 121쪽)이라고 말한다.

12. Max Kleiner는 명시적으로 "Der borromäische Knoten und andere Figuren des Realen", in: *RISS* 53 (2002), 87~105쪽. 본문의 해당 논의와 관련해서는 92~93쪽을 보라. 여기서 이를 "명제가 자기 자신의 발화 장소에 재귀적으로 관계하는 형태(Figur der Rückwendung der Aussage auf den ihr eigenen Ort des Aussagens)"라고 적고 있다.

13. Sigmund Freud, *Die Traumdeutung* (1900), GW II/III, 541~542쪽.

14. Sigmund Freud, "Das Ich und das Es", GW XIII, 235~289쪽 〔1923〕 참조.

15. Freud, *Traumdeutung*, 541쪽. 프로이트는 텍스트에서 이러한 생각을 좀더 개진하고, "그 발판을 건축에 사용하지 말 것"(같은 곳)을 경고한다. 그리고 나서 공간적인 질서로부터 체계들이 돌아다니는 시간적 순서로 관심을 돌린다. 이러한 준비 작업 후에 자신의 "가장 일반적인 도식인 심적 장치"(같은 책, 542쪽)를 특히, 지각과 운동 사이의 다양한 기억술들(Er, Er′, Er″...)을 강조하는 그래픽으로 보여준다.

16. 에디트 자이페르트(Edith Seifert)는 이 일화를 자신의 저서 *Was will das Weib? Zu Begehren und Lust bei Freud und Lacan*, Weinheim/Berlin: Quadriga 1987에서 끌어들인다. 필자는 단지 그 일화가 저서의 어느 곳에서 다루어졌는지 찾을 수가 없었다…….

17. 노베르트 하스(Nobert Haas)는 이를 심리분석적 해석 구조와 관련시켜 인용한 적이 있다.

18. Sigmund Freud, *Vorlesungen zur Einführung in die Psychoanalyse* (1916/17), GW XI, 20쪽.

19. 이 용어를 라이프니츠는 1693년에 사용한다. (이에 대해서는 본서에 수록되어 있는 마리-루이제 호이저의 글을 참조.)

20. Sigmund Freud, *Aus der Geschichte einer infantilen Neurose* 〔"Der Wolfsmann"〕 (1918), GW XII, 63쪽.

21. 욕망의 원인으로서의 대상 a의 위치에 대해서는 특히 Lacan, *L'angoisse*, 119쪽 이하 참조.

22. 같은 책, 특히 50쪽 이하 참조. 라캉은 거울 모델을 1958년 "Remarque sur le papport de Daniel Lagache: 'Psychoanalyse et structure de la personnalité'", in: Jacque Lacan, *Ecrits*, Paris: Seuil 1966, 647~684쪽에서 도입한다. 여기의 그림은 674쪽에 실려 있음.

23. Lacan, *L'angoisse*, 51쪽. 여기 및 아래의 독일어 번역은 필자에 의한 것임.

24. 같은 곳.

25. 이 형상들의 묘사는 단지 근접적이다. 왜냐하면 그것들은 수학적으로 단지 4차원 공간에서 실현될 수 있기 때문이다. 이 묘사들은 라캉의 저서에서 유래하는 것이 아니라, 위상학을 시연하기 위해 필자가 끌어들인 것이다. 필자는 이 자리를 빌려 이 텍스트에 맞게 몇몇 수학적인 세밀화 작업을 위해 애써준 게르하르트 헤르고트(Gerhard Herrgott)에게 감사드린다.

26. 같은 책, 114쪽. 뒤집으면 왼쪽이 오른쪽이 되고 그 반대도 마찬가지인 장갑과는 다르게. (또한 같은 책, 116쪽과 158쪽 참조).

27. 같은 책, 116쪽.

28. 라캉은 자신의 거울 모델을, 스스로 밝히듯이, 물리학자 부아스(Bouasse)의 모델에서 출발해 고안해냈다. (또한 Claudia Blümle/Anne von der Heiden: "Einleitung", in: *Blickzähmung und Äugentäuschung*, Claudia Blümle/Anne von der Heiden 편집, Zürich/Berlin: Diaphanes 2005, 7~42쪽, 본문의 해당 논의와 관련해서는 17쪽 참조.) 모델은 1990년 빈(Wien) 전시회 다이달로스(daedalus)를 위해 나중에 재작업됨. (카탈로그 Daedalus. Die Erfingung der Gegenwart, Gerhard Fischer 편집, Basel/Frankfurt a.M.: Stroemfeld/Roter Stern 1990, 28쪽, http://www.lituraterre.org/illettrisme_ et_topologie-Lacan_Soury_Vappereau_Thome.htm)을 보라)

29. 도구 조립 안내서(Bastelanleitungen)를 포함하는 위상학 교재가 라캉 제자들이 참여한 가운데 프랑스어로 번역되었다. Stephen Barr, *Expériences de Topologie*, René Lew, Guy Trobas 그리고 Jean-Michel Vappereau의 번역 및 후기, Paris: Lysimaque 1987 (1964).

30. 이러한 혼합적인 입장에 소칼과 브리크몽이 돌파구를 마련했다. (Alan Sokal/Jean Bricmont, *Eleganter Unsinn. Wie die Denker der Postmoderne die Wissenschaften missbrauchen*, Johannes Schwab 그리고 Dietmar Zimmer의 번역, München: Beck 1999 (1997) 참조. 게다가 Mai Wegener, Neuronen und Neurosen, München: Fink 2004, 62~66쪽 참조.)

31. 라캉에 의해 양도이론(Theorie der Übertragung)에 도입된 용어는 독일어/한국어

로 'Subjekt, das wissen soll/알아야만 하는 주체' 혹은 말 그대로 'Subjekt, dem Wissen unterstellt ist/지식을 가지고 있다고 간주되는 주체'이다. 또한 '주체'와 '지식'을 종속시키는 독법도 가능하다. 이것이 여기서는 결정적이다.

32. Marc Darmon, *Essais sur la Topologie lacanienne*, Ussel: Editions de l'Association Freudienne 1990.

33. Jeanne Granon-Lafont, *Topologie ordinaire de Jacques Lacan* Paris: Point Hors Ligne, 1985. 또한 Jeanne Granon-Lafont, *Topologie Lacanienne et clinique analytique*, Paris: Point Hors Ligne 1990 참조.

34. Granon-Lafont, *Topologie ordinaire*, 13쪽. (원문에서) 여기 및 아래에서 수행된 프랑스어에서 독일어로의 번역은 필자의 것임.

35. 같은 책, 14쪽.

36. 이 '띠'는 수학적으로 '두께'가 없는 면으로 여겨야 한다.

37. 1975년 1월 14일의 세미나 모임. Granon-Lafont, *Topologie ordinaire*, 14쪽에 따름.

38. 같은 책, 19쪽. 라캉의 관심사는 조합술적 위상학이지 대수적 위상학이 아니다.

39. Vladimir G. Boltjanskij/Vadim H. Efremovič, *Anschauliche kombinatorische Topologie*, Detlef Seese와 Walter Weese의 번역, Braunschweig: Vieweg 1986 [1982], 17쪽, 그 외에 19쪽 참조.

40. 분리점은 하나의 위상학적 상수이다. 그것은 떨어진 거리에 따라 형상이 서로 연관되지 않은 부분들로 흩어지는 점을 지칭한다. (같은 책, 21쪽 참조.)

41. 1916년에 Paul Valérz가 *Cahiers/Hefte*, Hartmur Köhler와 Jürgen Schmidt-Radefeldt 편집, Bd. 5, Reinhart Huschke와 Hartmut Köhler의 번역, Frankfurt a.M.: Fischer 1992 [1974], 311쪽에서 한 노트. (프랑스어에서 독일어로 번역되면서 약간의 변경 사항이 있었음.)

42. Hans-Joachim Metzger, "Play it again, Sam!", in: *Der Wunderblock* 4 (1979/80), 18쪽 이하.

43. Wolfgang Schadewald, Die Anfänge der Philosophhie bei den Griechen, Frankfurt a.M.: Suhrkamp 1978, 177쪽.

44. Jacques Lacan, *Das Seminar*, Buch II (1954-1955), *Das Ich in der Theorie Freuds und in der Technik der Psychoanalyse*, Transkription: Jacques-Alain Miller, Hans-Joachim Metzger의 번역, Olten/Freiburg i.B.: Walter 1980 [1978], 116쪽. 또한 같은 책, 309쪽 참조.

45. 필자의 "An der Straßenkreuzung: der Mathematiker Georges Théodule Gulbaud.

Kybernetik und Strukturalismus", in: *Archiv für Mediengeschichte—1950*, Lorenz Engell, Bernhard Siegert 그리고 Joseph Vogl 편집, Weimar: Bauhaus 2004, 167~174쪽 참조.

46. 사이버네틱스의 수용에 대해 필자는 몇몇 단편적 연구들을 제시하려 한 바 있다. (필자의 *Neuroen und Neurosen*, 28~42쪽 그리고 74~80쪽 참조.)

47. Pierre Soury, *Chaines et noeuds*, 3 Bde., Paris: Thomé/Lèger 1988. 그리고 Michel Thomé, "Knoten, Flächen, Ketten von Pierre Soury", in: Daedalus, 302~304쪽 참조.

48. Michel Thomé, "Der Briefwechsel Lacans mit Soury und Thomé", in: 같은 책, 286~291쪽 참조. 프랑스 출신 정신의학자 가티앙 가에탕 클레랑보(Gatian Gaëtan Clérambault)의 베일을 쓴 모로코 여인들의 사진들에 대해서는 같은 책 277~280쪽 참조.

49. 라캉 서신, 팩스 그리고 번역, 같은 책, 290쪽. 해당되는 특수한 맥락은 발췌할 수 없었음.

50. Kleiner, "Der rorromäische Knoten", 94쪽 이하 참조. 클라이너는 매듭이 세 개의 목록(고리들)의 상관관계가 형식화될 수 있는 종류와 방식을 연구했다. 그는 "매듭의 실재계 부분(das Reale des Knotens)" (같은 책, 100쪽)에 우선성을 부여하는 것을 인정하는 경향이 있다.

51. 라캉의 1978년 11월 21일자 노트 메모지, 팩스 그리고 번역 in: *Daedalus*, 300쪽.

심리학적 위상학: 쿠르트 레빈의 장이론

1. 하랄트 메이(Harald Mey)의 이전 서술이 그에 대한 조망을 제공하며 사회과학에서의 발전에 대해서도 조망을 제공해준다. (Harald Mey, *Studien zur Anwendung des Feldbegriffs in den Sozialwissenschaften*, München: Piper 1965.)

2. 쿠르트 레빈(Kurt Lewin)이 예나 소재 구스타프 피셔(Gustav Fischer) 출판사에 1932년 2월 9일 보낸 서신, *Kurt Lewin-Symposium Weimar 1990*, 필자의 편집, Hagen: Fernuniversität 1992, 58쪽에 다시 실림.

3. Kurt Lewin, "The Conceptual Representation and Measurement of Psychological Forces" in: *Contributions to Psychological Theory* 1/4 (1938), 1~247쪽.

4. Kurt Lewin, *Feldtheorie in den Sozialwissenschaften*, Dorwin Cartwright 편집, Alice Lang과 Winfried Lohr의 번역, Bern/Stuttgart: Huber 1963 〔1951〕 참조.

5. Ernst Cassirer, *Substanzbegriff und Funktionsbegriff. Untersuchungen über die Grundlagen der Erkenntniskritik*, Berlin: Cassirer 1910.

6. Kurt Lewin, "Der Übergang von der aristotelischen zur galileischen Denkweise in Biologie und Psychologie", *Erkenntnis* I (1931), 421~466쪽 참조. 이 글은 *Kurt-Lewin-Werkausgabe* Carl Friedrich Graumann 편집, Bd. I, *Wissenschaftstheorie I*, Alexandre Métraux 편집, Bern/Stuttgart: Huber/Klett-Cotta 1981, 233~278쪽에 재차 실림.

7. Alfred J. Marrow, *Kurt Lewin. Leben und Werk*, Heiner Kober의 번역, Stuttgart: klett 1977 (원본 제목: The Practical Theorist. *The Life and Work of Kurt Lewin*, New York: Basic Books 1969).

8. 1981년과 1983년 사이에 출간된 전집(*Werkausgabe*) 1, 2, 4, 6권과 필자의 저서 *Kurt Lewin, Eine Einführung in sein Werk*, Weinheim: Beltz 2001 [1996] 참조.

9. Kurt Lewin, *Grundzüge der topologischen Psychologie*, Raymund Falk와 Friedrich Winnefeld의 번역, Bern: Huber 1969, 9쪽.

10. Kurt Lewin, "Kriegslandschaft", *Zeitschrift für angewandte Psychologie* 12 (1917), 440~447쪽. 이것은 다시 Werkausgabe 4권, *Feldtheorie*, Carl Friedrich Graumann 편집, Lern/Stuttgart: Huber-Klett/Cotta, 1982, 315~325쪽, 본문의 해당 논의와 관련해서는 315쪽에 실림.

11. 같은 책, 316쪽.

12. 같은 곳.

13. 같은 책, 317쪽.

14. Horst Peter Brauns, "Lewins Berliner Experimentalprogramm", in: *Kurt Lewin—Person, Werk, Umfeld. Historische Rekonstruktionen und aktuelle Wertungen aus Anlass seines hundertsten Geburtstags*, Wolfgang Schönpflug 편집, Frankfurt a.M./Bern/New York/Paris: Lang 1992, 87~111쪽, 본문의 해당 논의와 관련해서는 88쪽.

15. 레빈의 전장에 대한 논문은 전쟁에서의 경험과 참혹상에 관한 감정을 드러내지 않는 가운데 절제되어 있다. 이로써 그는 제1차 세계대전을 예찬했던 독일의 동료들과 확연히 구분된다. [Ekkart Scheerer, "Kämpfe des Wortes: Die Ideologie deutscher Psychologen im Ersten Weltkrieg und ihr Einfluss auf die Psychologie der Weimarer Zeit", in: *Psychologie und Geschichte* I (1990), 12~22쪽 참조.]

16. Lewin, *Grundzüge*, 80쪽.

17. 같은 책, 80쪽.

18. 같은 책, 34~35쪽.

19. 같은 책, 62쪽.

20. "Jordan kurve"라는 말은 독일에서는 항상 독일어식('요르단쿠르베')으로 발음되

었다.

21. Kurt Lewin, *Die psychologische Situation bei Lohn und Straffe*, Leipzig: Hirzel 1931, 8쪽.

22. 필자의 글 "Der Fimemacher Kurt Lewin", in: *Gruppendynamik* 16 (1985), 131~ 141쪽. 그리고 Mel van Eltern/필자, "Lewin's Films and Their Role in Field Theory", in: *Advances in Field Theory*, Susan Wheelan, Emmy A. Peptitone 그리고 Vicki Abt 편집, New York: Sage 1990, 38~61쪽. 참조

23. 이 영역에서의 레빈의 작품들은 특히 1982년에 나온 **전집** 6권에서 볼 수 있다.

24. Thomas Schinagl, *Die Topologie des sozialen Feldes. Rekonstruktionen der psychologischen Umwelt eines Kinderferienlagers*, Lengerich: Pabst Science 1999, 63쪽 참조.

25. 같은 책, 177쪽.

26. 같은 책, 179쪽.

27. Gisela Schulze, "Die Feldtheorie von Kurt Lewin. Ein Ansatz zur Klärung von Verhaltensmustern im Bereich einer Pädagogik der Verhaltensstörungen", in: *Sonderpädagogik* 32 (2002), 107~119쪽. 슐체는 2004년에 올덴부르크 대학교에서 교수자격논문 Entwicklung eines Ansatzes zur Entstehung von aufffälligen Verhaltensmustern auf der Grundlage der Feldtheorie nach Lewin und die Konsequenzen für die schulische Intervention으로 교수자격시험을 통과했다. 더 나아가 그녀는 이 테마들과 관련 논문들을 주로 사회교육학, 특수교육학 분야 학술지들에 발표했다.

28. Lewin, *Grundzüge*, 177쪽.

29. 이러한 명제와 관련해 레빈은 (종종 책들에서 발견되는 바와는 달리) 개인의 역사를 경시하지 않고, 자신의 저작에서 성격이론을 발전시키는 데 사용했다는 점을 강조할 필요가 있다. 그렇지만 (개인의) 역사는 단지 현실에서 그리고 단지 여기에서 영향을 미칠 수 있다. 이를 레빈은 자신의 동시대 동료들보다 더 강조한다.

30. Roger Barker/Tamara Dembo/Kurt Lewin, "Frustration and Regression. An Experiment with Young Children", *University of Iowa Studies: Studies in Child Welfare* 18/1 (1941), XV쪽과 314쪽 참조.

31. Ferdinand Hoppe, "Erfolg und Misserfolg", in: *Psychologische Forschung* 14 (1930), 1~62쪽 참조.

32. Kurt Lewin, "Sozialpsychologische Unterschiede zwischen den Vereinigten

Staaten und Deutschland", Herbert Alfred Frenzel의 번역, in: *Die Lösung sozialer Konflikte. Ausgewählte Abhandlungen über Gruppendynamik*, Gertrud Weiß 편집, Max Horkheimer의 서문, Bad Nauheim: Christian 1953, 11~62쪽 〔1936〕 참조.

33. Lewin, *Grundzüge*, 94쪽.

34. Peter R. Hofstätter, *Psychologie*, Frankfurt: Fischer 1957, 148쪽.

35. Mey, *Studien*, 39쪽.

36. Lewin, *Grundzüge*, 41쪽, 주 1.

37. 베를린 시기의 실험 작업에 대해서는 René van der Veer/필자, "Berliner Gestaltpsychologie in Aktion. Zur Diskussion der Experimente von Tamara Dembo", in: Psychologie und Geschichte 10 (2002), 40~55 참조.

피에르 부르디외와 미셸 드 세르토의 사회과학적 위상학

1. Markus Schroer, *Räume, Orte, Grenzen. Auf dem Weg zu einer Soziologie des Raums*, Frankfurt a.M.: Suhrkamp 2006 그리고 Martina Löw, Raumsoziologie, Frankfurt a.M.: Suhrkamp 2001. *Raumtheorie. Grundlagentexte aus Philosophie und Kulturwissenschaften*, Jörg Dünne와 Stephan Günzel 편집, Frankfurt a.M.: Suhrkamp 2006 (특히 Teil IV, "Soziale Räume") 참조.

2. 이 어휘는 소위 행위자 네트워크 이론(Akteur-Nezwerk-Theorie) 분야로부터 유래하는 글들에서 다양한 방식으로 출현한다. 그러나 어휘는 거기서 다소 은유적으로 적용되고 있는 가운데, 행위자 네트워크가 유클리드적인—즉 '지역들'로 개념화된—사회적 단위들(집단, 계층, 계급)로부터 구분된다는 사실을 지시하는 데 사용된다. 왜냐하면 한 네트워크 내의 요소들은 그것들이 다른 요소들과의 연결들 및 관계들 속에서 차지하는 위치를 통해 자신들의 정체성과 집중성을 획득하기 때문이다. (John Law, "After ANT: Complexity, Naming and Topology", in: *Actor Network Theory and After*, John Law와 John Hassard 편집, Oxford: Blackwell 1999, 1~4쪽, 본문의 해당 논의와 관련해서는 6쪽 참조.)

3. Pierre Bourdieu, "Sozialer Raum und 'Klassen'", in: Pierre Bourdieu, *Sozialer Raum und 'Klassen', Leçon sur la leçon. Zwei Verlesungen*, Bernd Schweibs의 번역, Frankfurt a.M.: Suhrkamp 1985, 7~46쪽 〔1984〕, 본문의 해당 논의와 관련해서는 9쪽.

4. 같은 책, 10쪽.

5. Pierre Bourdieu, *Praktische Vernunft. Zur Theorie des Handelns*, Hella Beister의 번역, Frankfurt, a.M.: Suhrkamp 1998 〔1994〕, 18쪽.

6. 같은 책, 17쪽.

7. Franz Schultheis, "Das Konzept des sozialen Raums. Eine zentrale Achse in Pierre Bourdieus Gesellschaftstheorie", in: *Soziale Räume und kulturelle Praktiken. Über den strategischen Gebrauch von Medien*, Georg Mein과 Markus Rieger-Laich 편집, Bielefeld: transscript 2004, 15~26쪽, 본문의 해당 논의와 관련해서는 15쪽 이하.

8. 부르디외는 루아크 와캉(Loïc Wacquant)이 부르디외의 저작에 대한 입문 성격의 조망적인 묘사에서 보여주듯이, "사회적 위상학을 현상학적으로 재생해내는 것"에 만족하지 않는다. (Loïc D.J. Wacquant, "Auf dem Weg zu einer Sozialpraxeologie. Struktur und Logik der Soziologie Pierre Bourdieus", in: Pierre Bourdieu/Loïc D.J. Wacquant, *Reflexive Anthropologie*, Hella Beister의 번역, Frankfurt a.M.: Suhrkamp 1996 〔1992〕, 39쪽). 그는 그것을 넘어 사회공간에서의 "사회적으로 효력 있는 자원들의 배분"을 추적하고 "밖에서 상호작용과 표상에 영향력을 행사하는 강제들"(같은 책, 29쪽)을 파악하려 노력한다.

9. Bourdieu, "Sozialer Raum", 14쪽.

10. Pierre Bourdieu, *Sozialer Sinn. Kritik der theoretischen Vernunft*, Günter Seib의 번역, Frankfurt a.M.: Suhrkamp 1987 〔1980〕, 75쪽.

11. Bourdieu, "Sozialer Raum", 16쪽.

12. 같은 곳.

13. Bourdieu, Sozialer Sinn, 53쪽.

14. 같은 책, 66쪽.

15. Pierre Bourdieu, *Meditationen. Zur Kritik der scholastischen Vernunft*, Achim Russer, Hélène Albagnac 그리고 Bernd Schwibs의 번역, Frankfurt a.M.: Suhrkamp 2001 〔1997〕, 177쪽.

16. Pierre Bourdieu, *Entwurf einer Theorie der Praxis auf der ethnologischen Grundlage der kabylischen Gesellschaft*, Cordula Pialoux 그리고 Bernd Schwibs의 번역, Frankfurt a.M.: Suhrkamp 1976 〔1972〕, 148쪽.

17. Bourdieu, *Sozialer Sinn*, 49쪽.

18. Pierre Bourdieu/Loïc J.D. Wacquant, "Die Ziele der relexiven Soziologie. Chicago-Seminar. Winter 1987", in: Pierre Bourdieu/Loïc J.D. Wacquant, *Reflexive Anthropologie*, 100쪽.

19. Bourdieu, *Praktische Vernunft*, 23쪽.

20. 같은 책, 23쪽.

21. Wacquant, "Weg zu einer Sozialpraxeologie", 37쪽.

22. Bourdieu/Wacquant, "Ziele der reflexiven Soziologie", 134쪽.

23. 같은 책, 127쪽. 이와 함께 부르디외는 여러 측면에서 루만의 사회체계이론이 말하는 사회체계의 분화라는 아이디어와 비교될 수 있는 사회분화라는 표상을 발전시킨다. (이에 대해서는 Georg Kneer, "Differenzierung bei Luhmann und Bourdieu. Ein Theorievergleich", in: *Bourdieu und Lohmann. Ein Theorievergleich*, Armin Nassehi와 Gerd Nollmann 편집, Frankfurt a.M.: Suhrkamp 2004, 25~56쪽 참조.)

24. Bourdieu, Praktische Vernunft, 27쪽.

25. 같은 책, 23쪽.

26. 같은 곳. 상위 수준 전체와의 관계를 표현하는 모든 공간 개념에 내재한 모든 것의 동일한 존재화는 사회공간이라는 아이디어와 늘 함께 다닌다. 게르하르트 하르트에 의하면, 그러한 공간 개념들은 사회가 "너무 추상화되고 분해된" 것으로 여겨지는 곳에서 느껴지고 "그와는 대조적으로 (……) 포괄적인 하나의 통일된 단위 혹은 전체 내지 통일의 한 부분으로 상상되고, 체험되고 혹은 결과되어야 하는 곳에서" 주로 출현한다. (Gerhard Hard, "Raumfragen, Raumreflexionen bei Geographen, Soziologen und Angelologen", in: Gerhard Hard, *Aufsätze zur Theorie der Geographie*, Bd. 1, *Landschaft und Raum*, Osnabrück: Rasch 2002, 253-302 [1999], 본문의 해당 논의와 관련해서는 298쪽). 마르크 레데페닝(Marc Redepenning)에 따르면, 이런 공간 관련 의미론의 기능은 다른 무엇보다 "다양하게 분기되는 합리성들과 논리들"로 쪼개져 있고 어떤 "통일적인 전망"도 허용하지 않는 사회적 상황의 배후에서, 사회의 "수렴, 조망하고 조화를 상기시키는" 데 있다. (Marc Redepenning, *Wozu Raum? Systemtheorie, critical geopolitics, und raumbezogene Semantiken*, Leipzig: Leibniz-Institut für Länderkunde 2006, 134쪽). 이에 더해 필자의 *Raum—Systeme—Praktiken. Zum Verhältnis von Alltag*, Wissenschaft und Geographie, Stuttgart: Steiner 2005 참조.

27. Michel de Certeau, *Kunst des Handelns*, Ronald Voullié의 번역, Berlin: Verve 1988 [1980], 126쪽.

28. Bourdieu, Theorie der Praxis, 9쪽 이하. 그리고 Sozialer Sinn, 264쪽 이하 참조.

29. De Certeau, Kunst des Handelns, 127쪽.

30. 같은 책, 121쪽.

31. 부르디외는 자신의 '주저'를 그렇게 칭한다. *Die feinen Unterschiede. Kritik der gesellschaftlichen Urteilskraft*, Bernd Schwibs 그리고 Achim Russer의 번역, Frankfurt

a.M.: Suhrkamp 1982〔1979〕, 11쪽 참조.

32. De Certeau, *Kunst des Handelns*, 89쪽.

33. 같은 책, 73쪽.

34. "Certeau cherche à donner visibilité poétique qui traduit un intarissable pouvoir de création. Une 'poïesis, au sens d'une re-création active' s'inscrit bien à l'intérieur même des usages les plus routinisés.(세르토는 마르지 않는 창조의 힘을 자체 내에 반영하는 시(詩)의 가시성을 구한다. 가장 판에 박힌 실천들에서조차 썩 잘 들어맞는 활력 있는 재창조라는 의미에서의 시를)" (François Dosse, *Michel de Certeau. Le marcheur blessé*, Paris: La Découverte 2002, 502쪽.)

35. "Pour lire et écrire la culture ordinaire, il faut réapprendre des opérations communes et faire de l'analyse une variante de son objekt, (……) Mais cet entrelacs de parcours, bien loin de constituer une clôture, prépare, je l'espère, nos cheminements à se perdre dans la foule.(일상문화를 읽고 쓰기 위해서 우리는 평범한 일들을 다시 학습해야 하고 일상문화 대상들의 다양성을 분석해야만 한다. 〔……〕 하지만 이러한 얽힘은 울타리를 치거나 준비하기에는 너무 멀리 있어, 희망일 뿐, 우리의 노정은 그 수많은 것들 속에서 길을 잃는다.)" (Michel de Certeau, *L'invention du quotidien*, Bd. 1, Arts de faire, Paris: Union général d'éditions 1980, 7쪽.) 이러한 태도는 드 세르토의 도회지의 일상 실천(urbaner Alltagspraktiken)의 연구를 규정하는 것만이 아니라 그의 유행문화에 대한 저작들을 관통한다. (Michel de Certeau, *La cultur au pluriel*, Paris: Union général d'éditions 1974 참조.) 일상 실천들(특히 소비)에 대한 드 세르토의 분석 그리고 "문화산업과 소비자의 일상 간의 접점"에 놓인 그것들의 특수한 위치(이에 대해서는 Rainer Winter, "Spielräume des Vergnügens und der Interpretation. Cultural Studies und die kritische Analyse des Populären", in: *Die kleinen Unterschiede. Der Cultural Studies-Reader*, Jan Engelmann 편집, Frankfurt a.M.: Campus 1999, 35~48쪽, 본문의 해당 논의와 관련해서는 41쪽 참조)는 특히 문화 연구의 대표자들에 의해 대중문화에 대한 그들의 매체와 작품들에 수용되었다. (가령 John Fiske, *Reading the Popular*, London/New York: Routledge 1991. 그리고 John Fiske, *Understanding Popular Culture*, London/New York: Routledge 1991 참조.)

36. 드 세르토(*Kunst des Handelns*, 220쪽 이하)는 호르스트 에빙하우스(Horst Ebbinghaus)가 번역한 샬럿 린드/윌리엄 라보프(Charlotte Linde/William Labov)의 다음 연구를 자신의 저작에 인용한다. "Die Erforschung von Sprache und

Denken anhand von Raumkonfigurationen", in: *Sprache und Raum. Psychologische und linguistische Aspekte der Aneignung und Verarbeitung von Räumlichkeit. Ein Arbeitusbuch für das Lehren von Forschung*, Harro Schweizer 편집, Stuttgart: Metzler 1985, 44~64쪽 (저본: "Spatial Networks as a Site for the Study of Language and Thought", Language 51 (1975), 924~939. 이 글은 뉴욕 주민들이 자신들의 아파트를 주로 길을 따라 기술하지 (예를 들어, "너는 오른쪽으로 방향을 틀어 집으로 들어온다") 지도 제작적 시각에서 기술하지는 ("부엌 옆에 딸아이의 방이 있다") 않는다는 사실을 보여준다.

37. De Certeau, *Kunst des Handelns*, 218쪽.

38. 같은 곳.

39. Niklas Luhmann, *Die Kunst der Gesellschaft*, Frankfurt a.M.: Suhrkamp 1995, 180쪽.

40. De Certeau, *Kunst des Handelns*, 218쪽.

41. 같은 책, 189쪽. 나중에 드 세르토는 "걷기의 수사학"이 존재한다는 좀더 강화된 주장을 한다. "일련의 되돌아가고 방향을 틀어 걸어가는 행위들을 통해 길을 가는 보행자의 행동은 '화법들(Redewendungen)' 혹은 '양식 형태들(Stilfiguren)'과 비교될 수 있다."(같은 책, 192쪽) 유사한 생각들이 바르트에게서도 발견된다. 그는 "우리는 도시에 거주함으로써, 도시를 가로질러 다님으로써 그리고 도시를 들여다봄으로써 우리의 도시, 우리가 위치한 도시를 그냥 단순히 말한다"(Roland Barthes, *Das semiologische Abenteuer*, Dieter Hornig의 번역, Frankfurt a.M.: Suhrkamp 1988〔1985〕, 202쪽 이하).

42. De Certeau, *Kunst des Handelns*, 189쪽.

43. 같은 책, 190쪽.

44. 같은 곳. 그 외에도 걷기는 서로 다른 위치들을 관계 짓는다(이는 대화에서 화자와 청자 사이에 형성되는 '의견일치'와 비교될 수 있다). 계속 분석해가는 가운데 드 세르토는 걷기의 수사학을 다양한 양식들로 분류하려 한다. 거기서는 공간적 실천의 보조극들(Komplementärpole)로의 환유(Synekdoche)와 생략법(Asyndeton)이 전면에 나선다. 전체의 자리에 부분을 대신 세우는 것이 그 본질인 환유는 "공간 요소가 '좀더' (즉 전체의) 적극적인 역할을 할 수 있도록 그리고 전체 공간의 자리에 들어설 수 있도록 하기 위해 공간 요소를 더욱 크게 확장시킨다."(같은 책, 195쪽) 가령 도시의 일 혹은 전체 도시를 특징 지우는, 예를 들어 스위스 취리히에 위엄 있는 은행 이미지를 제공하는 멋진 취리히 역전길(Züricher Bahnhofstraße) 같은 대표적인 길들 혹은 장소들의 기능을 생각해볼 수 있을 것이다. 반대로—접

속사를 생략하는―생략법을 통해서는 "공간이 중간에 건너뛰게 되고 부분들로 분해된다. 생략법은 연결부와 전체 부분들을 건너뛰어 그것들을 생략한다"(같은 곳). 그러한 "제거/누락"을 통해 걷기는 "공간의 연속 속에 여러 틈들"(같은 곳)을 만들어낸다. 그것은 선택된 부분들만 서로 연결한다. 이러한 두 종류 운동들이 도시 공간을 아주 유동적인 종류와 방식으로 각인하고, 만들어내고 변화시킨다. "하나는 총체성을 파편들로(즉 좀더 많은 것을 좀 덜한 것을 가지고) 대체해 원래의 전체 기능을 가동시킨다. 다른 하나는, 접속사와 연결사들을 누락시킴으로써, 사물들 간의 연결들을 지워 없앤다(이렇게 해서 뭔가 있던 자리에 아무것도 아닌 것이 대신 들어온다)."(같은 책, 195쪽 이하.)

45. 같은 책, 194쪽.

46. 같은 책, 180쪽.

47. 같은 책, 181쪽.

48. 같은 곳.

49. 같은 곳.

50. 같은 곳.

51. 사회과학적 관찰자는 "자신이 관찰하고 분석한 행동과 관련해, 같이 참여해 행위하는 사람이 될 수 없고, 행위에 참여한 사람이 될 수 없으며, 놀이 및 놀이 속의 어떤 역할에 참여한 사람이 될 수 있는 위치에 있을 수 없다(Bourdiieu, *Praktische Vernunft*, 208쪽).

52. 같은 책, 206쪽.

53. Bourdieu, *Sozialer Sinn*, 63쪽.

54. Bourdieu, *Meditationen*, 264쪽.

55. De Certeau, *Kunst des Handelns*, 182쪽.

56. 같은 책, 186쪽.

문학적 위상학: 공간의 저술과 저술의 공간

1. 들뢰즈의 용어 사용법에 따르자면 프랑스어 'strier(줄/홈을 넣다)'는 광의의 의미에서 gráphein(스크래치하다)과 연관된 어떤 것을 긁어서 새겨 넣고, 파서 새겨 넣는 것을 일컫는다.

2. 예를 들어 Sigrid Weigel, "Zum 'topologischen turn', Raumkonzepte in den Cultural Studies und den Kulturwissenschaften", in: Sigrid Weigel, *Literatur als Voraussetzung der Kulturgeschichte. Schauplätze von Shakespeare bis Benjamin*, München: Fink

2004, 233~247. 그리고 *TopoGraphien der Moderne. Medien zur Repräsentation und Konstruktion von Räumen*, Robert Stockhammer 편집, München: Fink 2005 참조. 바흐만-메딕(Bachmann-Medick)은 최근의 공간분석이론들을 '공간에 대한 비판적 성찰을 의미하는 공간적 전회'라는 개념으로 정리한다. (Doris Bachmann-Medick, *Cultural Turns. Neuorientierungen in den Kulturwissenschaften*, Hamburg: Rowohlt 2006, 284-328 참조.)

3. Edward W. Soja, "Die Trialektik der Räumlichkeit", in: *TopoGraphien der Moderne*, Robert Stockhammer의 번역, 93~123쪽 [1996], 본문의 해당 논의와 관련해서는 97쪽 참조.

4. Walter Benjamin, "Über die Sprache überhaupt und über die Sprache des Menschen", in: Walter Benjamin, *Ausgewählte Schriften* 2, Siegfried Unseld 편집, Frankfurt a.M.: Suhrkamp 1988, 9~26쪽 [1916].

5. 가령 유대철학에서 스피노자의 경우를 대상으로 마르틴 부버(Martin Buber)가 분석한 유대교의 위기에 대한 아르투로 에차바리아(Arturo Echavarria)의 언급을 보라. 이러한 위기의 성찰을 통해 탈무드의 주석들과 유대신비주의는 하나의 사상적 학파를 이루게 된다 (Arturo Echavarria, "Las dimensiones éticas y religiosas en *La muerte y la brújula*: una vez más el 'mundo al reves'", in: *'In memoriam' Jorge Luis Borges*, Rafael Olea-Franco 편집 [작업중임]).

6. Jorge Luis Borges, "Das Aleph", in: Jorge Luis Borges, *Das Aleph*, Karl August Horst와 Gisbert Haefs의 번역, *Werke in 20 Bänden*, Gisbert Haefs와 Fritz Arnold 편집, Bd. 6, *Erzählungen 1944-1952*, Frankfurt a.M.: Fischer 1992, 131~148쪽 [1949], 본문의 해당 논의와 관련해서는 140쪽.

7. 같은 책, 143쪽.

8. 같은 책, 144~145쪽.

9. 필자는 여기서 미셸 푸코가 "헤테로피아"라는 개념으로 기술한 문제 설정을 염두에 두고 있다.

10. 푸코가 권력이라는 것을, 예를 들어 세계라는 조직물 속의 자리배치로 기술했을 때, 그는 자신의 공간 개념에 근간한 현상학적 기초를 환기시킨다. (Micheal Foucault, "Subjekt und Macht", Michael Bischoff의 번역, Michel Foucault, *Schriften in vier Bänden. Dits et Ecrits*, Daniel Defert 편집, Bd. 4. Frankfurt a.M.: Suhrkamp 2005, 269~294쪽, 본문의 해당 논의와 관련해서는 293쪽.) 위상학적 물음들의 현상학적 기초에 대해서는 Bernhard Waldenfels, *Topographie des Fremden. Studien zur*

Phänomenologie des Fremden 1, Frankfurt a.M.: Suhrkamp 1999 〔1997〕 참조.

11. Jorge Luis Borges, "Der Garten der Pfade, die sich verzweigen", in: Jorge Luis Borges, *Fuktionen*, Karl August Horst, Wolfgang Luchting 그리고 Gisbert Haefs의 번역, *Werke*, Bd. 5, Erzählungen 1939-1944, 77~89쪽 〔1941〕.

12. 이 이야기에서의 텍스트공간에 대해서는 Arturo Echavarria, *El arte de la jardineria china en Borges y otros estudios*, Madrid: Iberoamericana 2006 참조.

13. *Lezioni Americane*에서 '시야에서 사라진 도시들'은 이 이야기를 공간을 관통해 전개되는 시간에 대한 가장 인상 깊은 에세이 중 하나라고 말한다. (Italo, Calvino, *Lezioni Americane*, Milano: Garzani 1989, 115쪽.)

14. 바르트는 예를 들어 "쓰일 수 있는 텍스트들"에 대해서 말한다 (Roland Barthes, *S/Z*, Jürgen Hoch의 번역, Frankfurt a.M.: Suhrkamp 2001 〔1970〕, 8쪽 이하.).

15. 바로 그래서 들뢰즈와 가타리는 '매끄러운' 혹은 '홈집을 낸' 공간에 대해서 말한다. (Gilles Deleuze/Félix Guattari, *Tausend Plateaus*, Gabriele Ricke와 Roanld Voullié의 번역, Berlin: Merve 1992 〔1980〕, 657~693쪽 참조.)

16. 푸네스는 자신의 반신불수를 대수롭지 않게 여기는 가운데, 자신이 해낼 수 있는 기억을 통해 모든 감각의 무성함 속에서의 삶의 치열함을 체험한다. "나는 그의 기억들 중에서 가장 하찮은 것이 우리들이 느끼는 물리적 쾌락 혹은 물리적 고통보다 더 정확하거나 생생하다고 여러 차례 반복한다." (Jorge Luis Borges, "Das unerbittliche Gedächtnis", in: Jorge Luis Borges, *Fiktionen*, 95~104쪽 〔1944〕, 본문의 해당 논의와 관련해서는 103쪽.)

17. 개념에 대해서는 Gilles Deleuze, *Das Zeit-Bild. Kino 2*, Klaus Englert의 번역, Frankfurt a.M.: Suhrkamp 1991 〔1985〕 참조.

18. Borges, "Das unerbittliche Gedächtnis", 103쪽.

19. 같은 곳.

20. 같은 책, 102쪽.

21. "그 당시에는 필름도 녹음기도 없었다 (……)." (같은 책, 101쪽.) 위상학적으로 논증을 전개하고자 한다면, 알레이다 아스만의 매체론적 기초 내에 여전히 기억 능력과 기억 외적인 저장장치로 개념화되던 기억 매체들을 의문시해야만 한다. (이에 대해서는 필자의 글 "Gedächtnis und Medialität: Die Herausforderung der Alterität", in: *Medialität und Gedächtnis. Interdisziplinäre Beiträge zur kulturellen Verarbeitung europäischer Krisen*, 필자 및 Gerd Krumeich와 Bernd Witte 편집, Stuttgart: Metzler 2001, 23~53쪽 참조.) '저장소(Speicher)'라는 표현 대신 조르조 아감벤이 발전시

킨 푸코의 아카이브(Archiv) 개념이 더 의미 있을 수도 있다. 'Archiv'라는 말은 모든 경계를 만들어 배제 혹은 폐기하는 활동들(Ausgrenzungsakte)임에도 불구하고 말하기의 몸짓(eine Geste des Sagens)을 완수하는 잠재성을 의미한다. (Giorgio Agamben, *Was von Auschwitz bleibt. Das Archiv und der Zeuge (Homo sacer III)*, Stefan Monhardt의 번역, Frankfurt a.M.: Suhrkamp 2003 〔1998〕 그리고 Giorgio Agamben, "Der Autor als Geste", in: Giorgio Agamben, *Profanierungen*, Marianne Schneider의 번역, Frankfurt a.M.: Suhrkamp, 2005 〔2005〕, 57~69쪽.)

22. "여기서 나는 보고하기가 가장 까다로운 부분에 도달한다. 이것은 (다행히도 독자는 그것을 이미 알고 있는데) 이미 반백 년 전에 일어났던 대화를 내용으로 한다. 나는 다시 소환할 수 없는 방식으로 사라져버린 그 대화를 말로 세세히 재현하고자 하진 않겠다. 나는 이레네(Ireneo)가 들려준 수많은 이야기들을 최대한 진실하게 종합하고자 한다. 간접적인 묘사 방식은 뭔가 거리감이 느껴지게 생기 없이 작용한다. 나는 내 보고가 별로 작용력이 없음을 안다. 그렇지만 독자들이 저 밤에 나를 마비시켰던 보고의 끊어진 중간중간들을 자신들의 환상 속에서 아마도 재생시켜줄 것이라 믿는다". (Borges, "Das unerbittliche Gedächtnis", 99쪽.)

23. 같은 책, 95쪽.

24. 필자는 여기서 롤랑 바르트가 "쓰기(écriture)"라 칭한 매체 형식을 염두에 두고 있다. 그것은 신체성의 기입 매체를 의미한다. 이것은 이미 발터 벤야민이 보도자료에 기반해 비판했던 '경험 부재 상태에서' 정보를 처리하는 양상(Modus der erfahrungslosen Informationsverbreitung)과는 다른 것이다. 임재의 창발 수준으로서의 물질성을 고려할 경우에는 Jean-Luc Nancy, *The Birth to Presence*, Stanford: Stanford University Press 2003. 그리고 Hans Ulrich Gumbrecht, *Diesseits der hermeneutik. Die Produktion von Präsenz*, Frankfurt a.M.: Suhrkamp 2004 참조.

25. 또한 Gayatri Chakravorty Spvak, *Imperative zur Neuerfindung des Planeten/ Imperatives to Re-Imagine the Planet*, zweisprachige Ausgabe, Willi Goetschiel 편집, Bernhard Schweizer의 번역, Wien: Passagen 1999 참조.

26. Roland Barthes, *Die helle Kammer. Bemerkungen zur Photographie*, Dietrich Leube의 번역, Frankfurt a.M.: Suhrkamp 1985 〔1980〕 참조. 롤랑 바르트의 저술 기능에 대한 마찰(Friktion) 개념에 대해서는 Ottmar Ette, *Roland Barthes. Eine intellekturelle Biographie*, Frankfurt a.M.: Suhrkamp 1999를 보라.

27. 후기구조주의와 맺는 관계는 필자의 눈에는 소야가 끌어들이는 포스트모더니즘 개념보다 더욱 자세한 것으로 보인다. (Edward W. Soja, *Postmodern Geographies.*

The Reassertion of Space in Critical Social Theory, London: Verso 1989 참조.)

28. Maurice Merleau-Ponty, *Das Scihtbare und das Unisichtbare gefolgt von Arbeitsnotizen*, Claude Lefort 편집, Regula Giuliani와 Bernhard Waldenfeld의 번역, München: Fink 2004〔1964〕참조.

29. 메를로퐁티가 취하는 이러한 현상학적 근본 형태를 드 세르토 또한 이어받는다. (Michel de Certeau, *Kunst des Handelns*, Ronald Voullié의 번역, Berlin: Merve 1988, 216쪽 이하 참조.)

30. 같은 책, 236쪽 참조.

31. Henri Lefebvre, *La production de l'espace*, Paris: Anthropos 1974, 13쪽 이하 참조.

32. 푸코는 의사소통의 디스포지티브, 의사소통의 실천들 그리고 그것들의 매체들에 대해서 말한다. 그에게 의사소통할 수 있음(capacité-communication-pouvoir)은 하나의 집성체(Konglomerat)이다. (Foucault, "Subjekt und Macht", 283쪽 참조.)

33. "힘적 관계들(Gewaltbeziehungen)은 신체와 사물들에 작용을 일으킨다. 그것들은 강제하고, 굴복시키고, 부러뜨리고, 부숴 없앤다. 그것들은 모든 가능성들을 잘라낸다 (……). (권력의 영향을 받는) '타자'는 전체적으로 그리고 끝까지 행위하는 주체로 인정되어야만 한다. 그리고 힘적 관계들 이전에 가능한 응답들, 반응들, 영향들 그리고 고안들 전체의 장이 열려야만 한다." (같은 책, 285쪽.)

34. 정치적인 것의 위상학적 분석(**Gouvernement des Hommes: 인간의 정부**)에 기초해 조르조 아감벤은 이러한 패러다임을 자주권의 분석도구로《**호모 사케르**》시리즈를 만들었다. 푸코와 아감벤의 위상학적 방법에 대해서는 필자의 글, "Biopolitik und Gesten des Lebens", in: *Politics and Messianism: Kabbalah, Benjamin, Agamben*, 필자, Vivian Liska 그리고 Bernd Witte 편집, Würzburg: Königshausen & Neumann 2007 참조.

35. Edward W. Soja, *Thirdspace. Journeys to Los Angeles and Other Realand-Imagined Places*, Cambridge: Blackwell 1996 참조. 사이공간을 새로운 중심들이 위치할 수 있는 장소로 보는 입장에 대한 발덴펠스의 비판은 정당하다. 그러한 시각에 대한 대안으로 그는 정당하게도 "사이의 사고(Denken des Dazwischen)"를 제시한다. (Waldenfels, *Topographie*, 81쪽)

36. Homi K. Bhabha, "Verortungen der Kultur", Anne Emmert와 Josef Raab의 번역, in: *Hybride Kulturen. Beiträge zur Angloamerikanischen Multikulturalismusdebatte*, Elisabeth Bronfen 편집, Tübingen: Stauffenburg 1997, 123~148쪽〔1994〕참조. 위상학적 이론은 이로써 동일성과 차이, 자신공간과 타자공간의 해체 너머로 간다.

여기에서 공간 극복들은 '고향세계(Heimwelt)'를 소위 '공동세계(Gemeinwelt)'를
향해 투사하는 것일 뿐이다.

37. Giorgio Agamben, *Das Offene. Der Mensch und das Tier*, Davide Giuriato의 번역, Frankfurt a.M.: Suhrkamp 2003 〔2002〕 참조.

38. 루크레티우스의 물질 개념에 대한 연구 및 졸라 텍스트의 연구에서 미셸 세르가 보여주는 열역학적 모델이 또한 그렇다. (Michel Serres, *La naissance de la physique dans le texte de Lucrèce. Fleuves et turbulences*, Paris: Ed. de Minuit 1977 그리고 Michel Serres, *Feux et signaux de brume: Zola*, Paris: Grasset 1975 참조.) 둘 모두에서는 문학적 텍스트의 '지식-물질성(savoir-matérialité)'이 관건이다.

39. Waldenfels, *Topographie*, 87쪽 참조.

40. "그것들은 예술가적인 조형의 기준에 따라 측정되는 시각적 에너지들이다."
(Gottfried Hoehm, "Die Wiederkehr der Bilder", in: *Was ist ein Bild?*, Gottfried Hoehm, München: Fink 2001 〔1994〕, 11~38쪽. 본문의 해당 논의와 관련해서는 21쪽 참조.) 볼록한 것의 오목한 것과의 역전된 얽힘은 관람자에 의해 과정적으로, 즉 일시적으로 경험된다.

41. Lefebre, *La production*, 14쪽 참조. 르페브르는 공간과의 관계에서 존재하는 주체와 객체의 상호관계 대신 그것들 사이에서 전방을 향한 자세(Frontstellung)를 취하는 환상 그리고 공간에 일방적으로 시선을 고정시키는 환상에 대해서 말한다. 전자가 관념주의의 환상(주체화들)이고 후자가 실증주의의 사실주의적 환상(대상-사실주의)이다.

42. Iain Chambers, *Migration, Kutlur, Identität*, Gudrum Schmidt과 Jürgen Freunl, Tübingen: Stauffenburg 1996 〔1994〕 참조.

43. 그것을 또한 이리트 로고프는 "깊은 공간(deep space)"으로 이해하고 마르크 오제는 "비장소"로 이해한다. (Irit Rogoff, "Deep Space", in: *Projektionen—Rassismus und Sexismus in der visuellen Kultur*, Annegret Friedrich, Birgit Haehnel, Viktoria Schmidt-Linsenhoff 그리고 Christiana Threuter 편집, Marburg: Jonas-Verlag 1997. 그리고 Marc Augé, *Orte und Nicht-Orte. Vorüberlegungen zu einer Ethnologie der Einsamkeit*, Michael Bischoff의 번역, Frankfurt a.M.: Fischer 1994 〔1992〕 참조.)

44. Soja, "Trialektik der Räumlichkeit", 107쪽 이하.

45. Niklas Luhmann, "Das Kunstwerk und die Selbstreproduktion der Kunst", in: *Stil. Geschichten und Funktionen eines kulturwissenschaftlichen Diskurselements*, Hans

Ulrich Gumbrecht와 K. Ludwig Pfeiffer 편집, Frankfurt a.M.: Suhrkamp 1986, 620~
672쪽. 그리고 *Materialität der Kommunikation*, Hans Ulrich Gumbrecht와 K.
Ludwig Pfeiffer 편집, Frankfurt a.M.: Suhrkamp 1995 〔1988〕 참조.

46. 시각성(Visualität), 물질성 그리고 임재의 생산과 함께 오늘날 하나의 연구 분야가
열렸다. 거기서는 과정적인 것을 통해, 즉 물질로의 회귀와 공간 관계적인 작업으
로의 회귀를 통해 재현을 대체하려 한다. 가령 브레데캄프와 크레머는 기술에서 텍
스트로, 사물들에서 기호로, 작업에서 해석으로 흘러갔던 문화의 개념적 담론화 경
향을 원상복구시키려 한다. (*Bild—Schrift—Zahl*, Horst Bredekamp 그리고 Sybille
Krämer 편집, München: Fink 2003 참조.) 이러한 테마화 작업들은 위상학적 사고
를 필요로 하거나 전제한다.

47. 문학에 도입된 '위상학적 전회'는, 1980년대에 만사형통(Passepartour)으로 통하
던 인간학 내에서 우월한 지배력을 행사함으로써 당시의 이론 형성에 공헌했던
텍스트이론들과는 달리, 이론 형성에서 새로운 마스터 이야기를 묘사하지 않는
다. 필자는 여기서 클리퍼드 거츠가 읽을 수 있는 텍스트로서는 비판의 여지가 있
다고 말했던 문화공간 개념을 염두에 두고 있다. (Doris Bachmann-Medick, *Kultur
als Text—die anthropologische Wende in der Literaturwissenschaft*, Frankfurt
a.M.: Fischer 1996 참조.) 공간에서의 위치를 분석함으로써, 위상학은 단지 "텍스
트 속의 기호화된 공간", 단지 텍스트들이 잉태되어 출현하는 사회적 맥락이라는
모델 이상이 된다. 우리가 보르헤스에게서 보았듯이, 오히려 텍스트 자체의 공간이
관건이 된다. 이러한 차원에서 훌륭한 연구를 개진하는 예로 필자는 장 주네(Jean
Genet)가 자신의 저작들(Œuvre)에서 수행하는 연구를 든다. (이에 대해서는 Urs
Urban, Der Raum des Anderen und Andere Räume. Zur Topologie des Werkes
von Jean Gent, Würzburg: Königshausen & Neumann 2007 참조.)

48. Marcel Proust, *A la recherche du temps perdu*, Jean-Yves Tadié 편집, Bd. 4, Paris:
Bibliothèque de la Pléiade 1989, 474쪽. "양식(Stil)이라는 것은 (……) 세계 속에
서의 개인을 세계로의 시선(Perspektive)을 통해 〔대체하는〕 바로 그것이다
(……)." (Gilles Deleuze, *Proust und die Zeichen*, Henriette Beese의 번역, Berlin:
Merve 1993 〔1969〕, 90쪽.)

49. Borges "Das Aleph", 145쪽.

영화위상학, 그리고 그 너머

1. Jean-Louis Baudry, "Das Dispositiv: Metapsychologische Betrachtungen des

Realitätseindrucks", Max Looser의 번역, in: *Der Kinematographische Apparat.*
Geschichte und Gegenwart einer Interdisziplinären Debatte, Robert F. Riesinger 편
집, Münster: Nodus 2003, 41~62쪽 [1975]. 그리고 Laura Mulvey, "Visuelle Lust und
narratives Kino", Karola Gramann의 번역, in: *Texte zur Theorie des Kinos*, Frankz-
Josef Allbersmeier, Stuttgart: Reclam 2003 [1979], 389~408 [1975] 참조.

2. 이런 발전을 부각시켜 설명하는 것이 하르트무트 윙클러의 *Der filmische Raum*
und der Zuschauer: Apparatus—Semantik—Ideology, Heidelberg: Winter 1992이
다. 영화적 지리학의 신형식주의적이고 인지주의적 재해석의 배경에서 '얘기 공
간'을 '지각 공간'에 연결시킨 작품으로는 Hermann Kappelhoff, "Der Bildraum
des Kinos: Modulationen einer ästhetischen Erfharungsform", in: *Umwidmungen.*
Architektonische und kinematographische Räume, Gertrud Koch 편집, Berlin:
Vorwerk 8 2005, 138~149쪽이 예시될 수 있다.

3. *Der Leibniz-Clarke-Briefwechsel*, Vokmar Schüller의 번역, Berlin: Akademie 1991
[1717]. 그리고 Gilles Deleuze, "Woran erkennt man den Strukturalismus?", Eva
Moldenhauer의 번역, in: Gilles Deleuze, *Die einsame Insel. Texte und Gespräche*
1953-1974, David Lapoujade 편집, Frankfurt a.M.: Suhrkamp 2003 [2002], 248~
281쪽 [1972]. 그리고 특히 Gilles Deleuze, "Topologie: 'Anders denken'", in: Gilles
Deleuze, *Foucault*, Hermann Kocyba의 번역, Frankfurt a.M.: Suhrkamp 2006, 69~
172쪽 [1986] 참조.

4. 필자의 글, "13 Thesen zu Kontrolle und Fim", in: *Ästhetik und Kommunikation*
117 (2002), 103~104쪽 참조.

5. Reiner Wiehl, *Subjektivität und System*, Frankfurt a.M.: Suhrkamp 2000, 320~342쪽,
본문의 해당 논의와 관련해서는 323쪽.

6. Andreas Graeser, "Die Vorsokratiker", in: *Klassiker der Naturphilosophie*, Gernot
Böhme 편집, München: Beck 1989, 13~28쪽, 본문의 해당 논의와 관련해서는 13쪽.

7. Aristoteles, *Physik*, III, 1, 201a (Ingrid Craemer-Ruegenberg의 번역, 같은 책 52쪽에
서 재인용.)

8. "감각지각에 가장 우선적으로 주어지는 두드러진 것들로는 특히 물질적 물체들의
위치운동, 공간 관계 및 위치 관계의 변화들이 있다. 이러한 두드러진 특성 때문에
그러한 운동들은 특히 잘 기술될 수 있고 (……) 항상 정확한 측정으로 [이어진다]."
(Wiehl, *Subjektivität und System*, 321쪽 이하.)

9. '체계공간'의 범주에 대해서는 Erwin Panofsky, "Die Perspektive als 'symbolische

Form'", in: Erwin Panofsky, *Aufsätze zu Grundfragen der Kunstwissenschaft*, Berlin: Spiess 1985, 99~168쪽〔1927〕. 본문의 해당 논의와 관련해서는 109쪽 이하 참조.

10. 이 전체 기획은 들뢰즈의 두 개의 베르그송 해설이 환기해주는 바 없이는 당연히 생각할 수 없다. (Gilles Deleuze, *Das bewegungs-Bild. Kino*) 1, Ulrich Christians와 Ulrike Bokelmann의 번역, Frankfurt a.M.: Suhrkamp 1989〔1983〕, 13~26 그리고 84~102쪽.) 그럼에도 들뢰즈가 가정한 운동, 물질, 그림의 동일성 그리고 그가 논하는 "메타시네마(métacinéma)"라는 가정에 대해서는 이 자리에서 논의할 수 없다.

11. Deleuze, "Topologie", 167쪽.

12. '화면 외부'/'외부'-논의의 훌륭한 요약은 Igor Ramet, "Zur Dialektik von On und Off im narrativen Film", in: *Der Raum im Film*, Susanne Dürr와 Almut Steinlein 편집, Frankfurt a.M./Wien: Lang 2002, 33~45쪽 참조.

13. André Bazin, "Malerei und Film", in: André Bazin, *Was ist Film?*, Robert Fischer 편집, Robert Fischer와 Anna Düpee의 번역, Berlin: Alexander 2004〔1975〕, 225쪽 이하. 놀라운 사실은, 앙드레 바쟁 저서의 새로운 번역이 프랑스어 제목 'Qu'est-ce que le cinéma?(시네마란 무엇인가)'를 받아들이기를 포기한다는 점이다. 프랑스 영화이론에서는, 바쟁과 함께, '필름(Film)'과 '영화(Kino)'의 구분이 우선 분석 대상이 되기 시작하는데, 그 둘 각각은 영화의 여러 요소들 (가령 기술, 생산, 투사, 영화 공간, 관람객, 문화 등)의 서로 다른 배열 혹은 연합점(디스포지티브)으로 파악된다. 이러한 이유에서 키노와 필름이라는 개념을 모두 포괄하는 시네마(Cinema)라는 단어가 포함된 바쟁의 저서 제목을 받아들이지 않는 것으로 보인다.

14. Deleuze, *Bewegungs-Bild*, 32쪽.

15. Ramet, "Zur Dialektik von On und Off", 36쪽.

16. Deleuze, *Bewegungs-Bild*, 33~34쪽.

17. 같은 책, 34쪽.

18. Gilles Deleuze, *Das Zeit-Bild. Kino 2*, Klaus Englert의 번역, Frankfurt a.M.: Suhrkamp 1991〔1985〕, 158쪽 이하 참조.

19. Martin Seel, "Ästhetik und Aisthetik. Über einige Besonderheiten ästhetischer Wahrnehmung—mit einem Anhang über den Zeitraum der Landschaft", in: *Martin Seel, Ethisch-ästhetische Studien*, Frankfurt a.M.: Suhrkamp 1996, 81쪽.

20. 같은 책, 70쪽, 주 12.

21. 같은 책 64쪽.

22. 같은 곳.

23. 긍정적이고 부정적인 우연성에 대해서는 Seel, "Ästhetik und Aisthetik", 63쪽 이하, 그리고 Martin Seel, *Eine Ästhetik der Natur*, Frankfurt a.M.: Suhrkamp 1991, 186쪽 이하와 비교하시오.

24. 여기에 기초하는 경관 개념과 일치하는 초기에 나온 몇몇 필름들로는 The Wind (USA 1928, Viktor Sjöström), The Crowd (USA 1928, King Vidor) 그리고 물론 Cheloveks kino-apparatom (UDSSR 1929, Dziga Vertov)이 있고 그리고 정신분석과 관련해서는 Le Mystère des roches de Kador (F 1912, Léonce Perret)가 있다.

25. 이에 대해서는 필자의 글, "'So schritt man in andere Zimmer, und stets sah man neue Bilder.' Einstimmung in eine postkonditionale Ästhetik", in: *Kakanien Revisited 3* (2006), http://www.kakanien.ac.at/beitr/emerg/MRies1.pdf 참조.

26. Deleuze, *Zeit-Bild*, 174쪽.

'현장': 공간철학에서 장소이론으로

1. Aristoteles, *Physik*, IV, 208b~224a 비교.

2. Goerges Perec, *Träume von Räumen*, Eugen Helmlé, Frankfurt a.M. Fischer 1994 [1974], 12쪽.

3. *Raumtheorie. Grundlagentexte aus Philosophie und Kulturwissenschaften*, Jörg Dünne와 Stephan Günzel 편집, Frankfurt a.M.: Suhrkamp 2006 참조.

4. Michel Foucault, "Von anderen Räumen (1967)", Michael Bischoff의 번역, in: Michel Foucault, *Schriften in vier Bänden. Dits et Ecrits, Daniel Defert*, Bd. 4, Frankfurt a.M.: Suhrkamp 2005, 931~942 [1984], 본문의 해당 논의와 관련해서는 931쪽.

5. Michel Foucault, *Introduction à l'Anthropologie de Kant* (1961), 미출간 타자 원고, 소르본 도서관, Paris/Institut Mémoires de l'Edition contemporaine (IMEC) 미셸 푸코 센터.

6. 이에 대해서는 Dietmar Kamper, "Die Geschlossbahn der Frage: Was ist der Menschen? Michel Foucaults Lektüre der pragmatischen Anthropologie Immanuel Kants", *Paragrana* 11~12 (2002), 38~50쪽, 본문의 해당 논의와 관련해서는 46쪽 참조.

7. Georges Bataille, "Raum", in: *Kritisches Wörterbuch*, Rainer Maria Kiesow 그리고 Henning Schmidgen의 편집 및 번역, Berlin: Merve 2005, 47쪽.

8. Walter Benjamin, *Das Passagen-Werk*, Rolf Tiedemann 편집, Gesammelte Schriften,

Bd. V, Frankfurt a.M.: Suhrkamp 1983, 577쪽.

9. 이에 대해서 구체적으로는 Stephan Günzel, *Geophilosophie, Nietzsches philosophische Geographie*, Berlin: Akademie 2001.

10. Jacques Derrida, "Fors. Die Winkelwörter von Nicolas Abraham und Maria Torok", Werner Hamcher의 번역, in: Nicolas Abraham/Maria Torok, *Kryptonymie. Das Verbarium des Wolfsmannes*, Berlin/Frankfurt a.M.: Ullstein 1979 〔1976〕, 5-58: Jacques Derrida, *Dem Archiv verschrieben. Eine Freudsche Impression*, Hans-Dieter Gondek 그리고 Hans Naumann의 번역, Berlin: Brinkmann & Bose 1997 〔1995〕. 그리고 Peter Sloterdijk, Sphären, 3 Bde., Frankfurt a.M.: Suhrkamp 2004 〔1998ff〕 참조.

11. Gaston Bachelard, *Poetik des Raumes*, Kurt Leonhard의 번역, Frankfurt a.M.: Fischer 1987 〔1957〕, 35쪽.

12. 같은 책, 49쪽.

13. Marc Augé, "Von den Orten zu den Nicht-Orten", in: Marc Augé, *Orte und Nicht-Orte. Vorüberlegungen zu einer Ethnologie der Einsamkeit*, Michael Bischoff의 번역, Frankfurt a.M.: Fischer 1994 〔1992〕, 90~136쪽.

14. Giorgio Agamben, *Homo Sacer. Die souveräne Macht und das nackte Leben*, Hubert Thüring의 번역, Frankfurt a.M.: Suhrkamp 2003 〔1995〕, 183쪽.

15. 같은 곳.

16. 이에 대해서는 또한 *Auszug aus dem Lager. Zur Überwindung des modernen Raumparadigmas in der politischen Philosophie*, Ludger Schwarde, Bielefeld: transcript 2007 참조.

17. Perec, *Träume von Räumen*, 10쪽.

18. Maurice Blanchot, "Die Eroberung des Raumes (1961)", Emanuel Alloa의 번역, in: *Atopia* 10 (2007), http://atopia.tk/index/10, 〔1964〕.

19. 같은 곳.

20. Emmanuel Levinas, "Heidegger, Gagarin und wir", Eva Moldenhauer의 번역, in: Emmanuel Levinas, *Schwierige Freiheit. Versuch über das Judentum*, Frankfurt a.M.: Jüdischer Verlag 1996, 173~176 〔1961〕, 여기서는 175쪽.

21. 이에 대해서는 *Topos. Raum. Die Aktualität des Raumes in den Künsten der Gegenwart*, Michael Diers, Angela Lammert, Robert Kudielka, Gerd Mattenklott 편집, Nürnberg: Verlag für moderne Kunst 2005. Nick Kaye, *Site-Specific Art.*

Performance, Place and Documentation, London: Routledge 2000. 그리고 Rosalind Krauss, "Skulptur im erweiterten Feld", in: Die Originalität der Avantgarde und andere Mythen der Moderne, Amsterdam/Dresden: Verlag der Kunst 2000, 331~346쪽 참조.

22. 다이엘 뷔랑은 1971년 "in-situ"의 표현에서 라틴어식 의학 개념인 situs를 참조한다. 그럼에도 그 개념은 신체장기의 위치보다는 예술작품의 정치적 위치에 기초한 것이다.

23. Martin Heidegger, "Die Kunst und der Raum", in: Martin Heidegger, Aus der Erfahrung des Denkens, Hermann Heidegger 편집, Gesamtausgabe, Bd. 13, Frankfurt a.M.: Klostermann 2002 [1983], 203~210 [1969] 참조.

24. 이러한 예들에 대해서는 Brouno Latour/Steve Woolgar, The Social Construction of Scientific Facts, Princeton: Princeton University Press 1986 [1979]. 그리고 Michel Foucault, Die Geburt der Klinik. Eine Archäologie des ärztlichen Blicks, Walter Seitter의 번역, Frankfurt a.M.: Fischer 2002 [1963] 참조.

25. 통로와 파놉티콘 모델들의 비교 가능성에 대해서는 필자의 논문 "Monumente. Raumgewordene Vergangenheiten bei Benjamin und Foucault", in: Weimarer Beiträge 4 (2004), 592~609쪽 참조.

26. Benjamin, Passagen-Werk, 1041쪽.

27. Friedrich Kittler, "Es gibt keine Software", in: Draculas Vermächtnis. Technische Schriften, Leipzig: Reclam 1993, 225-242 [1992], 본문의 해당 논의와 관련해서는 226쪽.

28. Karl Schlögel, Im Raume lesen wir die Zeit. Über Zivilisationsgeschichte und Geopolitik, München/Wien: Hanser 2003, 10쪽.

29. Michel Foucault, "Das Denken des Außen", Michael Bischoff의 번역, in: Schriften, Bd. 1, 670/696쪽.

30. 이에 대해서는 베를린예술아카데미에서 마티아스 플뤼게(Matthias Flügge), 로베르트 쿠디엘카(Robert Kudielka) 그리고 앙젤라 람메르트(Angela Lammert)의 관장하에 열렸던 전시회 〈공간, 예술의 장소(Raum, Orte der Kunst)〉를 참조.

31. 이에 대해서는 Benjamin H.D. Buchloh, "Faktura et factographie", in: Benjamin H.D. Buchloh, Essais historiques, Bd. 1, Art moderne, Villeurbanne: Art Edition 1992, 65~126쪽 참조.

32. Bataille, "Raum", 47쪽.

로컬리티의 인문학 연구단에서 번역총서를 내놓는다. 〈로컬리티 번역총서〉는 고전적 · 인문학적 사유를 비롯해서, 탈근대와 전 지구화의 관점에서 해석되는 로컬리티에 대한 동서양의 다양한 논의를 담고 있다. 로컬리티 연구는 동서양을 막론하고 학문적 교차점, 접점, 소통성을 확보하는 것이 중요한 과제다. 이러한 의미에서 본 연구단에서는 장기적인 계획 아래, 로컬리티 연구와 관련한 중요 저작과 최근의 논의를 담은 동서양의 관련 서적 번역을 기획했다. 이를 통하여 로컬리티와 인문학 연구를 심화하고 동시에 이를 외부에 확산시킴으로써 로컬리티 연구의 저변을 확대하고자 한다.

우리가 로컬리티에 천착하게 된 것은 그동안 국가 중심의 사고 속에 로컬을 주변부로 규정하며 소홀히 여긴 데 대한 반성적 성찰의 요구 때문이기도 하다. 오늘날 로컬은 초국적 자본과 전 지구적 문화의 위세에 짓눌려 제1세계라는 중심에 의해 또다시 소외당하거나 배제됨으로써 고유의 정체성을 잃어가고 있다. 반면에, 전 지구화 시대를 맞아 국가성이 약화되면서 로컬은 또 새롭게 거듭나고 있다. 그동안 국가 중심주의의 그늘에 가려졌던 로컬 고유의 특성을 재발견하고 전 지구화에 능동적으로 대처하는, 이른바 로컬 주체의 형성과 로컬 이니셔티브(local initiative)의 실현을 위해 부단한 노력을 기울이는 모습들이 속속 드러나고 있다.

이제 로컬의 현상들을 파악하기 위해 기존의 지역 논의와 다른 새로운 사고가 절실히 필요하다. 지금까지 지역과 지역성 논의는 장소가 지닌 다양성과 고유성을 기존의 개념적 범주에 맞춤으로써 로컬의 본질을 왜곡하거나 내재된 복합성을 단순화하는 오류를 범했다. 이에 우리는 로컬을 새로운 인식과 공간의 단위로서 재정립해야 할 필요성을 다시 확인하며, 로컬의 역동성과 고유성을 드러내줄 로컬리티 연구를 희망한다.

〈로컬리티 번역총서〉는 현재 공간, 장소, 인간, 로컬 지식, 글로벌, 로컬, 경계, 혼종성, 이동성 등 아젠다와 관련한 주제를 일차적으로 포함했다. 향후 로컬리티 연구가 진행되면서 번역총서의 폭과 깊이는 더욱 넓어지고 깊어질 것이다. 번역이 태생적으로 안고 있는 잡종성이야말로 로컬의 속성과 닮아 있다. 이 잡종성은 이곳과 저곳, 그때와 이때, 나와 너의 목소리가 소통하는 가운데 새로운 생성의 지대를 탄생시킬 것이다.

우리가 번역총서를 기획하면서 염두에 둔 것이 바로 소통과 창생의 지대이다. 우리는 〈로컬리티 번역총서〉가 연구자들에게 로컬리티 연구에 대한 기반을 제공해줌으로써 학제간의 경계를 넘나드는 심화된 통섭적 연구가 이루어지고, 나아가 '로컬리티의인문학(locality and humanities)'의 이념이 널리 확산되기를 바란다.

2010년 6월
부산대학교 한국민족문화연구소
(HK)로컬리티의인문학 연구단

필자 소개

게오르크 크리스토프 톨렌(Georg Christoph Tholen)
바젤 대학교 문화학 전공의 미디어학 정교수.
출판: *HyperKult, Geschichte, Theorie und Kontext digitaler Medien* (공동 편집, 2권,
1997 그리고 2005), *Die Zäsur der Medien. Kulturphilosophische Konturen* (2002),
Schnittstellen. Basler Beiträge zur Medienwissenschaft (1권, 공동 편집, 2005).
연구: 미디어이론의 기초 문제, 시간과 공간, 예술 감상(Aisthesis)과 매개성, 기억과 망각.
인터넷 주소: mewi.unibas.ch

롤란트 리푸너(Roland Lippuner)
예나 프리드리히 실러 대학교 사회지리학과 교수직 연구조교.
출판: *Raum—Systeme—Praktiken. Zum Verhältnis von Alltag, Wissenschaft und
Geographie* (2005), "Reflexive Sozialgeographie. Bourdieus Theorie der Praxis" (in:
Geographische Zeitschrift 93, 2005), "In der Raumfalle" (Julia Lossau와 공동 집필 in:
Soziale Räume und kulturelle Praktiken, 2004).
연구: 자연, 환경 그리고 사회 및 사회지리학이론.
인터넷 주소: uni-jena.de/Roland_Lippuner.html

마르크 리스(Marc Ries)
라이프치히 그래픽 및 서적예술대학 미디어이론 방문교수, 2000~2001 예나 대학교
비교그림이론 방문교수, 1989부터 미디어, 문화, 건축 그리고 예술에 대한 이론적 연
구, 프로젝트 수행, 출판.

출판: *Medienkulturen* (2002), *DATING. 21 Liebesorganisation und Verabredungskulturen* (공동 편집, 2007).
연구: 공간과 미디어.
인터넷 주소: hgb-leipzig.de/index.php?a=person&b=mitarb&&id=175

마리-루이제 호이저(Marie-Luise Heuser)
부라운 슈바이크 기술대학교 철학 세미나 연구원, 1990 NRW 연구상 수상.
출판: *Schelling und die Selbstorganisation* (공동 편집, 1994), "Dynamisierung des Raumes und Geometrisierung der Kräfte" (in: *Fessellos durch die Systeme*, 1997), "Mathematik und Zeit im 19. Jahrhundert" (in: *Die Wiederentdeckung der Zeit*, 1997).
연구: 수학적 자연철학 그리고 우주비행의 문화철학.
인터넷 주소: www.philosophie.tu/bs.de/profile/heuser.html

마이 베게너(Mai Wegener)
정신분석학자. 2001~2005 베를린 문학연구센터 근무, 1998년부터 정신분석학적 살롱 공동 발기인.
출판: *Neuronen und Neurosen. Der psychische Apparat bei Freud und Lacan* (2004), Lemma "unbewusst/das Unbewusste" (in: *Ästhetische Grundbegriffe* 6권, 2005), "Paul Valérys objet ambigu" (in: *Lichtensteiner Exkurse VI*, 2007).
연구: 프로이트와 라캉의 정신분석, 19세기 과학사, 글자, 주체, 신체.
인터넷 주소: pasberlin.de

베른하르트 발덴펠스(Bernhard Waldenfels)
1976년부터 보쿰 대학교 철학교수, 1999년 이후 은퇴, 데브레센(Debrecen), 홍콩, 뉴욕, 프라하, 로마, 로테르담, 빈 방문교수 (2002).
출판: *Das leibliche Selbst* (2000), *Bruchlinien der Erfahrung* (2002), *In den Netzen der Lebenswelt* (2005), *Grundmotive einer Phänomenologie des Fremden* (2006).
연구: 현상학과 현대 프랑스 철학, 생활세계, 신체성, 타자성, 반응성, 그림.
인터넷 주소: ruhr-uni-bochum.de/philosophy/staff/waldenfels.htm

블라디미르 벨민스키(Wladimir Velminski)
베를린 훔볼트 대학교 문화 기술 헬름홀츠센터 연구원, 모스크바와 베를린에서 수학,

물리학, 슬라브어학 그리고 미디어이론 수학.
관심 연구: 과학과 예술의 상호 간섭적 관계.
인터넷 주소: poetologien.de

비토리아 보르소(Vittoria Borsò)

뒤셀도르프 하인리히 하이네 대학교 로마문학과 교수, 휴스턴 라이스 대학교 홈볼트 장학생.

출판: *Medialität und Gedächtnis* (공동 편집, 2001), *Kulurelle Topographien* (공동 편집, 2004), *Geschichtsdarstellung. Medien—Methoden—Strategien* (공동 편집, 2004).

연구: 위상학, 기억과 미디어, 문학과 현대의 시각문화

인터넷 주소: phil-fak.uni-duesseldorf.de/rom1/borso

슈테판 귄첼(Stephan Günzel)

예나 프리드리히 실러 대학교 매체학부 연구원, 2002~2004 베를린 홈볼트 대학교 '과거문서보관소' 연구 프로젝트 포스트닥터 과정, 미학, 지리학, 문화와 매체학, 철학 분야 강의.

출판: *Geophilosophie* (2001), *Raumtheorie* (공동 편집, 2007), *Maurice Merleau-Ponty* (2007).

연구: 공간, 영상, 매체이론, 과학사, 컴퓨터게임.

인터넷 주소: stephan-guenzel.de

요아힘 후버(Joachim Huber)

베른 대학교 건축 연구 및 발전 주임, 건축학과의 나무와 건축 소속.

출판: "Urbae Topologie als Mediatisierung" (in: *Peripherie ist überall*, 1998), *Urbane Topologie. Die Architektur der randlosen Stadt* (2002), "The Liminoid Zonec-s). Criteria Space of Transition" (in: *Cumulus Working Papers*, 2005).

연구: 건축, 디자인, 문화이론 그리고 경영.

인터넷 주소: www.ahb.bfh.ch

우테 홀(Ute Holl)

베를린 홈볼트 대학교 연구원, 전(前) 영화제작자 그리고 프리랜서 영화인.

출판: *Kino, Trance und Kybernetik* (2002), "Modelle und Montagen filmischer

Bildatlanten" (in: *Der Bildatlas im Wandel der Künste und Medien*, 2005), "Raum, Licht und Blick in Filmen Joseph von Sternbergs" (in: *Blickzähmung und Augentäuschung*, 2005).

연구: 영화사, 지각사, 실험영화와 민속학적 영화.

인터넷 주소: www2.hu-berlin.de/literatur/mitarbeiter/holl/holl.html

율리아 로사우(Julia Lossau)

베를린 훔볼트 대학교 지리학연구소 문화지리학 조교수.

출판: *Die Politik der Verortung. Eine postkoloniale Reise zu einer anderen Geographie der Welt* (2002), "In der Raumfalle" (Roland Lippuner와 공동 집필 in: *Soziale Räume und kulturelle Praktiken*, 2004), *Themenorte* (공동 편집, 2006).

연구 주제: 기호적 공간 생산, 공공장소에서의 도시와 예술의 기호경제학.

인터넷 주소: www.geographie.hu-berlin.de/Members/lossau_julia

카를 슐뢰겔(Karl Schlögel)

프랑크푸르트/오데르 비아드리나 유럽 대학교 동유럽사 교수, 1999년 베를린 비센샤프츠콜렉 난나-크뤼거상 수상.

출판: *Im Raum lesen wir die Zeit. Über Zivilisationsgeschichte und Geopolitik* (2003), *Marjampole oder Europas Wiederkehr aus dem Geist der Städte* (2005), *Moskau 1937* (2007).

연구: 러시아 근대, 스탈린주의의 문화사, 이민과 박해의 역사, 동유럽의 도시문화.

인터넷 주소: viadrina.euv-frankfurt-o.de/~w3osteuropa/cvschoegel.html

카린 레온하르트(Karin Leonhard)

아이히슈테트 잉골슈타트 대학교 문화사 연구소 연구조교, 2004년까지 VW-프로젝트 '영상과 텍스트에서의 역사적 지각형식들' 연구원.

출판: *Das gemalte Zimmer. Zur Interieurmalerei Jan Vermeers* (2003), *Lochmuster und Linienspiel* (공동 저자, 2006), "Was ist Raum in 17. Jahrhundert?" (in: *Visuelle Argumentationen* 2006).

연구: 근대의 공간 및 지각 모델들, 예술이론 및 예술 방법.

카트린 부슈(Kathrin Busch)

뤼네부르크 대학교 문화이론학과 조교수, 보쿰 루르 대학교 현상학과 해석학 박사연구과정 DFG장학생.

출판: *Geschicktes Geben. Aporien der Gabe bei Jacques Derrida* (2004), 기획 테마 *Jacques Derrida, Journal Phänomenologie* 23 (2005).

연구: 미학, 문화이론, 현대 프랑스 철학, 정열의 철학.

인터넷 주소: uni-lueneburg.de/fb3/kulturtheorie/abteilungen.html

크누트 에벨링(Knut Ebeling)

베를린 소재 스탠퍼드 대학교 강사, 2002~2007 베를린 훔볼트 대학교 '과거문서보관소. 고고학, 철학 그리고 예술 간의 지식전달' 연구 프로젝트 문화학부 소장.

출판: *Die Aktualität des Archäologischen* (공동 편집, 2004), *Das Archiv brennt* (큐레이터, 2007), *Archivologien* (공동 편집, 2007)

연구: 철학, 문화이론, 미학이론, 물질문화이론.

인터넷 주소: www.aesthetik.hu-berlin.de/mitarbeiter/ebeling

페터 벡스테(Peter Bexte)

포츠담 소재 유럽매체학 연구과정 방문교수, 1996~2000년: 베를린 밀레니엄 큐레이터.

출판: *Allwissen und Absturz. Der Ursprung des Computers* (1993), *Blinde Seher. Wahrnehmung von Wahrnehmung in der Kunst* (1999), *Denis Diderot—Schriften zur Kunst* (단독 편집, 2005)

연구: 17세기, 그림—매체—지각, 사이버네틱스

인터넷 주소: home.snafu.de/pedasy/secindex.html

페터 보른슐레겔(Peter Bornschlegell)

식자공 교육, 국가 공인 인쇄 기술자, 철학, 자연과학사 기술사 그리고 지리학 수학.

연구: 지도 제작법 그리고 철학, 과학들의 매체적 자기 묘사, 바로크 시대의 세계 이해

헬무트 E. 뤽(Helmut E. Lück)

하겐 방송통신대학교 심리학교수, 학술지 *Journal für Psychologie und Gruppendynamik und Organisationsberatung* 공동 편집자,

출판: *Kurt Lewin. Eine Einführung ins sein Werk* (2001), *Geschichte der Psychologie*

(2002), *Illustrierte Geschichte der Psychologie* (공동 저자, 2005), *Psychologie in Selbstdarstellungen* (4권, 2004).

연구: 장이론, 사회심리학의 역사, 방법, 문제들.

인터넷 주소: psychologie.fernuni-hagen.de/Psychologie/SOZPSYCH/Mitarbeiter/ lueck.html

자료 출처

공간 그리고 역사

다음의 글을 수정한 것임. "Chronotop St. Petrsburg: Zur Rekonstruktion der Geschichte einer europäischen Metropole", in: *Sankt Petersburg. Schauplätze einer Stadtgeschichte*, 필자 및 Frithjof Benjamin Schenk 그리고 Markus Ackeret 편집, Frankfurt a.M.: Campus 2007, 23-46쪽.

바로크의 나선: 좌우 그리고 대칭

모든 그림은 해당 출판물에서 인용.

평행선 공리, 비유클리드기하학 그리고 위상학적 상상력

필자의 그래픽.

쾨니히스베르크의 다리: 레온하르트 오일러의 공간 포에톨로지

그림 1은 Friedrich Kittler, *Musik und Mathematik*. 1.1 (2006), 84쪽에 있는 것을 허락을 받아 사용함. 그림 2, 3, 7은 St. Petersburger Archiv der Akademie der Wissenschaften, f. 1, op. 3: Nur. 21/Blatt 36, Nur. 22/Blatt 41(r), Nur. 22/Blatt 18(r). 그림 4, 8, 9는 필자의 개인 자료. 그림 5, 6은 제시한 바와 같음.

수학과 자연철학에서 위상학의 태동

그림 1은 제시한 바와 같고. 그림 2~6은 라이프니츠, *Hauptschriften zur Grundlegung der Philosophie*, 375쪽. 그림 7은 제시한 바와 같고, 그림 8은 얀 프로인트(Jan Freund)의 그래픽으로 저자의 허가를 받아 사용함.

사이–공간: 사이버네틱스와 구조주의
그림 1은 제시한 바와 같고. 그림 2와 그림 3은 필자의 개인 자료.

라캉의 정신분석학적 위상학—네 고개
그림 1, 4는 제시한 바와 같으며, 그림 2, 3은 필자의 개인 자료. 그림 5~7은 위키피디아에서 가져옴.

심리학적 위상학: 쿠르트 레빈의 장이론
그림 1은 쿠르트 레빈, *Grundzüge der topologischen Psychologie*, 62쪽. 그림 2는 "Verhalten und Entwicklung als eine Funktion der Gesamtsituation", in: 쿠르트 레빈, *Feldtheorie in den Sozialwissenschaften*, 271-329쪽〔1946〕, 본문과 관련해서는 279쪽.

수록 논문을 우리말로 옮기면서 약간 수정했기에 참고로 원제를 싣습니다.